དཔའ་རིས་སངས་རྒྱས་ཀྱི་གསུང་རྩོམ་དེབ་ཕྲེང་།

༄༅། །བརྡ་སྤྲོད་སྦྱོར་བ་རྣམ་བཞི་རབ་གསལ།

དཔའ་རིས་སངས་རྒྱས་ཀྱིས་བརྩམས།

ཀྲུང་གོའི་བོད་རིག་པ་དཔེ་སྐྲུན་ཁང་།

图书在版编目（CIP）数据

藏语语法四种结构明晰 / 马进武著 . -- 2 版 .
-- 北京 : 中国藏学出版社 , 2023.8
(马进武文丛)
ISBN 978-7-5211-0462-2

Ⅰ . ①藏… Ⅱ . ①马… Ⅲ . ①藏语－语法结构－研究 Ⅳ . ① H214.4

中国版本图书馆 CIP 数据核字 (2023) 第 143481 号

藏语语法四种结构明晰

马进武◎著

责任编辑：西日东智
封面设计：李 建 雄
排　　版：宗拉昌瓦排版工作室

出版发行：中国藏学出版社
印　　刷：中国电影出版社印刷厂
开　　本：787mm×1092mm 1/16
印　　数：2001-7000册
印　　张：26.75
版　　次：2017年6月第1版 2023年11月第2版
印　　次：2023年11月第2版第1次印刷

书　　号：ISBN 978-7-5211-0462-2 **定 价：**68.00元

སྔོན་གཏམ།

མི་རྣམས་ཕོ་འབྲུང་གི་དུས་ནས་ཕ་སྐད་བསླབས་ཤིང་བཤད་ནས་འཚར་ལོངས་པ་ཡིན་པས། རང་གི་བསམ་དོན་རང་སྐད་ཀྱིས་བཤད་ཤེས་པ་དང་། གཞན་པའི་སྐད་ཆའང་ཇི་ལྟ་བ་བཞིན་དུ་ཉན་ཤེས་པར་གྱུར་འདུག་པས། བརྡ་སྤྲོད་ཀྱི་གཞུང་ལུགས་མ་བསླབས་ཀྱང་བརྡ་སྤྲོད་ཚུལ་ཤེས་སོད། ཡིན་ན་ཡང་། བརྡ་སྤྲོད་དུ་མངོན་སུམ་གྱི་ཤེས་པ་ཙམ་གྱིས་མི་ཆོག །རྗེས་དཔག་གི་ཤེས་པ་ཞིག་དགོས། བརྡ་སྤྲོད་ཀྱི་གཞུང་ལུགས་མ་རྟོགས་ན། ཡི་གེའི་སྦྱོར་བ་དང་། མིང་གི་སྦྱོར་བ་དང་། ཚིག་གི་སྦྱོར་བ་རྣམས་ཇི་ལྟར་ཡིན་པ་ཤེས་ཀྱང་། ཅི་ཕྱིར་ཡིན་པ་མི་ཤེས། བརྡ་སྤྲོད་ཀྱི་གཞུང་ལུགས་སྦྱངས་ནས་ལེགས་པར་རྟོགས་ཚེ། གཟོད་ཡི་གེའི་སྦྱོར་བའམ། ཚིག་གི་སྦྱོར་བ་དག་མ་དག་ལ་ཚོར་སྐྱེན་པ། མིང་ཚིག་བརྗོད་པ་གང་གི་ཐད་ནས་དོགས་གཞི་ཡོད་ན་བརྟར་ཤ་ཆོད་པ། འཆད་རྩོད་རྩོམ་གསུམ་དུ་བརྡ་སྤྲོད་པའི་ནུས་པ་ཆེས་ཆེར་འདོན་ཐུབ། རིག་གནས་ཡོན་ཏན་གང་ཞིག་བསླབ་དགོས་ནའང་། སྐད་ཡིག་ལ་བསྟེན་དགོས་པས། བརྡ་སྤྲོད་ལ་མཁས་ན། རིག་གནས་གང་ཅུང་བསླབ་པར་མཐུན་རྐྱེན་བཟང་པོ་ཡོད་པ་དང་། སྐད་རིགས་གཞན་ཞིག་བསླབ་པར། བརྡ་སྤྲོད་ལུགས་གཉིས་གོ་བསྡུར་ནས་བསླབས་ན་ཕྱོགས་སྐྱེན་པའི་ཕན་པ་ཡང་ཆེའོ། །

དེ་ཕྱིར་ངས་བོད་ཀྱི་བརྡ་སྤྲོད་སྦྱོར་བ་རྣམ་བཞི་རབ་གསལ་ཞེས་བྱ་བ་འདི་བསྒྲིགས་ཤིང་བརྩམས་པ་ལ། ད་སྔའི་བརྡ་སྤྲོད་གཞུང་རྣམས་ལས་མ་གསུངས་པའི་ཉེར་མཁོ་ཆེ་བ་སྐོར་ཞིག་དང་། ཞིབ་ཆ་མ་ཐོན་པ་འགའ་ཞིག་ཀྱང་གཞུང་

འདིའི་ནང་དུ་ཁ་བསྐངས་ཤིང་ཟུར་བརྒྱན་ནས་ཡོད་པར་མ་ཟད། ཡོ་ཙྭ་ལས་བོད་ཀྱི་སྐད་ཡིག་ཏུ་ཤན་ཞུགས་པའི་མ་དག་རྒྱུན་འབྱམས་སྐོར་ཞིག་ལའང་། གཞུང་འདི་ལས་མཛུབ་མོ་རེ་སྟོན་གྱི་ཚུལ་དུ་དག་བཅོས་བྱས་ཡོད། དེ་ཕྱིར་གཞུང་འདི་ཁེབས་ཆེ་ལ་ཞིབ་ཆ་གསལ། གཞུང་ལུགས་དང་ལག་ལེན་ཟུང་དུ་འབྲེལ་ཐོག །གཞུང་ལུགས་ལག་ལེན་གྱི་ཀློ་རྗེ་ཉན་པ་དང་། ལག་ལེན་རིགས་པའི་ལམ་ནས་ལེགས་པར་སྤེལ་ཐུབ།

བོད་ཡིག་ནི་ཚིག་སྦེབ་སྟེ། སྒྲ་གཟུགས་དོན་གསུམ་གྱི་འདྲེན་མ་ཡིན། སྒྲ་ཐོས་ན་གཟུགས་ཤེས། གཟུགས་མཐོང་ན་དོན་རྟོགས། སྐད་ཀྱི་གདངས་དྲག་ཞན་པར་མའི་དབྱེ་བ་འབྱེད་མཁས་པ་དང་། མིང་གཞི་རྐྱང་བརྩེགས་དང་མགོ་འདོགས་འཕུལ་རྗེན་རྣམས་ཀྱི་ཀློག་ཟུར་ཕྱིན་པ་དང་། དབྱངས་ཀྱི་ང་རོ་མཐོ་དམན་དྲང་འཁྱོག་གི་ཁྱད་པར་གཏོད་མཁས་ན། སྐད་ཡིག་གི་བྱེད་ལས་བཞི་སྟེ་འཆད་ཉན་འབྲི་ཀློག་ཀུན་ལ་གཞི་བཟང་པོ་ཞིག་ཆགས་པར་འགྱུར་རོ། །

ཚིག་གི་སྒྲུབ་བྱེད་གཙོ་བོ་མིང་ཡིན། མིང་གི་འཕེལ་སྲོལ་དང་། མིང་གི་རིགས་ཀྱི་དབྱེ་བ་དང་། མིང་གི་ངོ་བོ་འགྱུར་ལུགས་དང་། བདག་གཞན་དུས་གསུམ་བྱ་བྱེད་ལས་གསུམ་སོགས་ཀྱི་དགོངས་དོན་ལེགས་པར་རྟོགས་ན། འཆད་རྩོད་རྩོམ་གསུམ་དུ་འཇུག་པའི་མིང་སྣ་ཚོགས་མངའ་བརྙེས་པར་འགྱུར་རོ། །

ཚིག་གི་སྦྱོར་བྱེད་ཕྲད་ཡིན། རྣམ་དབྱེ་ཚིག་ཕྲད་སོགས་ཀྱི་འཇུག་པ་སྤྱི་དང་བྱེ་བྲག་དམིགས་བསལ་རྣམས་གང་ལ་གང་འཚམ་དུ་སྦྱོར་བ་ཤེས་ན། དོན་གྱི་ཁྱད་པར་སྣ་ཚོགས་ཇི་ལྟ་བ་བཞིན་དུ་སྟོན་མཁས་པར་འགྱུར་རོ། །

སྐད་ཆ་སྤེལ་བྱེད་ཚིག་ཡིན། ཚིག་སྦྱོར་དུ་རིགས་མི་གཅིག་པའི་མིང་རྣམས་འཇུག་སའི་གོ་རིམ་དང་། ཚིག་གི་གྲུབ་ཆ་དྲུག་ལས་རྩ་བ་དང་ཡན་ལག་གི་རྟེན་འབྲེལ་སོགས་ལེགས་པར་ཤེས་ན། རང་གི་བསམ་དོན་ངག་གི་འཕྲེང་བ་སྤེལ་བར།

སྤྱིར་བཏང་ལུགས་འགྱུར་དུ་བཤད་པ་དང་། དམིགས་བསལ་ལུགས་ལྡོག་ཏུ་བཤད་པ་ཟུང་དུ་འབྲེལ་ནས། བརྗོད་པ་བདེ་ཞིང་ཁ་གསལ་བ། ཚིག་གི་དག་ཆས་དོན་གྱི་གནད་འཁྱིན་ཅིང་། དོན་གྱི་གོ་བས་ཚིག་གི་དག་ཐོན་པ། འཆད་རྩོད་རྩོམ་གསུམ་དུ་མཁས་པའི་གོ་འཕང་ཐོབ་པར་འགྱུར་རོ། །

ཁེབས་རྒྱ་ཉི་མའི་འོད་ལྟར་ཁྱབ། །
ཞིབ་ཆ་ཀུ་ཤའི་རྩེ་ལྟར་ཕྲ། །
བརྗོད་བྱ་རབ་འབྱམས་མི་ཡོང་དུ། །
རྗོད་བྱེད་སྤུ་རིས་སོ་སོར་མཐོང་། །

རྩོམ་པ་པོའི་གཏམ།

རྩོམ་པ་པོའི་མཛད་རྣམ་མདོར་བསྡུས།

བོད་ཀྱི་རིག་གནས་སྤྱི་དང་ཁྱད་པར་བཟ་སྦྱོད་དང་མངོན་བརྗོད། སྦྱིབ་སྦྱོར་བཅས་ཐ་སྙད་རིག་གནས་ཀྱི་གནས་རེ་རེ་ནས་བརྩམས་པའི་བསྟན་བཅོས་མཛད་ཅིང་དེ་དག་གི་འཆད་ཉན་རྒྱ་ཆེར་སྤེལ་བའི་མཁས་དབང་ཆེན་མོ། སྐུ་ཚེ་ཐོས་པ་དང་མི་རིགས་སློབ་གསོ་དང་བོད་ཀྱི་སྐད་ཡིག་གི་ལས་དོན་དང་སློམས་པར་མཛད་པའི་དགེ་རྒན་ཆེན་མོ། རྒྱ་བོད་སྐད་གཉིས་ལ་བྱང་ཆུབ་པའི་ལོ་ཙཱ་བ་ཆེན་མོ་དཔའ་རིས་སངས་རྒྱས་མཆོག་ནི། མདོ་སྨད་ཙོང་ཁའི་ཤར་ཕྱོགས་ཀྱི་སའི་ཆ་དཔའ་རིས་ཞྭ་དམར་ཚོ་པའི་རྣ་ཆེན་ཚང་ཞེས་པར་ཡབ་རྡོ་རྗེ་ཚེ་རིང་དང་ཡུམ་གདུགས་དཀར་སྐྱིད་གཉིས་ཀྱི་སྲས་སུ་བོད་རབ་བྱུང་བཅོ་ལྔ་པའི་ལྕགས་ཕོ་རྟ་སྤྱི་ལོ་༡༨༣༡པར་སྐུ་འཁྲུངས། སྐྱེས་མིང་ལ་སངས་རྒྱས་སྐྱབས་ཞུ། སྤུན་མཆེད་དྲུག་ཡོད་པའི་ནང་གི་གཉིས་པ་ཡིན། ཆུང་དུས་ནས་བློ་རིག་གསལ་ཞིང་རང་བཞིན་བཟང་ལ། གང་བརྩམས་ལས་ཀྱི་མཐར་འདོན་པ་ལ་སྙིང་རུས་གཞན་ལས་ཆེ་བ་ཞིག་ཡོད། ཡིན་ནའང་དུས་ཀྱི་དབང་གིས་རིག་གནས་སློབ་གཉེར་གྱི་གོ་སྐབས་མ་རྙེད་པར་དགུང་ལོ་བཅོ་ལྔ་མ་སླེབས་བར་རང་ཁྱིམ་དུ་ཕྱུགས་རྫི་བྱས། དགུང་ལོ་བཅོ་ལྔ་པར་རྒྱའི་དགེ་རྒན་ཞིག་བསྟེན་ནས་རྒྱ་ཡིག་གི་ཀློག་བསླབས། རྒྱའི་ཡི་གེ་གསུམ་པའི་མདོ་དང་ཀྲུའུ་ཙི་བསླབ་བྱ་སོགས་ཀློར་ཤར་མར་བཟུང་ཡང་ཚིག་དོན་གྱི་གོ་བར་སྐྱིད་མ་ཐོན་པས། ཆེད་དུ་ཐོ་ཁྲུར་ནས་རྣ་ལམ་ཉིན་གཅིག་གི་སས་ཆོད་པའི་དགོ་ལུང་ཏ་ཅིན་སློབ་ཆུང་ཞེས་པར་ཞུགས། དེར་སྔ་ཕྱིར་ལོ་གསུམ་ལྷག་ལ་བསླབ་པའི་རིམ་པ་བཞིན་རྒྱ་ཡིག་དང་རྩིས་གཙོ་བོར་སྦྱངས། དེ་ནས་༡༨༥༨ལོའི་

བར་ཡུལ་ཕྱོགས་གང་སར་འབྲུག་ཟིང་ཆེ་བས་ལོ་གཉིས་ཙམ་ལ་སློབ་གཉེར་གྱི་མཚམས་ཆད། ༡༩༥༠ལོར་ཡང་བསྐྱར་ད་ཅིན་ཆ་ཚང་སློབ་ཆུང་ཞེས་པར་ཞུགས་ཤིང་༡༩༥༡ལོའི་ཟླ་༦པར་སྦྱངས་འབྲས་ཨང་དང་པོ་དང་བཅས་སློབ་མཐར་ལེགས་པར་ཕྱིན། ཁོང་ཉིད་ཀྱང་གོ་གསར་པ་བཙུགས་རྗེས་སུ་སློབ་གྲྭ་དེ་ནས་ཐོན་པའི་བོད་རིགས་ཐོག་མར་གྱུར་པས་དགེ་སློབ་ཀུན་གྱིས་རྟེན་འབྲེལ་ལེགས་གསོལ་གྱི་མཛད་སྒོ་གཟབ་རྒྱས་བསྡུས་ཤིང་ཞྭ་དམར་ཚོ་བ་ལྷས་རྒྱུགས་སྟོན་ཉིན་གསུམ་བཤམས།

༡༩༥༡ལོའི་ཟླ་༥པར། ལོ་སྟོན་མར་གསར་དུ་ཚུགས་པའི་ནུབ་བྱང་མི་རིགས་སློབ་གླིང་གི་དངོས་གཞི་ཚན་སྐོར་གྱི་བོད་ཡིག་འཛིན་གྲྭར་ཞུགས། ༡༩༥༢ལོའི་ཟླ་༢པ་ནས་ལོ་ཕྱེད་རིང་ཀྲང་ཙ་ཁྲིན་སྡེ་བར་ས་ཞིང་བཙོས་བསྒྱུར་དུ་ཕེབས་ཤིང་། ༡༩༥༣ལོའི་དབྱིད་ཀ་ནས་ལོ་ཕྱེད་རིང་བྱང་ཤར་སྐྱ་དམག་རྫི་དང་པོའི་ཀན་ལྷོའི་"ཧྲག་འདུལ"གྱི་ལོ་ཙཱ་བའི་འགན་བཞེས། ༡༩༥༥ལོའི་དཔྱིད་ཟླ་ར་བར་ནུབ་བྱང་མི་རིགས་སློབ་གླིང་ནས་སློབ་མཐར་ཕྱིན་ཏེ་སློབ་གླིང་དེ་གའི་དགེ་རྒན་གནང་། དེར་ཐོག་མར་ལས་བྱེད་གསོ་སྐྱོང་སྡེ་ཁག་གི་ཆབ་སྲིད་ལོ་ཙཱ་བ་དང་དེ་ནས་གྲྭ་སྒྲིག་ཚན་སྐོར་གྱི་དགེ་རྒན། སློབ་ཆུང་འཛིན་གྲྭའི་བདག་གཉེར་དགེ་རྒན་སོགས་ཀྱི་འགན་བཞེས་ནས་སློབ་ཁྲིད་དང་ལོ་ཙཱ། བསྐྲུན་དེབ་རྩོམ་སྒྲིག །བསྐྲུན་གཞི་འཆར་འགོད། སློབ་མ་བདག་གཉེར་སོགས་ཀྱི་ལས་དོན་ཆེ་ཕྲ་མཐའ་དག་གི་ཁུར་གང་བབས་ལེ་ཤོར་མེད་པ་གནང་།

༡༩༦༥ལོར་རྒྱ་ཆུ་མཚོ་ཟླ་མར་སྤྱི་ཚོགས་རིང་ལུགས་ཀྱི་ལམ་ལུགས་སློབ་གསོའི་ལས་འགུལ་དུ་ཞུགས། ལོ་ཕྱེད་ཙམ་གྱི་རྗེས་ནས་ཕྱིར་སློབ་གྲྭར་ལོག་ནས་སློབ་ཕྲུག་ཚོའི་འཐབ་རྩོད་དང་གཙང་རྟུང་ཡུན་རིང་མྱངས། ༡༩༧༠ལོར་"རིག་གསར་"གྱི་རྐྱེན་གྱིས་སློབ་གླིང་ཐོར་བས་ཁོང་ཟླ་ཆུ་རྫོང་ཟམ་ཚ་ཀུང་ཧྲེར་ཕེབས་ཏེ། ཀུང་ཧྲེ་དེ་གའི་སློབ་གསོའི་ལས་སྣ་དང་ཟམ་ཚ་སློབ་འབྲིང་གི་འགོ་ཁྲིད་ཀྱི་འགན་གཅིག་

ལྟོགས་སུ་བཞེས། དེར་ཡུལ་མིའི་བྱིས་པ་སློབ་གྲྭར་ཞུགས་མཁན་ཤིན་ཏུ་ཉུང་བ་དང་འགྲོ་འོང་སྟབས་མི་བདེ་བ་སོགས་ལ་དམིགས་ནས་རང་འགན་ཐེག་པ་ཁུར་ལེན་གྱིས་དམངས་སྐྱབ་དགེ་རྒན་རྒྱལ་ལོ་དང་ཁོང་གཉིས་ཀྱིས་ཟམ་ཚ་ཊུ་མོ་ཆེ་ཞེས་པར་སློབ་ཆུང་ཞིག་བཙུགས་ཤིང་དེར་བྱིས་པ་བརྒྱད་ཅུ་ལྷག་འདུས། ཉིན་མོར་བྱིས་པ་རྣམས་ལ་རྒྱ་ཡིག་སློབ་ཁྲིད་དང་། མཚན་མོ་དང་ཁོམ་གསེང་གང་ཡོད་དུ་ཐབས་མཁས་ཀྱིས་མའོ་ཙེ་ཏུང་གི་གསུང་རྩོམ་གྱི་ཐོག་ནས་མང་ཚོགས་རྣམས་ལ་བོད་ཡིག་ཁྲིད་ཅིང་གོ་བསྐྱོན་སློབ་གསོའི་ལམ་ནས་བྱིས་པ་མང་པོ་སློབ་གྲྭར་བསྐུལ།

༡༩༧༥ལོར་ཁོང་ཀན་ལྷོ་མི་རིགས་སློབ་གྲྭ་གསར་འཛུགས་ཀྱི་ལས་བྱེད་ཁོངས་སུ་ཚགས་བཙུགས། དེར་གཙོ་བོ་བསླབ་དེབ་རྩོམ་སྒྲུར་ཚན་ཆུང་གཉིས་ཀྱི་མགོ་ཁྲིད་དེ་སློབ་གྲྭ་དེ་གའི་བསླབ་དེབ་༦དང་ཀན་ལྷོའི་སློབ་གྲྭ་ཆུང་འབྲིང་གི་བསླབ་དེབ་༡༢རྩོམ་སྒྲིག་གི་ལས་ཀར་ཞུགས་པ་དང་། སློབ་གྲྭ་དེ་གའི་རིག་གནས་འཛིན་གྲྭ་དང་པོའི་བདག་གཉེར་དང་སློབ་ཁྲིད་ཀྱི་འགན་ཡང་བཞེས། གཞན་ཡང་སྐབས་དེའི་བོད་ཡིག་བཅོས་བསྒྱུར་གྱི་«ཟིན་བྲིས་གནད་བསྡུས»ཞེས་པ་ལ་ས་གནས་ཀྱི་ཤེས་ཡོན་ཅན་༣༦ཙམ་གྲོགས་སུ་སྦྲན་ནས་དགག་གཞག་ཚ་ནན་བཏང་།

༡༩༧༨ལོར་ནུབ་བྱང་མི་རིགས་སློབ་གླིང་གི་གྲངས་ཉུང་མི་རིགས་སྐད་ཡིག་སྡེ་ཁག་གི་དགེ་རྒན་དུ་ཕེབས། དེར་བོད་ཡིག་སློབ་དཔྱོད་ཁང་གི་འགོ་ཁྲིད་གཞོན་པ་དང་འགོ་ཁྲིད་ཀྱི་འགན་སྟ་ཕྱིར་བཞེས་ནས་དགེ་སློབ་རྣམས་ཀྱི་འཚོ་བའི་ཆ་རྐྱེན་ཚུན་ཆད་ནས་སློབ་ཁྲིད་དང་བསླབ་དེབ་ཀྱི་དཀའ་ངལ་སོགས་གནད་དོན་གང་ཅིར་ཐབས་མཁས་ཀྱི་སྒོ་ནས་འབུར་སེམས་ཆེར་སྐྱེད་གནང་ཞིང་། མཁས་པའི་དབང་པོ་ཚེ་ཏན་ཞབས་དྲུང་འཇིགས་མེད་རིགས་པའི་བློ་གྲོས་མཆོག (༡༩༧༩ལོར) དང་དོར་ཞི་བློ་བཟང་ཐུབ་བསྟན་ཚོས་འཕེལ་(༡༩༨༣ལོར་)རྣམ་གཉིས་སྤྱན་ཕྱིར་སློབ་གྲྭར་གདན་འདྲེན་ཞུ་བར་མཐུན་འགྱུར་རོགས་རམ་གང་མང་གནང་བ་

དང་། ༡༩༧༩ལོ་ནས་བོད་ཡིག་ཆེད་ལས་ཀྱི་ཞིབ་འཇུག་སློབ་མ་ཐོག་མར་བསྡུས་ཐོག་གོང་རིམ་ལ་རེ་བ་ཞུས་པ་བཞིན་སཾསྐྲྀཏའི་སྐད་ཞིབ་འཇུག་སློབ་མའི་རྒྱུགས་ལེན་གྱི་ཕྱི་ཡིག་ཏུ་ངོས་ལེན་བྱུང་བ། དེ་བཞིན་བོད་ཀྱི་སྐད་ཡིག་རྩོམ་རིག་ཆེད་ལས་ཀྱི་དངོས་གཞི་སློབ་མ་བསྡུ་བར་བོད་ཡིག་གི་ལམ་ནས་རྒྱུགས་ལེན་པའི་ཆོག་མཆན་ཐོབ་པ་དང་། ཀྲུང་ཡིག་ཆེད་ལས་ཀྱི་དངོས་གཞི་སློབ་མ་གསར་དུ་བསྡུས་པ་སོགས་ཀྱིས་མཚོན་པའི་ལས་དོན་མང་པོར་ཞབས་འདེགས་ཚུལ་བཞིན་བསྒྲུབས་ཤིང་། རང་འཁྲིའི་བྱ་བ་ཆེ་ཕྲ་ཀུན་འཐུས་ཤོར་མེད་པ་གནང་། ལོ་མང་པོའི་རིང་གི་སློབ་ཁྲིད་དང་ལོ་ཙཱའི་ལག་ལེན་དངོས་ཀྱི་ཉམས་མྱོང་གཞིར་བྱས་ཤིང་བོད་ཀྱི་སྐད་དང་ཡི་གེའི་ཐུན་མོང་མ་ཡིན་པའི་བརྡ་སྤྲོད་ཀྱི་ཁྱད་ཆོས་ལ་ལེགས་པར་དཔྱད་དེ་«རྟགས་འཇུག་གི་གནད་དོན་དང་དཀའ་གནད་»ཅེས་པའི་དཔྱད་རྩོམ་ཐོག་མ་༡༩༨༣ལོའི་«མཚོ་སྔོན་སློབ་གསོ་»དེབ་ལྡེ་པར་བཀོད་པ་དང་། «བདག་གཞན་ཕན་ཚུན་རྟེན་ཅིང་འབྲེལ་བའི་འགྱུར་ལུགས་»ཞེས་པ་དང་། «བོད་སྐད་ཀྱི་བྱ་བ་རིགས་གསུམ་གྱི་ཁྱད་པར་དང་འབྲེལ་བ་»ཞེས་པའི་དཔྱད་རྩོམ་གཉིས་༡༩༨༦ལོའི་«ནུབ་བྱང་མི་རིགས་སློབ་གླིང་གི་རིག་གཞུང་དུས་དེབ་»དེབ་དང་པོ་དང་གཉིས་པར་སྤེལ་བ་སོགས་ཀྱིས་མཚོན་བོད་སྐད་ཀྱི་བརྡ་སྤྲོད་ལས་བརྩམས་པའི་དཔྱད་རྩོམ་བཅུ་ཙམ་རིམ་པར་སྤེལ། ཡང་བོད་སྐད་ཀྱི་མིང་གི་སྦྱོར་བ་དང་ཐུན་མོང་མ་ཡིན་པའི་དཔེ་འགོད་སྟངས་སོགས་ལ་ལེགས་པར་དཔྱད་ཅིང་། «དཔེ་ཆོས་རིན་ཆེན་སྤུངས་པ་»དང་«གླིང་སྒྲུང་»སོགས་ལས་དཔེ་མང་པོ་བཏུས་ནས་༡༩༨༥ལོའི་ཟླ་༦པར་«དཔེ་ཆོས་རྣ་བའི་བདུད་རྩི་»ཞེས་པ་བརྩམས་པ་མཚོ་སྔོན་མི་རིགས་དཔེ་སྐྲུན་ཁང་ནས་པར་དུ་བཏབ།(ཕྱིས་༡༩༩༩ལོར་ཡང་བསྐྱར་ཞུས་དག་ཁ་སྣོན་དང་བཅས་«དཔེ་ཆོས་ཚིག་མཛོད་»ཅེས་པ་མཚོ་སྔོན་མི་རིགས་དཔེ་སྐྲུན་ཁང་ནས་པར་དུ་བཏབ།)

༡༩༨༨ལོ་ནས་བཟུང་ཞིབ་འཇུག་སློབ་མའི་མཛུབ་སྟོན་དགེ་རྒན་གནང་བ་

དང་། ལོ་དེའི་སྟོན་ཁ་ནས་ལོ་གསུམ་དང་ཕྱེད་ཀའི་རིང་གྲངས་ཉུང་མི་རིགས་ཀྱི་སྐད་ཡིག་སློ་ཁག་གི་འགོ་ཁྲིད་ཀྱི་འགན་བཞེས་ནས་དགེ་སློབ་རྣམས་ཀྱི་སྒྲིག་ལམ་གྱི་རྙིང་སྐྱལ་དང་སྐབས་བབས་ལས་དོན་གྱི་རིམ་པར་ཚགས་འཛིན་དོ་དམ་གང་ཞིབ་གནང་། ༡༩༨༧ལོའི་ཟླ་༡༡པར་བོད་ཀྱི་སློབ་གྲྭ་ཆེ་འབྲིང་ཁག་གི་བསླབ་དེབ་ཏུ་གྱུར་པའི་«བཟོ་སྤྲོད་གསལ་བྱེད་ངག་སྒྲོན་»ཞེས་པ་བརྩམས་ནས་ཀན་སུའུ་མི་རིགས་དཔེ་སྐྲུན་ཁང་ནས་པར་དུ་བཏབ་ཅིང་དེ་ལ་རྒྱལ་ཁབ་དོན་གཅོད་ཨུ་ཡོན་ལྷན་ཁང་གི་སྤྱི་ཚོགས་ཚན་རིག་ཞིབ་འཇུག་གི་གྲུབ་འབྲས་བྱ་དགའ་ཨང་གསུམ་པ་ཐོབ། (དེབ་དེར་ཕྱིས་སུ་མཚོ་སྔོན་མི་རིགས་དཔེ་སྐྲུན་ཁང་གི་༡༩༩༨ལོའི་པར་གཞི་ཞིག་དང་། བོད་ལྗོངས་བོད་ཡིག་དཔེ་རྙིང་དཔེ་སྐྲུན་ཁང་གི་༢༠༡༡ལོའི་པར་གཞི་ཞིག་བཅས་པར་གཞི་མི་འདྲ་བ་གསུམ་ཡོད་ལ་དེ་དག་ཁྱོན་བསྡོམས་དཔར་ཐེངས་ལྔ་ལ་སླེབས་ཡོད།) ཕྱི་ལོར་ཀན་སུའུ་ཞིང་ཆེན་གྱི་སློབ་གསོའི་སྐྱིད་ཚལ་སྐྱོང་མཁན་ཞེས་པའི་མཚན་སྙན་ཐོབ། གཞན་ཡང་«ཚན་རིག་གི་རྒྱུན་ཤེས་»(ཀན་སུའུ་མི་རིགས་དཔེ་སྐྲུན་ཁང་། ༡༩༩༧ལོ།)ཞེས་པ་དང་«འབྲུགས་གླིང་»(ཀན་སུའུ་མི་རིགས་དཔེ་སྐྲུན་ཁང་། ༡༩༨༣ལོ།) «གྲུ་གུ་གོ་ཇོང་»(ཀན་སུའུ་མི་རིགས་དཔེ་སྐྲུན་ཁང་། ༡༩༨༦ལོ། དེབ༥)བཅས་སྒྱུར་དཔེ་ཁག་ཅིག་དང་། «རྗེ་བཙུན་བྱམས་པ་མཐུ་སྟོབས་ཀུན་དགའ་རྒྱལ་མཚན་གྱི་རྣམ་ཐར་»(ཀྲུང་གོའི་བོད་ཀྱི་ཤེས་རིག་དཔེ་སྐྲུན་ཁང་། ༡༩༩༥ལོ།) དང་«དཔའ་རིས་རབ་གསལ་གྱི་གསུང་འབུམ་»(ཀན་སུའུ་མི་རིགས་དཔེ་སྐྲུན་ཁང་། ༡༩༨༦ལོ།)བཅས་ཞུས་དག་པར་སྐྲུན་གནང་ཞིང་། ནུབ་བྱང་མི་རིགས་སློབ་གླིང་གེ་སར་ཞིབ་འཇུག་ལས་ཁུངས་ཀྱི་གེ་སར་སྒྲུང་ཡིག་ཆེན་མོ་ཞེས་པའི་དཔེ་ཚོགས་པོད་༣༥ཤུས་དག་གཏན་འབེབས་མཛད།

༡༩༩༣ལོར་རྒྱལ་སྲིད་སྤྱི་ཁྱབ་ཁང་གི་དམིགས་བསལ་ཕོགས་དངུལ་ཐོབ། ༡༩༩༥ལོར་«སློབ་སྦྱོར་རིག་པའི་སྒྲོལ་འབྱེད་ངག་གི་རོལ་མཚོ་»ཞེས་པ་སྟེ། བོད་ཀྱི་སྐད་གདངས་དྲག་ཞན་བར་མ་དང་དབྱངས་ཀྱི་ང་རོ་བཀུག་སྒྲིང་བསྟོད་སྨད་

དྲང་བ་བཅས་ཀྱི་གནས་ལུགས་གསལ་བར་བྱེད་པའི་བོད་ཀྱི་སྦེལ་སྦྱོར་རིག་པའི་གཞུང་དེ་བརྩམས་ནས་ཀན་སུའུ་མི་རིགས་དཔེ་སྐྲུན་ཁང་ནས་པར་དུ་བཏབ།

༡༩༩༨ལོའི་ལོ་མཇུག་ཏུ་ལས་གནས་ནས་རྒན་ཡོལ་ཞུས། ༡༩༩༧ལོར་ཀྲུང་ཧྭ་མི་དམངས་སྤྱི་མཐུན་རྒྱལ་ཁབ་རིག་གནས་པུའུ་དང་། རྒྱལ་ཁབ་མི་རིགས་དོན་གཅོད་ཨུ་ཡོན་ལྷན་ཁང་། ཀྲུང་གོའི་རྩོམ་རིག་སྒྱུ་རྩལ་ལྷན་ཚོགས། ཀྲུང་གོའི་སྤྱི་ཚོགས་ཚན་རིག་གླིང་བཅས་ཀྱིས་ཁོང་ལ་དཔའ་བོའི་ལོ་རྒྱུས་སྨན་རྩོམ་གེ་སར་སྒྲུང་སྒྲུང་སྐྱོབ་དང་ཞིབ་འཇུག་ལ་བྱས་རྗེས་ཁྱད་འཕགས་བཞག་པའི་སྤོན་ཐོན་མི་སྣ་ཞེས་པའི་མཚན་སྙན་གནང་། དེའི་ཕྱི་ལོ་ནས་སློབ་གྲྭའི་སྐུར་གདན་ཞུས་བཞིན་ཕེབས་ནས་༢༠༡༠ལོའི་བར་སྤྱི་ཚིར་ལོ་༡༥ཙམ་ལ་བོད་ཡིག་སྡེ་ཁག་གི་ཞིབ་འཇུག་སློབ་མ་རྣམས་ལ་བརྡ་སྤྲོད་ཀྱི་དཀའ་གནད་ལས་བརྩམས་པའི་སློབ་ཁྲིད་ལོ་བསྟར་ཆགས་སུ་གནང་། གཞན་ཡང་ཀན་སུའུ་མི་རིགས་དགེ་ཐོན་སློབ་གླིང་དུ་ཟླ་གཉིས་རིང་བརྡ་སྤྲོད་སློབ་ཁྲིད་གནང་བ་དང་། མཚོ་སྔོན་ཞིང་ཆེན་མཚོ་ལྷོ་ཁུལ་དགེ་ཐོན་སློབ་གྲྭར་ཟླ་ཕྱེད་རིང་རྟགས་འཇུག་སློབ་ཁྲིད་གནང་། མཚོ་སྔོན་ནང་བསྟན་སློབ་གླིང་དུ་ཟླ་གཅིག་རིང་སྦེལ་སྦྱོར་དང་བརྡ་སྤྲོད་སྐོར་སློབ་ཁྲིད་གནང་། དཔའ་རིས་རྫོང་བོད་རིགས་སློབ་འབྲིང་དང་བསང་ཆུ་རྫོང་བོད་རིགས་སློབ་འབྲིང་སོགས་ཀྱིས་མཆོན་སློབ་གྲྭ་ཆུང་འབྲིང་མང་པོར་དུས་ཐུང་དཔེ་ཁྲིད་གནང་བ་སོགས་ཕྱོགས་ཕྱོགས་སུ་ཕེབས་ནས་རིག་གཞུང་འཆད་ཁྲིད་ཐེངས་མང་གནང་།

ཡང་༡༩༩༧ལོའི་ཟླ་༥པར་བོད་ཀྱི་ཡིག་གཟུགས་འབྲི་ཚུལ་གྱི་རྣམ་གཞག «བོད་ཡིག་འབྲི་ཚུལ་མཐོང་བ་ཀུན་སྨོན»ཞེས་པ་བརྩམས་ནས་མི་རིགས་དཔེ་སྐྲུན་ཁང་ནས་པར་དུ་བཏབ་ཅིང་། དེ་ལ་ཞིང་ཆེན་རིམ་པའི་བྱ་དགའ་ཨང་གཉིས་པ་ཐོབ། ༡༩༩༩ལོའི་ཟླ་༡༢པར་«དག་ཡིག་གབ་པ་མངོན་ཕྱུང»ཞེས་པ་བརྩམས་ནས་མཚོ་སྔོན་མི་རིགས་དཔེ་སྐྲུན་ཁང་ནས་པར་དུ་བཏབ།(འདི་ལ་ཀྲུང་གོའི་བོད་རིག་པ་དཔེ་སྐྲུན་ཁང་གི་༢༠༡༧ལོའི་པར་གཞི་ཞིག་ཀྱང་ཡོད།) ༢༠༠༨ལོར་

མཚོ་སྔོན་ཞིང་ཆེན་རྐང་ཚ་རྫོང་སྲིད་གཞུང་གིས“བདེ་འཇགས་རྐང་ཚ་གསར་འཛུགས་དང་མཐུན་འགྲིག་སྤྱི་ཚོགས་གསར་བསྐྲུན་བྱེད་པ”ཞེས་པའི་ཡིག་སྐྱོན་དང་དོན་སྐྱོན་ཅན་གྱི་ཡིག་ཆ་ཞིག་བཀྲམ་པ་ལ་ཁོང་གིས“དོན་དག་ཚབས་ཆེན་བྱུང་བའི་རྒྱ་བ་ཅི་རེད་ལེགས་པར་སོམས”ཞེས་པའི་རྩོམ་ཞིག་བྲིས་ནས་བསྐུར་བས། དེ་གའི་སྲིད་གཞུང་གིས་ཁོང་གི་དགོངས་འཆར་དང་ལེན་གྱིས་བོད་ཡིག་བོད་སྐད་ཀྱི་བེད་སྤྱོད་དང་སློབ་གསོའི་སྐོར་ལ་ཞུས་པ་བླ་ལྷག་ཐོན། ༢༠༠༨ལོའི་ཟླ་༩པར«བརྡ་སྤྲོད་སྦྱོར་བ་རྣམ་བཞི་རབ་གསལ»ཞེས་པ་བརྩམས་ནས་མི་རིགས་དཔེ་སྐྲུན་ཁང་ནས་པར་དུ་བཏབ།(དེབ་འདི་ལ་༢༠༡༠ལོའི་ཀྲུང་གོའི་བོད་རིག་པའི་རྫ་མོ་སྒྲུང་མའི་རིག་གཞུང་ཞིབ་འཇུག་གི་བྱ་དགའ་ཨང་གཉིས་པ་ཐོབ་པ་དང་། འདིར་ཡང་ཀྲུང་གོའི་བོད་རིག་པ་དཔེ་སྐྲུན་ཁང་གི་༢༠༡༧ལོའི་པར་གཞི་ཞིག་ཡོད།) ༢༠༡༠ལོའི་ཟླ་༦པར«མངོན་བརྗོད་ཁུངས་བཙུན་རྒྱ་མཚོ»ཞེས་པ་རྩོམ་སྒྲིག་གནང་ནས་ཀྲུང་གོའི་བོད་རིག་པ་དཔེ་སྐྲུན་ཁང་ནས་པར་དུ་བཏབ།(དེབ་འདི་ལ་པར་གཞི་མི་འདྲ་བ་གཉིས་ཡོད་པ་དང་པར་ཐེངས་ལྔ་ལ་སླེབས་ཡོད།) ༢༠༡༦ལོའི་ཟླ་༥པར«བོད་ཡིག་ཚིག་སྦྱོར་བསླབ་པའི་ཐབས་མཆོག»ཅེས་པ་ཀྲུང་གོའི་བོད་རིག་པ་དཔེ་སྐྲུན་ཁང་ནས་པར་དུ་བཏབ།

༢༠༡༨ལོའི་ཟླ་༩པར་བོད་སྐད་ཀྱི་ཐ་སྙད་༣༡༠༠༠ལྷག་གི་མིང་དོན་གསལ་བར་བཀྲལ་ཅིང་མིང་རེ་རེ་བཞིན་རིགས་ཀྱི་དབྱེ་བ་ཕྱེས་ཐོག་བོད་རྒྱ་ཤན་སྦྱར་དུ་བཀོད་པའི་མིང་མཛོད་ཆེན་མོ«བོད་ཡིག་ཀུན་ཁྱབ་ཚིག་མཛོད»ཅེས་པ་རྩོམ་སྒྲིག་ལེགས་པར་གྲུབ་ནས་ཀན་སུའུ་མི་རིགས་དཔེ་སྐྲུན་ཁང་ནས་པར་དུ་བཏབ། མིང་མཛོད་འདི་ནི་ཁོང་ཉིད་ལས་གནས་ལས་རྒན་ཡོལ་གནང་རྗེས་ཀྱི་ལོ་༡༥པ་སྟེ་དགུང་ལོ་བརྒྱད་ཅུ་པ་ནས་སྒྲིག་མགོ་བརྩམས་ཤིང་། དེ་ལ་ཀ་མད་ཀྱི་གོ་རིམ་ལྟར་ཐོག་མར་ཀ་ སྡེའི་ཁོངས་ཀྱི་ཐ་སྙད་ནས་བཟུང་སྟེ་ཉིན་རེ་བཞིན་ཐ་སྙད་ཀྱི་བྱང་བུ་བཟོས། བྱང་བུ་རེ་ལ་ཐ་སྙད་རེ་རེ་བཞིན་འགྲེལ་པ་བསྡུས་ཤིང་གསལ་བར་བཀྲབ།

མིང་གི་རིགས་ཕྱེས། རྒྱ་ཡིག་གི་འགྱུར་བཀོད། དེ་ལྟར་ཉིན་རེ་བཞིན་ཆག་མེད་དུ་ཐ་སྙད་ཀྱི་བྱང་བུ་ཉི་ཤུ་ལྷག་ཙམ་རེ་ལོ་སྔེ་ཟླ་མཐུད་ཀྱིས་བསགས་ཤིང་དཀའ་སྤྱད་སྙིང་རུས་བརྟན་པོས་བརྩོན་པའི་རྒྱུན་བསྐྱངས་ཏེ་ལོ་ངོ་ཧྲིལ་པོ་ལྔ་ཙམ་གྱི་རིང་ལ་མ་ཕྱི་ལེགས་པར་གྲུབ། གྲུབ་ནས་ཀྱང་ཞུས་དག་གི་རིམ་པ་ཐེངས་གསུམ་ཙམ་བརྒྱུད་པ་སོགས་ཐོག་མཐའ་བར་གསུམ་དུ་ལོ་ངོ་བརྒྱད་ཙམ་ཕྱིན་ཡོད་ལ་དགུང་ལོ་བརྒྱད་ཅུ་གྱ་བརྒྱད་པར་དངོས་སུ་པར་དུ་བསྐྲུན།

ད་ལྟ་ཁོང་དགུང་ལོ་གོ་གསུམ་ལ་སླེབས་ཡོད་ཀྱང་ཐུགས་རིག་ཤིན་ཏུ་གསལ་ཞིང་སྐུ་བདེ་ཁམས་བཟང་ངོས་ཉེ་རིང་མེད་པར་རང་ཁྱིམ་དུ་སློབ་མ་རྣམས་ལ་དཔེ་ཁྲིད་བྱམས་པ་གང་ཐོ་དང་དཔྱད་རྩོམ་ཞུས་དག་སོགས་ཀྱི་དགོས་འདོད་ཆར་དུ་འཛོ་བཞིན་བཞུགས་པ་དང་། དུས་རྒྱུན་དཔེ་གཟིགས་ཁོ་ནར་བརྩོན་ཅིང་ཕྱི་ནང་གི་གཡིང་བ་ཆེ་ཕྲ་མཐའ་དག་སྤངས་ཏེ་སྔར་བཞིན་རྩོམ་པ་དང་ལོ་ཙཱའི་ལས་ལ་འཇུག་བཞིན་པའི་སྐབས་ལགས་སོ། །

ཞེས་དགེ་རྒན་ཆེན་མོ་དཔའ་རིས་སངས་རྒྱས་མཆོག་གི་མཛད་རྣམ་གཙོ་བོ་ཁག་ཅིག་ལོ་ཚིགས་ལྟར་གྲུང་བསྒྲིགས་ནས་ཤིན་ཏུ་མདོར་བསྡུས་སུ་བྱས་པ་འདི་ནི། ཁོང་གི་གསུང་རྩོམ་ལེགས་སྒྲིག་པར་འདེབས་ཀྱི་བཀའ་མངགས་དང་དུ་བླངས་པའི་རྩོམ་སྒྲིག་པ་དང་ཁོང་གི་ཞལ་གསུང་བདུད་རྩིའི་ཐིགས་པ་དངོས་སུ་མྱངས་པའི་སྐལ་ལྡན་སློབ་བུའི་གྲལ་མཐའ་འཛིན་པ་ནག་རུ་ཤེར་དོན་པས་དེ་ཐུ་ཁོང་གི་རྣམ་ཐར་སྒྲིག་རྩོམ་གྱི་ཞལ་བཀོད་སྤྱི་བོར་ཐོག་པ་བཞིན་སྐུ་བཅར་བཀའ་འདྲིའི་ཟིན་ཐྲིས་རགས་ཙམ་ཞིག་བཏབ་ཡོད་པ་གཞིར་བྱས་ནས་སྤྱི་ལོ༢༠༢༣ ཟླ་བ༤པའི་ཚེས༢༢ཉིན་སྦྱར་བ་དགེའོ། །

དཀར་ཆག

སྔོན་གཞི། ………… 01

རྩོམ་པ་པོའི་མཛད་རྣམ་མདོར་བསྡུས། ………… 05

ལེའུ་དང་པོ། ཡི་གེའི་སྦྱོར་བ། ………… 1

དོན་ཚན་དང་པོ། བོད་ཡིག་གི་ལོ་རྒྱུས་དང་བཅས་པ་མདོར་བསྡུས། ………… 1

དང་པོ། བོད་ཡིག་གི་བྱུང་རབས། ………… 1

གཉིས་པ། བོད་ཡིག་གི་འབྲི་སྲོལ་དར་ཚུལ། ………… 5

གསུམ་པ། ཡིག་རྒྱལ་འདོན་སྟངས། ………… 10

བཞི་བ། ཡི་གེ་སླུང་སྲོལ། ………… 12

དོན་ཚན་གཉིས་པ། ཡི་གེ་སྤྱིར་བཤད་པ། ………… 17

དང་པོ། ཡི་གེའི་ངོ་བོ། ………… 17

གཉིས་པ། སྲོག་དང་རྐྱེན་གྱི་ཡི་གེ། ………… 18

གསུམ་པ། ཕ་མ་བུ་ཚའི་ཡི་གེ། ………… 19

དོན་ཚན་གསུམ་པ། ཡི་གེ་སློག་ཚུལ། ………… 21

དང་པོ། ཡི་གེའི་རྒྱུ། ………… 21

གཉིས་པ། དབྱངས་ཀྱི་ང་རོའི་དབྱེ་བ། ………… 22

གསུམ་པ། སྒྲའི་ང་རོ་འདྲེན་ཚུལ། ………… 26

བཞི་བ། དབྱངས་གསལ་རྣམས་ཀྱི་གནས་དང་བྱེད་པའི་སྦྱོར་བ། 27

དོན་ཚན་བཞི་བ། རྟགས་ཀྱི་འཇུག་པ། 30

དང་པོ། མིང་གཞིའི་རྟགས་ཀྱི་དབྱེ་བ། 31

གཉིས་པ། མགོ་འཛོག་དང་སྐད་འདོགས། 33

གསུམ་པ། རྗེས་འཇུག་གི་རྟགས་ཀྱི་འཇུག་པ། 35

བཞི་བ། སྔོན་འཇུག་གི་རྟགས་ཀྱི་འཇུག་པ། 46

ལྔ་བ། སྦྱོར་མི་རུང་བ་ཆེ་ཁག་བཅུ། 60

ལེའུ་གཉིས་པ། མིང་གི་སྦྱོར་བ། 63

དོན་ཚན་དང་པོ། མིང་གི་སྤྱི་ཁོག་བསྟན་པ། 63

དང་པོ། མིང་གི་མཚན་ཉིད། 63

གཉིས་པ། མིང་གི་བྱུང་སྲོལ། 66

གསུམ་པ། མིང་གི་འཕེལ་སྲོལ། 68

བཞི་བ། མིང་གི་གྲུབ་ལུགས། 73

དོན་ཚན་གཉིས་པ། མིང་གི་རིགས་ཀྱི་དབྱེ་བ། 87

དང་པོ། དངོས་པོའི་མིང་། 87

གཉིས་པ། ཁྱད་ཆོས་ཀྱི་མིང་། 88

གསུམ་པ། གྲངས་ཀའི་མིང་། 91

བཞི་བ། བྱ་བའི་མིང་། 107

ལྔ་བ། མིང་གི་ངོ་བོ་འགྱུར་ཚུལ། 137

དོན་ཚན་གསུམ་པ། མིང་གི་རིགས་རྟེན་ཅིང་འབྲེལ་བའི་
ཁྱད་པར་བྱུང་ཚུལ། 144

དང་པོ། མིང་གཞི་རིགས་འདྲ་རྐྱང་བརྩེགས་ལས་འབྲེལ་
ཆགས་པའི་མིང་གི་སྐོར། 144
གཉིས་པ། མིང་གཞི་ར་དང་ར་བཏགས་ཅན་ལས་འབྲེལ་
ཆགས་པའི་མིང་གི་སྐོར། 147
གསུམ་པ། རྗེས་འཇུག་ད་ན་དག་གི་ཐུན་མོང་མ་ཡིན་པའི་འཇུག་པ། 162
བཞི་བ། མིང་མང་དོན་གཅིག་ལ་འཇུག་པ། 181
ལྔ་བ། མིང་གཅིག་དོན་མང་ལ་འཇུག་པ། 188
དོན་ཚན་བཞི་བ། ཞེ་ཚིག་གི་འཇུག་པ། 192
དང་པོ། ཞེ་སར་སྒྱུར་བའི་མིང་གི་བྱུང་རབས། 193
གཉིས་པ། ཡ་རབས་ཀྱི་གུས་སྲོལ་ཁྲིམས་ཀྱིས་བསྐྱངས་ཚུལ། 194
གསུམ་པ། ཞེ་ཚིག་གི་སྦྱོར་ཚུལ། 195
བཞི་བ། ཞེ་སའི་མིང་གི་གྲུབ་ལུགས། 200
ལྔ་བ། ཞེ་ཚིག་བཤད་ཚུལ། 205
དོན་ཚན་ལྔ་བ། སྒྲ་གདངས་མཐུན་པར་འགྱུར་ཚུལ། 206
དོན་ཚན་དྲུག་པ། མངོན་བརྗོད་ཀྱི་ཕན་ཡོན་དང་གྲུབ་ལུགས། 211
དང་པོ། མངོན་བརྗོད་ཀྱི་ཕན་ཡོན། 211
གཉིས་པ། མངོན་བརྗོད་ཀྱི་གྲུབ་ཚུལ། 216
དོན་ཚན་བདུན་པ། མིང་གི་སྦྱིབ་སྦྱོར། 221
དང་པོ། འདོད་རྒྱལ་གྱི་མིང་གི་སྦྱིབ་སྦྱོར། 222
གཉིས་པ། རྗེས་གྲུབ་ཀྱི་མིང་གི་སྦྱིབ་སྦྱོར། 225
གསུམ་པ། མིང་གི་སྦྱིབ་ལེགས་པར་སྦྱོར་ཐབས། 227

ལེའུ་གསུམ་པ། ཕྲད་ཀྱི་སྦྱོར་བ། 237
དོན་ཚན་དང་པོ། རྣམ་དབྱེ་བརྒྱད། 237
དང་པོ། འབྲེལ་སྒྲ། 238
གཉིས་པ། བྱེད་སྒྲ། 245
གསུམ་པ། ལ་དོན། 253
བཞི་པ། ན་སྒྲ། 273
ལྔ་པ། ལ་སྒྲ། 278
དྲུག་པ། འབྱུང་ཁུངས། 283
བདུན་པ། འབོད་སྒྲ། 292
དོན་ཚན་གཉིས་པ། ཕྲད་གཞན་དབང་ཅན། 300
དང་པོ། རྫོགས་ཚིག 300
གཉིས་པ། བདག་སྒྲ། 303
གསུམ་པ། རྒྱན་སྡུད། 308
བཞི་པ། ལྷག་བཅས། 313
ལྔ་པ། འབྱེད་སྡུད། 318
དྲུག་པ། མཉམ་སྦྱོར། 324
བདུན་པ། འདྲེན་སྒྲ། 328
བརྒྱད་པ། འདྲེན་སྡུད། 332
དགུ་པ། དོགས་སློང་། 333
བཅུ་པ། སྐུལ་སྨོན། 334
དོན་ཚན་གསུམ་པ། ཕྲད་རང་དབང་ཅན། 339
དང་པོ། ནི་སྒྲ། 339

གཉིས་པ། དང་སྒྲ། 344

གསུམ་པ། ངེས་བཟུང་། 351

བཞི་པ། སྤྱི་སྒྲ། 357

ལྔ་པ། དགག་སྒྲ། 361

དྲུག་པ། ཚིག་གྲོགས། 365

བདུན་པ། མཚུངས་པ་གསལ་བྱེད་ཀྱི་སྒྲ། 370

བརྒྱད་པ། ཚིག་ཕྲད་ཐོར་བུ་འགའ། 374

ལེའུ་བཞི་བ། ཚིག་གི་སྦྱོར་བ། 377

དོན་ཚན་དང་པོ། མིང་དང་ཚིག་ཕྲུང་ངུའི་ཁྱད་པར། 377

དོན་ཚན་གཉིས་པ། ཚིག་ཕྲུང་ངུའི་རིགས། 379

དང་པོ། བྱ་བྱེད་ཐ་དད་པའི་ཚིག 379

གཉིས་པ། བྱ་བྱེད་ཐ་མི་དད་པའི་ཚིག 382

གསུམ་པ། སེམས་དང་སེམས་བྱུང་འབྲེལ་བའི་ཚིག 382

བཞི་པ། ཁྱད་གཞི་དང་ཁྱད་ཆོས་འབྲེལ་བའི་ཚིག 383

ལྔ་པ། དཔེ་ཆོས་ཀྱི་ཚིག 383

དོན་ཚན་གསུམ་པ། ཚིག་སྦྱོར་དུ་རིགས་མི་གཅིག་པའི་
མིང་གི་གོ་རིམ་སྦྱོར་ཚུལ། 388

དང་པོ། ཚིག་གི་སྙིང་པོའི་སྦྱོར་ཚུལ། 388

གཉིས་པ། ཚིག་གི་གོ་རིམ་སྒྲིག་ཚུལ། 389

དོན་ཚན་བཞི་པ། ཚིག་གི་གྲུབ་ཆ་དྲུག་གི་སྦྱོར་བ། 391

དང་པོ། ཚིག་གི་གྲུབ་ཆ་རྩ་བ་གསུམ་གྱི་སྦྱོར་ཚུལ། 391

གཉིས་པ། ཚིག་གི་གྲུབ་ཆ་ཡན་ལག་གསུམ་གྱི་སྦྱོར་ཚུལ། 394

གསུམ་པ། ཚིག་གི་གྲུབ་ཆ་དྲུག་གི་སྦྱོར་ཚུལ། 396

དོན་ཚན་ལྔ་བ། ཚིག་སྦྲགས་མའི་སྦྱོར་བ། 400

དང་པོ། ཚིག་རྐྱང་བ་དང་ཚིག་སྦྲགས་མའི་ཁྱད་པར། 400

གཉིས་པ། ཚིག་རྐྱང་བའི་སྦྱོར་ཚུལ། 401

གསུམ་པ། ཚིག་སྦྲགས་མའི་སྦྱོར་ཚུལ། 401

བཞི་བ། ཚིག་སྦྲགས་མ་རིམ་པ་ཅན་གྱི་སྦྱོར་ཚུལ། 404

ལྔ་བ། ཚིག་འདུས་མའི་སྦྱོར་ཚུལ། 406

ལེའུ་དང་པོ། ཡི་གེའི་སྦྱོར་བ།

དོན་ཚན་དང་པོ། བོད་ཡིག་གི་ལོ་རྒྱུས་དང་བཅས་པ་མདོར་བསྡུས།

དང་པོ། བོད་ཡིག་གི་ཐུང་རབས།

སྨྲ་གཟུགས་དོན་གསུམ་གཅིག་ཏུ་འདུས་པའི་བོད་ཡིག་རིན་ཆེན་སྐྲུན་པ་པོ། །
སྨྲ་རིག་རྩ་བ་གཞུང་བརྒྱའི་སྒོ་འབྱེད་སུམ་རྟགས་འཕྲུལ་ལྡེ་མཛད་པ་པོ། །
རྒྱལ་པའི་གསུང་རབ་ཟླ་ན་མེད་པ་ལོ་ཙཱ་ཐོག་མ་སྒྱུར་བ་པོ། །
ཁ་བ་ཅན་གྱི་རྨོངས་མུན་སེལ་བྱེད་རིག་པའི་འོད་སྣང་འདྲེན་པ་པོ། །
ཆེ་བ་རྣམ་བཞིས་རབ་ཏུ་བརྗོད་པའི་འཛིག་རྟེན་མིག་འདྲའི་སྐྱེས་བུ་མཆོག །
སློབ་དཔོན་ཐོན་མི་ཀུན་ཏུ་བཟང་པོ་རིན་པོ་ཆེ་ལ་གུས་པས་འདུད། །

རྒྱལ་པོ་སྲོང་བཙན་སྒམ་པོའི་སྔོན་རོལ་ན། བོད་ལ་ཡི་གེ་ཡོད་ཟེར་བ་བདེན་པར་མངོན་ཏེ། དཔེར་ན། དེབ་ཐེར་གསར་མ་ལས། སྤུ་དེ་གུང་རྒྱལ་གྱི་དུས་སུ་ཆབ་སྲིད་བོན་གྱིས་བསྐྱངས་པར་གྲགས་ཏེ། འདིའི་དུས་སུ་བོན་ཆོས་བསྒྱུར་ཏེ་དར་པར་བྱས་པ་ཡིན་འདུག །ཅེས་དང་། རྒྱལ་རབས་གསལ་བའི་མེ་ལོང་ལས། (སྤུ་དེ་གུང་རྒྱལ་དང་ཏུ་ལས་སྐྱེས)རྒྱལ་བློན་འདི་གཉིས་ཀྱི་དུས་སུ། གཡུང་དྲུང་གི་བོན་བྱུང་སྟེ། སྟོན་པ་གཤེན་རབ་མི་བོ་ཆེ་བྱ་བ་སྟག་གཟིག་འོལ་མོའི་ལུང་རིངས་སུ་འཁྲུངས། ཁམས་ཆེན་པོ་བཅོ་བརྒྱད་ལ་སོགས་བོན་པོའི་ཆོས་ཐམས་ཅད་ཞང་ཞུང་གི་ཡུལ་

ནས་བསྒྱུར་ཏེ། དར་ཞིང་རྒྱས་པར་མཛད། ཅེས་དང་། བརྡ་སྤྲོད་ཉི་ཤུ་བདུན་པའི་འགྲེལ་བ་ལས། སྟག་གཟིག་ཡུལ་གྱི་སྤྱངས་སོ་ཆེ་ཆུང་ནི། ཞང་ཞུང་ལོ་ཙྪས་སྐད་ཆེན་སྐད་ཆུང་བསྒྱུར། ཅེས་གསུངས་པ་ལྟར་ན། ཞང་ཞུང་གི་ཡི་གེ་ནི། སྔང་བ་བོད་ཀྱི་ཐོག་མའི་ཡི་གེ་ཡིན། དེ་བྱུང་ནས་ད་སྟ་ཡན་ཆད་ལོ་ཙ་ཉིས་སྟོང་དྲུག་བརྒྱ་ལྷག་འགོར་ཏོ། །ཀྲུང་གོ་མི་རིགས་གནའ་ཡིག་ཞིབ་འཇུག་འདུན་མའི་རིག་གཞུང་དཔྱད་བསྡུར་ལྟེ་བའི་གནད་བསྡུས་ལས། ཡི་གེ་གསར་དུ་བསྐྲུན་པ་སྔ་མ་སྟོན་མ་ཆོས་ལུགས་ལ་ཞབས་འདེགས་ཞུ་བ་རེད། ཅེས་གསུངས་པ་ལྟར། བསྟན་པ་གང་ཡང་ཡི་གེས་འཛིན་པས་ན། ཞང་ཞུང་གི་ཡི་གེ་བོན་གྱི་དགོས་པ་བསྒྲུབ་ཆེད་བསྐྲུན་པ་དང་། བོན་ལ་འཇུག་པ་ཙམ་ལས། བོད་སྤྱིའི་སྐད་ཆ་དང་། སྲིད་འབྱོར་རིག་གསུམ་ཀུན་ལ་གོ་མི་ཆོད་པས། ཐོན་མིས་བོད་ཡིག་གསར་དུ་བཙམ་པའི་དགོས་པ་བྱུང་ངོ་། །

བོད་རྒྱལ་སྲོང་བཙན་སྒམ་པོས་རྒྱལ་སྲིད་སྐྱོང་བ་ལ། སྲིད་འབྱོར་རིག་གསུམ་གྱི་ཕྲིན་ལས་སྤེལ་བར་ཉེ་བར་མཁོ་བའི་ཡི་གེ་མེད་ན་མི་ཉུང་བར་དགོངས་ནས། སྤྱི་ལོ༦༣༢པར། ཐོ་གཉལ་བ་སྣང་གྲགས་ཀྱི་བུ་གཅིས་མིང་ཨ་ནུ་དང་། དངོས་མིང་ཀུན་ཏུ་བཟང་པོར་གྲགས་པ། ཡུལ་ས་འབྱུར་པོ་སྟེ་སྨྲའི་བྲུར་ཚག་ནས་འབོ་ར་ཟེར་བ་ན་འདུག་པས། ཐོན་མིར་ཡང་འབོད་པ། ངང་རྒྱུད་དཔའ་ཞིང་མཛངས་པ། གཞན་ཕན་གྱི་ལས་ལ་ལྷག་བསམ་དཀར་བ་ཞིག་ཡོད་པར་བཀའ་གནངས་ཏེ། རྒྱ་གར་དུ་ཡི་གེ་སློབ་པར་མངགས། འགྲོ་ཚུལ་ནི། བོད་མཁས་པས་བརྩམས་པའི་དམ་ཆོས་གླིགས་བམ་སྤྲུབ་ཚུལ་གྱི་ལུང་མདོ་མཁར་བ་ཚེ་རིང་དབང་རྒྱལ་གྱི་ཡི་གེའི་བཤད་པར་བཀོད་པ་ལྟར་ན། ཐོ་ཉའི་མགོ་དཔོན་དུ་སྟག་རོ་ལོ་ཤོག་ཟེར་བ་བསྐོས་ཏེ། དཔོན་གཡོག་བཅུ་གཉིས་ལ་མཁོ་བའི་ཚས་ཀ་དང་། རྒྱ་གར་རྒྱལ་པོ་དཔལ་སྦྱིན་བྱེད་བློ་ན་ལྷ་ཆེན་ཞེས་པ་ལ་འཚམ་སྐྱེས་ཀྱི་བསྐུར་མ་ངག་འཕྲིན་དང་

བཅས་པ་གནངས་ནས་བཟུངས། ལམ་དུ་ནཻ་པ་ལ་བལ་པོའི་རྒྱལ་པོ་ལ་སྐྱེས་ཕུལ་ཏེ། ཚད་པ་ལ་ཕན་པའི་སྨན་ག་བུར་དང་། ཙུ་གང་དང་ཙན་དན་གྱི་ཚུ་ལ་སོགས་པ་བསྐུལ་བར་བསྟེན་ཅིང་སོང་བས། ཅི་ཡང་མ་གནོད་པར་རྒྱ་གར་དུ་བདེ་བར་བརྗོལ། ཅེས་གསུངས་སྣང་།

ཁོན་མི་རྒྱ་གར་དུ་ཕེབས་རྗེས། ཁོང་གི་མཚན་ཀུན་ཏུ་བཟང་པོ་ལེགས་སྒྱུར་སྐད་དུ་ས་མནྟ་བྷ་དྲ་ཞེས་པ་ལ། བོད་ཡིན་པས་ཛྷོ་ཏ་སྒྱུར་བས་སམ་ཛྷོ་ཏ་ཞེས་གྲགས་སོ། །ཁོང་གིས་མཁས་ཆེན་བྲམ་ཟེ་ལི་བྱིན་སློབ་དཔོན་དུ་བསྟེན་ནས། ཡིག་རིགས་དུ་མ་མཁས་པར་སྦྱངས། པཎྜི་ཏ་ལྷ་རིག་པའི་སེང་གེ་སློབ་དཔོན་དུ་བསྟེན་ནས། རྟོགས་སླ་བ་རྒྱལ་པོ་ལུགས་ཀྱི་བསྟན་བཅོས་དང་། རྟོགས་དཀའ་བ་པཎྜི་ཏའི་ལུགས་ཀྱི་བསྟན་བཅོས། དམ་པའི་ཆོས་སྤྱན་རས་གཟིགས་ཀྱི་མདོ་རྒྱུད་ཉི་ཤུ་རྩ་གཅིག་སོགས་སྦྱངས་པ་ཕུལ་དུ་བྱུང་ནས་མཁས་པའི་མཚན་སྙན་འབར།

སྤྱི་ལོ༡༨༣༤ཁར། ཁོན་མི་རྒྱ་གར་ནས་ཕྱིར་ལོག་ནས། བོད་ཐུན་མོང་གི་སྐད་རིགས་སྤྱི་དང་བསྟུན་ནས། མིང་ཕྲད་རྩོམ་པའི་གཞིར་གྱུར་བའི་སྐད་ཀྱི་གདངས་ལྟར་གསལ་བྱེད་ཉེར་དགུ་དང་དབྱངས་གསལ་གཉིས་སུ་གཏོགས་པའི་སྲོག་ཡིག་ཨ་བསྣན་པས་གསལ་བྱེད་སུམ་ཅུ་དང་། སྲའི་ང་རོ་ལྟར་དབྱངས་བཞི་དང་། ཨ་བསྣན་པས་དབྱངས་ལྔ་གྲུབ། གསལ་བྱེད་རྣམས་ལའང་མིང་གཞི་དང་། མགོ་འདོགས་འཕྱུལ་རྟེན་སོགས་ཡི་གེའི་སྦྱོར་བ་གཏན་ལ་ཕབ་པའོ། །

དེ་ཡང་། རྒྱ་གར་གྱི་ཡིག་རིགས་གང་ཕྱི་མོའི་དཔེར་བླངས་པ་ཡིན་ཞེ་ན། ཡོངས་གྲགས་སུ། ལཉྫ་དཔེར་བྱས་ནས་དབུ་ཅན་དང་། ཝརྟུ་དཔེར་བྱས་ནས་དབུ་མེད་མཛད་ཟེར་ཡང་། ཡི་གེ་འབྲི་སྲོལ་གྱི་ལོ་རྒྱུས་རྣམས་ལས། བསྟན་པ་སྔ་དར་གྱི་རིང་ལ། འབྲི་སྲོལ་དར་ཚུལ་རིམ་པ་དགུ་བྱུང་ཟེར་བ་ཚང་མ་དབུ་ཅན་ཡིན། དབུ་ཅན་མགྱོགས་པར་བྲིས་ནས་རང་ཤུགས་ཀྱིས་དབུ་མེད་བྱུང་བ་ཡིན་

གྱི། ཡརྒྱ་ལ་དཔེ་བྱས་ནས་མཛད་པ་མིན་ཐག་ཆོད་རེད། དེ་ལུགས་ཏུན་ཧོང་ནས་བྱུང་བའི་བོད་ཡིག་བྲིས་རྙིང་རྣམས་ལ་བལྟས་ན་རྟོགས་པར་འགྱུར་རོ། །ཕྱི་བྲག་ཏུ་བཤད་ཚུལ་སྣ་ཚོགས་ཡོད་པ་ལས། གནའ་དཔེ་དང་། སློབ་དཔོན་མཁས་པ་མང་ཕྱོགས་ཀྱིས་ན་ག་རའི་ཡི་གེར་དཔེ་བྱས་ནས་ཡི་གེ་མཛད་པར་གསུངས། དཔེར་ན། མ་ཎི་བཀའ་འབུམ་དང་། བཀའ་ཐང་སྡེ་ལྔ་དང་། ཆོས་སྐོ་བ་ཤྲཱི་ལ་ཧྲ་དྲའི་ཆོས་འབྱུང་དང་། ཐུའུ་བཀྭན་ཆོས་ཀྱི་ཉི་མའི་གྲུབ་མཐའ་རྣམས་ལས། ན་ག་རའི་ཡི་གེ་དཔེར་བྱས་ནས་གཟབ་མ་བཟོས་པར་གསུངས་པ་དང་། སློས་སུ་བསྟན་པའི་མེ་རོ་བསླངས་བའི་དུས་ཀྱི་ཡི་གེའི་མཁན་པོ་ཁྱུང་པོ་གཡུ་ཁྲིས་བརྩམས་པའི་ཡི་གེའི་བསྟན་བཅོས་འཕྲུལ་གྱི་སྒྲོན་མེ་ལས། ཐོན་མི་རྒྱ་གར་དུ་སོང་བའི་དུས་སུ། རྒྱ་གར་ན་ཡི་གེ་རིགས་མི་འདྲ་བ་ཉི་ཤུ་རྩ་གཅིག་སྣང་། ཞེས་དང་། བོད་ཀྱི་ཀ་ཁ་འདི། རྒྱ་ཡི་ན་ག་ར་ལས་བསྒྱུར། ཞེས་གསུངས་པ་རྣམས་ལ་དཔྱད་ན། བོད་ཀྱི་ཡི་གེ་འདི་ན་ག་རའི་ཡི་གེ་དཔེར་བླངས་པ་བདེན་པར་མངོན་ཏེ། མཁས་པ་སྔ་མ་སྔ་མ་དུས་སྐབས་དེ་དང་བར་ཐག་ཇེ་ཉེ་ཇེ་ཉེ་ཡིན་པས། མཐོང་ཐོས་དཔྱད་གསུམ་དུ་དན་རྟགས་ཅུང་མང་བ་དང་། ཕྱི་མ་ཕྱི་མ་དུས་སྐབས་དེ་དང་བར་ཐག་ཇེ་རིང་ཇེ་རིང་ཡིན་པས། རྟགས་ཀྱིས་དཔེན་པས་ན། རང་བློས་དཔག་ཆོད་ཙམ་མམ། གྲགས་པ་གང་གི་རྗེས་འབྲངས་པ་ཡིན་པར་སེམས་སོ། །

གང་ལྟར་ཡང་ཐོན་མིས་རྒྱ་གར་གྱི་ཡིག་རིགས་དུ་མའི་ལེགས་ཆ་བླངས་ནས། བོད་ཡིག་གསར་དུ་བསྐྲུན་པ། ཕྱི་ལར་བལྟས་ནས་སྣག་རིས་བྲིས་པ་ཙམ་མིན་པར། བློ་རྩལ་ཆེ་ཞིང་ཐབས་མཁས་པའི་དགེ་མཚན་ཐུན་མོང་མ་ཡིན་པ་ཞིག་ལྷང་ངེར་ཤར་བ་འདི་ལྟ་སྟེ། ཡིག་གཟུགས་མཛེས་ལ་བྲི་སླ་བ། སྒྲའི་སྦྱོར་བ་ཞིབ་ཆ་གསལ་ལ་གློག་བདེ་བ། དོན་གྱི་ངོ་བོ་དང་ཁྱད་པར་སྟོན་པར་ཐོགས་པ་མེད་ཅིང་གོ་བརྡ་ཇི་བཞིན་འཕྲོད་པ། སྒྲ་གཟུགས་དོན་གསུམ་གཅིག་ཏུ་འདུས་པའི་སྒོ་དུ་མ་ནས་ཡོན་

ཏན་ཕུན་སུམ་ཚོགས་པའི་རིན་པོ་ཆེ་འགྲན་ཟླ་མེད་པ་ཞིག་ཏུ་གྲུབ་པར་སྣང་ངོ་། །

གཉིས་པ། བོད་ཡིག་གི་འབྲི་སྲོལ་དར་རྒྱལ།

བོད་ཡིག་གཟབ་ཆེན་གཟབ་ཆུང་འབྲུ་ཆེ་ཆུང་། །
བར་བྲིས་རྒྱུགས་བྲིས་དྲུག་ཏུ་ཐམས་ཅད་འདུས། །
སྤྱི་དར་གཟབ་བྲིས་རིམ་པ་དགུ་ཙམ་བརྒྱུད། །
ཕྱི་དར་ཐིག་བཏབ་སྤེལ་ལུགས་འགའ་རེ་བྱུང་། །
དེ་ཡང་འབྲུ་ཆེན་འབྲུ་ཆུང་རིགས་འགའ་དང་། །
གཤར་མའི་བྲི་ལུགས་དང་བཅས་དར་བར་གྱུར། །

བོད་ཡིག་འབྲི་སྲོལ་སྤྱིར་གཟབ་གཤར་ལུགས་གཉིས་ཏེ། བཟབས་ནས་བྲིས་པ་ལ་གཟབ་མ་ཟེར། དེ་ལ་མགོ་འཐེན་ནས་ཡོད་པས་དབུ་ཅན་ཟེར་ལ། གསར་བུ་བ་རྣམས་ཀྱིས་ངོས་འཛིན་པ་སླ་བས་ཡིག་དཀར་ཡང་ཟེར། མགྱོགས་པར་བཤར་ནས་བྲིས་པ་ལ་གཤར་མ་ཟེར། དེ་ལ་མགོ་འཐེན་ནས་མེད་པས་དབུ་མེད་ཟེར་ལ། གསར་བུ་བ་རྣམས་ཀྱིས་ངོས་འཛིན་པ་དཀའ་བས་ཡིག་ནག་ཀྱང་ཟེར།

རྒྱལ་པོ་སྲོང་བཙན་སྒམ་པོའི་དུས་ཐོག །ཐོན་མི་སམ་བྷོ་ཊས་གསར་དུ་བརྩམས་པའི་ཕྱག་བྲིས་སྤེལ་ནག་ན་ལ་བརྒྱངས་པ་ལྟ་བུ། དེ་རྗེས་མང་སྲོང་མང་བཙན་གྱི་སྐུ་རིང་ལ། ཡིག་མཁན་ཆ་ངར་རིན་ཆེན་འབར་གྱིས་བྲིས་པ་ས་ཕག་བཞིབས་པ་ལྟ་བུ། འདུས་སྲོང་མང་པོ་རྗེའི་དུས་སུ། ཡིག་མཁན་ཆབ་དཀར་བེའུ་ཆོས་བྲིས་པ་བྱ་ཕོ་འཇོལ་བ་ལྟ་བུ། ཁྲི་ལྡེ་གཙུག་བརྟན་(མེས་ཨག་ཚོམ)གྱི་རིང་ལ་ཡིག་མཁན་དགེ་བསྙེན་དཀོན་ཚོག་ངག་དབང་གིས་བྲིས་པ་ནས་སྔོན་ཕྱིང་དཀར་སྟེང་དུ་བཀྲམ་པ་ལྟ་བུ། ཁྲི་སྲོང་ལྡེ་བཙན་གྱི་དུས་སུ་ཡིག་མཁན་པོ་ཤཱ་ཁྲིམ་གྱིས་བྲིས་

པ་ཨུ་ཧྲིག་དར་ལ་བརྒྱུས་པ་ལྟ་བུ། ཨུ་ནེ་བཙན་པོའི་སྐབས་ཀྱི་ཡིག་མཁན་ཚེ་སྤྱང་བྱང་ཆུབ་ཀྱིས་བྲིས་པ་སྦྱར་ནག་བགྲད་པ་ལྟ་བུ། ཨུ་ཧྲིག་བཙན་པོའི་རིང་ལ་ཡིག་མཁན་ཐེ་ཡོན་ཏན་གྱིས་བྲིས་པ་ཉ་མོ་ཆུ་ནང་ཕྱུང་བ་ལྟ་བུ། ཁྲི་གཙུག་ལྡེ་བཙན་(ཁྲི་རལ་པ་ཅན)གྱི་དུས་སུ་ཡིག་མཁན་ཧུ་ཤོད་འབུམ་སེས་བྲིས་པ་སེང་གེ་གནམ་དུ་མཆོང་བ་ལྟ་བུ། དེ་རྣམས་ལ་སྣ་མ་ཞེས་བྱ་བ་དང་། བསྟན་པ་ཕྱི་དར་གྱི་ཐོག་མ་སྒྲོ་ཉ་ཤ་རི་དང་། མཐོང་བ་ཇོ་ཇེ་དཔོན་སློབ་ཀྱི་ཕྱག་བྲིས་ལ་གསང་ཞིབ་གྲུ་བཞི་སྐྱེ་རིམ་པ་དགུ་བྱུང་སྐད།

དེའི་རྗེས་སུ་ཁྱུང་པོ་གཡུ་ཁྲི་འབར་བྱ་བས་དཀྱིལ་འཁོར་གྱི་ཐིག་ལ་དཔེ་བླངས་ནས། ཆ་ཆེན་ཆ་ཆུང་དུ་བགོས་པའི་ཐིག་ཚད་དུ་བྲངས་ནས་ཡིག་གཟུགས་ཆེ་ཆུང་སྙོམས་པར་བྱས། འབྲུ་མའི་རིགས་ཀྱང་འཕྲུངས་བར་གྱུར། ལེགས་པ་བས་ཀྱང་མགྱོགས་པ་གཙོ། གཤར་མར་བྲིས་པའི་སྲོལ་ཡང་དར།

ཡིག་གཟུགས་ནང་གསེས་ཀྱི་དབྱེ་བ་དང་བསྡུས་པའི་རེའུ་མིག

- ཡིག་གཟུགས་ཀྱི་སྐོར།
  - གཟབ་མ།
    - གཟབ་ཆེན། དབུ་ཅན། ཡིག་དཀར།
    - གཟབ་ཆུང་། དབུ་མེད། དཔེ་ཚུགས།
  - འབྲུ་མ།
    - འབྲུ་ཆེན།
      - སུག་རིང་།
      - ཁྱུམ་བྲིས།
    - འབྲུ་ཆུང་།
      - སུག་ཐུང་།
      - འབྲུ་ཚ།
  - གཤར་མ།
    - བར་བྲིས།
    - དཀྲུས་བྲིས།
      - རྒྱུགས་བྲིས།
      - འཁྱུགས་བྲིས།
      - (རྒྱུགས་བྲིས། འཁྱུགས་བྲིས།) འཁྲིན་ཡིག

ཡིག་དཀར།

ཀྲུང་ཧྭ་མི་དམངས་སྤྱི་མཐུན་རྒྱལ་ཁབ་ལོ་
ཁྲི་ཕྲག་ཏུ་བརྟན་པར་སྒྱུར་ཅིག།

དཔེ་ཚུགས།

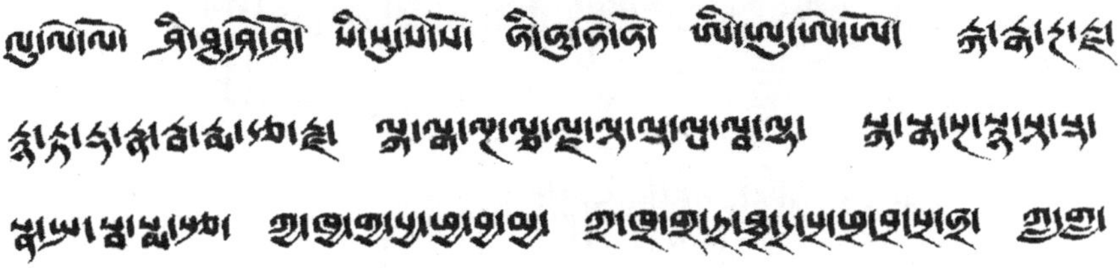

ཧྲུམ་བྲིས།

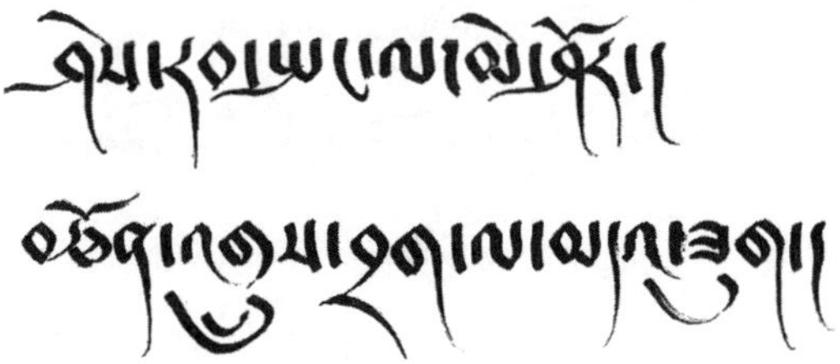

སུག་རིང་།

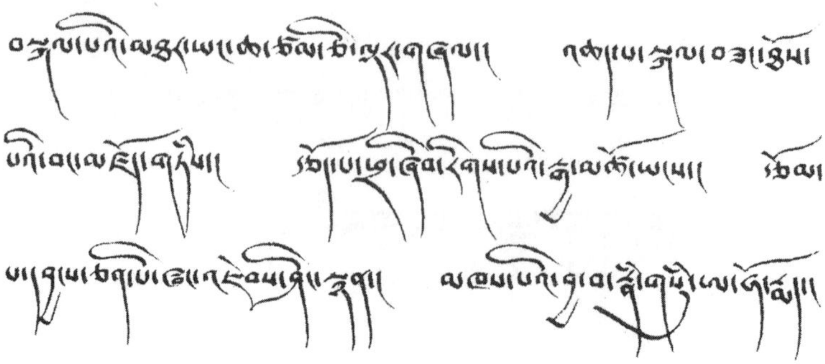

ཁྲུམ་རིས་སུག་རིང་།

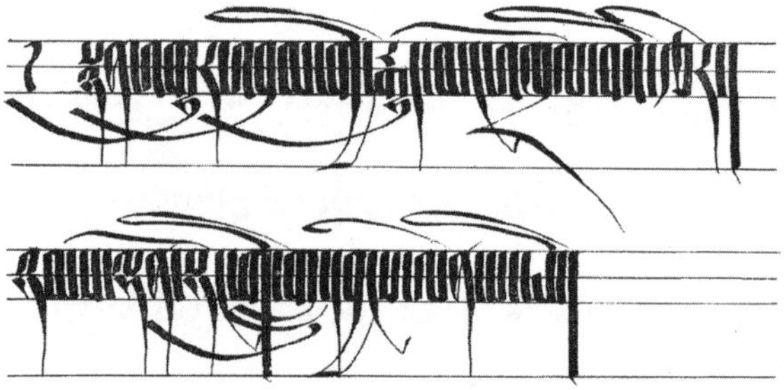

སུག་ཐུང་།

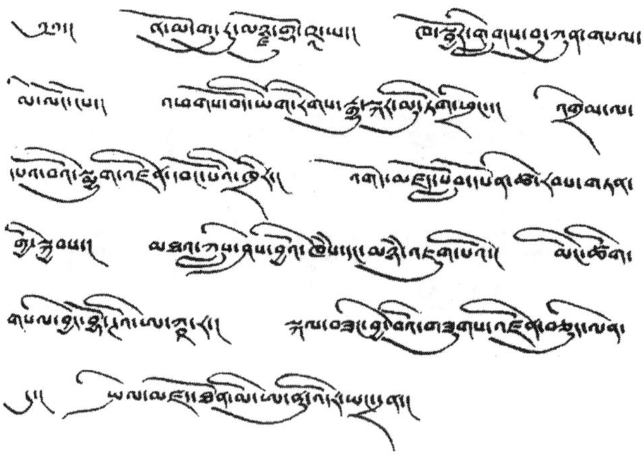

འབྲུ་ཚ།

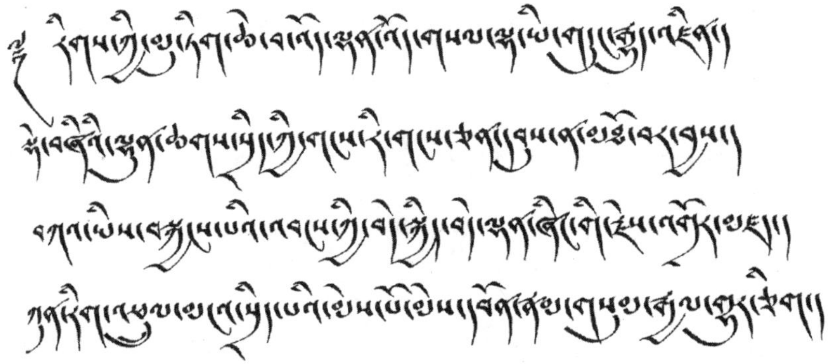

བར་བྲིས།

ཁྱུག་བྲིས།

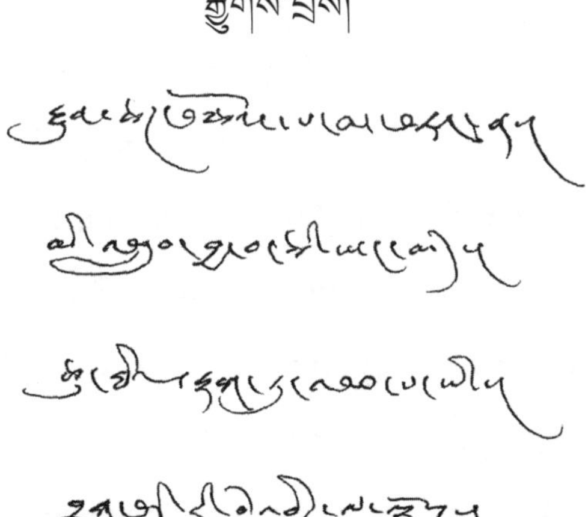

འབྲུགས་ཁྲིས།

གསུམ་པ། ཡིག་རྒྱལ་འདོན་སྟངས།

རྒྱུན་དུ་བཀོད་པ་མཛེས་ཆོས་གང་ཡིན་ཡང་། ལྟ་མཁན་གྱི་འདྲེན་བྱེད་དུ་ཐོག་མར་སྣང་བ་ནི། སྤྱི་ཁོག་ཕྱུབ་ཚུལ་ཡིན། དེ་ནས་མཛེས་ཆོས་ཀྱི་སྒྱུ་རྩལ་ཡིན། སྤྱི་ཁོག་དང་སྒྱུ་རྩལ་ཕན་ཚུན་བསྟུན་མཁས་ན། གསེར་གཞོང་ལ་ནོར་བུས་གང་བ་བཞིན་ནོ། །ཡི་གེའི་སྤྱི་ཁོག་ཏུ་ཁྲི་གཞི་དང་། ཚོན་རྩི་དང་། ཡིག་སྣ་དང་། ཐིག་ཕྲེང་དང་། སྣེ་ཐིག་གི་རྒྱ་སོགས་འདུས་ཡོད། དེ་དག་གང་ལ་གང་འཚམ་དུ་དགོད་པར་བྱ། སྤྱི་ཁོག་ཕྱུབ་མཁས་ན། ཡི་གེའི་བུ་མོ་ལ་མཛེས་པའི་མཆོག་སྟེར་རོ། །

ཡི་གེའི་རྣམ་པ་གང་ཅི་སྨྱུག་འགྲོས་འཁྱེན་སྟངས་དང་། སྨྱུག་ཁ་སྐོར་ཚུལ་སོགས་ལས་བྱུང་བ་ཡིན། སྨྱུག་རྗེས་ནི་ཐིག་རིས་ཡིན། དེ་ལ་རིང་ཐུང་དང་། དྲང་འཁྱོག་དང་། སྦོམ་ཕྲ་སོགས་ཡོད། ཐིག་རིས་མི་འདྲ་བས་མཛེས་ཉམས་མི་འདྲ་བ་གཏོད་ཐུབ། དཔེར་ན། ཐིག་རིས་དྲང་མོ་ཞིག་ལ་ཁོད་ཡངས་ཞིང་བདེ་བའི་ཉམས་དང་། ཐིག་རིས་ཀྱག་ཀྱོག་ཅིག་ལ་ལྡེམ་ལྡེམ་གཡོ་བའི་ཉམས་དང་། ཐིག་

རིས་གསེག་པ་ཞིག་ལ་འཇིགས་སུ་རུང་བའི་ཉམས་དང་། ཐིག་རིས་གཟར་མོ་ཞིག་ལ་རང་ཚུགས་བརྟན་པའི་ཉམས་སྣང་ངོ་། །འདི་དག་ནི་མི་རྣམས་ཀྱི་འཚོ་བའི་ཉམས་མྱོང་ལས་རང་ཤུགས་སུ་ཐོབ་པའི་འཇིག་རྟེན་ཁམས་ཀྱི་དངོས་པོ་ཇེ་སྙེད་པ་ཕྱིར་སྣང་བའི་སྤྱི་མཚན་ཞིག་རེད། ཐིག་རིས་ལས་འདི་རིགས་ཀྱི་ཉམས་ལེན་རྒྱུ་ཡོད་པས་ན། ཡིག་མཁན་རྣམ་པས་ཡི་གེའི་སྒྱུ་རྩལ་ཐིག་རིས་སུ་བཀོད་པ་ཡིན་ཏེ། རང་གི་ཡིད་ཀྱི་འགྱུར་བ་རྣམས་སྒྱུ་གུ་དང་། ཚོན་རྩི་ལ་བརྟེན་ནས་སོར་མོའི་འདུ་བྱེད་ཀྱིས། ཐིག་དྲང་ངེ་ལྷུགས་སྐྱུད་འཐེན་འཐེན་རུས་པ་སྲ་བའི་དཔེ། ལྷུ་དམ་མེ་རྒྱུས་ཀས་སྤྲིལ་སྤྲིལ་ལུས་ཚུགས་གྲིམ་པའི་དཔེ། ཀོར་ཀྱི་ལི་མེ་ལོང་ཤར་ཤར་ལང་ཚོ་རྒྱས་པའི་དཔེ། བཀན་ཡེ་རེ་རལ་གྲི་འཕྱར་འཕྱར་སྟོབས་དང་ལྡན་པའི་དཔེ་སོགས་ཡིག་གཟུགས་རྩལ་དུ་ཐོན་པ་ཡིན།

སྦྱོར་གཟབ་མ་བྲི་བར། མི་ཡི་ལུས་ཕུང་འདྲ་བ་ཞིག་དགོས་ཏེ། མགོ་ལུས་ཡན་ལག་ཆ་ཚད་ལྡན། །རུས་པ་སྲ་ལ་ལྷུ་ཚིགས་དམ། །ཤ་ཁ་འཇམ་ལ་ལང་ཚོ་རྒྱས། །དཔལ་དང་བརྗིད་ཀྱིས་ཡིད་དབང་འགུགས། །ཟེར་བས་མཚོན། གཤར་མ་བྲི་བར། བྲོ་འཆམ་པ་འདྲ་བ་ཞིག་དགོས་ཏེ། བརྟན་པ་ཡི་གེའི་འཇིག་རྟེན་དུ། །གཡོ་བ་སྐྱེ་དགུའི་གསོན་ཉམས་ཐོན། །གར་དུ་བསྒྱུར་ན་གེ་སར་སྒྲུང་། །དཔུང་ཚོགས་བཤར་ན་ཆུ་བོའི་རྒྱུན། །ཞགས་པ་འཕངས་ན་བྱ་ཡང་ཟིན། །རལ་གྲི་ཕྱར་ན་དགྲ་ཡང་འགྲོ། །ཡུལ་དུས་ཀུན་ཏུ་མི་འགག་པའི། །ལེགས་བཤད་བདུད་རྩིའི་དགའ་སྟོན་འགྱེད། །ཟེར་བས་མཚོན། འབྲུ་མ་བྲི་བར། སྒྱུག་འགྲོས་འཐེན་སྟངས་ཡིག་དཀར་འདྲ། །སྒྱུག་ཁ་སྐོར་ཚུལ་ཡིག་ནག་འདྲ། །ལུས་ནི་ནས་འབྲུ་ཚལ་བ་འདྲ། །ཡན་ལག་ཟུར་དང་རྩེ་ཁ་དོད། །ཟེར་བས་མཚོན། ལྟ་མཁན་ཡིག་རྩལ་གྱི་གནད་ཟིན་ན། སྒྱུག་འགྲོས་དྲང་འཁྱོག་རིང་ཐུང་མཐོ་དམན་ལྗི་ཡང་དལ་མགྱོགས་ཀྱི་ཐིག་རིས་ལས། ཡིག་གཟུགས་ཀྱི་འགྱུར་ཉམས་ཡོད་པ་

དང་རོ་སྦྱོང་ཞེས་སོ། །

བཞི་བ། ཡི་གེ་སྐྱང་སྲོལ།

སྤྱི་ཚོགས་དར་ཞིང་རྒྱས་པའི་རྗེས་འབྲངས་ནས། སྲིད་འཁོར་རིག་གསུམ་གྱི་འཚོ་བ་ལས་ཡི་གེ་བཀོལ་བ་རིམ་གྱིས་ཁྱབ་ཆེ་ཞིང་སྣ་ཚོགས་པར་འགྱུར་བ་དང་། སློས་སུ་རིག་པ་གློང་དུ་བརྡོལ་བའི་དེང་གི་དུས་འདིར། རྒྱལ་ཁབ་ཕྱི་ནང་གི་ཚན་རིག་ལག་རྩལ་དང་། གནས་ཚུལ་གསར་བ་སོགས་མྱུར་དུ་རྟོག་དགོས་ན། གཙོ་ཆེར་ཡི་གེར་བརྟེན་དགོས་པས། ཡི་གེ་འབྲི་བ་དང་། པར་དུ་བསྒྲིག་པ་དང་། པར་འདེབས་པ་གང་ཅི་དུས་ལས་མི་ཡོལ་བ་ཞིག་དགོས། ཉེར་མཁོའི་ཟིན་བྲིས་སམ་མ་ཕྱི་རེ་བྲིས་ནའང་། དུས་ཀྱི་རྗེས་ཆོད་པ་གལ་ཆེ་བས་ཤར་མར་བྲི་དགོས། རྒྱུགས་བྲིས་སྐྱུང་མཁས་ན་ལྷག་པར་ལས་ཆོད་ཆེའོ། །

བོད་ཡིག་སྐྱུང་སྲོལ་དར་སྟ་སྟེ། ཏུན་ཧོང་བྲག་ཕུག་ནས་ཐོན་པའི་ཤོག་དྲིལ་གྱི་ཡིག་དཀར་རྣམས་ལས་ཐུན་མོང་བའི་སྐྱུང་བྲིས་ས་ཁྱབ་རྗེ་ཁྱབ་ཏུ་སྣང་ཞིང་། བསྟན་པ་ཕྱི་དར་གྱི་དབུ་བརྙེས་པ་ནས་བཟུང་། གཤར་མའི་འབྲི་སྲོལ་རིམ་གྱིས་དར་བའི་ཞོར་དུ། ཐུན་མོང་མ་ཡིན་པའི་སྐྱུང་སྲོལ་ཡང་ཆགས་པར་གྱུར་ཏོ། །དེ་ལ་ཞིགས་པ་བས་ཀྱང་མགྱོགས་པ་གཙོ། ཞེས་པ་ལྟར། སྔོན་བྱོན་ཡིག་མཁན་རྣམ་པས་མགྱོགས་བྲིས་ཀྱི་སྲོལ་འབྱེད། འབྲུ་མང་པོ་བསྡུས་པའི་ཐ་སྙད་ཇི་བཞིན། སྐྱུང་ཚུང་གཞིར་བཟུང་ནས་ཅི་མགྱོགས་གང་མགྱོགས་ཀྱི་སྐྱུང་ཆེན་མཛད་པ། བྲིས་མ་རྣམས་སུ་སྐྲ་རེངས་བར་མའི་སྐར་མ་ལྟར་མཐོང་རྒྱུ་ཡོད་དོ། །དེང་གི་མྱུར་བྲིས་ཀྱི་དཔེ་ལམ་བོད་ལ་དར་ལོ་ངོ་དགུ་བརྒྱ་ཡས་མས་སུ་བྱུང་བ་ངོ་མཚར་མི་ཆེའམ། ཐ་སྙད་སྐྱུང་སྣ། ཚིག་ཀ་སྐྱུང་དཀའ། ཞེས་པ་ཡང་ཡིག་མཁན་རྣམ་པའི་མྱུར་བྲིས་ཀྱི་ཉམས་མྱོང་ཡིན་ཏེ། མིང་དང་མིང་གི་ཚོགས་པ་གཏན་ཆགས་པ་

ཡིན་པས། སྨྱུག་འགྲོས་ཅུང་ཞིང་ཡིག་གཟུགས་མཛེས་པར་བསྐྱང་སླ་ཡང་། ཚིག་གི་སྦྱོར་བ་སྣ་ཚོགས་པ་ཡོད་པས་བསྐྱང་དཀའ་བ་ཡིན་ནོ། །སྐྱུང་སྲོལ་དར་སྟེ་ཡང་། དེ་ལུགས་ཀྱི་བསྟན་བཅོས་ད་སྟེ་ཕྱག་བྲིས་གནང་མེད་པའི་དབང་གིས། སྐྱེས་བུ་ཕལ་གྱིས་ཡིག་མཁན་རྣམ་པའི་ཕྱག་བྲིས་ལས་ཐོན་པའི་སྐྱུང་ཡིག་དཔེར་བླངས་པ་མ་གཏོགས་རང་རྒྱུ་མི་འཕེར་རོ། །བདག་གིས་སྐྱུང་བྲིས་སྣ་ཚོགས་ཀྱི་མཐའ་དཔྱད་པའི་རྟོགས་ཚོད་ལ། སྐྱུང་སྲོལ་དྲིལ་ན། ཐུན་མོང་དང་ཐུན་མོང་མ་ཡིན་པའི་རིགས་གཉིས་ཡོད་པ་གཤམ་གསལ།

དང་པོ། ཐུན་མོང་བའི་སྐྱུང་སྲོལ་ནི། གཟབ་གཤར་ཐུན་མོང་ལ་འཇོར་བའི་སྐྱུང་སྲོལ་ཞིག་སྟེ། ཡི་གེའི་སྦྱོར་བ་ཇེ་ཉུང་དུ་གཏོང་བ་དང་། དག་ཡིག་བློར་ངེས་པར་ཕན་ཐོགས་ཆེའོ། །འདི་ལ་དབྱེ་བ་དྲུག་ཡོད་དེ།

༡. སྟ་མའི་རྗེས་མཇུག་ག་ད་བ་མ་འ། །ཕྱི་མའི་སྔོན་མཇུག་གང་མཐུན་གཅིག་ཏུ་སྒྱུར། །

མཆོག་གསུམ-----    བདག་གཞན----- 

ཡིད་དགའ----- 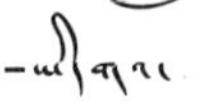   ཐུབ་བསྟན----- 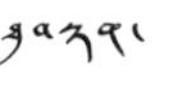

ཁྲིམ་མཆོས----- 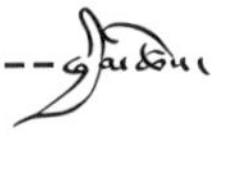   མཁའ་འགྲོ----- 

༢. སྟ་མའི་མཐའ་རྟེན་བཅུ་པོ་ཕྱི་མ་ཡི། །མིང་གཞི་གང་དང་མཐུན་པ་གཅིག་ཏུ་སྒྱུར། །

རྟོག་གེ-----    བཟང་ངན----- 

ཡོད་དོ-----    གཞོན་ནུ----- 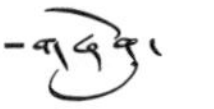

ནུབ་བྱང----- 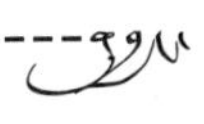   གཟུམ་མལ----- 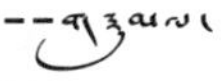

བཀའ་འགྱུར-----    ཁེར་རེ----- 

གསལ་ལམ་མེ----- 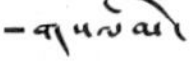   ཚོས་སྲིད----- 

༣. སྔ་མའི་མཐའ་རྟེན་ར་ལ་ས་གསུམ་པོ། །ཕྱི་མའི་མགོ་འཛོག་གང་མཐུན་གཅིག་ཏུ་སྦྱོར། །

དཀར་རྩི-----　　　　འཁར་རྫ-----

མཆིལ་ལྷམ-----　　　　བཀྲལ་ལན-----

གཉིས་སྐྱེས-----　　　　མཚམས་སྦྱིན-----

༤. སྔ་མའི་མིང་གཞི་ག་ད་བ་མ་འ། །ཕྱི་མའི་འཕུལ་གང་མཐུན་པ་གཅིག་ཏུ་སྦྱོར། །

དགྲ་གཉེན-----　　　　མདོ་དབུས-----

ཟླ་བརྗོལ-----　　　　མར་མེ་མཛད-----

འོ་འཛིན-----　　　　དབུ་བཞུགས-----

༥. ཚོག་དབར་སྔ་ཕྱི་གཉིས་ཀ་ཡི། །མིང་གཞི་གང་མཐུན་གཅིག་ཏུ་སྦྱོར། །

དཀྲ་གོགས-----　　　　ངང་དུར-----

ཆེ་ཆུང-----　　　　ཉེ་ཉོན-----

འབྲུ་བོགས-----　　　　འཚོ་ཚོས-----

༦. ཚོག་ཁྲིམ་སྔ་ཕྱི་གཅིག་པ་དག །ང་རོ་གཉིས་རེས་མཚོན་པར་བྱ། །

སྐྲ་སྐྲ-----　　　　ཆིལ་ཆིལ-----

ལྷུང་ལྷུང-----　　　　མཁྲིན་མཁྲིན-----

དགའ་དགའ་སྤྲོ་སྤྲོ-----　　　　ཙུར་ཙུར་ཆེམ་ཆེམ-----

གཉིས་པ། ཐུན་མོང་མ་ཡིན་པའི་སྐྱུང་སྲོལ་ནི། གཤར་མ་ཁོ་ནར་འགྱོར་བའི་སྐྱུང་སྲོལ་ཞིག་སྟེ། མིང་དང་མིང་གི་ཚོགས་པའི་ཚིག་བར་སྔ་ཕྱི་སྦྲུག་འགྲོས་རྣམས་ཚུལ་བཞིན་ཅི་ལྟོགས་གང་ལྟོགས་ཀྱིས་བསྡུས་ཏེ། བྲི་ལ་ཧ་ཅང་མགྱོགས་པ་དང་། སྣག་ཤོག་མང་དུ་བསྲི་ཉུང་བའི་ཕན་པ་ཡོད། འདི་ལའང་དབྱེ་བ་དྲུག་སྣང་།

༡. སྔ་མ་སོར་བཞག་ཕྱི་མའི་མིང་གཞི་སྐྱུང་། །འདོགས་དབྱངས་མཐའ་རྟེན་གང་ཡོད་སྔ་མར་སྦྱར། །

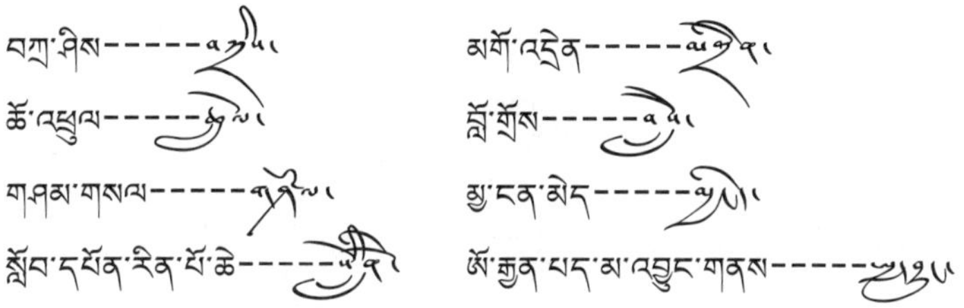

༢. ཕྱི་མའི་མིང་གཞི་བསྐྱུངས་པའི་འཕྲོ་མ་དག །སྔ་མའི་འཕུལ་རྟེན་མིང་གཞི་གང་རིགས་སྦྱར། །

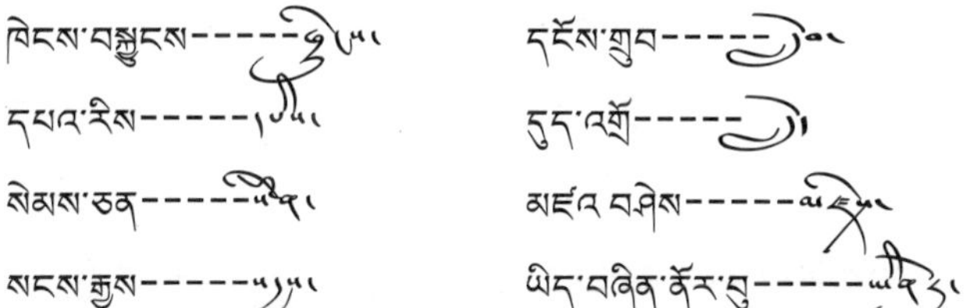

༣. སྔ་མའི་འཕུལ་བཞག་གཞི་རྟེན་སྤངས། །ཕྱི་མའི་དབྱངས་དང་མཐའ་རྟེན་སྦྱར། །

མཁའ་འགྲོ-----	གྲུབ་མཐའ-----
མཚན་འགྲེལ-----	ཐམས་ཅད-----
ཕྱག་མདུད-----	མིག་འཕྲུལ-----
ཚུལ་ཁྲིམས-----	རབ་འབྱམས་པ-----

༤. ཕྱི་མའི་ཡོད་དང་དབྱངས་དང་མཐའ་རྟེན་དག །སྔ་མའི་མིང་གཞིའི་སྟེང་དུ་སྦྱར་བར་བྱ། །

ཀུ་ནུད་ཚལ-----	བདུད་རྩི-----
འབད་རྩོལ-----	བཞིན་འཛུམ-----
ཟླ་ཚེས-----	སུམ་རྟེན-----

༥. མིང་མཐའ་པོ་བོ་སོགས་ཀྱི་དབྱངས་ཡིག་ཙམ། །སྔ་མའི་མཐའ་རྟེན་སྟེང་དུ་སྦྱར་བར་བྱ། །

སྐྱིད་པོ-----	གཙིག་པུ-----
ཁོ་བོ-----	གླིགས་བུ-----
འཇོལ་མོ-----	གཏའ་མ-----
འཁོར་ལོ-----	སྣང་དུ-----

༦. ཡིག་གཟུགས་གཅིག་པའི་སྔ་མར་དབྱངས་མེད་ན། །མིང་གཞིར་འ་བཏགས་ཕྱི་མའི་དབྱངས་ཡིག་སྦྱར། །

འབར་འབུར-----	རབ་རིབ-----
ལྡན་ལྡིན-----	ཤར་ཤུར-----
ཧ་ཧེའུ-----	སྤྲ་སྤྲེའུ-----
འཁྱག་འཁྱོག-----	སུས་སོས-----

དོན་ཚན་གཉིས་པ། ཡི་གེ་སྦྱོར་བཤད་པ།

དང་པོ། ཡི་གེའི་ངོ་བོ།

མིང་ཚིག་རྩོམ་པའི་གཞི་རུ་གྱུར་པ་ཡི། །
སྐད་ཀྱི་གདངས་ཏེ་ཡི་གེ་རྣམ་གཉིས་ལས། །
གནས་དང་བྱེད་པའི་རྣམ་འགྱུར་མི་གསལ་ཞིང་། །
སྒྲ་ཙམ་ཤས་ཆེ་བ་ནི་དབྱངས་ཡིག་དང་། །
གནས་བྱེད་རྣམ་འགྱུར་གསལ་ཞིང་སྐད་གདངས་ནི། །
ཁྱད་པར་ཅན་དུ་གྱུར་པ་གསལ་བྱེད་དོ། །
དབྱངས་གསལ་གཙོ་བྱེད་མགོ་འདོགས་འཕུལ་རྗེན་རྣམས། །
གང་རིགས་སྦྱར་བས་མིང་དང་ཚིག་སོགས་བྱུང་། །
མིང་ཚིག་སྦྱར་བས་ཚིག་ཏུ་གྲུབ་པ་དང་། །
ཚིག་ཕྲེང་སྤེལ་བ་ངག་གི་བརྗོད་པའོ། །

སྤྱིར་འཛམ་གླིང་ཁམས་ན་སྐད་རིགས་སྣ་ཚོགས་ཡོད་པ་དང་། དེ་མཚུངས་ཡི་གེའི་རིགས་ཀྱང་མང་། རགས་པར་བསྡུས་ན། ཡི་གེ་སྦྱོར་ཀློག་ཅན་དང་། དཔེ་རིས་ཅན་གཉིས་སུ་འདུས་སོ། །རིགས་འདི་གཉིས་ཀའི་གྲུབ་ལུགས་མི་འདྲ་བས། ངོ་བོའང་དེ་འདྲ་མི་གཅིག་ལ། དབྱངས་གསལ་གཉིས་རྩ་བར་བྱས་ནས་གནས་རྣམས་སུ་བྱེད་པ་རྣམས་ཕྲད་པ་ལས་བྱུང་བའི་བོད་ཡིག་ལྟ་བུའི་ཡི་གེ་སྦྱོར་ཀློག་ཅན་གྱི་ངོ་བོ་ནི། མིང་དང་ཕྲད་སོགས་རྩོམ་པའི་གཞིར་གྱུར་པའི་སྐད་ཀྱི་གདངས་

ཡིན་ཞིང་། དངོས་པོ་གང་དང་གང་གི་རི་མོའི་རྣམ་པ་ཙམ་བྲིས་པ་དེ་རིམ་གྱིས་ཡི་གེར་གྱུར་པའི་རྒྱ་ཡིག་ལྟ་བུའི་ཡི་གེ་དཔེ་རིས་ཅན་གྱི་ངོ་བོ་ནི། སྐད་ཀྱི་གདངས་སམ་སྒྲ་གང་ཞིག་འབྲུ་རུ་ཆགས་པ་མ་ཡིན་གྱི། སྐད་ཆ་མཚོན་བྱེད་ཀྱི་རྟགས་ཙམ་ཡིན་ནོ། །ཞེས་རྒྱ་སྐད་ཀྱི་བརྡ་སྤྲོད་པའི་གཞུང་རྣམས་སུ་བཤད་པ་ལྟར་རོ། །

དེ་ལ་བོད་ཀྱི་ཡི་གེ་གཅིག་གམ་གཉིས་སམ་དུ་མ་འདུས་པའི་མིང་གཞིའི་མཐར་རྗེས་འཇུག་གང་རུང་ཞིག་སྦྱར་བས། དོན་གྱི་ངོ་བོ་ཙམ་སྟོན་པའི་མིང་དང་། ཚིག་སྦྱོར་བྱེད་ཀྱི་ཕྲད་དུ་གྲུབ་པ་དང་། མིང་དུ་མ་རྣམ་དབྱེའམ་ཚིག་ཕྲད་ཀྱིས་མཚམས་སྦྱར་ནས་ཚིག་ཏུ་གྲུབ་པ་དང་། ཚིག་གི་ཕྲེང་བ་སྤེལ་ནས་གཞུང་དོན་གསལ་བར་བྱེད་པ་བརྗོད་པར་གྲུབ་བོ། །

གཉིས་པ། སྒྲོག་དང་རྐྱེན་གྱི་ཡི་གེ།

སྒྲོག་ཡིག་དབྱངས་དང་ཚེག་གཉིས་ཏེ། །གསལ་བྱེད་ཉི་ཤུ་རྩ་དགུ་ལ། །
ཨ་ཡི་དབྱངས་ཀྱིས་བརྗོད་པ་དང་། །ཡི་གེའི་ཁོངས་ནས་མིང་དབྱུང་བར། །
ཨི་རྣམས་ཕལ་ཆེར་ཞུགས་དགོས་ཕྱིར། །བོད་ཡིག་ཚེག་གིས་མ་བཅད་ན། །
ཚེག་ཁྲིམ་འགྲུབ་པར་མི་སྲིད་དེ། །སྟོན་རྗེས་མིང་གཞི་འབྲུལ་གྱུར་པས། །
བརྗོད་བྱ་སྟོན་བྱེད་མི་ནུས་ཕྱིར། །རྐྱེན་ཡིག་དབུ་དང་ཤད་གཉིས་ཏེ། །
དབུ་ཁྱུད་ཡིག་མགོ་སྟོན་བྱེད་ཙམ། །ཚིག་ལྷུགས་སྐབས་སུ་ཚིག་ཤད་ཙམ། །
ཚིགས་བཅད་དང་ནི་དོན་ཚན་རེ། །རྫོགས་པའི་མཚམས་སུ་ཉིས་ཤད་འཐོབ། །
བརྗོད་པ་ཡོངས་རྫོགས་བཞི་ཤད་འབྲི། །ལེའུ་མཚམས་བར་དང་གལ་འཛོགས་སུ། །
སྦྲུལ་ཤད་འབྲི་བའི་ལག་ལེན་ཡོད། །ཐིག་མགོར་ཡིག་རྫོག་གཅིག་བྱུང་ཚེ། །
ཚེགས་ཐུབ་ཆེད་དུ་སྤུངས་ཤད་འབྲི། །ཚིག་མཐར་ཀ་ག་ཤ་བྱུང་བ། །

སྐད་རིང་ཤད་དུ་བསྒྲེས་པ་ཡིན། །ང་འ་ཤད་གོང་གྱི་ཚོག་འབྲི། །

དབྱངས་དང་ཚིག་ལ་སྒྲོག་ཅེས་བྱ་བ་ནི། ཡི་གེ་རྣམས་ཀྱི་སྒྲོག་ཏུ་ཞུགས་པའི་དོན་མ་ཡིན་པར། ཡི་གེ་རྣམས་བརྗོད་པ་གསལ་བར་བྱེད་པའི་ནུས་པ་སྟེར་བའི་སྒོ་ནས་སྒྲོག་ཟེར་བ་ཡིན། གཞན་དག་གི་འཇུག་པ་གསལ་བས་མ་སྤྲོས་སོ། །

གཞན་ཡང་། རྒྱ་རིམ་པ་བདུན་ཞེས་བྱ་བ་ནི། ཚིག་ཕྲིམ་མི་འཁྲུག་པ་ཚིག་གི་རྒྱ། ཚིག་རྐང་མི་འཁྲུག་པ་ཤད་ཀྱི་རྒྱ། བརྗོད་དོན་མི་འཁྲུག་པ་ལེའུའི་རྒྱ། ཤོ་ལོ་ཀ་མི་འཁྲུག་པ་བམ་པོའི་རྒྱ། བམ་པོ་མི་འཁྲུག་པ་བམ་པོའི་གྲངས་ཀྱི་རྒྱ། མཐའ་མི་འཁྲུག་པ་སྡེ་ཐིག་གི་རྒྱ། གླེགས་བམ་མི་འཁྲུག་པ་གདོང་ཡིག་གམ་སྤྱན་ཕྱིར་གྱི་རྒྱ་རྣམས་ཡིན། ཚིགས་བཅད་ཀྱི་རྐང་པ་བཞིའམ། ཚིག་ལྷུག་གི་ཚིག་དབར་སུམ་ཅུ་སོ་གཉིས(སླ་རྩིས་སུ་ཚིག་དབར་སུམ་ཅུ)ལ་ཤོ་ལོ་ཀ་གཅིག་དང་། ཤོ་ལོ་ཀ་སུམ་བརྒྱ་ལ་བམ་པོ་གཅིག་ཏུ་བརྩིས་པ་དང་། པོ་ཏི་ཆེ་བ་ལ་ཤོག་གྲངས་ལྔ་བརྒྱ་དང་། འབྲིང་བ་ལ་ཤོག་གྲངས་བཞི་བརྒྱ་ཡས་མས་དང་། ཆུང་བ་ལ་ཤོག་གྲངས་ཉིས་བརྒྱ་ནས་སུམ་བརྒྱའི་བར་ཡིན་ནོ། །

གསུམ་པ། ཕ་མ་བུ་ཚའི་ཡི་གེ།

ཕ་ནི་གསལ་བྱེད་ཉེར་དགུ་སྟེ། །བརྗོད་བྱ་སྟོན་བྱེད་གཙོ་བོའི་ཕྱིར། །
མ་ནི་ཨ་སྟེ་གསལ་བྱེད་ཀྱི། །སྐད་གདངས་སྐྱེད་པའི་གནད་ཀྱིས་ཡིན། །
བུ་ཡིག་ཨི་ཨུ་ཨེ་ཨོ་དང་། །ཡ་བཏགས་ར་བཏགས་དྲུག་ཡིན་ཏེ། །
ཕ་མའི་ཡི་གེར་ཕར་བསྐོས་ནས། །གདགས་སུ་རུང་བའི་ཕྱིར་ཡིན་ནོ། །

ཀ་ནས་ཧའི་བར་གསལ་བྱེད་ཉེར་དགུ་བོ་ཕ་ཡིག་ཡིན་དོན་ནི། བརྗོད་བྱའི་དོན་སྟོན་པར་བྱེད་པའི་གཙོ་བོ་ཡིན་པའི་ཕྱིར་དང་། ཨ་ནི་མ་ཡིན་དོན་གསལ་བྱེད་ཀུན་གྱི་སྐད་གདངས་ཐོན་པར་བྱེད་པ་ཡིན་པའི་ཕྱིར། སྟེང་ན་ཞབ་ལྟར་མཛེས་པ་གསུམ་སྟེ། གུག་གུ་འགྲེང་བུ་ན་རོ་དང་། འོག་ན་གདན་ལྟར་མཛེས་པ་གསུམ་སྟེ། ཞབས་ཀྱུ་ཡ་བཏགས་ར་བཏགས་བཅས་དྲུག་ནི་བུ་ཡིག་ཡིན་ཏེ། ཕ་མའི་ཡི་གེར་ཕར་བལྟོས་ནས་གདགས་སུ་རུང་བའི་ཕྱིར་རོ། །

འོ་ན་ཕ་བཏགས་དང་ལ་བཏགས་གཉིས་ཅིའི་ཕྱིར་བུ་ཡིག་ཏུ་མ་བཞག་ཅེ་ན། ཕ་བཏགས་ནི་སྦྲ་མཚུངས་པའི་མིང་གི་ཁྱད་པར་གཏོད་པའི་དང་། མིང་གཞི་སྔོན་འཇུག་ཏུ་མི་འབྲུལ་བར་བྱེད་པའི་རྟགས་ཙམ་སྟེ། དཔེར་ན། བཟའ་བའི་ཤ་དང་རི་དྭགས་ཤྭ་ལྦ་བུ་ལས། རི་དྭགས་ཞེས་པའི་དྭགས་ཀྱི་མིང་གཞི་ད་ལ་ཕ་མ་བཏགས་ན། ད་ཡིག་སྔོན་འཇུག་ཏུ་འཁྲུལ་སྲིད་པ་དང་། རི་དྭགས་ཀྱི་ཤྭ་ལ་ཕ་བཏགས་མེད་ན་བཟའ་བའི་ཤ་ལ་འཁྲུལ་སྲིད་པའི་ཕྱིར། ལ་བཏགས་ནི་མིང་གཞི་དང་བསྡེབས་ན་རང་གཟུགས་དངོས་སུ་ཡོད་པར་མ་ཟད། རང་སྒྲའང་བུ་ཡིག་གཞན་དག་ལྟར་འགྱུར་བ་མེད་པའི་ཕྱིར། བུ་ཡིག་གི་གྲས་སུ་དང་པོའི་སློབ་དཔོན་གྱིས་མ་བཞག་པ་ཡིན་ནོ། །

(ཕོ་མོ་མ་ནིང་གི་ཡི་གེ་རྟགས་འཇུག་གི་སྐབས་སུ་བཤད་པར་བྱའོ། །)

དོན་ཚན་གསུམ་པ། ཡི་གེ་ཀློག་ཚུལ།

དང་པོ། ཡི་གེའི་རྒྱུ།

རྣམ་རྟོག་དབང་གི་རླུང་གཡོ་ཞིང་། །
དེ་ཡིས་གནས་དང་བྱེད་པ་ནི། །
དམ་སྦྱོད་རན་པའི་སྦྱོར་བ་ལས། །
ཡི་གེ་སོ་སོའི་གདངས་རྣམས་སྐྱེ། །

ཡི་གེ་སྐྱེད་བྱེད་ཀྱི་རྒྱུ་ནི། གནས་དང་། བྱེད་པ་དང་། རླུང་དང་། རྣམ་རྟོག་བཞིའོ། །རྣམ་པར་རྟོག་པས་ཡི་གེའི་རྣམ་པར་འཆར་བ་ལ། རླུང་ཤུགས་ཆེ་ཆུང་གང་འཚམ་གྱིས། གནས་དང་བྱེད་པ་གང་དགོས་འཕྲད་པར་བྱས་ནས། ཡི་གེ་སོ་སོའི་གདངས་མི་འདྲ་བ་རྣམས་སྐྱེ་བའོ། །

གནས་ལ་བརྒྱད་དེ། དོག་པའི་གནས་ནི་མགྲིན་པ་དང་། སྣ་དང་། སྤྱི་བོའི་ཀླད་སྦུབས་གསུམ་ཡིན་པ་དང་། ཡངས་པའི་གནས་ནི་ཁོག་པ་དང་། ཀན་དང་། ལྕེ་དང་། སོ་དང་། མཆུ་དང་ལྔ་བཅས་བརྒྱད་དོ། །

བྱེད་པ་གཙོ་བོ་ལྕེ་ཡིན་ཞིང་། ཕལ་བ་མཆུ་དང་མགྲིན་པའོ། །བྱེད་པ་དེ་དག་གནས་རྣམས་ལ་ཕྲད་པ་དང་། ཉེ་བར་ཕྲད་པ་དང་། བཙུམ་པ་དང་། ཕྱེ་བ་དང་། དོག་པ་དང་། ཡངས་པ་དྲུག་གང་རུང་གི་སྒོ་ནས་ཡི་གེ་སོ་སོའི་གདངས་རྣམས་སྐྱེས་པའོ། །

དེ་ཡང་། གནས་ནི་རྩ་བའི་རྒྱུ་སྟེ། དཔེར་ན་ས་བོན་ལྟ་བུ་ཡིན། བྱེད་པ་ནི་འཕྲིན་པའི་རྒྱུ་སྟེ། དཔེར་ན་ཆུ་དང་ལུད་ལྟ་བུ་ཡིན། རྣམ་རྟོག་ནི་སྐྱེ་བའི་རྒྱུ་སྟེ། དཔེར་ན་བོད་བྱེད་འབྲས་བུ་ལྟ་བུ་ཡིན། རླུང་ནི་སྒྲོད་པའི་རྒྱུ་སྟེ། དཔེར་ན་འབྲས་བུ་འགྲོ་བའི་ལམ་པ་ལྟ་བུའོ། །

གཉིས་པ། དབྱངས་ཀྱི་ང་རོའི་དབྱེ་བ།

བརྗོད་བྱ་འཁྲུལ་མེད་སྟོན་པ་དང་། །ཕྲི་བྱ་ཡང་དག་འཕྲི་བའི་ཆེད། །
དབྱངས་ཀྱི་ང་རོ་དྲང་བ་དང་། །བཀུག་པ་དང་ནི་སྣད་པ་དང་། །
སྒྲེང་བ་བསྒྲོད་པ་རྣམ་པ་ལྔ། །མ་འདྲེས་གསལ་བར་ཐོན་པ་གཅེས།

བོད་ཡིག་ལ་དབྱངས་ཀྱི་ང་རོ་ལྔ་ཡོད་དེ། མིང་གཞི་རྐྱང་བརྩེགས་ཅི་རིགས་ལ་འཕྱུལ་རྗེན་ཡོད་མེད་གང་ཡིན་ཀྱང་། ཨ་ཡི་དབྱངས་དང་ལྡན་པ་ཡོད་དོ་ཅོག་ནི་དྲང་བ་སྟེ་མདའ་དང་འདྲ་སྟེ། སྒྲ་མཉམ་པར་བྱས་ནས་འདོན་པ་དང་། དེ་བཞིན་གུག་གུ་ཅན་ཇི་སྙེད་པ་བཀུག་པ་སྟེ་གཞུ་དང་འདྲ་སྟེ། སྒྲ་སྤྱི་བོའི་ཆ་ནས་གུག་པར་བྱས་ནས་འདོན་པ་དང་། ཞབས་ཀྱུ་ཅན་ཇི་སྙེད་པ་སྣད་པ་སྟེ་ལ་ཐུར་དང་འདྲ་སྟེ། སྒྲ་འཕང་མར་ལ་ཕབ་ནས་འདོན་པ་དང་། འགྲེང་བུ་ཅན་ཇི་སྙེད་པ་སྒྲེང་བ་སྟེ་ལ་གྲེན་དང་འདྲ་སྟེ། སྒྲ་གྱེན་དུ་བཀྱགས་ནས་འདོན་པ་དང་། ན་རོ་ཅན་ཇི་སྙེད་པ་བསྒྲོད་པ་སྟེ་ཐླ་གབ་དང་འདྲ་སྟེ། སྒྲ་འཕང་མཐོན་པོ་བྱས་ནས་འདོན་པའོ། །དེ་ལ་ང་རོ་དྲང་བ་ཅན་དཔེར་ན། བསླབ་པར་བྱ་བ་མཐའ་ཡས་རྣམས། །མཐའ་དག་རང་བྱན་བྱ་དཀའ་ཡང་། །རང་ལ་གནད་པ་ཁྱད་པར་ཅན། །གང་དག་འབད་པས་སྦྱང་བར་བྱ། །(དབྱངས་ཨ་གཅིག་ཏུ་ངེས་པ་སྟེ་ཛཱ་ཛེ་རྒྱལ་པོས)ལྟ་བུ་དང་། ང་རོ་བཀུག་སྣད་སྒྲེང་བསྒྲོད་བཞི་དཔེར་ན། མཚོ་སྔོན་མདོ་སྟོད་

བོད་ལྗོངས་རོང་འབྲོག་ཁྲོད། །མི་རིགས་སྤྱི་ཡིས་ཅི་འབྲི་མིང་ཚིག་བཞིན། །སྒྲིབ་ལེགས་ཆེར་འཇེབས་དཔེ་མེད་མཛེས་བྱེད་དེ། །སྨྱུར་འབྲུག་སྒྲ་གསུམ་ཕུལ་བྱུང་ཚུལ་ཏུ་སྨྲུན། །(དབྱངས་བཞིའི་ངེས་པ་སྟེ་ཚེ་ཏན་ཞབས་དྲུང་གིས)ལྷ་བྲིའོ། །

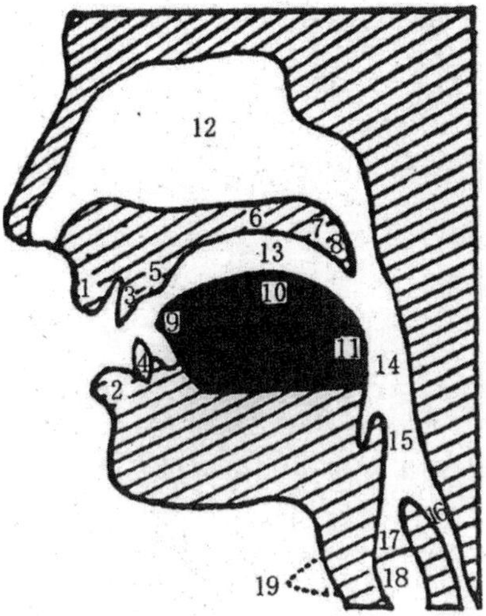

1. ཡ་མཆུ། 2. མ་མཆུ། 3. ཡ་སོ། 4. མ་སོ།
5. རྙིལ། 6. རྐན་སྲ་མོ། 7. རྐན་སྙི་མོ། 8. ལྕེ་ཆུང་།
9. ལྕེ་རྩེ། 10. ལྕེ་ངོས། 11. ལྕེ་རྩ། 12. སྣ་ཁུང་།
13. ཁ་ནང་། 14. མིད་མགོ། 15. མིད་འགག 16. མིད་ཐག
17. ཨོལ་ཀྲོང་། 18. གྲེ་བ། 19. ཨོལ་མདུད།

དེ་ལ་དབུས་སྐད་དུ་སྔོན་འཇུག་དང་མགོ་ཅན་རྣམས་ཀྱི་སྒྲའི་ཟུར་ཏ་ལམ་ཉམས་པར་གྱུར་པའི་དབང་གིས། དབྱངས་ཀྱི་ང་རོའི་དབྱེ་བ་མངོན་པར་སྤྱོགས་པས་ཞིབ་ཆ་ཐོན་ཅིང་། ཨམ་སྐད་དུ་མགོ་འདོགས་འཕུལ་རྟེན་རྣམས་ཀྱི་སྒྲའི་ཟུར་

མ་ཉམས་པར་ཇི་བཞིན་ཐོན་ཅིང་སྒྲ་དུ་མ་འདུས་པའི་ཤུགས་ཀྱིས། དབྱངས་ཀྱི་ང་རོའི་དབྱེ་བ་དབུས་སྐད་དེ་བཞིན་མི་གསལ་ཏེ། དཔེར་ན། རོལ་མོ་སྣ་ཚོགས་ཅིག་ཅར་དུ་འབུད་འཁྲོལ་རྒྱུང་བའི་སྒྲ་འདྲེས་མ་ལས། རོལ་མོ་གཅིག་གི་སྒྲ་ཟུར་དུ་ལྷང་ངེར་མི་ཐོན་པ་ལྟ་བུ་ཡིན་གྱི། ཨམ་སྐད་ལ་དབྱངས་ཀྱི་ང་རོ་མེད་པ་མ་ཡིན་ནོ། །དེ་ཡང་རོལ་མོའི་བསྟན་བཅོས་ལས། སོ་སོར་སྤེལ་བ་ཐ་དད་རང་དུ་དྲངས་པས་གསལ་བ་དང་། བསྲེས་ནས་སྤེལ་བ་ཐ་དད་དུ་མ་གཅིག་ཏུ་དྲངས་པས་སྙན་པའི་སྐད་དུ་སྨྲས་པ་བཞིན་ནོ། །མི་རིགས་གཞན་པའི་བརྡ་སྤྲོད་སྨྲ་བ་ཁ་ཅིག་གིས། ཨམ་སྐད་ལ་སྒྲའི་ང་རོ་མེད། ཅེས་དང་། སྒྲའི་ང་རོ་མེད་པའི་སྐད་ཆ་རྗེས་ལུས་རེད། ཅེས་ཁ་ཚོན་བཅད་པ་ནི། ཨམ་སྐད་ལ་བྱུང་ཆ་གོམས་ཆ་མེད་པའི་སྤྱི་བརྗོལ་སྨྲ་བ་ཙམ་དུ་ཟད་དེ། གཅིག་ཏུ། མདའ་གཞུ་ཡི་ནི་འཕྲུལ་འཁོར་ལྟར། །རང་སྒྲ་རྐྱང་བས་མི་ནུས་ཕྱིར། །དེ་དག་ཚོགས་པའི་སྦྱོར་བ་ཡིས། །རྣ་བདེ་བར་བྱེད་པ་ཡིན། །ཞེས་རོལ་མོའི་བསྟན་བཅོས་ལས་གསུངས་པ་ལྟ་བུའི་ཨམ་སྐད་ཀྱི་སྙན་ཆ་མ་རྟོགས་པ་དང་། གཉིས་སུ། ཡི་གེའི་སྦྱོར་བ་མི་གཅིག་པས། དོན་གྱི་ངོ་བོ་སྣ་ཚོགས་སྟོན་པ། སྒྲ་དྲག་ཞན་བར་མའི་ཞིབ་ཆ་ལྷག་པར་གསལ་ན། ཐ་སྙད་ལྷག་པར་འགྱུར། ངག་རྩལ་ལྷག་པར་ཆེ། སྐད་རིགས་གང་ལ་ཁྱད་ཆོས་འདི་དག་ཡོངས་སུ་ཚང་ན་ཕུན་སུམ་ཚོགས་པ་ཡིན་པའི་ཨམ་སྐད་ཀྱི་ལེགས་ཆ་འདིའང་མ་རྟོགས་པར་མངོན།

ཡིན་ན་ཡང་། ཨ་མདོའི་ཡུལ་སྐད་ལ་ལར་དབྱངས་ཀྱི་ང་རོའི་དབྱེ་བ་མི་གསལ་བའི་སྐྱོན་ཡང་སྣང་ཞིང་། དེ་ལུགས་ཁྱབ་ཙུང་ཟད་ཆེ་བ་རྣམ་པ་བཞི་ཡོད་དེ།

ཀ མིང་གཞི་གཅིག་པར་ཨི་དང་ཨུ་ཞུགས་པའི་སྒྲའི་ང་རོའི་ཁྱད་པར་མི་གསལ། དཔེར་ན། རི་དང་རུ། གྲུབ་དང་གྲིབ། ཐིག་དང་ཐུག །ཚིགས་དང་ཚུགས། འཛིག་དང་འཛུག །སྐྱིག་དང་སྐྱུག་ལ་སོགས་པ་ལྟ་བུའོ། །

ཁ ང་མཐའ་ཅན་དང་ས་མཐའ་ཅན་ལ་ཨུ་དང་ཨོ་ཞུགས་པའི་ང་རོའི་ཁྱད་པར་མི་གསལ། བུང་དང་བོང་། དགུང་དང་དགོང་། གུས་དང་གོས། སྐྱུང་དང་སྐྱོང་། བཞུས་དང་བཞོས་ལ་སོགས་པ་ལྟ་བུའོ། །

ག རྗེས་འཇུག་འདྲ་ཞིང་འགྲེང་བུ་ཞུགས་ཡོད་མེད་ཀྱི་སྒྲའི་ང་རོའི་ཁྱད་པར་མི་གསལ། རང་དང་རིང་། ཤེས་དང་ཤས། བཞད་དང་བཞེད། སྣག་དང་སྣེག །སྐད་དང་སྐེད་ལ་སོགས་པ་ལྟ་བུའོ། །

ང ཨེ་ལྡན་མཐའ་མེད་ཅན་དང་། ཨེ་ཡོད་མེད་གང་རུང་གི་ས་མཐའ་ཅན་གྱི་ང་རོའི་ཁྱད་པར་མི་གསལ། གེ་དང་གས། རེ་དང་རས་དང་རེས། སྤྲུས་དང་སྤྲེ། ཤེ་དང་ཤས་དང་ཤེས། སྐྱེ་དང་སྐྱེས་ལ་སོགས་པ་ལྟ་བུ་རྣམས་སོ། །

གློག་ཀླུར་ཕྱིན་པ་དང་སྒྲའི་ང་རོ་གསལ་བར་ཐོན་ན། བརྗོད་བྱའི་དོན་རྣམས་རྗོད་བྱེད་ཀྱི་ཁ་ལྕེ་དག་པའི་སྒོ་ནས་གཞན་ལ་འཁྲུལ་མེད་དུ་གོ་བརྡ་སྤྲོད་ཐུབ་པ་དང་། བྲི་བྱའི་ཡི་གེ་ཡང་སྒྲ་གདངས་ཇི་བཞིན་དག་པར་འབྲི་ཐུབ་པའི་ཕན་ཐོགས་ཆེའོ། །

དེས་ན་ཀ་ཁ་ཐོག་མར་སློབ་པའི་དུས་ནས་བཟུང་སྟེ། ཡི་གེ་རེ་རེ་བའི་གནས་བྱེད་རྩོལ་བ་དང་བཅས་པའི་གློག་ཀླུར་ཕྱིན་པར་སྦྱང་དགོས། དེ་ནས་རིམ་བཞིན་ཀ་སོགས་ལ་དབྱངས་དང་མགོ་འདོགས་འཕུལ་རྗེན་སྦྱར་བའི་གློག་དག་པར་སྦྱངས་ཐོག །ཚིག་ཕྲེང་ཤར་མར་འདོན་དུས་ཀྱང་། ཚིག་ཁྲིམ་རེ་རེའི་ཡན་ལག་དག་གི་རང་སྒྲ་ཐོན་ཙམ་གྱིས་མིང་གཞིའི་གནས་བྱེད་རྩོལ་བ་དང་ལྡན་ཅིག་གློག་ཀླུར་ཕྱིན་པར་བརྗོད་ཅིང་། སྐད་ཆ་བཤད་བཤད་དང་ཉམས་ཐོན་པར་བྱས་ནས་འདོན་རྒྱུ་གལ་ཆེའོ། །

གསུམ་པ། སྒྲའི་ང་རོ་འདྲེན་ཚུལ།

ང་རོའི་རྩ་བ་གསུམ་ཡོད་དེ། །ཨ་དང་ཧ་དང་འ་གསུམ་མོ། །
ཨ་སྒྲའི་ཆ་དང་ལྡན་པ་ནི། །ཀ་ཅ་ཏ་པ་ཙ་ལྔ་དང་། །
ཧ་སྒྲའི་ཆ་དང་ལྡན་པ་ནི། །ཁ་ཆ་ཐ་ཕ་ཚ་ལྔ་དང་། །
འ་སྒྲའི་ཆ་དང་ལྡན་པ་ནི། །ག་སོགས་ལྷག་མ་བཅུ་དགུ་འོ། །

དེ་ཡང་སྒྲའི་གཞི་རླུང་གི་ཤུགས་འབྱུང་བའི་གནས་ཀྱི་རྩ་བ་ནི། ཁོག་པ་དང་མགྲིན་པ་གཉིས་ཡིན་ལ། མགྲིན་པ་བཙུམ་ཞིང་དོག་པར་བྱས་ནས་སྟོད་དུ་ཤུགས་བསྐྱེད་དེ་གདོན་པའི་ཡི་གེའི་རྩ་བ་ནི་ཨ་ཡིག་གོ། །ཁོག་པ་ནས་ཤུགས་བསྐྱེད་དེ་གདོན་པའི་ཡི་གེའི་རྩ་བ་ནི་ཧ་ཡིག་གོ། །མགྲིན་པ་ཕྱེ་ཞིང་ཡངས་པར་བྱས་ནས་སྨད་དུ་ཤུགས་བསྐྱེད་དེ་གདོན་པའི་ཡི་གེའི་རྩ་བ་ནི་འ་ཡིག་གོ། །དེ་ལ་ཨ་ཡིག་གི་སྒྲའི་ཆ་དང་ལྡན་པར་མགྲིན་པ་བཙུམ་ཞིང་རླུང་ཤུགས་ཆེ་བས་སྟོད་དུ་གྲིམ་པའི་སྒྲ་དྲག་པའི་ཚུལ་གྱིས་གདོན་པའི་ཡི་གེ་ཀ་ཅ་ཏ་པ་ཙ་ལྔ་བོ་ཕོ་ཡིག་གོ། །ཧ་ཡིག་གི་སྒྲའི་ཆ་དང་ལྡན་པར་ཁོག་པ་ནས་ཤུགས་ཙུང་ཟད་བསྐྱེད་དེ་རླུང་ཤུགས་རན་པས་སྒྲ་བར་མའི་ཚུལ་གྱིས་གདོན་པའི་ཡི་གེ་ཁ་ཆ་ཐ་ཕ་ཚ་ལྔ་བོ་མ་ནིང་ངོ་། །འ་ཡིག་གི་སྒྲའི་ཆ་དང་ལྡན་པར་མགྲིན་པ་ཕྱེ་ཞིང་རླུང་ཤུགས་ཆུང་བས་སྒྲ་ཞན་པའི་ཚུལ་གྱིས་གདོན་པའི་ཡི་གེ་ནི་ག་ང་ཇ་ཉ་ད་ན་བ་མ་ཛ་ཝ་ཞ་ཟ་འ་ཡ་ར་ལ་ཤ་ས་ཧ་བཅུ་དགུ་མོ་ཡིག་གོ། །

མོ་ཡིག་དེ་རྣམས་ལས་རླུང་ཤུགས་ཤྲ་མོ་སྣ་ནས་འདྲེན་ཞིང་སྒྲ་ཤིན་ཏུ་ཞན་པའི་ཚུལ་གྱིས་གདོན་པའི་ཡི་གེ་ང་ཉ་ན་མ་བཞི་པོ་ཤིན་ཏུ་མོ་དང་། རླུང་ཤུགས་

སྐད་དུ་སློད་པ་སྒྲ་ཆེས་ཞན་པའི་ཚུལ་གྱིས་གདོན་པའི་ཡི་གེ་ར་ལ་ཧ་གསུམ་པོ་མོ་གཤམ་མོ། །

བཞི་བ། དབྱངས་གསལ་རྣམས་ཀྱི་གནས་དང་བྱེད་པའི་སྦྱོར་བ།

ཀ་ཁ་ག་ང་ཨ་ཧ་འ། །ལྟེ་ཡི་རྩ་དང་མགྲིན་ལས་བསྐྱེད། །
ཨི་ཨེ་ཙ་ཚ་ཛ་ཉ་དང་། །ཙ་ཚ་ཛ་ཞ་ཡ་ཤ་རྣམས། །
ལྟེ་དབུས་ཡན་ཆད་རྐན་ལ་རེག །ཏ་ཐ་ད་ན་ཟ་ལ་ས། །
ལྟེ་རྩེ་སོ་རྩར་ཕྲད་ནས་བསྐྱེད། །ཨུ་ཨོ་པ་ཕ་བ་མ་ཝ། །
མཆུ་བཙུམ་པ་འམ་ཙུང་ཟད་ཕྱེ། །ང་ཉ་ན་མ་སྣ་ལས་ཀྱང་། །
ར་ནི་ལྟེ་རྩེ་སྤྱི་བོ་ལས། །ཐམས་ཅད་ཁོག་པ་ལས་ཀྱང་ངོ་། །
ཀ་ཁ་ཙ་ཚ་ཏ་ཐ་དང་། །པ་ཕ་ཙ་ཚ་ཤ་ས་ཨར། །
མགྲིན་པ་མན་གྱི་སྒྲ་མེད་ལ། །གཞན་རྣམས་དེ་དང་ལྡན་པ་འོ། །

གསལ་བྱེད་ཀྱི་ཀ་སྡེ་རྣམས་ལྟེའི་རྩ་བའི་བྱེད་པ་མགྲིན་པའི་གནས་ལ་སྦྱར་བས་དང་། ཙ་སྡེ་རྣམས་ལྟེ་རྩེ་དང་ཉེ་བའི་བྱེད་པ་རྐན་གྱི་གནས་ལ་སྦྱར་བས་དང་། ཏ་སྡེ་རྣམས་ལྟེ་རྩེའི་བྱེད་པ་སོའི་གནས་ལ་ཕྲད་པས་དང་། པ་སྡེ་རྣམས་མཆུ་བཙུམ་པའི་བྱེད་པ་མཆུའི་གནས་ལ་སྦྱར་བས་བསྐྱེད་ཅིང་། བརྗོད་ཚུལ་གྱི་ཁྱད་པར་ཡང་སྡེ་བ་བཞི་རྣམས་གོ་རིམ་བཞིན་དུ། དང་པོ་རྣམས་དམ་པ། གཉིས་པ་རྣམས་དམ་ལྷོད་རན་པ། གསུམ་པ་རྣམས་ལྷོད་པ། བཞི་བ་རྣམས་ཤིན་ཏུ་ལྷོད་པར་བརྗོད་པ་སྟེ། སྡེ་བ་རང་རང་གི་སྔ་མ་སྔ་མ་ལས་ཕྱི་མ་ཕྱི་མ་ལྷོད་པའི་ཚུལ་གྱིས་བརྗོད་དགོས་པ་དང་། ཙ་ཚ་ཛ་གསུམ་ནི་ལྟེ་རྩེ་དང་ཤིན་ཏུ་ཉེ་བའི་བྱེད་པ

སོ་དང་རྐན་འབྲེལ་བའི་གནས་ལ་སྦྱར་བས་བསྐྱེད་ཅིང་། བཟོད་ཚུལ་ནི་དམ་པ་དང་། རན་པ་དང་། ལྷོད་པ་དང་། ཥ་ནི་མཆུ་དང་མགྲིན་པའི་བྱེད་པ་མགྲིན་པ་དང་མཆུའི་གནས་ལ་ཚུང་ཟད་སྦྱོར་ལ་ཁད་དུ་བསྐྱེད་ཅིང་། བཟོད་ཚུལ་ནི་ལྷོད་པའོ། །ཞ་སྡེའི་ཞ་ནི་ལྕེ་རྩེ་དང་ཉེ་ཞིང་ལྷོད་པའི་བྱེད་པ་རྐན་གྱི་གནས་དང་ཕྲད་པས་དང་། ཟ་ནི་ལྕེ་རྩེ་དང་ཤིན་ཏུ་ཉེ་ཞིང་ལྷོད་པའི་བྱེད་པ་རྐན་གྱི་གནས་དང་ཕྲད་པས་དང་། འ་ནི་ལྕེ་རྩ་དང་ཉེ་བའི་བྱེད་པ་མགྲིན་པའི་གནས་ལ་ཚུང་ཟད་ཉེ་བའི་ཚུལ་གྱིས་དང་། ཡ་ནི་ལྕེའི་སྙིད་པ་དང་ཉེ་བའི་བྱེད་པ་རྐན་གནས་ལ་སྦྱར་བས་བསྐྱེད་ཅིང་། བཞི་བོའི་བཟོད་ཚུལ་ལྷོད་པའོ། །ར་སྡེའི་ར་ནི་ལྕེ་རྩེ་གྱེན་དུ་སྒྲེང་བའི་བྱེད་པ་སྤྱི་བོའི་སྦུབས་དང་འབྲེལ་བའི་རྐན་གནས་ལ་ཕྲད་པས་དང་། ལ་ནི་ལྕེ་རྩེའི་བྱེད་པ་རྐན་དང་འབྲེལ་བའི་སོའི་གནས་ལ་སྦྱར་བས་བསྐྱེད་ཅིང་། གཉིས་ཀའི་བཟོད་ཚུལ་ཤིན་ཏུ་ལྷོད་པ་དང་། ཤ་ནི་ལྕེ་རྩེ་དང་ཉེ་ཞིང་དམ་པའི་བྱེད་པ་རྐན་གྱི་གནས་ལ་ཕྲད་པས་དང་། ས་ནི་ལྕེ་རྩེ་དང་ཤིན་ཏུ་ཉེ་ཞིང་དམ་པའི་བྱེད་པ་སོ་དང་འབྲེལ་བའི་རྐན་གནས་ལ་རེག་པས་བསྐྱེད་ཅིང་། གཉིས་ཀའི་བཟོད་ཚུལ་ལྷོད་པའོ། །ཧ་ནི་ལྕེ་རྩའི་བྱེད་པ་མགྲིན་པའི་གནས་ལ་སྦྱར་བས་བསྐྱེད་ཅིང་། བཟོད་ཚུལ་ཤིན་ཏུ་ལྷོད་པའོ། །ཨ་ནི་ལྕེ་རྩའི་བྱེད་པ་མགྲིན་པའི་གནས་ལ་སྦྱར་བས་བསྐྱེད་ཅིང་། བཟོད་ཚུལ་ཚུང་ཟད་དམ་པའོ། །དབྱངས་བཞིའི་ཨི་ནི་མགྲིན་པ་ལས་བྱུང་ཞིང་སྤྱི་བོའི་ཆ་ནས་བཀུག་ཅིང་ཚུང་ཟད་དོག་པོར་བྱས་པའི་བྱེད་པ་ཅན་དང་། ཨུ་ནི་མགྲིན་པ་དང་མཆུ་ལས་བྱུང་ཞིང་། དེ་ཡང་མཆུ་མ་རེག་ཙམ་དུ་ཟུམ་ཞིང་འཕང་སྐད་དེ་ཚུང་ཟད་དོག་པོར་བྱས་པའི་བྱེད་པ་ཅན་དང་། ཨེ་ནི་མགྲིན་པ་ལས་བྱུང་ཞིང་སྤྱི་བོའི་ཆ་དང་ཚུང་ཟད་འདྲེས་ཤིང་གྱེན་དུ་བསྒྲེངས་ཏེ་ཡངས་པར་བྱས་པའི་བྱེད་པ་ཅན་དང་། ཨོ་ནི་མགྲིན་པ་དང་མཆུ་ལས་བྱུང་ཞིང་། དེ་ཡང་མ་མཆུ་གྱེན་དུ་བཏེགས་པ་ལྟར་འཕང་བསྙོད་

དེ་ཡངས་པར་བྱས་པའི་བྱེད་པ་ཅན་ནོ། །

འདིར་གནས་དང་བྱེད་པ་རྣམ་གསལ་གྱི་དཔེར་བརྗོད་རེ་གཉིས་བཀོད་ན། པད་མའི་ཕུང་པོ་ཕྱུར་བུར་སྤུངས་པ་ནི། །བུང་བ་སྨྱོས་པའི་འབད་པས་སྤྱོད་པར་བྱེད། །དེ་ལྟར་གཏན་འདུན་བདེ་ལེགས་འཕྲོབ་ཆེད་དུ། །འཐད་ལྡན་དོན་དམ་གཏམ་དེར་མནོ་བསམ་ཐོངས། །(གནས་གཉིས་སུ་ངེས་པ་སྙེ་དབྱངས་ཅན་དགའ་གློས)ཞེས་པའི་རྐང་བ་དང་པོ་དང་གཉིས་པའི་གནས་དང་བྱེད་པ་ནི་མཚུ་དང་། གསུམ་པ་དང་བཞི་བའི་གནས་སོ་རྩ་དང་བྱེད་པ་ལྕེ་རྩེའོ། །དཔག་མེད་པད་མའི་ཕུང་པོ་སྤུངས་པའི་དབུས། །ཁྲག་ཁྲིག་དགའ་མགུའི་སྒྲ་སྒྲོགས་འཕོར་འགྲོའི་ཁྱུ། །དེ་དག་རྟག་ཏུ་ནན་ཏན་འདུས་ཏེ་མཐར། །ཟང་ཟིང་རྩི་བཟུང་སོ་སོའི་ཚང་རྩེར་སོང་། །(གནས་བཞི་ངེས་པ་སྙེ་དུང་དཀར་བས)ཞེས་པའི་རྐང་བ་དང་པོའི་གནས་དང་བྱེད་པ་མཚུ་དང་། གཉིས་པའི་གནས་མགྲིན་པ་དང་བྱེད་པ་ལྕེ་རྩ་གཙོ་བོ། གསུམ་པའི་གནས་སོ་དང་བྱེད་པ་ལྕེ་རྩེ། བཞི་བའི་གནས་རྐན་དང་བྱེད་པ་ལྕེ་རྩེ་དང་ཤིན་ཏུ་ཉེ་བ་ལྟ་བུ་སོགས་སོ། །

དོན་ཚན་བཞི་བ། རྟགས་ཀྱི་འཇུག་པ།

ཕོ་མོ་མ་ནིང་རྟགས་ཀྱི་ཁྱད། །གསལ་བར་འབྱེད་པའི་མན་ངག་ནི། །
གནས་བྱེད་རྩོལ་བ་དམ་ལྷོད་ཡིན། །བྱེད་རྩོལ་དམ་པས་དྲག་པ་ཕོ། །
བྱེད་རྩོལ་རན་པས་མ་ནིང་སྟེ། །བྱེད་རྩོལ་ལྷོད་པས་ཞན་པ་མོ། །
དེ་ལས་ལྷོད་པས་ཤིན་ཏུ་མོ། །ཆེས་ལྷོད་པ་ནི་མོ་གཤམ་ཡིན། །

མིང་གཞི་དང་འཕུལ་རྗེན་རྣམས་ཀྱི་ཡི་གེ་སོ་སོ་ངག་ནས་བརྗོད་པའི་ཚེ། རང་རང་གི་སྐྱེ་གནས་ལ་བྱེད་རྩོལ་དམ་ལྷོད་དང་རླུང་ཤུགས་ཆེ་ཆུང་གང་རིགས་སུ་སྦྱར་བའི་གྲག་ཚུལ། ཕོ་མོ་མ་ནིང་གི་སྐད་གདངས་དཔེར་བྱས་ནས། དྲག་ཞན་བར་མའི་ཁྱད་པར་གསལ་བར་གཏོང་ཅིང་། འཇུག་པ་བཞིའི་སྒོ་ནས་ཚོགས་གསུམ་གསལ་བར་བྱེད་པ་ཡིན་པས། རྟགས་ཀྱི་འཇུག་པ་དཔྱིས་ཕྱིན་པར་སྦྱངས་ན། གཟོད་སྒྲ་ཤེས་ན་དོན་ལ་མི་རྨོངས། ཞེས་པའི་ངེས་པ་མངའ་བརྙེས་པར་འགྱུར་རོ། །

སྐབས་འདིར་སྒྲ་དྲག་ཞན་བར་མ་ཕོ་མོ་མ་ནིང་གི་སྐད་ཀྱི་གདངས་ལ་དཔེ་བླངས་པ་ནི། ཕོ་ཡི་གྲེ་བ་ནི་ཅུང་ཟད་མཐུག་ཅིང་རིང་བས། སྒྲ་འབྱིན་པ་བསྙོས་བཅས་ཀྱི་སྟོབས་ཞིང་དྲག་པ། མོ་ཡི་གྲེ་བ་ཅུང་ཟད་སྲབ་ཅིང་ཐུང་བས། སྒྲ་འབྱིན་པ་བསྙོས་བཅས་ཀྱི་ཕྲ་ལ་ཞན་པ། མ་ནིང་གྲེ་བ་ཕོ་མ་མོའི་ཚུལ་དུ་གནས་པས། སྒྲ་འབྱིན་པ་བར་མ་ཅན་དུ་གྱུར་བའོ། །འདི་ལུགས་དངོས་ཁམས་ཀྱི་རང་བཞིན་དང་མཐུན་པ་ཞིག་གོ། །འདིར་གྲེ་བ་ཞེས་པ་ཨོལ་མདུད་ཀྱི་མགོར་གནས་པའི་སྒྲའི་སྐྱེ་

གནས་ཏེ་སྒྲ་འཁྱིན་པའི་དབང་པོའོ། །

དང་པོ། མིང་གཞིའི་རྟགས་ཀྱི་དབྱེ་བ།

བོད་ཡིག་རྟགས་ཀྱི་དབྱེ་བ་ལ། །སྤྱིར་བཏང་དབྱངས་མོ་གསལ་བྱེད་ཕོ། །
མིང་གཞིའི་ནང་གསེས་རྟགས་ཀྱི་ཁྱད། །ཀ་ཅ་ཏ་པ་ཙ་ལྔ་ཕོ། །
ཁ་ཆ་ཐ་ཕ་ཚ་མ་ནིང་། །ག་ཇ་ད་བ་ཛ་དང་ཝ། །
ཞ་ཟ་འ་ཡ་ཤ་ས་མོ། །ང་ཉ་ན་མ་ཤིན་ཏུ་མོ། །
ར་ལ་ཧ་ནི་མོ་གཤམ་སྟེ། །ཨ་ནི་མཚན་མེད་ཅེས་ཀྱང་བྱ། །

སྤྱིར་བོད་སྐད་དུ་ཉེ་བར་གྲགས་པའི་ཡི་གེ་རྣམས་ལ་ཕོ་མོ་གཉིས་སུ་དབྱེ་བའི་དབང་དུ་བཏང་ན། དབྱངས་ཡིག་མཚོན་བྱེད་ཨི་ཨུ་ཨེ་ཨོ་བཞི་ནི་ཤེས་རབ་ཀྱི་རང་བཞིན་མོ་དང་། ཀ་ནས་ཨའི་བར་མཐར་ཐུག་པ་གསལ་བྱེད་སུམ་ཅུ་ནི་ཐབས་ཀྱི་རང་བཞིན་ཕོ་ཡིན་ཏེ། མོ་ཡི་ཡི་གེ་མེད་པ་ན། །ཕོ་ཡིག་བརྗོད་པ་མེད་པར་འགྱུར། །ཕོ་ཡིག་དེ་དག་རྣམས་ལ་ཡང་། །འཇུག་པར་བཅས་པ་མེད་ན་ནི། །དོན་རྣམས་བརྗོད་པར་མི་འགྱུར་རོ། །ཞེས་གསུངས་པ་བཞིན་ནོ། །

ཀ་སོགས་གསལ་བྱེད་དུ་ཕོ་ཡིག་ཡིན་པས། ག །ཇ། ད་རྣམས་ཀློག་ཚེ། སྒྲ་ཤིན་ཏུ་སྙོད་པར་བྱས་ནས་སྔ་སྒྲ་དང་ལྡན་པར། ཀ་ཁ་འགའ་ང་། ཅ་ཆ་འཇའ་ཉ། ཏ་ཐ་འདའ་ན། ཞེས་བརྗོད་ན་མཚན་ཉིད་དང་མི་མཐུན་པར་གྱུར་ཏེ། གཏམ་དུ། ག་ལ་ཡིན་པར། འགའ་ལ་ཡིན། ཞེས་དང་། ཇ་འཐུང་བ་ལ། འཇའ་འཐུང་། ཞེས་དང་། ད་དུང་ལ། འདའ་དུང་། ཞེས་མི་ཟེར་བ་དང་། སྤྱིར་ཀློག་ཏུ། གང་ལ་འགང་དང་། ཇག་ལ་འཇག་དང་། དོམ་ལ་འདོམ། ཞེས་མི་འདོན་

པས་གསལ། དེ་དག་སྔོན་འཇུག་གི་འཇུག་ཡུལ་དུ་སོང་ཚེ། གཟོད་མོ་ཡིག་ཏུ་གྱུར་པ་ཡིན་ནོ། །འོ་ན་ཁ་ཅིག་གིས་དེ་ལྟར་འདོན་དོན་ཅི་ཞེ་ན། ཀ་ཁ་ག་ང་། ཏ་ཐ་ད་ན་ན། ཞེས་ལེགས་སྦྱར་གྱི་ཀློག་ཚུལ་གྱི་དབང་དུ་བྱས་པ་ཡིན་ལ། བོད་རང་སྐད་དུ་གོང་དུ་སྨོས་པ་བཞིན་སྣ་སྒྲ་མེད་པར་བྱེད་རྩོལ་སྐྱོད་པའི་ཚུལ་གྱིས་འདོན་པ་ཡིན་ནོ། །

གསལ་བྱེད་ཀྱི་ཡི་གེ་རྣམས་མིང་གཞིར་སོང་བའི་ཚེ། ཀ་ཙ་ཏ་པ་ཙ་ལྔ་པོ་བརྗོད་པའི་བྱེད་རྩོལ་གྱི་ཤུགས་ཤིན་ཏུ་གྲིམ་ཞིང་དྲག་པས་ཕོ་དང་། ཁ་ཆ་ཐ་ཕ་ཚ་ལྔ་པོ་བརྗོད་པའི་བྱེད་རྩོལ་གྲིམ་སྐྱོད་རན་པས་མ་ནིང་དང་། ག་ཇ་ད་བ་ཛ་ཞ་ཟ་འ་ཡ་ཤ་ས་བཅུ་གཉིས་བརྗོད་པའི་བྱེད་རྩོལ་ཅུང་ཟད་སྐྱོད་པས་མོ་དང་། ང་ཉ་ན་མ་བཞི་པོ་བརྗོད་པའི་བྱེད་རྩོལ་ཤིན་ཏུ་སྐྱོད་པས་ཤིན་ཏུ་མོ་དང་། ར་ལ་ཧ་གསུམ་པོ་བརྗོད་པའི་བྱེད་རྩོལ་ཆེས་ཤིན་ཏུ་སྐྱོད་པས་མོ་གཤམ་དང་། ཨ་ནི་དབྱངས་གསལ་གཉིས་ལ་འགྲོ་བས། མཚན་མེད་ཀྱི་ཡི་གེ་ཞེས་ཀྱང་བྱའོ། །

དེ་ལྟར་སྦེ་ཚན་ལྔ་ཅུ་དབྱེ་བའི་དགོས་པ་ནི། དེ་རྣམས་མིང་གཞིར་སོང་བའི་ཚེ། རང་རང་གི་སྐྱེ་གནས་ལས་དབྱུང་བའི་བྱེད་རྩོལ་དང་རླུང་ཤུགས་མི་འདྲ་བའི་ཁྱད་པར་དབྱེ་ཕྱིར་དང་། དེ་ལ་སྔོན་རྗེས་རྣམས་སྒྲ་གདངས་ཇི་ལྟར་འཇུག་པའི་གཞི་ངོས་གཟུང་བའི་ཕྱིར་རོ། །

མིང་གཞི་ལ་མིང་གཞི་རྐྱང་བ་དང་། རྐྱང་འདོགས་དང་། བརྩེགས་པ་སྟེ་རྣམ་པ་གསུམ་སྣང་ཡང་། དེ་ཚང་མ་མིང་གཞི་ཡིན་པས། འགབ་ལ་བཏགས་པའི་ཡ་ར་ལ་ཝ་བཞི་དང་། མགོ་ལ་བརྩེགས་པའི་ར་ལ་ས་གསུམ་ལ་རྟགས་ཀྱི་དབྱེ་བ་མེད་དོ། །གསལ་བྱེད་སུམ་ཅུ་མིང་གཞི་བྱེད་པར་མིང་གཞི་རྐྱང་བ་ཟེར། དེ་རྣམས་ལ་དབྱངས་བཞི་གང་ཡང་སྦྱར་རུང་མོད། ཁི། ངེ་། ཕྲི་ལྷུ་ལྷེ(འབོད་སྒྲ་ཙམ་དུ་ཟད)ཕོ་དག །བརྗོད་པ་མི་བདེ་ཕྱིར། མིང་དང་ཕྲད་དུ་མི་འགྱུར་པས།

བོད་སྐད་དུ་དེ་འདྲའི་སྦྱོར་བ་མེད། འོན་ཀྱང་མི་རིགས་གཞན་དག་གི་སྒྲ་གཡར་བ་ལ་སྦྱར་ཆོག

གཉིས་པ། མགོ་འཛོག་དང་སྣད་འདོགས།

ཀ་སོགས་གསལ་བྱེད་སུམ་ཅུ་ལས། །ར་མགོ་ལྡན་པ་ཀ་ག་ང་། །
ཛ་ཉ་ཏ་ད་ན་དང་ནི། །བ་མ་ཙ་ཛ་བཅུ་གཉིས་ཏེ། །
ལ་མགོ་ཀ་ག་ང་ཅ་ཇ། །ཏ་ད་པ་བ་ཧ་དང་བཅུ། །
ས་མགོ་ཀ་ག་ང་ཉ་ཏ། །ད་ན་པ་བ་མ་ཙ་ལའོ། །
མགོ་ཅན་གསུམ་གྱི་ཀློག་ཚུལ་ནི། །ར་མགོ་ལྕེ་རྩེ་འདར་བ་དང་། །
ལ་མགོ་ལྕེ་སློད་རྒྱ་ཡངས་བསྐྱེད། །ས་མགོ་སོ་ཡི་བར་ནས་དབྱུང་། །
འདོགས་ཅན་ཡ་ར་ལ་ཝ་སྟེ། །ཡ་བཏགས་ཀ་ཁ་ག་དང་ནི། །
པ་ཕ་བ་མ་བདུན་ཡིན་ཏེ། །ར་བཏགས་ཀ་ཁ་ག་ད་དང་། །
པ་ཕ་བ་མ་ས་ཧ་བཅུ། །ལ་བཏགས་ཀ་ག་བ་ཟ་དང་། །
ར་དང་ལྷ་སྟེ་ཝ་བཏགས་ནི། །ཀ་ཁ་ག་ཉ་ད་ཚ་དང་། །
ཞ་ཟ་ར་ལ་ཤ་ཧ་འོ། །གཞན་ཡང་གྲྭ་རྩྭ་ཕྱྭ་སོགས་ཡོད། །
འདོགས་ཅན་ཝ་ནི་རྟགས་ཙམ་སྟེ། །ཡ་ར་ལ་གསུམ་འདོགས་ཅན་གྱི། །
སྒྲ་གདངས་ལ་ལ་ཆེས་མཚུངས་པས། །མིང་གཞིའི་སྒྲ་ཟུར་ཐོན་པར་བགྱི། །
མགོ་འདོགས་ལྡན་པ་སུམ་བརྩེགས་ལས། །ར་མགོ་ཡ་བཏགས་ཀ་ག་མ། །
ས་མགོ་ཡ་ར་འདོགས་པ་ཅན། །གཉིས་ཀའང་ཀ་ག་པ་བ་མའོ། །
གང་ལ་གང་བཏགས་གོ་རིམ་བཞིན། །གནས་ལས་དབྱུང་ཞིང་ཅིག་ཅར་བསྒྲག །
གལ་ཏེ་ཟུར་ཞིག་ཆག་པ་ན། །སྦྱོར་ཀློག་མི་དག་ཡིག་སྐྱོན་འབྱུང་། །

འདིར་ཅུང་ཟད་བཤད་དགོས་པ་ནི། མགོ་ཅན་འདོགས་ཅན་སུམ་བརྩེགས་ཅན་རྣམས་ཀྱི་མཚན་གཞིར་མགོ་འདོགས་གང་ཐོབ་མ་སྦྱར་བར་མིང་གཞི་རྐྱང་བ་ཙམ་བསྟན་པ་ཀློག་བདེ་བའི་ཆེད་དུ་ཡིན།

མགོ་ཅན་ར་ལ་ས་གསུམ་གྱི་ཀློག་ཚུལ་ལས། ར་མགོ་ཅན་ནི་ལྕེ་རྩེ་རྐན་ལ་གྱེན་དུ་ཕྲད་པ་རླུང་གིས་བསྐྱོད་ནས་འདར་བ་དང་ཅིག་ཅར་མིང་གཞི་གང་གི་གདངས་ཕྱུང་བ་ཡིན་ཏེ། ཀ་ལྟ་བུར་དཔེ་མཚོན་ན། ལྕེ་རྩ་རྐན་ཕྱུག་དང་བྲལ་ནས་གདངས་ཐོན་པའི་ཐོག་མར་རི་ཞེས་གྲགས་པ་དང་། ལ་མགོ་ཅན་ནི་ལྕེ་རྩ་མགྲིན་པ་དང་། ལྕེ་རྩེ་སོ་ལ་རེག་ནས། རླུང་ལྕེ་མཐའ་གཉིས་ནས་འདོན་པ་དང་ལྷན་ཏུ་མིང་གཞི་གང་གི་སྒྲ་འབྱིན་པ་ཡིན། ལྒ་ལྟ་བུར་དཔེ་མཚོན་ན། ལྕེ་ངོས་སྟུན་སོ་ནས་སྒྲ་ཐོན་པའི་ཐོག་མར་ལིད་ཅེས་གྲགས་པ་དང་། ས་མགོ་ཅན་ནི་ལྕེ་རྩེའི་མཐའ་གཉིས་སོ་རྩར་རེག་ཅིང་། ལྕེ་རྩེ་དང་སོའི་བར་ནས་རླུང་ཕུད་པ་དང་སྦྲགས་ནས་མིང་གཞི་གང་གི་གདངས་བཏོན་པ་ཡིན། སྟ་ལྟ་བུར་དཔེ་མཚོན་ན། ལྕེ་རྩེ་སོ་དང་བྲལ་ནས་སྒྲ་བྱུང་བའི་ཐོག་མར་སི་ཞེས་གྲགས་པ་ཡིན་ལ། གཞན་རྣམས་ཀྱང་དེ་བཞིན་རིགས་བསྒྲེས་ནས་ཤེས་པར་བྱའོ། །

འདོགས་ཅན་ཡ་ར་ལ་ཝ་བཞིའི་ཀློག་ཚུལ་ལས། ཝ་བཏགས་ནི་གོང་དུ་བཤད་ཟིན་པ་ལྟར་མིང་གཞི་གང་ལ་བཏགས་ཀྱང་རྟགས་ཙམ་སྟེ། སྦྱོར་སྒྲ་ཟུར་ཐོན་པ་མེད་མོད་ཀྱང་། བརྡ་རྙིང་ཟུར་མ་ཆག་པ་རྣམས་ལ་སྒྲ་ཟུར་འབྱུང་བཞིན་ཡོད་དེ། སྭ་སྟི་ལ་སོ་སྟི་དང་། དྭ་ཕྲུག་ལ་དོ་ཕྲུག་ལྟ་བུར་འདོན་པ་ནི། ཝ་སྒྲའི་ཟུར་ཐོན་པའི་རྟགས་སོ། །ཡ་བཏགས་ཅན་དང་། ར་བཏགས་ཅན་དང་། ལ་བཏགས་ཅན་ལ་ལ་ཀློག་མ་དག་ན་སྒྲ་གཅིག་པར་གྱུར་འགྲོ། དཔེར་ན། གྱ་དྲ་བྲ་གསུམ་ཀློག་པ་དག་ན། གྱ་སྒྲ་མགྲིན་པ་དང་། དྲ་སྒྲ་ལྕེ་རྩེ་དང་། བྲ་སྒྲ་མཆུ་ལས་བྱུང་བས་ཁྱད་པར་གསལ། ཀླ་སླ་བླ་གསུམ་ལས། ཀླ་སྒྲ་མགྲིན་པ་དམ་ཞིང་དྲག

པའི་ཚུལ་གྱིས་དང་། ཀླཱ་སྐྲ་མགྲིན་པ་ལྕེད་ཅིང་ཞན་པའི་ཚུལ་གྱིས་དང་། ཀླཱ་སྐྲ་མ་མཆུ་ཡ་སོར་རེག་པའི་ཚུལ་གྱིས་འདོན་པ་ཡིན་པས་ཁྱད་གསལ། གཞན་དག་ཀྱང་དེ་བཞིན་བསྒྲེས་ནས་ཤེས་པར་བྱའོ། །

གསུམ་པ། རྗེས་འཇུག་གི་རྟགས་ཀྱི་འཇུག་པ།

ཀ། རྗེས་འཇུག་གི་རྟགས་ཀྱི་དབྱེ་བ་དང་འཇུག་ཚུལ།

རྗེས་འཇུག་ག་ང་ད་ན་དང་། །བ་མ་འ་ར་ལ་ས་བཅུའི། །
ག་ད་བ་ས་བཞི་ཕོ་ཕོ། །ང་མ་འ་གསུམ་མོ་ཡིན་ཞིང་། །
ན་ར་ལ་གསུམ་མ་ནིང་སྟེ། །ཕོ་ནི་དྲག་པའི་ཚུལ་བྱས་ནས། །
ག་མཐའ་མགྲིན་པ་གྲིམ་པས་དབྱུང་། །ད་མཐའ་ལྕེ་རྩེ་སོ་རྩར་སྦྱར། །
བ་མཐའ་སོ་མཆུ་རེག་པ་ལས། །ས་མཐའ་སོ་ཡི་བར་ནས་དབྱུང་། །
མོ་ནི་ཞན་པའི་ཚུལ་བྱས་ནས། །ང་མཐའ་ལྕེ་རྩ་རྐན་སྦྱར་ཅིང་། །
མ་མཐའ་མཆུ་བཙུམ་སྣ་ནས་འདྲེན། །འ་མཐའ་གྲེ་བའི་ཕུགས་ནས་ཕྱུང་། །
མ་ནིང་རན་པའི་ཚུལ་བྱས་ནས། །ན་མཐའ་ལྕེ་རྩེ་སོ་རྩར་ཐུག །
རླུང་ཤུགས་ཅུང་སློད་སྣ་ནས་འཕུད། །ར་མཐའ་ལྕེ་རྩེ་འདར་བ་དང་། །
ལ་མཐའ་ལྕེ་རྩེ་རྐན་སྦྱར་ཅིང་། །ལྕེ་མཐའ་གཉིས་ནས་རླུང་ཕྱིར་གཏོན། །
ཕོ་ལ་སྐྱེས་བུ་རབ་འབྲིང་གསུམ། །ག་མཐར་ས་སྦྱར་སྐྱེས་བུ་རབ། །
དྲག་པའི་དྲག་པར་འདོན་པ་ཡིན། །བ་མཐར་ས་སྦྱར་སྐྱེས་བུ་འབྲིང་། །
དྲག་པའི་རན་པར་བསླག་པར་བྱ། །ཡང་འཇུག་མེད་པ་ཕོ་མཐའ་ནི། །
དྲག་པའི་ཞན་པར་བརྗོད་པ་པོ། །མོ་ལ་མོ་དང་ཤིན་ཏུ་མོ། །

ང་མར་ས་སྦྱར་མོ་ཙམ་ནི། །ཞན་པའི་དྲག་པར་འདོན་པ་དང་། །
ས་མཐའ་མེད་པ་ཤིན་ཏུ་མོ། །ཞན་པའི་ཞན་པར་བརྗོད་པ་འོ། །
མ་ནིང་འགྱུར་དང་མཚན་གཉིས་དང་། །མཚན་མེད་མ་ནིང་གསུམ་དུ་དབྱེ། །
ཡང་འཇུག་ཡོད་དམ་མེད་ཀྱང་རུང་། །ཕོ་དང་ཕྲད་ན་དྲག་པར་འགྱུར། །
བར་མའི་དྲག་པར་འདོན་པ་དང་། །དྲག་མེད་མོ་ཕྲད་ཞན་པར་འགྱུར། །
བར་མའི་ཞན་པར་བརྗོད་པ་སྟེ། །དེ་གཉིས་འགྱུར་བ་མ་ནིང་ཡིན། །
ཡང་འཇུག་ལྡན་པ་མོ་དང་ཕྲད། །དྲག་ཞན་གཉིས་ཀའི་ཆ་ལྡན་པས། །
མཚན་གཉིས་མ་ནིང་ཞེས་བྱ་སྟེ། །ཞན་ནས་དྲག་པར་གདོན་པར་བྱ། །
ད་དྲག་ཡོད་དམ་མེད་ཀྱང་རུང་། །མ་ནིང་རང་དང་ཕྲད་པ་ན། །
བར་མ་ཙམ་དུ་གློག་པ་སྟེ། །མཚན་མེད་མ་ནིང་ཞེས་བྱ་འོ། །

རྗེས་འཇུག་བཅུ་པོ་མིང་གཞི་གང་རུང་གི་རྗེས་སུ་འཇུག་པའི་ཚེ། ག་ད་བ་ས་བཞི་པོ་སྒྲ་དྲག་པར་གྱུར་པས་ཕོ་དང་། ང་མ་འ་གསུམ་སྒྲ་ཞན་པར་གྱུར་པས་མོ་དང་། ན་ར་ལ་གསུམ་སྒྲ་བར་མར་གྱུར་པས་མ་ནིང་དུ་གྱུར་ཏོ། །

དེ་ཡང་གང་མིང་བརྗོད་པར། འཕུལ་དང་མིང་གཞི་དང་བཅས་པའི་སྒྲ་རྣམས་རྟགས་ཀྱི་དབྱེ་བ་ལྟར་ཟུར་དབྱུང་དགོས་པར་མ་ཟད། རྗེས་འཇུག་གི་སྒྲའང་རྟགས་ཀྱི་དབྱེ་བ་བཞིན་ཟུར་ཐོན་པར་འཇུག་དགོས། དེས་ན་མིང་གཞིའི་རྗེས་འཇུག་ཕོ་ཡིག་ཡིན་ན། དེ་དག་གི་སྒྲ་གདངས་དྲག་པ་སྟེ་ཤེད་ཆེ་བའི་ཚུལ་གྱིས་གདོན་པ་ཡིན་ཞིང་། ནང་གསེས་ཀྱི་ཁྱད་པར་ནི་དཔེར་ན། སློག༷་པ་ཡག༷་པ་གྱོན༷་པ་ཞིག༷་དང་ཐུག༷ །རབ༷་རྒྱས༷་ཚང་ནི་གང་ན་བསྐྱད༷་ཡོད༷་དྲིས༷། །ཞེས་པ་ལས། ཡག་གི་སྒྲ་མཐའ་ཨག་དང་། ཞིག་གི་སྒྲ་མཐའ་ཨིག་དང་། ཐུག་གི་སྒྲ་མཐའ་ཨུག་དང་། སློག་གི་སྒྲ་མཐའ་ཨོག་ཅེས་མགྲིན་པ་དམ་པར་བྱས་ནས་གྲག་པར་བྱེད་

པ་དང་། དེ་བཞིན་རྗེས་འཇུག་གཞན་རྣམས་ཀྱི་སྒྲ་ལའང་རང་རང་ཞུགས་སའི་མིང་གཞིའི་དབྱངས་གང་ཡིན་པ་ལྡན་པར་བྱའོ། །བསྟོད་དང་ཡོད་ཀྱི་སྒྲ་མཐའ་ཨད་དང་ཨོད་ཅེས་ལྷེ་རྩེ་ཁན་དང་འབྲེལ་བའི་སོ་རྩར་སྦྱར་ནས་གྲག་པར་བྱེད་པ་དང་། རྒྱས་དང་དྲིས་ཀྱི་སྒྲ་མཐའ་ཨས་ཨིས་ཞེས་རླུང་ཤུགས་ལྷེ་ངོས་དང་སོའི་བར་ནས་ཕྱུང་སྟེ་གྲག་པར་བྱེད་པ་ལྟ་བུའོ། །

མིང་གཞིའི་རྗེས་འཇུག་མོ་ཡིག་ཡིན་ན། དེ་དག་གི་སྒྲ་གདངས་ཞན་པ་སྟེ་ཤེད་ཆུང་བའི་ཚུལ་གྱིས་གདོན་ཞིང་། ནང་གསེས་ཀྱི་ཁྱད་པར་དཔེར་བརྗོད་ན། མར་རྩམ་ཐོས་ཤིང་ཞོ་འོ་འཐུང་། །ཡིད་ཆོམ་སེམས་དགའ་ངོ་ཡང་འཛུམ། །ཞེས་པ་ལས་ཡང་། ཤིང་། འཐུང་གསུམ་གྱི་སྒྲ་མཐའ་འང་འིང་འུང་གསུམ་ལྷེ་རྩ་ཁན་ལ་སྦྱར་ཅིང་རླུང་སྣ་ནས་ཕྱུང་སྟེ་གྲག་པར་བྱེད་པ་དང་། རྩམ། ཆོམ། འཛུམ་གསུམ་གྱི་སྒྲ་མཐའ་འམ། འིམ། འུམ་གསུམ་ཁ་བཙུམས་ཤིང་རླུང་སྣ་ནས་ཕྱུང་སྟེ་གྲག་པར་བྱེད་པ་དང་། དགའ་ཡི་སྒྲ་མཐའ་འ་ནི་མགྲིན་པ་ཕྱེ་ཞིང་སྣ་ནས་ཙུང་ཟད་ཕྱུང་ནས་གྲག་པར་བྱེད་པ་དང་། ཞོ་ལྟ་བུར་རྗེས་འཇུག་འ་དོན་གྱིས་ཐོབ་པས་སྒྲ་མཐའ་འོ་ཞེས་གྲག་པར་བྱེད་པ་ལྟ་བུའོ། །

མིང་གཞིའི་རྗེས་འཇུག་མ་ནིང་ཡིན་ན། དེ་དག་གི་སྒྲ་གདངས་བར་མ་སྟེ། ཤེད་རན་པའི་ཚུལ་གྱིས་གདོན་ཞིང་། ནང་གསེས་ཀྱི་ཁྱད་པར་ནི་དཔེར་ན། འགྱུར་བཞིའི་ཕྲིན་ལས་སྤེལ་བ་ལ། །རྒྱུན་དུ་རྒྱལ་ཁ་ལེན་པར་བརྩོན། །ཞེས་པ་ལས། ཕྲིན། རྒྱུན། ལེན། བརྩོན་བཞིའི་སྒྲ་མཐའ་ཨིན། ཨུན། ཨེན། ཨོན་བཞི་ལྷེ་རྩེ་ཁན་དང་འབྲེལ་བའི་སོ་རྩར་སྦྱར་ཅིང་རླུང་སྣ་ལ་དྲངས་ནས་གྲག་པར་བྱེད་པ་དང་། འགྱུར་དང་། པར་གྱི་སྒྲ་མཐའ་ཨུར་དང་ཨར་ནི། ལྷེ་རྩེ་གྱེན་དུ་བསླངས་ཤིང་རླུང་གིས་བསྐྱོད་ནས་གྲག་པར་བྱེད་པ་དང་། རྒྱལ་དང་། སྤེལ་གྱི་སྒྲ་མཐའ་ཨལ་དང་ཨེལ་ནི། ལྷེ་རྩེ་ཁན་ལ་སྦྱར་ཅིང་རླུང་མཐའ་གཉིས་ནས་ཕྱུང་སྟེ་གྲག

པར་བྱེད་པའོ། །

དེ་ལུགས་ལེགས་པར་ཤེས་ན། མིང་གཞི་གང་ཉུང་གི་རྗེས་འཇུག་ད་བ་ཕན་ཚུན་དང་། ན་མ་ཕན་ཚུན་དང་། ཨི་ལྡན་མཐའ་མེད་དང་ཨི་མེད་ས་མཐའ་ཅན་ཕན་ཚུན་ནོར་མི་སྲིད་དོ། །

རྗེས་འཇུག་ལ་ཡང་འཇུག་ཞུགས་ཡོད་མེད་ཀྱི་དབང་གིས་སྒྲའི་འཇུག་ཚུལ་ཐ་དད་པ་བརྒྱད་དུ་གྱུར་པ་ལས། མིང་གཞི་གང་གི་མཐར་ཡང་ཉུང་། རྗེས་འཇུག་ཕོ་ཡིག་རྣམས་ཞུགས་པ་སྒྲ་དྲག་པ་གཞིར་བཞག་པའི་ནང་གསེས་ག་མཐར་ཡང་འཇུག་ས་ཞུགས་པ་ན། འཇུག་ཡང་འཇུག་ཕོ་ཡིག་གཉིས་ཕྲད་པའི་སྟོབས་ཀྱིས། བརྗོད་པའི་སྒྲ་གདངས་དྲག་པའི་དྲག་པར་འགྱུར་བ་ལ་སྐྱེས་བུ་རབ་ཅེས་བྱ་སྟེ། པགས། ཁེགས། བསྒྲིགས། སྦོགས། ལྐུགས། ལྟ་བུ་སོགས་འཇུག་ཡང་འཇུག་ག་དང་ས་གཉིས་མིང་གཞི་རྐྱང་བརྩེགས་རྟགས་གང་ཉུང་ལ་ཞུགས་ཀྱང་། རང་གི་ནུས་པས་ཀློ་རྩ་ཚན་ལ་བརྟེགས་ཤིང་ཡ་མགལ་མ་མགལ་ཙུང་ཟད་བཙུམ་ཞིང་དམ་པ་དང་། ཤེད་ཆེས་ཆེ་བའི་ཚུལ་གྱིས་འདོན་པའོ། །

བ་མཐར་ཡང་འཇུག་ས་ཞུགས་པ་ན། རྗེས་འཇུག་ཕོ་ཡིག་གཉིས་ཕྲད་པའི་སྟོབས་ཀྱིས་བརྗོད་པའི་སྒྲ་གདངས་དྲག་པའི་བར་མར་འགྱུར་བ་ལ་སྐྱེས་བུ་འབྲིང་ཞེས་བྱ་སྟེ། རྟེབས། ཐབས། བསྐྱབས། སྐྱོབས། འདེབས། ལྟ་བུ་སོགས་འཇུག་ཡང་འཇུག་བ་ས་གཉིས་མིང་གཞི་གང་གི་རྗེས་སུ་ཞུགས་ཀྱང་། རང་ནུས་ཀྱིས་མ་མཆུ་ཡ་སོར་སྦྱར་ཅིང་། རླུང་སོ་བར་ནས་ཕྱུང་སྟེ། ཤེད་ཆེ་བའི་ཚུལ་གྱིས་བརྗོད་པའོ། །

ག་ད་བ་ས་བཞི་པོ་གང་ཉིད་མིང་གཞི་གང་ཉུང་གི་རྗེས་སུ་འཇུག་པ་ན། བརྗོད་པའི་སྒྲ་གདངས་དྲག་པའི་ཞན་པར་འགྱུར་བས་སྐྱེས་བུ་ཐ་མ་ཞེས་བྱ་སྟེ། བརྗོད་ཚུལ་བཤད་ཟིན་པ་ལྟར་ཤེད་ཙུང་ཟད་ཆེ་བའི་ཚུལ་གྱིས་ཀློག་པའོ། །

མིང་གཞི་གང་ཉུང་གི་མཐར། རྗེས་འཇུག་མོ་ཡིག་རྣམས་ཞུགས་པ་སྒྲ་ཞན་

པ་གཞིར་བཞག་པའི་ནང་གསེས་ང་མ་གཉིས་ལ་ཡང་འཇུག་ས་ཞུགས་པ་ན། རྗེས་འཇུག་མོ་དང་ཡང་འཇུག་ཕོ་ནང་ཕྲད་ཀྱི་སྟོབས་ཀྱིས་བརྗོད་པའི་སྒྲ་གདངས་ཞན་པའི་དྲག་པར་འགྱུར་བ་ལ་མོ་ཙམ་ཞེས་བྱ་སྟེ། སྤངས། ཁེངས། ལྡོངས། སྐྱེམས། མནམས། ལྟ་བུ་སོགས་འཇུག་ཡང་འཇུག་ང་དང་མ་གཉིས་མིང་གཞི་གང་གི་རྗེས་སུ་ཞུགས་ཀྱང་། རང་གི་ནུས་པས་མགྲིན་པ་སྟོད་པར་ཅུང་ཟད་བཙུམས་ཤིང་རླུང་སྣ་ནས་ཕྱུང་བ་དང་སྦྲགས། ཁ་གདངས་པ་ཇེ་ཆུང་དུ་བསྐྱུངས་པས། ཤེད་ཞན་པ་ཅུང་ཟད་དྲག་པར་འགྱུར་བའོ། །

ང་མ་འ་གང་ཉིད་རྗེས་འཇུག་བྱས་པ་ན། རང་ནུས་ཀྱིས་བརྗོད་པའི་སྒྲ་གདངས་ཞན་པའི་ཞན་པར་འགྱུར་བ་ལ་ཤིན་ཏུ་མོ་ཞེས་བྱ་སྟེ། བརྗོད་ཚུལ་བཤད་ཟིན་པ་ལྟར་ས་མཐའ་ཅན་ལས་ཤེད་ཅུང་ཟད་ཞན་པར་འདོན་པའོ། །

མིང་གཞི་གང་རུང་ལ་རྗེས་འཇུག་མ་ནིང་ཞུགས་པ། སྒྲ་བར་མ་གཞིར་བཞག་པའི་ནང་གསེས། ན་ར་ལ་གསུམ་ལ་ཡང་འཇུག་ད་ཡོད་དམ་མེད་ཀྱང་། མིང་གཞི་ཕོ་དང་ཕྲད་པའི་ནུས་པས། བརྗོད་པའི་སྒྲ་གདངས་བར་མའི་དྲག་པར་འགྱུར་བ་ཡིན་ཏེ། དགོནད། ཅེར། བརྟོལ། དཔརད། བཅལད། ལྟ་བུ་སོགས་མིང་གཞི་ཕོ་ཡི་བྱེད་རྩོལ་གྱི་ནུས་པས། ཡང་འཇུག་ད་ཡོད་མེད་གང་རུང་གི་རྗེས་འཇུག་མ་ནིང་དག་གི་སྒྲ་ཇེ་དྲག་ཏུ་འགྱུར་བ་དང་། མ་ནིང་གསུམ་ཡང་འཇུག་མེད་པར་མིང་གཞི་མོ་དང་ཕྲད་པའི་ནུས་པས། བརྗོད་པའི་སྒྲ་གདངས་བར་མའི་ཞན་པར་འགྱུར་བ། གན། འཇུན། སྦྱིན། འོར། གཉེར། ལྷུར། རྨེལ། མནལ། རོལ། ལྟ་བུ་སོགས་མིང་གཞི་མོ་ཡི་བྱེད་རྩོལ་གྱི་དབང་གིས། རྗེས་འཇུག་མ་ནིང་གི་སྒྲ་ཇེ་ཞན་དུ་འགྱུར་བ་ཡིན་ཏེ། རིགས་འདི་གཉིས་རིམ་བཞིན། དྲག་དང་ཕྲད་ན་དྲག་པར་འགྱུར། །ཞན་དང་ཕྲད་ན་ཞན་པར་འགྱུར། །ཞེས་འགྱུར་བ་མ་ནིང་དུ་གྲགས་པ་ཡིན་ནོ། །

མ་ནིང་གསུམ་མིང་གཞི་ཞན་ཅིང་ཡང་འཇུག་དྲག་པའི་བར་དུ་ཞུགས་པ་ན། དྲག་ཞན་གཉིས་དང་ཕྲད་པའི་སྟོབས་ཀྱིས་བརྗོད་པའི་སྒྲ་གདངས་བར་མའི་དྲག་པ་དང་ཞན་པ་གཉིས་ཀའི་ཆ་དང་ལྡན་པར་གྱུར་པ་ན། མཚན་གཉིས་མ་ནིང་ཞེས་བྱ་སྟེ། བརྒྱནད། ཉེནད། མནརད། བརྡརད། བྲླད། རྐྱལད། ལྟ་བུ་སོགས་སྒྲ་ཞན་པ་ནས་ཇེ་དྲག་ཏུ་འགྱུར་བ་ཡིན།

མ་ནིང་གསུམ་མིང་གཞི་མ་ནིང་ལ་ཞུགས་པའི་ཚེ། ཡང་འཇུག་ཡོད་མེད་ཇི་ལྟར་ཡང་། སྒྲ་དྲག་ཞན་གང་དུའང་མི་འགྱུར་བར། བར་མ་ཉིད་དུ་གནས་པ་ན། མཚན་མེད་མ་ནིང་ཞེས་བྱ་སྟེ། མཁྱེནད། མཆན། ཐོར། ཕྲལད། ཁྱེརད། འཚལ། ལྟ་བུ་སོགས་བརྗོད་པའི་སྒྲ་གདངས་རན་པ་ཙམ་ཡིན་ནོ། །

ཁ ཛེས་འཇུག་གི་འཇུག་ཡུལ།

> ཛེས་འཇུག་བཅུ་པོ་སྒྲ་ཙམ་དུ། །མིང་གཞི་ཀུན་ལ་འཇུག་རུང་ཡང་། །
> མིང་དང་ཕྲད་དུ་མི་འགྲུབ་པའི། །མིང་གཞི་རྣམས་ལ་མི་འཇུག་གོ། །
> ཡང་འཇུག་ད་ས་གཉིས་ཡིན་ཏེ། །ག་ང་བ་མར་ཡང་འཇུག་ས། །
> ན་ར་ལ་མཐར་ཡང་འཇུག་ད། །སྔྲིར་བཏང་འཇུག་སྟེ་སྐབས་ཐོབ་སྦྱར། །

ཛ་ཤེས་ཀྱི་འཇུག་ཡུལ་གང་དོན་དང་ལྡན་མི་ལྡན་ལ་མི་ལྟོས་པར་སྒྲ་ཙམ་མཚོན་པ་ལ། ཛེས་འཇུག་བཅུ་པོ་མིང་གཞི་ཐམས་ཅད་ལ་འཇུག་རུང་ངོ་། །དེ་ལ་དོན་དང་ལྡན་པ་དཔེར་ན། ནོར། མདའ། རྒུས། སྲོག །བརྟན། མཛེས། དྲུག །སྟོང་། ལྟ་བུ་སོགས་ལ་ཛེས་འཇུག་སྦྱར་བས། དངོས་པོའམ། བྱ་བའམ། ཁྱད་ཆོས་སམ། གྲངས་ཀ་ཅི་རིགས་ཤིག་གི་ངོ་བོ་ཙམ་བརྗོད་པའི་མིང་དུ་གྲུབ་པ་

དང་། གིས། ཏམ། ཅིང་། ཞེས། ལྟ་བུ་རྣམས་ལ་རྗེས་འཇུག་སྦྱར་བས། དོན་གྱི་ཁྱད་པར་མཚོན་བྱེད་ཀྱི་རྣམ་དབྱེ་དང་ཚིག་ཕྲད་ཀྱི་སྒྲར་གྱུར་པ་ཡིན་ནོ། །དོན་དང་མི་ལྡན་པ་དཔེར་ན། ཏག །མགུད། རྗོན། སྦྱལ། ལྟ་བུ་རྣམས་རྗེས་འཇུག་སྦྱར་བ་ཀློག་ས་འགྲོ་ཡང་། མིང་ཕྲད་གང་དུའང་མི་འགྱུར་ཞིང་སྒྲ་ཙམ་དུ་ཟད་པས། བོད་རང་གི་ཐ་སྙད་དུ་འཇུག་པ་མེད་མོད། ཡིན་ན་ཡང་། མི་རིགས་གཞན་གྱིའམ། སེམས་ཅན་ནམ་བེམ་པོ་ཅི་རིགས་ཞིག་གི་སྒྲ་ཙམ་མཚོན་པར་སྦྱར་ཆོག་གོ། །

ཡང་འཇུག་ད་ས་གཉིས་ཀྱང་སྤྱིར་རང་རང་ཐོབ་པའི་རྗེས་འཇུག་རྣམས་དང་བཅས་ཏེ་འཇུག་ཡུལ་གྱི་མིང་གཞི་ཀུན་ལ་འཇུག་རུང་ཡང་། བྱེ་བྲག་ཏུ་དུས་ཀྱི་རྣམ་བཞག་དང་། མིང་གི་ཁྱད་པར་སོགས་ལ་བལྟོས་ནས། དོན་གྱིས་ཐོབ་པ་ལྟར་འཇུག་དགོས། དཔེར་ན། བསྐུགས་སོ། །གྲོངས་ཟིན། འདེམས་ཤིག །ཐུམས་དང་། ཕྱིནད་ཏོ། །བསྒྱུརད་ཚར། ཁྱེརད་ཅིག །སྤེལད་དང་། ཡོངས་རྫོགས། སྟོབས་ཤུགས། ཕྱུགས་རིགས། ལྟ་བུ་སོགས་ཏེ། དེ་རྣམས་ལ་ཡང་འཇུག་མ་སྦྱར་ན། ལྡོག་པའམ་ངོ་བོ་གཞན་མཚོན་པར་འགྱུར་རོ། །

ག འཇུག་ཡང་འཇུག་གི་འཇུག་དོན།

མིང་གི་སྒྲུབ་བྱེད་རྗེས་འཇུག་སྟེ། །མིང་རྣམས་གང་ལས་འབྱུང་བའི་གཞིར། །
རྗེས་འཇུག་བཅུ་པོ་མ་བཅུག་ན། །དོན་གྱི་ངོ་བོ་སྟོན་མི་སྲིད། །
བྱ་བའི་ལྡོག་པ་ཐ་དད་དང་། །སྒྲ་གཅིག་མིང་དོན་མི་གཅིག་པ། །
སྟོན་བྱེད་གཙོ་བོ་ཡང་འཇུག་སྟེ། །དོན་ཐོབ་ཇི་བཞིན་འཇུག་པ་ཡིན། །

བརྗོད་པའི་སྒྲུབ་བྱེད་ཚིག་དང་། ཚིག་གི་སྒྲུབ་བྱེད་མིང་། མིང་གི་སྒྲུབ་བྱེད་ཡི་གེའོ། །ཡི་གེ་མིང་དུ་འགྱུར་མི་འགྱུར། རྗེས་འཇུག་ཁོ་ནར་རག་ལས་པས་ན། སུམ་ཅུ་བའི་རྩ་བ་ལས། སྔོན་འཇུག་ཡོད་དམ་མེད་ཀྱང་རུང་། །མིང་གཞིའི་ཡི་གེ་གང་ཡིན་ལ། །ཉིས་འབྲེལ་ཡོད་དམ་སུམ་འབྲེལ་ཡོད། །ཨ་ལི་བཞི་ལས་གང་ལྡན་ཡང་། །རྗེས་འཇུག་བཅུ་པོ་མ་ཞུགས་ན། །མིང་གཞན་སྦྱོར་བ་ཡོད་མི་སྲིད། །ཅེས་གསུངས་པ་ནི། རྗེས་འཇུག་ཅིའི་ཕྱིར་འཇུག་པའི་གནད་བསྟན་པ་ཡིན་ནོ། །འོ་ན། མེ། ལྷ། སྤོ། མགོ། དཀྱི། བརྒྱ། ལྟ་བུ་སོགས་ལ་རྗེས་འཇུག་མེད་མོད། མིང་དུ་གྲུབ་འདུག་པ་མིན་ནམ་ཞེ་ན། སྐད་གསར་བཅད་དུ། དགའ། གདའ། འབའ། བཀའ། དཔའ། ལྟ་བུ་སོགས་ཀྱི་འ་མཐའ་སྦྱངས་ན། ལ་ལ་སྔོན་འཇུག་དང་མིང་གཞི་འཁྲུལ་བར་འགྱུར་བ་དང་། ལ་ལ་སྒྲ་སྦྱོར་དུ་མི་རུང་བར་འགྱུར་བའི་དགོས་དབང་གིས་རང་སོར་བཞག་པ་མ་གཏོགས། འ་མཐའ་ཟུར་ཡང་བས་བསྡུས་ཀྱང་མི་སྐྱོན་པ་མཐའ་དག་དངོས་སུ་མི་འབྲི་བར་མཛད་མོད་ཀྱི། ཐོབ་ཐང་མེད་པ་ནི་མ་ཡིན་ཏེ། རྣམ་དབྱེ་ཚིག་ཕྲད་དང་མིང་མཐའ་འདྲེན་ཚུལ་གྱིས་གསལ། མདོར་ན། འ་མཐའ་རྐྱང་འཕུལ་རྣམས་ལ་དགོས། །མགོ་འདོགས་དབྱངས་ལྡན་རྣམས་ལ་སྦྱངས། །

ཡང་འཇུག་གི་འཇུག་དོན་ནི། བྱ་བའི་ལྡོག་པ་ཐ་དད་པ་དང་། མིང་གི་བརྗོད་བྱ་ཁྱད་པར་བ་སྒྲུབ་པར་བྱེད་པ་ཡིན་ཏེ།

དང་པོར་དཔེར་ན། བྱ་བའི་མིང་། བསླུབ། སློབ། བསླབས། སློབས་བཞི་པོ་ཤེས་པར་བྱེད་པའི་ཚ་ནས་ངོ་བོ་གཅིག་ཀྱང་། དུས་གསུམ་དང་བཅས་པའི་ཆ་ནས་ལྡོག་པ་སོ་སོ་བ་ཡིན་པ་དང་། གདོན། འདོན། བཏོན། ཐོན་བཞི་པོ་ཀློག་པའི་དོན་དུ་ངོ་བོ་གཅིག་ཀྱང་། དུས་ཀྱི་ཐད་དུ་ལྡོག་པ་མི་གཅིག་གོ། །དེས་ན་ཡང་འཇུག་བྱ་བའི་མིང་དུ་ཕལ་ཆེར་འདས་པ་དང་སྐུལ་ཚིག་ལ་འཇུག་གོ། །

གཉིས་པར་དཔེར་ན། གྲོགས་པོས་མར་གྲོག་འཁྱེར། །ལུག་གི་འགྲོ་ལུགས་བཟང་། ལྟ་བུ་དངོས་པོའི་མིང་ཁྱད་པར་བའོ། །

ཁུར་ཡང་བག་ཡངས་པོ། རིངས་པར་རིང་དུ་ཐོན། །ལྟ་བུ་ཁྱད་ཆོས་ཀྱི་མིང་ཁྱད་པར་བའོ། །

འཕག་ནས་ཡར་ལ་འཕགས། །ཐིན་པས་གཞས་ཀྱང་འཐེན་ད། །ལྟ་བུ་བྱ་བའི་མིང་གི་ཁྱད་པར་བའོ། །

དེང་རབས་བུ་རབ་ཚོ། །ཕྱུགས་ལས་སྤེལ་ནས་ཕྱུག །ལྟ་བུ་དངོས་པོ་དང་ཁྱད་ཆོས་གཉིས་སུ་ཕྱེ་བའི་ཁྱད་པར་བའོ། །

ཡོགས་སུ་ཡོག་འོང་བའི། །གཟིག་ལ་གཟིགས་པར་འགྱུར། །ལྟ་བུ་དངོས་པོ་དང་བྱ་བ་གཉིས་སུ་ཕྱེ་བའི་མིང་ཁྱད་པར་བའོ། །

དོག་ཀྱང་དོགས་མི་དགོས། །དྲང་སོར་དྲངས་ན་འདྲོངས། །ལྟ་བུ་ཁྱད་ཆོས་དང་བྱ་བ་གཉིས་སུ་ཕྱེ་བའི་མིང་ཁྱད་པར་བ་སོགས་སུ་བསྒྲུབས་པ་ཧ་ཅང་མང་ངོ་། །

ང འཇུག་ཡང་འཇུག་གི་མིང་མཐའ་འདྲེན་ཚུལ།

མིང་གཞི་གང་གི་མཐའ་རྟེན་ཏེ། །རྗེས་འཇུག་ཡང་འཇུག་གང་ཡིན་ཡང་། །
མིང་གི་ཆ་ཤས་ཕྱི་མ་དང་། །རྣམ་དབྱེ་ཚིག་ཕྲད་དྲང་བ་ལ། །
ཕལ་ཆེར་རྟགས་མཚུངས་འདྲེན་པ་དང་། །ཉུང་ཤས་གནས་མཚུངས་འདྲེན་པ་སྟེ། །
གཉིས་ཀའང་བརྗོད་བདེ་འདྲེན་པ་ཡིན། །

འཇུག་ཡང་འཇུག་གིས་མིང་མཐའ་སྟེ་མིང་གི་ཆ་ཤས་ཕྱི་མ་འདྲེན་པ་འདི། འདོད་རྒྱལ་གྱི་མིང་ངམ་མིང་རྐྱང་བ་བསྒྲུབ་པ་ལ་དམིགས་པ་ཡིན་གྱི། རྗེས་གྲུབ་

ཀྱི་མིང་ངམ་མིང་འདུས་མ་དང་མིང་གི་ཚོགས་པ་བསྒྲུབ་པ་ལ་དམིགས་པ་མ་ཡིན་ནོ། །མིང་མཐའ་འདྲེན་པ་ལ་རྟགས་མཚུངས་འདྲེན་པ་དང་། གནས་མཚུངས་འདྲེན་པ་རིགས་གཉིས་ཡོད་ཅིང་། གཉིས་ཀའང་བརྗོད་བདེ་བའི་ཕྱིར་རོ། །དེ་ལ་རྟགས་མཚུངས་འདྲེན་པ་ནི། ཕོ་ཡིས་ཕོ་ཡི་མིང་མཐའ་དྲང་། །མོ་ཡིས་མོ་ཡི་མིང་མཐའ་དྲང་། །མ་ནིང་གིས་ནི་མ་ནིང་ངོ་། །ཞེས་པ་ལྟར། མིང་སྔ་མའི་རྗེས་འཇུག་ག་ད་བ་ས་བཞི་ག་དང་། ཡང་འཇུག་ད་ས་གཉིས་གང་རུང་གིས། མིང་དེ་ཉིད་ཀྱི་ཆ་ཤས་ཕྱི་མ་ཕོ་ཡིག་ཀ་ཅ་ཏ་པ་ཙ་ལྔ་པོ་དབྱངས་དང་ལྡན་མི་ལྡན་གང་རུང་ཞིག་དྲངས་པའོ། །

ཐོག་ཀ །ལྟག་ཀ །ཅིག་ཅར། དབྱུག་ཏོ། གཅིག་པ། ཅོག་པུ། ཅོག་ཙེ། ཏོག་ཙེ། དཔྱིད་ཀ །བེརད་ཀ །ཞལད་ཏ། འདོད་པ། ཆད་པོ། ཕྲོད་པུ། ནུབ་པ། བཏབ་པ། རྒྱབ་པོ། གབ་ཙེ། སྐས་ཀ །སྐབས་ཀ །གསུས་པ། ལུས་པོ། གྲོགས་པོ། ལྟ་བུ་སོགས་སོ། །

རྗེས་འཇུག་མོ་ང་མ་འ་གསུམ་པོས། མིང་མཐའ་མོ་ཡིག་ག་ཇ་ད་བ་ཛ་ཞ་ཟ་འ་ཡ་ཤ་ས་ང་ཉ་ན་མ་ར་ལ་ཧ་རྣམས་དབྱངས་དང་ལྡན་མི་ལྡན་གང་རུང་ཞིག་དྲངས་པའོ། །

གསུམ་ག །ལྷོང་གུ། ཇོ་ཇོ། སྲི་ད། ཟ་བ། གང་བུ། ངོ་བོ། ལྷམ་བུ། ཆེ་ཞེ། གུ་ཡ། ཁུ་ཡུ། ཞེ་ས། ཨུ་སུ། ལྕ་ང་། སྣང་ངུ། ཞ་ཉེ། མ་ནེ། གོང་མ། མདའ་མོ། བསྣམ་ར། བྱུ་རུ། བཟེ་རེ། ཀོ་ཤ །ལྟ་བུ་སོགས་སོ། །

རྗེས་འཇུག་མ་ནིང་ན་ར་ལ་གསུམ་གས་མིང་མཐའ་མ་ནིང་ཁ་ཆ་ཐ་ཕ་ཚ་ལྔ་པོ་དབྱངས་ལྡན་མི་ལྡན་གང་རུང་དྲངས་པའོ། །

དགུན་ཁ། གཡུལ་ཁ། གཡེར་ཁ། མཆོན་ཆ། དགོར་ཆ། རོལ་ཆ། མེལ་ཚེ། དཔལ་ཚོ། ལྟ་བུ་སོགས་སོ། །རྟགས་མཚུངས་འདྲེན་པ་ཁྱབ་ཆེ་ཡང་། སྐོར་

ཞིག་དེ་ལྟར་སྦྱར་ན་བརྗོད་མི་བདེ་བས། གནས་མཚུངས་འདྲེན་པར་བྱེད་དོ། །

གནས་མཚུངས་འདྲེན་པ་ནི། རྗེས་འཇུག་གི་སྐྱེ་གནས་ཀྱིས་མིང་མཐའི་སྐྱེ་གནས་རང་དང་གཅིག་པའམ་ཉེ་བ་ཞིག་དྲངས་པ་སྟེ། རིམ་པ། སྟོམ་པ། ཞིམ་པོ། ཟླུམ་པོ། གྲིབ་མ། རིབ་མ། མཛུབ་མོ། འཐབ་མོ། བསྟོད་ར། སྨད་ར། མཚལ་ལི། ཕལ་ལེ། ལྟ་བུ་སོགས་གནས་མཚུངས་འདྲེན་པའོ། །

མཐུན་པ། ཆོན་པོ། སྟོན་མོ། ཁྲོལ་མ། རོལ་མོ། ལྟད་མོ། དྲེད་མོང་། ནོར་བུ། སོར་མོ། ཐལ་བ། ལྟ་བུ་སོགས་གནས་བསྙེན་འདྲེན་པའོ། །

ལག་པོད། སྟོད་གོར། འཐབ་ཀྲོལ། ཞབས་ཏོག །ཡུངས་ཀར། གང་ཟག །ཆེམ་ཞུ། མཐའ་འཁོབ། ཕུན་ཚོགས། ཤེར་ཕྱིན། ཡུལ་ཁམས། ལྟ་བུ་སོགས་རྒྱགས་མཚུངས་སྦྱར་བ་དང་། ཕྲོག་ཞུ། རྟོག་གེ། སྐྱིད་ལུག །ཡོ་ཐང་། དོར་རྒྱ། ཚལ་ནན། བློ་བཟང་། ཅན་དན། ལྟ་བུ་སོགས་གནས་མཚུངས་སྦྱར་བ་སྟེ། བརྗོད་པ་བདེ་བའི་སྒོ་ནས་ངག་སླན་པར་གྲུབ་པ་སྤེལ་སྦྱོར་གྱི་མཆོག་བྱེད་པ་ཡིན་ནོ། །

འཇུག་ཡང་འཇུག་གིས་ཕྲད་ཀྱི་སྒྲ་སོགས་འདྲེན་པ་ལ། རྣམ་དབྱེ་དྲུག་པ་དཔེར་མཚོན་ན། ད་བ་ས་ཀྱི་ག་ང་གི། །ན་མ་ར་ལའི་རྗེས་སུ་གྱི། །འ་དང་མཐའ་མེད་འི་དང་ཡི། །ཞེས་པ་ལས། རྗེས་འཇུག་གི་ཡི་ཡིག་ད་བ་ས་གསུམ་ལ་ཀྱི་དང་། མོ་ཡིག་མ་ལ་གྱི་དང་། འ་ལ་འིའམ་ཡི་སྦྱར་བ་རྒྱགས་མཚུངས་དྲངས་པ་དང་། ཕོ་ཡིག་ག་ལ་གི་དང་། མ་ནིང་ན་ར་ལ་གསུམ་ལ་གྱི་སྦྱར་བ། གནས་མཚུངས་དྲངས་པ་ཡིན་ནོ། །འོ་ན་རྗེས་འཇུག་ད་བ་ས་གསུམ་ལ་ཀི་ཞེས་མི་འཇུག་པར། ཀྱི་ཞེས་འཇུག་དོན་གང་ཞེ་ན། ད་བ་ས་གསུམ་གྱི་སྒྲ་རིམ་བཞིན་ལྕེ་རྩེ་དང་། མཆུ་དང་། སོ་ལས་བྱུང་བའི་རྐྱེན་གྱིས། ལྕེ་རྩ་དང་མགྲིན་པ་ལས་བྱུང་བའི་གི་སྒྲ་སྦྱར་ན་སྐྱེ་གནས་ཀྱི་བར་ཐག་རིང་བས་བཞུན་ཆ་ཞན་པ་དང་། ལྕེ་

ཙ་དང་མགྲིན་པ་མ་ཟད་ལྕེའི་རྩེད་པ་ཡན་ཆད་ལས་བྱུང་བའི་ཀྱི་སྒྲ་སྦྱོར་ན་སྟེབ་མཐུན་ཞིང་བརྗོད་བདེ་བའི་ཕྱིར་རོ། །གཞན་རྣམས་ཀྱང་དེ་བཞིན་ཡིན་ནོ། །འདི་ནི་མཁས་པ་གང་ཞིག་གི་བློ་བཟོ་མིན་གྱི། གནའ་མིའི་ངག་གི་སྟེབ་སྦྱོར་ལས་ངང་གིས་གྲུབ་པ་ཡིན་ནོ། །

ཡང་། ཚིག་ཕྲད་ཀྱི་རྒྱན་སྟུད་དཔེར་མཚོན་ན། ག་ད་བ་ས་དྲག་མཐར་ཀྱང་། །ང་ན་མ་ར་ལ་མཐར་ཡང་། །འ་དང་མཐའ་མེད་འང་དང་ཡང་། །ཞེས་པ་ལས། རྗེས་འཇུག་པོ་ཡིག་ག་ད་བ་ས་རྣམས་ལ་ཀྱང་དང་། མོ་ཡིག་ང་མ་འ་གསུམ་ལ་ཡང(འ་དང་མཐའ་མེད་ལ་འང་དང་ཡང)སྦྱོར་བ་ནི་རྟགས་མཚུངས་དྲངས་པ་དང་། མ་ནིང་ན་ར་ལ་གསུམ་ལ་རྒྱན་སྟུད་ཀྱི་སྒྲ་མ་ནིང་མེད་པས་ཡང་སྒྲ་སྦྱོར་བ་ཡིན་མོད། རྟགས་གནས་གང་མཚུངས་མིན་པས་བརྗོད་པ་དེ་འདྲ་མི་བདེ་བས། ཡིན་ཡང་ངམ་ཡིན་ཙང་ཞེས་བརྗོད་བདེ་བར་གྲགས་བྱུང་། གཞན་རྣམས་ཀྱང་རིགས་བསྒྲེ་བར་བྱའོ། །

བཞི་པ། སྔོན་འཇུག་གི་རྟགས་ཀྱི་འཇུག་པ།

ཀ སྔོན་འཇུག་གི་རྟགས་ཀྱི་དབྱེ་བ།

སྔོན་འཇུག་མིང་གཞིར་འཇུག་པའི་ཚོ། །
སྐད་གདངས་རྣམ་པ་བཞི་རུ་འགྱུར། །
བ་ཕོ་ག་ད་གཉིས་མ་ནིང་། །
འ་མོ་མ་ནི་ཤིན་ཏུ་མོའོ། །

ག་ད་བ་མ་འ་ལྔ་པོ་མིང་གཞི་བྱས་ཚེ། རང་རང་གི་གནས་ལས་བྱེད་རྩོལ་དང་ཤུགས་ལྡོད་པ་དང་། ཤིན་ཏུ་ཉེ་བར་འཇུག་པས་མོ་ཡིག་ཡིན་མོད། སྔོན་འཇུག་བྱས་ཚེ། མིང་གཞི་དང་སྦྲེལ་བའི་ཉེ་བས་ཀྱིས་ཀློག་པའི་ཚེ། སྐད་ཀྱི་གདངས་མི་འདྲ་བར་གྱུར་འགྱོ། དེ་ལ་སྔོན་འཇུག་བ་ནི་སྐད་གདངས་དྲག་པས་ཕོ་དང་། ག་ད་གཉིས་སྐད་གདངས་རན་པས་མ་ནིང་དང་། འ་ནི་སྐད་གདངས་ཞན་པས་མོ་དང་། མ་ནི་སྐད་གདངས་ཤིན་ཏུ་ཞན་པས་ཤིན་ཏུ་མོ་བཅས་རྣམས་ཀྱི་དབྱེ་བ་བཞི་ཡོད་དོ། །

ཁ སྔོན་འཇུག་གི་འཇུག་ཡུལ།

གང་ཞིག་གིས་ནི་གང་དག་ལ། །འཇུག་པའི་ཚུལ་ནི་འདི་ལྟ་སྟེ། །
སྔོན་འཇུག་ཕོ་སྟེ་བ་ཡིག་ནི། །ཕོ་ཡིག་ཀ་ཅ་ཏ་ཙ་དང་། །
མོ་ཡིག་ག་ད་ཞ་ཟ་ཤ །ས་བཅས་བཅུ་སྟེ་ཕོ་ཡིག་ནི། །
ར་མགོ་ཀ་ཏ་ཙ་དང་ནི། །ལ་མགོ་ལྟ་དང་ས་མགོ་ཅན། །
སྐ་སྟ་སྩ་དང་བདུན་ཡིན་ལ། །མོ་ཡིག་ར་མགོ་ག་ཛ་ཟ། །
ཉ་ད་ན་ཟ་བདུན་ཡིན་ཞིང་། །ལ་མགོ་ལྡ་དང་ས་མགོ་ནི། །
སྐ་སྒ་སྔ་སྡ་སྣ་སྩ་བདུན། །སྔོན་འཇུག་མ་ནིང་ག་ཡིག་ནི། །
ཕོ་ཡིག་ཅ་ཏ་ཙ་གསུམ་དང་། །མོ་ཡི་ཡི་གེ་ཉ་ད་ན། །
ཞ་ཟ་ཡ་དང་ཤ་སར་འཇུག །སྔོན་འཇུག་མ་ནིང་ད་ཡིག་ནི། །
མིང་གཞི་ཕོ་ཡིག་ཀ་པ་དང་། །མོ་ཡིག་ག་ང་བ་མར་འཇུག །
མོ་ཡིག་འ་ཡིས་འཕུལ་བ་ནི། །མོ་ཡིག་ག་ཇ་ད་བ་ཛ། །

མ་ནིང་ཁ་ཆ་ཐ་ཕ་ཚའོ། །ཤིན་ཏུ་མོ་མས་འཕུལ་བ་ནི། །
མ་ནིང་ཁ་ཆ་ཐ་ཚ་དང་། །མོ་ཡིག་ག་ཇ་ད་ཛ་དང་། །
ཤིན་ཏུ་མོ་ཡིག་ང་ཉ་ནའོ། །འཕུལ་ཡིག་རང་གི་སྡེ་བ་ལ། །
ནམ་ཡང་འཇུག་པར་མི་སྲིད་ཅིང་།།རང་རང་འཇུག་སའི་རྒྱུད་འདོགས་དང་།།
བརྩེགས་འདོགས་ཕལ་ཆེར་འཇུག་པའོ། །

སྔོན་འཇུག་གང་ཞིག་མིང་གཞི་གང་དག་ལ་འཇུག་པ་ནི། སྦྱོར་རྟགས་འཇུག་གི་རྩ་བ་ལས། ཕོ་ནི་ཕོ་དང་མོ་ལ་འཇུག །མོ་ནི་མོ་དང་མ་ནིང་ལ། །མ་ནིང་ཡང་ནི་ཕོ་མོ་ལའོ། །ཞེས་པ་ལྟར་རོ། །

དེ་ཡང་ཞིབ་ཏུ་བཤད་ན། སྔོན་འཇུག་གི་ཕོ་ཡིག་བ་ནི། མིང་གཞི་རྐྱང་བའི་ཕོ་ཡིག་ཀ་ཅ་ཏ་ཙ་བཞི་དང་། མོ་ཡིག་ག་ད་ཞ་ཟ་ཤ་ས་དྲུག་དང་བཅས་བཅུ་ལ་འཇུག་སྟེ། དཔེར་ན། བཀའ། བཅོ། བཏུ། བཙོ། བགོ། བདེ། བཞུ། བཟི། བཤུ། བསེ། ལྟ་བུ་དང་། མིང་གཞི་བརྩེགས་པའི་ཕོ་ཡིག་ར་མགོ་ཅན་རྐ་རྟ་རྩ་དང་། ལ་མགོ་ཅན་ལྟ་དང་། ས་མགོ་ཅན་སྐ་སྟ་སྩ་བཅས་བདུན་དང་། མོ་ཡིག་ར་མགོ་ཅན་རྒ་རྔ་རྗ་རྙ་རྡ་རྣ་རྫ་དང་། ལ་མགོ་ཅན་ལྡ་དང་། ས་མགོ་ཅན་སྒ་སྔ་སྙ་སྡ་སྣ་སླ་བཅས་བཅུ་བཞི་སྟེ་ཉེར་གཅིག་ལ་འཇུག་སྟེ། བརྐོ། བརྟ། བརྩེ། བལྟ། བསྐོ། བསྟི། བསྐུལ། བརྒལ། བརྔ། བརྗེ། བརྙ། བརྡ། བརྣན། བརྫེ། བལྡག །བསྒོ། བསྔོ། བསྙ། བསྡུ། བསྣོ། བསླབ། ལྟ་བུ་སོགས་ཏེ། ཁྱོན་བསྡོམས་མིང་གཞི་རྐྱང་བརྩེགས་སུམ་ཅུ་སོ་གཅིག་ལ་འཇུག་པའོ། །

སྔོན་འཇུག་མ་ནིང་ག་ནི། མིང་གཞིའི་ཕོ་ཡིག་ཅ་ཏ་ཙ་གསུམ་དང་། མོ་ཡིག་ཉ་ད་ན་ཞ་ཟ་ཡ་ཤ་ས་བརྒྱད་དང་བཅས་བཅུ་གཅིག་ལ་འཇུག་སྟེ། གཅུ། གཏི། གཙོ། གཉེ། གདུ། གནའ། གཞི། གཟུ། གཡོ། གཤེ། གསལ། ལྟ་བུ་སོགས་སོ། །

སྔོན་འཇུག་གི་མ་ནིང་ད་ནི། མིང་གཞིའི་ཕོ་ཡིག་ཀ་པ་གཉིས་དང་། མོ་ཡིག་ག་ང་བ་མ་བཞི་དང་བཅས་དྲུག་ལ་འཇུག་སྟེ། དཀུ། དཔེ། དགའ། དངོ། དབུ། དམེ། ལྟ་བུ་སོགས་སོ། །

སྔོན་འཇུག་གི་མོ་ཡིག་འ་ནི། མིང་གཞིའི་མོ་ཡིག་ག་ཇ་ད་བ་ཛ་ལྔ་དང་། མ་ནིང་གི་ཡི་གེ་ཁ་ཆ་ཐ་ཕ་ཚ་ལྔ་དང་བཅས་བཅུ་ལ་འཇུག་སྟེ། འགོ། འཇུ། འདོ། འབེལ། འཛོ། འཁུ། འཆི། འཐུ། འཕོ། འཚོ། ལྟ་བུ་སོགས་སོ། །

སྔོན་འཇུག་གི་ཤིན་ཏུ་མོ་མ་ཡིག་ནི། མིང་གཞིའི་མོ་ཡིག་ག་ཇ་ད་ཛ་བཞི་དང་། ཤིན་ཏུ་མོ་ང་ཉ་ན་གསུམ་དང་། མ་ནིང་ཁ་ཆ་ཐ་ཚ་བཞི་དང་བཅས་བཅུ་གཅིག་ལ་འཇུག་སྟེ། མགོ། མཇལ། མདའ། མཛོ། མངའ། མཉེ། མནོ། མཁར། མཆི། མཐུ། མཚོ། ལྟ་བུ་སོགས་སོ། །

སྔོན་འཇུག་ལྔ་པོ་རང་རང་གི་སྡེ་བའི་མིང་གཞི་གང་ལའང་མི་འཇུག་པ་དང་། ཕ་བཏགས་ཅན་ལ་སྔོན་འཇུག་གང་ཡང་མི་འཐོབ་པ་དང་། ལ་བཏགས་ཅན་ལ་ཀ་མ་གཏོགས་མི་འཕུལ་བ་དང་། ཡ་བཏགས་ཅན་དང་ར་བཏགས་ཅན་ལ་ག་ཡིས་མི་འཕུལ་བ་དང་། ལ་མགོ་ཅན་ལ་གདགས་པ་གང་ཡང་མི་འདོགས་པ་རྣམས་གོང་དུ་བཤད་ཟིན་པ་ལྟར་རོ། །དེས་ན་སྔོན་འཇུག་གི་ད་བ་མ་འ་བཞི་ལས། ད་ཡིས་རང་གི་འཇུག་ཡུལ་གྱི་མིང་གཞི་འདོགས་ཅན་སྦྲ་མ་གཏོགས་དགུ་ལ་འཇུག་སྟེ། དཀྱ་དགྱ་དཔྱ་དབྱ་དམྱ། དཀྲ་དགྲ་དཔྲ་དབྲ། ལྟ་བུ་དང་། མ་ཡིས་རང་གི་འཇུག་ཡུལ་གྱི་འདོགས་ཅན་དྲ་མ་གཏོགས་བཞི་ལ་འཇུག་སྟེ། མཁྱ་མགྱ། མཁྲ་མགྲ། ལྟ་བུ་དང་། འ་ཡིས་རང་ཡུལ་གྱི་མིང་གཞི་འདོགས་ཅན་དགུ་པོ་ཀུན་ལ་འཇུག་སྟེ། འཁྱ་འགྱ་འཕྱ་འབྱ། འཁྲ་འགྲ་འདྲ་འཕྲ་འབྲ། ལྟ་བུ་དང་། བ་ནི་རང་ཡུལ་གྱི་མིང་གཞི་རྐྱང་བརྩེགས་གཉིས་ལས་དྲ་མ་གཏོགས་བཅུ་བཞི་ལ་འཇུག་སྟེ། བཀྱ་བགྱ། བཀྲ་བགྲ་བསྲ། བཀླ་བཟླ་བརླ། བརྐྱ་བརྒྱ། བསྐྱ་བསྒྱ། བསྐྲ་བསྒྲ།

ལྟ་བུ་སོགས་སོ། །

སྔོན་འཇུག་ལྔ་པོའི་འཇུག་ཡུལ་བློ་ལ་འཛིན་བདེ་བའི་མདོར་ཛ།

གས་འཕུལ་ཅ་ཉ་ཏ་ད་ན། །ཙ་ཞ་ཟ་ཡ་ཤ་ས་དང་། །
དས་འཕུལ་ཀ་ག་ང་པ་བ། །མ་དང་དྲུག་སྟེ་འབས་འཕུལ་ནི། །
ཁ་ག་ཆ་ཇ་ཐ་ད་དང་། །ཕ་བ་ཚ་ཛ་བཅུ་ཡིན་ཏེ། །
མས་འཕུལ་ཁ་ག་ང་ཆ་ཇ། །ཉ་ཐ་ད་ན་ཚ་ཛ་དང་། །
བས་འཕུལ་རྐྱང་བ་ཀ་ག་ཅ། །ཏ་ད་ཙ་ཞ་ཟ་ཤ་ས། །
མགོ་ཅན་བས་འཕུལ་འཇུག་མིན་ཏེ། །ར་མགོ་ཐ་རྣར་མི་འཐོབ་ཅིང་། །
ལ་མགོ་ལྟ་ལྡ་མིན་པ་མེད། །ས་མགོ་སྤ་སྦ་སྨ་གསུམ་སྤོང་། །

ག སྔོན་འཇུག་གི་སྒྲའི་འཇུག་ཚུལ།

ཕོ་ནི་དྲག་པའི་ཚུལ་གྱིས་ཏེ། །
མ་ནིང་རན་པར་འཇུག་པ་ཡིན། །
མོ་ནི་ཞན་པའི་ཚུལ་གྱིས་ཏེ། །
ཤིན་ཏུ་མོ་ནི་མཉམ་པས་སོ། །

ཞེས་པ་ལྟར། སྔོན་འཇུག་ལྔ་པོ་རང་རང་གི་འཇུག་ཡུལ་ལ་སྒྲ་ཇི་ལྟར་བྱས་ནས་འཇུག་པ་ཡིན་ཞེ་ན། སྔོན་འཇུག་གི་ཕོ་ཡིག་བ་ནི། མ་མཆུ་ཡ་སོར་སྦྱར་ནས་བྱེད་རྩོལ་དྲག་པའི་ཚུལ་གྱིས་འཇུག་པ་སྟེ། བཀའ། ཞེས་པ་དཔེར་བརྗོད་ན། བུ་སྒྲ་ཅུང་ཙམ་ཀ་སྒྲར་ཞུགས་ནས་ཅིག་ཅར་གྲགས་པ། ལྟ་བུ་དང་། མ་ནིང་གི་ག་ཡིག་ནི། མགྲིན་པ་དང་ལྕེ་རྩ་ནས་རླུང་ཤུགས་རན་པར་བསྐྱེད་པའི་ཚུལ་

གྱིས་འཇུག་པ་སྟེ། གཅིག །ཅེས་པ་དཔེར་བརྗོད་ན། ཨག་སྒྲ་ཙུང་ཙམ་ཅིག་སྒྲར་ཞུགས་ནས་ལྷན་ཏུ་གྲགས་པ་དང་། མ་ནིང་གི་ད་ཡིག་ནི་ལྕེ་རྩེ་ཀན་ལ་རེག་ནས་བྱེད་རྩོལ་རན་པའི་ཚུལ་གྱིས་འཇུག་པ། དགོ། ཞེས་པ་དཔེར་བརྗོད་ན། ཨད་སྒྲ་ཙུང་ཙམ་གོ་སྒྲར་ཞུགས་ནས་གྲགས་པ་དང་། མོ་ཡིག་འ་ནི། མགྲིན་པ་དང་སྣ་ནས་རླུང་ཤུགས་ཞན་པར་ཕྱུང་བའི་ཚུལ་གྱིས་འཇུག་པ། འཚོ། ཞེས་པ་དཔེར་བརྗོད་ན། འན་སྒྲ་ཙུང་ཙམ་ཚོ་སྒྲར་ཞུགས་ཤིང་མཉམ་དུ་གྲགས་པ་དང་། ཤིན་ཏུ་མོ་ཡིག་མ་ནི། མཆུ་བཙུམས་ཤིང་རླུང་སྣ་ནས་ཤིན་ཏུ་གློད་པར་ཕྱུང་བའི་ཚུལ་གྱིས་འཇུག་པ། མགུ་ཞེས་པ་དཔེར་བརྗོད་ན། འམ་སྒྲ་གུ་སྒྲ་ལ་ཞུགས་ཤིང་ཅིག་ཅར་གྲགས་པའོ། །དེ་བཞིན་དུ་གཞན་རྣམས་ཀྱང་རིགས་བསྒྲེས་ནས་ཤེས་པར་བྱ། མདོར་ན། བས་འཕུལ་སོ་མཆུ་རེག་པ་ལས། །གས་འཕུལ་གྲེ་བའི་ཕུགས་ནས་དབྱུང་། །དས་འཕུལ་ལྕེ་རྩེ་སོ་རྩར་རེག །འ་ཕྱི་མ་བཙུམ་གཉིས་ཀ་སྣའོ། །

ང སྔོན་འཇུག་གི་འཇུག་དོན།

བྱ་བྱེད་ལས་གསུམ་སོགས་ཀྱི་གོ་དོན།

བདག་གཞན་བྱ་བྱེད་ལས་གསུམ་དང་། །དུས་གསུམ་སོགས་ཀྱི་བརྗོད་དོན་དང་། །
དེ་རྣམས་རྟེན་ཅིང་འབྲེལ་བའི་ཚུལ། །མདོར་བསྡུས་ཚིག་གིས་བསྟན་པར་བྱ། །
བྱེད་པ་ལ་ནི་གཙོ་ཕལ་གཉིས། །བྱེད་པ་གཙོ་བོ་སྒྲུབ་མཁན་དང་། །
བྱེད་པ་ཕལ་བ་སྒྲུབ་སྦྱིད་ཡིན། །ལས་ལ་བྱ་ཡུལ་བསྒྲུབ་བྱ་གཉིས། །
བྱ་བའི་ཡུལ་ལ་ལས་ཙམ་དང་། །བསྒྲུབ་པར་བྱ་བ་ལས་དངོས་ཡིན། །
བྱ་བ་ལ་ནི་རིགས་གཉིས་ཏེ། །བྱེད་པ་དང་འབྲེལ་བྱ་བ་ནི། །
བྱེད་པའི་ལས་ཞེས་བརྗོད་པ་དང་། །ལས་དང་འབྲེལ་བའི་བྱ་བ་ནི། །

བྱ་བའི་ལས་ཞེས་བཏགས་པ་ཡིན། །བྱ་བ་བྱས་ཟིན་འདས་པ་དང་། །
བྱེད་བཞིན་པ་ནི་ད་ལྟ་བ། །བྱེད་པར་འགྱུར་བ་མ་འོངས་པ། །
སྐུལ་ཚིག་མ་འོངས་ཁོངས་སུ་འདུས། །དེ་རྣམས་ཕན་ཚུན་འབྲེལ་ལུགས་ནི། །
བྱེད་པ་ད་ལྟ་བ་ཡིས་དང་། །ལས་ནི་མ་འོངས་པ་ཡིས་སྒྲུབ། །
བྱ་བ་དུས་ཀྱི་རྣམ་བཞག་ལྟར། །བབ་དང་བསྟུན་ནས་སྦྱར་བར་བྱའོ། །
དེ་རྣམས་ཚིག་གི་ཁྲིད་བ་ལས། །སོ་སོའི་མཚན་གཞི་རྣམ་གསལ་བྱ། །
ཤིང་བཟོས་སྟ་རེས་ནགས་ཚལ་དུ། །སྡོང་པོ་བཅད་ནས་ཆོད་པ་ལས། །
ཤིང་བཟོ་བྱེད་པ་གཙོ་བོ་དང་། །སྟ་རེ་བྱེད་པ་ཕལ་བ་ཡིན། །
ནགས་ཚལ་གཅད་ཡུལ་ལས་ཙམ་དང་། །སྡོང་པོ་གཅད་བྱ་ལས་དངོས་ཡིན། །
བཅད་དང་ཆོད་པའི་བྱ་བ་གཉིས། །སྔ་མ་བྱེད་པའི་རྩོལ་བ་དང་། །
ཕྱི་མ་ལས་ཀྱི་འགྱུར་བ་ཡིན། །ཤིང་བཟོ་སྟ་རེ་བཅད་པ་གསུམ། །
བདག་གི་ཁོངས་སུ་གཏོགས་པ་དང་། །ནགས་ཚལ་སྡོང་པོ་ཆོད་པ་གསུམ། །
གཞན་གྱི་ཁོངས་སུ་གཏོགས་པའོ། །ཤིང་བཟོ་ལ་སོགས་ཞེས་པ་ལ། །
སྦྱར་བའི་ཆ་ཤས་ངོས་འཛིན་དུ། །གཙོད་པ་པོ་ཡིས་གཙོད་བྱེད་ཀྱིས། །
གཅད་སའི་གཅད་བྱ་བཅད་ཆོད་ཅེས། །ཐ་སྙད་འདི་ལྟར་བཏགས་པ་ཡིན། །
འགྲོ་དང་ཤར་ཞེས་བྱ་བ་སོགས། །རང་གི་ངང་གིས་གྲུབ་པའི་རིགས། །
བདག་གཞན་དབྱེ་བས་མ་ཁྱབ་པོ། །

སྐབས་འདིར་བྱེད་པའི་ལས། ཞེས་པ་ནི། ལས་ལ་སྦྱར་བའི་བྱ་བ་དེ་བྱེད་པར་གཏོགས་པའི་རིགས་ཡིན། མཚན་གཞི་དངོས་ནི། ཐག་གཙོད་པ། རྒྱུ་སྤེལ་བ། རི་དྭགས་བསད་པ། གཟུགས་ལ་ལྟ་བ། ལྟ་བུ་སོགས་དང་། བྱ་བའི་ལས། ཞེས་པ་ནི། ལས་དང་འབྲེལ་བའི་བྱ་བ་དེ་བྱ་བའི་ཡུལ་ལ་གཏོགས་པའི་རིགས་ཡིན།

མཚན་གཞི་དངོས་ནི། ཐག་ཆོད་པ། རྒྱུ་འཕེལ་བ། རི་དྭགས་སོད་པ། གཟུགས་མཐོང་བ། ལྟ་བུ་སོགས་ཡིན། ཚིག་འདི་རིགས་ལ་བྱ་ཚིག་ཟེར། བོད་སྐད་དུ་བྱ་བ་རིགས་འདི་གཉིས་ཀའི་རྣམ་དབྱེ་གསལ་བས། ལས་ལ་དངོས་སུ་མ་སྦྱར་ཀྱང་ཤུགས་ལས་རྟོགས་པས་ནོར་ཡ་མེད་དོ། །ཁ་ཅིག་གིས་བྱེད་པའི་ལས་དང་། བྱ་བའི་ལས་ཀྱི་དོན་མ་ངེས་པར་བྱ་བ་མཚོན་པའི་མིང་ལ་ལས་ཚིག་ཅེས་བརྗོད་པ། ཞྭ་དཔེ་ལྟམ་འགེབས་བྱས་བྱུང་།

གོང་གསལ་བོད་སྐད་ཀྱི་བྱ་བའི་མིང་ལ་རིགས་གསུམ་ཡོད་པ། དཔེར་ན། ཐག་པ་ཆད་པ་བཅད་ནས་ཆོད་པ་མིན། ཧོ་ལ་འབྱུར་བ་སྦྱར་ནས་འཕྱོར་བ་མིན། འབེལ་བ་གང་མང་སྤེལ་ནས་འཕེལ་བ་མིན། ལྟ་བུ་རྣམས་ལས་གོར་རྟགས་ཀྱིས་བདག་དང་འབྲེལ་བའི་བྱ་བ་སྟེ། བྱེད་པའི་རྩོལ་བ་མཚོན་པ་དང་། ཐིག་རྟགས་ཀྱིས་གཞན་དང་འབྲེལ་བའི་བྱ་བ་སྟེ། ལས་ཀྱི་འགྱུར་བ་མཚོན་པ་དང་། འཁྱུག་རྟགས་ཀྱིས་བདག་གཞན་གང་ལའང་མ་འབྲེལ་བའི་བྱ་བ་སྟེ། ངང་གིས་བྱུང་བ་མཚོན་པའོ། །བྱ་བ་རིགས་གསུམ་གྱི་ངོ་བོ་དང་ཁྱད་པར་ལེགས་པར་རྟོགས་ན། བདག་གཞན་གྱི་དབྱེ་བས་ཁྱབ་མ་ཁྱབ་ཅེས་དང་། བྱ་བྱེད་ཐ་དད་མི་དད་ཅེས་དང་། བྱེད་པ་པོ་གཞན་དང་འབྲེལ་མ་འབྲེལ་ཞེས་དང་། དུས་གསུམ་གྱི་དབྱེ་བས་ཁྱབ་མ་ཁྱབ་ཅེས་པ་དང་བཅས་པའི་བརྡར་ཤ་ཆོད་འགྲོ། ཚིག་ཀ་འདི་བཞིའི་རྣམ་པ་མི་འདྲ་ཡང་། དོན་གྱི་ངོ་བོ་ཧ་ལམ་གཅིག་པ་ཡིན་ཏེ། བདག་གཞན་གྱི་དབྱེ་བས་ཁྱབ་པ་ནི། བྱེད་པའི་རྩོལ་བ་དང་། ལས་ཀྱི་འགྱུར་བ་ཡིན་ཞིང་། བདག་གཞན་གྱི་དབྱེ་བས་མ་ཁྱབ་པ་ནི། ངང་གིས་བྱུང་བ་ཡིན་ནོ། །བྱ་བྱེད་ཐ་དད་པ་ནི། བྱེད་ལས་དང་བྱ་ལས་ཡིན་ཞིང་། བྱ་བྱེད་ཐ་མི་དད་པ་ནི། རང་བྱུང་ཡིན་ནོ། །བྱེད་པ་པོ་གཞན་དང་འབྲེལ་བ་ནི། སྔོང་བོ་གཙོད་ཟེར་བའི་གཙོད་པ་འདི་ལས་ཀྱི་དངོས་པོ་སྔོང་བོ་དང་འབྲེལ་ནས་མེད་དེ། བྱེད་པོ་གཞན་ཤིང་བཟོ་དང་

འབྲེལ་ནས་ཡོད་པ་ཡིན་ཞིང་། བྱེད་པ་གཞན་དང་མ་འབྲེལ་བ་ནི། མེ་ཏོག་བཞད་ཟེར་བའི་བཞད་པ་འདི་བྱེད་པ་གཞན་དང་མ་འབྲེལ་བ་སྟེ། སྦྱོར་སའི་ལས་མེད་པར་བྱེད་པ་མེ་ཏོག་རང་དང་འབྲེལ་ནས་ཡོད་པ་ཡིན་ནོ། །དུས་གསུམ་གྱི་དབྱེ་བས་ཁྱབ་པ་ནི། བྱེད་པའི་རྩོལ་བ་དང་། ངང་གིས་བྱུང་བ་ཡིན་ཞིང་། དུས་གསུམ་གྱི་དབྱེ་བས་མ་ཁྱབ་པ་ནི། ལས་ཀྱི་འགྱུར་བ་ཡིན་ནོ། །

བྱ་བ་རིགས་གསུམ་ལས། བྱེད་པའི་རྩོལ་བ་ལ་དུས་གསུམ་སྐུལ་ཚིག་དང་བཞིའི་རྣམ་བཞག་ཡོད། ལས་ཀྱི་འགྱུར་བ་ལ་སྦྲའམ་ཡིག་གཟུགས་གཅིག་ལས། དུས་གསུམ་གྱི་དབྱེ་བ་མེད། ངང་གིས་བྱུང་བ་ལ་དུས་གསུམ་གྱི་རྣམ་བཞག་ཡོད་ཀྱང་། སྐུལ་ཚིག་གང་ཟག་མ་གཏོགས་འཇུག་པ་མེད། །

བདག་གཞན་དང་། བྱ་བྱེད་ལས་གསུམ་དང་། དུས་གསུམ་ཕན་ཚུན་གྱི་འབྲེལ་བ་སྐོར་གསུམ་ཀུན་ནས་རྟོགས་ན། གཟོད་རྟགས་ཀྱི་འཇུག་པ་མངའ་བརྙེས་པར་འགྱུར་ལ། བདག་གཞན་དང་བྱ་བྱེད་ལས་གསུམ་གྱི་འབྲེལ་བ་ནི། བྱེད་པ་པོ་དང་བྱེད་པ་དང་བྱེད་པའི་རྩོལ་བ་བདག་དང་འབྲེལ་ཞིང་། བྱ་ཡུལ་དང་ལས་དང་ལས་ཀྱི་འགྱུར་བ་གཞན་དང་འབྲེལ་ལོ། །བྱ་བྱེད་ལས་གསུམ་དང་དུས་གསུམ་གྱི་འབྲེལ་བ་ནི། ད་ལྟ་བ་བྱེད་པ་དང་འབྲེལ་ཞིང་། གཡོ་བའི་རྣམ་པ་ཡོད་པའི་ཕྱིར། མ་འོངས་པ་ལས་དང་འབྲེལ་ཞིང་། བརྟན་པའི་རྣམ་པ་ཡོད་པའི་ཕྱིར། བྱེད་པའི་ལས་ནི་ལས་ལ་སྦྱོར་བའི་བྱ་བ་བྱེད་པ་པོ་དང་འབྲེལ་བ་ཅན་དང་། བྱ་བའི་ལས་ནི་ལས་ལ་སྦྱོར་བའི་བྱ་བ་ཡུལ་དང་འབྲེལ་བ་ཅན་ནོ། །བདག་གཞན་གྱི་འབྲེལ་བ་ནི་བདག་བྱེད་པ་པོ་དང་བྱེད་པ་དང་བྱེད་རྩོལ། གཞན་བྱ་ཡུལ་དང་ལས་དང་ལས་འགྱུར་དང་རིམ་བཞིན་འབྲེལ་བའོ། །

བྱེད་པ་པོ་ལ་བྱ་བའི་ཡུལ་ཞིག་དགོས། བྱེད་པ་ལ་བསྒྲུབ་བྱ་ཞིག་དགོས། རྩོལ་བ་ལ་འབྲས་བུ་ཞིག་དགོས། རྟེན་ཅིང་འབྲེལ་བའི་ཆ་གསུམ་ལ་སྣ་ཁ་དྲུག་ཡོད། སྣ་

གཅིག་ཆད་ཀྱང་དོན་མི་འགྲུབ། འདི་ནི་ལས་ཐུབ་དང་ལས་ཀའི་འབྲེལ་བ་ཡིན་ནོ། །

བདག་གཞན་བྱ་བྱེད་ལས་གསུམ་དུས་གསུམ་རྟེན་ཅིང་འབྲེལ་བའི་རེའུ་མིག

བདག		གཞན	
བྱེད་པ་པོ	བྱེད་པ	ལས་ཙམ	ལས་དངོས
ཞིང་བཟོ	སྟ་རེ	ནགས་ཚལ	སྡོང་པོ
བྱ་བ་གཙོ་ཕལ་གཉིས།			
བྱེད་པའི་རྩོལ་བ		ལས་ཀྱི་འགྱུར་བ	
མ་འོངས་པ	གཅད་པ	ཆད་པ	
ད་ལྟ་བ	གཅོད་པ		
འདས་པ	བཅད་པ		
སྐུལ་ཚིག	ཆོད		

(དཔེ། ཞིང་བཟོས་ནགས་ཚལ་དུ་སྟ་རེས་སྡོང་པོ་བཅད་ནས་ཆད་པ།)

སྔོན་འཇུག་གི་འཇུག་དོན།

པོ་ནི་འདས་དང་མ་འོངས་དང་། །ལས་ཀྱི་དངོས་པོ་སྒྲུབ་པ་ཡིན། །
མ་ནིང་གཙོ་ཆེར་མ་འོངས་དང་། །བསྒྲུབ་པར་བྱ་བའི་ལས་ལ་འཇུག །
མོ་ནི་ཏ་ལམ་ད་ལྟ་དང་། །བྱེད་པ་དག་ལ་འཇུག་པ་ཡིན། །
ཤིན་ཏུ་མོ་ནི་ཕྱིར་བཏང་དུ། །བདག་གཞན་དུས་གསུམ་ཀུན་ལ་འཇུག །

དེ་ཡང་སྔོན་འཇུག་རྣམས་མིང་གཞི་རྣམས་ལ་དགོས་པ་ཅིའི་ཕྱིར་འཇུག་པ་ཡིན་ཞེ་ན། སྔོན་འཇུག་གི་པོ་ཡིག་བ་ནི།

གཅིག་ཏུ། དུས་གསུམ་གྱི་ནང་ནས་བྱེད་པ་པོ་གཞན་དང་དངོས་སུ་འབྲེལ་བའི་བྱ་བ་བྱས་ཟིན་འདས་པ་བསྒྲུབ་པའི་ཆེད་དུ་འཇུག་པ་ཡིན། དཔེར་ན།

ས་བོན་བཏབ་ནས་མེ་ཏོག་བཞད་པའི་རྗེས།
སེར་བ་བཀག་ཅིང་གནོད་པ་ཚར་དུ་བཅད།
གཡུལ་ཁ་བཅག་ནས་འབྲུ་མཛོད་བཀང་བར་བཞག
ཁང་བཟང་བཀབ་ཅིང་ས་གདན་བཏིང་ནས་བསྡད།

ལྟ་བུ་སོགས། བས་འཕུལ་ཕོ་ནས་བྱ་བ་འདས་པ་བསྟན་པ་དང་། དེ་ལས་བཞད་པ། བསྡད་པ། ལྟ་བུ་བྱེད་པ་པོ་གཞན་དང་མ་འབྲེལ་བར་རང་གི་ངང་ངམ་ཤུགས་ཀྱིས་བྱ་བ་འདས་པར་གྲུབ་པ་ཉུང་ངུ་ཙམ་ཡང་ཡོད་པ་དང་། སྦྱིར་བྱེད་པའི་རྩོལ་བར་འཇུག་པའི་བྱ་བའི་མིང་གི་རྣམ་བཞག་ཚང་བའི་འདས་པར་ཡང་འཇུག་མེད། རྣམ་བཞག་མི་ཚང་བའི་འདས་པར་ཡང་འཇུག་ཡོད།

གསར་བརྗེ་བསྒྲུབས་ནས་རྒྱལ་ཁབ་གསར་བ་བཙུགས། །
ལས་བྱེད་བསྐྱངས་པ་བཟང་བས་ཀུན་གྱིས་བསྡུགས། །
ཆུ་མཛོད་བསྐྱིལད་ཅིང་གློག་གིས་ལས་རིགས་བསྐྲུནད། །
ཀུན་ལ་བསླངས་ནས་བསྒྲིགས་པའི་འཆར་གཞི་བསྟརད། །

ལྟ་བུ་སོགས་སྔོན་འཇུག་དང་ཡང་འཇུག་གཉིས་ཀས་འདས་པ་བསྟན་པའོ། །
གཉིས་སུ། བྱེད་པ་གཞན་འབྲེལ་གྱི་བྱ་བ་མ་འོངས་པ་བསྒྲུབ་པར་འཇུག་པ་སྟེ།

རྟགས་ཀྱི་འཇུག་པ་བསླབ་པར་བྱ། །
ཚིག་དོན་བརྟག་ཕྱིར་དཔེ་ཆ་བལྟ། །
ཚོད་བགམ་ཕྱིར་ན་བསམ་པར་འགྱུར། །
འཁྲུལ་མེད་བསྒྲུབ་ཆེད་བདེན་པ་བདར། །

ལྟ་བུ་སོགས་བས་འཕུལ་མ་འོངས་པ་སྦྱོར་ཡང་འཇུག་མི་འཐོབ་པོ། །

གསུམ་དུ། བདག་གཞན་གཉིས་ལས་གཞན་ཏེ། བྱ་བའི་ཡུལ་དང་ལས་ཀྱི་དངོས་པོ་བསྒྲུབ་པར་འཇུག་པ།(གཤམ་གསལ་ལས་ལ་ཞིག་རྟགས་དང་བྱེད་པར་འགྱུར་རྟགས་ཀྱིས་མཚོན་པ།)

བཟའ་བཏུང་ཚོམས་པའི་དགེ་ཕྲུག་རྣམས། །
བསྒྲུབ་བྱའི་དོན་དུ་བསླབ་ལ་འབུངས། །
བལྟ་རྒྱ་བལྟས་ཤིང་བསྒྱུར་བྱ་བསྒྱུར། །
བརྟག་པར་བྱ་བའི་གནས་ལ་བསམ། །

ལྟ་བུ་སོགས་བས་འཕུལ་མ་འོངས་པས་ལས་ཀྱི་དངོས་པོ་བསྒྲུབས་པའོ། །

སྔོན་འཇུག་གི་མ་ནིང་ག་ད་གཉིས་ནི། གཅིག་ཏུ། བྱེད་པ་གཞན་འབྲེལ་གྱི་བྱ་བ་མ་འོངས་པ་དང་། གཉིས་སུ། ལས་ཀྱི་དངོས་པོ་བསྒྲུབ་པར་འཇུག་པ། མཉམ་དུ་དཔེར་བརྗོད་ན།

གསད་བྱའི་གཏེ་བོ་གས༷ད་པར་བྱ། །
དེ་ཕྱིངས་གཏང་བར་བྱ་བ་ནི། །
གདུལ་བྱ་ཡིན་ཏེ་དམ་ལ་གད༷གས། །
སེམས་གསོ༷་མཁས་ན་གཅ༷ར་བར་འགྱུར། །

ལྟ་བུ་སོགས་དང་།

དཀར་ནག་དབྱེ་བ་དཔྱ༷ད་པར་བྱ། །
དབབ་བྱའི་སྲིད་ཇུས་དོན་དུ་དབ༷བ། །
གཅད་པར་བྱ་བ་གཅ༷ད་རྒྱུ་མགྱོགས། །
དགེ་བསྐུ༷ལ་སྐྱོན་དག༷ག་བདེ་ལ་དགོ༷ད། །

ལྟ་བུ་སོགས་སོ། །རྩ་བར། མ་ནིང་གཉིས་ཀ་ད་ལྟར་ཆེད། །གསུངས་པ། སྐོ་ཀུན་ལ་མ་བརྟགས་པས། གནད་དུ་ཁེལ་མེད་པར་མཐོན། མ་ནིང་གཉིས་ཀ་གཙོ་ཆེར་མ་འོངས་པར་འཇུག་པ་ལས། ད་ལྟར་བར་འཇུག་པ་མ་ཡིན་པའི་རྟགས་གཉིས་མཆིས་ཏེ། གཅིག་ནི། མིང་གཞི་གཅིག་པར་འཕུལ་ཡིག་མོ་དང་མ་ནིང་གཉིས་ཀ་འཇུག་རུང་བའི་རིགས་ལ། ད་ལྟ་བར་མོ་ཡིག་འ་མ་གཏོགས་མ་ནིང་གི་འཇུག་པ་མེད། དཔེ་ཆ་གདོན་བྱ་འདོན་བྱེད། རྒྱན་ཆ་གདགས་བྱ་འདོགས་བྱེད། སྨན་ནས་དགག་བྱ་འགོག་བྱེད། མར་ལ་དབབ་བྱ་འབེབས་བྱེད། ལྟ་བུ་སོགས་དང་། གཉིས་ནི། མིང་གཞི་བརྗེ་རུང་བའི་རིགས་ལ་ཡང་། ད་ལྟ་བར་མོ་མ་གཏོགས་མ་ནིང་གི་འཇུག་པ་མེད་དེ། ལག་ཏུ་གཟུང་བྱ་འཛིན་བྱེད། ཐང་ལ་གཞག་བྱ་འཇོག་བྱེད། ཆུ་སོགས་དབོ་བྱ་འཕོ་བྱེད། དགྲ་སྡེ་གཞོམ་བྱ་འཇོམས་བྱེད། ལྟ་བུ་སོགས་ཀྱིས་མ་ནིང་གཙོ་ཆེར་མ་འོངས་པར་འཕུལ་བ་གསལ། དེས་ན་སྔོན་འཇུག་གི་མ་ནིང་གཉིས་ཀྱིས་ད་ལྟ་བ་བསྒྲུབ་པ་ནི། མིང་གཞིའི་དབང་གིས་མོ་ཡིས་འཕུལ་མི་རུང་བའི་རིགས་ཙམ་སྟེ། སྡོང་བོ་གཅད་བྱ་གཅོད་བྱེད། ཕྱི་རུ་གཏང་བྱ་གཏོང་བྱེད། རས་སོགས་གཤག་བྱ་གཤག་བྱེད། ཐུར་དུ་དཔྱང་བྱ་དཔྱོང་བྱེད། ཁྲིག་སྣན་དབུར་བྱ་དབུར་བྱེད། ལྟ་བུ་སོགས་མ་ནིང་གིས་ད་ལྟ་བར་འཕུལ་བ་ཉུང་ཤས་ཙམ་ཡིན་ལ། འདི་རིགས་ལས་གུག་གུ་ཅན། ཞབས་ཀྱུ་ཅན། འགྲེང་བུ་ཅན་གསུམ་ཤེད་མཚུངས་པ་ཕུད་པ་གཞན། ན་རོ་མེད་པ་ཅན་མ་འོངས་པ་དང་། ཡོད་པ་ཅན་ད་ལྟ་བ་ཡིན་ནོ། །

སྔོན་འཇུག་གི་མོ་ཡིག་འ་ནི། ལས་གང་གི་བྱེད་པ་དང་། དེ་དང་འབྲེལ་བའི་བྱ་བ་ད་ལྟ་བ་བསྒྲུབ་པར་འཇུག་པ།

བལ་འབྲིག་རྣམས་ཀྱིས་ལུག་བལ་འབྲིག་གིན་ཡོད། །
འཕེལ་སྤྱོད་འཕང་གིས་སྐུད་པ་འཕེལ་བཞིན་མཆིས། །

འཐག་བྱེད་འཕྲུལ་འཁོར་གྱིས་ནི་འཐག་པར་བྱེད། །
འཐག་པས་ཐགས་མ་འཚོང་མིར་སྤྲད་ནས་འཕྱིར། །

ལྟ་བུ་སོགས་དང་། བདག་གཞན་གྱི་དབྱེ་བ་མེད་ཅིང་བྱ་བ་རང་གི་ངང་གིས་འགྲུབ་བཞིན་པ་ལའང་འཇུག་པ་མང་སྟེ། སྤྲིན་འཁྲིག་གློག་འཁྱུག་ཆར་པ་འབབ། །བྱིའུ་མི་འཕུར་ཁུང་དུ་འཛུལ། །ལྟ་བུ་སོགས་ཀྱིས་གསལ།

ཡང་། ད་ལྟ་བ་མོ་ཡིག་འདས་འཕྲུལ་བའི་རིགས་ལས། མིང་གཞིའི་དབང་གིས་མ་འོངས་པ་མ་ནིང་གིས་འཕྲུལ་མི་རུང་བ་ཉུང་ཤས་ཤིག་དང་བཅས་པ། འ་སྔོན་འཇུག་གིས་སྒྲུབ་པར་བྱེད་པ་ཡིན་ཏེ།

ད་ལྟ་ཕོ་ཡོང་འགྲན་དགོས་ཟེར། །
འབལ་བྱའི་ལ་ཕྱུག་དེ་འཕྲོར་འབལ། །
འཆི་ལ་འཇེམ་རྒྱུ་མེད་པ་པོ། །
འཕུར་བར་བྱ་འོ་འཆར་མི་ཉན། །

ལྟ་བུ་སོགས་ད་ལྟ་བ་དང་མ་འོངས་པ་གཉིས་ཀའི་ཡིག་གཟུགས་གཅིག་པར་གྱུར་པ་རྣམས་གོང་དུ་བཤད་ཟིན་པ་ལྟར་ཚིག་གྲོགས་ཀྱིས་བསྒྱུར་ནས་ཁྱད་པར་གཏོད་དགོས།

སྔོན་འཇུག་གི་ཤིན་ཏུ་མོ་མ་ཡིག་འཇུག་པའི་བྱ་ཚིག་གི་ཡིག་གཟུགས་རྣམས་སྤྱིར་འཇུག་ཡང་འཇུག་དང་ན་རོ་ཡོད་མེད་ཀྱི་ཁྱད་ཚུང་ཟད་མིན་པ་འགྱུར་བ་ཉུང་བས། བདག་གཞན་དང་དུས་གསུམ་ཀུན་ལ་འཇུག་པར་འགྱུར་ཏེ།

མཁྱེན་བྱ་མཁྱེན་བྱེད་མཁྱེནད་ཅིག་མཁྱེནད།
མངག་བྱ་མངག་བྱེད་མངགས་ཤིག་མངགས།
མཛད་མཁན་མཛད་པ་མཛོད་ཅིག་མཛོད།

མགར་པས་མགར་བྱ་མགོ༵རད་ཅིག་མག༵རད།

ལྟ་བུ་སོགས་དང་། བྱེ་བྲག་ཏུ་སྐུལ་ཚིག་དང་ལྷག་པར་ད་ལྟ་བ་ལ་མ་སྔོན་འཇུག་མི་ཐོབ་པའང་ཅུང་ཟད་ཡོད་དེ།

མཉན་བྱ་ཉན་བྱེད་ཉོནད་ཅིག་མཉནད། །
མཉེ་བྱ་ཉེད་བྱེད་མཉེས་ཤིག་མཉེས། །
མནབ་བྱ་ནབ་བྱེད་ནོབས་ཤིག་མནབས། །
མནམ་བྱ་ནོམ་བྱེད་ནོམས་ཤིག་མནམས། །

ལྟ་བུ་སོགས་སོ། །

སྔོན་འཇུག་མ་བྱ་བ་རང་ཤུགས་སུ་གྲུབ་པར་འཇུག་པའང་སྐོར་ཞིག་ཡོད་དེ། མཉེས་པ། མཐུན་པ། མངོན་པ་ལྟ་བུ་སོགས་སོ། །

ལྔ་བ། སྦྱོར་མི་རུང་བ་ཆེ་ཁག་བཅུ།

དབྱངས་བཞི་གང་ཡང་མི་འཇུག་པ། །ཤ་དང་ཤ་བཏགས་ཅན་རྣམས་སོ། །
སྔོན་འཇུག་ཐོབ་པར་མི་སྲིད་པ། །ཤ་འ་ར་ལ་ཧ་ཨ་དྲུག །
འདོགས་ཅན་ག་ཡིས་མི་འཕུལ་ཞིང་། །ལ་མགོ་ཅན་ལ་འདོགས་བཞི་བྲལ། །
བརྩེགས་འཕུལ་བ་ཡིག་ཁོ་ནར་ངེས། །འཕུལ་ཡིག་རང་སྡེར་འཇུག་མི་དཔེ། །
མིང་གཞི་མགོ་འདོགས་ཟུང་ལྡན་ནི། །ཀ་ག་པ་བ་མ་ལས་མེད། །
མིང་གཞིར་འཕུལ་ཚུལ་མེད་པ་གསུམ། །ཕོ་ནི་མ་ནིང་ལ་མི་འཇུག །
མོ་ཡང་ཕོ་ལ་འཇུག་མི་འགྱུར། །མ་ནིང་རང་ལ་རང་མི་འཇུག །

གསལ་བྱེད་རྣམས་ལས་ཕ་ཡིག་ལ་དབྱངས་བཞི་པོ་གང་ཡང་མི་ཐོབ་སྟེ། མིང་གཞིར་འཇུག་པ་རང་གཟུགས་ཙམ་དང་ཧ་ཅང་ཉུང་ཞིང་། འདོགས་ཅན་རྣམ་པ་བཞི་ལས་ཕ་བཏགས་ཅན་ལ་ཡང་གུག་གུ་སོགས་དབྱངས་བཞི་སྦྱོར་མི་ཉུང་བས། ཕ་ལ་མེད་ཀྱང་ཆོག་པའི་ཡི་གེ་གཅིག་ཅེས་གྲགས་སོ། །ཞར་བྱུང་དུ། ར་བཏགས་ཊ་ཋ་ལྟ་བུའི་མིང་གཞི་ཅན་ཏེ། སློ་ཊིས་དང་ཊོན་དང་ཊིས་སམ་ལྟ་བུ་ཞང་ཞུང་གི་སྐད་དང་། སྐར་མ་སྟོན་སྟུབས་སྟེལ་ཞི་རྣམས། ལེགས་སྦྱར་གྱི་ཐ་སྙད་བོད་སྐད་དུ་དྲངས་པ་ལས་བོད་སྐད་རང་མིན་པ་དང་། ཐྲ་ནི་ཐྲིག་ཅེས་ལྷམ་གྱི་ཐྲ་དང་། དགྲ་ནི་དགྲེས་དང་། བགྲ་ནི་བགྲི་བགྲིད་བགྲིས(ཇོ་བོ་གཅིག)དང་། མགྲ་ནི་མགྲིན་དང་མགྲོན་དང་། ལྷ་ནི་ལྷང་བ་དང་། ལྷུ་ནི་གྲངས་ཀྱི་ལྷུ་དང་། ལྷུ་ནི་ཧྲག་ཧྲུགས་ཞེས་དྲུག་སྒྲ་བཙུས་ནས་གཞི་དང་ཐད་ཀར་སྦྱོར་སྐབས་དང་། སྟྭ་ནི་སྟྭལ་དང་བསྟྭལ(ཇོ་བོ་གཅིག)ལ་སོགས་པ་ནི། ཡི་གེ་རེ་རེ་བར་ཟད་ཅེས་གྲགས་སོ། །

སྔོན་འཇུག་ལྔ་པོ་གང་གི་འཇུག་ཡུལ་དུའང་མི་འགྱུར་བའི་ཡི་གེ་ནི། ཕ་འ་ར་ལ་ཧ་ཨ་དྲུག་ཡིན་པ་ལས། ར་ལ་གཉིས་ལ་འཕུལ་བྱེད་ཐོབ་པའི་ཡི་གེ་ཞེས་ཀྱང་བྱ་སྟེ། རྐྱང་བ་ལ་འཕུལ་མི་འཐོབ་ཀྱང་། མགོ་ཅན་དུ་སོང་བ། བརླ་ལྟ་བུ་འཕུལ་ཐོབ་པའི་ཕྱིར་རོ། །དེ་ཡང་རླ་དང་སླ་མགོ་ཅན་གྱི་སྡེ་ཚན་དུ་གཏོགས་ཞེས་སྟོན་བྱེད་མཁས་པ་ཁ་ཅིག་གིས་བཞེད་པའི་སྔ་མ་དོན་གྱིས་དབེན་ཡང་། ཕྱི་མ་ཚད་ལྡན་དུ་མཐོང་སྟེ། མིང་གཞི་ལ་ས་མགོ་ཡོད་མེད་བྱ་བའི་མིང་དུ་བདག་གཞན་གྱི་དབྱེ་བས་བྱུང་བ་ཡིན་ཏེ། དཔེར་ན། རྣམ་པ་བསྒྱུ༷ར་ནས་འགྱུ༷ར། ཆུ་ལ་སྦྱ༷ངས་ནས་བྱ༷ངས། བུ་གུ་བརླ༷ལ་ནས་ཉ༷ལ་བ། ལྟ་བུ། དེ་བཞིན་ས་ལ་བཏགས་སླ་ལ་ཡང་། བསླ༷ངས་ནས་ལ༷ངས། བསླ༷ད་ནས་ལ༷ད། ཨེ་ཡོ༷བ་ཏུ་སློ༷བ། ལྟ་བུ་མིང་གཞི་བརྩེགས་པ་ཅན་བྱེད་པའི་ལས་དང་། རྐྱང་བ་ཅན་བྱ་བའི་ལས་ཏེ། བདག་གཞན་གྱི་དབྱེ་བ་ཡོད་པའི་ཕྱིར། དེབ་འདིར་ཡང་སླ་ཞེས་པ་མགོ་ཅན་དུ་བཞག་པ་ཡིན་ནོ། །

ར་ལ་ཕ་གསུམ་པོ་གང་ཡང་སྔོན་འཇུག་ག་ཡི་འཇུག་ཡུལ་དུ་མི་འགྱུར་ཞིང་། མགོ་ཅན་གསུམ་ལས་ལ་མགོ་ཅན་ལ་ཡ་ར་ལ་ཕ་གང་ཡང་གདགས་པ་མེད་པ་དང་། བརྩེགས་ཡིག་ལ་ཡོངས་གྲགས་སུ། རྐྱང་འདོགས་ལ་མིང་གཞི་ཉིས་རྩེགས་སུ་མི་རྩི། མགོ་ཅན་ལ་ཉིས་རྩེགས་དང་། མགོ་འདོགས་ཟུང་ལྡན་ལ་གསུམ་བརྩེགས་སུ་བརྩིས་སོ། །དེས་ན་བརྩེགས་འཕུལ་ལ་སྔོན་འཇུག་བ་མ་གཏོགས་གཞན་བཞི་པོ་འཇུག་པར་མི་འགྱུར་ཞིང་། མགོ་འདོགས་ཟུང་ལྡན་གྱི་མིང་གཞི་ཀ་ག་པ་བ་མ་ལྔ་ལས་མེད། སྔོན་འཇུག་ལྔ་པོ་རང་སྡེའི་ཡི་གེ་གང་ལའང་འཇུག་པའི་དཔེ་མེད་དོ། །མིང་གཞི་གང་དག་ལ་སྔོན་འཇུག་གང་མི་འཇུག་པའི་ཚུལ་ནི་འདི་ལྟ་སྟེ། སྔོན་འཇུག་གི་ཕོ་བ་ཡིག་ནི། མིང་གཞིའི་མ་ནིང་གི་ཡི་གེ་ཁ་ཆ་ཐ་ཕ་ཚ་ལྔ་ལ་འཇུག་པར་མི་འགྱུར་ལ། སྔོན་འཇུག་གི་མ་ནིང་ག་ད་གཉིས་པོ་ཡང་། མིང་གཞིའི་མ་ནིང་ཁ་ཆ་ཐ་ཕ་ཚ་ལྔ་པོ་རང་ལ་མི་འཇུག་གོ།། །།

ལེའུ་གཉིས་པ། མིང་གི་སྦྱོར་བ།

དོན་ཚན་དང་པོ། མིང་གི་སྤྱི་ཁོག་བསྟན་པ།

གང་ཞིག་དོན་གྱི་ངོ་བོ་ཙམ། །བརྗོད་པ་མིང་གི་མཚན་ཉིད་ཡིན། །
འདོད་རྒྱལ་རྗེས་གྲུབ་སོ་སོ་ལ། །དངོས་མིང་བཏགས་མིང་གཉིས་སུ་དབྱེ། །
འདྲ་བའམ་འབྲེལ་བ་རྒྱུན་བྱས་ནས། །སྒྲ་གཅིག་ཏུ་མར་མཆེད་པ་ནི། །
རྗོད་བྱེད་མིང་གི་འཕེལ་སྤྲོལ་ཡིན། །སྒྲ་འགག་བསྡེབས་པའི་མིང་ལ་ཡང་། །
རྒྱང་འདུས་ཚོགས་པའི་དབྱེ་བ་ཡོད། །དངོས་པོ་ཁྱད་ཆོས་བྱ་བ་གྲངས། །
སྟོན་བྱེད་མིང་གི་རིགས་བཞི་ཡིན། །མིང་ལ་ཞེ་ས་ཕྱོག་ཟླ་དང་། །
དོན་གཅིག་དོན་མང་ཆོས་གྲངས་དང་། །མངོན་བརྗོད་སྙེབ་སྦྱོར་ལ་སོགས་ཡོད། །

དང་པོ། མིང་གི་མཚན་ཉིད།

མིང་གི་མཚན་ཉིད་ནི། ཡི་གེ་ཏུ་མ་འདུས་ནས་དོན་གང་ཡང་རུང་བ་ཞིག་གི་ངོ་བ་ཙམ་སྟོན་པའི་བརྡ་ཡིན། དེའི་མཚན་གཞི་དཔེར་ན། མི་ཞེ་ན་སྨྲ་ཤེས་ཤིང་དོན་གོ་བ་ཅན་ཞིག་དང་། ཆེ་ཞེ་ན་ཚ་ཞིང་སྲེག་པ་ཅན་ཞིག་དང་། ལྕགས་རྟ་ཞེ་ན་ལྕགས་ཀྱིས་བཟོས་པ་རྟ་ལྟར་བཞོན་ནས་འགྲོ་ཐུབ་པ་ཅན་ཞིག་ཡིན། དེ་བཞིན། གནམ། ལུག །དཀར་པོ། མཛེས་པ། ཤར་བ། འདོན་པ། བརྒྱ། ཏུང་

ཕྱིར། ལྟ་བུ་ལ་སོགས་པའོ། །

མིང་རྣམ་དབྱེ་དང་བོར་འཇོག་དོན་ནི། མིང་ལ་དངོས་པོའི་མིང་དང་། ཁྱད་ཆོས་ཀྱི་མིང་དང་། གྲངས་ཀའི་མིང་དང་། བྱ་བའི་མིང་བཅས་རིགས་བཞིའི་རྣམ་དབྱེ་ཡོད་པ་དང་། ཚིག་གི་སྒྲུབ་བྱེད་ཡིན་པའི་ཕྱིར།

སྐབས་འདིར་ཐ་སྙད་དང་། བརྡ་ཆད་དང་། བརྡའི་དབྱེ་བ་ཙུང་ཟད་བཤད་ན། ཐ་སྙད་ནི་ཚིག་གི་ཐུང་བའི་མཐར་ཐུག་པ་སྙད་པར་བྱ་བ་སྟེ། མིང་དང་ཕྲད་ཀྱི་སྤྱི་མིང་ཡིན། བརྡ་ཆད་ནི་བཟོ་དང་། གསོ་བ། རྩིས། རྫས་སྦྱོར་ལ་སོགས་པའི་རིགས་སོ་སོ་ཁོ་ནར་ཡོད་པའི་ཆེད་དམིགས་ཀྱི་མིང་ཡིན། བརྡ་ནི་དོན་གོ་བར་བྱེད་པའི་བདག་ཉིད་དེ། མིང་སྙིང་བ་ལ་བརྡ་སྙིང་ཟེར་བ་ལྟ་བུ། མིག་བརྡ་དང་ལག་བརྡ་རྣམས་ལུས་ཀྱི་བརྡ་ཡིན་ནོ། །

སུམ་ཅུ་བའི་རྩ་བ་དང་འགྲེལ་བ་སོགས་ལས། དོན་གྱི་ངོ་བ་སྟོན་པའི་མིང་། རྣམ་དབྱེ་དང་བོར་བརྩིས་ཡོད་ཀྱང་། ཁ་ཅིག་གིས་མི་འཐད་པའི་ལྟ་བ་བཟུང་སྣང་། ཇི་སྐད་དུ། ལེགས་སྦྱར་གྱི་བརྡ་ལ་རྣམ་དབྱེ་དང་པོའི་རྐྱེན་སི་ཨོ་སུ་ལྟ་བུ་ལོགས་སུ་སྦྱོར་རྒྱུ་ཡོད་མོད། བོད་སྐད་ཀྱི་བརྡ་ལ་དེ་ལུགས་སྦྱར་རྒྱུ་མེད་པའི་ཕྱིར་དང་། སྐད་རིགས་གང་གི་མིང་རྣམས་ཀྱང་ཆོས་གང་ཉིད་ཀྱི་ངོ་བོ་ཙམ་གོ་བར་བྱེད་པ་ལས། ཆོས་གཞན་གྱི་ངོ་བོ་འཛིན་པར་མི་འགྱུར་བས། བོད་སྐད་ཀྱི་མིང་རྣམ་དབྱེར་བརྩིས་ཚོག་ན། རྒྱ་སྐད་ཀྱི་མིང་ཡང་རྣམ་དབྱེར་བརྩིས་ཚོག་ཟེར། འདི་ནི་སྐད་རིགས་རྣམ་འགྱུར་ཅན་བོད་སྐད་ལྟ་བུ་དང་། སྐད་རིགས་རྣམ་འགྱུར་མིན་པ་ཅན་རྒྱ་སྐད་ལྟ་བུའི་དབྱེ་བ་མ་ཕྱེད་པར་ཉ་ཉུང་མཉམ་བསྲེས་ཅིག་ཅར་འཛིན་པའི་ལྟ་བ་མ་དག་པ་ཞིག་སྟེ། རྒྱ་སྐད་ཀྱི་མིང་གི་ཚོགས་པ་ལས་རྟེན་ཅིང་འབྲེལ་བར་བྱུང་བ་ཡོད་ཀྱང་། རྣམ་དབྱེའི་སྦྱོར་རྒྱུ་མེད། བོད་སྐད་ཀྱི་མིང་གི་ཚོགས་པ་ལས་རྟེན་ཅིང་འབྲེལ་བར་བྱུང་བ་རྣམས་ལ། ལེགས་སྦྱར་གྱི་སྐད་ལྟར་

རྣམ་དབྱེའི་རྐྱེན་ཕུན་སུམ་ཚོགས་པ་ཞིག་སྦྱོར་རྒྱུ་ཡོད། འདི་ནི་བོད་རང་སྐད་ཀྱི་ཁྱད་ཆོས་ཐུན་མོང་མ་ཡིན་པ་ཞིག་ཡིན། ཁྱད་ཆོས་འདིའི་གབ་པ་མངོན་པར་ཕྱུང་ན། རྣམ་དབྱེ་དང་པོ་ཞེས་བྱ་བའི་ཆོས་ཀྱི་དེ་ཉིད་བདེ་བླག་ཏུ་རྟོགས་པར་འགྱུར་ཏེ། མིང་གི་ཁུངས་གཅིག་ཀྱང་། དོན་གཉིས་སམ་དུ་མར་འཇུག་པའི་ངོ་བོ་མི་འདྲ་བ་རྣམ་པར་དབྱེ་བའི་རྐྱེན་སྣ་ཚོགས་ཡོད་པས། རྣམ་དབྱེའི་གྲལ་དུ་བཞག་པ་ཚད་མས་གྲུབ་བོ། །འདིར་མཇུབ་མོས་རི་སྟོན་གྱི་དཔེ་འགའ་བསྟན་ན།

འབྱུར་ནས་འདུག་པ་སྦྱུར་ནས་འགྱོར་བ་མིན། ཟེར་བའི་ཚིག་འདི་ལས། སྦྱུར་བ་དང་། འགྱོར་བ་དང་། འབྱུར་བ་ནི། མིང་གཞི་གཅིག་པ་ལས་རྟེན་ཅིང་འབྲེལ་བའི་བྱ་བ་རིགས་གསུམ་ཡིན། གང་ཞིག་གང་ལ་འཇུག་པའི་ཤེས་བྱེད་ནི་རྣམ་དབྱེ་ཡིན། ས་མགོ་ཅན་ནི་བྱེད་པའི་རྩོལ་བ་སྟེ། འབྲས་བུ་འབྱུང་བྱེད་ཀྱི་རྒྱུ་ཡིན་ཞིང་། ས་མགོ་བསྒྲུབས་པའི་ན་རོ་ཅན་ནི་ལས་ཀྱི་འགྱུར་བ་སྟེ། རྒྱུ་ལས་བྱུང་བའི་འབྲས་བུ་ཡིན་ནོ། །ས་མགོ་དང་ན་རོ་མེད་པ་བོ་ནི་ངང་གིས་བྱུང་བ་སྟེ། གང་ཟག་གིས་བསྒྲུབས་པ་མ་ཡིན་ནོ། །དེ་དག་གི་སྒྲ་སྤྱི་འདྲ་ཡང་གལ་ཏེ་ས་མགོ་ཡོད་མེད་དང་། ན་རོ་ཡོད་མེད་ཀྱི་སྒྲ་ཚི་ཡང་དང་། དབྱངས་མཐོ་དམན་གྱི་རྣམ་དབྱེ་མེད་ན། སོ་སོའི་ངོ་བོ་ཇི་ལྟར་ཤེས། རྒྱ་སྐད་ལ་འདི་འདྲའི་བྱ་བ་རིགས་གསུམ་ལ་ཐྲན(粘)ཞེས་པའི་མིང་གཅིག་གིས་ཚོག་པས། རྣམ་དབྱེའི་རྐྱེན་སྦྱོར་རྒྱུ་མེད་དོ། །

བཀག་ཁོག་འགོག་དགག་བཞིའི་དོན་གྱི་ངོ་བོ་གཅིག་ཀྱང་། ལྡོག་པ་མི་གཅིག་པའི་རྣམ་དབྱེ་ནི། སྟོན་འཇུག་ཕོ་ཡིས་འདས་པ་དང་། མོ་ཡིས་ད་ལྟ་བ་དང་། མ་ནིང་གིས་མ་འོངས་པ་བསྟན་པ་དང་། མིང་གཞི་འགྱུར་བའི་སྐུལ་ཚིག་ལ་འཕུལ་མི་འཐོབ་བོ། །

གསེར་རྐོན་གྱིས་གསེར་རྐོ་བ་དང་། ལུད་པ་ལུ་བ། ཟེར་བ་ལས། གསེར་

ཀྲོན་ནི་གསེར་ཀྲོ་བ་བོ་དང་། གསེར་ཀྲོ་བ་ནི་བྱ་བ་ཡིན་ཞིང་། ལུད་པ་ནི་ལས་དང་། ལུ་བ་ནི་བྱ་བ་ཡིན་པ་རྣམ་པར་ཕྱེ་བའི་རྒྱན་ནོ། རྗེས་འཇུག་ན་དང་ད་ཡི་ཐུན་མོང་མ་ཡིན་པའི་འཇུག་པ་ཡིན་ནོ། །

ཚོགས་འཚོགས་པ་དང་། གྲོས་བགྲོས་པའི་ཚིག་གཉིས་སོ་སོའི་སྔ་མ་དངོས་པོའི་མིང་དང་། ཕྱི་མ་བྱ་བའི་མིང་ཡིན་པའི་རྣམ་དབྱེ་ནི། སྔོན་འཇུག་ཡོད་མེད་ཉིད་ཡིན་ཏེ། བྱ་བའི་མིང་འདུས་པའི་སྔོན་འཇུག་དོར་ན། དེ་དང་འབྲེལ་བའི་དངོས་པོའི་མིང་དུ་གྱུར་པ་ཡིན།

ཤར་ནས་ཤར་བ་དང་། སྒྲོག་གིས་སྒྲོག་པའི་ཚིག་གཉིས་སོ་སོའི་སྔ་མ་དངོས་པོའི་མིང་དང་། ཕྱི་མ་བྱ་བའི་མིང་ཡིན་པའི་རྣམ་དབྱེ་ནི། མིང་མཐའ་ཐོབ་མིན་ལ་རག་ལས་ཏེ། བྱ་བའི་མིང་གི་མིང་མཐའ་པའམ་བ་དོར་ན། དེ་དང་འབྲེལ་བའི་དངོས་པོའི་མིང་དུ་གྱུར་པ་ཡིན། ཕྱུག་པ་དང་ཕྱུག་པོ། མང་བ་དང་མང་བོའི་སྔ་མ་ཁྱད་ཆོས་ཀྱི་མིང་དང་། ཕྱི་མ་དངོས་པོའི་མིང་ཡིན་པའི་རྣམ་དབྱེ་ནི། མིང་མཐའ་པ་བ་ལ་ན་རོ་ཐོབ་མི་ཐོབ་ཉིད་དོ། །

དེ་ལྟར་དོན་གྱི་ངོ་བོ་བརྗོད་པའི་མིང་གི་ཚོགས་པ་ལས། རྟེན་ཅིང་འབྲེལ་བའི་མིང་གང་མང་ཁུངས་གཅིག་ཀྱང་ངོ་བོ་མི་གཅིག་པ་རྣམ་པར་དབྱེ་བའི་རྒྱན་ཕུན་སུམ་ཚོགས་པ་ཞིག་ཡོད་པའི་ཕྱིར་རོ། །

གཉིས་པ། མིང་གི་ལྡང་སྟོལ།

མིང་གི་བྱུང་ཚུལ་ལ་འདོད་རྒྱལ་དང་རྗེས་གྲུབ་རྣམ་པ་གཉིས་ཡོད་ལ། སོ་སོར་ཡང་དངོས་མིང་དང་བཏགས་མིང་གཉིས་སུ་དབྱེའོ། །འདོད་རྒྱལ་གྱི་དངོས་མིང་ནི། དངོས་པོ་གང་ཞིག་གང་ཟག་གིས་ཐོག་མར་ངོས་འཛིན་ཚེ། རྒྱུ་མཚན་མེད་པར་བརྡ་ཞིག་སྦྱར་བ་དེའི་མིང་དུ་ཆགས་པ་འདོད་པ་ལྟར་རྒྱལ་བར་གྱུར་

པས་དེ་སྐད་གྲགས་སོ། །དེའི་མཚན་གཞི་དཔེར་ན། ཉི་མ། སྤྲིན། རི་བོ། མཚོ། ཁང་བ། གསེར། སྔོང་བོ། བྱ། ཁྱི། ལྟ་བུ་སོགས་སྒྲ་བཤད་མེད་པ་ཉིད་ཀྱིས། མིང་གི་ཐོག་མའི་བྱུང་ཚུལ་ཡིན་པར་མངོན་ཞིང་། འདི་ནི་ཕྱིས་ཀྱི་རྗེས་གྲུབ་ཀྱི་མིང་གི་སྐྲུབ་བྱེད་ཡིན།

རྗེས་གྲུབ་ཀྱི་དངོས་མིང་ནི། འདོད་རྒྱལ་གྱི་མིང་གང་འཚམ་ཞིག་གཞིར་བཟུང་ནས། དེ་ལ་འབྲེལ་ཡོད་ཀྱི་མིང་ངམ་སྒྲ་ཞིག་སྦྱར་ནས། ཆོས་གཞན་ཞིག་སྟོན་པའི་བརྡར་གྱུར་པ་སྟེ། དཔེར་ན། དཔེ་ཆ་འཇོག་སའི་ཁང་བ་ལ་དཔེ་ཁང་དང་། ནགས་སྐྱེས་པའི་རི་བོ་ལ་ནགས་རི་དང་། གསེར་གྱིས་བཟོས་པའི་གཞོང་བ་ལ་གསེར་གཞོང་དང་། དེ་བཞིན། ༼ླ་བྲང་། དགེ་རྒན། ཟློས་གར། སྐེ་རྒྱན། རི་དྭགས། འདབ་ཆགས། རྡུག་སྦྲུལ། ལྟ་བུ་སོགས་སོ། །

འདོད་རྒྱལ་གྱི་བཏགས་མིང་ནི། འདོད་རྒྱལ་གྱི་དངོས་མིང་གང་ཆོས་གཞན་ཞིག་གི་མིང་དུ་བཏགས་ནས། དེའི་མིང་དུ་གྱུར་པ་ཞིག་སྟེ། དཔེར་བརྗོད་ན། བུ་མོ་ཞིག་ལ་རྒྱུ་མཚན་མེད་པར་རང་འདོད་ཀྱིས་པད་མ་ཞེས་བཏགས་པ། དེའི་མིང་དུ་གྲགས་པར་གྱུར་པས། འདོད་རྒྱལ་བ་ཡིན་ཞིང་། བུ་མོ་པད་མ་ཞེས་པའི་འཇུག་ཡུལ་དངོས་མིན་པས། བཏགས་མིང་ཡིན་ནོ། །དེ་བཞིན་ཁྱི་ཞིག་ལ་སེང་གེ་དང་། སྐྱེ་བོ་ངན་པ་ཞིག་ལ་བདུད་ཅེས་དང་། ལེ་ལོ་མ་ཞིག་ལ་རྡུལ་མ་ཞེས་བཏགས་པ་ལྟ་བུ་སོགས་སོ། །

རྗེས་གྲུབ་ཀྱི་བཏགས་མིང་ནི། རྗེས་གྲུབ་ཀྱི་དངོས་མིང་གང་གི་རྐྱེན་ཞིག་ལ་བལྟོས་ནས་ཆོས་གཞན་ཞིག་གི་མིང་དུ་བཏགས་པ་སྟེ། བུད་ཤིང་ལ་སྦར་བྱེད་ཀྱི་ཆ་ནས་མེ་ཤིང་ཟེར་བ་ལྟ་བུ། རྒྱུ་ལ་འབྲས་བུའི་མིང་གིས་བཏགས་པ་དང་། ཆུ་ལ་འཚོ་བ་སྐྱེལ་བའི་བྱ་ལ་ཆུ་བྱ་ཟེར་བ་ལྟ་བུ། རྟེན་བརྟེན་པ་རྒྱུ་མཚན་དུ་བྱས་ནས་བཏགས་པ་དང་། དེང་གི་ཆར་མི་ལ་ལས་སྐོར་མོ་ལ་ཀུན་དགའ་དོན་གྲུབ་

ཅེས་འབོད་པ་ཡང་། གནས་སྐབས་སུ་སྤྱི་ཚོགས་ན་དོན་ཟ་མི་ལྟ་རྒྱུ་ཟ་ལྟ་བའི་སྤྲོལ་ངན་པ་ཞིག་ཆླུང་ལྟར་གཡོ་བའི་འབྲེལ་བ་རྒྱུ་མཚན་དུ་བྱས་ནས་བཏགས་པ་དང་། གནམ་གྲུ་ལ་ལྟུགས་བྱ་ཟེར་བ་འདྲ་བའི་ཆ་ནས་བཏགས་པ་དང་། ཉི་མ་ལ་སྣང་བའི་མཇོད་ཟེར་བ་མངོན་པར་བརྗོད་པའི་སྒོ་ནས་བཏགས་པ་སོགས། དངོས་མིང་མིན་ལ་བཏགས་མིང་ཡིན་ཞིང་། སྒྲ་བཤད་དུ་ཡོད་པས། འདོད་རྒྱལ་བ་མིན་ལ་རྗེས་གྲུབ་པ་ཡིན་ནོ། །

གསུམ་པ། མིང་གི་འཕེལ་སྤྲོལ།

མིང་གི་འཕེལ་ཚུལ་ལ། གོང་གསལ་འདོད་རྒྱལ་གྱི་མིང་ལ་བརྟེན་ནས་རྗེས་གྲུབ་ཀྱི་མིང་དང་། དངོས་མིང་ལ་བརྟེན་ནས་བཏགས་མིང་བྱུང་བ་ཕུད། ད་དུང་གཙོ་ཆེ་བ་གཤམ་གསལ་ཚན་པ་གསུམ་ཡོད།

ཀ། མིང་ཞིག་ལ་མིང་མཐའ་གང་འོས་འགའ་ཞིག་སྦྱར་བའི་མིང་གི་འཕེལ་སྤྲོལ།

༡ མིང་མཐའ་མི་གཅིག་པ་འགའ་ཞིག་མིང་གང་འོས་ཤིག་ལ་སྦྱར་ནས་མིང་དུ་མ་རེ་བྱུང་བ། དཔེར་ན། རི། ཞེས་པ་ལ་མིང་མཐའ་གང་འོས་སྦྱར་ནས། ས་འཛིན་ལ་རི་བོ། རི་ལ་འདུག་པའི་མི་ལ་རི་པ། ཆུ་མི་འཁྱོང་བའི་ས་ཞིང་ལ་རི་མ། རི་དྭགས་རྣ་རིང་མཇུག་ཐུང་ཁ་ཤ་ཅན་ལ་རི་བོང་། རིན་དུ་བྲིན་པ་ལ་རི་བ། བྲིས་པའི་གཟུགས་རིས་ལ་རི་མོ་ཟེར་བ་སོགས་སོ། །འདི་རྣམས་ལས་གཞིར་བཟུང་བའི་རི་ཞེས་པ་ཕལ་ཆེར་ས་འཛིན་གྱི་དོན་ཡིན་ཡང་། མཐའ་གཅིག་ཏུ་མ་ངེས་ཏེ། རི་མོའི་རི་ནི་སྡེབ་སྦྱོར་གྱི་དབང་གིས་རིས་ཀྱི་ས་མཐའ་དོར་ནས་མིང་མཐའ་མོ་སྦྱར་བ་དང་། རི་བའི་རི་ནི་གོང་ཁུག་པའི་དོན་ཡིན། འདི་རིགས་མིང་གི་འཕེལ་སྤྲོལ་གཞན་ལས་ཀྱང་ཡོད་པ་རིག་པར་བྱའོ། །

༢ མིང་མཐར་ཀུ་ཏྲ་ཙ་བུ་གང་རིགས་སྦྱར་ནས་མིང་ཅན་གང་གི་ཆུང་བའི་

རིགས་ཀྱི་མིང་དག་བྱུང་བ། ལུག་དང་ལུ་གུ། སྨྱུག་མ་དང་སྨྱུ་གུ། ཐག་པ་དང་ཐ་གུ། མཆིག་དང་མཆི་གུ། ཕྲུག་དང་ཕྲུ་གུ། མི་དང་མིའུ། རྟ་དང་རྟེའུ། དྲེལ་དང་དྲེའུ། ར་དང་རེའུ། ཤ་བ་དང་ཤེའུ། སླ་དང་སླེའུ། སྤྲེལ་དང་སྤྲེའུ། ཉ་དང་ཉེའུ། བྱ་དང་བྱེའུ། ཟོ་བ་དང་ཟེའུ། རྫ་མ་དང་རྫེའུ། སྤྱིལ་པོ་དང་སྤྱིལ་བུ། ཁྲོལ་མ་དང་ཁྲོལ་བུ། གཞོང་པ་དང་གཞོང་བུ། རྫིང་དང་རྫིང་བུ། ནོར་དང་ནོར་བུ་ལྟ་བུ་སོགས་དང་། ཆེ་བོ་མེད་ལ་ཆུང་ངུ་ཙམ་གྱི་མིང་དུ། ཙི་གུ། སྣང་ངུ། སེའུ། སྲིན་བུ་ལྟ་བུ་སོགས་སོ། །

ཁ མིང་གང་རུང་ཞིག་གཞིར་བཟུང་ནས་འབྲེལ་ཡོད་ཀྱི་མིང་རྣམས་སྦྱར་བའི་མིང་གི་འཕེལ་སྲོལ།

༡ འབྲེལ་གཞི་སྔ་མ་དང་འབྲེལ་ཆོས་ཕྱི་མར་སྦྱར་ནས་མིང་དུ་མ་རེ་བྱུང་བ། དཔེར་ན། ལག་པ་འབྲེལ་གཞིར་བཟུང་ནས། འབྲེལ་ཆོས་རྣམས་སྦྱར་བ་ལས། ལག་མགོ། ལག་མཐིལ། ལག་བོལ། ལག་མཛུབ། ལག་ངར། ལག་རིས། ལག་རྡུམ། ལག་ཤུབས། ལག་སྐྱིབས། ལག་ཕྱི། ལག་དམར། ལག་འཁྲི། ལག་ཆ། ལག་རྗེས། ལག་ཕོད། ལག་བརྡ། ལག་ལེན་ལ་སོགས་པ་ལྟ་བུའོ། །

༢ རང་ལྡོག་ལས་གཞི་ལྡོག་ཁོལ་དུ་ཕྱུང་ནས་མིང་དུ་མ་རེ་བྱུང་བ། དཔེར་ན། བུམ་པ་དང་རྫ་བུམ་ལས། སྔ་མ་རང་ལྡོག་དང་ཕྱི་མ་གཞི་ལྡོག་ཡིན། རང་ལྡོག་ལས་གཞི་ལྡོག་ལོགས་སུ་བཀར་ནས་དངུལ་བུམ། གསེར་བུམ། ཤིང་བུམ། རག་བུམ། གཏེར་བུམ་སོགས་ཡོད་པ་ལྟ་བུའོ། །

ག འདྲ་བའམ་འབྲེལ་བ་རྒྱུ་མཚན་དུ་བྱས་པའི་མིང་གི་འཕེལ་སྲོལ།

འདྲ་བའམ་འབྲེལ་བ་རྒྱུ་མཚན་དུ་བྱས་ནས། མིང་གཅིག་པའམ། མིང་གཞི་གཅིག་པའམ། མིང་གཞི་སྡེ་བ་གཅིག་པ་ཞིག་གཞིར་བཟུང་ནས། དེའི་སྒྲ་གདངས

ཙུང་ཟད་ཙུང་ཟད་རེ་བསྐྱུར་ནས་མིང་དུ་མ་རེ་བྱུང་བ་ལ།

༡ འདྲ་བ་རྒྱུ་མཚན་དུ་བྱས་ནས། མཚོན་བྱེད་དཔེའི་མིང་ཞིག་ལ་བརྟེན་ནས། མཚོན་བྱ་དོན་གྱི་མིང་གང་འཚམས་རེ་སྦྱར་ནས་མིང་དུ་མ་རེ་བྱུང་བ། ཁལ་རྟ་ལྟར་ཡོ་ཆོད་པའི་ཤིང་གིས་བཟོས་པའི་འདུད་བྱེད་ལ་ཤིང་རྟ་དང་། ཡུལ་སྐད་དུ་མིས་འདྲུད་པའི་ཤིང་རྟ་ཆུང་ཆུང་ལ་ཤིང་རྟེའུ་དང་། འཕྲིན་སྐྱེལ་བ་རྟ་ལྟར་མགྱོགས་དགོས་པས་བང་ཆེན་ལ་བྱ་མ་རྟ་དང་། འདབ་ཆགས་ལ་མངོན་བརྗོད་དུ་བྱ་མ་རྟ་དང་། ལྕགས་ལས་བཟོས་པའི་སྦྱོས་འཁོར་ནི་རྟ་ལྟར་བཞོན་ནས་རྒྱུག་ཐུང་བས་ལྕགས་རྟ་དང་། མེ་མདའ་འཕང་བར་མྱུར་དུ་འབར་བའི་མེ་རྫས་ལ་མེ་རྟ་དང་། ཞོ་བསླལ་བ་མྱུར་དུ་ཆགས་པར་འཇུག་པའི་ཞོ་རྩི(ཉུ་མ)ལ་དཔའ་རིས་སྐད་དུ་ཉུ་རྟ། སློ་སྐད་བདེ་བ་རྟའི་གོམ་འགྲོས་ལྟར་ལྡེམ་ལྡེམ་བྱེད་པའི་འགྱུར་ཁུག་ཆགས་པའི་རྒྱུན་ལ་ངག་རྟ་དང་། སྨན་ནད་ཐོག་འཕྲལ་དུ་འདྲེན་པའི་རྫས་སྦྱོར་ལ་སྨན་རྟ་དང་། ཀ་རའི་ནུས་པ་བསིལ་བས་ཚ་བ་འཛོམས་པའི་སྨན་དུ་བསིལ་རྟ་བྱེད་པ་ལྟ་བུ་སོགས་བརྟེན་སའི་མིང་གཅིག་པའོ། །

༢ འདྲ་བ་རྒྱུ་མཚན་དུ་བྱས་ནས། མིང་གཞི་ཞིག་གི་སྒྲ་ཙུང་ཟད་ཙུང་ཟད་རེ་བསྐྱུར་ནས་མིང་དུ་མ་རེ་བྱུང་བ། ཁ་དོག་འདྲ་བ་རྒྱུ་མཚན་དུ་བྱས་པ། དཔེར་ན། ཁ་དོག་དཀར་པོའི་ལྟོག་ཟླ་ནག་པོ་ལ་བལྟོས་ནས། ནོར་ཏ་ལམ་ནག་ནག་ཡིན་པས་གནག་དང་། འབྲི་བྱེད་ཚོན་རྩི་ཕལ་ཆེར་ནག་པོ་ཡིན་པས་སྣག་ཚ། སྣག་ཚའི་བུམ་པ་ལ་སྣག་ཀོང་། ཤིང་ལྗོན་པའི་ཚལ་ལ་རྒྱང་ནས་བལྟས་ན་ནག་རོག་གེར་སྣང་བས་ནགས། ཉ་དང་ཆོལ་གྱི་རླབས་ཕྱེད་པའི་ཉ་ནི་ནག་སང་ངེར་བྱུས་པས་ཉ་སྣག །ཟས་གཡོ་སྐོལ་བྱེད་པའི་ཁང་བ་ནི་དུད་པས་ནག་ཟིབ་བེ་བྱས་པས་ནག་ཚང་། ཟླ་བའི་མར་ངོ་དཀར་ཆ་ཉམས་པས་ནག་ཕྱོགས་ཟེར་བ་ལྟ་བུ་སོགས་མིང་གཞི་གཅིག་པའོ། །

དབྱིབས་འདྲ་བ་རྒྱུ་མཚན་དུ་བྱས་པ། དཔེར་ན། ཀོར་ཀོར་ལ་བལྟོས་ནས། རྗོ་རིལ་རིལ་ལ་གོར་མ། དངུལ་གྱི་དོང་ཙེ་ལ་སྒོར་མོ། ཤིང་རྟའི་ཕང་ལོ་ལ་འཁོར་ལོ། མཆིག་ལ་ལག་སྐོར། ཁྲི་རྒྱག་བྱེད་ལ་མགོ་སྐོར། གཡུལ་རྟུང་བྱེད་ལ་འཁོར་མ། མཐའ་འཁོར་ལ་ཁོར་ཡུག །བསྐོར་ནས་གཞོག་པ་ལ་སྐོར་བ་ལྟ་བུ་སོགས་མིང་གཞི་སྡེ་བ་གཅིག་པའོ། །

འདྲ་བ་རྒྱུ་མཚན་དུ་བྱས་པ་འདི་རིགས་ལས་འབྲེལ་བ་རྒྱུ་མཚན་དུ་བྱས་པ་འདྲེས་པ་ཡང་ཡོད་དེ། འཁོར་ལོ་དང་འབྲེལ་བའི་བྱ་བ་ལ་འཁོར་བ་དང་། འཁོར་བར་བྱེད་པའི་བྱ་བ་ལ་སྐོར་བ་ལྟ་བུ། འབྱུང་འགྱུར་གྱི་འབྲེལ་བ་རྒྱུ་མཚན་དུ་བྱེད་པ་ལས། འདྲ་བ་རྒྱུ་མཚན་དུ་བྱེད་པ་ཡང་ཡོད་པ་ཤེས་པར་བྱའོ། །

༣ འབྲེལ་བ་རྒྱུ་མཚན་དུ་བྱས་ནས། མིང་གཞི་གང་ཉུང་ཞིག་གི་སྒྲ་ཚུང་ཟད་ཙམ་རེ་བསྒྱུར་ནས་མིང་དུ་མ་རེ་བྱུང་བ། འབྲེལ་ཉེ་བར་བལྟོས་ནས། གདུང་རྒྱུད་ཀྱི་འབྲེལ་བ་ཡོད་པའི་མི་ལ་ཤ་ཉེའམ་ཉེ་དུ། བཟའ་ཚང་སྒྲིག་པ་ལ་གཉེན་སྒྲིག་པ། གཉེན་གྱི་བར་བ་ལ་གཉེ་བོ། ཉེ་བར་བྱེད་པ་ལ་བསྙེན་པ། གུས་པའི་སྒོ་ནས་སྣེ་ལེན་བྱེད་པ་ལ་བསྙེན་བཀུར། རིགས་རྒྱུད་དང་ཁྲོ་ཤུག་གི་འབྲེལ་བ་ཡོད་པའི་མི་ལ་གཉེན་བཤེས། འཇམ་པ་ལ་མཉེན་པ། མཉེན་པར་བྱེད་པ་ལ་མཉེ་བ། དགའ་བ་ལ་མཉེས་པ་ལྟ་བུ་སོགས་མིང་གཞི་གཅིག་པའོ། །

འཛིན་པར་བལྟོས་ནས། ལག་ཏུ་ཐོགས་པ་ལ་བཟུང་བ། བཟུང་ནས་བྱུང་བ་ལ་ཟིན་པ། དོན་ཐོར་བུ་ཐིགས་པ་གསོག་གསོག་བྱས་ནས་བྲིས་པ་ལ་ཟིན་ཏིག །ལྕགས་ཀྱུ་ལ་ཟུང་ང་སྟེ། ཤ་ཟུང་། ཁབ་བཟུང་། བཞོ་གཟུང་། ཆང་ཟུང་། ལུས་ཀྱི་འཚོ་བྱེད་ལ་ཟུངས་ཏེ། དྭངས་མ་ཤ་ཁྲག་ཙུས་པ་ཆོལ། །ཁམས་དང་རྐང་མར་ཟུངས་བདུན་ཟེར། །རྒྱུད་ལ་བརྗེད་མེད་དུ་གཏན་འཇགས་པ་ལ་གཟུངས། གོས་བཟོ་བར་ཐིག་གཤར་རྒྱག་པ་ལ་གཟུངས་འདེབས་པ། ལྕགས་ཐག་

ལ་གཉའ་ཟུངས་རྒྱུད་མོ། ས་གཞི་ལ་ནོར་འཛིན་ནམ་འཛིན་མ། སྤྲིན་ལ་ཆུ་འཛིན། མིག་ལ་གཟུགས་འཛིན། རྣ་བ་ལ་ཐོས་འཛིན། སྣ་ལ་དྲི་འཛིན། ལྕེ་ལ་རོ་འཛིན། ཡུལ་གཟུང་བར་བྱ་བ་དང་། ཡུལ་ཅན་འཛིན་པར་བྱེད་པ་ལ་གཟུང་འཛིན་ལྟ་བུ་སོགས་མིང་གཞི་སྡེ་བ་གཉིས་ཅན་ནོ། །

མི་མངོན་པར་བསྐོས་ནས། གཡོགས་པ་ལ་བཀབ་པ། བཀབ་བྱུང་བ་ལ་ཁེབས་པ། འགེབས་བྱེད་ལ་ཁེབས། ཁེད་ལ་གབ་ཚིག །མངོན་པར་མི་མཐོང་བའི་ས་ཁུང་ངམ་བྲག་ཁུང་ལ་གབ་ཁུང་། སྒྲིད་ཁུང་ལ་སྐབ་ཁུང་། རྒྱལ་པོའི་ཕོ་བྲང་སྟེ་ཕྱི་མཁར་གྱིས་བསྐྲིབས་པས་རྒྱལ་པོའི་ཁབ་ཟེར་བ་ལྟ་བུ་སོགས་མིང་གཞི་སྡེ་བ་གཅིག་པའོ། །

སེམས་ཅན་དང་རྩི་ཤིང་སོགས་ལས་རིགས་གང་ཙུང་ཞིག་ཡིན་ཡང་། ནང་གི་ཉེར་ལེན་དང་ཕྱིའི་མཐུན་རྐྱེན་རྟེན་ཅིང་འབྲེལ་བའི་སྒོ་ནས་རྒྱུད་པ་འཕེལ་བ་ཇི་བཞིན། གོང་གསལ་མིང་གི་འཕེལ་སྟོལ་རྣམ་གསུམ་དང་། སྒོས་སུ་འདྲ་བའམ་འབྲེལ་བ་རྒྱ་མཚན་དུ་བྱས་པའི་མིང་གི་འཕེལ་སྟོལ་འདི། མིང་གི་རིགས་རྒྱུད་ཀྱི་འཕེལ་སྟོལ་ཡིན་ལ། མིང་གང་གང་འདྲ་ཆགས་པའམ་འབྲེལ་ཆགས་པ་རྣམས་རིགས་གཅིག་པའི་ཁོངས་གཏོགས་ཡིན་ཏེ། མིང་གཅིག་པ་དང་། མིང་གཞི་གཅིག་པ་དང་། མིང་གཞི་སྡེ་བ་གཅིག་པ་གང་ཙུང་ནི། མིང་སྐྲིད་བྱེད་ཀྱི་ཉེར་ལེན་ཡིན་ཞིང་། ཉེར་ལེན་དེའི་འབྲེལ་ཡུལ་ནི། ཕྱིའི་མཐུན་རྐྱེན་ཏེ། དེ་དག་ཕན་ཚུན་རྟེན་ཅིང་འབྲེལ་བའི་སྒོ་ནས། མིང་གི་རིགས་རྒྱུད་འཕེལ་བ་ཡིན་ནོ། །མིང་གི་རིགས་རྒྱུད་འཕེལ་སྟོལ་འདི། གནའ་མི་བོད་ཀྱི་ཀུན་ཏུ་བརྟགས་པའི་རིག་པ་ལས་བྱུང་བ་ཡིན་ཏེ། ལང་ཀར་གཤེགས་པའི་མདོ་ལས། མིང་དུ་གདགས་པར་མ་མཛད་ན། །འཇིག་རྟེན་ཐམས་ཅད་རྨོངས་པར་འགྱུར། །ཞེས་གསུངས་པ་ལྟར། གནའ་མི་བོད་ཀྱིས་ཤེས་བྱའི་ཆོས་ཤིག་འཇིག་རྟེན་པ་རྣམས་ལ་གོ་བརྡ་སྤྲོད་སླ་བའི་ཆེད་དུ།

དོན་གང་གི་ངོ་བོ་ཙམ་སྟོན་པའི་མིང་འདོགས་ཚེ། མིང་དུ་གདགས་པའི་དངོས་པོ་དེ་དངོས་པོ་གང་དག་དང་རྟེན་ཅིང་འབྲེལ་བར་གྲུབ་པ་དང་། དེའི་ནང་གི་ཉེར་ལེན་དང་ཕྱི་ཡི་མཐུན་རྐྱེན་ཇི་ལྟར་འབྲེལ་བ་དང་། དེའི་བྱེད་ལས་དང་ཁྱད་ཆོས་ཇི་འདྲ་ཡིན་པ་ཀུན་ལ་བརྟགས་ནས། ངོ་བོ་ཇི་ལྟ་བ་བཞིན་དུ་བཏགས་པས་ན། རྗེས་གྲུབ་ཀྱི་མིང་ཐམས་ཅད་ལ་སྒྲ་བཤད་ཡོད་པར་མ་ཟད། འདོད་རྒྱལ་གྱི་མིང་ལ་ལར་ཡང་ཚིག་ཕྲད་དམ་སྡེབ་སྦྱོར་གྱི་སྒོ་ནས་སྒྲ་བཤད་དུ་རུང་ངོ་། །དེའི་ཕྱིར་གནའ་མི་བོད་ཀྱི་མིང་གི་རིགས་རྒྱུད་སྤེལ་སྲོལ་འདི། ང་ཚོས་བསླབ་པར་བྱ་བའི་རིག་པ་གལ་ཆེན་ཞིག་ཡིན་ཏེ། མིང་བཀྲལ་ན། གོ་བ་དེ་ལྟར་བླངས་ནས་གནད་དུ་ཕིལ་བ་ཞིག་དགོས། ལྟར་སྣང་དང་འོལ་ཚོད་ཀྱིས་མི་ཆོག །མིང་བཏགས་ན། རྒྱུ་རྐྱེན་རྟེན་འབྲེལ་ཀུན་ལ་བརྟགས་ནས་མཚན་ཉིད་དང་མཐུན་པ་ཞིག་དགོས། ཆལ་ཆོལ་དང་ཉག་ཉོག་ཙམ་གྱིས་མི་ཆོག །མི་ཆོག་དོན་ནི། མིང་མ་གོ་ན། བརྡ་མི་འཕྲོད། མིང་མ་དག་ན། དོན་མི་འགྱུར། ཚིག་གི་སྒྲུབ་བྱེད་མིང་ཡིན། མིང་གི་དབང་འགྱུར་ན། འཆད་རྩོད་རྩོམ་གསུམ་ལ་ཐོགས་པ་མེད་འགྲོ། སྒྲ་གསེར་ཚང་གིས། ཇི་ལྟར་མིག་དབང་ཡོད་ཀྱང་དམུས་ལོང་གིས། །སྣང་བྱེད་ཉི་མའི་དཀྱིལ་འཁོར་མི་མཐོང་བཞིན། །བརྡ་དག་གཞུང་ལ་མ་སྦྱངས་རིག་པ་གཞན། །བསླབས་ཀྱང་གནད་དོན་འཁྲུལ་མེད་རྟོགས་མི་འགྱུར། །ཞེས་བརྡ་དག་བློ་གསལ་འཇུག་ངོགས་ཞེས་བྱ་བའི་མཇུག་ཏུ་གསུངས་པ་འདིས། དག་ཡིག་རིག་པ་མཁས་པར་སྦྱང་བའི་དགོས་པ་གསལ་བར་བསྟན་སྣང་ངོ་། །

བཞི་བ། མིང་གི་གྲུབ་ལུགས།

མིང་གི་གྲུབ་ལུགས་རྐྱང་འདུས་ཚོགས་གསུམ་ལས།

ཆ་ཤས་བསྡུ་མི་ཐུབ་པ་མིང་རྐྱང་དང་། །
ཚིག་དབར་ཚིག་སྣ་བསྡུས་པ་མིང་འདུས་མ། །
རིགས་མཐུན་དུ་མ་མཉམ་དུ་འདུས་པ་ལ། །
མིང་གི་ཚོགས་པ་ཞེས་པ་རྣམ་གསུམ་མོ། །

མིང་རྐྱང་བ་ནི། ཆོས་གང་རུང་ཞིག་གི་ངོ་བོ་སྟོན་པའི་མིང་དེའི་ཆ་ཤས་གང་ཡང་བསྡུ་མི་ཐུབ་པ་ཞིག་སྟེ། དཔེར་ན། གང་ཟག་གི་འཚོ་སྐྱོང་ལ་མ་བསྟེན་པའི་སྲོག་ཆགས་རྩྭ་གཟན་ལ་རི་དྭགས་ཞེས་གྲགས། མིང་འདིའི་ཆ་ཤས་སྔ་མ་བསྡུས་ན། དྭགས་ཙམ་གྱིས་དོན་ཅི་ཡང་མི་སྟོན་པ་དང་། ཆ་ཤས་ཕྱི་མ་བསྡུས་ན། རི་ཞེས་པས་དོན་གྱི་ངོ་བོ་གཞན་ཞིག་སྟེ། རྟུལ་བརྟེགས་སྟོན་པར་འགྱུར་བ་ལྟ་བུའོ། །

ཀ། མིང་རྐྱང་བའི་གྲུབ་ལུགས།

མིང་རྐྱང་བ་ལ་གྲུབ་ཚུལ་བཞི་ཡོད་དེ། གཅིག་ནི། སྒྲ་གཅིག་པུས་དོན་གྱི་ངོ་བོ་ཙམ་སྟོན་པ། དཔེར་ན། གནམ། རྩྭ། ལུག །ཁབ། ལྟ་བུ་སོགས་སོ། །

གཉིས་ནི། མིང་མཐའ་ཞིག་སྦྱར་ནས་དོན་གྱི་ངོ་བོ་ཙམ་སྟོན་པ། དཔེར་ན། རིག་པ། བློན་པོ། ཁ་བ། གཙོ་བོ། ཐོམ་བུ། ལྟ་བུ་སོགས་སོ། །

གསུམ་ནི། སྒྲ་གཉིས་བསྡེབས་ནས་དོན་གྱི་ངོ་བོ་ཙམ་སྟོན་པ་ལ་རིགས་བཞི་ཡོད་ལ།

༡ མིང་དུ་གྲུབ་པའི་སྒྲ་གཉིས་བསྡེབས་ནས་ཆོས་གཞན་ཞིག་སྟོན་པ། དཔེར་ན། ཞབས་ཀྱུ། ནོར་བུ། ཆུ་འཛིན། སྲོག་ཆགས། ལྟ་བུའོ། །

༢ སྒྲ་སྔ་མ་མིང་དུ་གྲུབ་པ་དང་། ཕྱི་མ་མིང་དུ་མ་གྲུབ་པ་གཉིས་བསྡེབས་ནས་དོན་གྱི་ངོ་བོ་ཙམ་སྟོན་པ། དཔེར་ན། མཁན་པོ། ཡི་དྭགས། ཁྱུ་བྱུག །དཀྱིལ་གྲུང་། ལྟ་བུའོ། །

༣ སྒྲ་སྤྱི་མ་མིང་དུ་མ་གྲུབ་པ་དང་། ཕྱི་མ་མིང་དུ་གྲུབ་པ་གཉིས་བསྡེབས་ནས་དོན་ཞིག་སྟོན་པ། དཔེར་ན། རྒྱུན་ཆང་། ཕྲོག་ཞུ། ཀིང་ཀུས། ལྷ་བུའོ། །

༤ མིང་དུ་མ་གྲུབ་པའི་སྒྲ་གཉིས་བསྡེབས་ནས་ཚོས་ཤིག་སྟོན་པ། དཔེར་ན། སེང་གེ། ཙོག་ཙེ། ཨེམ་ཆི། པ་སེ། ལྟ་བུ་སོགས་ལས་མི་ཤུང་བ་ཞིག་མི་རིགས་གཞན་གྱི་ཐ་སྙད་བོད་འགྱུར་དུ་ཆགས་པ་ཡིན། གོང་གི་རྣམ་པ་འདི་བཞི་ལ་མིང་གི་སྦྱོར་བ་མ་བཞི་ཟེར།

བཞི་ནི། སྒྲ་གསུམ་ཡན་ཆད་ཀྱིས་དོན་གྱི་ངོ་བོ་ཙམ་སྟོན་པ། འཕྲུང་མོ་ཤུག །ཡོ་ཙླ་བ། འཛམ་བུ་གླིང་། ནོར་བུ་གླིང་ག །ཨོ་རྒྱན་པད་མ། སྲོང་བཙན་སྒམ་པོ། རྒྱལ་མཚན། ཐོན་མི་སམ་བྷོ་ཊ། སྤང་སྐོང་ཕྱག་བརྒྱ་བ། ཀ་བ་རིང་པོ་ཟུར་བརྒྱད་པ། ཀྲུང་ཧྭ་མི་དམངས་སྤྱི་མཐུན་རྒྱལ་ཁབ། ལྟ་བུ་སོགས་སོ། །

ཁ མིང་འདུས་མའི་གྲུབ་ལུགས།

མིང་འདུས་མ་ནི། ཚིག་དབར་རམ་མིང་མཐའམ་ཚིག་སྣ་བསྡུས་ནས་མིང་ཐུང་ངུར་བྱས་པ་ཡིན། དེ་དག་ལས་ཚིག་བར་འདུས་མ་ནི། སྒྲ་གཉིས་ཡན་གྱི་ཚིག་བསྡུས་པ་སྟེ། དཔེར་ན། ས་བོན་ལ་སོན། བུ་ལོན་ལ་བུན། བྱ་ན་མོ་ལ་བྱན་མོ། མཛའ་ན་མོ་ལ་མཛན་མོ། སྲུས་དང་སྲུས་མོ་ལ་སྲུས་སྲོས། ཚོས་ཀྱི་རྒྱལ་མཚན་ལ་ཚོས་རྒྱན། ཨ་ག་རུ་ནག་པོ་ལ་ཨར་ནག །ལྷ་ལྷུན་རབ་འབྱམས་པ་ལ་ལྷ་རམས་པ། ལྟ་བུ་སོགས་སོ། །

འདིའི་རིགས་ལས། ཁྱད་གཞི་དང་ཁྱད་ཆོས་བསྡུས་པ་ལ། སྐྱེས་བུ་མཆོག་ཏུ་གྱུར་བ་ལ་སྐྱེས་མཆོག །པཎྜི་ཏ་ཆེན་པོ་ལ་པཎ་ཆེན། རི་བོ་རབ་ཏུ་ཆེ་བ་ལ་རི་རབ། རྒྱལ་མོ་ཚ་བ་རོང་ལ་རྒྱལ་རོང་། ལྟ་བུ་སོགས་དང་།

ཁྱད་ཆོས་གཉིས་མཉམ་དུ་བསྡུས་པ་ལ། འཇམ་ཞིང་མཉེན་པ་ལ་འཇམ་

མཉེན། གཏིང་ཟབ་ཅིང་ཡངས་པ་ལ་ཟབ་ཡངས། ཁ་དོག་དཀར་ཞིང་རེག་བྱ་འཇམ་པ་ལ་དཀར་འཇམ། ཁོག་གདུག་ཅིང་སྦྱོར་བ་རྩུབ་པ་ལ་གདུག་རྩུབ། ལྟ་བུ་སོགས་དང་།

དངོས་པོ་གཉིས་མཉམ་དུ་བསྡུས་པ་ལ། སྐད་ཆ་དང་ཡི་གེ་ལ་སྐད་ཡིག ། ཚར་བུའི་འབྲས་བུ་ལ་ཚར་འབྲས། བལ་ཡུལ་གྱི་ཏིག་ཏ་ལ་བལ་ཏིག །ཐག་གདང་གི་ར་བ་ལ་དང་ར། ལྟ་བུ་སོགས་དང་།

བྱ་བའི་མིང་གཉིས་མཉམ་དུ་བསྡུས་ནས་དངོས་པོའི་མིང་དུ་འཇུག་པ་ལ། རྟོགས་པ་བརྗོད་པ་ལ་རྟོགས་བརྗོད། བསླབ་ཅིང་སྦྱང་བ་ལ་བསླབ་སྦྱང་། དུད་ནས་འགྲོ་བ་ལ་དུད་འགྲོ། སེམས་སྡུག་ཅིང་ལུས་ངལ་བ་ལ་སྡུག་བསྔལ། ལྟ་བུ་སོགས་དང་།

དཔེ་དང་དཔེ་ཅན་བསྡུས་པ་ལ། མཁྱེན་རབ་ཀྱི་སྤྲིན་ལ་མཁྱེན་སྤྲིན། ཟླ་བའི་ཞལ་རས་ལ་ཟླ་ཞལ། ཞབས་ཀྱི་པད་མོ་ལ་ཞབས་པད། མཆོད་པ་མང་པོ་སྤྲིན་ལྟར་འཁྲིགས་པ་ལ་མཆོད་སྤྲིན། ལྟ་བུ་སོགས་དང་།

དོན་གཞན་སྟོན་པར་བསྡུས་པ་ལ། ཕྱོགས་གཉིས་སྟོན་པའི་ཤར་དང་ལྷོ་མཉམ་དུ་བསྡུས་ནས་ཤར་ལྷོ་ཞེ་ན་མེ་ལྷའི་མཚམས་སྟོན་པ། སེར་པོ་དང་སྔོ་པོ་ཁ་དོག་གཉིས་མཉམ་དུ་བསྡུས་པའི་སེར་སྔོ་ནི་ཁ་དོག་འདྲེས་མ་གཅིག་སྟོན་པ། མཛོ་དང་བ་མོ་ཟོག་རིགས་ཀྱི་མིང་གཅིག་ཏུ་བསྡུས་པའི་བ་མཛོ་ནི། གཡག་དང་བ་མོའི་རྒྱུད་པ་སྟོན་པ། རྟ་དང་དྲེལ་རིགས་གཉིས་ཀྱི་མིང་རྟ་དྲེལ་ཞེས་གཅིག་ཏུ་བསྡུས་ན། རྟ་གསེབ་དང་བོང་མོའི་རྒྱུད་པ་སྟོན་པ་ལྟ་བུ་སོགས་སོ། །

༢ ཚིག་འདུས་མའི་མིང་ནི། ངེས་ཚིག་བསྡུས་ནས་མིང་དུ་གྲུབ་པ་སྟེ། དཔེར་བརྗོད་ན། དཀའ་གནད་ཀྱི་འགྲེལ་བ་ལ་དཀའ་འགྲེལ། གབ་པ་མངོན་དུ་ཕྱུང་བ་ལ་གབ་ཕྱུང་། གོས་ཆེན་འབྲུག་གི་རི་མོ་ཅན་ལ་གོས་འབྲུག་མ། སྡུག་

བསྡུལ་ལས་སྐྱོབ་པའི་མགོན་པོ་ལ་སྐྱབས་མགོན། མ་རིག་པའི་གཉིད་སངས་ཤིང་ཤེས་བྱ་རྟོགས་པའི་བློ་གྲོས་རྒྱས་པ་ལ་སངས་རྒྱས། བཟོ་ལས་དེང་རབས་ཅན་དུ་འགྱུར་བ་དང་། ཞིང་ལས་དེང་རབས་ཅན་དུ་འགྱུར་བ་དང་། རྒྱལ་ཁམས་སྲུང་སྐྱོབས་དེང་རབས་ཅན་དུ་འགྱུར་བ་དང་། ཚན་རིག་ལག་རྩལ་དེང་རབས་ཅན་དུ་འགྱུར་བ་ལ་འགྱུར་བཞི་ཟེར་བ་ལྟ་བུ་སོགས་སོ། །

ག མིང་གི་ཚོགས་པའི་གྲུབ་ལུགས།

མིང་གི་ཚོགས་པ་ནི། དངོས་པོ་རིགས་མཐུན་པའམ་འབྲེལ་ཡོད་པ་གཉིས་ཡན་མཉམ་དུ་འདུས་པ་ཞིག་སྟེ། དཔེར་ན། ནོར་ལུག ༼བྱ་བྱེའུ། ཞྭ་གོས་ལྷམ་གསུམ། སེ་འབྲས་དགེ་གསུམ། ཕོ་མོ་རྒན་གཞོན། དབྱར་སྟོན་དགུན་དཔྱིད། སྐུ་གསུང་ཐུགས་རྟེན། སྒྱུར་ཕྲི་བགོ་སྡོམ། སྐྱེ་རྒ་ན་འཆི། བཟོ་ཞིང་ཚོང་སློབ་དམག་ལྟ་བུ་སོགས་མིང་སོ་སོ་དངོས་སུ་བསྟན་པ་དང་།

བཀའ་བསྟན། ཉན་རང་། སྣ་ཅིག་ཞང་གསུམ། སྨར་གཡོ་གཙང་གསུམ། བྱ་བྱེད་ལས་གསུམ། རྟགས་ཆོས་དོན་གསུམ། མཚན་མཚོན་གཞི་གསུམ། ལྟ་བུ་སོགས་གཞི་བཟུང་བའི་སྒྲ་རེ་རེས་མིང་སོ་སོར་བསྟན་པ་དང་།

དག་པ་གསུམ(ཉན་པ་པོའི་སྣོད་དག་པ། འཆད་པ་པོའི་ངག་དག་པ། བསླབ་བྱའི་གཞུང་གི་དོན་དག་པ)། ཡིད་ཀྱི་རྩལ་གསུམ(མཇངས་ཤིང་བློ་འགྲུ་བ། དཔའ་ཞིང་བསྲན་ཚུགས་པ། ཁ་གསལ་ཞིང་གཏིང་མི་རྟོག་པ)། མིང་དུ་གྲུབ་པའི་ཆོས་ལྔ(དོན་ལ་དམིགས་པ། སྒྲ་ལས་བྱུང་བ། ཐུན་མོང་དུ་གྲགས་པ། མཐུན་པར་སྣང་བ། མངོན་པར་ཞེན་པ)། མདོ་ཁམས་སྐད་དྲུག(བོད་ཀྱི་སྨད་ཕྱོགས་ཟལ་མོ་སྐད། ཚ་བ་སྐད། སྨར་ཁམས་སྐད། སྤོ་འབོར་སྐད། མི་ཉག་རབ་སྐད། དམར་ཛ་སྐད)། འཕྲུལ་བློན་མཇངས་མི་བདུན(པུ་དེ་གུང་རྒྱལ་སྐབས་ཀྱི་རུ་ལས་སྐྱེས། ཨེ་ཤོ་ལེགས་སྐབས་ཀྱི་ལྷ་བུ་མགོ་དཀར། སྟག་རི་གཉན་གཟིགས་སྐབས་ཀྱི་ངོར་སྣང་བཙན་

མང་། སྤྱོང་བཙན་སྒམ་པོའི་སྐབས་ཀྱི་ཐོན་མི་སམ་བྷོ་ཊ། བཟང་ཡང་དོན་སྐུགས། ཁྲི་སྲོང་ལྡེ་བཙན་སྐབས་ཀྱི་མགོས་ཁྲི་བཟང་ལྷག །སྟག་བཙན་གདོང་གཟིགས)། ལྷ་བུ་སོགས་དོན་མཐུན་པའི་མིང་སོ་སོ་ཤུགས་ལ་བསྟན་པ་དང་།

ལས་བཞི(ནད་གདོན་བར་ཆད་ཞི་བར་བྱེད་པའི་ལས། ཚེ་བསོད་དཔལ་འབྱོར་རྒྱས་པར་གཏོང་བའི་ལས། ལྷ་འདྲེ་མི་གསུམ་དབང་དུ་སྡུད་པའི་ལས། མ་རུངས་དགྲ་གེགས་དྲག་པོས་སྒྲོལ་བའི་ལས)། དོན་ལྔ(སྙིང་། གློ་བ། མཆིན་པ། མཆེར་བ། མཁལ་མ)། སྣོད་དྲུག(ཕོ་བ། རྒྱུ་མ། ལོང་ཀ །མཁྲིས་པ། ལྷང་བ། བསམ་སེའུ)། དགེ་བ་བཅུ(སྲོག་མི་གཅོད་པ། མ་བྱིན་པ་མི་ལེན་པ། ལོག་གཡེམ་སྤོང་བ། བདེན་པར་སྨྲ་བ། ཕྲ་མ་མི་བྱེད་པ། ཚིག་འཇམ་པར་སྨྲ་བ། ངག་མི་འཆལ་བ། གཞན་གྱི་ནོར་ལ་ཆགས་སྲེད་མི་བྱེད་པ། གཞན་ལ་གནོད་སེམས་མི་སྐྱེད་པ། འཇིག་རྟེན་པའི་ཡང་དག་པའི་ལྟ་བ་འཛིན་པ)། ལྷ་བུ་སོགས་དོན་བསྡུས་ནས་མིང་སོ་སོ་ཤུགས་ལ་བསྟན་པའོ། །

གོང་གསལ་མིང་གི་ཚོགས་པའི་དབྱེ་བ་བཞི་ལས། དང་པོ་མ་གཏོགས་གཞན་གསུམ་མདོར་བསྡུས་ན་ཚང་མ་ཆོས་ཀྱི་རྣམ་གྲངས་ཡིན་ནོ། །

གཞན་ཡང་། ཕྱོག་ཟླའི་མིང་ཡང་མིང་གི་ཚོགས་པའི་ཡན་ལག་ཏུ་བརྩིས་ཆོག །དེ་ཡང་ཕན་ཚུན་འགལ་བའམ། ཕན་ཚུན་བལྟོས་པའི་མིང་གཉིས་ རེའི་མིང་མཐའ་བསྡུས་ནས་མཉམ་དུ་འཁོད་པ་ཞིག་ཡིན། དཔེར་ན། གསོན་པ་དང་ཤི་བ། དོན་འགལ་བའི་མིང་གཉིས་མཉམ་དུ་བསྡུས་པའི་ཤི་གསོན་དང་། དབུལ་པོ་དང་ཕྱུག་པོ། དོན་བལྟོས་པའི་མིང་གཉིས་མཉམ་དུ་བསྡུས་པའི་དབུལ་ཕྱུག་ལྟ་བུ་སོགས་ལ་ཕྱོག་ཟླའི་མིང་ཟེར། དེ་བཞིན།

དཀའ་སླ། ཁ་མངར། བསིལ་དྲོད། ལེགས་ཉེས། རྐང་གཡུང་། ཞི་དྲག །མཛངས་བླུན། མཐོ་དམན། དཀོན་མོད། རགས་ཞིབ། ལྟ་བུ་སོགས་ཁྱད་ཆོས་ཀྱི་ཕྱོག་ཟླ་དང་།

རྒྱལ་ཕམ། དར་རྒུད། འཕེལ་འགྲིབ། འགལ་འདུམ། འགྲོ་འདུག །དགྱེ་དགུ།

བླང་དོར། དགག་སྒྲུབ། སྤྲིང་སྐུལ། ལྟ་བུ་སོགས་བྱ་བའི་ཕྱོག་ཟླ་དང་།

ཉིན་མཚན། དབྱར་དགུན། འཕྲལ་ཕུགས། ལྷ་འདྲེ། ཕྱི་ཤུག །དགྲ་གཉེན། གཞིས་བྱེས། ཆུ་ཞེང་། སྟོད་སྨད། རི་ཀླུང་། ལྟ་བུ་སོགས་དངོས་པོའི་ཕྱོག་ཟླའོ། །མིང་གི་ཕྱོག་ཟླ་ལ་གཅིག་ཏུ་མ་ཟད། འགའ་རེ་ཡང་ཡོད་པ་ཤེས་དགོས། དཔེར་ན། སྔ་ཕྱི་ལ་སྔ་གཞུག །སྔ་རྗེང་། སྔོན་རྗེས། ལྟ་བུའོ། །

བོད་སྐད་དུ་ཕྱོག་ཟླའི་མིང་བཀོལ་ས་ཆེ་བས་རབ་ཏུ་མང་། ཚིག་སྦྱོར་དུ་འཇུག་མཁས་ན། ངག་གི་རྒྱལ་ཆེ་ལ། དོན་གྱི་གནད་ཐིགས། འདི་ལུགས་དཔེ་ཚོས་དང་གཏམ་དཔེ་དང་ལེགས་བཤད་སོགས་ལས་གསལ་བར་མངོན་ནོ། །ཕྱོག་ཟླའི་མིང་གིས་སྦྱར་པའི་དཔེ་ཚོས་དཔེར་ན། ཞིང་སྲིད་མཉམ་པ་ལ། ཆུ༷་ཞེ༷ང་གབ་པ། སྐང་སྐང་གི་བླངས་ནས་གཤོང་གཤོང་དུ་བསབས་པ་ལ། ཀྱི༷ང་ཁ་འབུ༷ར་གསོས། སྔ་མའི་འབྱུང་རྐྱེན་དང་ཕྱི་མའི་བྱུང་རབས་ལ། སྔ༷་རྐྱེན་ཕྱི༷་འབྱུང་། ཐབས་ཞི་དྲག་གཉིས་བཀོལ་བ་ལ། འཛ༷མ་རྩུ༷བ་ཟུང་འཇུག །ཏམ་པ་ཆེ་བ་ལ། ཐོ༷བ་དོགས་ཤོ༷ར་དོགས། ལྟ་བུ་སོགས་ཚིག་ཉུང་དོན་གསལ། །ཕྱོག་ཟླའི་མིང་གིས་སྦྱར་བའི་གཏམ་དཔེ་དཔེར་ན། རྒྱུ་འབྲས་སྟོན་པ་ལ། ཤེས་རབ་སྐྱེ་བྱེད་བརྩོ༷ན་འགྲུ༷ས་དང་། །སྡུག་བསྔལ་སྐྱེ་བྱེད་ལེ༷་ལོ༷་རེད། །ཅེས་དང་། ལས་མཐའ་སྟོན་པར། བཙ༷ན་ཚོད་མེད་རྗེ་ཐོག་ཕུར་བ་རེད། །གཉོ༷མ་ཚོད་མེད་ཆུ་ནང་མེ་འབུད་རེད། །ཅེས་དང་། གཏན་ཚིགས་སྟོན་པར། ཕོ་ལ་རྐྱེད་ཞན་ཡོད་ན་ཡང་། །སྲོག་ལ་སྙོམ་ཕྲ་ལར་ནས་མེད། །ཅེས་དང་། རྟོགས་པ་སྟོན་པར། བདེ༷ན་བཙལ་བས་རྫུན་པ་མཐོང་། རྫུ༷ན་མཐོང་བས་བདེན་པ་རྙེད། །ལྟ་བུ་སོགས་སོ། །ཕྱོག་ཟླའི་མིང་གིས་སྦྱར་བའི་ལེགས་བཤད་དཔེར་ན། ཁ་ཟས་མ་ཞུ་དུག་ཏུ་གྱུར། །དུ༷ག་ཀྱང་ཤེས་ན་སྨ༷ན་དུ་གྱུར། །ཞེས་པས་རྩོད་སྒྲུབ་ཀྱི་རིག་པ་བསྟན་པ་དང་། རང་དབང་ཐམས་ཅད་བདེ༷་བ༷་སྟེ། །གཞན་དབང་ཐམས་ཅད་སྡུ༷ག་བསྔ༷ལ་ཡིན། །ཞེས་པས་

གནས་ལུགས་ཟབ་མོ་བསྟན་པ་ལྟ་བུ་སོགས་སོ། །

གཞན་ཡང་། མིང་གཅིག་དོན་གཅིག་གི་མཐའ་གཉིས་ལོག་པར་སྟོན་པ་ཡང་ཤུང་ཟད་ཡོད་པ། དཔེར་ན། འགྲེད་པ་ཞེས་པ། སྒྲིན་པ་དང་འཐབ་པ་གཉིས་ལ་འཇུག་པ། འགྲེད་གཏོང་བ་དང་། གཡུལ་འགྲེད་པ། ལྟ་བུ་དང་། སྒྲོལ་བ་ཞེས་པ། སྐྱོབ་པ་དང་གསོད་པ་གཉིས་ལ་འཇུག་པ། སྡུག་བསྔལ་ལས་སྒྲོལ་བ་དང་། དགྲ་རྣམས་ཕ་རོལ་ཏུ་སྒྲོལ་བ། ལྟ་བུ་དང་། གཙུགས་ཞེས་པ། དགའ་སྣང་གཉིས་ལ་འཇུག་པ། ཡིད་གཙུགས་པ་དང་། འཕོན་གཙུགས། ལྟ་བུ་དང་། སྡུག་པ་ཞེས་པ། ཡིད་དུ་འོངས་པ་དང་སུན་སྣང་སྐྱེས་པའི་དོན་གཉིས་ལ་འཇུག་པ། མེ་ཏོག་མཛེས་ཤིང་སྡུག་པ་དང་། སེམས་སྡུག་བྱུང་བ། ལྟ་བུ་དང་། སྤྲོ་བ་ཞེས་པ། དགའ་བ་དང་ཁྲིས་པར་འཇུག་པ། ལས་ལ་སྤྲོ་བ་དང་། སྤྲོ་ལངས་པ། ལྟ་བུ་དང་། གཡང་ཞེས་པ། དགེ་བ་དང་ཉེན་ཁ་གཉིས་ལ་འཇུག་པ། བཀྲ་ཤིས་པའི་གཡང་ཆགས་པ་དང་། ཉེན་ཆེ་བའི་གཡང་ཟ་བ། ལྟ་བུ་དང་། གསང་བ་ཞེས་པ། གབ་པ་དང་གསལ་བ་གཉིས་ལ་འཇུག་པ། ལྐོག་ཏུ་གསང་བ་དང་། རྣ་བ་གསང་བ། ལྟ་བུ་སོགས་སོ། །འདི་རིགས་ལས་མིང་མཐའ་ཡོད་པ་བྱ་བའི་མིང་ངམ་ཁྱད་ཆོས་ཀྱི་མིང་ཡིན་ཞིང་། མིང་མཐའ་མེད་པ་དངོས་པོའི་མིང་ཡིན་ཏེ། མིང་གི་རིགས་མི་གཅིག་པས་དོན་མི་འདྲ་བ་བསྟན་པ་ཡིན། མིང་ལ་ལ་རིགས་འདྲ་ཡིན་ཡང་། འཇུག་ཡུལ་མི་གཅིག་པའི་ཁྱད་པར་ཡིན་ནོ། །

ང མིང་གི་གདགས་གཞི།

གོང་གསལ་མིང་གི་གྲུབ་ལུགས་ལ་བརྟགས་ན། སྔོ་ངོར་ཤར་བ་ནི། འབོད་སྦྱ་བ་དང་། ཁ་གསལ་བ་དང་། བརྗོད་བདེ་བའི་ཁྱད་ཆོས་གསུམ་སྣང་། འབོད་སྦྱ་བ་ནི་སྒྲ་ཤུང་མཐའ་ཞིག་གིས་དོན་གྱི་ངོ་བོ་དངོས་སུ་བསྟན་པ་དང་། ཁ་གསལ་

བ་ནི་འདྲ་ཆགས་པར་བྱས་ནས་བརྗོད་བྱའི་ཆོས་ཀྱི་ཉམས་མཚོན་པ་དང་། བརྗོད་བདེ་བ་ནི་སྙེབ་ལེགས་པར་སྦྱར་ནས་ངག་ལ་སྙན་ཆ་ཐོན་པ་ཡིན། ཁྱད་ཆོས་འདི་གསུམ་ནི་མིང་གི་གདགས་གཞི་ཡང་ཡིན། དེང་ཐོན་རྫས་གསར་བ་ཆར་ཤུལ་གྱི་ཤ་མོ་སྤུང་ལ་བརྗོལ་བའི་ཚུལ་དུ་བྱུང་དང་འབྱུང་བཞིན་པར། ཁྱད་ཆོས་འདི་གསུམ་གཞིར་བཟུང་ནས་བཏགས་པའི་མིང་ནི། གཤོག་ཐོགས་མིན་ཡང་ཕྱོགས་ཕྱོགས་སུ་ཕུར་འགྲོ། དཔེར་ན། རྒྱང་མཐོང་། བསྐྱེད་མཐོང་། ཡོ་འཕྲེག །ལྷི་འདེགས། བལ་བཙོས་མ། རྒྱ་སྐར་བཟོས་མ་ལྟ་བུ་རྣམས་ཚགས་པར་སོགས་སུ་བཀོད་པ་མ་མཐོང་ཡང་། དམངས་ཁྱིངས་ཀྱི་ཁ་ན་གྲགས་ཀྱིན་འདུག །མིང་བཏགས་པ་གསལ་ཁ་མེད་པ་པོ། དཔེར་ན། ནོར་ལ་སྤུ་ནོར་དང་། སྲིད་བཤིག་པ་ལ་ཕྲུ་གུ་བཀོག་པ། ཞེས་པ་ལྟ་བུ་སོགས་མིང་མཛོད་དུ་བཀོད་ཀྱང་ཁྱབ་ཏུ་འཇུག་དཀའོ། །མི་རིགས་རང་སྐད་ཀྱི་ལེགས་ཆ་བསྲུང་དགོས་ན། མིང་གསར་དུ་གདགས་པར་རང་སྐད་ཀྱི་ཁྱད་ཆོས་འཛིན་དགོས་པར་མ་ཟད། ཡོ་རྒྱུས་སུ་གཏན་ཆགས་པའི་མིང་ཡང་ཇི་ལྟ་བ་བཞིན་དུ་བཀོལ་དགོས། ཁ་ཅིག་གིས་མིང་འདི་མི་འགྲིག་གན་མི་འགྲིག་བསམས་ནས་འོར་འཚོས་བྱས། ཡང་ན་འོར་འདོགས་བྱས། ཕྱིས་འབྱུང་ནི་བཞད་གད་ཀྱི་རྒྱུ་དང་། བརྙ་ཉོག་པའི་རྒྱུ་དང་། སྤྱི་སྐད་བརླག་པའི་རྒྱུ་གསུམ་ལས། ཕན་པ་སྤུ་ཙམ་ཡང་མེད་དོ། །དཔེར་ན། ཚད་མ་རིག་པ་ལ་ཤེར་རྟོགས་རིག་པ་ཞེས་བཙོས་པ། འགྲིག་པ་ཅི་ཡོད། ཤེས་རབ་དང་། རྟོགས་པ་དང་། རིག་པ་གསུམ་ཏ་ལམ་དོན་གཅིག་ཡིན་པས། མཉམ་དུ་བསྲེས་པ་བསྐྱར་ཟློས་ཙམ་ལས། ཚད་མ་རིག་པའི་དོན་སྤུ་ཙམ་ཡང་སྟོན་མི་ནུང་བས། ལྷུན་རྟགས་བསྟན་པ་མིན་ནམ། །ཡོན་ཏན་ཞེས་པར་དོན་དུ་མ་ཡོད་ཀྱང་། རྒྱུགས་ཆེ་བ་རིག་པའི་དོན་ཡིན། འདི་ལ་ཤེས་ཡོན་དུ་བསྒྱུར་པ། འཐད་པར་མ་མཐོང་སྟེ། ཡོན་ཞེས་པ་མིང་གཞན་དང་སྦྱར་ན། ཕན་ཐོགས་པའི་འགྲོ་སྐོའི་དོན་ཡིན། སློབ་ཡོན། རྩོམ་ཡོན། དཔར་

ཡོན། སྨན་ཡོན་ལྷ་བུ། དེས་ན་ཤེས་ཡོན་ཞེ་ན། ཤེས་པར་བྱེད་པ་ལ་རིན་པ་སྟེར་དགོས་པའི་དོན་ཡིན། སྤྱིལ་བ་ལ་དར་སྤྱིལ་བྱེད་པ་ཞེས་ཐ་སྙད་གསར་དུ་བཏགས་པ་ཡ་མ་ཟུང་སྟེ། དར་བ་ནི་རང་ཤུགས་སུ་བྱུང་བའི་བྱ་བ་དང་། སྤྱིལ་བ་ནི་བྱེད་པ་གཞན་དང་འབྲེལ་བའི་བྱ་བ་ཡིན་པས། འདི་གཉིས་མིང་གཅིག་ཏུ་སྡེབ་པའི་དཔེ་མེད། ཡོད་པའི་དབང་དུ་བཏང་ན་ཡང་། མཐར་སྦྱར་བའི་བྱེད་པ་ཞེས་བྱ་བ་དར་བའི་ཚིག་གྲོགས་ཡིན་ནམ། སྤྱིལ་བའི་ཚིག་གྲོགས་ཡིན། བྱ་བའི་མིང་གསུམ་མིང་གཅིག་ཏུ་སྦྱར་ནས་དོན་གསལ་བ་ཞིག་སྟོན་རྒྱུ་མེད་པ། འདི་འདྲའི་རྩོམ་རྗོབ་གང་ན་ཡོད། ཡང་དཔེ་ཞིག་བླངས་ན། འཛིག་རྟེན་ཁམས་ཀྱི་ཡུལ་དུས་ལ་སོགས་པའི་བརྩི་བྱ་གང་ཉུང་རྩི་བྱེད་ལ་བརྟེན་ཅིང་བརྩིས་ནས་གྲངས་ངོ་མ་ལེན་ཐབས་ཀྱི་རིག་པའི་གནས་ལ་རྩིས་རིག་པ་ཞེས་མིང་དུ་བཏགས་པ་འཁྲིག་པ་འཁྲིག་རྒྱུང་ཡིན་པས་སྒྲོག་སྲ་བ། བཙའ་མི་ཆགས་པའི་གསེར་དང་འདྲ་བར་ལོ་ཉིས་སྟོང་ཡས་མས་ནས་ད་ཐུག་བར་དུ་བོད་ཁ་བ་ཅན་པའི་ཁ་ན་གྲགས་བཞིན་ཡོད་མོད། ཁ་ཅིག་གིས་དེ་མི་དག་བསམས་ནས་གྲངས་རིག་པ་ཞེས་དག་བཅོས་བྱས། གྲངས་ཀ་བརྒྱ་ནི་བརྒྱ་ཡིན། སྟོང་ནི་སྟོང་ཡིན། དེ་ལ་ཤེས་བྱེད་ཀྱི་རིག་པ་ཅི་ཡང་མེད་པས། གྲངས་རིག་པ་ཞེ་ན་དག་ཆ་ཅི་ཡོད། ཨུ་ཚུགས་ཀྱིས་འཁྲིག་ཟེར་ན། རྩིས་པ། རྩིས་མཁན། རྩིས་གཞུང་། སྐར་རྩིས། ནག་རྩིས། འབྱུང་རྩིས་སོགས་ལ། གྲངས་པ། གྲངས་མཁན། གྲངས་གཞུང་། སྐར་གྲངས། ནག་གྲངས། འབྱུང་གྲངས་ཞེས་བཅོས་ན་དོན་གྱི་ངོ་བོ་སུས་ཤེས། རང་སྐད་ཡུལ་སྐད་སྤྱི་སྐད་གསུམ། རང་སྐད་རང་ག་གཅིག་པུས་ཤེས། ཡུལ་སྐད་ཡུལ་གྲུ་གཅིག་གིས་ཤེས། སྤྱི་སྐད་མི་རིགས་གཅིག་གིས་ཤེས། བརྡ་སྤྲོད་པར་ཡུལ་སྐད་ཀྱང་མི་རིགས་ཐུན་མོང་ལ་གོ་མི་ཆོད་ན། རང་སྐད་ཀྱིས་ཅི་བྱ། མིང་ཞིག་གདགས་པའམ་བཅོས་པར། ཀུན་ཏུ་བརྟག་པའི་བློ་དགོས། རྗེས་གྲུབ་ཀྱི་མིང་འདོད་རྒྱལ་གྱི་མིང་ལ་བརྟེན་ནས་བྱུང་

བ་ཡིན་ཡང་། རྟེན་འབྲེལ་འགྲིག་པ་ཞིག་དགོས། མདོར་ན། ལོ་རྒྱུས་སྙིང་ནས་རྒྱུན་ཆགས་པའི་མིང་ཞིག་ཡིན་ན། སུ་ལའང་ཞུ་དག་བྱ་བའི་དབང་མེད། འདི་ནི་སྤྱི་ཚོགས་ཀྱི་འགྲིག་ལམ་ཞིག་ཡིན་ཏེ། སྐད་ཆ་དག་པ་དང་། བརྡ་སྤྲོད་ལུགས་གཅིག་པར་འཛིན་པའི་ཐབས་དམ་པ་མ་བསྒྲོས་རང་མཐུན་ཞིག་ཡིན་པས། མི་རིགས་གཞན་པ་གང་གིས་ཀྱང་ལེགས་པར་སྲུང་གི་ཡོད་ན། བོད་ཀྱིས་ཅི་ཕྱིར་མི་སྲུང་། དེང་བོད་སྐད་དུ་མ་དག་རྒྱུན་འབྱམས། ཇེ་བས་ཇེ་ཐུ། རྒྱུད་མདངས་ཆགས་དོན་ཅི་རེད། དེ་ནི་ང་ཚོས་ཐྲོ་རྩེ་གཏད་ས་བརྡ་རྙིང་མ་ཡིན་བརྡ་གསར་ཡིན། བརྡ་གསར་བ་ཧ་ལམ་ལོ་ཙཱ་ལས་ཡོང་བ་ཡིན། འགྱུར་དག་པ་བོད་སྐད་ཀྱི་གསོ་ཐིག་ཡིན་མོད་ཧ་ཅང་ཉུང་སོང་། འགྱུར་མ་དག་པ་བོད་སྐད་བརླག་བྱེད་ཡིན་མོད་ཧ་ཅང་མང་སོང་།

དེང་སྤྱི་ཚོགས་དར་རྒྱས་ཧ་ཅང་མགྱོགས་པས། དངོས་པོ་གསར་བ་ཆར་ཞུལ་གྱི་སྤང་ལ་ཤ་མོ་བརྡོལ་བ་བཞིན་དུ་འབྱུང་བཞིན་ཡོད། དེ་རྣམས་ལ་མིང་ཅི་རིགས་ཤིག་མ་བཏགས་ན། བརྡ་སྤྲོད་པར་ཐོགས་རྡུགས་འབྱུང་ལ། མིང་བཏགས་ན། བོད་རང་སྐད་ཀྱི་མིང་གི་སྦྱོར་སྟོལ་ལྟར། སྒྲ་ཉུང་ལ་ཁ་གསལ་ཞིང་བརྗོད་བདེ་བ་ཞིག་དགོས། བཅིངས་གྲོལ་ཚུན་ཆད། རྒྱ་ཡིག་བོད་ཡིག་ཏུ་བསྒྱུར་བ་བྱ་བ་གལ་ཆེན་ཞིག་ཏུ་གྱུར་བས། སྒྱུར་གྲྭ་ཚུགས་པ་ཡིན། ཚིག་གི་སྒྲུབ་བྱེད་གཙོ་བོ་མིང་ཡིན། སྒྱུར་བའི་སྐབས་སུ་མིང་གང་དང་གང་བོད་སྐད་དུ་ཅི་ཟེར། གློ་བུར་དུ་མ་ཤེས་པར་མིང་ན་ཡམ་ཞིག་སྦྱར་ནས་ཁྲལ་མཚོན་སྣ་བཙོས་འདྲ་བྱས་པ་ཁག་མེད་ཀྱང་། རྗེས་སོར་བསྒྱུར་མིང་སོགས་ཚིག་མཛོད་དུ་འགོད་ཚེ། ཞུ་དག་ལེགས་པར་མཛད་པ་ཧ་ཅང་གལ་ཆེ་ཡང་། འགྲིག་མི་འགྲིག་ཐམས་ཅད་ཀྱིས་རྒྱ་བོད་ཤན་སྦྱར་གྱི་ཚིག་མཛོད་ཅེས་བྱ་བ་ཞིག་བསྒྲིགས་ནས་དཔར་ཞིང་བཀྲམ་པ། འདི་ལས་མིང་རྩ་བ་ཅན་ཧ་ལམ་བོད་སྐད་དུ་ཡོད་ཡོད་ལ་ཤན་སྦྱར་ནས་མི་འགོད་

པར། ཡང་རྒྱ་སྐད་ཀྱི་བཤད་ལུགས་ལྟར་བོད་ལ་ཆ་རྒྱུས་མེད་པའི་མིང་གཞན་ཞིག་བསྒྱུར། དེས་ན་ཚིག་མཛོད་འདིའི་མིང་དུ་རྒྱ་བོད་ཤན་སྦྱར་ཟེར་ཡང་། དོན་དུ་རྒྱ་མིང་བོད་འགྱུར་ཡིན་ཏེ། འདི་ལས་མ་དག་པ་རབ་ཏུ་མང་། དཔེར་ན། གཉེན་སྒྲིག་པ་ལ་གཉེན་སྒྲིག་བྱེད་པར་བཅོས་པ། དག་བཅོས་དག་མེད་དུ་གྱུར་པ་ལྟ་བུ་སོགས་དང་། རྒྱུད་རིས་ལ་མུ་འབྲེལ་རི་མོར་བསྒྱུར་པ། འགྲིག་པ་ལྟར་སྣང་ལྟ་བུ་སོགས་དང་། རྟོག་བཟོ་ལ་རྫུན་སྒྲིག་ཏུ་བསྒྱུར་བ། བསྒྱུར་ཉེས་བྱས་པ་ལྟ་བུ་སོགས་དང་། བྲིས་མ་ལ་ལག་བྲིས་ཡིག་གཟུགས་སུ་བསྒྱུར་པ། སྐོར་ལོག་བརྒྱབ་པ་ལྟ་བུ་སོགས་དང་། འཕེན་སྣམ་ལ་འཕྲུལ་མཐིལ་དུ་བསྒྱུར་པ། གོ་རྒྱུ་མེད་པ་ལྟ་བུ་སོགས་དང་། ཚིག་ཤོར་བ་ལ་ཁ་ཤོར་བར་བསྒྱུར་པ། དགོད་བྲོ་བ་ལྟ་བུ་སོགས་དང་། སྦྲང་སྐྱབས་ལ་ཉལ་གོས་སུ་བསྒྱུར་པ། ཞྭ་དཔེ་ལྟམ་འགེབས་ལྟ་བུ་སོགས་ས་ཁྲབ་རྗེ་ཁྲབ་ཏུ་མཐོང་ངོ་། །ལོ་ཙཱ་བ་ཕལ་གྱིས་ཚིག་མཛོད་འདི་སྒྱུར་གྲྭ་མཐོ་ཤོས་ཀྱིས་བསྒྲིགས་པར་བསམས་ནས། རིན་པོ་ཆེ་ཞིག་ཏུ་བརྩིས། ཤ་གཟུག་ཟ་རྐྱང་བྱས་ནས། མ་དག་པའི་རྒྱུན་འབྱམས་ནས། བོད་སྐད་ཀྱི་ཁྱད་ཆོས་ཉམས་པར་འགྱུར་བའི་སྐབས་སུ་ཚུད་འདུག །ཏང་དང་སྲིད་གཞུང་གི་ཡིག་ཆ་འགྱུར་མ་རྣམས། རྒྱ་སྐད་མི་ཤེས་པའི་བོད་ཀྱི་མཁས་པ་རྣམས་ཀྱང་གོ་དཀའ་བར་གྱུར་སྣང་། བོད་སྐད་ཀྱི་དག་ཆ་མ་ཉམས་པར་འཕེལ་བར་འཇུག་པར། མི་རིགས་རང་བཙེ་ཡོད་པ་བོད་མི་སུ་ཡིན་ཡང་། གེགས་སེལ་བོགས་འདོན་དུ་རེམ་དགོས། གཤམ་གསལ་གྱི་རེའུ་མིག་ལ་ལྟོས་དང་། བོད་སྐད་ཀྱི་ཆུ་རྒྱུན་དུ་ལྷུན་བཤད་ཀྱི་དྲི་མས་འབགས་ནས་མི་དྭངས་པར་འགྱུར་བ་གསལ་ལོ། །

རྒྱ་སྐད་བོད་སྐད་དུ་བསྒྱུར་པའི་རེའུ་མིག

རྒྱ་སྐད།	བོད་འགྱུར།	བོད་སྐད།	བསྒྱུར་ཚུལ།
望远镜	རྒྱང་ཤེལ།	རྒྱང་མཐོང་།	མ་དག་པ།

弹弓	འཕྲིག་མདའ།	སྒྱམ་མདའ།	ཐབས་ཚག
酒窝	མཛེས་ཁོང་།	འཛུམ་ཁོང་།	ཐབས་ཚག
连词	སྦྲེལ་ཚིག	ཚིག་སྦྲད།	བསྒྱུར་དོན།
开创	གསར་གཏོད།	སྲོལ་བཏོད་པ།	ཐབས་ཚག
拖鞋	འདྲུད་ལྷམ།	རྙིང་ལྷམ།	བསྒྱུར་དོན།
处女	མོ་གསར།	ཕྲུགས་ཆུང་།	བསྒྱུར་དོན།
处女作	ཐོག་མའི་རྩོམ།	རྩོམ་ཕུད།	བསྒྱུར་དོན།
汇集	མཉམ་འཛོམས།	སྤོང་ཐུན།	བསྒྱུར་དོན།
精练	ཚོད་བྱ་གཙང་བ།	བཙིད་པ།	བསྒྱུར་དོན།
粗浅	གཏིང་མི་ཟབ་པ།	ནག་འགྲོས།	ཐབས་ཚག
口述	བརྗོད་པ།	དཔོད་པ།	བསྒྱུར་དོན།
节气	དུས་ཚིགས།	དབུགས་སྐང་།	བསྒྱུར་དོན།
晦气	ལམ་འགྲོ་མེད་པ།	ཉམས་གྲིབ།	རབ་རིབ།
现实	དངོས་ཡོད།	མངོན་སུམ།	ཞིབ་ཆ་མ་ངེས་པ།
行贿	སྣག་ཇན་སྤྲད་པ།	གསུག་བཟང་བ།	ཐབས་ཚག
视察	ལྟ་ཞིབ།	གཟིགས་དཔྱད་མཛད་པ།	འཕྲིག་ཙམ།
虚构	རྫུན་བཟོ།	རྟོག་བཟོ།	བསྒྱུར་དོན།
时髦货	རེ་ཞིག་དར་སྲོལ་ཆེ་བའི་དངོས་པོ།	ཟིང་ཨ་གསར་ཅན།	བསྒྱུར་དོན།
缴获	དགྲ་ལག་ནས་ཐོབ་པའི་དངོས་པོ།	མནངས།	འགྲེལ་བཤད།
人工流产	མིའི་ཐབས་ཀྱིས་ཕྲུ་གུ་ཤོར་དུ་འཇུག་པ།	སྲིད་བཤིག་པ།	དགོད་བྲོ་བ།
通分	མ་ཆ་གཅིག་འདྲ་བཟོ་བ།	ཤེད་སློམས་པ།	འོལ་སྤྱི།
荧光屏	གཟུགས་མཐོང་སྒྲོག་འོད་ཡོ་བྱད།	བརྙན་ལྤིབས།	བསྒྱུར་དོན།
格格不入	གང་དང་གང་ལ་ཡང་གཏན་ནས་མི་མཐུན་པ།	ཀུན་ལས་འགལ་བ།	བསྒྱུར་ཉོག

戒严	ཉེན་ཟོན་གཏན་བསྒྲགས་ཁྲིམས།	འགྲུལ་རྒྱ།	བསྒྱུར་ཉེས།
扩约肌	གདངས་ཟུམ་ཤ་ཤེད་རྫི་ཤ	བཤང་རྩ།	དགོད་བྲོ་བ།
图腾	རྒྱུད་མཚོན་རི་མོ།	བླ་གནས།	གོ་རྒྱུ་མེད་པ།
雄激素	ཕོ་རྫི།	རོ་ཙ།	གོ་རྒྱུ་མེད་པ།
抽屉	འཕྲུལ་མཐིལ།	འཐེན་སྒམ།	སྒྲ་བསྒྱུར།
万一	ཁྲི་ཆ་གཅིག	བརྒྱ་ལམ་ན།	བསྒྱུར་ནོར།
失手	ལག་པ་ཤོར་བ།	ལག་ཐལ་བ།	དགོད་བྲོ་བ།
脱肛	ཚོལ་ཤ་རྣུག་པ།	གཞང་ལོག་པ།	བསྒྱུར་ཉེས།
脱发	སྐྲ་ཕུད་པ།	སྐྲ་ཕྱི་བ།	བསྒྱུར་ནོར།
涣散	ཁ་ཐོར་ལྷོད་གཡེང་།	རྣམ་གཡེང་།	ཐབས་ཆག
后果	མཇུག་འབྲས།	ཕྱིས་འབྱུང་།	བསྒྱུར་ནོར།
梦魇	འདྲི་གནོན་རྒྱག་པ།	གྲིབ་ནོན།	གོ་རྒྱུ་མེད་པ།

ཪོན་ཚན་གཉིས་པ། མིང་གི་རིགས་ཀྱི་དབྱེ་བ།

མིང་གི་རིགས་ལ་དངོས་པོ་དང་། །
ཁྱད་ཆོས་དང་ནི་གྲངས་ཀ་དང་། །
བྱ་བ་དང་བཅས་བཞི་རུ་དྲིལ། །

དབང་པོ་དྲུག་གི་སྤྱོད་ཡུལ་གཟུགས་སྒྲ་དྲི་རོ་རེག་བྱ་འདུ་ཤེས་སོགས་མཚོན་བྱེད་ཀྱི་ཐ་སྙད་ཇི་སྙེད་པ་ལ་མིང་ཞེས་བྱ། མིང་ལ་རིགས་ཀྱི་ཁྱད་པར་ཡོད། དེ་དག་གི་ངོས་མ་ཟིན་ན། བརྡ་སྤྲོད་ཚུལ་རིགས་པའི་ལམ་དུ་འཇུག་དཀའ། དེ་ཕྱིར་ཐོག་མར་མིང་གི་རིགས་སོ་སོའི་དབྱེ་བ་རྣམ་པར་འབྱེད་ཐུབ་ཚེ། གཟོད་རིགས་མི་གཅིག་པའི་མིང་དུ་མ་བརྡ་སྤྲོད་ལུགས་ལྟར་ཆིག་ཏུ་སྦྱར་ནས། ངག་གི་འཕྲེང་བ་སྤེལ་བར་ཐོགས་པ་མེད་འགྲོ། མིང་གི་རིགས་ལ་དངོས་པོའི་མིང་དང་། ཁྱད་ཆོས་ཀྱི་མིང་དང་། བྱ་བའི་མིང་དང་། གྲངས་ཀའི་མིང་བཅས་རྣམ་པ་བཞི་ཡོད་དོ། །

དང་པོ། དངོས་པོའི་མིང་།

དངོས་པོའི་མིང་ནི། སེམས་ཅན་དང་། བེམ་པོ་དང་། བྱས་པ་དང་། འདུ་ཤེས་ལ་སོགས་པ་སྤྱི་དང་བྱེ་བྲག་གི་ངོ་བ་ཙམ་སྟོན་པའི་ཐ་སྙད་ཡོད་དོ་ཅོག་སྟེ། དཔེར་ན། མི། བོད། གཉེན་ཟླ། སེང་གེ། ཕུག་རོན། ཉ་ལྟ་བུ་སོགས་སེམས་ཅན་དང་། སྟོང་བོ། སྟག་པ། ལོ་མ། གསེར། ཆུ། རླུང་ལྟ་བུ་སོགས་བེམ་པོ་དང་། རིལ་བུ། ལྷམ་པ། གྲུ་གསུམ་མ། ཟུར་བརྒྱད་པ་ལྟ་བུ་སོགས་དབྱིབས་དང་། ཚོམས་ཆེན། སྒོ། ཟམ་པ། སྐམ། རས། འཕྲུལ་འཁོར་ལྟ་བུ་སོགས་བྱས་

པ་དང་། སྐད་ཆ། བསམ་བློ། སྤྱོད་སྟངས། རྣམ་འགྱུར། ཞེ་སྡང་ལྟ་བུ་སོགས་འདུ་ཤེས་མཚོན་པའོ། །

མིང་འདི་རིགས་ལ་ཁ་ཅིག་གིས་ཁྱད་གཞིའི་མིང་དུ་བཏགས་པ། འགྲིག་པ་ལྟར་སྣང་ཡང་། ཁེབས་རྒྱ་མ་ཁྱབ་པའི་ཕྱོགས་ལྷུང་ཡིན་ཏེ། ཁྱད་གཞི་མེད་ན་ཁྱད་ཆོས་མེད། ཁྱད་ཆོས་མི་མངོན་པའི་དངོས་པོ་སྐྲིག་གྱུར་ཅན་རབ་ཏུ་མང་། དཔེར་ན། དོན་དང་བྱ་བ། བསམ་པ་དང་འདུ་ཤེས། སྟོབས་དང་ཡོན་ཏན་ལ་སོགས་པར་ཁྱད་ཆོས་ངེས་ཅན་ཞིག་བཤད་རྒྱུ་མེད་པས། དེ་རྣམས་ལ་ཁྱད་གཞིའི་མིང་དུ་བོས་ན། དོན་གྱིས་དབེན་པ་མ་ཡིན་ནམ།

གཉིས་པ། ཁྱད་ཆོས་ཀྱི་མིང་།

ཁྱད་ཆོས་ཀྱི་མིང་ནི། སེམས་ཅན་དང་བེམ་པོའི་རང་བཞིན་དང་རྣམ་པ་སོགས་སྟོན་པའི་ཐ་སྙད་དེ། བཟང་བ། བྱམས་པ། ཐ་ཤལ། ཕོང་ཁྲོ། ལྟ་བུ་སོགས་ཀྱིས་རང་བཞིན་མཚོན་པ། ཡག་པ། བཙོག་པ། ཉག་ཉོག །ལུག་ལུག །ལྟ་བུ་སོགས་ཀྱིས་རྣམ་པ་མཚོན་པ། དཀར་པོ། སེར་པོ། སྔོ་སྔོ། དམར་ནག །ལྟ་བུ་སོགས་ཀྱིས་ཁ་དོག་མཚོན་པ། ལྷམ་པ། མཉམ་པ། གོར་གོར། འབར་འབུར། ལྟ་བུ་སོགས་ཀྱིས་དབྱིབས་མཚོན་པ། འཇམ་པ། སྙི་བ། རྩུབ་པ། འཁྲུགས་པ། ལྟ་བུ་སོགས་ཀྱིས་རེག་བྱ་མཚོན་པ། ཆེ་བ། ཐུང་བ། ལྗི་བ། མགྱོགས་པ། ལྟ་བུ་སོགས་ཀྱིས་ཚད་མཚོན་པ། ཞིམ་པ། དམེ་བ། མངར་བ། སྐྱུར་བ། ལྟ་བུ་སོགས་ཀྱི་དྲི་དང་རོ་མཚོན་པ། ལྷུང་ལྷུང་། འར་འུར། ཤིར་རི་རི། ཤ་ར་ར། ལྟ་བུ་སོགས་ཀྱིས་སྒྲ་མཚོན་པའོ། །

གཟུགས་སྒྲ་དྲི་རོ་རེག་བྱ་དང་། ཡིད་ཀྱི་འགྱུར་བ་སོགས་ཀྱི་ཉམས་ཇི་ལྟ་བ་བཞིན་དུ་མཚོན་པའི་ཁྱད་ཆོས་ཀྱི་མིང་ལ་གྲུབ་ལུགས་རྣམ་པ་གཉིས་ཡོད་དེ།

༧ མིང་གང་ཉུང་གི་ཆ་ཤས་སྒྲ་ཕྱི་གཉིས་ཀ་གཅིག་པ།

ཀྲུར་ཀྲུར། ཁྲུག་ཁྲུག །གྲུལ་གྲུལ། ཀླིག་ཀླིག །ཆིལ་ཆིལ། ལྡབ་ལྡབ། རྡབ་རྡབ། ཐམ་ཐམ། དོབ་དོབ། ནར་ནར། ཕྲུལ་ཕྲུལ། སྤུད་སྤུད། མོག་མོག །ཙར་ཙར། འཛོང་འཛོང་། ཟེར་ཟེར། འུར་འུར། ཡབ་ཡབ། སིག་སིག །ལྷུང་ལྷུང་། ལྟ་བུ་སོགས་སོ། །

འདིའི་རིགས་ལས། སྒྲ་གྲག་ཚུལ་དང་། གཟུགས་གཡོ་ཚུལ་ལ། སྤྱིར་བཏང་རགས་པ་ཙམ་མམ། རྩུང་དལ་བ་བར་མཚམས་ཡོད་པ་དང་། མྱུར་བ་བར་མཚམས་མེད་པ་དག་མཚོན་པར། གང་གི་རྗེས་འཇུག་རའམ་ལ་ཡིན་ན། རིམ་བཞིན། ཀྲུར་ཀྲུར་མགྲིན་པའི་གླིང་བུ་བསྐྱུར་མཁས་པ། བྱིའུ་ཕྲུག་ཀྲུ་རུ་ཀྲུ་རུ་གྲག །ཤུག་ལུ་ཀྲུ་རུ་རུ་འབུད། ལྟ་བུ་གྲག་ཚུལ་དང་། ཐིགས་ཆུ་ཙར་ཙར་བྱེད། བྲག་ཁའི་ཐིགས་ཆུ་ཙ་རེ་ཙ་རེ་བབས། ཁྲག་ཙར་རེ་སོང་། གོས་བཀྲུས་ནས་གཙུས་པ་དང་ཆུ་ཙ་ར་ར་འབབ། ལྟ་བུ་འཁྱུང་ཚུལ་དང་། ས་འགུལ་བྱུང་ནས་ཁང་བ་གྲུལ་གྲུལ་གཡོ། སྒོ་གྲུ་ལུ་གྲུ་ལུ་གཡོ། གློག་སྐུད་གྲུ་ལུ་ལུ་བྱེད། ལྟ་བུ་འགུལ་ཚུལ་ཏེ། རྣམ་པ་སྤྱི་ཙམ་པ་ལ་སྒྲ་འདྲ་བ་གཉིས་རེ་དང་། དལ་བ་ལ་སོ་སོའི་མིང་གཞི་དང་རྗེས་འཇུག་ཚིག་གིས་བར་ཕྱེ་ཞིང་དེ་ལ་མིང་གཞིའི་དབྱངས་དྲངས་པ་དང་། མགྱོགས་པར་མིང་གཞི་ཕྱི་མ་དོར་བར་བྱའོ། །

སྒྲ་གྲག་ཚུལ་ཏ་ལམ་འདྲ་ཡང་། ཉམས་སྟོན་ཚུལ་མི་འདྲ། དཔེར་ན། རྟ་ཐོ་ལྡིག་ལྡིར་རེ་རྒྱུག་པའི་སྒྲ་ལས་ཤེད་ཆེ་བའི་ཉམས་དང་། ཕུག་རོན་ཐག་དིར་རེ་འཕུར་བའི་སྒྲ་ལས་ཤེད་ཆུང་བའི་ཉམས་ཐོན་པའོ། །ཆར་བ་ཤ་ར་ར་འབབ་པའི་སྒྲ་ལས་ཆར་བ་ས་ལ་སིམ་པའམ་ས་ཁ་བཞུར་བའི་ཉམས་དང་། སེར་བ་ཐ་ར་ར་འབབ་པའི་སྒྲ་ལས་སེར་བ་ས་ཁ་ལྡིང་བའི་ཉམས་ཐོན་པའོ། །

མཐའ་རྟེན་ཅན་གཞན་དག་ཡིན་ན། ཐག་ཤེད་ཀླིག་ཀླིག་ལྡེམ། ཕྱི་རྒན་ལམ་

དུ་དུངས་སེ་དུང་། ཚ་རྒྱུས་ནས་རྩ་སྦྲུད་སྦྲུད་བྱེད། སྨྱོག་ཞུ་ཁྲ་ཁྲ་རིག་རིག་མིག་རྗེབ་པ་ཇི་བཞིན་འཁྱུགས་སེ་འཁྱུག །སྒོ་ཐག་ཐག་ཐག་ཏུ་རྟུང་། ལྟ་བུ་འགྲུལ་རྩོལ་ཁྲག་རྩོལ་སོགས་སྦྱིར་བཏང་བ་ལ་སྒྲ་འདྲ་བ་གཉིས་རེ་དང་། ཅུང་ཙམ་དལ་བ་ལ་སྒྲ་གཉིས་རེའི་བར་དུ་སེ་སྒྲ་བསྣན་པ་དང་། མགྱོགས་པར་སྒྲ་གསུམ་རེ་བསྐྱུར་བར་བྱའོ། །

གཟུགས་ཀྱི་དབྱིབས་སམ་ཁ་དོག་དང་། བྱ་བ་སོགས་ཀྱི་ཁྱད་ཆོས་ཙམ་མཚོན་པར། རི་འཛོང་འཛོང་། གོན་རྒྱུ་ལུག་ལུག །འོད་ལམ་ལམ། རྩྭ་སྔོ་སྔོ། ཧ་རྐྱང་རྐྱང་། རྟབ་རྟབ་པོར་ཡར་ལངས། མི་ལྷབ་ལྷབ་འབབ། ལྟ་བུ་སོགས་དང་། དེ་རྣམས་སྒྲ་བུར་དུ་འགྱུར་བའམ་གསལ་བར་མངོན་པ་སོགས་ཀྱི་ཉམས་མཚོན་པར། ཁྱད་ཆོས་ཀྱི་མིང་གི་ཆ་ཤས་ཕྱི་མ་བསྒྱུབས་མཐར། རྗེས་འཇུག་རང་འདྲ་ཞིག་ལ་འགྲེང་བུ་སྦྱར་བ། མི་ཞུར་རེ་འབབ། ཐག་པ་ཐུད་དེ་ཆད། རྗོ་རིང་ལྷན་ནེ་འགྲེང་། བཅོ་ལྔའི་ཟླ་བ་ལམ་མེ་ཤར། ལྟ་བུ་སོགས་དང་། ཡང་ན། ཁྱད་ཆོས་ཀྱི་མིང་འབྲེལ་ཆགས་པ་གཉིས་གཅིག་ཏུ་སྦྱར་མཐར། རྗེས་འཇུག་རང་སྒྲ་ཨེ་དང་ལྡན་པ་ཞིག་སྦྱར་བ། མེ་ཏོག་དམར་ལྷེམ་མེ་བཞད། གཡག་རྐན་ནག་འཛོལ་ལེ་བ་ཞིག་ནོར་ཁྱུར་འོངས། གྲི་གུ་ཐག་དིར་རེ་སར་ལྷུང་། ལྟ་བུ་སོགས་སོ། །

ཡང་། ཤུགས་དྲག་པའི་ཉམས་མཚོན་པར། ཁྱད་ཆོས་ཀྱི་མིང་འདི་རིགས་བསྐྱར་ནས་སྦྱར་བ། དཀའ་དཀའ་སྤྲོ་སྤྲོ། ཞུར་ཞུར་ཆེམ་ཆེམ། ཡད་ཡད་ཡུད་ཡུད། འཚབ་འཚབ་འཚུབ་འཚུབ། ལྟ་བུ་སོགས་དང་། ཚིག་ཏུ་སྦྱར་ན། དེང་འཚོ་བ་སྐྱིད་པས། གོས་རྟ་བས་མི་ཚད་ཡག་ཡག་པ་ཞིག་དགོས། ཟས་བརྒྱགས་པས་མི་ཚད་ཞིམ་ཞིམ་པོ་ཞིག་དགོས། ལྟད་མོ་ཡག་པས་མི་ཚད་མཚར་མཚར་བ་ཞིག་དགོས། ཟེར་བ་ལྟ་བུའོ། །

༢. མིང་གང་རུང་གི་ཆ་ཤས་སྔ་མར་དབྱངས་བཞི་གང་ཡང་མེད་པ་

དང་། ཕྱི་མར་དབྱངས་བཞི་གང་རུང་ཞིག་ཡོད་པ་སྟེ། ཆལ་ཆོལ། ལྡོན་ལྡིན། ཟམ་ཟིམ། རབ་རིབ། ལང་ལིང་། ཤར་ཤུར། སབ་སོབ། ཧྲལ་ཧྲུལ། ལྷ་བུ་སོགས་སོ། །

དེ་ཡང་གཟུགས་ཀྱི་དབྱིབས་སམ་རྣམ་པའམ་གཡོ་བ་གང་ཅིའི་ངང་ཚུལ་དང་། ཡིད་ཀྱི་འགྱུར་བ་སོགས་བསྐྱར་ཟློས་སུ་བྱུང་བར་མཚོན་ན། མིང་གང་གི་རྗེས་འཇུག་རང་འདྲ་ལ་འགྲེང་བུ་རེ་སྦྱར་བ། (ཆ་ཤས་སྔ་མའི་རྗེས་འཇུག་བསྡུས་ཚིག) དཔེར་ན། ཐ་གུ་ཐང་ངེ་ཐུང་ངེ་། ལམ་ཀྱུ་གེ་ཀྱོག་གེ། གོན་རྒྱུ་ རྙེ་ངེ་རྙིང་ངེ་། ཁང་འགྲོས་ཁྱུ་རེ་ཁྱོར་རེ། ཆང་འཐུངས་ནས་ཡ་རེ་ཡེར་རེ་ཡིན་དུས། མགོ་ན་ནས་སྣང་བ་ཁྲལ་ལེ་ཁྲུལ་ལེ་བྱས། ལྟ་བུ་སོགས་སོ། །

ཁ་ཅིག་གིས། ཀྱག་ཀྱོག །ཐར་ཐོར། ལྟ་བུ་སོགས་ནི་ཀྱག་གེ་ཀྱོག་གེ། ཐ་རེ་ཐོ་རེ་སོགས་ཀྱི་བསྡུས་ཚིག་ཡིན་ཟེར་བ་མ་ཡིན་ཏེ། ཀྱག་ཀྱོག་དང་། ཐར་ཐོར་སོགས་ཁྱད་ཆོས་མཚོན་བྱེད་ཀྱི་ཐ་སྙད་དངོས་དང་། ཀྱ་གེ་ཀྱོག་གེ་དང་། ཐ་རེ་ཐོར་རེ་སོགས་ཀྱག་ཀྱོག་དང་། ཐར་ཐོར་སོགས་ཀྱི་བསྐྱར་ཟློས་ཡིན་ནོ། །

གསུམ་པ། གྲངས་ཀའི་མིང་།

གྲངས་ཀའི་མིང་ནི། བརྡ་བྱའི་གནས་འཛིན་པའི་གྲངས་ཀ་བརྒྱད་ཅུ་ཙམ་ཡོད། གཅིག །གཉིས། གསུམ། བཞི། ལྔ། དྲུག །བདུན། བརྒྱད། དགུ། བཅུ་སྟེ། གཅིག་རེ་འཕེར་བའི་གནས་བཅུ་མན་ཆད་ཀྱི་གྲངས་འདི་རྣམས་ལ་གྲངས་རྩ་བ་ཅན་ཟེར།

(༡)གཅིག (༢)བཅུ། (༣)བརྒྱ། (༤)སྟོང་།
(༥)ཁྲི། (༦)འབུམ། (༧)ས་ཡ། (༨)བྱེ་བ།
(༩)དུང་ཕྱུར། (༡༠)ཐེར་འབུམ། (༡༡)ཐེར་འབུམ་ཆེན་པོ། (༡༢)ཁྲག་ཁྲིག
(༡༣)ཁྲག་ཁྲིག་ཆེན་པོ། (༡༤)རབ་བཀྲམ། (༡༥)རབ་བཀྲམ་ཆེན་པོ། (༡༦)གཏམས།
(༡༧)གཏམས་ཆེན་པོ། (༡༨)དཀྲིགས། (༡༩)དཀྲིགས་ཆེན་པོ། (༢༠)མི་འཁྲིགས།
(༢༡)མི་འཁྲིགས་ཆེན་པོ། (༢༢)ཁྲུད་ཕྱིན། (༢༣)ཁྲུད་ཕྱིན་ཆེན་པོ། (༢༤)ཕྱང་རྟེན།
(༢༥)ཕྱང་རྟེན་ཆེན་པོ། (༢༦)དེད་འདྲེན། (༢༧)དེད་འདྲེན་ཆེན་པོ། (༢༨)མཐའ་སྣང་།
(༢༩)མཐའ་སྣང་ཆེན་པོ། (༣༠)རྒྱུ་རིག (༣༡)རྒྱུ་རིག་ཆེན་པོ། (༣༢)འོད་མཛེས།
(༣༣)འོད་མཛེས་ཆེན་པོ། (༣༤)དབང་པོ། (༣༥)དབང་པོ་ཆེན་པོ། (༣༦)ལེགས་ཕྱིན།
(༣༧)ལེགས་ཕྱིན་ཆེན་པོ། (༣༨)རྟོགས་འགྲོ། (༣༩)རྟོགས་འགྲོ་ཆེན་པོ། (༤༠)འཕྲིང་རྒྱལ།
(༤༡)འཕྲིང་རྒྱལ་ཆེན་པོ། (༤༢)རྒྱུ་རྟགས། (༤༣)རྒྱུ་རྟགས་ཆེན་པོ། (༤༤)སྟོབས་འཁོར།
(༤༥)སྟོབས་འཁོར་ཆེན་པོ། (༤༦)བརྡ་ཤེས། (༤༧)བརྡ་ཤེས་ཆེན་པོ། (༤༨)རྣམ་བྱུང་།
(༤༩)རྣམ་བྱུང་ཆེན་པོ། (༥༠)སྟོབས་མིག (༥༡)སྟོབས་མིག་ཆེན་པོ། (༥༢)བྱམས་པ།
(༥༣)བྱམས་པ་ཆེན་པོ། (༥༤)སྙིང་རྗེ། (༥༥)སྙིང་རྗེ་ཆེན་པོ། (༥༦)དགའ་བ།
(༥༧)དགའ་བ་ཆེན་པོ། (༥༨)བཏང་སྙོམས། (༥༩)བཏང་སྙོམས་ཆེན་པོ། (༦༠)གྲངས་མེད་ཐ་མ་སོགས།

བཅུ་རེ་འཕར་བའི་གནས་དྲུག་ཅུའི་གྲངས་འདི་རྣམས་ལ་གྲངས་ཧྲིལ་པོ་ཅན་ཟེར།

གནས་གང་རུང་དུ་གྲངས་ཀ་མེད་པའི་མིང་ལ་སྟོང་བའམ་ཐིག་ལེ་ཟེར། གྲངས་ཀ་ཚོལ་བའི་མིང་ལ་ཕྱེད་ཀ་ཟེར། གྲངས་འཛོམས་པའི་མིང་ལ་ཚང་བའམ་ཚང་མ་ཟེར། དེའི་མིང་གི་རྣམ་གྲངས་ལ་ཐམས་ཅད་དང་། ཀུན་དང་། མཐའ་དག་དང་། ཁྱོན་དང་། ཡོད་དོ་ཅོག་སོགས་ཡོད། མ་འདང་བའི་མིང་ལ་ཆད་པ་དང་། ཚད་ལས་འདས་པའི་མིང་ལ་ལྷག་པའམ་ལྷག་མ་ཟེར། ལྷམ་ལྷ་བུའི་ཟུང་གི་མིང་ལ་ཆ་དང་། དེའི་ཟླ་གཅིག་ཆད་པའི་མིང་ལ་ཡ་ཟེར། འཇལ་བྱེད་ཀྱིས་

ཚད་རེ་ཡོངས་པའི་མིང་ལ་གང་དང་། གཉིས་ལ་དོ་ཟེར་ཏོ། །

ཀ གྲངས་བགྲང་ཚུལ།

གྲངས་ཀ་ནི་གྲངས་ཀའི་མིང་དང་མི་འདྲ། མང་མང་ཉུང་ཉུང་སྣ་ཚོགས་འབྱམས་ཀླས་པ་ཞིག་ཡོད་དེ། དྲུག་ཅུ་རེ་ལྔ། བརྒྱ་རྩ་བརྒྱ། སྟོང་དང་བཞི་བརྒྱ་དང་གྱ་བརྒྱད། འབུམ་གསུམ་དང་ཁྲི་བཞི་དང་སྟོང་དགུ། ཆིག་ཁྲི་ཉིས་སྟོང་སུམ་བརྒྱ་ཞེ་དྲུག་ལྟ་བུ་ལ་སོགས་པའོ། །

གྲངས་ཀ་ལ་གྲངས་ཀ་རྐྱང་བ་དང་གྲངས་ཀ་མིང་ཅན་རྣམ་པ་གཉིས་ཡོད། སྔ་མ་གོང་བཞིན་ནོ། །ཕྱི་མ་གྲངས་ཀ་མིང་ཅན་ནང་གསེས་ཚན་པ་གཉིས་ཏེ། གཅིག་ནི། བརྩི་གཞིའམ་ཚད་གཞིའི་མིང་ཙམ་དང་འབྲེལ་བའི་གྲངས་ཀ་ལ་གྲངས་མིང་རྐྱང་པ་ཟེར་ཏེ། རྟ་གཅིག །ནོར་བཅོ་ལྔ། ལུག་བརྒྱ་དང་ལྔ་བཅུ་རྩ་དྲུག །སྲང་གང་། རྒྱ་མ་དོ། དཔག་ཚད་སུམ་ཅུ། སྡེ་བ་ཕྱེད་དང་བརྒྱད་ལྟ་བུ་སོགས་སོ། །བརྩི་གཞིའམ་ཚད་གཞིའི་མིང་འགའ་དང་འབྲེལ་བའི་གྲངས་ཀ་ལ་གྲངས་མིང་སྦྲགས་མ་ཟེར་ཏེ། རྟ་གཉིས་དང་ཟླ་བ་བཅུ་གཉིས། ལུག་བརྒྱ་དང་ར་མ་ཉི་ཤུ། སྲང་གསུམ་ཞོ་ལྔ་སེ་བ་དོ། འདོམ་པ་དྲུག་དང་ཁྲུ་གསུམ་དང་མཐོ་བཞི། དཔག་ཚད་བཅུ་རྒྱང་གྲགས་ལྔ་གཞུ་འདོམ་གང་ལྟ་བུ་སོགས་སོ། །

གྲངས་ཀ་བརྩི་གཞིའམ་ཚད་གཞི་དང་འབྲེལ་ཟུང་མ་འབྲེལ་ཟུང་རྩི་ཚུལ་རྣམ་པ་བདུན་ཡོད་དེ། གཅིག་ནི། མང་ཉུང་རྩི་བའི་བགྲང་གྲངས་ཏེ། གོང་གི་གྲངས་ཀ་རྐྱང་བ་དང་གྲངས་ཀ་མིང་ཅན་ཇི་བཞིན་ནོ། །

གཉིས་ནི། རིམ་པ་རྩི་བའི་རིམ་གྲངས་ཏེ། མིང་མཐའ་པ་བ་ཅི་རིགས་ཤིག་སྦྱར་ནས་བསྟན་པ་ཡིན། གསུམ་པ། བཞི་བ། ཟླ་བ་བཅུ་བ། སྤྱི་ལོ་ཆིག་སྟོང་དགུ་བརྒྱ་གྱ་བརྒྱད་པ། ལྟ་བུ་སོགས་སོ། །

གསུམ་ནི། ཕྱོགས་སུ་དགར་བའི་དགར་གྲངས་ཏེ། གྲངས་མཐར་པ་ཕོའམ་བ་ཕོ་ཅི་རིགས་ཞིག་སྦྱར་ནས་བསྟན་པ་ཡིན། ལྔ་བ་ཕོ། བརྒྱད་པ་ཕོ། ཡིག་ཕྲེང་བཅུ་བ་ཕོ། ཨང་གི་ཉི་ཤུ་བ་ཕོ། ལྟ་བུ་སོགས་སོ། །

བཞི་ནི། མང་ཉུང་ཇི་ཙམ་མཆིས་པའི་སྤྱི་གྲངས་ཏེ། གྲངས་མཐར་པོ་ཕོ་གང་འགྲིག་ཅིག་སྦྱར་ནས་བསྟན་པ་ཡིན། དྲུག་པོ། དགུ་ཕོ། ལུག་བརྒྱ་ཕོ། སློབ་མ་ཉེར་དྲུག་པོ། པོ་ཕོའི་དོན་དུ་ཀ་གའང་འཇུག་སྲོལ་ཡོད། གཉིས་ཀ །ལྔ་ག་ལྟ་བུ་སོགས་སོ། །

ལྔ་ནི། བུ་ཆ་མ་ཆའི་ཇི་ཙམ་ཟིན་པའི་ཆ་གྲངས་ཏེ། བཞི་ཆ་གཅིག །བཅུ་ཆ་གསུམ། ཞིང་བཅུ་ཆ་དྲུག་བཏབ་བྱུང་། རིན་བརྒྱ་ཆའི་ཉེར་ལྔ་བཅག །ལྟ་བུ་སོགས་སོ། །

དྲུག་ནི། ལྡབ་ག་ཚོད་འཕར་བའི་ལྡབ་གྲངས་ཏེ། ལྡབ་བཅོ་ལྔ། སུམ་སྐོར། བཅུ་འགྱུར། འཕེལ་ཁྲག་བརྒྱ་འགྱུར། ལྟ་བུ་སོགས་སོ། །

བདུན་ནི། ངེས་ཤེས་མེད་པའི་ཚོད་གྲངས་ཏེ། འགའ། ཁ་ཤས། དུ་མ། བཅུ་ཡས་མས། བརྒྱ་ལྷག །ཁྲི་མ་འབུམ། ལྟ་བུ་སོགས་སོ། །

ཁ གྲངས་ཡིག་འབྲི་ཚུལ།

གྲངས་ཀའི་འབྲི་ཚུལ་འདི་ལྟ་སྟེ། །བཅུ་ནས་བཅུ་དགུའི་བར་དག་ཏུ། །
བཅོ་ལྔ་བཅོ་བརྒྱད་མ་གཏོགས་པ། །བཅུ་ཡི་ཨུ་ནི་ཨོར་མི་འགྱུར། །
བཅུ་ཕྲག་གཉིས་ལ་ཉི་ཤུ་ཟེར། །བཅུ་ཡི་གནས་སུ་བཙུ་འཇུག་པར། །
མཐའ་མེད་མིན་པ་བས་འཕུལ་སྤྱོང་། །སུམ་ཅུ་དྲུག་ཅུ་བདུན་ཅུ་དང་། །
བཞི་བཅུ་ལྔ་བཅུ་དགུ་བཅུ་བཞིན། །དེ་ལ་བཅུ་གནས་སླ་བྲིས་སུ། །

ཉེར་གཅིག་སོ་གཉིས་ཞེ་གསུམ་དང་། །ང་བཞི་རེ་ལྔ་དོན་དྲུག་དང་། །
གྱ་བདུན་གོ་བརྒྱད་ཅེས་པར་བྱ། །བརྒྱ་ཡན་གནས་སུ་གཅིག་གཉིས་གསུམ། །
སྟོན་ན་བཞག་ན་གས་འཕུལ་བསྒྱུར། །རྗེས་སུ་སྦྱར་ན་མི་འདོར་ཏེ། །
ཆིག་ཁྲི་ཉིས་སྟོང་སུམ་བརྒྱ་དང་། །འབུམ་གཅིག་ཁྲི་གཉིས་སྟོང་གསུམ་བཞིན། །
བཅུ་གཞིའི་སྔོན་གྱི་གས་འཕུལ་དོར། །ཆིག་ཤད་ཉིས་ཐོག་སུམ་འབྲེལ་བཞིན། །
ཆོས་ཅན་རང་གྲངས་སྟོན་ལ་སྦྱར། །བཅུ་ཕྲའི་གྲངས་ཀ་རྗེས་སུ་འབྲང་། །
གཉིས་སྐྱེས་སུམ་སྒྲིག་བཞི་མདོ་ནི། །ཆོས་ཀྱི་ངོ་བོ་རེ་རེ་ཙམ། །
སྒྲིག་གསུམ་མདོ་བཞི་དོན་ལྔ་ནི། །བཅུ་གཞི་མང་ཉུང་བསྟན་པ་ཡིན། །

ག གྲངས་ཀྱི་མངོན་བརྗོད།

གྲངས་ཀྱི་མངོན་བརྗོད་དཔེ་ཡིས་བསྟན་པ་མཚར། །
ཡིད་ལ་བཟུང་ན་སྣང་ངོར་དཔར་པ་འདྲ། །
རྩིས་ལ་བཏབ་ན་རི་མོ་བཀོས་པ་བཞིན། །
ཡི་གེར་ཕབ་ན་ཚོག་དབར་ཉུང་བས་གྲུབ། །
བགྲང་བྱ་གསང་བར་གབ་པའི་གོ་ཡང་ཆོད། །

གྲངས་ཀྱི་མངོན་བརྗོད་ནི་གྲངས་ངེས་པའི་ཆོས་ཅན་གང་ཞིག་དཔེ་ཡི་གཟུགས་སུ་བཀོད་ནས་མཚོན་པ་ཡིན་ཏེ། མིག་ནི་གཉིས་དང་། ཁམས་ནི་བཅོ་བརྒྱད་ལྟ་བུའོ། །མངོན་པར་བརྗོད་པའི་གྲངས་བློ་ལ་འཛིན་པར་མི་བརྟེད་པའི་གཟུངས་ཐོབ་ལ། དཔེར་ན། སྤྱི་ལོ་༨༢༧བར་རིགས་ལྡན་རྒྱ་མཚོ་རྣམ་རྒྱལ་ཁྲི་ལ་འཁོད་པ་ནས་བཟུང་སྟེ། རིགས་ལྡན་རྒྱལ་དཀའི་ལོ་མཐའི་བར་དུ་ལོ་ངོ་བཞི་བརྒྱ་དང་གསུམ་སོང་བ་དེ་ལ་རྒྱུད་ལས་མེ་མཁའ་རྒྱ་མཚོ་ཞེས་གསུངས་པ་གྲངས་

ངེས་པ་ཡིད་ལ་གཏན་འཇགས་པར་བྱས་པ་ཡིན། དེའི་ཕྱི་ལོ་སྟེ་མི་ལོས་ལོར་རབ་བྱུང་དང་པོའི་མགོ་བརྩམས་པ་མེ་མཁའ་རྒྱ་མཚོ་ནས་བརྩིས་སོ། །འདི་ནི་ཕྱི་ལོ་༡༠༢༧པར་ཡིན་ལ། ལོ་གྲངས་དེ་ཡིད་ལ་མི་བརྗེད་པའི་གཟུངས་ཞིག་གདབ་དགོས་ན། རྟ་མིག་འཁོར་བ་ཞེས་པས་འཕྲུས་སོ། །གྲངས་གལ་ཆེན་ཞིག་རང་བློར་ངེས་པ་དང་གཞན་ལ་གསང་བ། དཔེར་ན། དངུལ་སྲང་ཉིས་འབུམ་བཞི་ཁྲི་ཆིག་སྟོང་སུམ་བརྒྱ་དང་བརྒྱད་ལ། ལྷ་སྟོང་འདོད་རྒྱལ་བ། ཞེས་བྲིས་ནས་བཞག་ཀྱང་གབ་པར་གྱུར་པས། མངོན་བརྗོད་མི་ཤེས་པ་དག་གིས་ཤེས་མི་སྲིད་དོ། །གཞན་ཡང་དཔེ་རྣམས་ལས་གྲངས་ཀྱི་མངོན་བརྗོད་སྦྱར་བ་རབ་ཏུ་མང་བས། དེ་ལུགས་མ་ཤེས་ན་བགྲང་བྱའི་མདུད་པ་མི་འགྲོལ། གཡུང་དྲུང་བོན་གྱི་བསྟན་རྩིས་ངོ་མཚར་ནོར་བུའི་ཕྲེང་བ་ཞེས་བྱ་བ་ལས། གྲངས་གནས་ཐམས་ཅད་མངོན་བརྗོད་ཀྱིས་བསྟན་པ། དཔེར་ན། ཤིང་ཁྱིར་ཐོ་རི་གཉན་བཙན་བལྟམས། །དེ་ལ་མདའ་གཟུགས་རྩེ་མོས་ཕྱི། །ས་སླང་སྲོང་བཙན་སྒམ་པོ་བལྟམས། །འབྱུང་མདས་ཕྱི་བའི་ཤིང་སྤྲེལ་ལ། །མུ་སྟེགས་བྱེད་པའི་རྩིས་མགོ་བཟུང་ །མེ་མཁའ་རྒྱ་མཚོ་ཐོག་མར་འདྲེན། །དེ་ལ་ཆུ་གཏེར་ཕྱི་བ་ཡི། །ས་རྟར་ཁྲི་སྲོང་ལྡེའུ་བཙན་བྱུང་། །ཞེས་པ་ལས་མདའ་གཟུགས་རྩེ་མོ་དང་། འབྱུང་མདའ་དང་། ཆུ་གཏེར་ཞེས་པ་དག་ཤེས་ན། ལྷ་ཐོ་ཐོ་རི་གཉན་བཙན་ནས་སྲོང་བཙན་སྒམ་པོའི་བར་ལོ་ངོ་༣༡༥འཁོར་བ་དང་། སྲོང་བཙན་འཁྲུངས་ནས་ལོ་ངོ་༥༥འཁོར་ཚེ། རབ་བྱུང་དང་པོའི་དབུ་བཟུག །དེ་ནས་ལོ་ངོ་༩༨འཁོར་ཚེ། ཁྲི་སྲོང་ལྡེ་བཙན་འཁྲུངས་པར་བཤད། དེས་ན་སྲོང་བཙན་ནས་ཁྲི་སྲོང་བར་ལོ་ངོ་༡༨༩འཁོར་བ་ལེགས་པར་ཤེས་ལ། གྲངས་ཀྱི་མངོན་བརྗོད་དེ་དག་མ་ཤེས་ན། ཚིག་འདི་དག་གི་དོན་རྟོགས་པར་མི་འགྱུར་རོ། །དེང་ཚོང་ཁྲོམ་དཔལ་འབྱོར་དང་། ཚན་རིག་ལག་རྩལ་སོགས་སུ་རྩིས་བཀོལ་ས་རབ་ཏུ་མང་བས། གྲངས་ཀྱི་མངོན་བརྗོད་ལག་ལེན་དུ་འཇུག་པ་ལེགས་པར་

ཞེས་པ་ཀ་ཅང་གལ་ཆེ་བས། འདིར་ཅུང་ཟད་དགྲོལ་བར་བྱའོ། །

༡. རང་བཞིན་གཟུགས་དང་བསེ་རུ་དང་། །
ཟླ་བ་འོད་དཀར་རི་བོང་ཅན། །
འདི་རྣམས་གཅིག་གི་མིང་དུ་གྲགས། །

དངོས་པོ་གང་ཅིའི་རང་བཞིན་ནི་གཅིག་དང་། ལུས་ཀྱི་ཕུང་པོར་གྲུབ་པའི་གཟུགས་ནི་གཅིག་དང་། རི་དྭགས་བསེ་ཕལ་མོ་ཆེའི་རུ་ནི་གཅིག་དང་། ནམ་མཁའི་ཟླ་བ་ནི་གཅིག་ཡིན་པའི་ཕྱིར། འོད་དཀར་ཅན་དང་། རི་བོང་ཅན་ནི་ཟླ་བའི་མིང་གི་རྣམ་གྲངས་ཡིན་པས་གཅིག་ཡིན་ནོ། །

༢. ལག་མིག་ཟུང་བགྲོད་ཐབས་ཤེས་དང་། །
འཁྲིག་སྦྱོར་གཤིན་རྗེ་མཚོ་མ་གཉིས། །

མིག་དང་ལག་པ་གཡས་གཡོན་གཉིས་རེ་ཡོད་པ་དང་། ཟུང་ནི་གཉིས་དང་། ལོ་གཅིག་ལ་དབྱར་ཁ་ཉི་མ་ལྷོ་བགྲོད་དང་། དགུན་ཁ་ཉི་མ་བྱང་བགྲོད་དེ་བགྲོད་པ་གཉིས་དང་། དོན་གང་ཅི་འགྲུབ་པར་བྱེད་པ་ལ་ཐབས་དང་ཤེས་རབ་གཉིས་དགོས་པ་དང་། འཁྲིག་པ་སྦྱོར་བ་ལ་ཕོ་མོ་གཉིས་འབྲེལ་བ་དང་། གཤིན་རྗེ་རྒྱལ་པོ་ནི་ལས་དཀར་ནག་གཉིས་ཀྱི་དབྱེ་བ་ཞིབ་ཏུ་བརྩིས་པ་དང་། དུས་གཅིག་ཏུ་ཕྲུ་གུ་གཉིས་སྐྱེས་པ་ལ་མཚོ་མ་ཞེས་པའི་ཕྱིར་རོ། །

༣. འཇིག་རྟེན་ཚ་བ་ཡོན་ཏན་མེ། །
སྲིད་པ་རྩེ་མོ་ཅན་རྣམས་གསུམ། །

ས་བླ། ས་སྟེང་། ས་འོག་ནི་འཇིག་རྟེན་གསུམ་ཟེར་བ་དང་། ལྷ་ཀླུ་དང་། པི་

ཕྱི་ལིང་དང་། ཕོ་བ་རིལ་བཅས་དྲོད་སྨན་ཚ་བ་གསུམ་དུ་གྲགས་པ་དང་། རྡུལ་དང་། མུན་པ་དང་། སྙིང་སྟོབས་བཅས་ལ་ཡོན་ཏན་གསུམ་ཟེར་བ་དང་། ལྷོ་ཕྱོགས་རྒྱ་མཚོའི་རྟ་གདོང་མེ་དང་། ཁྱིམ་བཅུ་གཉིས་ཀྱི་མེ་ཉི་མ་དང་། བསྲེག་བྱ་ཟ་བའི་མེ་སྟེ་མེ་རྣམ་པ་གསུམ་ཡོད་པ་དང་། ལྷ་ཡི་སྲིད་པ་དང་། ཀླུ་ཡི་སྲིད་པ་དང་། མི་ཡི་སྲིད་པ་ནི་སྲིད་པ་གསུམ་ཟེར་བ་དང་། དབང་ཕྱུག་གི་མདུང་ལ་རྩེ་མོ་གསུམ་ཡོད་པའི་ཕྱིར་རོ། །

༤. རྒྱ་མཚོ་ཆུ་གཏེར་ཆུ་བོ་བདུད། །
རིག་བྱེད་སྡེ་བ་ཟུང་ལྡན་བཞི། །

རི་རབ་ཀྱི་ཕྱོགས་བཞི་ན་རང་མདངས་ཕོག་པའི་རྒྱ་མཚོ་འམ་ཆུ་གཏེར་དཀར་སེར་དམར་སྔོ་བཞི་ཡོད་པ་དང་། རྒྱ་གར་དུ་ཆུ་བོ་ཆེན་པོ་གང་གཱ། སིནྡྷུ། སི་ཏཱ། པཀྵུ་བཞི་ཡོད་པ་དང་། ཕུང་པོའི་བདུད། ཉོན་མོངས་པའི་བདུད། འཆི་བདག་གི་བདུད། ལྷའི་བུ་བདུད་དེ་བདུད་བཞིར་གྲགས་པ་དང་། མཆོད་སྦྱིན། ངེས་བརྗོད། སྙན་ཚིག །སྲིད་སྲུང་སྟེ་རིག་བྱེད་བཞི་ཟེར་བ་དང་། གཞི་ཐམས་ཅད་ཡོད་པར་སྨྲ་བ། ཕལ་ཆེན་པ། གནས་བརྟན་པ། མང་པོས་བཀུར་བ་སྟེ་རྩ་བའི་སྡེ་པ་བཞི་ཟེར་བ་དང་། ཟུང་ལྡན་ནི་བཞི་ཡིན་པའི་ཕྱིར་རོ། །

༥. འདོད་ཡོན་ཉེར་སྤྱོད་ཕུང་པོ་མདའ། །
འབྱུང་བ་དབང་པོ་ལྔ་ཡི་མིང་། །

གཟུགས་སྒྲ་དྲི་རོ་རེག་བྱ་སྟེ་འདོད་ཡོན་ལྔ་ཡོད་པ་དང་། མེ་ཏོག ། བདུག་སྤོས། མར་མེ། དྲི་ཆབ། ཞལ་ཟས་བཅས་ལ་ཉེར་སྤྱོད་ལྔ་ཟེར་བ་དང་། གཟུགས། ཚོར་བ། འདུ་ཤེས། འདུ་བྱེད། རྣམ་ཤེས་བཅས་ལ་ཕུང་པོ་ལྔ་

ཟེར་བ་དང་། འདོད་ལྷའི་བུ་བདུད་དགའ་རབ་དབང་ཕྱུག་ལ་སྨྱོས་བྱེད། སྲེད་བྱེད། རྨོངས་བྱེད། སྐེམ་བྱེད། འཆི་བྱེད་བཅས་མེ་ཏོག་གི་མདའ་ལྔ་ཡོད་པ་དང་། ས་ཆུ་མེ་རླུང་ནམ་མཁའ་ནི་འབྱུང་བ་ལྔ་ཡིན་པ་དང་། མིག་རྣ་བ་སྣ་དང་ལྕེ་དང་ལུས་ནི་དབང་པོ་ལྔ་ཡིན་པའི་ཕྱིར་རོ། །

༨. རོ་དུས་མཚམས་དང་བྲོ་བ་དང་། །
རྒྱན་དང་བཟང་པོ་དྲུག་གི་མིང་། །

མངར་བ། སྐྱུར་བ། ཁ་བ། བསྐ་བ། ཚ་བ། ལན་ཚྭ་བ་སྟེ་རོ་དྲུག་གམ་བྲོ་བ་དྲུག་ཡིན་པ་དང་། ལོ་གཅིག་ལ་དཔྱིད་ཀ །སོ་ག །དབྱར་ཁ། སྟོན་ཁ། དགུན་སྟོད། དགུན་སྨད་དེ་དུས་དྲུག་ཡོད་པ་དང་། ཉིན་མོར་སྔ་དྲོ། ཉིན་གུང་། ཕྱི་དྲོ་གསུམ་དང་། མཚན་མོར་སྲོད། ནམ་གུང་། ཐོ་རངས་གསུམ་སྟེ། ཉིན་མཚན་དུས་མཚམས་དྲུག་ཏུ་བརྩིས་པ་དང་། ཀླུ་སྒྲུབ། ཨཱརྱ་དེ་བ། ཐོགས་མེད། དབྱིག་གཉེན། ཕྱོགས་གླང་། ཆོས་གྲགས་བཅས་འཛམ་གླིང་མཛེས་པའི་རྒྱན་དྲུག་ཡིན་པ་དང་། སྙིང་ལ་ཛ་ཏི། གློ་བར་ཙུ་གང་། མཆིན་པར་གུར་གུམ། སྲོག་རྩར་ལི་ཤི། མཁལ་མ་ལ་སུག་སྨེལ། མཚེར་བར་ཀ་ཀོ་ལ་བཟང་བས་སྨན་བཟང་དྲུག་ཅེས་གྲགས་པའི་ཕྱིར་རོ། །

༩. རིན་ཆེན་ས་འཛིན་ཐུབ་པ་གླིང་། །
དྲང་སྲོང་རི་གཟའ་རྟ་རྣམས་བདུན། །

གསེར། དངུལ། བཻ་ཌཱུརྻ། སྤུག །རྡོའི་སྙིང་པོ། ཤེལ། མུ་ཏིག་དམར་པོ་སྟེ་རིན་པོ་ཆེ་སྣ་བདུན་དང་། ཡང་ན་འཁོར་ལོ། ནོར་བུ། བཙུན་མོ། བློན་པོ། དམག་དཔོན། གླང་པོ་ཆེ། རྟ་མཆོག་བཅས་ལ་རྒྱལ་སྲིད་རིན་ཆེན་སྣ་བདུན་ཟེར་བ་དང་།

གཉའ་ཤིང་འཛིན། གསོལ་མདའ་འཛིན། སེང་ལྡེང་ཅན། སུ་ཁྲོད་ཅན། རྟ་རྣ། ལྟ་ན་སྡུག །རྣམ་འདུད་དེ་གསེར་རིའམ་གསེར་གྱི་ས་འཛིན་བདུན་དུ་གྲགས་པ་དང་།

རྣམ་གཟིགས། གཙུག་ཏོར་ཅན། ཐམས་ཅད་སྐྱོབ། འཁོར་བ་འཇིག །གསེར་ཐུབ། འོད་སྲུངས། ཤཱཀྱ་ཐུབ་པ་བཅས་ལ་ཐུབ་པ་བདུན་ཞེས་གསུངས་པ་དང་།

ཟླ་བ། འོད་དཀར། ཀུ་ཤ །མིའམ་ཅི། ཁྲུང་ཁྲུང་། དྲག་པོའི་གླིང་། འཛམ་གླིང་ཆེན་པོ་བཅས་ལ་གླིང་བདུན་ཟེར་བ་དང་།

འོད་ཟེར་ཅན། ཉི་མ། རྒྱུན་ཤེས། འོད་ཡངས། ལྷ་མིན་འཛོམས། མཆོད་སྦྱིན་ཅན། གནས་འཇོག་བཅས་ལ་དྲང་སྲོང་བདུན་ཟེར་བ་དང་། ཉི་མ། ཟླ་བ། མིག་དམར། ལྷག་པ། ཕུར་བུ། པ་སངས། སྤེན་པ་སྟེ་གཟའ་བདུན་ཡིན་པ་དང་། རླུང་། ཡིད་འཇོག །མདོག་ལྡ་བ། ཐིག་ལེ་ཅན། ངེས་བརྗོད། ཤིན་ཏུ་རྒྱལ་མཚན། རི་འཛོམས་བཅས་ནི་ཉི་མའི་ཤིང་རྟ་འདྲེན་པའི་རྟ་བདུན་ཡིན་པའི་ཕྱིར་རོ། །

༨. ལྷ་ཟླ་བཀྲ་ཤིས་གདེངས་ཅན་སྦྲུལ། །
སྤོ་འགྲོ་ནོར་ལྷ་ནོར་དབྱིག་དང་། །
ཉེ་སྲས་རྣམས་ནི་བརྒྱད་ཀྱི་མིང་། །

ཁྱབ་འཇུག །ཚངས་པ། བརྒྱ་བྱིན། དབང་ཕྱུག་ཆེན་པོ། འདོད་པའི་དབང་ཕྱུག །ཚོགས་བདག །ཧྲི་ཏི་རི་ཏི། གཞོན་ནུ་གདོང་དྲུག་བཅས་ལྷ་ཆེན་བརྒྱད་ཡིན་པ་དང་། མཐའ་ཡས། འཇོག་པོ། སྟོབས་རྒྱུ། རིགས་ལྡན། ནོར་རྒྱས། དུང་སྐྱོང་། པད་མ། ཚ་ལྷ་བཅས་ཀླུ་ཆེན་བརྒྱད་ཡོད་ལ། གདེངས་ཅན་དང་། སྦྲུལ་དང་། སྤོ་འགྲོ་ནི་ཀླུ་ཡི་མིང་གི་རྣམ་གྲངས་ཡིན་པ་དང་།

གདུགས། གསེར་ཉ། བུམ་པ། པད་མ། དུང་། དཔལ་བེའུ། རྒྱལ་མཚན། འཁོར་ལོ་བཅས་བཀྲ་ཤིས་རྟགས་བརྒྱད་དང་། ཡང་ན། མེ་ལོང་། དུང་དཀར་གཡས་འཁྱིལ། ཞོ། ཤིང་ཐོག་བིལ་བ། ཡུངས་ཀར། གི་ཝང་། རྩྭ་དུར་བ། ལི་ཁྲི་བཅས་བཀྲ་ཤིས་རྫས་བརྒྱད་ཡིན་པ་དང་།

ཆུའི་དབང་པོ། བརྟན་པ། ཟླ་བ། འཛིན་བྱེད། རླུང་། མེ། ནམ་ལངས། འོད་བྱེད་བཅས་ནོར་ལྷ་བརྒྱད་དང་། ནོར་དང་དབྱིག་ནི་ནོར་ལྷའི་སྦྲ་འདོད་ཡིན་པ་དང་། འཇམ་དབྱངས། ཕྱག་ན་རྡོ་རྗེ། སྤྱན་རས་གཟིགས། ས་ཡི་སྙིང་པོ། སྒྲིབ་པ་རྣམ་སེལ། ནམ་མཁའི་སྙིང་པོ། བྱམས་པ། ཀུན་ཏུ་བཟང་པོ་བཅས་ཉེ་བའི་སྲས་ཆེན་བརྒྱད་ཡིན་པའི་ཕྱིར་རོ། །

༩. སྲིན་པོ་བུ་ག་གཏེར་རྩ་དགུ། །

པད་མ་ཅན། པད་མ་ཆེན་པོ་ཅན། ཆུ་སྲིན་ཅན། རུས་སྦལ་ཅན། ཟ་ཡབ་ཅན། དུང་ཅན། དགའ་བ་ཅན། སྔོན་པོ་ཅན། སྦྱིན་བྱེད་བཅས་གཏེར་དགུ་དང་། གཏེར་སྲུང་སྲིན་པོའང་དགུ་ཡོད་པ་དང་། ཁ། སྣ་ཁུང་གཉིས། མིག་གཉིས། རྣ་བ་གཉིས། བཤང་ལམ། ཆུ་སོ་བཅས་བུ་ག་དགུ་ཡོད་པ་དང་།

དབུ་མ། རྐྱང་མ། རོ་མ། སྤྱི་བོ་བདེ་ཆེན་འཁོར་ལོ། དཔྲལ་བ་བདེ་བའི་འཁོར་ལོ། མགྲིན་པ་ལོངས་སྤྱོད་འཁོར་ལོ། སྙིང་ག་ཆོས་ཀྱི་འཁོར་ལོ། ལྟེ་བ་སྤྲུལ་བའི་འཁོར་ལོ། གསང་གནས་བདེ་སྐྱོང་འཁོར་ལོ་བཅས་རྩ་དགུ་ཡོད་པའི་ཕྱིར་རོ། །

༡༠. འཇུག་པ་ཁྲོ་བོ་སྦྲ་སྒྲོགས་ཕྱོགས། །
འཁྱོར་བ་སྟོབས་དང་སོར་མོ་བཅུ། །

ཁྱབ་འཇུག་གིས་འཇིག་རྟེན་གྱི་ཕྲིན་ལས་སྒྲུབ་པ་ལ། ཉ། རུས་སྦལ། ཕག་

རྐོད། མིའི་སེང་གེ། མིའུ་ཐུང་། ནྲ་མ་ཧ། ནག་པོ། ཤཱཀྱ་ཐུབ་པ། རིགས་ལྡན། ཀལྐི་ཅི་སྟེ་འཇུག་པ་བཅུའི་སྒོ་ནས་གྲུབ་པ་དང་།

གནོད་མཛེས། གཤིན་རྗེ་གཤེད། གཞན་གྱིས་མི་ཐུབ་པ། རྟ་མགྲིན། བདུད་རྩི་འཁྱིལ་བ། འདོད་པའི་རྒྱལ་པོ། དབྱུག་སྔོན་ཅན། སྟོབས་པོ་ཆེ། མི་གཡོ་བ། གཙུག་ཏོར་འཁོར་ལོའི་སྒྱུར་བ་བཅས་ཁྲོ་བོ་བཅུ་ཡོད་པ་དང་།

སྤྲིན་པོའི་རྒྱལ་པོ་སྒྲ་སྒྲོགས་ལ་མགྲིན་པ་བཅུ་ཡོད་པ་དང་།

ཕྱོགས་བཞི། མཚམས་བཞི། སྟེང་འོག་བཅས་ཕྱོགས་བཅུ་ཡོད་པ་དང་།

མི་ཡིན་པ། ཡུལ་དབུས་སུ་སྐྱེས་པ། དབང་པོ་ཚང་བ། ལས་ཀྱི་མཐའ་མ་ལོག་པ། གནས་ལ་དད་པ་སྟེ་རང་འབྱོར་ལྔ་དང་། སངས་རྒྱས་འཇིག་རྟེན་དུ་བྱོན་པ། དེས་དམ་པའི་ཆོས་སྟོན་པ། བསྟན་པ་གནས་པ། དེའི་རྗེས་སུ་ཞུགས་པ། གཞན་ཕྱིར་སྙིང་བརྩེ་བས་རྗེས་སུ་བཟུང་བ་སྟེ་གཞན་འབྱོར་ལྔ་བཅས་འབྱོར་བ་བཅུ་ཡོད་པ་དང་།

གནས་དང་གནས་མིན། ལས་ཀྱི་རྣམ་པར་སྨིན་པ། མོས་པ་སྣ་ཚོགས་པ། ཁམས་སྣ་ཚོགས་པ། དབང་པོ་མཆོག་དང་མཆོག་མིན། ཐམས་ཅད་འགྲོ་བའི་ལམ། ཀུན་ནས་ཉོན་མོངས་པ་དང་རྣམ་པར་བྱང་བ། སྔོན་གྱི་གནས་རྗེས་སུ་དྲན་པ། འཆི་འཕོ་བ་དང་སྐྱེ་བ། ཟག་པ་ཟད་པ་བཅས་མཁྱེན་པའི་སྟོབས་བཅུ་དང་།

ལག་པ་གཡས་གཡོན་ལ་སོར་མོ་བཅུ་ཡོད་པའི་ཕྱིར་རོ། །

༡༡. དྲག་པོ་དབང་ཕྱུག་བདེ་བྱེད་དང་། །
བདེ་འབྱུང་འཕྲོག་བྱེད་བཅུ་གཅིག་གོ། །

མ་སྐྱེས་རྐང་གཅིག །འཕེལ་བ། བསྐྱོད་པ། དྲག་པོ། བརྩོན་འགྲུས་ལྡན། འཕྲོག་བྱེད། བདེ་འབྱུང་། སྤྱན་གསུམ་པ། གཞན་ལས་རྒྱལ་བ། དབང་ལྡན།

ས་གསུམ་པ་སྣི་དྲག་པོའི་ལྷ་ནི་བཅུ་གཅིག་དང་། དབང་ཕྱུག་དང་། བདེ་བྱེད་དང་། བདེ་འབྱུང་དང་། འཕྲོག་བྱེད་ནི་དྲག་པོའི་མིང་གི་རྣམ་གྲངས་ཡིན་པའི་ཕྱིར་རོ། །

༡༢. ཉི་མ་རྟེན་འབྲེལ་ཁྱིམ་བཅུ་གཉིས། །

དབང་པོ། བྱེད་པོ། ལམ་པ། ཆར་འབེབས། བསྐྱོད་བྱེད། སྔོན་མིན། སྔོན་འཕགས། མི་གཟུགས། ཁྲབ་འཛུག །འོད་ཅན། ཆུ་བདག །གཤིན་རྗེ་བཅས་ཉི་མའི་ཁྱིམ་གྱི་ལྷ་བཅུ་གཉིས་དང་།

མ་རིག་པ། འདུ་བྱེད། རྣམ་ཤེས། མིང་གཟུགས། སྐྱེ་མཆེད། རེག་པ། ཚོར་བ། སྲེད་པ། ལེན་པ། སྲིད་པ། སྐྱེ་བ། རྒ་ཤི་བཅས་རྟེན་འབྲེལ་ཡན་ལག་བཅུ་གཉིས་དང་།

ལུག་གི་ཁྱིམ། གླང་གི་ཁྱིམ། འཁྲིག་པའི་ཁྱིམ། ཀརྐ་ཊའི་ཁྱིམ། སེང་གེའི་ཁྱིམ། བུ་མོའི་ཁྱིམ། སྲང་གི་ཁྱིམ། སྡིག་པའི་ཁྱིམ། གཞུའི་ཁྱིམ། ཆུ་སྲིན་གྱི་ཁྱིམ། བུམ་པའི་ཁྱིམ། ཉའི་ཁྱིམ་བཅས་ཁྱིམ་བཅུ་གཉིས་ཡོད་པའི་ཕྱིར་རོ། །

༡༣. གདུགས་རིམ་སྣ་ཚོགས་ལུས་མེད་དང་། །
འདོད་པ་སྨྱོས་བྱེད་བཅུ་གསུམ་མིང་། །

ཐེག་པ་ཆེན་པོའི་མཆོད་རྟེན་ལ་གདུགས་རིམ་པ་བཅུ་གསུམ་ཡོད་པ་དང་། གློག་གི་འོད་ཅན་མ། ཐིག་ལེ་མཆོག་མ། པད་དཀར་མ། ལག་བཟང་མ། དགའ་བའི་ཤིང་རྟ་མ། རབ་ཏུ་སྨྱོས་བྱེད་མ། མི་ནུ་ཀ་སྐྲ་འདྲེས་མ། ལེགས་བརྒྱན་མ། སུཀྲ་སྐྱེས་མ། ཨ་ལམྦུ་ཥ། ཆུ་ཤིང་བརྒྱ་ཅན་མ། སྐད་ལེགས་མ་བཅས་ལྷའི་སྨད་འཚོང་མའམ་འདོད་པ་བཅུ་གསུམ་ཡོད་པ་དང་།

སྣ་ཚོགས་ཏོག་གམ། ལུས་མེད་དམ། སྨྱོས་བྱེད་དག་ནི་བདུད་དགའ་རབ་དབང་ཕྱུག་གི་མིང་གི་རྣམ་གྲངས་ཡིན་ཞིང་། དེ་ལ་འདོད་པས་སྨྱོས་པར་བྱེད་པའི་ཚེ་འཕྲུལ་བཅུ་གསུམ་ཡོད་པར་གྲགས་པའི་ཕྱིར་རོ། །

༧༤. ཤེད་བུ་མ་ནུ་སྲིད་པ་ཡིད། །
སྲིད་པའི་གནས་རྣམས་བཅུ་བཞིའོ། །

ཤེད་བུའམ། མ་ནུ་ནི་མིའི་མིང་གི་རྣམ་གྲངས་ཏེ། སྔོན་རྒྱ་གར་དུ་མིའི་རིམ་པ་བཞི་ཕྱེ་བ་ལས། རྒྱལ་རིགས་ལ་རྐང་ཐང་། རྟ་བ། གླང་ཆེན་པ། ཤིང་རྟ་བ་བཞི་དང་། བྲམ་ཟེའི་རིགས་ལ་ནགས་གནས། ཁྱིམ་གནས། དཀའ་ཐུབ་པ་གསུམ་དང་། རྗེ་རིགས་ལ་ཡིག་མཁན། ཚོང་བ། སྨན་པ་གསུམ་དང་། དམངས་རིགས་ལ་ས་ཞིང་རྨོ་བ། བ་ལང་སྐྱོང་བ། འཛིམ་ལས་པ། ཁྱིམ་གནས་པ་བཞི་བཅས་བཅུ་བཞི་ཡོད་པས་སོ། །

འདོད་གཟུགས་ཀྱིས་ཕྱེ་བས་ལྷ་ལ་བརྒྱད་དང་། སྐྱེ་གནས་ཀྱིས་ཕྱེ་བའི་དུད་འགྲོ་ལ་བཞི་དང་། མི་དང་དམྱལ་བ་བཅས་སྲིད་པ་བཅུ་བཞི་ཡོད་པ་དང་། སྲིད་པ་དེ་རྣམས་ལ་གནས་ཀྱང་བཅུ་བཞི་ཡོད་པའི་ཕྱིར། དེ་ཡང་ཡིད་ཅན་བཅུ་བཞི་ཡིན་པས་སོ། །

༧༥. ཚེས་ཞེས་བྱ་བ་བཅོ་ལྔའི་མིང་། །

ཟླ་བའི་དཀར་ཆ་དང་ནག་ཆ་འཕེལ་འགྲིབ་ཀྱི་ཕྱོགས་རེ་ལ་ཚེས་ཞག་བཅོ་ལྔ་ཡོད་པའི་ཕྱིར།

༧༦. ཆ་ཤས་དང་ནི་རྒྱལ་པོ་དང་། །

མི་བདག་ཅེས་པ་བཅུ་དྲུག་གོ། །

ཟླ་བ་ལ་ཆ་ཤས་བཅུ་དྲུག་ཡོད་པ་དང་། སྔོན་རྒྱ་གར་ན་ཨངྒ། མ་ག་དྷ། ཀོ་ས་ལ། ཀཱ་ཤི་ཀ །བྲི་ཛི། མ་ལ་ཡ། ཙུན་ཏ། སྲིག་པ། ཀཱ་མ། ཨ་བནྟི། ཀུ་རུ། ཕྙ་ལེན། བས་ཏ། དཔལ་ཧྲི། ཡ་བ་ན། གམ་པོ་བཅས་ཡུལ་འཁོར་ཆེན་པོ་བཅུ་དྲུག་ཡོད་པ་ལ། རྒྱལ་པོའམ་མི་བདག་ཀྱང་བཅུ་དྲུག་ཡོད་པའི་ཕྱིར་རོ། །

༡༨. ཉེས་སྐྱོན་ཁམས་རྣམས་བཅོ་བརྒྱད་དོ། །

གཟུགས་མི་སྡུག་པ། སྐྲ་ཁྲི་བ། དཔྲལ་བ་ཆུང་བ། མདོག་སེར་སྐྱ། མིག་སེར་བ། སྙིན་མཚམས་འབྱར་བ། སྣ་ལེབ་པ། སོ་སྟོ་བ། རིག་པ། མིག་ཟླུམ་པ། མིག་ཆུང་བ། སྐྲུར་བ། ལྟོ་བ་ཆེ་བ། དཔུང་བ་དང་རྗེ་ངར་ཐུང་བ། སྤུ་ཅན། རྐང་བ་དང་ལག་པ་མི་མཉམ་པ། ཚིགས་སྦོམ་པ། ཁ་དང་ལུས་ལས་དྲི་ངན་པ་འབྱུང་བ་བཅས་ལུས་ལ་མི་སྡུག་པའི་སྐྱོན་ནམ་ཉེས་པ་བཅོ་བརྒྱད་ཡོད་པ་དང་།

མིག་སྣ་རྣ་བ་ལྕེ་ལུས་ཡིད་དེ་རྟེན་དབང་པོའི་ཁམས་དྲུག་དང་། མིག་ཤེས་སྣ་ཤེས་རྣ་ཤེས་ལྕེ་ཤེས་ལུས་ཤེས་ཡིད་ཤེས་ཏེ་བརྟེན་པ་རྣམ་ཤེས་ཀྱི་ཁམས་དྲུག་དང་། གཟུགས་སྒྲ་དྲི་རོ་རེག་བྱ་ཆོས་ཏེ་དམིགས་པ་ཡུལ་གྱི་ཁམས་དྲུག་བཅས་ཁམས་བཅོ་བརྒྱད་ཡོད་པའི་ཕྱིར་རོ། །

༡༩. རྒྱལ་བ་ཡུལ་ནི་ཉེར་བཞིའོ། །

ལང་ཀར་གཤེགས་པའི་མདོ་ལས་གསུངས་པའི་རྒྱལ་བ་སྟེ་སངས་རྒྱས་ཉེར་བཞི་ཡོད་པ་དང་། བདེ་མཆོག་ལས་གསུངས་པའི་ཡུལ་ནི་པུ་ལི་ར་མ་ལ་ཡ། ཛ་ལནྡྷ་ར། ཨོ་ཊི་ཡ་ན། ཨརྦུ་ཏ། གོ་ད་ཝ་རི། ར་མེ་ཤྭ་རི། དེ་ཝི་ཀོ་ཊི། མཱ་ལ་ཝ། ཀ་མ་རཱུ་པ། ཨོ་ཊྲི། ཏྲི་ཤ་ཀུ་ནེ། ཀོ་ས་ལ། ཀ་ལིངྐ། ལམ་པ་ཀ །ཀཉྩི། ཧི་

མ་ལ་ཡ། ཐྲེ་ཏ་པུ་རི། ཤྲཱི་ཏ་དེ་ཤ་ཏ། སོ་ར། སུ་ཤཱན་ཏྲི་པ། ནཱ་ག་ར། སིན་ཧུ། མ་རུ། ཀུ་ལུ་ཏ་བཅས་ཉེར་བཞི་ཡོད་པའི་ཕྱིར་རོ། །

༢༥. དེ་ཉིད་ཉི་ཤུ་རྩ་ལྔ་སྟེ། །

ཕྱི་རོལ་གྲངས་ཅན་པའི་དེ་ཉིད་ནི། གཙོ་བོ་ལས་བློ་སྐྱེའོ། །བློ་ལས་ང་རྒྱལ་ཡོ། །ང་རྒྱལ་ལས་སྐྱེས་བུ་སྐྱེ། སྐྱེས་བུ་ལས་གཟུགས་སྒྲ་དྲི་རོ་རེག་བྱའི་བདག་ཉིད་དེ་ཙམ་ལྔ་དང་། མིག་སྣ་རྣ་བ་ལྕེ་པགས་པ་བཅས་བློའི་དབང་པོ་ལྔ་དང་། ངག་རྐང་ལག་རྐུབ་འདོམས་བཅས་ལས་ཀྱི་དབང་པོ་ལྔ་དང་། ཡིད་ཀྱི་དབང་པོ་གཅིག(འདི་རྣམས་ལ་དབང་པོ་བཅུ་གཅིག་ཟེར)སྐྱེ། དེ་ཙམ་ལྔས་འབྱུང་བ་ལྔ་སྟེ་སྒྲ་ལས་ནམ་མཁའ། རེག་བྱ་ལས་རླུང་། གཟུགས་ལས་མེ། རོ་ལས་ཆུ། དྲི་ལས་ས་སྐྱེ། ཞེས་གྲགས་པའི་ཕྱིར་རོ། །

༢༧. སྐར་མ་འཁོར་ལོ་ཉེར་བདུན་མིང་། །

ཐ་སྐར། བྲ་ཉེ། སྨིན་དྲུག །སྐར་མ། མགོ། ལག །ནབས་སོ། རྒྱལ། སྐག །མཆུ། གྲེ། དབོ། མེ་བཞི། ནག་པ། ས་རི། ས་ག །ལྷ་མཚམས། སྣྲོན། སྣྲུབས། ཆུ་སྟོད། ཆུ་སྨད། གྲོ་བཞིན། མོན་གྲེ། མོན་གྲུ། ཁྲུམས་སྟོད། ཁྲུམས་སྨད། ནམ་གྲུ་བཅས་རྒྱུ་སྐར་ཉེར་བདུན་ཡོད་པ་དང་། རྒྱུ་སྐར་གྱི་ལོངས་སྤྱོད་མཚུངས་པའི་འཁོར་ལོ་ཉེར་བདུན་ཡོད་པའི་ཕྱིར་རོ། །

༣༢. སོ་དང་གཉིས་སྐྱེས་སུམ་ཅུ་གཉིས། །

མི་ཕལ་བ་སྟེང་འོག་གི་ཐགས་འགྲམ་ཇོགས་པ་ལ་སོ་སུམ་ཅུ་སོ་གཉིས་ཡོད་པའི་ཕྱིར། གཉིས་སྐྱེས་ནི་སོ་ཡི་མིང་གི་རྣམ་གྲངས་ཡིན་ནོ། །

༣༣. སྟོང་པ་ནམ་མཁའ་ཐིག་ལེའི་མིང་། །

གནས་འཛིན་དུ་ཐིག༷་ལེ༷་བཀོད་པ་ནི་གཅིག་ཀྱང་མེད་པའམ་སྟོང༷་པ༷འི་རྟགས་ཏེ། ནམ༷་མཁ༷འ་ལྟ་བུ་ཡིན་པའི་ཕྱིར་རོ། །

བཞི་པ། བྱ་བའི་མིང་།

བྱ་བའི་མིང་ནི་སེམས་ཅན་གྱི་རྩོལ་བ་དང་། ཐེམ་པོའི་འགྱུར་བ་སོགས་མཚོན་བྱེད་ཀྱི་ཐ་སྙད་ཇི་སྙེད་པ་སྟེ། སློབ་པ། བལྟས་པ། བསྒྲུབ་པ། རྒྱུག་པ། ལྡིང་བ། འཕུར་བ། བབ་པ། འཕྱུར་བ། འགྲམས་པ། འབར་བ། ཤར་བ། འགྱུར་བ། ལྟ་བུ་སོགས་སོ། །བྱ་བའི་མིང་ཚིག་སྦྱོར་དུ་འཇུག་ཚེ། མིང་མཐའ་སྦྱོར་མི་སྦྱོར་བབ་དང་བསྟུན་ནས་ཅི་རིགས་བྱས་ཆོག །དཔེར་བརྗོད་ན། བླང་དོར་གནས་ལ་འཐོམས་པའི་མུན། །ཐོས་པའི་སྒྲོན་མེས་མ་བསལ་ན། །དམུས་ལོང་བྱེས་སུ་འཁྱམས་པ་ལྟར། །ཅི་བྱ་གཏོལ་མེད་ངང་དུ་འཛད། །དེ་ཕྱིར་ཐོག་མར་གཞུང་ཆེན་ལ། །སློབ་གཉེར་ཞུ་ཐག་ཆོད་པ་གཅེས། །(དབྱངས་ཅན་དགའ་བློའི་བསླབ་བྱ་ལས) ཞེས་པ་ལས། འཐོམས་པ། འཁྱམས་པ། ཆོད་པ་རྣམས་ལ་མིང་མཐའ་སྦྱར་ཡོད་པ་དང་། བསལ། འཛད། གཅེས་རྣམས་ལ་མིང་མཐའ་སྦྱར་མེད་པ་ལྟ་བུ་ཡིན་ནོད། མིང་རྐྱང་དུ་འགོད་ཚེ། མིང་མཐའ་ཅིས་ཀྱང་སྦྱར་དགོས། མ་སྦྱར་ན། མི་ཤུང་བ་ཞིག་དངོས་པོའི་མིང་དུ་འཁྲུལ་སྲིད། དཔེར་ན། ཤར་དང་ཤར་བ། སྐྱེས་དང་སྐྱེས་པ། གཏམ་དང་གཏམ་པ། འཁྱིད་དང་འཁྱིད་པ། སེམས་དང་སེམས་པ་སོགས་ཀྱི་ཟླ་མ་རྣམས་དངོས་པོའི་མིང་དང་། ཕྱི་མ་རྣམས་བྱ་བའི་མིང་ཡིན་པ་གསལ།

བྱ་བའི་མིང་དང་བྱ་བའི་མིང་དངོས་པོའི་མིང་དུ་འཇུག་པ་གཉིས་ཡིག་

གཟུགས་འདྲ་ཡང་འདོན་ཚུལ་མི་གཅིག །འབྱུང་བ། འཛིན་པ། འཕོད་པ། ལྟ་བ། སྒྲུབ་པ། བསླབ་པ། བསྟོད་པ། ལྟ་བུ་སོགས་བྱ་བར་འཇུག་ཚེ། མིང་མཐའ་པ་བ་དག་གི་སྒྲ་ཟེར་ཡང་བར་འདོན་པ་དང་། དངོས་པོར་འཇུག་ཚེ་སྒྲ་ཟེར་ཨི་བར་འདོན་པ། དཔེར་ན། རྩ་ཟ་བ་དང་། ཡུལ་ཟ་བ། ཞེས་པ་ལྟ་བུའོ། །

མིང་གི་རིགས་ལས་དངོས་པོའི་མིང་དང་། ཁྱད་ཆོས་ཀྱི་མིང་དང་། གྲངས་ཀའི་མིང་བཅས་བརྗོད་བྱའི་ཆོས་དེ་རིགས་དང་འདྲ་བར་གནས་སྐབས་སུ་འགྱུར་བ་མེད་པར་སྣང་བས་ན། རྫོད་བྱེད་ཀྱི་སྒྲ་ཡང་རང་སོར་གནས་པར་ལྟར། དེ་མཚོན་བྱེད་ཀྱི་ཡིག་གཟུགས་ཀྱང་འགྱུར་བ་མེད་པས། བློ་ལ་འཛིན་སླ་ཞིང་། དོན་ལ་འཇུག་བདེ་སོད། བྱ་བའི་མིང་ནི་སེམས་ཅན་གྱི་རྩོལ་བ་དང་། བེམ་པོའི་འགྱུར་བ་མཚོན་བྱེད་ཀྱི་བརྡ་ཡིན་ཏེ། བརྗོད་བྱ་དེ་ཚོར་དུས་ཀྱི་རྣམ་བཞག་དང་། བདག་གཞན་གྱི་དབྱེ་བ་ཡོད་པས། དེ་རྫོད་བྱེད་ཀྱི་སྒྲ་དང་གཟུགས་ལའང་དུས་གསུམ་སྐུལ་ཚིག་དང་བཞིའི་རྣམ་དབྱེ་ཡོད་པར་མ་ཟད། བདག་གི་ཁོངས་གཏོགས་བྱེད་པ་པོ་དང་འབྲེལ་བའི་བྱ་བ་སྐྱེ་བྱེད་པའི་ལས་དང་། གཞན་གྱི་ཁོངས་གཏོགས་བྱ་བའི་ཡུལ་དང་འབྲེལ་བའི་བྱ་བ་སྐྱེ་བྱ་བའི་ལས་དང་། བདག་གཞན་གང་དུའང་མི་གཏོགས་པའི་བྱ་བྱེད་ཐ་མི་དད་པ་སྟེ། རང་གི་ངང་གིས་གྲུབ་པར་སྣང་བའི་བྱ་བ་ཡང་ཡོད་པའི་དབང་གིས། བྱ་བའི་མིང་གི་འགྱུར་ལུགས་དེ་དག་མ་ཤེས་ན། འབྲི་ཀློག་འཆད་གསུམ་སྒྲ་གཟུགས་དོན་གསུམ་ཇི་ལྟ་བ་བཞིན་དུ་འཕྲོད་དཀའ་སྟེ། རང་སྐད་གོམས་ཤུགས་ཀྱིས་ཇི་ལྟར་འཇུག་པ་ཤེས་ཀྱང་། ཅི་ཕྱིར་འཇུག་པ་མི་ཤེས་པས། ཡིག་སྐྱོན་བྱུང་བ་ཚིག་སྐྱོན་དང་དོན་སྐྱོན་དུ་འགྱུར་སྲིད། བྱ་བ་རིགས་གསུམ་རྟེན་ཅིང་འབྲེལ་བའི་འབྱུང་ལུགས་དང་དུས་ཀྱི་རྣམ་བཞག་སོགས་ལེགས་པར་ཤེས་ན། ཐ་སྙད་ཡོད་དོ་ཅོག་གི་རྒྱལ་ཁམས་ཁྱེད་ཀ་དབང་བ་འདྲའོ། །དེ་ལ་བྱ་བའི་མིང་གི་དུས་ཀྱི་རྣམ་བཞག་དང་། ཡིག་གཟུགས་འགྱུར་

ལུགས་དང་། བདག་གཞན་དང་བཅས་པའི་འབྲེལ་བ་རྣམས་བརྗོད་པར་བྱའོ། །

ཀ བྱ་བའི་མིང་གི་དུས་ཀྱི་རྣམ་བཞག

བྱ་བའི་མིང་གི་དུས་ཀྱི་རྣམ་བཞག་ནི། །
ད་ལྟ་མ་འོངས་འདས་པ་སྐུལ་ཚིག་བཞི། །
བྱེད་པའི་རྩོལ་བར་འདི་དག་ཚང་བ་དང་། །
ལས་ཀྱི་འགྱུར་བར་སྒྲ་གདངས་གཅིག་པུ་ཉིད། །
ངང་གིས་བྱུང་བ་མི་དང་མ་འབྲེལ་བར། །
སྐུལ་ཚིག་མི་འཐོབ་སྒྲ་གདངས་འགྱུར་བ་ཙུང་། །

འདུས་བྱས་གང་ཡང་མི་རྟག་པ་ཡིན་ཏེ། དེ་ལ་རྒྱུ་དུས་ཀྱི་མ་སྐྱེས་པའི་ཆ་དང་། རང་དུས་ཀྱི་སྐྱེས་ལ་མ་འགགས་པའི་ཆ་དང་། འབྲས་དུས་ཀྱི་སྐྱེས་ཟིན་འགགས་པའི་ཆ་གསུམ་རེ་ཡོད་པའི་དབང་གིས། འགྱུར་ལྡོག་དེ་དག་མཚོན་བྱེད་ཀྱི་བྱ་བའི་མིང་ལ་ཡང་མ་འོངས་པ་དང་། ད་ལྟ་བ་དང་། འདས་པ་སྟེ། དུས་གསུམ་གྱི་ཁྱད་པར་ཡོད་དོ། །དེར་བརྟེན་བྱ་བའི་མིང་ཚིག་སྦྱོར་དུ་འཇུག་ཚེ། དུས་སྤྱི་དང་བྱེ་བྲག་གི་བབ་དང་བསྟུན་རྒྱུ་ཧ་ཅང་གལ་ཆེའོ། །

དེ་ཡང་བྱ་བའི་མིང་ལ་རིགས་གསུམ་ཡོད་དེ། བདག་དང་འབྲེལ་བའི་བྱ་བ་སྟེ་བྱེད་པའི་རྩོལ་བ་ལ། དུས་གསུམ་སྐུལ་ཚིག་དང་བཅས་ཀྱི་རྣམ་པ་ཚང་ཞིང་། གཞན་དང་འབྲེལ་བའི་བྱ་བ་སྟེ་ལས་ཀྱི་འགྱུར་བ་ལ། རྣམ་བཞག་དེ་དག་མེད་དེ། སྒྲ་གཅིག་གམ་ཡིག་གཟུགས་གཅིག་པུས་མཚོན་པ་དང་། བདག་གཞན་གང་ལའང་མ་འབྲེལ་བའི་བྱ་བ་སྟེ། ངང་གིས་བྱུང་བ་ལས། མི་དང་མ་འབྲེལ་བ

ལ་སྐྱལ་ཆོག་མི་འཐོབ་སྟེ། མི་མ་གཏོགས། སེམས་ཅན་གཞན་དང་བེམ་པོ་སོགས་ཀྱི་སྐད་མི་གོ་བའི་ཕྱིར། བྱ་བ་འདི་རིགས་ཀྱི་སྐད་གདངས་སམ་ཡིག་གཟུགས་ལ་འགྱུར་བ་ཉུང་ངོ་། །

བྱ་བའི་མིང་གི་དུས་ཀྱི་རྣམ་བཞག་སྦྱོར་བཏང་བ་ལ། འདས་མ་འོངས་ད་ལྟ་གསུམ་དུ་ཕྱེད་ཅིང་། གཏམ་གླེང་བའི་གནས་སྐབས་ནི་ད་ལྟ་བ་ཡིན་ལ། དུས་འདི་ལ་བལྟོས་ནས་དུས་ཚོད་སྐད་ཅིག་སྔ་མ་ཡན་ཆད་དུས་འདས་པ་དང་། སྐད་ཅིག་ཕྱི་མ་མན་ཆད་དུས་མ་འོངས་པ་ཡིན། དེ་རིང་གི་དུས་ད་ལྟ་བ་འདི་ལ་བལྟོས་ནས། ཁ་སང་ཕན་ཆད་དུས་འདས་པ་དང་། སང་ཉིན་ཕྱིན་ཆད་དུས་མ་འོངས་པ་ཡིན། ཟླ་དང་། ལོ་དང་། དུས་རབས་དང་། བསྐལ་བ་སོགས་ཀྱང་རིགས་འགྲེས། དེ་བཞིན་ལས་སམ་དོན་གང་བྱས་ཟིན་པའམ་བྱུང་ཟིན་པ་ནི་འདས་པ་དང་། བྱེད་བཞིན་པའམ་འབྱུང་བཞིན་པ་ནི་ད་ལྟ་བ་དང་། བྱེད་པར་འགྱུར་བའམ་འབྱུང་བར་འགྱུར་བ་ནི་མ་འོངས་པ་སྟེ། དེ་རྣམས་མཚོན་བྱེད་ཀྱི་བྱ་བའི་མིང་ཡང་དུས་ཀྱི་རྣམ་བཞག་ལྟར་འཇུག་པ་རྟགས་ཀྱིས་མཚོན་པ་གཤམ་གསལ།

བྱུང་བ་མེ་ཏོག་བཞད་སར། མ་བོས་མགྲོན་དུ་ཕེབས་སྣང་། ལྷ་བུ་བྱུང་ཟིན་པ་དང་། ཟླ་བ་བཅུ་ཡི་བར་དུ་ལུས་ལ་བཟུང་། །བཙས་ནས་ཉིན་མཚན་ཤ་ཡི་དྲོད་ལ་སྦྱར། །སྙན་པར་བོས་ཤིང་བརྩེ་བའི་འཇུམ་གྱིས་བསུས། །སོར་བཅུའི་རྩེ་ལ་གཡེངས་ཏེ་ནུ་ཞོས་གསོས། །གཉིད་དང་ལྟོ་བཅག་ཡིད་བཞིན་ནོར་ལྟར་བསྐྱངས། །དེ་ཡི་དྲིན་ལན་ཆོས་ཀྱིས་འཁོར་བར་ཤོག །(དཀོན་མཆོག་བསྟན་པའི་སྒྲོན་མེའི་ཕ་མའི་དྲིན་གཟོ་ཚུལ་ལས)ལྷ་བུ་བྱས་ཟིན་པ་བརྗོད་པ་ཡིན་པས། བྱ་བའི་མིང་འདས་པ་སྦྱར་བའོ། །

ཡིད་འོང་ཆུ་འཛིན་འཁྲིག་པའི་ཀློང་དཀྱིལ་ལ། །གསལ་ལེར་འཁྱུག་པའི་གློག་གི་རྩེ་དགའ་དང་། །ལྷན་ཅིག་དབྱར་རྔ་སྙན་པར་གྲག་བཞིན་དུ། །ཆར་རྒྱུན་ཟིམ་

ཐུར་འབབ་འདི་ཞིང་བའི་གསོས། །(ཚིག་རྒྱན་རིག་པའི་སྒོ་འབྱེད་ལས)ལྟ་བུ་འབྱུང་བཞིན་པ་དང་། ལུས་ས་ལ་འགྲེ་ལྡོག་པ་དང་། སྐྲ་འབལ་ཞིང་། བྲང་རྡུང་། ངག་ཡུམ་སྨྲས་ཀྱི་མཚན་ནས་འབོད་ཅིང་འོ་དོད་བྱེད། །ཡིད་སྨྱ་ངན་དང་འགྱོད་པས་རབ་ཏུ་གདུང་བའི་ཚེ། །(བྱ་མགྲིན་སྔོན་ཟླ་བའི་རྟོགས་བརྗོད་ལས)བྱེད་བཞིན་པ་བརྗོད་པ་ཡིན་པས་བྱ་བའི་མིང་ད་ལྟ་བ་སྦྱར་བའོ། །

དཔྱིད་ཀའི་དྲོད་འབབ་པའི་དུས། དར་དང་ཁ་བ་ཞུ་ལ། རྩི་ཤིང་སོགས་སྐྱེ་རྒྱུ་རེད། ལྟ་བུ་འབྱུང་བར་འགྱུར་བ་དང་། ཡང་དང་ཡང་དུ་བལྟ་དགོས་ལ། བལྟས་པ་རྣམས་ལ་བསམ་དགོས་སོ། །ལྟ་བུ་བྱེད་པར་འགྱུར་བ་བརྗོད་པ་ཡིན་པས་བྱ་བ་མ་འོངས་པ་སྦྱར་བའོ། །

བྱ་བའི་མིང་གི་དུས་གསལ་བྱེད་ཀྱི་སྒྲ་དུས་གསུམ་སོ་སོར་དུ་མ་རེ་ཡོད་དེ། བྱ་བ་འདས་པ་གསལ་བྱེད་ཀྱི་སྒྲ་ལ། ཟིན། ཚར། གྱུར། བྱུང་། སོང་། བྱས། མྱོང་སོགས་ཡོད། དཔེར་ན། དཔེ་ཆ་བསྒྲིགས་ཟིན་དཔར་བྱུང་བཙོངས་ཚར་བས། བཞིན་རས་འཛུམ་པར་གྱུར་ནས་དགའ་སོང་ངོ་། །ལྟ་བུ་དང་། ཨ་མདོའི་ཕལ་སྐད་དུ། བྱ་བ་འདས་པ་གསལ་བྱེད་ཀྱི་སྒྲ། བྱ་བ་བྱས་ཟིན་པ་ལ་བཏང་དང་། འགྱུར་ལྡོག་དལ་གྱིས་བྱུང་ཟིན་པ(བལྟས་ན་མི་གོ་བ)ལ་བཞག་དང་། འགྱུར་ལྡོག་མྱུར་དུ་བྱུང་ཟིན་པ་ལ་སོང་ཞེས་པ་སྦྱར་ཅིང་རྫོགས་ཚིག་དགོས་ན་ཟིག(ཟེ)ཅེས་སྦྱར། དེ་དག་རིམ་བཞིན་དཔེར་བརྗོད་ན། ཡི་གེ་བྲིས་བཏང་ཟིག་ཡུལ་ལ་བསྐུར་བཏང་ང་(ལ)། རྣལ་འབྱོར་སྙིང་ལ་གྲོགས་པོ་བསླེབས་བཞག །གཅིག་པུར་སྐྱོ་བ་ལྷག་མེད་སངས་ཐལ། །གློ་བུར་དགའ་སྤྲོ་ཉི་མ་ཤར་བཞག །(ཞབས་དཀར་བའི་རྣམ་ཐར་ལས) རྟ་འདྲོགས་སོང་། སྒ་ལྷུང་སོང་། ཐུ་ཏུ་ཆག་སོང་ཟིག །ལྟ་བུ་སོགས་སོ། །

དེས་ན་འགའ་ཞིག་གིས་ཁ་སྐད་དུ། ཉི་མ་ཤར་སོང་། བྱ་ཕུར་བཞག །དར་ཆགས་བཏང་ཟིག །ཟེར་བ་འདྲ་བོད་སྐད་ཀྱི་བཤད་སྲོལ་དང་འགལ་ལོ། །

གཞན་ཡང་། སྦྱོང་ཞེས་བྱ་བས་བྱས་ཟིན་པ་བསྟན་པའི་དབང་གིས་བྱ་བའི་མིང་འདས་པ་མི་འཇུག་པར་ད་ལྟ་བ་འཇུག་པའི་སྲོལ་ཡང་ཡོད་དེ། སློག་བརྙན་དེ་ངས་ལྟ་སྦྱོང་། ཕོ་ལྷ་ས་ལ་འགྲོ་མ་སྦྱོང་ཟིག །ལྟ་བུའོ། །

བྱ་བ་ད་ལྟ་བ་གསལ་བྱེད་ཀྱི་སྒྲ་ལ། བཞིན། ཡོད། འདུག །གདའ། མཆིས། སྣང་། བྱེད་སོགས་དང་། འབྲེལ་སྒྲ་ན་རྟེན་ཅན(ཀྱིན་གྱིན་གིན་ཡིན)དང་། ཅིང་ཞིང་ཤིང་སོགས་ཀྱིས་མཚམས་སྦྱར་ནས་འཇུག་སྟེ། སློབ་གྲོགས་ལ་ལས་འབྲི་བཞིན་པ། ལ་ལས་དཔེ་ཆ་འདོན་གྱིན་གདའ། ལ་ལས་སློག་བྲ་ལྟ་ཡིན་མཆིས། ལ་ལས་རྩིས་རིག་སྦྱོང་གིན་སྣང་། ལ་ལས་རྩེད་བསྟུར་བྱེད་ཅིང་འདུག །ཚང་མས་ལས་ལ་བརྩོན་པར་བྱེད་དོ། །ལྟ་བུ་དང་། ཨམ་སྐད་དུ་བྱ་བ་བྱེད་བཞིན་པའམ་འབྱུང་བཞིན་པའི་ཚིག་གྲོགས་སུ་གོ་ཞེས་པ་འཇུག་ཅིང་། གོ་ནི་གི་ཡོད་ཅེས་པའི་ཚིག་སྡུད་ཡིན་ཏེ། ཅི་ཞིག་བཟོ་གི་ཡོད་ལ། ཅི་ཞིག་བཟོ་གོ་ཟེར་བ་དང་། ང་འགྲོ་གི་ཡོད་ལ། ང་འགྲོ་གོ་ཟེར་བ། ལྟ་བུ་དང་། འདི་འདྲའི་ཚིག་གི་ཟླ་བསྡུ་ལ་གི་ཞེས་པ་འཇུག་སྟེ། དཔེ་ཆ་འདོན་གི་ཡོད་གི་ཞེས་པ་ལ། དཔེ་ཆ་འདོན་གོ་གི་ཟེར་བ་དང་། ཁ་བ་འབབ་གི་ཡོད་གི་ཞེས་པ་ལ། ཁ་བ་འབབ་གོ་གི་ཟེར་བ་ལྟ་བུའོ། །ཡང་། བྱ་བ་མ་འོངས་པའི་ཚིག་གྲོགས་སུ། ཨམ་སྐད་དུ། རྒྱུ་ཡིན། རྒྱུ་རེད། ཅེས་པ་དང་། དབུས་སྐད་དུ། གི་ཡིན། གི་རེད། ཅེས་པ་འཇུག་པ་མང་བས། འདིར་ཡིན་དང་རེད་གཉིས་ཀའི་འཇུག་པ་རགས་པ་ཙམ་བཤད་པར་བྱའོ། །

ཡིན་རེད་གཉིས་ཀའི་འཇུག་དོན་གཅིག་ཀྱང་འཇུག་ཡུལ་མི་གཅིག་སྟེ། འཇུག་དོན་ནི་སྐབས་བབ་ཀྱི་བརྗོད་དོན་ངེས་པར་བསྟན་པ་དང་། རྫོད་བྱེད་ཀྱི་ཚིག་རེ་ཞིག་རྫོགས་པར་བྱེད་པ་དང་། བྱ་བ་མ་འོངས་པ་གསལ་བྱེད་ཀྱི་ཚིག་གྲོགས་སུ་སྦྱར་བ་བཅས་ཡིན་ལ། འཇུག་ཡུལ་ནི་རང་ཕྱོགས་ལ་ཡིན་དང་། གཞན་ཕྱོགས་ལ་རེད་འཇུག་པའོ། །དེ་ལ་རང་ཕྱོགས་ཀྱི་བརྗོད་དོན་ངེས་པར་བསྟན་པ་

ལ། ང་ཡིན། ངས་བཤད་པ་ཡིན། ངེད་ཚང་གི་ཧ་ཡིན། ལྟ་བུ་དང་། གཞན་ཕྱོགས་ཀྱི་བརྗོད་དོན་ངེས་པར་བསྟན་པ་ལ། ཡི་གེ་འབྲི་མཁན་རིག་འཛིན་རེད། ཕོ་ཚོའི་འགན་ཁུར་རེད། མཚོ་སྔོན་མི་རིགས་དཔེ་སྐྲུན་ཁང་གིས་དཔར་པ་རེད། ལྟ་བུའོ། །རང་ཕྱོགས་སམ་གཞན་ཕྱོགས་བརྗོད་པའི་ཚིག་རེ་ཞིག་རྫོགས་པར་བྱས་པ་ལ། ངས་བསམ་འཆར་བཤད་ནས་ཚར་སོང་བ་ཡིན། ཁོང་གིས་འཛིན་གྲྭ་ཁ་བ་ལ་རྒྱུགས་ལེན་གྱིན་ཡོད་པ་རེད། ལྟ་བུའོ། །བྱ་བ་མ་འོངས་པ་གསལ་བྱེད་ཀྱི་ཚིག་གྲོགས་སུ། རང་ཕྱོགས་ལ་ཨམ་སྐད་དུ་རྒྱུ་ཡིན་ཞེས་པ་དང་། དབུས་སྐད་དུ་གི་ཡིན་ཞེས་པ་དང་། གཞན་ཕྱོགས་ལ་ཨམ་སྐད་དུ་རྒྱུ་རེད་ཅེས་པ་དང་། དབུས་སྐད་དུ་གི་རེད་ཅེས་བརྗོད་པ་ཡིན་ཏེ། ཕྱི་དྲོ་གནམ་འབབ་རྒྱུ་རེད། ཁྱོད་མ་འགྲོ། སྐྱོན་མེད། ཕོ་ཚོ་འགྲོ་གི་རེད། ང་ཡང་འགྲོགས་ནས་འགྲོ་རྒྱུ་ཡིན། ང་མ་སོང་ན། ཁོ་ཚོ་དགའ་གི་མ་རེད། ལྟ་བུའོ། །བརྗ་སྙིང་དུ་བྱེད་འགྱུར་རམ་འབྱུང་འགྱུར་མཚོན་བྱེད་དུ་ཧ་ལམ་བྱ་བ་མ་འོངས་པ་འཇུག་པ་དང་། དེང་གི་འབྲོག་སྐད་དུའང་། དྲི་རྒྱུ་ཞིག་ཡོད། ཡི་གེ་བསླབ་རྒྱུ་གལ་ཆེ། ཟེར་བ་ལྟ་བུའི་རྟགས་ཐོན། ཡིན་ན་ཡང་། རྒྱུ་ནི་བྱ་བ་མ་འོངས་པ་གསལ་བྱེད་ཀྱི་ཚིག་གྲོགས་ཡིན་པས། དེང་རོང་སྐད་དུ་རྒྱུ་སྦྱར་སའི་བྱ་བའི་མིང་མ་འོངས་པ་ལ་ད་ལྟ་བ་འཇུག་པ་ཁྱབ་ཆེ་སྟེ། ཁྲིམས་ལ་སྦྱོར་རྒྱུ་རེད། སྲོག་ཁྲིམས་གཅོད་རྒྱུ་རེད། ལྟ་བུའོ། །

བོད་ཡིག་ནི་སྒྲ་གཟུགས་དོན་གསུམ་ཕན་ཚུན་རྟེན་ཅིང་འབྲེལ་བར་བྱུང་བ་ཡིན་པས། བྱ་བའི་མིང་གི་དུས་ཀྱི་རྣམ་བཞག་གསལ། ཚིག་སྦྱོར་དུ་དུས་གསལ་བྱེད་ཀྱི་སྒྲ་སྦྱོར་མི་སྦྱོར་དགོས་པ་ཡོད་མེད་ལ་རག་ལས། བྱ་བའི་མིང་ལ་ལ་རྗོད་བྱེད་སྒྲ་ལྟར་ཡིག་གཟུགས་རེ་གཉིས་ལས་མེད་པས། དུས་ཀྱི་ཁྱད་པར་གསལ་བར་སྟོན་པའི་དགོས་པ་ཡོད་ན། གཟིགས་ཀྱིན་ཡོད། གཟིགས་གོ་གི། གཟིགས་པར་བྱ། གཟིགས་རྒྱུ་རེད། གཟིགས་ཟིན། གཟིགས་བྱུང་། ལྟ་བུ་སོགས་ཚིག་གྲོགས་

ཀྱིས་བསྒྱུར་དགོས། དུས་གསལ་བྱེད་ཀྱི་སྒྲ་ཀུན་ཟེར་ཡང་བར་བྱས་ནས་འདོན་པ་ཡིན་པ་ཤེས་པར་བྱའོ། །

གཏམ་གླེང་བའི་གནས་སྐབས་དེ་དང་། དེའི་སྔོན་ཆད་དང་ཕྱིན་ཆད་ཀྱི་བྱ་བ་བརྗོད་དུ་ཡོད་པ་དང་། བྱ་བ་འཇུག་པར་དུས་སྔ་ཕྱིའི་གོ་རིམ་ཡོད་པ་དང་། བརྟག་པ་མཐའ་བཟུང་གི་བཤད་ཚུལ་སོགས་ཡོད་པའི་དབང་གིས། དུས་གསུམ་གྱི་ནང་གསེས་ལ་ཡང་དུས་ཀྱི་དབྱེ་བ་བཞི་རེ་ཡོད་དེ།

༡. བྱ་བ་འདས་པ་ལས། འདས་པ་ཙམ་དང་། འདས་པའི་འདས་པ་དང་། འདས་པའི་ད་ལྟ་བ་དང་། འདས་པའི་མ་འོངས་པ་བཅས་རྣམ་པ་བཞི་ཡོད་དོ། །

འདས་པ་ཙམ་ནི། གོང་གསལ་བྱ་བ་བྱས་ཟིན་པའི་འདས་པ་ཙམ་མོ། །

འདས་པའི་འདས་པ་ནི། འདས་པའི་དུས་ཀྱི་སྔོན་དུ་བྱ་བ་བྱས་ཟིན་པའི་འདས་པ་སྟེ། སྤྱི་དཔོན་རོང་ཆ་ཁྲ་རྒན་གྱིས། བདག་ཕོ་ལོ་བཅོ་བརྒྱད་ཀྱི་སྟེང་ནས། གླིང་དཀར་པོའི་སྡེ་སྲིད་བསྐྱངས་ནས། ཕོ་ལོ་དགུ་བཅུ་ལྷག་ལ་བསླེབས་བྱུང་། འདིའི་རིང་ཐད་དུ་ཕྱི་དགྲ་ལ་མགོ་བཏགས་ལུས་འབུལ། ནང་འབངས་ལ་དབང་ལོག་ཁྲལ་ལོག་ཡེ་ནས་མ་བྱས།(གྲུ་གུ་གོ་རྫོང་ལས)ཞེས་པ་ལྟ་བུ།

འདས་པའི་ད་ལྟ་བ་ནི་འདས་པའི་སྐབས་དེར་བྱེད་བཞིན་པའི་ད་ལྟ་བ་སྟེ། ཨ་སྟག་ལྷུ་མོ་དང་། ལྕགས་ནག་ནམ་མཁའ་ལྡིང་ཟེར། གདོང་ཚ་འཁྲོང་རྒྱས་ཞལ་དཀར་གསུམ་སྔོན་ཐོན་གྱིས་ཙ་སྣ་དྲངས་ཤིང་འོང་བ་ན། འཛར་རྫེ་དང་བཀའ་བློན་བཞིའི་བླ་འཁྲོང་ལྔ་བོ་རྩ་ཟླ་ཞིང་ཡོད་པར་གླིང་དམག་བྱུང་བ་མཐོང་།(འཛང་གླིང་གཡུལ་འགྱེད་ལས)ཞེས་པ་ལྟ་བུ།

འདས་པའི་མ་འོངས་པ་ནི། འདས་པའི་སྐབས་དེར་བྱ་བ་བྱེད་འགྱུར་མ་འོངས་པ་སྟེ། གལ་ཏེ་ལྷ་ཁོ་མོ་ལ་མི་དགོས་ན། ཁོ་མོ་དུས་ནམ་གྱི་ཚེ་ན་གསད་

ཀྱང་སྲོག་ལྷའི་ཕྱག་ཏུ་མཆིས། ཞེས་དང་། གལ་ཏེ་ལྷ་ཡི་རྒྱལ་ཁབ་ཏུ། །མཆིས་ནས་དེང་ལ་ཐུག་གི་བར། །སྐྱེས་པ་གཞན་ཞུགས་ལྟ་ཅི་སྨོས། །ཡིད་ལ་དྲན་པའང་མ་བགྱིས་ན། །ནང་བར་ས་ལུ་སྐམ་པོ་ལས། །སྨྱུ་གུ་སྔོན་པོ་སྐྱེ་གྱུར་ཅིག །(བྱ་མགྲིན་སྔོན་ཟླ་བའི་རྟོགས་བརྗོད་ལས)ཅེས་པ་ལྟ་བུའོ། །

༢. བྱ་བ་ད་ལྟ་བ་ལས། ད་ལྟ་བ་ཙམ་དང་། ད་ལྟ་བ་སྦྱོར་བཏང་བ་དང་། ད་ལྟ་བའི་འདས་པ་དང་། ད་ལྟ་བའི་མ་འོངས་པ་བཅས་རྣམ་པ་བཞི་ཡོད།

ད་ལྟ་བ་ཙམ་ནི་གོང་གསལ་བྱ་བ་བྱེད་བཞིན་པའི་ད་ལྟ་བ་ཙམ་མོ། །

ད་ལྟ་བ་སྦྱོར་བཏང་བ་ནི། བྱ་བ་གང་དངོས་སུ་བྱེད་ཀྱིན་ཡོད་མེད་ལ་མི་ལྟོས་པར། སྦྱོར་དེ་འདྲའི་སྤྱོད་ཚུལ་ཞིག་བར་སྐབས་སུ་སྣང་བཞིན་པ་ཞིག་ཡིན་པས། བྱེད་སྒྲའང་འཇུག་མི་སྲིད་དེ། སྐྱེས་མཆོག་རང་གི་སྐྱོན་ལ་ལྟ། །སྐྱེས་བུ་ངན་པ་གཞན་སྐྱོན་འཚོལ། །རྨ་བྱ་རང་གི་ལུས་ལ་རྟོག །སྲིན་བྱ་གཞན་ལ་ལྟས་ངན་གཏོང་། །(ས་སྐྱའི་ལེགས་བཤད་ལས)ཞེས་པ་དང་། གཏམ་ལ་མཚོན་ཆ་མེད་ཀྱང་། །མི་སྙིང་དུམ་བུར་གཙོད་གི། ལྟ་བུའོ། །

ད་ལྟ་བའི་འདས་པ་ནི། ད་ལྟ་བའི་དུས་སུ་བྱ་བ་བྱས་ཟིན་འདས་པ་སྟེ། འདིའི་ནང་གསེས་རྣམ་པ་ལྔ་ཡོད་ལ། གཅིག་ནི། དུས་ད་ལྟ་བའི་སྐད་ཅིག་ཡན་ཆད་བྱས་ཟིན་པ་སྟེ། ངས་ད་ལྟ་བྲིས་ཚར་ནས་ཁོ་ལ་སྤྲད་བྱུང་། ལྟ་བུ་དང་། གཉིས་ནི། བྱ་བ་གཉིས་ལས་སྔ་མ་གོ་རིམ་གྱི་དབང་གིས་འདས་པའི་ཚུལ་སྣང་བ་སྟེ། སྐད་ཆ་བསམས་ནས་བཤད་དགོས། །རྩམ་པ་བལྡད་ནས་མིད་དགོས། །ལྟ་བུ་དང་པོ་བརྩམས་པ་མཐར་མ་འཁྱོལ། ཕྱི་མའི་བྱ་བ་འབྱུང་མི་སྲིད། ཅེས་པ་ལྟར་འདས་པའི་དབང་དུ་བཏང་བ་དང་། གསུམ་ནི། བྱ་བའི་རྒྱུན་མ་ཇོགས་ཀྱང་མགོ་བརྩམས་ཟིན་པའི་དབང་གིས་འདས་པར་བརྩིས་པ་སྟེ། བལྟས་ཀྱིན་བལྟས་ཀྱིན་འགྲོ་གོ་གི། སོང་གིན་སོང་གིན་ཐང་བ་ན་བར་འགྱུར། ལྟ་བུ

དང་། བཞི་ནི། བརྟག་པ་མཐའ་བཟུང་གི་འདས་པ་སྟེ། སྨན་འཐུངས་ན་ནད་དྲག་ལ། ཡོན་ཏན་བསླབས་ན་ཡོས་ཡོབ། ཆང་ཞུང་ཟད་འཐུང་ནའང་བཟི་འགྲོ་ལྟ་བུ། ཨམ་སྐད་དུ་འདི་རིགས་གསལ་བྱེད་ཀྱི་ཚིག་གྲོགས་སུ། བཏང་གི། བཏང་རྒྱུ་རེད། བཏང་ལ། ཅི་རིགས་འཇུག་པ་ཁྱབ་ཆེ། གཏམ་མི་འཚོག་པ་ལ་མ་བཤད། གཞན་ལ་བཤད་བཏང་རྒྱུ་རེད། བྱིས་པའི་ལག་ལ་བཞག་ན་བཙག་བཏང་གི། ལྟ་བུའོ། །ལྔ་ནི། ད་ལྟ་བའི་མ་འོངས་པ་ནི། སྐབས་བབ་ཀྱི་བྱ་བ་འགྲུབ་ལ་ཉེ་བ་སྟེ། བསྒྲུབས་ནས་འགྲུབ་ཉེ། བྲིས་ནས་ཚར་ལ་ཁད་པ། སྨན་འཐུངས་ནས་ནད་དྲག་རྒྱུ་རེད། ལྟ་བུ་སོགས་སོ། །

༣. བྱ་བ་མ་འོངས་པ་ལས། མ་འོངས་པ་ཙམ་དང་། མ་འོངས་པའི་མ་འོངས་པ་དང་། མ་འོངས་པའི་ད་ལྟ་བ་དང་། མ་འོངས་པའི་འདས་པ་བཅས་རྣམ་པ་བཞི་ཡོད།

མ་འོངས་པ་ཙམ་ནི། གོང་གསལ་བྱ་བ་བྱེད་འགྱུར་མ་འོངས་པ་ཙམ་མོ། །

མ་འོངས་པའི་མ་འོངས་པ་ནི། མ་འོངས་པའི་དུས་དེའི་གཞུག་གི་བྱ་བ་བྱེད་འགྱུར་མ་འོངས་པ་སྟེ། དེ་རིང་སང་ཉིན་ཞོག་འདུད་དགོས། གཞེས་ཉིན་ཁྱོད་ཚང་ལ་གཡུལ་ཁ་གཙག་རོགས་ལ་འོང་། ལྟ་བུ།

མ་འོངས་པའི་ད་ལྟ་བ་ནི། མ་འོངས་པའི་དུས་སྐབས་དེའི་བྱ་བ་བྱེད་བཞིན་པའི་ད་ལྟ་བ་སྟེ། དེ་འཕྲོར་ང་ལན་ཀྱིག་ལ་འོང་དུས་ཁྱེར་ཡོང་། ཁྱོད་འགྲོ་ཁ་ང་ཅིག་བོས། ལྟ་བུ།

མ་འོངས་པའི་འདས་པ་ནི། མ་འོངས་པའི་དུས་ཀྱི་བྱ་བ་གྲུབ་པའི་དབང་དུ་བཏང་བའི་འདས་པ་སྟེ། ཁྱོད་སོང་ན་ནམ་འོང་། ཞིང་བྲིགས་ནས་ཚར་ན་འོང་། ཚེ་རིང་དྲུག་སྐོར་ལྟ་བུའི། །མ་ཤི་ཚེ་རིང་བྱུང་ན། །མཐུན་པ་སྤུན་བཞི་ལྟ་བུའི། །ཡུན་རིང་གནས་པ་ཞུས་ཚོག །ལྟ་བུ་དང་། ཨམ་སྐད་དུ། འདི་རིགས་

གསལ་བྱེད་ཀྱི་ཚིག་གྲོགས་ལ་བཏང་དགོས་ཞེས་པ་སྦྱར་བ། ཕྲི་བར་བྱ་བ་དེ་སང་ཉིན་ཅིས་ཀྱང་ཕྲིས༷་བཏང་དགོས། ཟླ་མཇུག་བར་དུ་དཔ༷ར་བཏང་དགོས། ལྟ་བུ་སོགས་སོ། །

ཁ བྱ་བའི་མིང་གི་ཡིག་གཟུགས་འགྱུར་ལུགས།

བྱ་བའི་མིང་གི་འདས་པ་དང་། །
ད་ལྟ་བ་དང་མ་འོངས་པ། །
སྐུལ་ཚིག་བཅས་ཀྱི་འགྱུར་ལུགས་ནི། །
སྤྱི་བྱེ་ཐོར་བུ་གསུམ་དུ་འདུས། །

བྱ་བའི་མིང་གི་ཡིག་གཟུགས་འགྱུར་ལུགས་ནི། སྒྲ་དག་ཞན་བར་མའི་སྐབས་ཚུལ་ཡིན་ཏེ། སྔོན་རྗེས་མིང་གཞིའི་རྟགས་ཀྱི་འཇུག་པར་རག་ལས། ཕྱིར་སྔོན་འཇུག་ལྔ་པོ་མཐུ་ཆེ་སྟེ། བ་ཡིས་འདས་མ་འོངས་གཉིས་དང་། འ་ཡིས་ད་ལྟ་བ་དང་། ག་ད་ཅི་རིགས་ཀྱིས་མ་འོངས་པ་སྟོན་པ་དང་། མ་ནི་རང་གི་འཇུག་ཡུལ་ཕྱི་ལ་ཕལ་ཆེར་འཇུག་པ་དང་། སྐུལ་ཚིག་ལ་སྔོན་འཇུག་གཏན་ཁེལ་ཅན་མ་གཏོགས་འཕུལ་མི་འཐོབ་བོ། །

དེ་ཡང་སྔོན་འཇུག་ལྔ་པོ་རང་རང་གི་འཇུག་ཡུལ་མ་ཡིན་པར་འཕུལ་མི་ཐུང་བ་དང་། མིང་གཞི་གཏན་ཆགས་ཅན་ལ་སྔོན་འཇུག་དུས་ཀྱི་རང་བཞིན་ལྟར་རང་དབང་དུ་སྦྱོར་མི་ཐུང་བ་དང་། དུས་གསུམ་དང་སྐུལ་ཚིག་གི་རྣམ་བཞག་སྔོན་འཇུག་ལ་མི་རྟེན་པར་འཇུག་ཡང་འཇུག་དང་དབྱངས་ཀྱི་ཁྱད་པར་ལ་བརྟེན་པ་དང་། བྱེད་པའི་ལས་དང་བྱ་བའི་ལས་ཀྱི་ངོ་བོ་མི་གཅིག་པ་དང་། སྒྲ་གདངས་

མི་འགྱུར་བ་ལ་ཡིག་གཟུགས་གཅིག་པ་སོགས་ཀྱི་དབང་གིས། ཡིག་གཟུགས་མི་འདྲ་བ་མཚན་མོའི་སྐར་ཚོགས་ལྟར་ཤར་ནས་རང་རང་གི་འཇུག་ཡུལ་ཉིད་གསལ་བར་བྱེད་པ་ཡིན་ནོ། །དེའི་འགྱུར་ཚུལ་ཇི་འདྲ་མང་ཡང་ངེས་སྲོལ་ཡོད་དེ། མདོར་བསྡུས་ན། དུས་གསུམ་ཁྱབ་པ་དང་། བྱེ་བྲག་པ་དང་། ཐོར་བུ་བ་གསུམ་དུ་བསྡུ་རུང་ངོ་། །

༡. དུས་གསུམ་ཁྱབ་པའི་སྦྱོར་ཚུལ།

སྔོན་འཇུག་གསུམ་གྱིས་དུས་གསུམ་ག །བསྟན་པ་དུས་གསུམ་ཁྱབ་པ། །
འདས་པར་བས་འཕུལ་ད་ལྟ་ཕྱིར། །འས་འཕུལ་ཉུང་ངུར་གས་འཕུལ་དང་། །
མ་འོངས་མང་ཤོས་ག་དས་དང་། །ཉུང་ཤོས་བས་འཕུལ་བསྟན་པ་དང་། །
སྐུལ་ཚིག་ཁར་ཁེར་མ་གཏོགས་པ། །ཕྱིར་བཏང་སྔོན་འཇུག་མི་འཐོབ་ཅིང་། །
མིང་གཞི་གང་སྟེའི་དང་པོ་ཡིས། །འདས་དང་གཉིས་པས་སྐུལ་ཚིག་དང་། །
གསུམ་པས་ད་ལྟ་མ་འོངས་གྲུབ། །གལ་ཏེ་ད་ལྟ་མ་འོངས་པའི། །
མིང་གཞི་འཕུལ་དང་མི་མཐུན་ན། །གང་འཚམ་ཞིག་དང་བརྗེས་ནས་སྦྱར། །

དུས་གསུམ་ཁྱབ་པ་ནི། བྱ་བའི་མིང་གི་དུས་གསུམ་གྱི་དབྱེ་བ་སྔོན་འཇུག་གསུམ་གྱིས་རྣམ་པར་བསྟན་པ་ཞིག་སྟེ། དེ་ལ་སྔོན་འཇུག་ལས་འདས་པ་ལ་བས་དང་། ད་ལྟ་བ་ལ་འས་དང་། ཉུང་ངུ་ལ་གས་དང་། མ་འོངས་པ་ལ་ག་ད་ཅི་རིགས་སམ་ཡང་ན་བས་བསྟན་པ་དང་། སྐུལ་ཚིག་ཁར་ཁེར་མ་གཏོགས་སྔོན་འཇུག་མི་འཐོབ་བོ། །འགྱུར་ལུགས་འདི་རིགས་ཀྱི་ཁྱད་ཆོས་བྱ་བའི་མིང་གི་ཕྱི་མཚན་དུ་སྣང་བས། འགྱུར་ལུགས་གཞན་གཉིས་ཀྱང་འདི་དང་འབྲེལ་ཆགས་

པ་མང་ངོ་། །སྒྲོར་འདིའི་མིང་གཞི་ག །ཅ། ཏ། ཅ་སྡེ་བ་བཞི་ལ་ཁྱབ་ཆེ། བྱ་བའི་ལྷོག་པ་གང་སྟོན་བྱེད་ཀྱི་ཐ་སྙད་དེའི་མིང་གཞི་ཕལ་ཆེར་སྡེ་བ་གང་ཞིག་གཅིག་ཏུ་ངེས་ཤིང་། སྡེ་བ་དེའི་ཡི་གེ་དང་པོ་འདས་པ་དང་། གཉིས་པ་སྐུལ་ཚིག་དང་། གསུམ་པ་ད་ལྟ་བའམ་མ་འོངས་པའི་མིང་གཞིར་གྱུབ་ཅིང་། བཞི་བ་འདི་རིགས་ཀྱི་མིང་གཞི་གང་ལའང་མི་འཇུག་གོ། །དེ་རྣམས་ལས་ད་ལྟ་བའམ་མ་འོངས་པ་སྟོན་པའི་འཕྲུལ་གང་འཇུག་ཡུལ་དང་མ་མཐུན་ན། མིང་གཞི་དེ་བསྒྱུབས་ནས་སྡེ་བ་གཞན་ལས་གནས་དང་བྱེད་པ་གང་མཚུངས་ཀྱི་ཡི་གེ་ཞིག་མིང་གཞི་འདིའི་ཁ་མལ་དུ་འཇུག་པ་ཙུང་ཤས་ཤིག་ཀྱང་སྣང་། འདི་རིགས་ཀྱི་མཚན་གཞི་མ་འོངས་པ་དང་། ད་ལྟ་བ་དང་། སྐུལ་ཚིག་དང་། འདས་པ་ལྟར་རིམ་བཞིན་དཔེར་བཀོད་ན། (བྱ་ཡིས་བསྒྲུབ་བྱ་དང་མ་འོངས་པ་དང་། བྱེད་ཀྱིས་བྱེད་པ་དང་ད་ལྟ་བ་དང་། ཅིག་ཞིག་ཤིག་ཅེ་རིགས་ཀྱིས་སྐུལ་ཚིག་དང་། འདས་པར་ཚིག་གྲོགས་མ་སྦྱར་བས་བསྟན་པ་གོ་བར་བགྱི།)

ཀ་སྡེ། དགྲ་བོ་དགུམ་བྱ་འགུམ་བྱེད་ཁུམས་ཤིག་བཀུམ།
གཡུལ་དུ་དགྱེ་བྱ་འགྱེད་བྱེད་ཁྱེ་ཞིག་བཀྱེས།
མདུད་པ་དགྲོལ་བྱ་འགྲོལ་བྱེད་ཁྲོལད་ཅིག་བཀྲོལ།
ཐག་པས་བཀྱིག་བྱ་འཁྱིག་བྱེད་ཁྱིགས་ཤིག་བཀྱིགས།
ག རྩམ་པ་བགམ་བྱ་འགམ་བྱེད་འགོམས་ཤིག་བགམས།
ཐོག་ནས་བགོམ་བྱ་འགོམ་བྱེད་འགོམས་ཤིག་བགོམས།
ཅ་སྡེ། ཕས་རྐོལ་གཞོམ་བྱ་འཛོམས་བྱེད་ཆོམ་ཞིག་བཅོམ།
ཐབས་ཀྱིས་གཅུན་བྱ་འཇུན་བྱེད་ཆུནད་ཅིག་བཅུན།
ཁབ་ཏུ་གཅུར་བྱ་འཇུར་བྱེད་ཆུརད་ཅིག་བཅུར།
སྐེ་རགས་བཅིང་བྱ་འཆིང་བྱེད་ཆིངས་ཤིག་བཅིངས།

ཏ་སྟེ། གདན་དཀར་གདིང་བྱ་འདིང་བྱེད་ཐིང་ཞིག་བཏིང་།
དགྲ་དཔུང་གདུལ་བྱ་འདུལ་བྱེད་ཐུལད་ཅིག་བཏུལ།
ཐག་པས་གདགས་བྱ་འདོགས་བྱེད་ཐོགས་ཤིག་བཏགས།
གཅིག་ཏུ་བཏུ་བྱ་འཐུ་བྱེད་ཐུས་ཤིག་བཏུས།
ད། ཐང་མ་བདལ་བྱ་གདལ་བྱེད་གདོལ་ཞིག་བདལད།
རྗེས་སུ་གདའ་བྱ་འདེད་བྱེད་དེད་ཅིག་བདས།
ཙ་སྟེ། ས་ལ་གཟུག་བྱ་འཛུགས་བྱེད་ཚུགས་ཤིག་བཙུགས།
ནང་དུ་གཟུད་བྱ་འཛུད་བྱེད་ཚུད་ཅིག་བཙུད།
ཁ་ནི་བཙུམ་བྱ་འཛུམ་བྱེད་ཚུམས་ཤིག་བཙུམས།
མར་ཁུ་བཙག་བྱ་འཚག་བྱེད་ཚོགས་ཤིག་བཙགས།
ཞ་ཇ། མདུན་དུ་གཞག་བྱ་འཇོག་བྱེད་ཞོག་ཅིག་བཞག
སྨན་ཁུ་གཞིབ་བྱ་འཇིབ་བྱེད་འཇིབས་ཤིག་བཞིབས།
ཟ་ཛ། མདའ་ལ་གཟུར་བྱ་འཛུར་བྱེད་ཟུརད་ཅིག་བཟུར།
ལག་ཏུ་གཟུང་བྱ་འཛིན་བྱེད་ཟུངས་ཤིག་བཟུང་།
ལག་པ་གཟེད་བྱ་འཛེད་བྱེད་ཟེད་ཅིག་བཟེད།
ཤ་ཆ། སྐད་ཆ་བཤད་བྱ་འཆད་བྱེད་ཤོད་ཅིག་བཤད།
ཉེས་པ་བཤག་བྱ་འཆགས་བྱེད་ཤོགས་ཤིག་བཤགས།

ལྟ་བུ་སོགས་ཏེ། འདི་རིགས་ཀྱི་མིང་གཞི་འགྱུར་ཚུལ་སྟེ་བ་གཅིག་པ་དང་མི་གཅིག་པ་གཉིས་སུ་འདུས་ཤིང་། མིང་གཞི་གསུམ་འགྱུར་ཅན་ཀ་ཅ་ཏ་ཙ་སྟེ་བ་བཞིར་ངེས་པ་ལས། ཅ་སྟེའི་ཇ་དང་། ཙ་སྟེའི་ཛ་ནི་མ་འོངས་པ་སྟོན་བྱེད་ཀྱི་གསྔོན་འཇུག་གི་འཇུག་ཡུལ་དུ་མི་འགྱུར་བས། སྟེ་བ་གཞན་ལས་ཞ་དང་ཟ་སོ་སོར་དྲངས་ནས་མིང་གཞི་བཞི་འགྱུར་ཅན་དུ་ལོག་པ་ཡིན། མིང་གཞི་ཉིས་འགྱུར་ཅན

སྐོར་ཞིག་སྦེ་བ་གཅིག་པ་སྟེ་གོང་དང་མཚུངས། སྐོར་ཞིག་སྦེ་བ་མི་གཅིག་པ་སྟེ། ཞ་དང་ཛ། ཟ་དང་ཛ། ཤ་དང་ཚ་གསུམ་དུ་ངེས། མིང་གཞི་རྒྱུང་བ་གཅིག་པ་ཅན་ག་ད་གཉིས་ཙམ་དུ་ཟད་དོ། །

༢. དུས་གསུམ་བྱེ་བྲག་པའི་སྦྱོར་ཚུལ།

དུས་གསུམ་ནང་གི་དུས་གཉིས་ལ། །སྔོན་འཇུག་དག་གིས་བསྟན་པས་ན། །
དུས་གསུམ་མ་ཁྱབ་བྱེ་བྲག་པ། །བས་འཕུལ་འདས་དང་མ་འོངས་བསྟན། །
ད་ལྟ་སྐུལ་ཚིག་སྔོན་འཇུག་མེད། །དེ་མིན་ག་དས་མ་འོངས་དང་། །
སྔོན་འཇུག་འ་ཡིས་ད་ལྟ་བསྟན། །འདས་སྐུལ་སྦྱིར་བཏང་འཕུལ་མི་འཐོབ། །
མིང་གཞི་བརྩེགས་པ་གཅིག་པ་དང་། །རྒྱུང་བ་གང་སྦེའི་རྗེ་མ་ནི། །
འདས་དང་སྐུལ་ཚིག་གྲུབ་པ་དང་། །ཕྱི་མ་ད་ལྟ་མ་འོངས་གྲུབ། །

དུས་གསུམ་བྱེ་བྲག་པ་ནི། དུས་གསུམ་ལས་རྣམ་བཞག་གཉིས་སྔོན་འཇུག་དག་གིས་བསྟན་པ་ཞིག་སྟེ། མིང་གཞི་རྒྱུང་བརྩེགས་ཅི་རིགས་ཀྱི་འདས་པ་དང་མ་འོངས་པ་སྔོན་འཇུག་བ་ཡིས་བསྟན་པ་དེའི་ད་ལྟ་བ་དང་སྐུལ་ཚིག་ལ་འཕུལ་མི་འཐོབ་ཅིང་། སྔོན་འཇུག་ག་ད་ཅི་རིགས་ཀྱིས་མ་འོངས་པ་དང་། འ་ཡིས་ད་ལྟ་བ་བསྟན་པ་གང་གི་འདས་པ་དང་སྐུལ་ཚིག་ལ་འཕུལ་མི་འཐོབ་ལ། མིང་གཞི་བརྩེགས་པ་གཅིག་པ་དང་། རྒྱུང་བ་ཕལ་མོ་ཆེ་སྦེ་བ་གང་གི་རྗེ་མ་འདས་པ་དང་སྐུལ་ཚིག་གྲུབ་པ་དང་། ཕྱི་མ་ད་ལྟ་བ་དང་མ་འོངས་པ་གྲུབ་བོ། །འདི་རིགས་ཀྱི་མཚན་གཞི་དཔེར་བཀོད་ན།

ཀ། ལམ་དུ་དཀྱུ་བྱ་དཀྱུ་བྱེད་དཀྱུས་ཤིག་དཀྱུས།

ཁ། སྔོན་དུ་འཁྲིད་བྱ་འཁྲིད་བྱེད་ཁྲིད་ཅིག་ཁྲིད།

ག ཁྱིམ་ནང་སྐྱོང་བྱ་སྐྱོང་བྱེད་སྐྱོངས་ཤིག་སྐྱོངས།

ང་། མི་སྣ་མངག་བྱ་མངག་བྱེད་མངགས་ཤིག་མངགས།

ཅ། རང་སྲོག་ལྕེབ་བྱ་ལྕེབ་བྱེད་ལྕེབས་ཤིག་ལྕེབས།

ཆ། ཉེས་པ་འཆའ་བྱ་འཆའ་བྱེད་འཆོ་ཞིག་འཆོས།

ཇ། ལྐོག་ཏུ་འཇབ་བྱ་འཇབ་བྱེད་འཇོབས་ཤིག་འཇབས།

ཉ། དཔེ་ཆ་ཉོ་བྱ་ཉོ་བྱེད་ཉོས་ཤིག་ཉོས།

ཏ། ཕན་ཚུན་གཏུག་བྱ་གཏུག་བྱེད་གཏུགས་ཤིག་གཏུགས།

ཐ། གློག་སྐུད་འཐེན་བྱ་འཐེན་བྱེད་འཐེནད་ཅིག་འཐེནད།

ད། ཚོད་པས་གདུང་བྱ་གདུང་བྱེད་གདུངས་ཤིག་གདུངས།

ན། གདམས་ངག་མནོ་བྱ་ནོད་བྱེད་ནོས་ཤིག་མནོས།

པ། དཔེ་ཆ་དཔར་བྱ་དཔར་བྱེད་དཔོར་ཅིག་དཔར།

ཕྱུལ་བར་དཔྱུལ་བྱ་དཔྱུལ་བྱེད་དཔྱུལད་ཅིག་དཔྱུལད།

ཕ། གད་སྙིགས་འཕྱག་བྱ་འཕྱག་བྱེད་འཕྱོགས་ཤིག་འཕྱགས།

བ། ལ་ཕུག་འབལ་བྱ་འབལ་བྱེད་ཕོལ་ཞིག་བལ།

ཛ་ཚང་བླུད་བྱ་ལྷུད་བྱེད་བླུད་ཅིག་བླུད།

མ། རྨི་ལམ་རྨི་བྱ་རྨི་བྱེད་རྨོས་པ་ལེགས།

ཙ། ཐལ་འཚུབ་གཙུབ་བྱ་གཙུབ་བྱེད་གཙུབས་ཤིག་གཙུབས།

ཚ། ནོར་ལུག་འཚོ་བྱ་འཚོ་བྱེད་འཚོས་ཤིག་འཚོས།

ཛ། འཕྲིན་ལས་མཛད་བྱ་མཛད་བྱེད་མཛོད་ཅིག་མཛད།

ཞ། འོ་ཞག་གཞབ་བྱ་གཞབ་བྱེད་གཞོབས་ཤིག་གཞབས།

ཟ། མལ་དུ་གཟིམ་བྱ་གཟིམ་བྱེད་གཟིམས་ཤིག་གཟིམས།

ཡ། ལྐོག་ཏུ་ཡིབ་བྱ་ཡིབ་བྱེད་ཡིབས་ཤིག་ཡིབས།

ར། སྟོན་མོ་རོལ་བྱ་རོལ་བྱེད་རོལད་ཅིག་རོལད།

ལ། ཁ་ནས་ལབ་བྱ་ལབ་བྱེད་ལོབས་ཤིག་ལབས།

ཤ སྐམ་ལུག་བཤའ་བྱ་བཤའ་བྱེད་བཤོས་ཤིག་བཤས།

ས། བུད་ཤིང་གསེ་བྱ་གསེ་བྱེད་གསེས་ཤིག་གསེས།

ལྟ་བུ་སོགས་ཏེ། འདི་རིགས་ལས་མ་འོངས་པའི་མཐའ་མེད་དམ་འ་མཐའ་སྐོར་ཞིག་གི་དོན་དུ་ད་དང་། ང་མཐའ་ཁ་ཤས་ཀྱི་དོན་དུ་ན་སྦྱར་ན་ད་ལྟ་བར་གྲུབ་པ། ད་ལྟ་བ་མཐའ་མེད་དམ་འ་མཐའ་ཅན་ལ་རྗེས་འཇུག་ས་དང་། རྗེས་འཇུག་ཅན་ལ་ཡང་འཇུག་སྦྱར་ན་འདས་པར་གྲུབ་པ། དབྱངས་བཞི་གང་རུང་མ་འོངས་པར་ཐོབ་ན་དེ་བྱིངས་ཀུན་ལ་ཐོབ་པ། མ་འོངས་པ་དང་འདས་པར་དབྱངས་མི་འཐོབ་པ་ཅན་གྱི་ད་ལྟ་བ་མང་ཕྱོགས་དང་སྐུལ་ཚིག་དག་ལ་ན་རོ་ཐོབ་པ་དང་། ད་ལྟ་བ་ཉུང་ཤས་ལ་འགྲེང་བུ་ཐོབ་པ་ཡང་ཡོད། མིང་གཞི་ལས་བླུའི་ད་ལྟ་བའི་དོན་དུ་ལྟུ་འཇུག་པ་ཙམ་ལས། དེ་བྱིངས་ཚང་ངོ་ཅོག་གཅིག་པའོ། །

༣. དུས་གསུམ་ཐོབ་བུ་བའི་སྦྱོར་ཚུལ།

དུས་ཀྱི་དབྱེ་བ་ཁར་ཁེར་རེ། །འཕུལ་རིས་བསྟན་ལ་དུས་གསུམ་སྦྱིར། །
རྗེས་འཇུག་ཡང་འཇུག་ཡོད་མེད་དང་། །དབྱངས་ཀྱི་འགྱུར་བས་བསྟན་པ་ནི། །
ཐོར་བུ་བ་སྟེ་མིང་གཞི་ནི། །ཉུང་ངུ་ཙམ་ལས་གཅིག་པ་དང་། །
ཡིག་གཟུགས་འགྱུར་མེད་དུས་ཀྱི་ཁྱད། །ཚིག་གྲོགས་སྦྱར་ནས་བསྟན་པར་བྱ། །

ག་ཤམ་གསལ་གྱི་དཔེར་བརྗོད་ལས་གོར་རྟགས་བརྒྱབ་པ་ཡིག་གཟུགས་མི་འགྱུར་བ་དང་། ཐིག་རྟགས་བརྒྱབ་པ་ཡིག་གཟུགས་ཉིས་འགྱུར་ཅན་ཡིན།

གྲིམ་བྱའི་འགྲིག་ལམ་གྲིམས་ནས་རྒྱུ༷ལ།
རྒྱུག་རྩལ་མངོ༷ན་རྟགས་དབུགས་མི་སྟམ།
མེ་ལྡེ་མཆེད་སར་ཆ་འདོད་ཆས།
བསྐོ༷ལ་བའི་ཆུ་ཁོལ་སྐོ༷མ་ནས་འཐུང་།

འཆི་ལ་ཉེ་ཡང་མ་ཤི་བ།
བལ་འཕྱིངས་སེད་དཀའ་གྲ་མི་འཕྱིང་།
སྨན་ལ་མཐེད་ན་ཉལ་སར་ཉོལ།
རྟབ་པོ་བརྟབ་རྒྱུ་ལྟོགས་ནས་བརྟབས།
ལྟོ་ཚོ་མི་འཕྲིད་ཕྲིད་ན་དགའ།
བབ་བྱ་འབབ་བྱེད་བོབ་ཅིག་བབས།
བཟི་སྨན་བརྒྱབ་སྟེ་སྦྲིད་ནས་སོས།
འཚོག་རྒྱུ་ཚོག་ཀྱང་འཛད་རྒྱུ་ཟད།
ཐེད་ལ་ཏུབས་ནས་ལུག་ཁྲུ་ཞོགས།
ལྷུང་རྒྱུ་ལྷུང་ནས་འདམ་ལ་ཟུག
ན་བས་ལུས་ཀྱི་ཤ་ཞུད་པ།
གཉིད་ལས་སད་ནས་དཀར་སར་ལྷགས།
གཞུང་ལ་རེམ་ནས་རང་དོན་ཡལ།
མ་ལུས་ཡོངས་རྫོགས་ལོན་ནས་བཞུད།

ལྷ་བུ་སོགས་སོ། །

གོང་གསལ་བྱ་བའི་མིང་གི་ཡིག་གཟུགས་འགྱུར་ལུགས་ཀྱི་དཔེར་བརྗོད་ཚང་མ་བྱེད་པའི་ལས་ཏེ། བྱེད་པ་གཞན་དང་འབྲེལ་བའི་བྱ་བའི་མིང་གི་མཚན་གཞི་ཡིན་ལ། བྱེད་པ་གཞན་དང་མ་འབྲེལ་བའི་བྱ་བ་སྟེ། ཉེ་མ་ཤར། ང་འགྲོ། ཚོད་མ་སྐྱེ། ཟེར་བའི་ཤར་བ། འགྲོ་བ། སྐྱེ་བ་ལྟ་བུ་སོགས་བྱེད་པ་རང་གི་ངང་གིས་གྲུབ་པར་སྣང་བའི་བྱ་བ་འདི་རིགས་གོང་གསལ་གྱི་དུས་གསུམ་ཐོར་བུ་བ་དང་ཏ་ལམ་འདྲ་ཡང་། མི་གཅིག་ས་ནི་མིང་གཞི་བརྩེགས་མ་རབ་ཏུ་ཉུང་བ་དང་། ཐོ་ཡིག་ཀ་ཅ་ཏ་ཙ་བཞིའི་མིང་གཞི་རྒྱང་བ་ཉིན་མོའི་སྐར་མའི་རྗེས་སུ་འགྲོ་བ་དང་། སྐུལ་ཚིག་ཀྱང་གང་ཟག་ལ་འཇུག་ཏུང་བ་ཉུང་ངུ་མ་གཏོགས་མེད་པའི་དབང་གིས། མིང་གཞི་འགྱུར་བ་གཉིས་ཅན་ཏ་ཅང་ཉུང་ཞིང་མི་འགྱུར་བ་རབ་

ཏུ་མང་ངོ་། །

དུས་གསུམ་ཐོར་བུ་བ་ནི། དུས་གསུམ་གྱི་དབྱེ་བ་ཁར་ཁེར་རེ་སྟོན་འཇུག་རེས་བསྟན་པ་མ་གཏོགས། སྤྱིར་དུས་གསུམ་སྐུལ་ཚིག་དང་བཞིའི་རྣམ་བཞག་ནི་འཇུག་ཡང་འཇུག་དང་། ན་རོ་འགྲེང་བུ་ཐོབ་མིན་གྱིས་བསྟན་པ་ཞིག་སྟེ། དེ་ཡང་འཕུལ་དང་མིང་གཞི་ཁར་ཁེར་ཙམ་ལས་འགྱུར་བ་མེད་པ། ད་ལྟ་བ་ཁ་ཤས་ལ་འས་འཕུལ་དང་། འདས་པ་ཉུང་ངུ་ལ་བས་འཕུལ་ཐོབ་པ་མ་གཏོགས་གཅིག་ཏུ་ངེས་ཤིང་། དབྱངས་ཡིག་ཀྱང་སྐུལ་ཚིག་ཉུང་ཉུང་ལ་ཨོ་དང་། ད་ལྟ་བ་ཁར་ཁེར་ལ་ཨིའམ་ཨོ་ཐོབ་པ་མ་གཏོགས་འདྲ་ལ། སྐོར་ཞིག་འཕུལ་གཏན་ནས་མི་འཐོབ། ཡིག་གཟུགས་འགྱུར་བ་མེད་པའང་སྐོར་ཞིག་ཡོད། དཔེར་མཚོན་ན། མིང་གཞི་བརྩེགས་མ་སྐ། རྐ། རྟ། ལྡ། ལྕ། སྤ། རྫ། སྨ། ལྷ། ལྟ་བུ་བཅུ་ཁ་ཙམ་མིན་པ་མེད་ཅིང་། དེ་དག་མིང་གཞི་བྱས་ནས་བྱ་བྱེད་ཐ་མི་དད་པ་མཚོན་པ་ཡང་ཧ་ཅང་ཉུང་། ཡིག་གཟུགས་འགྱུར་བ་མའི་མིང་གཞི་ཕལ་ལམ་གཅིག་པའོ། །

ག བདག་གཞན་དང་བཅས་པའི་བྱ་བའི་མིང་གི་འབྲེལ་ལུགས།

༡. བྱ་བ་བདག་གཞན་རྟེན་ཅིང་འབྲེལ་བའི་འགྱུར་ལུགས།

བདག་འབྲེལ་གཞན་འབྲེལ་བྱ་བ་གཉིས། །
ཕན་ཚུན་རྟེན་ཅིང་འབྲེལ་བའི་ལུགས། །
གཙོ་ཆེར་མིང་གཞི་གཅིག་པ་དང་། །
མིང་གཞི་སྡེ་མཐུན་གཉིས་སུ་འདུས། །

བྱ་བའི་ལས་དང་བྱེད་པའི་ལས་ཀྱི་རྒྱུ་མཚན་སྔོན་འཇུག་གི་སྐབས་སུ་བཤད་ཟིན་མོད། འདི་གཉིས་ཀའི་ཕན་ཚུན་རྟེན་ཅིང་འབྲེལ་བའི་ཡིག་གཟུགས་འགྱུར་ལུགས་གོ་སླ་བའི་ཆེད་དུ། འདིར་ཡང་གཤར་སྦྱང་གི་ཚུལ་དུ་ཅུང་ཟད་སྨྲོ་ན། བྱེད་པའི་ལས་ནི་ལས་གང་བགྱི་བའི་བྱེད་པ(བྱེད་པ་གཙོ་ཕལ་གཉིས་འདུས)དང་འབྲེལ་བའི་བྱ་བ་དང་། བྱ་བའི་ལས་ནི་བྱེད་པའི་རྩོལ་བ་འཇུག་སའི་ལས་དང་འབྲེལ་བའི་བྱ་བ་ཡིན། དཔེར་བརྗོད་ན། དར་རྒྱས་ཀྱིས་རྟ་བཟུང་ནས་ཟིན་པ་ན། དར་རྒྱས་ནི་འཛིན་པ་པོ་དང་། རྟ་ནི་ལས་དངོས་དང་། རྟ་བཟུང་བ་ནི་བྱེད་པའི་ལས་དང་། རྟ་ཟིན་པ་ནི་བྱ་བའི་ལས་སོ། །དེ་ཡང་བཟུང་བ་ནི་བྱེད་པ་པོས་ལས་ལ་ཕར་འཇུག་པའི་རྩོལ་བ་སྟེ། བྱེད་པ་དང་འབྲེལ་བའི་བྱ་བ་ཡིན་པས། བྱེད་པའི་ལས་ཞེས་བྱ་ཞིང་། བདག་གི་ཕྱོགས་སུ་གཏོགས་པ་དང་། ཟིན་པ་ནི་ལས་ལས་ཚུར་སྣང་བའི་འགྱུར་བ་སྟེ། ལས་དང་འབྲེལ་བའི་བྱ་བ་ཡིན་པས། བྱ་བའི་ལས་ཞེས་བྱ་ཞིང་། གཞན་གྱི་ཕྱོགས་སུ་གཏོགས་པའོ། །ཕར་འཇུག་ཚུར་སྣང་དུ་གྲུབ་ནས་རྒྱུ་ལས་འབྲས་བུ་སྨིན་པའི་ཚུལ་འདི། བྱ་ལས་དང་བྱེད་ལས་ཕན་ཚུན་རྟེན་ཅིང་འབྲེལ་བའི་འགྱུར་ལུགས་ཡིན་ལ། འགྱུར་ལུགས་འདིའི་ཁྱད་ཆོས་མངོན་པར་གསལ་བ་ཞིག་ནི། བྱེད་ལས་བྱ་ལས་ལ་བལྟོས་ན་སྒྲ་གདངས་ཅུང་དྲག །གཟུགས་འགྱུར་ཅུང་ཆེ། ཡིག་ཚོགས་ཅུང་མང་། མཐའ་དཔྱད་ན། འགྱུར་ལུགས་འདི་གཙོ་ཆེར་མིང་གཞི་གཅིག་པ་དང་། མིང་གཞིའི་སྡེ་བ་གཅིག་པ་གཉིས་སུ་འདུས་སོ། །

བྱ་བ་བདག་གཞན་མིང་གཞི་གཅིག་པའི་ཡིག་གཟུགས་འགྱུར་ལུགས།

མིང་གཞི་གཅིག་པའི་རྐྱང་བརྩེགས་ནི། །
བརྩེགས་པ་བདག་དང་རྐྱང་བ་གཞན། །
མིང་གཞི་གཅིག་པའི་རྐྱང་བ་ནི། །

འཕུལ་ཅན་བདག་དང་འཕུལ་མེད་གཞན། །

བྱ་བ་བདག་འབྲེལ་དང་གཞན་འབྲེལ་གཉིས་ཀྱི་ཡིག་གཟུགས་འགྱུར་ལུགས་མིང་གཞི་གཅིག་པ་ལས། མིང་གཞི་རྐྱང་བརྩེགས་གཅིག་པ་དང་། མིང་གཞི་རྐྱང་བ་གཅིག་པ་རིགས་གཉིས་ཡོད་དེ། སྔ་མའི་ཁྱད་པར་ནི། མིང་གཞི་བརྩེགས་པ་བདག་དང་འབྲེལ་བའི་བྱ་བ་དང་། རྐྱང་བ་གཞན་དང་འབྲེལ་བའི་བྱ་བ་ཡིན། གཤམ་གསལ་གྱི་དཔེར་བརྗོད་ལས་གོང་རྟགས་བརྒྱབ་པ་བྱེད་པའི་ལས་དང་ཐིག་རྟགས་བརྒྱབ་པ་བྱ་བའི་ལས་སོ། །

རྣམ་པ་བསྒྱུར་ནས་ལེགས་པར་འགྱུར། །
ཀླུད་རྒྱ་མ་བསྒྲིམས་ཅི་ལ་གྲིམ། །
བསླལ་པའི་བུ་གུ་ཉལ་ནས་འདུག །
ཚུ་མགོ་ཉོག་པར་མ་སྙོག་ཅིག །
གཟུ་བས་བསྡུམས་ནས་འདུམ་པར་འགྱུར། །
ཐ་གུས་བསྡམས་ནས་ཧ་ཅང་དོམ། །
ཐྲི་ངན་མ་བསྡམས་རང་གར་མནམ།
གོ་རིམ་ནོག་པར་མ་སྣོག་ཅིག །
ཚུ་ལ་སྤངས་ནས་མྱུར་དུ་བངས། །
ལག་རྩལ་སྦྱངས་ནས་འབྱོངས་པར་གྱུར།
གང་ཐུབ་སྒྱུར་བས་མི་མྱུར་ཅི། །
དུག་གིས་སྦྱོས་པས་སྦྱོས་པ་ཡིན། །
རིག་པ་མ་བསླབས་རང་ལོབ་མེད། །
གྲུང་རྩལ་མ་བཟློགས་ལོག་པར་དཀའ། །
དང་དུ་བླངས་ན་ཅི་ཡང་ལོན། །
གཉིད་རྒྱལ་བསླངས་ནས་སངས་པའོ། །

ལྟ་བུ་སོགས་ཁྱབ་ཆེའོ། །ཕྱི་མ་མིང་གཞི་རྐྱང་བ་གཅིག་པའི་ཁྱད་པར་ནི། བདག་འབྲེལ་གྱི་བྱ་བ་སྦྱོར་བཏང་ལ་སྟོན་འཇུག་ཡོད་པ་དང་། གཞན་འབྲེལ་གྱི་བྱ་བ་ཕལ་ཆེར་ལ་སྟོན་འཇུག་མེད་པ་དང་། ཉུང་ཤས་ལ་འ་སྟོན་འཇུག་ཙམ་དུ་ཟད། དཔེར་ན།

གྱང་རྫོས་གཏུལ་ནས་ཉུལ་བ་དང་། །
དགྲུག་པས་གཉོགས་ནས་ཤ་ཧུས་ཉོག །
མགྲོན་དུ་དྲངས་པ་མ་ལུས་འདྲོངས། །
ཐང་མ་བདལ་ནས་ཕྱི་ལ་འདོལ། །
ཤེད་ཀྱིས་མནན་ཀྱང་མ་ནོན་པ། །
ཅོག་ཅེར་བཞག་ནས་མ་ཞོག་ལྷུང་། །
ཀློ་ལ་བཟུང་ཡང་ཟིན་ས་མེད། །
རས་ཡུག་གཤགས་ནས་ཤོགས་པར་གྱུར། །
སྨན་གྱིས་གསོས་ནས་ལེགས་པར་སོས། །

ལྟ་བུ་ཁྱབ་ཆུང་ངོ་། །གཞན་ཡང་མིང་གཞི་རྐྱང་བརྩེགས་གང་རུང་ལས། བྱེད་ལས་དང་བྱ་ལས་ཁྱད་པར་ཙུང་ཟད་ཙམ་ཡོད་པའམ། གོ་གཅིག་ཚོད་ཙན་ཡང་ཁར་ཁེར་ཡོད་དེ།

ཚོད་མ་བསྐྱིད་ནས་སྐྱིས་པ་མགྱོགས། །
སྟོད་ཞབས་བརྟོལ་ནས་བརྟོལ་བར་འགྱུར། །
ཤ་ཧུག་བསྐམས་ནས་རབ་ཏུ་བསྐམས། །
སྐྱོན་ཆ་བསལ་བསལ་མ་ལུས་བསལ། །
བསྲིངས་ཀྱང་བསྲུངས་ནས་མ་བསླིབས་པ། །
དཔྱིད་ལུག་འཚོས་ཀྱང་སྲོག་མ་འཚོས། །

ལྔ་བུ་རྣམས་སོ། །

བྱ་བ་བདག་གཞན་ལས་མིང་གཞི་སྐྱེ་བ་གཅིག་པའི་ཡིག་གཟུགས་འགྱུར་ལུགས།

སྐྱེ་བ་གཅིག་པའི་རྐྱང་བརྩེགས་ནི། །བརྩེགས་པ་བདག་སྟེ་ཕོ་སྒྲ་དང་། །
རྐྱང་བ་གཞན་ཏེ་མ་ནིང་ཡིན། །སྐྱེ་མཐུན་མིང་གཞི་རྐྱང་བའི་ཁྱད། །
བདག་འབྲེལ་འདས་པ་ཕོ་ཡིན་ན། །གཞན་འབྲེལ་མིང་གཞི་མ་ནིང་ཡིན། །
བདག་འབྲེལ་འདས་པ་མ་ནིང་ལ། །གཞན་འབྲེལ་མིང་གཞི་མོ་རུ་འགྱུར། །
བདག་འབྲེལ་མིང་གཞི་མོ་ཡིན་ན། །གཞན་འབྲེལ་དེ་བས་ཞན་པའི་མོའོ། །
བདག་འབྲེལ་ད་ལྟ་མ་འོངས་པ། །སྐྱེ་བ་གང་གི་གསུམ་པ་ཡིན། །
མ་འོངས་ཉུང་ཤས་སྐྱེ་གཞན་ལས། །ཁྱེད་རྩོལ་གང་མཚུངས་དྲངས་པ་ལ། །
གཞན་འབྲེལ་མིང་གཞིའང་དེ་གར་འགྱུར། །སྐུལ་ཚིག་གི་དང་གཞན་འབྲེལ་གྱི། །
མིང་གཞི་གང་སྐྱེའི་གཉིས་པ་ཡིན། །

བདག་འབྲེལ་དང་གཞན་འབྲེལ་གྱི་མིང་གཞི་སྐྱེ་བ་གཅིག་པ་ལས། མིང་གཞི་རྐྱང་བརྩེགས་སྐྱེ་བ་གཅིག་པ་དང་། མིང་གཞི་རྐྱང་བ་སྐྱེ་བ་གཅིག་པ་རིགས་གཉིས་ཡོད་དེ། སྔ་མའི་ཁྱད་པར་ནི། བདག་འབྲེལ་གྱི་མིང་གཞི་བརྩེགས་པ་ཕོ་དང་། གཞན་འབྲེལ་གྱི་མིང་གཞི་རྐྱང་བ་མ་ནིང་ངམ། ཁར་ཁེར་ཞིག་མོ་ཡིག་ཡིན་པའང་ཡོད་དེ། དཔེར་ན།

རྐང་བ་བསྐུམས་ནས་ནང་དུ་འཁུམས། །
རྫིང་བུ་མ་བསྐྱིལ་ངང་གིས་འཁྱིལ། །
ཁྲི་ངན་རིང་དུ་བསྐྱུར་ནས་འཁྱུར། །
སྡོང་པོ་ཆུ་ལ་བསྐྱུར་ནས་འཁུར། །

ཐུགས་སྐྱིད་དཀྲུགས་ནས་འཁྲུག་པར་འགྱུར། །
ལོང་བས་བལྟས་ཀྱང་མཐོང་ས་མེད། །
ལྷ་བ་བསྐྱོན་ནས་ཀྱོན་པ་དང་། །
ཕུང་བོ་གཏོར་ནས་ཐོར་སོང་ངོ་། །
དེ་འདྲ་མ་སྡུང་ཐུང་འགྲོ་ལ། །
ཡང་ཡང་བསྡབས་ནས་མང་དུ་ཐོབ། །
འོ་ཐུ་ཆུ་ལ་བསྡིམས་ནས་འཐིམ། །
ག་ས་སྤུར་ནས་མཐོན་པོར་འཕར། །
ནོར་ལུག་སྤེལ་ན་འཕེལ་ཁ་མགྱོགས། །
སློག་འོད་མ་སྤྲོས་འཕྲོས་དོན་མེད། །
གཟུགས་མཚར་སྣ་ཚོགས་སྤྲུལ་ནས་འཕྲུལ། །
ཕྱོགས་གཅིག་སྤུངས་ནས་ཕུང་བར་འགྱུར། །

ལྟ་བུ་སོགས་ཁྱབ་ཆུང་ཟད་ཆུང་ངོ་། །བསྐུར་ནས་ཁུར་ཞེས་པའི་ཁུར་དང་། བསྐྱོན་ནས་ཀྱོན་ཞེས་པའི་ཀྱོན་ལྟ་བུ་དག་འདིར་གཞན་དང་འབྲེལ་བའི་བྱ་བ་ཡིན་ཞིང་། ངས་ཁུར་ངས་ཀྱོན་ཞེས་པ་ནི། བདག་དང་འབྲེལ་བའི་བྱ་བ་ཡིན། བསྡུངས་ནས་ཐུང་། བསྡུངས་ནས་ཐུང་། ལྟ་བུའི་ཐུང་དང་ཐུང་དག་ཀྱང་སྐབས་འདིར་གཞན་འབྲེལ་གྱི་བྱ་བར་གྲུབ་མོད། གཟུགས་ཐུང་བའི་མི་ཐུང་། ཞེས་པའི་སྐབས་སུ་ཁྱད་ཆོས་ཀྱི་མིང་དུ་ངེས་སོ། །

ཕྱི་མ་མིང་གཞི་སྡེ་བ་གཅིག་པའི་ཁྱད་པར་ནི། བདག་འབྲེལ་གྱི་འདས་པའི་མིང་གཞི་ཕོ་ཡིག་ཡིན་ན། གཞན་འབྲེལ་གྱི་མིང་གཞི་ཁར་ཁེར་མ་གཏོགས་མ་ནིང་དུ་འགྱུར་ཞིང་། བདག་འབྲེལ་གྱི་འདས་པའི་མིང་གཞི་མ་ནིང་ཡིན་ན། གཞན་འབྲེལ་གྱི་མིང་གཞི་མོར་འགྱུར་ལ། བདག་འབྲེལ་གྱི་མིང་གཞི་མོ་ཡིན་ན། གཞན་འབྲེལ་གྱི་མིང་གཞིའི་བྱེད་རྩོལ་དེ་ལས་ཞན་པའི་མོར་གྱུར་འགྲོ། བདག་འབྲེལ་གྱི་

སྐྱུལ་ཚིག་གི་མིང་གཞི་དང་གཞན་འབྲེལ་གྱི་མིང་གཞི་ཕལ་ཆེར་སྡེ་བ་གང་མཐུན་གྱི་གཉིས་པ་ཡིན། བདག་འབྲེལ་དེ་ཚོའི་ད་ལྟ་བ་དང་མ་འོངས་པའི་མིང་གཞི་ཕལ་ཆེར་སྡེ་བ་གང་ཉིད་ཀྱི་གསུམ་པ་ཡིན་ཞིང་། མ་འོངས་པ་ཉུང་ཤས་ཀྱི་མིང་གཞི་སྡེ་བ་གཞན་ལས་གནས་དང་བྱེད་པ་གང་མཚུངས་ཤིག་བྲངས་པའི་རིགས་ཀྱི་གཞན་འབྲེལ་གྱི་མིང་གཞིའང་ཕལ་ཆེར་དེ་ཉིད་ཡིན་འགྲོ། དེ་ཚོའི་དཔེར་བརྗོད་དང་སོ་སོའི་གཟུགས་འགྱུར་ཅམ་རྟགས་ཀྱིས་མཚོན་པ་གཤམ་གསལ།

ཕ་བོང་སྲ་ཡང་བཀད་དེ་ཕོབ།
རྡོ་རྒན་ཤེད་ཀྱིས་བཀུགས་ན་ཁྱོག
བཀག་པའི་མཐའ་མ་ཕོག་པས།
ཐག་པས་བཀྱིགས་ནས་མ་ཁྱིག་ཤོར།
ཁྲིམས་ཀྱིས་བཙུན་ནས་ལེགས་པར་ཚུན།
དགྲ་དཔུང་བཅོམ་ནས་མ་ལུས་ཆོམ།
ཐོ་བས་ཉུས་པ་བཅག་ནས་ཆགས།
གཏེར་རྫས་བཏོན་ནས་ཐོན་པ་མང་།
ཞགས་པ་བཏབ་ནས་སྐེ་ལ་ཐེབས།
བཟུང་ནས་ཐེན་ཏེ་བཏགས་ནས་ཐོགས།
མར་ལ་དཀྲུངས་ནས་གྲང་རྩར་སྒྲོང་།
གོ་རེ་དཀྲུལ་ནས་ཁྲུལ་བར་གྱུར།
སྟོད་ཁ་ཐུར་དུ་སྒྲུབས་ནས་བུབ།
ཕུག་རོན་གནམ་ལ་སྤུར་ནས་འཕུར།
གནས་ནས་མི་འབྱུང་ཕྱུང་ནས་བྱུང་།
སྣོ་ཕྱིར་ཕུད་པས་ག་མེད་བུད།
དམག་ལ་བཙུག་ནས་འཐབ་ལ་ཞུགས།
ཐལ་རྡུལ་གཙུབས་ནས་ཚུབ་པ་བཞིན།
ཕྱོགས་གཉིས་གཏུགས་ནས་ཐུག་ཅིང་རྐོལ།

དགྲ་སྡེར་སྤྱམ་ནས་ཕམ་པར་འགྱུར།
བཙིལ་ནས་མི་དཔུང་ཞི་བར་འགྱུར།
སྒོང་དུམ་བཀུས་ནས་ཁོས་པ་སྤྲུངས།
ཁུག་ཁ་བསྡུམས་ནས་དམ་པོར་ཐུམ།
རྡོ་རྡིག་བཤིགས་ནས་ཞིག་པར་གྱུར།
རི་མོ་བསྡུབས་ཀྱང་མ་ཐུབ་པ།
གོ་གནས་ཕབ་ནས་དམའ་སར་བབ།

ལྟ་བུ་སོགས་ཁྲབ་ཞེན་ཏུ་ཆེའོ། །

༢. བྱ་བ་རིགས་གསུམ་རྟེན་ཅིང་འབྲེལ་བའི་འབྱུང་ལུགས།

བྱེད་པའི་རྩོལ་བ་ལས་ཀྱི་འགྱུར་བ་དང་། །
རང་གིས་བྱུང་བའི་བྱ་བ་རིགས་གསུམ་ལས། །
སྔ་མ་སྡེ་བ་གང་གི་དང་པོ་བདག །
གཉིས་པ་གཞན་དང་གསུམ་པ་བདག་གཞན་ནི། །
གང་ལའང་མ་འབྲེལ་རང་གིས་བྱུང་བ་ཡིན། །

བྱ་བའི་མིང་ལ་རིགས་གསུམ་ཡོད་དེ། གཅིག་ནི་བདག་དང་འབྲེལ་བའི་བྱ་བ་སྟེ། བྱེད་པའི་རྩོལ་བ་ཡིན་ཞིང་། གཉིས་ནི་གཞན་དང་འབྲེལ་བའི་བྱ་བ་སྟེ། ལས་ཀྱི་འགྱུར་བ་ཡིན་ལ། གསུམ་ནི་བདག་གཞན་གང་ལའང་མ་འབྲེལ་བའི་བྱ་བ་སྟེ། རང་གིས་བྱུང་བ་ཡིན་ནོ། །བྱ་བ་རིགས་གསུམ་ཕན་ཚུན་རྟེན་ཅིང་འབྲེལ་བར་བྱུང་བ་ཧ་ཅང་མང་བ་ཡོད་ཚུལ་ཤེས་དགོས་པར་མ་ཟད། བྱ་བ་རིགས་

གསུམ་མཐའ་གཅིག་ཏུ་ངེས་པ་མེད་ཚུལ་ཡང་ཤེས་དགོས། དེ་ལུགས་ཡོང་དུ་ཆུད་ན། བོད་སྐད་ཀྱི་བྱ་བའི་མིང་གི་རྣམ་བཞག་དང་ཁྱད་ཆོས་ཀྱི་གདེངས་ཐོབ་ནས། འཆད་ཉན་བྲི་སློག་ལ་ཕན་ཆེན་པོ་ཐོགས་པར་འགྱུར་རོ། །

གཤམ་གསལ་གྱི་དཔེར་བརྗོད་ལས། ཀོར་རྟགས་དང་། ཐིག་རྟགས་དང་། འཁྱུག་རྟགས་གསུམ་གྱིས་རིམ་བཞིན་བདག་དང་། གཞན་དང་། བདག་གཞན་མ་འབྲེལ་བ་མཚོན་པའོ། །

བཀྲིགས་ནས་ཁྲིག་ཀྱང་མ་གྲིགས་ཁ་ནས་སྡིག །
བཀྱགས་ན་ཁྱོག་ཀྱང་སྡུག་བསྔལ་མི་ཁྱག་གོ། །
མདུད་པ་བཀྲོལ་ནས་མ་འཁྲོལ་ཅི་ཕྱིར་གྲོལ། །
བཀབ་ནས་ཁེབས་པའི་འོག་ཏུ་གབ་ནས་འདུག །
བཀང་ནས་ཁེངས་པའི་ཆང་ནི་ཅན་གང་འཐུང་། །
ཁྱི་ངན་བཀག་ནས་མ་ཁོག་སྐད་ཀྱང་འགགས། །
རྐས་ནས་མ་གུམ་དགྲ་ཡིས་བཀུམ་ནས་ཁུམ། །
རྣ་ཅོ་གུག་པ་བཀུག་ནས་ཁུག་པ་མིན། །
བཀས་ནས་ཁོས་པ་མང་ལ་གས་པའང་སྣང་། །
ལུས་ལ་རྨ་འགྲམས་བཀྲམ་ནས་ཁྲམས་པ་མིན། །
བཅུག་ནས་མ་ཆུག་རང་ག་ཞུགས་པ་ཡིན། །
བཅག་ནས་མ་ཆོག་ངང་གིས་ཆག་པ་མཚར། །
ཐག་པ་བཅད་ཀྱང་མ་ཆོད་ཅི་ལ་ཆད། །
བཏོན་ནས་མ་ཐོན་ངང་གིས་དོན་པ་ཡིན། །
གདུལ་བྱ་བཏུལ་ནས་ཐུལ་བས་དུལ་བར་གནས། །
ཐུམ་གྱིས་བཏུམས་ནས་དུམ་པ་བཅུ་གཉིས་བྱུང་། །
ཐོག་བུ་ཐང་བ་བཏིངས་ནས་འཐིངས་པ་མིན། །
དཔྱུལ་ནས་ཕྱུལ་བའི་གོར་བྱུལ་སྐམ་པོ་ཟ། །
མེ་ཏོག་ཁ་བྱེ་ཕྱེས་ནས་ཕྱེད་པ་མིན། །

བཙུགས༷་ནས་མ་ཚུགས་འདམ་ལ་ཟུག་པར་གྱུར། །
བཞིགས༷་ནས་ཞིག་པ་རིམ་གྱིས་འཇིག་པར་འགྱུར། །
བརྩོལ༷་ནས་བརྩོལ་བའི་ཁུང་ནས་ཐོལ་གྱིས་བྱུང་། །
བསྐྱིམས༷་ནས་མ་ཐིམ་ཁང་བ་བྱེ་མར་དིམ། །
འབེལ་བ་གང་མང་སྤེལ༷་ནས་འཕེལ་བ་མིན། །

ལྟ་བུ་སོགས་ལས་ཕལ་ཆེར་མིང་གཞི་རྐྱང་བ་ཡིན་ལ། བདག་འབྲེལ་གྱི་མིང་གཞི་སྔེ་བ་གང་གི་ཡི་གེ་དང་པོ་ཡིན་ཟེར་བ་འདས་པ་གཞིར་བཟུང་བ་ཡིན། གཞན་འབྲེལ་གྱི་མིང་གཞིར་འགྱུར་ལྡོག་མེད་དོ། །འདི་རིགས་ལས་མིང་གཞི་རྐྱང་བརྩེགས་སྤེལ་མའང་ཉུང་ཟད་ཅིག་ཡོད་དེ། བདག་འབྲེལ་གྱི་མིང་གཞི་བརྩེགས་པ་དང་། གཞན་འབྲེལ་གྱི་མིང་གཞི་རྐྱང་བ་ཡིན། མིང་གཞིའི་གོ་རིམ་གོང་བཞིན་ནོ། །

ཕྱི་མ་མིང་གཞི་གཅིག་པའི་བརྩེགས་པ་བདག །
རྐྱང་བ་གཞན་དང་རང་གིས་བྱུང་བའི་ཁྱད། །
སྔ་མར་ཨོ་ལྡན་ཕྱི་མར་ན་རོ་དགོས། །
མིང་གཞི་རྐྱང་བ་གཅིག་པའང་ཉུང་ཙམ་ཡོད། །

བསླབས༷་ནས་ལྷོབས་སྐྱིན་པས་ན་ཅི་ཡང་ལོབ། །
གྱང་ཛོར་སྦྱུར༷་ནས་འབྱོར་བ་འབྱུར་ནས་འདུག །
གཅིག་ཏུ་འདོམས་པ་བསྡམས༷་ནས་དོམ་པ་མིན། །
སློད༷་ནས་ལྷོད་པ་མིན་ཡང་ཁྲི་ལས་ལོད། །
ཕྱི་ལ་འདལ་བ་བདལ༷་ནས་འདོལ་བ་མིན། །

ལྟ་བུ་སོགས་རིགས་སྔ་མ་ལས་ཁྱབ་ཆུང་ཞིང་། བྱེད་པའི་རྩོལ་བ་མཚོན་པའི་མིང་གཞི་བརྟེགས་པའི་མགོ་ཅན་དོར་ན། ལས་ཀྱི་འགྱུར་བར་ལོག་འགྲོ། ལས་ཀྱི་འགྱུར་བའི་ན་རོ་དོར་ན། ངང་གིས་བྱུང་བར་གྱུར་འགྲོ་བ་ནི། འདི་རིགས་ཀྱི་ཁྱད་ཆོས་གཙོ་བོ་ཡིན།

བྱ་བའི་མིང་རིགས་གསུམ་གྱི་ཁྱད་པར་གཙོ་བོ་ཞིག་ནི། སྒྲ་དྲག་ཞན་བར་མ་ལ་རག་ལས་ཏེ། བྱེད་པའི་རྩོལ་བར་སྒྲ་དྲག་པའམ་ལྷི་བས་མཚོན་པ་དང་། ལས་ཀྱི་འགྱུར་བ་ལ་སྒྲ་བར་མས་མཚོན་པ་དང་། ངང་གིས་བྱུང་བ་ལ་སྒྲ་ཞན་པའམ་ཡང་བས་མཚོན་པའོ། །

བྱ་བའི་མིང་རིགས་གསུམ་གྱི་ཡིག་གཟུགས་ཐ་དད་པ་ཡིན་མོད། གཞན་འབྲེལ་དང་བདག་གཞན་མ་འབྲེལ་བའི་བྱ་བ་རིགས་གཉིས་ཀྱི་ཡིག་གཟུགས་གཅིག་པའང་ཡོད། དཔེར་ན། ཁ་དོག་འགྱུར་བ་བསྒྱུར་ནས་འགྱུར་བ་མིན། ཕྱོགས་གཅིག་འདྲེས་པ་བསྲེས་ནས་འདྲེས་པ་མིན། བསྐྱིལ་ནས་འཁྱིལ་བའི་ཆུ་ནི་འཁྱིལ་ཞིང་འདུག །ལྟ་བུ་རྣམས་སོ། །

༣. བྱ་བ་རིགས་གསུམ་མཐའ་གཅིག་ཏུ་ངེས་པ་མེད་ཚུལ།

རྩོལ་བ་འཇུག་སའི་ལས་ཀྱི་དངོས་པོ་དེ། །
རྩོལ་བྱུང་ཡིན་ན་བྱ་ལས་ལོགས་སུ་མེད། །
བྱ་བ་རང་གི་ངང་གིས་གྲུབ་པ་ལ། །
བྱེད་རྩོལ་ལས་འགྱུར་གང་ཡང་དོན་གྱིས་སྟོངས། །

གོང་གསལ་བྱ་བའི་མིང་ལ་རྟེན་ཅིང་འབྲེལ་བའི་རིགས་གསུམ་གྱི་དབྱེ་བ་

མངོན་སུམ་དུ་ཡོད་ཀྱང་། གསུམ་གསུམ་དུ་འཛོམས་པའི་ངེས་པ་མེད་དེ། ལས་ཀྱི་དངོས་པོ་སྣར་མེད་གང་། རྩོལ་བ་ལས་ཚོས་ཅན་ཞིག་ཏུ་གྲུབ་པ་ལ། བྱེད་པའི་རྩོལ་བ་ཡོད་ཀྱང་། ལས་འགྱུར་མེད་དེ། སྐྱ་འདྲ་བཞེངས་པ། ཡི་གེ་འབྲི་བ། གྱང་རྡུང་བ། ལྟ་བུ་རྣམས་སོ། །ལས་ཀྱི་དངོས་པོ་སྣར་ཡོད་པ་གང་། བྱེད་པའི་རྩོལ་བ་ལས། རྣམ་པ་གཞན་ཞིག་ཏུ་འགྱུར་འགྲོ་བ་ལ། བྱེད་རྩོལ་དང་ལས་འགྱུར་གཉིས་ཀ་ཡོད་མོད། དེ་ལུགས་དང་འབྲེལ་བའི་རང་བྱུང་གི་སྣང་ཚུལ་མེད་པ་ལ། བདག་གཞན་དང་མ་འབྲེལ་བའི་བྱ་བ་མེད་དེ། རས་གཤགས་ནས་ཤོགས་པ། གདན་དྲངས་ནས་འདྲོངས་པ། བལྟས་ནས་མཐོང་བ། ལྟ་བུ་སོགས་སོ། །ཕིམ་པོ་གང་ཞིག་རང་གི་ངང་གིས་བྱ་བ(འགྱུར་ལྡོག)འབྱུང་བ་ལས། བྱེད་པོའི་ལས་སུ་མི་རུང་བ་ལ། བྱ་ལས་དང་བྱེད་ལས་གང་ཡང་མེད་དེ། ཉི་མ་ཤར་བ། རླུང་གཡུག་པ། མེ་ཏོག་བཞད་པ། ལྟ་བུ་སོགས་སོ། །སེམས་ཅན་གང་ཞིག་ལས་ལ་མ་བལྟོས་པར། རང་གི་འདུ་བྱེད་ངང་ངམ་ཤུགས་ཀྱིས་བྱུང་བ་ལ། བདག་གཞན་དང་མ་འབྲེལ་བའི་བྱ་བ་ཙམ་ལས་མེད་དེ། ང་འགྲོ། རྟ་རྒྱུག །ཁྱིས་པ་ཚོ་མཉམ་དུ་བརྩེས། ལྟ་བུ་སོགས་སོ། །

གཞན་ཡང་། དཔེ་ཆ་བལྟས་ཚར། གོན་པ་བཟོས་ནས་གྲུབ་སོང་། ཆང་འཐུངས་ནས་བཟི། ལྟ་བུ་སོགས་ཀྱི་ཚིག་གི་སྦྱོར་བ་བདག་གཞན་མཉམ་དུ་འབྲེལ་བའི་ཚིག་གི་རྣམ་པ་དང་འདྲ་ཡང་། མཚན་ཉིད་མི་གཅིག་སྟེ། སྐབས་འདིའི་ཚར་བ་དང་། གྲུབ་པ་དང་། བཟི་བ་རྣམས། ལས་ཀྱི་འགྱུར་བ་དངོས་མིན་གྱི། བྱེད་པའི་རྩོལ་བའི་ཁ་སྐོང་སྟེ་ཕྱིས་འབྱུང་ཙམ་བསྟན་པ་ཡིན་ནོ། །

ཡང་། ངང་གིས་འབྱུང་བའི་བྱ་བ་རྣམས། བདག་དང་འབྲེལ་བའི་བྱ་བར་སྦྱར་ན། ཚིག་གྲོགས་ཀྱིས་བསྒྱུར་ཚོག །དཔེར་ན། རྟ་རྒྱུག་པ་དང་། རྟ་རྒྱུག་པར་བྱེད། ཟེར་བའི་ཚིག་གཉིས་ཀྱི་དོན་མི་འདྲ་སྟེ། ཚིག་ཕྱི་མའི་རྟ་ནི་རྒྱུག་བྱེད་

དེ། རྒྱུག་པ་རྟ་རང་གི་རང་བཞུགས་ཀྱི་བྱ་བ་ཡིན་ལ། ཆོག་ཕྱི་མའི་རྟ་ནི་བརྒྱུག་བྱ་སྟེ། ལས་ལ་བཀོད་ནས། བྱེད་པ་པོ་གཞན་ཞིག་གིས་ཁ་ལོ་སྒྱུར་བ་ཡིན་ཏེ། རྟ་རྒྱུག་གཏོང་ངམ། རྒྱུག་པར་བྱེད་ནི། བྱེད་པའི་ལས་སུ་གྱུར་པ་ཡིན་ནོ། །དཔེ་དེ་བཞིན། འོད་འཆར་བར་བྱེད། ཚོགས་སུ་ཞུགས་པར་འཇུག་ལྟ་བུ་སོགས་རིགས་བསྒྲེས་ནས་ཤེས་པར་གྱིས་ཤིག

ལྔ་བ། མིང་གི་ངོ་བོ་འགྱུར་ཚུལ།

རིགས་མི་གཅིག་པའི་མིང་རྣམས་ནི། །
རྟེན་ཅིང་འབྲེལ་བའི་འབྱུང་རྐྱེན་ལས། །
རང་གི་ངོ་བོ་མི་སྟོན་པར། །
གཞན་གྱི་ངོ་བོ་སྟོན་པ་འདི། །
ལེགས་པར་རྟོགས་ན་རྫོད་བྱེད་སྒྲར། །
ཐོགས་པ་མེད་པའི་དབང་འབྱོར་རོ། །

མིང་གི་ངོ་བོ་འགྱུར་ཚུལ་ནི། བོད་སྐད་ཀྱི་ཁྱད་ཆོས་གལ་ཆེན་ནང་གི་འགངས་ཆེན་ཞིག་ཡིན། དེ་ལུགས་ལེགས་པར་རྟོགས་ན། བོད་སྐད་ནི་སྐད་རིགས་རྣམ་འགྱུར་ཅན་ཡིན་པའི་ངེས་ཤེས་འདྲོངས་ནས། སྒྲ་རིག་པའི་བློ་རྒྱ་བསྐྱེད་ཐུབ། བསྟན་བཅོས་ཀློག་པར་ཚིག་དོན་ཇི་ལྟ་བ་བཞིན་དུ་འཇལ་ཡོན་པ་དང་། བརྗོད་བྱ་རྩོམ་པར་ཚིག་ཉམས་དང་དོན་ཉམས་འདོན་མཁས་པར་འགྱུར་བ་དང་། ལོ་རྒྱུ་སློག་པར་དོན་གྱི་ངོ་བོ་དང་བསྟུན་ནས་བརྗོད་པར་བྱ་ཐུབ་བོ། །

དོན་གྱི་ངོ་བོ་སྟོན་པའི་མིང་ལ། བོད་སྐད་དུ་དངོས་པོའི་མིང་དང་། ཁྱད་ཆོས་ཀྱི་མིང་དང་། བྱ་བའི་མིང་དང་། གྲངས་ཀའི་མིང་བཅས་རིགས་བཞི་ཡོད།

རིགས་སོ་སོའི་མིང་གི་ངོ་བོ་འགྱུར་ཚུལ་གཤམ་གསལ།

ཀ བྱ་བའི་མིང་གི་ངོ་བོ་འགྱུར་ཚུལ།

བྱ་བའི་མིང་དངོས་པོའི་མིང་དུ་འཇུག་པ་མང་། དཔེར་ན། བསླབ་པ་ཀུན་གྱི་གཞི་འཛིན་ཅིང་། །རིག་བྱེད་སྨྲ་བ་རྣམས་ཀྱི་རྒྱུ། །མིང་ཚིག་བརྗོད་པ་ཀུན་གྱི་གཞི། །ཡི་གེའི་སྦྱོར་བ་བཤད་པར་བྱ། །ཞེས་པ་ལས། བྱ་བའི་མིང་འཛིན་པ་དང་བཤད་པ་གཉིས་མ་གཏོགས། བསླབ་པ། སྨྲ་བ། བརྗོད་པ། སྦྱོར་བ། བཞི་པོ་དངོས་པོའི་མིང་དུ་འགྱུར་ཡོད་པ། ལྟ་བུའོ། །

གཅིག་ནི། བྱ་བའི་མིང་བྱེད་པ་དང་། ལས་དང་། འབྲས་བུ་དང་། ནུས་པ་གང་རུང་ལ་འཇུག་ཚེ། དངོས་པོའི་མིང་དུ་འགྱུར་བ་ཡིན་ཞིང་། བྱ་བའི་མིང་ལ་དུས་ཀྱི་རྣམ་བཞག་ཡོད་པས། དངོས་པོའི་མིང་དུ་འཇུག་པར་གང་ལ་གང་འཚམ་དུ་འཇུག་དགོས། བྱེད་པའི་དངོས་པོར་འཇུག་པ་ལ་ད་ལྟ་བ་ཐོབ་པ། སངས་རྒྱས་ལ་སྟོན་པའམ་རྣམ་འདྲེན། བསྐྱེད་སྲིང་མི་ལ་གསོ་བ་པོའམ་སྐྱོང་མཁན། སྒོ་ཁའི་སོ་བ་ལ་སྒོ་སྲུང་བ་པོ་དང་། ཚིག་བར་བསྡུས་ནས་སྒོ་སྲུང་། ཆོས་ཁྲིམས་ལ་སྟོན་པ། སོག་ལེ་ལྟ་བུ་ལ་གཅོད་བྱེད་དམ་འདྲ་སྤྱད། ལོ་ཐོག་འབྲེག་པའི་འཕྲུལ་འཁོར་ལ་ལོ་འབྲེག །ལྟ་བུ་སོགས་སོ། །

ལས་ཀྱི་དངོས་པོར་འཇུག་པ་ལ་མ་འོངས་པ་ཐོབ་པ། བཞོན་བྱའི་རྟ་ལ་བཅིབ་པ། ཤེས་བྱའི་གནས་ལ་བསླབ་པ་འམ་བསླབ་པར་བྱ་བ། ཟ་རྒྱུ་འཐུང་རྒྱུ་ལ་བཟའ་བཏུང་། གཞན་ཕན་དུ་སྟེར་རྒྱུ་བོ་ལ་སྦྱིན་པ། སྤོས་ལ་བདུག་པ། སྟན་ལ་གདིང་བ། བལྟ་རྒྱུ་བོ་ལ་བལྟ་བྱ། ལྟ་བུ་སོགས་སོ། །

འབྲས་བུའི་དངོས་པོར་འཇུག་པ་ལ་རྣམ་པ་བཞི་ཡོད་དེ། གཅིག་ནི། འདས་པ་ཐོབ་པ། སྔོན་གྱི་ལོ་རྒྱུས་སམ་རྣམ་ཐར་ལ་བྱུང་བ། ཉོན་མོངས་པའི་དགྲ་བཅོམ་

ཟིན་པ་པོ་ལ་དགྲ་བཅོམ་པ། འཇིག་རྟེན་གྱི་བྱ་བ་བློས་བཏང་བའི་ཆོས་པ་ལ་བྱ་བཏང་བ། སངས་རྒྱས་ཀྱི་གསུང་རབ་ལ་བསྟན་པ། ལྟ་བུ་སོགས་དང་། བཛོད་བདེ་བའི་ཆེད་དུ་ཆོས་བྱུང་ལ་ཆོས་འབྱུང་དང་། བསོ་ཟེའུ་འཛིན་བྱེད་ལ་བསོ་གཟུང་། ལྟ་བུ་འདས་པའི་ཚབ་ཏུ་མ་འོངས་པ་དང་ད་ལྟ་བ་འཇུག་པ་དམིགས་བསལ་ཡིན།

གཉིས་ནི། འདས་པའི་མིང་མཐའ་པ་ནི་མ་ལ་བརྗེས་པ། བྲིས་པའི་ཡི་གེ་ལ་བྲིས་མ། དཔར་བའི་དཔེ་ཆའམ་ཡིག་ཆ་ལ་དཔར་མ། རྫས་ཀྱིས་བཅོས་པའི་བལ་དང་ཀོ་བ་ལ་བལ་བཅོས་མ་དང་ཀོ་བ་བཅོས་མ། བཟོས་པའི་རྒྱུ་སྐར་ལ་རྒྱུ་སྐར་བཟོས་མ། ལྟ་བུ་སོགས་སོ། །

གསུམ་ནི། འདས་པའི་སྔོན་འཇུག་བསྒྱུར་བས་པ། ཁ་ཏོན་བཏོན་པ། གྲོས་བགྲོས་པ། ཚོགས་འཚོགས་པ། ཐགས་འཐགས་པ། རྟེན་ལ་བརྟེན་པ། གཡོས་པའི་ནས་ལ་ཡོས་ཟེར་བ། ལྟ་བུ་སོགས་སོ། །

བཞི་ནི། ད་ལྟ་བའི་མིང་མཐའ་བརྗེས་པའམ་དོར་བ། རྐོ་མས་བརྐོས་པ། གོ་ཆ་བགོས་པ། སྨན་སྣ་བསྡེབས་པའི་སྡེབ་ཀ ཕྲྀག་གིས་བསྒྲིགས་པ། ཆོས་ཀྱིས་སེམས་རྒྱུད་འཚོས་པ། ལྟ་བུ་སོགས་ལས་རྟགས་ཀྱིས་མཚན་པ་རྣམས་སོ། །

ནུས་པའི་དངོས་པོར་འཇུག་པ་ལ་གཞན་འབྲེལ་གྱི་བྱ་བ་ཐོབ་པ་མིང་མཐའ་མི་དགོས། འགྲོག་བྱེད་མདེ་ལི་ལ་ཁྲོགས། བར་མཚམས་གཅོད་བྱེད་ལ་ཚེད། སྐྲ་སོགས་འཆིང་བྱེད་ལ་སྐྲ་ཆིངས་དང་ཐོད་ཆིངས། སྨན་སོགས་འཐུམ་སྤྱད་ལ་ཐུམ། བཏགས་པའི་སྟམ་བུ་སོགས་ལ་ཐགས། རྒྱང་ལ་ལྟ་སྤྱད་ལ་རྒྱང་མཐོང་། ལྟ་བུ་སོགས་དང་། མིར་འཇུག་ཚེ་བདག་སྒྲ་སྦྱར་བ། བཀོལ་བའི་གཡོག་པོ་ལ་ཁོལ་པོ། རྒྱུ་སྒྲོག་བཅོམ་པའི་ཐག་པ་ལ་ཆོམ་པོ་ཞེས་པ་ལྟ་བུའོ། །

བྱ་བའི་མིང་ཁྱད་ཆོས་ཀྱི་མིང་དུ་གྱུར་བ། དཔེར་ན། ཕྱོགས་སུ་ཡོ་བའི་ཁྱད་

ཆོས་ལ་ཡོན་པ། རྒས་པའི་ཁྱད་ཆོས་ལ་རྒན་པ། བསྲིངས་པའི་ཁྱད་ཆོས་ལ་ཐུང་བ། བསྐྱུངས་པའི་ཁྱད་ཆོས་ལ་ཉུང་བ། འཕེལ་བའི་ཁྱད་ཆོས་ལ་འབེལ་བ། སྨད་བྱའི་ཡུལ་གྱི་ཁྱད་ཆོས་ལ་དམན་པའམ་དམའ་བ(བརྡ་རྙིང་དུ་སྨ་བ)ལྟ་བུ་སོགས་སོ། །

གཞན་ཡང་། དཔེའི་སྒོ་ནས་བྱ་བའི་མིང་དང་ལྟ་བ་རིགས་འདྲ་གཉིས་བསྡེབས་ནས་ཁྱད་ཆོས་ཀྱི་མིང་དུ་སྒྱུར་རུང་སྟེ། དཔེར་བརྗོད་ན། ཁྲ་མདའ་ཐོག་རྐོད་འབབ་འབབ། རྡུལ་འཚུབ་སྨུག་པ་འཁྲིག་འཁྲིག །ཕར་རྒྱུགས་རྟབ་རྐོད་འདྲིལ་འདྲིལ། ཚུར་རྒྱུག་སྤྱང་མོ་འདུར་འདུར། མི་ཕར་བསད་ཞིང་ཆག་འགྲིམ་འགྲིམ། ཚུར་བསད་གྲུམ་རྗེ་སྤུང་སྤུང་། ཁྲག་དམར་ཆུ་ཡོག་བླུག་བླུག །ཉི་མ་དང་སྤྲིན་ཡང་ཁྲག་གིས་མདངས་འགྱུར་བ་ཙམ་བྱུང་བའི་དུས་དེར(གྲུ་གུ་གོ་རྫོང་ལས)། ཞེས་པ་ལས་འབབ་འབབ་ཅེས་གཉིས་རེར་སྒྱུར་བ་ལྟར་རོ། །

ཁ ཁྱད་ཆོས་ཀྱི་མིང་གི་ངོ་བོ་འགྱུར་ཚུལ།

ཁྱད་ཆོས་ཀྱི་མིང་གི་མིང་མཐའ་པ་བ་དག་ལ་ན་རོ་དང་། བ་ཡི་དོད་དུ་མོ་ཡིག་སྦྱར་ན་དངོས་པོའི་མིང་དུ་གྱུར་འགྲོ། དཔེར་བརྗོད་ན། ཤ་ཚ་བ་དང་ཤ་ཚོན་པོ་ཞེས་པའི་གོ་བ་ལེན་ཚུལ་མི་གཅིག་སྟེ། སྔ་མ་ཚིག་ཏུ་སྦྱར་ནས། ཤ་ཁྱད་གཞི་དང་། ཚ་བ་ཁྱད་ཆོས་ཀྱི་ངོ་བོ་གཉིས་སུ་བསྟན་པ་ཡིན་པས། ཤ་ཚ་བའམ་ཚ་བ་ཟ་ཞེས་བཤད་སྲོལ་མེད་ཅིང་། ཕྱི་མ་དངོས་པོའི་མིང་དུ་སྒྱུར་ནས། ཤ་དང་ཚོན་པོ་དངོས་པོ་དེའི་ངོ་བོ་གཅིག་ཏུ་བསྟན་པ་ཡིན་པས། ཤ་ཚོན་པོའམ་ཚོན་པོ་ཟ་ཞེས་ཟེར་རུང་བས་གསལ། དེ་བཞིན་དུ། ཞིམ་པ་ཞེ་ན་རོའི་ཁྱད་ཆོས་དང་། ཞིམ་པོ་ཞེ་ན་རོའི་ཁྱད་གཞི་སྟོན་པ་སྟེ། ཀ་ར་ལ་ཞིམ་པོ་ཟེར་ཡང་ཞིམ་པ་མི་ཟེར། ནོར་ལུག་མང་བས་ཕྱུག་པོར་གྱུར། ཞེས་པའི་མང་བ་ནི་ཁྱད་ཆོས་ཀྱི་མིང་དང་། མང་པོས་བཀུག་ན་གདུང་མ་ཡང་། ཞེས་པའི་མང་པོ་ནི་དངོས་པོ་མིང་

ཡིན་ཏེ། དེ་གཉིས་ཕན་ཚུན་བརྗེ་མི་རུང་བས་གསལ། དེ་བཞིན། བཟང་བ་དང་བཟང་པོ། ཕྲ་བ་དང་ཕྲ་མོ། རྣོ་བ་དང་རྣོན་པོ། དམའ་བ་དང་དམའ་མོ། དྲག་པ་དང་དྲག་པོ་སོགས་ལས། སྔ་མ་རྣམས་ཁྱད་ཆོས་ཀྱི་མིང་དང་། ཕྱི་མ་རྣམས་དངོས་པོའི་མིང་གི་ཆ་དང་ལྡན་པའོ། །

ཁྱད་ཆོས་ཀྱི་མིང་གི་མིང་མཐའི་དོན་དུ་རྗེས་འཇུག་རང་འདྲ་ཞིག་ལ་འགྲེང་བུ་དང་བདག་སྒྲའི་ཚུལ་དུ་བ་ཡིག་སྦྱར་ན། ཁྱད་ཆོས་དེ་དང་ལྡན་པའི་དངོས་པོའི་མིང་དུ་གྱུར་འགྲོ། དཔེར་བརྗོད་ན། ཟླ་བ་ལམ་མེར་ཤར་ཞེ་ན། ཁྱད་གཞི་དང་ཁྱད་ཆོས་གཉིས་ཀ་བསྟན་པ་དང་། ཟླ་བ་གསལ་ལེ་བ་ཞེ་ན། ཁྱད་ཆོས་དང་ཁྱད་གཞི་ངོ་བོ་གཅིག་ཏུ་བསྟན་པ་ཡིན་ཏེ། གསལ་ལེ་བ་ནི་དངོས་པོའི་མིང་གི་ཆ་དང་ལྡན་པའོ། །དཔེ་དེ་བཞིན་དུ། གཙང་ངེ་བ། དག་གེ་བ། འཇམ་ཆོན་ལྷག་གེ་བ། རྒྱ་སྐར་ལྷང་ངེ་བ། རྨི་ལམ་བུན་ནེ་བ། རྣམ་པ་དུལ་ལེ་བ། སྔོ་ཁྱུག་གེ་བ། རྩེ་མོ་འཛིགས་སེ་བ། ནག་ཐིབ་བེ་བ། མདངས་སལ་ལེ་བ། ལྟ་བུ་སོགས་སོ། །

ཁྱད་ཆོས་ཀྱི་མིང་ཚིག་སྦྱོར་དུ་བྱ་བའི་མིང་དུ་འཇུག་པའང་ཡོད། དཔེར་བརྗོད་ན། གསེར་བཟང་མ་ཡི་སླིང་དབང་བཏོན་ཟིན་པ་ད་ལྟའི་བར་དུ་ཐུན་ནས་མ་གོ་ཡི(བྲོ་མགྲིན་སྔོན་ཟླ་བའི་རྟོགས་བརྗོད་ལས)། ཞེས་དང་། ཁྱོད་རྣམས་སེམས་མ་སྡུག་དང་། མི་རྣམས་ལོན་འོང་། ཞེས་སེམས་གསོ་བཏང་(ཞབས་དཀར་བའི་རྣམ་ཐར་ལས)། ཕོ་ཡིག་དེ་དག་རྣམས་ལ་ཡང་། །འཇུག་པར་བཅས་པ་མེད་ན་ནི། །མིང་དང་ཚིག་ཀྱང་གསལ་མི་ནུས(སི་ཏུའི་སུམ་རྟགས་ལས)། །ཡང་ན་ཐོད་ནས་འཐབ་མི་ཡིན། །ངར་འདོད་དཔུང་བ་ཙོམ་མི་ཡིན། །ཡང་ན་སྔར་ནས་འབྲོ་མི་ཡིན། །བྲོས་ནས་ཕྱི་བལྟས་མེད་མི་ཡིན(ཨ་གྲགས་གཟི་རྫོང་ལས)། །ཞེས་པའི་ཚིག་རྣམས་ལས་རྟགས་ཀྱིས་མཚན་པ་ལྟ་བུ་རྣམས་སོ། །མཐའ་ན། ཁྱད་ཆོས་མཚོན་བྱེད་ཀྱི་མིང་འདུས་མའི་ཆ་ཤས་གཉིས་དགག་སྒྲས་སོ་སོར་ཕྱེས་ནས། ཆ་ཤས་སྔ་མ་དངོས་པོའི་

མིང་དང་། ཆ་ཤས་ཕྱི་མ་བྱ་བའི་མིང་དུ་འཇུག་པའང་མང་སྟེ། བག་ཡོད་པ་ནི་འདོད་མ་ཆགས་པ་དང་། ཞེ་མི་སྡང་བ་དང་། གཏི་མི་མུག་པ་གསུམ་གྱིས་རྒྱུ་བྱས་ཤིང་མི་དགེ་བ་སྲུང་བའོ(ཆོས་ཀྱི་རྣམ་གྲངས་ལས)། །ཞེས་པས་གསལ།

ཀ གྲངས་ཀའི་མིང་གི་ངོ་བོ་འགྱུར་ཚུལ།

གྲངས་ལ་མིང་མཐའ་སྦྱར་བ། རིམ་གྲངས་ཙམ་དུ་མ་ཟད། དངོས་པོའི་མིང་དུ་འཇུག་པའང་ཡོད། སུམ་ཅུ་པ་དང་། བརྒྱད་སྟོང་པ་ནི། དཔེ་ཆའི་མིང་ངོ་། །བཅོ་གཞི་དང་སྦྱར་ནས་བཏགས་པ། ཡིག་བརྒྱ་བ། ཡི་གེ་དྲུག་མ། ཁྲི་གང་བ། ཤིང་འདོམ་དོ་བ། ལྟ་བུ་སོགས་དང་། ཁྱད་གཞི་དང་སྦྱར་ནས་བཏགས་པ། སློང་གསུམ་པ། གྲུ་བཞི་བ། རྩེ་གསུམ་པ། ཀ་བ་རིང་པོ་ཟུར་བརྒྱད་པ། ལྟ་བུ་སོགས་དང་། ལུས་ཀྱི་ཡན་ལག་དང་སྦྱར་ནས་བཏགས་པ། གདོང་ལྔ་བ། ངོ་གཉིས་མ། ལྕེ་གཉིས་མ། རྐང་གཉིས་པ། རྐང་གསུམ་པ། (དྲིལ་གྱི་མངོན་བརྗོད)ལྟ་བུ་སོགས་དང་། གཞན་ཡང་། གཉིས་སྐྱེས། ལམ་ལྔ་བ། ར་ཡིག་གཉིས་པ། སུམ་མདོ། ལྟ་བུ་སོགས་མང་ངོ་། །

ང དངོས་པོའི་མིང་གི་ངོ་བོ་འགྱུར་ཚུལ།

ཚིག་གྲེང་སྤྲེལ་བ་ལས། དངོས་པོའི་མིང་ལ་ལ་བྱ་བའི་མིང་དུ་འཇུག་ཚོག །དཔེར་བརྗོད་ན། ཡུལ་དང་ཕུ་འབྲོག་མདའ་ཞིང་གསུམ། །བདག་རྒྱུ་ཡིན་ནམ་བསྒྱུར་རྒྱུ་ཡིན། །ཞེས་དང་། རྒྱ་གར་དྲི་མེད་འོད་དཀར་དེ། །ལན་དྲི་ངན་པས་མ་དགྲ་གོང་། །བུམ་ཆུང་རྒྱན་ལ་ཕུལ་ན་བསམ། དགོས་པའི་དུས་སུ་མ་མཆོད་ན། སྙིང་གི་སར་མིན་པའི་རྟགས་ལ་ཞོག །བྲེལ་བའི་དུས་སུ་མ་མགོན་ན། ལྷ་མཐུ་ཆེན་མིན་པའི་རྟགས་ལ་ཞོག(གྲུ་གུ་གོ་རྫོང་ལས) ཅེས་དང་། རིགས་མི་གཙོ།

ཏུས་མི་གཙོ། སྒྲུབ་པ་ཉིད་གཙོ(བདེ་བར་གཤེགས་པའི་མདོ་ལས)། ཞེས་དང་། བྲོ་མི་ཕོད་ན་ཁྲིམས་བཞིན་གཅོད་པར་བགྱི(ཇུང་ཧོང་གཏེར་ཡིག་ལས)། ཞེས་དང་། ཧོ་ནུ་ཞུ་ལ་སོགས་པས་གཉའ་སྙེ་ཐག་ཆོད་དོ(ཇུང་ཧོང་གཏེར་ཡིག་ལས)། ཞེས་དང་། ཁ་སྐད་དུ། དེ་བདག་མི་ཐུབ། དེ་འདྲ་མི་དཔེ། ལམ་དུ་འགྲོ་ཁ་དཀའ་ཡང་མ་སྐྱོན་ཐལ། དཔུང་རླུང་རྒོད་ངར་མའི་ཤུགས་སྒྲ་དེ། །ཤིང་སྡོང་ཆེན་སྐྱེ་ནས་མ་རྟུམ་ན། །རྐང་འོག་འཚུབ་མ་ཅི་ལ་ཕན(གྲུ་གུ་གོ་ཛོང་ལས)། །ལྟ་བུ་སོགས་ལས་རྟགས་ཀྱིས་མཚོན་པ་རྣམས་དངོས་པོའི་མིང་བྱ་བའི་མིང་དུ་འཇུག་པ་ཡིན། དེ་དག་རིམ་བཞིན་བདག་ནི་བདག་པོ་སྟེ། འདིར་སྲུང་བའི་དོན། གཙོ་ནི་གཙོ་བོ་སྟེ། འདིར་དང་བོར་འཛིན་པའི་དོན། བྲོ་ནི་མནའ་སྟེ། འདིར་བྲོ་དོར་བའམ་མནའ་སྐྱེལ་བའི་དོན། གཉའ་ནི་གཉའ་བོའམ་དཔང་པོ་སྟེ། འདིར་བདེན་བརྫུན་ཤན་འབྱེད་པའི་དོན། བརྗོད་པ་ཚིག་སྡུད་མང་པོ་ཉིད། དེ་དག་ལྷུག་པ་དག་གིས་གསོས། ཞེས་པ་ལྟར། མིང་གཅིག་གོ་གཉིས་ཆོད་བྱས་ནས། ཚིག་གི་བརྗོད་ཉམས་འདོན་པ་ཡིན་ནོ། །དངོས་པོའི་མིང་བྱ་བའི་མིང་དུ་འཇུག་པར། ཧ་ལམ་དུས་གསལ་བྱེད་ཀྱི་སྒྲའམ་དགག་སྒྲ་ཞིག་མཐུན་རྐྱེན་དུ་འཇུག་དགོས། མཐུན་རྐྱེན་དེ་ལུགས་མ་སྦྱར་ན། དངོས་པོའི་མིང་བྱ་བའི་མིང་དུ་འཇུག་སྲོལ་མེད་དོ། །

དོན་ཚན་གསུམ་པ། མིང་གི་རིགས་རྟེན་ཅིང་འབྲེལ་བའི་ཁྱད་པར་ལྡང་ཚུལ།

དང་པོ། མིང་གཞི་རིགས་འདྲ་རྒྱུད་བསྟེགས་ལས་འབྲེལ་ཆགས་པའི་མིང་གི་སྐོར།

མིང་གཞི་རིགས་འདྲ་རྒྱུད་བསྟེགས་ལས། །མིང་གི་རིགས་ནི་རྣམ་གསུམ་བྱུང་། །
བསྟེགས་པ་ཅན་ནི་བྱ་བའི་དང་། །རྒྱུད་བ་དངོས་པོའི་མིང་དུ་གྲུབ། །
ཡང་ན་བསྟེགས་པ་དངོས་པོ་དང་། །རྒྱུད་བ་བྱ་བ་མཚོན་བྱེད་ཡིན། །
བསྟེགས་པ་བྱ་བ་རྒྱུད་བ་ནི། །ཁྱད་ཆོས་མིང་དུ་གྲུབ་པའང་ཡོད། །

མིང་གཞི་གཅིག་པའམ། མིང་གཞི་སྡེ་བ་གཅིག་པ་ལས། མགོ་འཛོག་སྦྱོར་མི་སྦྱོར་གྱི་ཆ་ནས། བྱ་བའི་མིང་དང་དངོས་པོའི་མིང་ངམ། ཁྱད་ཆོས་ཀྱི་མིང་གཉིས་རེ་རྟེན་ཅིང་འབྲེལ་བར་བྱུང་བ་སྐོར་ཞིག་ཡོད། དེ་ལུགས་ཁོང་དུ་ཆུད་ན། མིང་འདི་རིགས་ཀྱི་ངོ་བོ་ལྷག་པ་གསལ་བར་གོ་བ་ལེན་ཐུབ། དཔེར་ན། མིང་གཞི་རྒྱུད་བའི་འབུད་པ་ནི། མེ་གཟན་པའི་བྱ་བའི་མིང་ཡིན་ལ། མིང་གཞི་བསྟེགས་པའི་སྦུད་པ་ནི། མེ་སྦར་བྱེད་ཀྱི་ཡོ་བྱད་དེ་དངོས་པོའི་མིང་ཡིན། དེས་ན་སྦུད་པ་ནི་འབུད་པ་ལ་བརྟེན་ནས་བྱུང་བ་ཡིན་པའི་ངེས་ཤེས་སྐྱེའོ། །འདི་རིགས་ལས་གཙོ་ཆེར་བྱ་བའི་མིང་དང་དངོས་པོའི་མིང་ངམ། བྱ་བའི་མིང་དང་ཁྱད་ཆོས་ཀྱི་མིང་རྟེན་ཅིང་འབྲེལ་བར་བྱུང་བ་སྐོར་གཉིས་ཡོད་དོ། །

ཀ བྱ་བའི་མིང་དང་དངོས་པོའི་མིང་རྗེན་ཅིང་འབྲེལ་བར་བྱུང་བའི་རིགས།

༡. མིང་གཞི་རིགས་འདྲ་བརྩེགས་པ་ཅན་བྱ་བའི་མིང་དང་། རྐྱང་བ་དངོས་པོའི་མིང་ཡིན། དཔེར་ན།

གནའ་བོའི་མི་རོ་རྣན་མེད་སར། །
བསྐམས་ཤིང་བསྐྱུངས་པར་གྱུར་རོ་ཟེར། །
རིལ་བུར་བསྒོངས་ནས་གོང་བུར་དྲིལ།
འོད་སྣང་བསྒྲིབས་ནས་གྲིབ་མ་གུག །
བུས་པར་ཉེད་པ་བསྙོད་ནས་སྐྱོང་། །
མིག་འདྲའི་མདངས་ཀྱིས་མི་མཐོང་ལྷོངས། །
ཡིག་ཤོག་བསྡེབས་ནས་དཔེ་དེབ་བསྒྲིགས། །
ཐབ་རྫོས་བསྣད་ནས་ནད་པར་གྱུར། །
ལུ་གུར་ནུ་མ་བསྣུན་ནས་གསོན། །
མང་དུ་སྤུངས་ནས་ཕུང་པོར་གྲུབ། །
ཕོ་བྱད་གཅེས་ནས་ལེགས་པར་སྤྱུད། །
ཡིག་ཤོག་སྤྲམས་ནས་བམ་པོ་ལོངས། །
མ་རིག་རྫོངས་པས་ཉོན་མོངས་བྱུང་། །
ཧ་ཅང་སྨན་པའི་མན་ངག་གསུངས། །
ཕྱུག་པས་བཞལ་གདན་རྒྱུགས་ནས་བརྣག །
དྲིས་པའི་ལན་དུ་ལྷན་པ་འགྲིག །
སྨན་ཆུའི་ལུམས་སུ་སྨུམས་ནས་དྲག །
པར་དུ་ལྷུགས་པའི་ལུགས་མ་འདྲ། །

ལྟ་བུ་སོགས་བྱ་བའི་མིང་ད་ལྟ་བའི་མགོ་ཅན་དོར་ནས་དངོས་པོའི་མིང་དུ་གྱུར།(ཐིག་རྟགས་ཀྱིས་དངོས་པོའི་མིང་དང་། ཚེག་རྟགས་ཀྱིས་བྱ་བའི་མིང་མཚོན།)

༢. མིང་གཞི་རིགས་འདྲ་བརྩེགས་པ་ཅན་དངོས་པོའི་མིང་དང་། རྒྱང་བ་ཅན་བྱ་བའི་མིང་ཡིན། དཔེར་ན།

སྐྱོན་ཅན་དག་ལ་བཀའ་བསྐྱོན་པ། །
གྲོས་སུ་བགྲོས་པའི་བཤད་སྒྲོས་མང་། །
ཕྲང་བའི་སྣོད་དུ་གཅིན་གྱིས་གང་། །
སློག་ཤུ་གོག་ནས་མར་ལ་འཐོར། །
ཧ་ཅང་ངལ་བས་སྡུག་བསྔལ་མྱོང་། །
སྨན་ལ་ཉན་པ་གློ་ལ་བཟུང་། །
སྡེགས་བུར་བཏེན་ནས་ཡར་ལ་བཏེགས། །
སྦུམ་ཐབ་དག་ནི་འདུམས་ཤིང་ཡོད། །
དཀན་གཟར་རི་ནས་མར་འགྲིལ་ཞིང་། །
བབ་པའི་རྫོ་སོགས་རྦབ་ཅེས་གྲགས། །

ལྟ་བུ་སོགས་དངོས་པོའི་མིང་གི་མགོ་ཅན་དོར་ནས་བྱ་བའི་མིང་དུ་གྲུབ་པའོ། །

ཁ བྱ་བའི་མིང་དང་ཁྱད་ཆོས་ཀྱི་མིང་རྟེན་ཅིང་འབྲེལ་བར་བྱུང་བའི་རིགས།

མིང་གཞི་རིགས་འདྲ་བརྩེགས་པ་ཅན་བྱ་བའི་མིང་དང་། རྒྱང་བ་ཅན་ཁྱད་ཆོས་ཀྱི་མིང་ཡིན། དཔེར་ན།

ཕོ་རིམ་བསྒྲིགས་པ་འགྲིག་ཡགས་རེད། །
སྐྱོང་གྲུད་བྱུང་ནས་རླུང་ཧ་རྒྱུད། །
ཉུང་བར་མ་སྣང་མང་ན་བཟང་། །
ཉེ་བར་བསྙེན་ནས་བཀུར་སྟི་བྱེད། །

མཐོ་དམན་བསྙམས་ནས་མཉམ་པ་དང་། །
ཐུང་བར་མ་སྡུང་རིང་རྒྱུ་མེད། །
ཛམ་པས་ཛོ་མདངས་ངམ་ཞིང་ནག །
སློག་པ་བསློགས་ནས་དོག་བདེར་གོན། །
མར་ལ་བསྣུར་ནས་ནར་ནར་འཕྱུང་། །
བསྣོར་ཚོད་མ་ཟིན་ནོར་འཁྲུལ་བྱུང་། །
འཐོལ་བར་བསྐེམས་ནས་ནེམ་ནེམ་འགྱུལ། །
ཟླི་བ་གླིབས་ནས་ལེབ་ལེབ་ཉན། །
གཡོ་སྒྱུས་བསླད་ནས་ལད་པར་འགྱུར། །
རྡུལ་ཡུན་རིང་བས་ཉུལ་དྲི་བྲོ། །

ལྟ་བུ་སོགས་མིང་གཞི་བརྩེགས་མ་ད་ལྟ་བ་གཞིར་བཟུང་ཞིང་མགོ་ཅན་དོར་ནས་ཁྱད་ཆོས་ཀྱི་མིང་དུ་གྲུབ་པ་ཡིན་ནོ། །

གཞན་ཡང་། མིང་གཞི་རིགས་འདྲ་རྐྱང་བརྩེགས་ལས། དངོས་པོའི་མིང་ལ་བརྟེན་ནས། དངོས་པོའི་མིང་གཞན་ཞིག་བྱུང་བ། གྲུ་གྲུ་ལ་བརྟེན་ནས་གཡོ་སྒྱུ་དང་། ལྡུང་བར་བརྟེན་ནས་ཚུ་ལྡུང་ལྟ་བུ་སོགས་བྱུང་བའང་ཡོད་དོ། །

གཉིས་པ། མིང་གཞི་ར་དང་ར་བཏགས་ཅན་ལས་འབྲེལ་ཆགས་པའི་མིང་གི་སྐོར།

མིང་གཞི་ར་དང་ར་བཏགས་ཅན་རྣམས་ལས། །
རྟེན་འབྲེལ་དབང་གིས་ངོ་བོ་གཅིག་པ་དང་། །
ངོ་བོ་གཅིག་ཀྱང་ལྡོག་པ་མི་གཅིག་པ། །
བྱ་བ་རིགས་གསུམ་དང་བཅས་ཡོད་པའི་ཕྱིར། །
ལེགས་པར་རྟོགས་ན་རྣམ་དཔྱོད་རྒྱས་པར་འགྱུར། །

ཐ་སྙད་ཕུན་སུམ་ཚོགས་པའི་རྒྱ་མཚོ་ལས། མིང་གཞི་ར་དང་ར་བཏགས་ཅན་སྐོར་ཞིག་གནས་དང་བྱེད་པའི་སྦྱོར་བ་སྦྱིར་བཏང་འདྲ་བའི་སྒོ་ནས། བརྟེན་ཅིང་འབྲེལ་བར་བྱུང་བའི་ཐ་སྙད་མང་སྟེ། ལ་ལ་ངོ་བོ་གཅིག་པ་དང་། ལ་ལ་ངོ་བོ་འདྲ་ཡང་ལྡོག་པ་མི་གཅིག་པ་དང་། ལ་ལ་དོན་འདྲ་ཡང་འཇུག་ཡུལ་མི་གཅིག་པ་དང་། ལ་ལ་ཕྱོགས་མཚུངས་ཀྱང་བདག་གཞན་གྱི་དབྱེ་བ་ཡོད་པ་དང་། ལ་ལ་དོན་འདྲ་ཡང་སྒྲའི་ཟུར་ཆག་མ་ཆག་གི་དབང་གིས་འབྲི་སྲོལ་མི་གཅིག་པ་སོགས་དུ་མ་ཡོད་དོ། །ཤེས་བྱེད་གཙོ་བོ་ནི། སྐད་ཀྱི་གདངས་ཉེ་བ་དང་། དབྱངས་དང་མཐའ་རྟེན་གཅིག་པའོ། །གཞན་ཡང་། མིང་གི་བརྗོད་པ་རྣམས་ལས། སྒྲ་ཕལ་ཆེར་འདྲ་བའི་རྐྱེན་གྱིས། ངོ་བོའི་ཁྱད་པར་མ་ཕྱེད་པར། ཞྭ་དཔེ་ལྷམ་འགེབས་ཀྱི་ཉེས་ཉེས་རྣམས་ཀྱང་ཞིབ་མོ་རྣམ་འཐག་འདི་དང་བསྒྲིས་ནས་ཤེས་པར་བགྱིའོ། །

ཀ མིང་གཞི་ར་དང་ར་བཏགས་ཅན་འབྲེལ་བའི་མིང་།

ར་བ་དང་རིབ་མ། གནས་ཀྱི་ཕོར་ཡུག་གི་མཐའ་ཆོད་དུ་དོན་འདྲ་ཡང་། ཁྱད་གཞི་མི་གཅིག་སྟེ། ས་ཡིས་བསྐོར་བ་ལ་ར་བ་དང་། ཤིང་གིས་བསྐོར་བ་ལ་རིབ་མ་སྟེ། ཇོས་བརྩིགས་པ་ལ་རྩིག་པ། ཞེས་པའོ། །

རྔ་དང་ཏྭ། སྒྲིག་བྲག་ཅན་གྱི་མགོ་ན་སྐྲེས་པའི་རྟུང་བྱེད་དེ། རྔ་ཅོ་ལ་ཏྭ་ཐུར་ཟེར་བའོ། །རྔ་ལ་ཕ་ཟུར་བཏགས་པ། ར་བ་དང་རྔ་ལུག་གི་རྔ་དང་ཁྱད་པར་བྱས་པ་ཡིན།

རོང་རེ་དང་གྲོང་རེ། དོན་གཅིག་སྟེ། གྱེན་དུ་དྲང་བའི་ཁྱད་ཆོས་ཀྱི་མིང་དང་། རོང་རེ་བ་དང་། གྲོང་རེ་བ་ནི་ཁྱད་ཆོས་དེའི་དངོས་པོའི་མིང་དུ་གྱུར་པའོ། །

རོལ་མོ་དང་འཁྲོལ་བ། དཀྲོལ་བྱའི་པི་ཝང་སོགས་ལ་རོལ་མོ་དང་། པི་ཝང་

སོགས་ཀྱི་སྒྲ་འཕྲིན་པ་ལ་འཕྲོལ་བ་ཟེར་ཏེ། རོལ་མོ་འཕྲོལ་བ། ལྟ་བུའོ། །

ར་དང་ག྄ྲ། གནས་ཀྱི་ཁོར་ཡུག་གི་མཐའ་ཚོད་དུ་དོན་གཅིག་སྟེ། ཆོས་ར་ལ་ཆོས་གྲྭ་དང་། ནོར་ར་ལ་ནོར་གྲྭ་ཟེར་བ་ལྟ་བུ། གྲྭ་ལ་ཕྭ་ཟུར་བཏགས་པ། གྲུའི་གྲ་དང་། གྲ་མའི་གྲ་དང་ཁྱད་པར་གཏོད་པའོ། །

རིགས་པ་དང་འགྲིག་པ། ཁྱད་ཆོས་ཀྱི་མིང་དུ་དོན་གཅིག་སྟེ། རིགས་པར་བྱ་ལ་འགྲིག་པར་བྱ། ཟེར་བ་ལྟ་བུ་དང་། དངོས་པོའི་མིང་དུ་རིགས་པ་མ་གཏོགས་འགྲིག་པ་མི་འཇུག་སྟེ། རིགས་པས་དཔྱད་པ་ལ། འགྲིག་པས་དཔྱད། ཅེས་ཟེར་སྲོལ་མེད་པས་གསལ།

རིབ་པ་དང་གྲིབ་མ། ཁྱད་ཆོས་དང་དངོས་པོའི་ཆ་ནས་འབྲེལ་ཆགས་ཏེ། མུན་པ་འགྲིབས་ཤུལ་ལ་གྲིབ་མ། ཞེས་པ་དང་། དེ་བཞིན་མི་གསལ་བའི་རྣམ་པ་ལ་རབ་རིབ་དང་། སྔོང་བོའི་རྩར་ཉི་འོད་མ་ཁེལ་ས་ལ་གྲིབ་བསིལ་ཟེར་བའོ། །ཡང་ནག་པོའི་ཆ་ནས་གྲིབ་མ་མི་གཙང་བ་དང་ལན་ཆགས་ལའང་འཇུག་སྟེ། བཙོག་པ་ཟློས་ནས་ཟས་གྲིབ་ཕོག་པ། གྲིབ་མས་གནག་པ། གཉིད་ལོག་ནས་གྲིབ་ནོན་བྱུང་བ། ཟེར་བ་ལྟ་བུ།

ཉུ་སྐྱུ་དང་གྲུ་སྐྱུ། དོན་གཅིག་སྟེ། མཉན་པའི་སྦུབ་ཤིང་ངོ་། །

རོགས་དང་གྲོགས། དོན་གཅིག་སྟེ། རོགས་པ་ལ་གྲོགས་པོ་དང་། ལས་རོགས་ལ་ལས་གྲོགས་ཟེར་བ་ལྟ་བུ།

རོང་བ་དང་གྲོང་བ། འབྲེལ་ཆགས་ཤིང་དོན་གཅིག་སྟེ། གནའ་བོར་འབྲོག་པ་ལ་ཉུ་བ་དང་། རོང་བ་ལ་གྲོང་བ་ཟེར་ཏེ། རོང་བའི་འདུག་ས་གྲོང་ཡིན་པའི་ཕྱིར།

ཞ་རེ་དང་ཞ་སྒྲེ། དོན་གཅིག་སྟེ། རྣ་བ་མེད་པའོ། །སྔོན་སྦྱོར་དུ་ཞ་སྒྲེ་ཞེ་ན། སྒྲ་ལྡི་ཡང་ཤེད་མི་མཉམ་པས། བརྗ་རྙིང་དུ་ཞ་རེ་ཞེས་བརྗོད་བདེ་བར་བྱས་པ་མང་ངོ་། །

རལ་བ་དང་དྲལ་བ། བདག་གཞན་གང་ལའང་མ་འབྲེལ་བའི་བྱ་བ་ལ་བཀོད་ན་དོན་གཅིག་སྟེ། གོས་རལ་སོང་ལ་གོས་དྲལ་སོང་། ཞེས་པས་གསལ། བདག་གཞན་གྱི་སྒོ་ནས་དོན་མི་གཅིག་སྟེ། སྔ་མ་གཞན་དང་འབྲེལ་བའི་བྱ་བ་དང་། ཕྱི་མ་བདག་དང་འབྲེལ་བའི་བྱ་བ་སྟེ། ཤོག་བུ་དྲལ་ནས་རལ་སོང་། ལྟ་བུ། དེ་ཕྱིར་དགྲ་བོའི་ལུས་ཕུང་ཞིག་རལ་དུ་གཏོང་བྱེད་ཀྱི་གྲི་རིང་སོ་གཉིས་མར་རལ་གྲི་ཞེས་གྲགས། འདི་གཉིས་ཀའི་མིང་མཐའ་ལ་ན་རོ་སྦྱར་བའི་དྲལ་བོ་དང་རལ་བོ་ནི། བྱ་བའི་མིང་དངོས་པོའི་མིང་དུ་གྱུར་པས། དེང་གི་ན་གཞོན་ཚོས་དྲལ་བོ་ཅི་གོན། ཟེར་བ་ལས་སྦྱར་གཞི་གོས་ཞེས་པ་བསྡུས་ཀྱང་གོས་ཆད་པོར་བསྟན་པ་གསལ་ལོ། །

རིང་བ་དང་འདྲིང་བ། བརྡ་རྙིང་དུ། སྒྲོ་བ་རིང་ལ། སྒྲོ་བ་འདྲིང་། ཞེས་དོན་གཅིག །འདྲིང་ནི་ད་ལྟ་བ་དང་། རིངས་ནི་འདས་པའོ། །

རིལ་བ་དང་དྲིལ་བ། སྔ་མ་གཞན་དང་འབྲེལ་བའི་བྱ་བ་དང་། ཕྱི་མ་བདག་དང་འབྲེལ་བའི་བྱ་བ་སྟེ། ཤོག་བུ་དྲིལ་ནས་རིལ་བ། ལྟ་བུ། དྲིལ་བསྒྲགས་པ་ནི། བཀའ་ཤོག་དྲིལ་བ་ཐང་བཀྲལ་ནས་ཚོགས་པར་བཏོན་ནས་གོ་བརྡ་སྤྲད་པའི་དོན་ཡིན། དག་ཡིག་མིང་མཛོད་ཁ་ཅིག་ལས། དྲིལ་བ་རྒྱ་མཚན་ཕྱོགས་གཅིག་ཏུ་བསྡུས་པའི་དོན་ལའང་འཇུག་སྟེ། དེ་ལུགས་དྲིལ་ན་དོན་གསུམ་དུ་འདུས་ཟེར་བ་ལྟ་བུ། རིལ་ཡང་ཁྱད་ཆོས་ཀྱི་མིང་དུ་འཇུག་ཉུང་སྟེ། རིལ་རིལ་དང་། རིལ་ལེར་ཕྱིན་པ། ལྟ་བུའོ། །

རིལ་བུ་དང་དྲིལ་བུ། གཉིས་ཀའི་མིང་མཐར་ཞབས་ཀྱུ་སྦྱར་ཚེ། བྱ་བའི་མིང་དངོས་པོའི་མིང་དུ་གྱུར་པ་ཡིན། དེ་ཡང་རྣམ་པ་འདྲ་ཡང་ངོ་བོ་མི་འདྲ་སྟེ། རིལ་བུ་ནི། མཉེན་མོའི་རིགས་འདམ་བག་ལྟ་བུ་ལས་གྲུབ་པའི་ཇོག་པོ་ཡིན་ལ། དྲིལ་བུ་ནི། སྲ་མཁྲེགས་ལྕགས་ལྟ་བུ་ལས་གྲུབ་པའི་རོལ་མོ་ཞིག་ཡིན་ནོ། །ཡང་། རིལ་

བུར་བསྒྲོས་ནས་ཆ་ཤས་ཀུན་ཚང་བ་ཅན་ལ་རིལ་པོ་ཟེར་ཏེ། ཉིན་རིལ་པོ། ལྟ་བུ་དང་། རང་གི་ངང་གིས་ཟླུམ་པུར་གྲུབ་པ་ཅན་ལ་རིལ་མ་སྟེ། ལུག་གི་རིལ་མ། ལྟ་བུའོ། །

ཅུབ་པ་དང་འཆུབ་པ། འབྲེལ་ཆགས་ཀྱང་དོན་མི་གཅིག །རྐ་ཁ་ཅུབས་ནས་འཆུབ་པ་ནི། རྐ་ཁ་ཟུམས་ནས་དྲག་པར་འགྱུར་བ་ལྟ་བུ། བདག་གཞན་གྱི་དབྱེ་བའང་ཡོད་དེ། ཅུབ་པ་ནི་སྲུབས་ཟུམ་པ་དང་། འཆུབ་པ་ནི་སྲུབས་ཟུམ་པར་བྱེད་པ་སྟེ། གོས་སྲུབས་འཚེམ་པ་ལ། གོས་སྲུབས་འཆུབ་ཟེར་བ་ལྟ་བུའོ། །

ཅུལ་བ་དང་རྡུལ་བ། སྔ་མ་བྱ་བྱེད་ཐ་མི་དད་པ་སྟེ། ཤ་ཅུལ་སོང་། ཟེར་བ་ལྟ་བུ་དང་། ཕྱི་མ་བྱ་བྱེད་ཐ་དད་པ་སྟེ། ཅུལ་བར་འཇུག་པ་ལ། རྩྭ་ལྤུམ་རྡུལ་ནས་ལུད་དུ་བྱ། ཟེར་བ་ལྟ་བུའོ། །ཅུལ་ནས་འདག་པར་གྱུར་པ་ལ་ཅུལ་མྱུགས་དང་། ཅུལ་ནས་དྲི་ངན་གྲོ་བ་ལ་ཅུལ་སུངས་དང་། སྐྱིད་ལུག་པ་ལ་ཅུལ་མ་དང་། ལ་རྒྱ་ཉམས་པ་ལ་ནང་ཅུལ། ཞེས་བྱའོ། །

ཞམ་རིང་དང་ཞབས་འབྲིང་། སྐུ་གཡོག་སྟེ་དོན་གཅིག་བརྡ་རྙིང་དུ། ཞབས་འབྲིང་ལ་ཞམ་རིང་ལྟར་བྲིས་པ། སྲིབ་སྦྱོར་གྱི་དབང་གིས་སྒྲ་ཀློ་ཡང་ཤེད་སྙོམས་པར་བྱས་ནས་གྲུབ་པ་ཡིན།

རིན་པ་དང་བྲིན་པ། དོན་འབྲེལ་ཏེ། སྔ་མ་དངོས་པོའི་མིང་དང་། ཕྱི་མ་བྱ་བའི་མིང་ཡིན། ཟོང་གི་རིན་ལ་སྒོར་མོ་བརྒྱ་བྲིན། ཟེར་བ་ལྟ་བུའོ། །

རིམ་པ་དང་བྲིམ་པ། སྔ་མ་སྔོན་གཞུག་གི་གོ་རིམ་སྟེ་དངོས་པོའི་མིང་དང་། ཕྱི་མ་རིམ་པ་བཞིན་སྤར་བ་སྟེ་བྱ་བའི་མིང་ཡིན། སྐལ་བརྒྱབ་ནས་རིམ་པ་བཞིན་བྲིམས་སོ། །ལྟ་བུ། བརྡ་རྙིང་དུ། འགྱེད་དུ་བྲིམས་ལ། འགྱེད་དུ་རིམས། ཞེས་བྲིས་པ་ཡང་སྣང་།

རིས་དང་བྲིས། སྔ་མ་ནི་རི་མོ་སྟེ་དངོས་པོའི་མིང་དང་། ཕྱི་མ་ནི་འབྲི་བའི་

འདས་པ་སྟེ་བྱ་བའི་མིང་ཡིན་ཞིང་། བྲིས་མ་ཞེས་དངོས་པོའི་མིང་དུ་གྱུར་པའི་ཆ་ནས། རིས་དང་དོན་གཅིག་པར་སྦྱར་ཚིག་སྟེ། ལོགས་རིས་ལ་ལོགས་བྲིས་དང་། ཡིག་གཟུགས་ཀྱི་ཁྱད་པར་དཔེ་བྲིས་ལ་དཔེ་རིས་དང་། ཟླུམ་བྲིས་ལ་ཟླུམ་རིས། ཞེས་པས་གསལ། དེས་ན་ཚོག་རིས་ནི། ཚོག་ཏུ་བྲིས་ཡོད་པའི་དོན་ཡིན་མོད། དག་ཡིག་ལ་ལར། ཚོག་རིས་ནི་ཚོག་གི་སྲུ་རིས་ཞེས་བཀྲལ་བ་མ་དག་པར་མཐོང་ངོ་། །

ཧུབ་པ་དང་ཐུབ་པ། སྔ་མ་ཕྱོགས་གཅིག་ཏུ་འདུས་པ་སྟེ། བྱ་རྐོད་ཐེད་ལ་ཧུབ་པ། ལྟ་བུ་དང་། ཕྱི་མ་ཕྱོགས་གཅིག་ཏུ་བསྡུས་པ་སྟེ། ལམ་དུ་གང་མགོ་ཐུབས་ནས་བཞག་ཡོད། ལྟ་བུའོ། །

ཟླ་རེ་དང་ཟླ་ཐེ། གཉིས་ཀའང་ཟླ་ལ་ཐེས་པའི་གནམ་རྒྱུན་ནམ་ཐོག་ཡོལ་གྱི་མིང་ཡིན། བརྡ་རྙིང་དུ་པ་བ་དག་ལ་ར་བཏགས་པའི་སྒྲ། དེང་སང་ལྟར་མཆུ་སྒྲ་དང་བཅས་པའི་ཏྲ་དང་དྲ་བཞིན་མི་འདོན་པར། ར་སྒྲ་ཟུར་ཙམ་འདྲེས་པའི་པྲ་དང་བྲ་བཞིན་འདོན་པ་དང་། མིང་གཞིའི་སྒྲ་ཟུར་ཆག་ནས་ཟླ་ཐེའི་སྒྲ་ཟླ་རེ་ལྟར་གྱུར་པ་ཡིན་ནོ། །

རེགས་པ་དང་ཐེགས་པ། སྔ་མ་ལས་དང་འབྲེལ་བའི་བྱ་བ་དང་། ཕྱི་མ་བྱེད་པ་དང་འབྲེལ་བའི་བྱ་བ་སྟེ། སྐྲ་ཐེགས་ནས་རེགས་པ། ལྟ་བུ། རེགས་པ་ཁྱད་ཆོས་ཀྱི་མིང་དུའང་འཇུག་ཏུང་སྟེ། མགོ་རེགས་ཞབས་རྗེན། ལྟ་བུའོ། །

རོ་དང་བྲོ། སྔ་མ་ལྕེའི་མྱང་བྱ་སྟེ་དངོས་པོའི་མིང་དང་། ཕྱི་མ་མྱངས་པའི་ཚོར་བ་སྟེ་བྱ་བའི་མིང་ཡིན་ཏེ། རོ་བྲོ་བ། ལྟ་བུའོ། །

རིང་བ་དང་སྲིང་བ། སྔ་མ་བསྲིངས་པའི་ཁྱད་ཆོས་དང་། ཕྱི་མ་རིང་དུ་གཏོང་བའི་བྱ་བ་སྟེ། རིང་བར་སྲིང་བ་དང་། བསྲིངས་ནས་རིང་བ། ལྟ་བུ། འདི་གཉིས་འབྲེལ་ཆགས་པའི་དབང་གིས། ཉེ་རིང་ལ་བསླེན་སྲིང་ཞེས་ཀྱང་བྱའོ། །

རིབ་པ་དང་སྲིབ་པ། དངོས་པོའི་མིང་དུ་དོན་གཅིག་སྟེ། ཉིན་སྲིབ་ལ་ཉིན་རིབ་ཟེར་བ་ལྟ་བུ་དང་། མི་གཅིག་ས་ནི། རིབ་པ་ནི་གཞན་དང་འབྲེལ་བའི་བྱ་བ་ལ་འཇུག་ཊུང་སྟེ། བསྒྲིབས་ནས་རིབ་པ་དང་། སྲིབས་ནི་དངོས་པོའི་མིང་ཙམ་ལས་བྱ་བར་འཇུག་མི་ཊུང་སྟེ། སྣང་བ་རིབས་ནས་གྲིབ་མ་གྲུག་ས་ཡིན་པས། ཉིན་རྩ་སྲིབ་རྩ་དང་། ཁང་བའི་སྲིབ་འཁྲུགས་ཟེར་བ་ལྟ་བུ། ཁང་བའི་མདུན་དུ་སླང་མ་ལྟ་བུས་བསྐོར་བའི་གྱང་ར་ལ་རིབ་མ་ཞེས་པ་ཡང་། སྒོ་ཕྱི་ནང་གི་སྒྲིབ་བྱེད་ཡིན་པའི་ཆ་ནས་བཏགས་པའོ། །

རོལ་དང་སྲོལ། ལོག་བརྒྱབ་ཤུལ་གྱི་ཤུར་མོའི་མིང་སྟེ། ས་བོན་རོལ་ལམ་སྲོལ་ལ་འདེབས་པ། ལྟ་བུ། མི་གཅིག་སའང་ཡོད། རོལ་ནི་ཕྱོགས་ཏེ། ཕ་རོལ། ཚུ་རོལ། གཡས་གཡོན་རོལ་གཉིས་ཟེར་བ་དང་། སྲོལ་ནི་ལུགས་ཏེ། ཡུལ་སྲོལ། ལམ་སྲོལ། བཤད་སྲོལ་ཟེར་བ་ལྟ་བུའོ། །

རགས་པ་དང་ཧྲགས་པ། ཞིབ་མོ་མིན་པའི་ཆ་ནས་དོན་འདྲ་སྟེ། བྱེ་མ་རགས་རགས་ལ། བྱེ་མ་ཧྲགས་ཧྲགས་ཀྱང་ཟེར་ཆོག་ལ། ཁྱད་ཆོས་མཚོན་བྱེད་དུ་འཇུག་ཡུལ་མི་འདྲ། རིག་བྱ་སྦྱུབ་པ་ལ་སིག་ཧྲར་ལྷར་ཧྲགས་པ་དང་། ཞིབ་ཆ་མེད་པ་ལ་བརྗོད་པ་རགས་པ་ཙམ་ཟེར་བ་ལྟ་བུ།

རད་པ་དང་ཧྲད་པ། རལ་བའི་དོན་དུ་གཅིག་པའོ། །

རལ་བ་དང་ཧྲལ་པ། ཐེད་པའི་དོན་ཏེ། གོས་རལ་བའམ་ཧྲལ་བ། ལྟ་བུ།

རལ་ཊུལ་དང་ཧྲལ་ཧྲུལ། གཉིས་ཀའང་ཉམས་པའི་རྣམ་པ་མཚོན་ཀྱང་། འཇུག་ཡུལ་མི་འདྲ་སྟེ། ཚོད་མ་ར་ལེ་ཊུལ་ལེ། པགས་པ་ཧྲ་ལེ་ཧྲུལ་ལེ། ཟེར་བ་ལྟ་བུ།

རིག་རིག་དང་ཧྲིག་ཧྲིག །ཁྱད་ཆོས་ཀྱི་མིང་དུ་དོན་གཅིག །མིག་འབྲས་མྱུར་དུ་འགུལ་བའི་རྣམ་པ་ལ། མིག་རིག་རིག་དང་། མིག་ཧྲིག་ཧྲིག་ཀྱང་ཟེར།

རབ་རིབ་དང་ཧྲབ་ཧྲིབ། གསལ་པོ་མིན་པའི་རྣམ་པ་སྟེ། གཟུགས་རབ་རིབ་ཙམ་མམ་ཧྲབ་ཧྲིབ་ཙམ་ལས་མི་མཐོང་། ཟེར་བ་ལྟ་བུ།

རིལ་བོ་དང་ཧྲིལ་བོ། གཉིས་ཀ་འང་ཆ་ཤས་ཀུན་ཚང་བ་ཅན་གྱི་མིང་སྟེ། ཉིན་རིལ་བོའམ་ཉིན་ཧྲིལ་བོ་དང་། ལུག་ཤ་རིལ་བོའམ་ཧྲིལ་བོ། ལྟ་བུ།

ཙུག་པ་དང་ཧྲུག་པ། རྡོག་པོ་ཆུང་ངུ་མང་བའི་རྣམ་པ་སྟེ། རྡོ་བཅག་ནས་ཙུག་ཙུག་གམ་ཧྲུག་ཧྲུག་ཏུ་བཏང་བྱུང་། ཟེར་བ་ལྟ་བུ།

རེངས་པ་དང་ཧྲེངས་པ། ཁྱད་ཆོས་ཀྱི་མིང་དུ་དོན་གཅིག་སྟེ། ཀྱོང་བའམ་མཉེན་ཆ་མེད་པར་གྱུར་པའི་རྣམ་པ་མཚོན་པར། ལུས་གྲང་ནས་ཤིང་ལྟར་རེངས་པའམ་ཧྲེངས་པར་གྱུར་པ། ལྟ་བུ་དང་། བཟའ་བླ་མེད་པའི་མི་རྐྱང་ལ་ཕོ་རེངས་མོ་རེངས་སམ་ཕོ་ཧྲེངས་མོ་ཧྲེངས། ཟེར་བ་ལྟ་བུ། དཔྱིབས་ནར་མ་ཅན་སྲ་ཚགས་པ་ལ། རེང་བུ་ལས་ཧྲེང་བུ་ཞེས་བཤད་སྲོལ་མེད། སྤོས་ཀྱི་རིང་བུ་ལ། སྤོས་ཀྱི་ཧྲེང་བུ་མི་ཟེར་རོ། །

སྤུ་རེངས་དང་སྤུ་ཧྲེངས། དོན་གཅིག་སྟེ། མངོན་བརྗོད་དུ་ཕག་རྒོད་ལ་སྤུ་རེངས་སམ་སྤུ་ཧྲེངས་ཀྱང་ངོ་། །མངའ་རིས་ཀྱི་ཡུལ་གྲུ་ཞིག་ལ་སྤུ་རེངས་དང་། སྤུ་ཧྲེངས་ཀྱང་ཟེར།

ཁ མིང་གཞི་ཧྲ་ཅན་དང་ཀྲ་ཅན་འབྲེལ་བའི་མིང་།

ཧྲང་དང་ཀྲང་། ཁྱད་ཆོས་ཀྱི་མིང་དུ་དོན་གཅིག་སྟེ། སྡོང་པོ་ཧྲང་ངེར་སྐྱེས་པ་ལ། སྡོང་པོ་ཀྲང་ངེར་སྐྱེས། ཞེས་དཔེ་རྙིང་དུ་མང་དུ་མཐོང་ངོ་། །ཀྲང་ལ་ན་རོ་སྦྱར་ཀྱང་དོན་འདྲ་སྟེ། རི་བོང་རྣ་བ་ཀྲོང་ངེར་ཙོག་འདུག །ཟེར་བ་ལྟ་བུ། མི་གཅིག་ས་ནི། ཀྲང་། ཞེས་པ་དགྲོངས་ནས་ལངས་པའི་དོན་ཏེ། གྱེན་དུ་ལངས་པའི་རྣམ་པ་ཙམ་ལ་སྦྱར་ཅིང་། དགྲོངས་པ། ཞེས་པ་བརྡ་རྙིང་དུ་ཡར་ཧྲང་ངོར་

བསླངས་པའི་དོན་ཏེ། བདག་དང་འབྲེལ་བའི་བྱ་བ་ཡིན། དེ་གཞན་དང་འབྲེལ་བའི་བྱ་བ་ལ་འཁྲོངས་པ་ཞེས། རྡོ་རྗེ་ཐེག་པའི་བསྟན་པ་བྱུང་ཚུལ་ལས། ཀ་བ་ཀྱོག་པོར་གྱུར་པ་རྣམས་ཞབས་ཀྱིས་བསྙིལ་ནས་མདའ་ལྟར་འཁྲོངས་པ། ཞེས་པས་གསལ། དྲང་། ཞེས་པ་རིང་དུ་བསྲངས་ནས་ཡོད་པའི་རྣམ་པ། ལམ་ཆེན་སྐྱ་དྲང་ངེར་འདུག་ཟེར་བ་ལྟ་བུའོ། །

འཛོགས་པ་དང་དཀྲོགས་པ། བྱ་བའི་མིང་དུ་བདག་གཞན་གྱི་དབྱེ་བ་ཡོད་དེ། རྟ་དཀྲོགས་ནས་འཛོགས་སོང་། ལྟ་བུ་དང་། དེར་བརྟེན་ནས་འཛོགས་པའམ་ང་རྒྱལ་གྱི་རྣམ་པ་ལ་ཀྲོག་ཀྲོག་སྟེ། རྟ་པོ་རྣ་བ་ཀྲོག་ཀྲོག་བྱས་ཚེ་རྒྱུག་འདང་རེད། ཟེར་བ་ལྟ་བུའོ། །

དྲ་མ་དང་གྲ་མ། སྒྲ་ཕལ་ཆེར་འདྲ་ཡང་དོན་མི་འདྲ། དྲ་མ་ནི། དྲ་བའི་རྣམ་པ་ཅན་གྱི་དཀར་ཁུང་དང་། དྲ་མའི་ཤིང་ཁྲམ་ལྟར་རྟེན་ཅིང་འབྲེལ་བའི་དོན་ཤེས་པའི་མཁས་པ་ལའང་དྲ་མ་ཟེར། གྲ་མ་ནི། ཚེར་མ་དང་ལྡན་པའི་ཤིང་གྲ་མ་དང་། སྙེ་མའི་གྲ་མ་དང་། སྲམ་གྱི་གྲ་ཁ། ལྟ་བུ། འདི་ལ་ཨམ་སྐད་དུ་གྱི་མ་ཟེར་བས་ཀྱང་ཤེས་པས། དག་ཡིག་ལ་ལར་དྲ་མ་དང་གྲ་མ་འདྲའོ། །ཞེས་པ་ནོར་རོ། །

དྲུ་གུ་དང་གྲུ་གུ། སྐུད་པ་དཀྲིས་པའི་མིང་དུ་གཅིག་སྟེ། གང་རུང་སྦྱར་ཆོག །གྲུ་ཆུང་ཆུང་ལ་གྲུ་གུ་ལས་དྲུ་གུ་མི་འཇུག་གོ། །

དྲིལ་བ་དང་གྲིལ་བ། གཉིས་ཀའང་བྱ་བའི་མིང་སྟེ། ཕྱོགས་གཅིག་ཏུ་བསྡུས་པའི་ཆ་ནས་རྣམ་པ་འདྲ་ཡང་དོན་མི་འདྲ་སྟེ། དྲིལ་བ་ནི། བདག་དང་འབྲེལ་བའི་བྱ་བ་སྟེ། དབྱིབས་ལེབ་མོ་ཤོག་བུ་འདྲ་དྲིལ་བ་དང་། གྲིལ་བ་ནི། གཞན་དང་འབྲེལ་བའི་བྱ་བ་སྟེ། དབྱིབས་རིང་པོ་སྐུད་པ་ལྟ་བུ་བསྒྲིལ་ནས་གྲིལ་བ་ལྟ་བུའོ། །

དྲུམ་པ་དང་གྲུམ་པ། སྒྲ་འདྲ་བའི་སྒོ་ནས་དོན་གཅིག་ཏུ་འཇུག་པ་སྣང་ཡང་། དག་ཡིག་ཤེས་བྱ་རབ་གསལ་དང་། དག་ཡིག་ངག་སྒྲོན་བཅས་མིང་

མཛོད་ཚད་ལྡན་རྣམས་ལས། ཆག་པའི་དོན་དུ་གྲུམ་པ་མ་གཏོགས། བྲུམ་པ་མ་དག་པར་མངོན་ནོ། །དེ་ཡང་། ཆག་པའི་དོན་འཕྲོས་ནས། རྐང་ལག་གྲུམ་པའི་འགྲོས་ལྟར་དུ། །བྱེད་པའི་སྒྲོག་ཆགས་གྲུམ་པར་བཏགས། །ཞེས་དང་། དེ་བཞིན་ནུས་ཚོགས་ན་བའི་ནད་བྱེ་བྲག་པ་ཞིག་ལ་གྲུམ་བུ། ཞེས་པ་ཡང་། ཚོགས་མིག་ཆུ་སེར་འཕེལ་བ་ཡིས། །འཁོར་བྱེད་བྱེད་ལས་ཉམས་གྱུར་ཏེ། །ཚོགས་ཀུན་ཆག་གྲུམ་ཤོར་བ་ལྟར། །གྲུམ་བུ་ཞེས་སུ་བཤད་པ་དང་། །རྒྱལ་པོར་གྲུམ་པོའང་དེ་བཞིན་ཡིན། །ཞེས་དར་མོ་སྨན་རམས་པའི་སྨན་གཞུང་དུ་གསུངས་སོ། །

བྲུས་མ་དང་གྲུས་མ། བཙོན་མའི་མིང་ལ་བྲུས་མ་ལས་གྲུས་མ་མི་འཇུག་སྟེ། ཨམ་སྐད་དུ་བ་ཀྱུས་མ་ཞེས་མི་གྲག་པས་གསལ། གྲུས་ནི་བགྲུ་བའི་སྐྱུལ་ཚིག་སྟེ། འབྲས་སོགས་ཀྱི་ཤུན་པ་འཕྱུད་པའི་དོན་ཡིན། འབྲས་ཀྱི་ཤུན་པ་བགྲུས་ཚར་བ་ཅན་ལ་བགྲུས་མ་ཞེས་བས་འཕྱུལ་ཡོད་དོ། །

བྲུང་པོ་དང་གྲུང་པོ། གདམ་ང་མིན། བྲུང་པོ་ནི་གཉེན་ཉེ་དུ་སྟེ། ཉེ་འཁོར་ལ་བྲུང་འཁོར། ཟེར་བ་ལྟ་བུ། གྲུང་པོ་ནི་སྤྱང་པོ་དང་བཟང་པོའི་དོན་ཏེ། མི་གྲུང་པོ་དང་། ས་བོན་གྲུང་པོ། ཞེས་པ་ལྟ་བུ།

བྲིས་མ་དང་གྲིས་མ། གདམ་ང་ཅན་མིན། གྲིས་མ་ནི། ལོ་མང་དུ་སྐྱེས་པའི་རྩྭ་བྱེ་བྲག་པ་ལོ་མ་རལ་གྲིའི་དབྱིབས་ཅན་ཐག་པ་སྒྲིམ་རུང་བ། ཨམ་སྐད་དུ་གྲེས་མ་ཟེར་བ་དེ་ཡིན། བྲིས་མ། ཞེས་པ་དག་ཡིག་ཚད་ལྡན་རྣམས་ལས་མི་སྣང་། སྒྲ་ཏ་ལམ་འདྲ་བས་བྲིས་མ་དག་པ་ཡིན་ནམ་སྙམ།

འདྲེད་པ་དང་འགྲེད་པ། གདམ་ང་མིན། འགྲེད་པ་ནི་ཤུད་པའི་དོན་ཏེ། ཨམ་སྐད་དུ། རྐང་བ་འགྲེད་ནས་ལོག །ཅེས་པས་གསལ། འདྲེད་པ་ནི་བརྡ་ཡིག་ཀློ་གསལ་མགྲིན་རྒྱན་དུ། ཉེས་པའི་དོན་དུ་བཤད་སྣང་།

དྲི་དང་གྲི། ཐ་མ་ནི་སྣའི་སྤྱོད་ཡུལ་དུ་གྱུར་པའི་དྲི་མ་སྟེ། སྤོས་དྲི། ལྟ་བུ།

ཕྱི་མ་ནི་སྔ་དང་ལྷེས་ཚོར་བ་སྟེ། དྲི་ཞིམ་བྲོ་བ། ལྟ་བུ།

འདྲད་པ་དང་འབྲད་པ། དངོས་པོ་ཞིག་གི་ངོས་ནས་རིམ་པ་རེ་མར་བླང་བའི་ཆ་ནས་དོན་འདྲ་ཡང་། ངོ་བོ་མི་གཅིག་སྟེ། ཕྱི་ཡིས་འདྲད་པ་དང་། ལྕགས་ཁེམ་གྱིས་འབྲད་པ། ལྟ་བུ།

འདྲིད་པ་དང་འབྲིད་པ། མགོ་གཡོགས་པའི་ཆ་ནས་དོན་འདྲ་ཡང་། འཇུག་ཚུལ་མི་འདྲ། ནོར་གྱིས་བསླུ་བ་འབྲིད་པ་སྟེ། ཕ་སྐྱེས་གཟན་གྱིས་ཁྲིད་ནས་རྟེ་ལ་ཟིན་པ་དང་། སློ་ཡིས་བསླུ་བ་ལ་འདྲིད་པ་སྟེ། དགྲ་སྡེ་རིག་འོག་ཏུ་དྲིད་ནས་བཅོམ་པ། ལྟ་བུའོ །

འདྲུད་པ་དང་འབྲུད་པ། སྔ་མ་དངོས་པོ་འཐེན་ནས་འགྲོ་བ་སྟེ། དྲིལ་གྱིས་ཞིང་རྔ་དྲུད་པ་དང་། ཕྱི་མ་རྐོ་བའི་དོན་ཏེ། ས་བྲུས། ལྟ་བུ།

འདྲིག་པ་དང་འབྲིག་པ། དོན་མི་གཅིག །བལ་འབྲིག་པ། བསྡིགས་ནས་འདྲིག་པ། ལྟ་བུ།

འདྲོག་པ་དང་འབྲོག་པ། སྔ་མ་དངངས་ནས་འདྲོག་པ་དང་། ཕྱི་མ་ཕྱུགས་ལས་དོན་དུ་གཉེར་བའི་མིའོ། །

དྲོས་དང་སྦྲོས། སྔ་མ་གཞན་འབྲེལ་དང་ཕྱི་མ་བདག་འབྲེལ་གྱི་བྱ་བ་སྟེ། མེར་བསྦྲོས་ནས་དྲོས་པ་ལྟ་བུ།

དྲུབས་དང་སྦྲུབས། བར་མཚམས་ལ་སྦྲུབས་དང་། སྦྲུབས་གཅིག་ཏུ་བཅོམ་པ་ལ་དྲུབས་པའོ། །འདས་པའི་དབང་དུ་དྲུབས་ཞེས་པ་སྦྲུབས་ཀྱི་དོད་དུ་འཇུག་ཚིག །སྦྲུབས་ཤར་ལ་དྲུབས་ཤར་དང་། སྦྲུབས་གཟན་ལ་དྲུབས་གཟན། ཟེར་བ་ལྟ་བུ།

འདྲིག་པ་དང་སྡིག་པ། བདག་གཞན་གྱི་འབྲེལ་བ། བལ་བསྡིགས་ནས་འདྲིགས་སོང་། ལྟ་བུ།

འདྲིས་པ་དང་བསྲིས་པ། བདག་གཞན་དུ་འབྲེལ་ཆགས་ཏེ། ཕྱོགས་གཅིག་ཏུ་བསྲེས་ནས་འདྲིས་པར་གྱུར། ལྟ་བུ།

འདུལ་བ་དང་བསྒྲུལ་བ། པགས་པ་སྐྱུལ་ལ་འཕངས་ནས་མཉེན་ཞིང་འཇམ་པར་བྱེད་པ་ལ་བསྒྲུལ་བ་སྟེ། བྱེད་པའི་རྩོལ་བ་དང་། བསྒྲུལ་ནས་མཉེན་པར་གྱུར་པ་ལ་འདུལ་བ་སྟེ། ལས་ཀྱི་འགྱུར་བའོ། །

དྲག་པ་དང་ཧྲག་པ། ངར་བའི་དོན་ཏེ། མི་དྲག་ཧ་དྲག་ལ། མི་ཧྲག་ཧ་ཧྲག་ཟེར་བ་ལྟ་བུ།

དྲིལ་བ་དང་རྡིལ་བོ། སྤུ་མ་བྱ་བའི་མིང་སྟེ། ཤོག་བུ་དྲིལ་བ་ལྟ་བུ་དང་། ཕྱི་མ་ཁྱད་ཆོས་ཀྱི་མིང་སྟེ། དྲིལ་ནས་zླུམ་པོར་གྱུར་པའི་རྣམ་པ་ལ་རྡིལ་བོ་ཟེར། དེ་ཡང་ཆ་ཚང་བའི་དོན་དུའང་འཇུག་པའོ། །

ག མིང་གཞི་ར་བཏགས་ཅན་ཕན་ཚུན་འབྲེལ་བའི་མིང་།

གྲུང་གྲུང་དང་ཁྲུང་ཁྲུང་། དོན་གཅིག་སྟེ། བརྡ་རྙིང་དུ་བྱ་ཁྲུང་ཁྲུང་ལ་གྲུང་གྲུང་དུ་བྲིས་པ་མང་།

བཀྲ་དང་ཁྲ། ཁྲ་ཁྲ་རིག་རིག་གི་རྣམ་པ་ལ་བཀྲ་ཞེས་བཏགས་པས། འདི་གཉིས་ཁྱད་ཆོས་མཚོན་པར་དོན་འདྲ་ཡང་། ཐབ་ཐང་མི་གཅིག །གློག་འོད་བཀྲ་ལམ་མེ་འཕྲོ་བ། མེ་ཏོག་དཀར་དམར་ཁྲ་ལམ་མེ་བཞད་པ། ལྟ་བུ། རྟགས་མཚུངས་སྦྱར་བའི་ཁྱད་པར་རོ། །ཡང་། ཁྲ་ཁྲ་ཞེས་པ་ཁ་དོག་འདྲེས་མའི་མིང་དང་། བཀྲ་བ་ཞེས་པ་ཁ་དོག་གི་མདངས་ཀྱི་མིང་ཡིན་པའི་ཆ་ནས་དོན་མི་གཅིག་གོ། །

གྲོག་དང་སྲོག །མགོ་ལོག་སོགས་ཀྱི་ཡུལ་སྐད་དུ། སྲ་སྐྲ་ཀྲ་ཞེས་གྲགས་པའི་དབང་གིས། བརྡ་རྙིང་དུ་སྲོག་མེད་ལ་གྲོག་མེད་དུ་བྲིས་པ་སྣང་ཡང་མ་དག་པ་སྟེ། གྲོག་གྲོག་ནི་སྐྲའི་ཁྱད་པར་ཞིག་དང་། དྲེགས་པའི་རྣམ་འགྱུར་རོ། །

འཁྲུལ་བ་དང་འཕྲུལ་བ། གདམ་ངའི་ཚུལ་དུ་བྲིས་པ་མང་ཡང་དོན་མི་གཅིག་སྟེ། སྔ་མ་ནི་འཕྲུགས་པའི་དོན་དང་། ཕྱི་མ་ནི་སྤྲུལ་ནས་འཕྲུལ་བ་སྟེ། ཐབས་ཁྱད་པར་ཅན་དུ་སྣང་བའི་གྲུབ་པ་ཞིག་ཡིན་པས། རྫུ་འཕྲུལ། སྒྱུ་འཕྲུལ། འཕྲུལ་འཁོར་སོགས་ཀྱི་མིང་གཞི་ཕ་བྲིས་ན་དག་གོ། །

མཁྲང་བ་དང་ཁྲང་བ། གཉིས་ཀའང་སྲ་བར་གྱུར་པའི་དོན་ཡིན་ཀྱང་། འཇུག་ཡུལ་མི་འདྲ་སྟེ། ལང་ཚོ་མའི་ནུ་མ་མཁྲང་བ་ལྟ་བུས་བརྟས་པའི་རྣམ་པ་དང་། གོ་བ་ཁྲང་བ་ལྟ་བུས་ཀྱོང་བའི་རྣམ་པ་སྟོན་པའོ། །

འགྲིམ་པ་དང་འབྲིམ་པ། སྔ་མ་བརྒྱུད་པའི་དོན་ཏེ། ལ་ལུང་འགྲིམ་པ། ཡིག་ཆ་འགྲིམས་ནས་ལྟ་བ། ལྟ་བུ་དང་། ཕྱི་མ་སྟོབ་པའི་དོན་ཏེ། ཟས་འབྲིམ་པ། སྣོབ་མ་ཚོར་དཔེ་ཆ་བྲིམས་སོ། །ལྟ་བུ།

སྒྲིབ་པ་དང་སྲིབ་པ། ཟུབ་པའི་དོན་དུ་འཇུག་པ། ཉི་མ་སྤྲིན་གྱིས་བསྒྲིབས་པ་ལ། བརྗོད་ཉིང་དུ། ཉི་མ་སྤྲིན་གྱིས་བསྲིབ་བོ། །ཞེས་བྲིས་པ་ཡོད་དོ། །

གྲུབ་པ་དང་སྒྲུབ་པ། དཔའ་རིས་སོགས་ཀྱི་ཁ་སྐད་དུ་གྲུབ་པའི་དོད་དུ་སྒྲུབ་པ་འཇུག་སྲོལ་ཡོད། དཔེར་ན། ཉིན་གཅིག་གི་ལས་ཀ་ཉིན་ཕྱེད་ཀྱིས་བསྒྲུབས་སོང་། ཟེར་བ་ལྟ་བུ། བསྒྲུབས་སོང་བ་ནི་གྲུབ་སོང་བའོ། །སྒྲུབ་ནི་སྒྲུབ་པའི་དོན་ལའང་འཇུག་པ་སྟེ། གོར་ཤི་ཁྲའི་སྟོང་བུ་དེ་བཅད་པའི་རྩ་བའི་ཆ་ལ་མཆོད་སྟོང་གཅིག་བསྒྲུབས། ཞེས་བཀའ་ཆེམས་ཀ་ཁོལ་མ་ལས་བྱུང་།

སྲེ་མོང་དང་སྲེ་མོང་། ཁ་སྐད་དུ་སྲེའི་མིང་གཞིའི་སྒྲ་ཟུར་ཆག་ནས་སྲེ་མོང་ལ་སྲེ་མོང་དུ་བྲིས་པ་བྱུང་བའོ། །འབུ་བསེ་བོ་ལ་འབུ་སྲེ་བོ་ཞེས་གྲགས་པ། མིང་གཞིའི་ས་མགོ་སྒྲ་ཟུར་མ་ཉམས་པའི་རྟགས་ཡིན།

བྲག་དང་ཁྲག །བར་མཚམས་ཀྱི་དོན་ཏེ། རྨིག་བྲག་ལ་རྨིག་ཁྲག་ཟེར་བ་ལྟ་བུ། གཞི་དང་བྲལ་བའམ་དྲུག་སྒྲས་སྦྲེལ་བའི་བར་མཚམས་ཙམ་ལ་དབྲག

ཅེས་དུས་འཕུལ་ཐོབ་པ། ཀ་བའི་དབྲག །བྲག་སྦུབས་ཀྱི་དབྲག་ཆེ། ཟེར་བ་ལྟ་བུ། དཔེ་རྙིང་རྣམས་ལས་སྙིན་དབྲག་ལ་སྙིན་ཕྲག་ཅེས་བྲིས་པའང་སྣང་། དེས་ན་ཕྲག་དང་བྲག་ཀྱང་འབྲེལ་ཆགས་ས་ཡོད་དེ། སྟོང་ཕྲག་གསུམ་དང་ལྔ་བརྒྱ། ཞེས་སྟོང་གནས་ཀྱི་བར་མཚམས་ལ་ཕྲག་འཇུག་སྲོལ་བྱུང་བ། ལྟ་བུ།

བྲན་དང་ཕྲན། ཕྲ་ཞིང་ཞིབ་པའི་ཕྲ་ལ་རྗེས་འཇུག་ན་སྦྱར་བའི་ཕྲན་ནི། ཆུང་ངུའི་དོན་དུ་གྱུར་པ་ཡིན། ཕྲན་དང་འབྲེལ་བའི་བྲན་ནི། རྒྱུ་དང་དབང་གིས་ཆུང་བའི་ཁོལ་པོའི་མིང་དུ་གྱུར་སོང་། སྐབ་སྦྱོར་དུ་འདི་གཉིས་གང་འོས་སུ་སྦྱར་ཆོག །ཆུ་ཕྲན་ལ་ཆུ་བྲན་དང་། རྒྱལ་བྲན་ལ་རྒྱལ་ཕྲན་དུ་བྲིས་པ་མང་དུ་མཐོང་ངོ་། །

གཞན་ཡང་། དག་ཡིག་སྨྲ་བ་ཁ་ཅིག་གིས། ཐ་སྙད་ཀྱི་སྒྲ་འདྲ་བ་དག་ལ་བལྟས་ནས། དེའི་འབྲི་ཚུལ་གཞན་ནོ། །གདམ་ངའོ་སྐད་པ་ལ་བལྟས་ན། ཕལ་ཆེར་མ་བརྟགས་པའི་སྐྱོན་དུ་མཐོང་སྟེ། དཔེར་ན། རྟ་འཛོག་ཡོང་ཞེས་བྲིས་ཀྱང་རྟ་འབྲོག་ཡོང་སྙམ། ཞེས་པས་དག་པ་མ་དག་པར་བཙོས་བྱུང་། ཁྲུ་སློག་པ་ནི་ཕྲུ་སློག་པ་དང་འདྲ། ཞེས་པ་ནོར། ཁྲུ་ནི་སོར་རྩེ་ནས་གྲུ་མོགས་བར་གྱི་ཚད་དེ། དཔེ་ཆ་ཁྲུ་གང་བ། ལྟ་བུ། ཕྲུ་ནི་བྲུ་བར་བྱ་བ་ཡིན་པས། ཕྲུ་སློག་པ་དག་གོ། །བྲུ་བ་ནི་དྲུ་བའམ་རྐོ་བཞིན་པའི་དོན། ཞེས་པའི་དྲུ་བ་བྲུ་བའི་དོན་མིན་པར་མ་ཟད། དེ་འདྲའི་ཐ་སྙད་ཅིག་དག་ཡིག་གི་གཞུང་ཚད་ལྡན་རྣམས་ལས་མཐོང་རྒྱུ་མེད་དོ། །འདྲན་པ་ནི་འགྲན་པ་དང་དོན་གཅིག །ཅེས་པ་གདམ་ང་མ་ལགས་ཏེ། དྲུས་པའི་ད་ལྟ་བ་འདྲ་ལ་རྗེས་འཇུག་ན་སྦྱར་བའི་འདྲན་ནི། དྲ་བར་བྱ་བའི་ཡུལ་གྱི་མིང་སྟེ། དྲུས་པ་མ་འགྲིགས་འདྲན་བརླགས་པ། ཞེས་པས་གསལ། ཐ་ན། བོད་རྒྱ་ཚིག་མཛོད་ཆེན་མོ་ལས། ཐ་སྙད་གཅིག་ལ་བྲིས་པ་འགྲིག་མིན་སྣ་ཚོགས་བྱུང་བ། དཔེར་ན། གི་ཕང་ལ། གི་ཧང་། འགི་ཕང་དང་། འགི་ཧང་དང་། འགིའུ་

ཕང་དང་། ཀྲི་ཧྲང་། ལྕ་བུ་སོགས་མང་དུ་མཐོང་ངོ་། །དག་ཡིག་མ་དག་པར་བྱས་ན་སྐྱོན་ཆེ་སྙམ། དེ་ཕྱིར་བྲི་ཀློག་སྦྱར་གསུམ་དུ་མིང་མཛོད་ལ་བསྟེན་དགོས་ཀྱང་། ཤ་གཟུག་ཟ་རྐྱང་བྱེད་མི་ཉན། འགྲིག་མིན་ལ་རྣམ་དཔྱོད་གཏང་དགོས། མིང་མཛོད་ཏག་ཏག་ལ་བརྟེན་ན། ཡི་གེའི་དག་ཆ་ཐོན་དཀའ་སྟེ། དཔེ་ཆ་གང་མང་བལྟ་དགོས། འབྲེལ་ཡོད་ཀྱི་རིག་གནས་དག་གི་དགོངས་དོན་ཁོང་དུ་ཆུད་ན། ཐ་སྙད་རིག་པའི་བློ་སྐྱེས་ཀྱིས་རྫོངས་པའི་མུན་པ་གྲོལ་ལོ། །

མཇུག་ཏུ། དམ་པའི་ཆོས་ལ་བརྒྱ་ཚར་དང་། གལ་པོ་ཆེ་ལ་ནན་ཏན། ཞེས་པ་ལྟར། གོང་དུ་མིང་གཞི་ར་ཅན་ནམ་ར་བཏགས་ཅན་སྐོར་ཞིག་གི་འབྲེལ་བ་དཔྱད་པའི་གནད་དམ་པ་ནི། རྟེན་འབྱུང་ཡིན་མིན་གྱི་དབྱེ་བ་ལེགས་པར་ཕྱེད་པའི་དགོས་པ་བསྟན་པ་ཡིན་ཏེ། རྗེ་ཙོང་ཁ་བའི་རྟེན་འབྲེལ་བསྟོད་པ་ལས། སྟོན་པའི་ནང་ན་རྟེན་འབྲེལ་སྟོན་པ་དང་། །ཤེས་རབ་ནང་ན་རྟེན་འབྲེལ་ཤེས་པ་གཉིས། །འཇིག་རྟེན་དག་ན་རྒྱལ་བའི་དབང་པོ་བཞིན། །ཞེས་གདམས་པ་ལྟར། གོང་གསལ་མིང་གཞི་ར་ཅན་དང་ར་བཏགས་ཅན་རྣམས་ཕལ་ཆེར་རྟེན་ཅིང་འབྲེལ་བའི་བྱུང་བ་ཡིན་ཏེ། མིང་གང་ཞིག་གང་ལ་བརྟེན་པ། གང་དང་འབྲེལ་བ། སྒྲ་མི་གཅིག་ས། ངོ་བོ་མི་གཅིག་ས། འཇུག་པ་མི་གཅིག་ས། ཁྱབ་ཆེ་ཆུང་མི་གཅིག་ས་ལ་སོགས་པའི་ཁྱད་པར་འབྱེད་པའི་བློ་མིག་རྒྱ་ཆེ་ཞིང་གཏིང་ཟབ་པ་དང་ཆ་ཞིབ་པར་བསྐྱེད་ན། མིང་གི་བྱུང་འཕེལ་གྱི་དེ་ཉིད་དང་། གནའ་མིའི་མིང་བཏགས་པའི་ཀུན་བཏགས་རིག་པ་རྣམས་ཁོང་དུ་ཆུད་པའི་སྒོ་ནས། མིང་དང་ཚིག་གི་འབྲུལ་བའམ་དོགས་གཞི་གང་ཅི་མེ་དང་སྒྲ་བ་ཕྲད་པ་བཞིན། བཏར་ཤ་ཆོད་པར་མ་ཟད། དངོས་པོ་གསར་བ་གང་བྱུང་ལ། མིང་གསར་དུ་གདགས་པའི་ཐབས་དམ་པའང་རྙེད་སྲིད་དོ། །

གཞན་ཡང་། མིང་གཞི་ར་ཅན་ནམ་ར་བཏགས་ཅན་གང་འདྲ་ཞིག་འགྲན་ཟླ་ཅན་ཞིག་ཡོད་ན་དེ་དག་གི་ཁྱད་པར་ངོས་འཛིན་རྒྱུ་མེད་པ་དང་། སྐྱེས་པ་ཞིག་ཡིན་ན་བཙུན་པ་ཆོས་ཤེས་པ་ཞིག་ཡིན་ན་ཁྱད་པར་མེད་པ་ཡིན་མོད།

རྟེན་འབྱུང་ཡིན་པའི་ངེས་པ་མེད་དེ། སྒྲ་མཚུངས་པ་ཙམ་ལ་བསྙོས་ཤིང་། གདམ་ང་ཅན་དུ་བསམས་ནས། འདྲོག་དང་འགྲོག །ལྟ་བུ་ཞྭ་དཔེ་ལྷམ་འགེབས་བྱས་པ་དང་། འདྲིད་དང་འཁྲིད། ལྟ་བུ་ཉ་ཉུང་མཉམ་བསྲེ་བྱས་པ། དེ་ལུགས་རིགས་པའི་དཔྱད་ནས་ངེས་པར་བྱ་དགོས། ཡང་། མིང་གཞི་ར་བཏགས་ཅན་ལ་ལ་དག་སྒྲ་མི་མཚུངས་ལ་རྟེན་འབྱུང་ཡིན་པ་ཡང་ཡོད། དེ་ཡང་དེང་སང་གི་འདོན་ཚུལ་དུ་སྒྲ་མི་འདྲ་ནའང་བརྡ་རྙིང་དུ་སྒྲ་སྤྱིར་མཚུངས་པའི་ཕྱིར་ཏེ། དཔེར་ན། བརྡ་རྙིང་དུ་སྲ་ནི་ཧྲ་ལྟར་གྲགས་པ་ཡོད་པས་ན། དྲ་སྒྲ་དང་ཉེ་བར་གྱུར་ནས། བསྲེས་དང་འདྲེས། བདག་གཞན་གྱི་འབྲེལ་ཆགས་པ་དང་། བྲ་ནི་ཧྲ་ལྟར་གྲགས་པས། ར་སྒྲ་དང་ཉེ་བའི་སྒོ་ནས། བྲིས་དང་རིས། དོན་གཅིག་ཏུ་འཇུག་པ་ཡོད་སོང་བ། ལྟ་བུ། འདི་རིགས་ལ་བརྡ་གསར་རྙིང་གི་སྒྲའི་ཁྱད་པར་ལེགས་པར་ཤེས་དགོས། ཐ་སྙད་ལ་ལར་འབྲི་ཚུལ་འགའ་རེ་ཡོད་ཀྱང་། ཕལ་ཆེར་མ་དག་པ་སྟེ། གདམ་ང་ཅན་སྦྱོར་གཉིས་མ་གཏོགས་མེད་པས། རྒྱུགས་ཆེ་བ་བྲིས་ན་གཞན་གྱིས་གོ་སླ་ཞིང་། འབྲི་ཚུལ་ཚད་མར་བྱེད་པར་ཕན་ཐོགས། བརྡ་རྙིང་སྐོར་ཞིག་འགགས་པར་གྱུར་པ་ལས། དོན་མཚོན་པའི་མཐུ་ཆེ་བ་མ་གཏོགས་མ་བཀོལ་ན་བཟང་། སློབ་སྦྱོར་གྱི་དབང་གིས་བྱུང་བའི་འབྲི་ཚུལ་གཞན་དག་དེ་བཞིན་བྲིས་ན་བཟང་སྟེ། ངག་སྙན་པར་བྱེད་པའི་ལེགས་ཆ་ཡོད་དོ། །

གསུམ་པ། རྗེས་འཇུག་ད་ན་དག་གི་ཐུན་མོང་མ་ཡིན་པའི་འཇུག་པ།

རྗེས་འཇུག་ན་དང་ད་གཉིས་ཀའི། །
ཐུན་མོང་མིན་པའི་འཇུག་པ་ནི། །
གང་མིང་མཐའ་རྟེན་འའི་དོད་དུ། །

སྦྱོར་བ་དེ་འབྲེལ་མིང་ཐུང་ངུ། །
གཞན་ཞིག་བརྗོད་བདེར་གྲུབ་པའི་ལུགས། །
རྟོགས་ཚེ་ཤེས་བརྗོད་འཇུག་པར་ཕན། །

བརྗོད་པའི་སྒྲུབ་བྱེད་ཚིག་དང་། ཚིག་གི་སྒྲུབ་བྱེད་མིང་དང་། མིང་གི་སྒྲུབ་བྱེད་ཡི་གེའོ། །ཡི་གེ་མིང་དུ་འགྲུབ་མི་འགྲུབ། རྗེས་འཇུག་ཁོ་ནར་རག་ལས་པས་ན། སུམ་ཅུ་པའི་རྩ་བ་ལས། སྔོན་འཇུག་ཡོད་དམ་མེད་ཀྱང་རུང་། མིང་གཞིའི་ཡི་གེ་གང་ཡིན་ལ། །ཉིས་འབྲེལ་ཡོད་དམ་སུམ་འབྲེལ་ཡོད། །ཨ་ལི་བཞི་ལས་གང་ལྡན་ཡང་། །རྗེས་འཇུག་བཅུ་པོ་མ་ཞུགས་ན། །མིང་གཞན་སྦྱོར་བ་ཡོད་མི་སྲིད། །ཅེས་གསུངས་སོ། །རྗེས་འཇུག་རྣམས་ལས་འ་མཐའ་ཟེར་ཡང་བས་བསྡུས་ཀྱང་། སྒྲའི་རྣམ་པ་གཞན་དུ་མི་འགྱུར་བས་དོན་སྟོར་བཞིན་སྟོན་ནུས་པས་ན། བཀས་བཅད་དུ། རྒྱང་འཕུལ་མ་གཏོགས་གཞན་རྣམས་ཀྱི་འ་མཐའ་དངོས་སུ་མི་འབྲི་བར་མཛད་དོ། །དེ་ཡང་། འ་མཐའ་རྒྱང་འཕུལ་རྣམས་ལ་དགོས། །མགོ་འདོགས་དབྱངས་ལྡན་རྣམས་ལ་སྤང་། །ཞེས་པ་ལྟར། གདའ། དགའ། བཀའ། མདའ། འབའ་ལྟ་བུ་སོགས་ཀྱི་འ་མཐའ་སྤངས་ན། ལ་ལ་སྔོན་འཇུག་དང་མིང་གཞི་འཁྲུལ་བར་འགྱུར་བ་དང་། ལ་ལ་སྒྲ་སྦྱོར་དུ་མི་རུང་བར་འགྱུར་བའི་དགོས་དབང་གིས་རང་སོར་བཞག་པ་དང་། ལྒ། འདྲ། མི། སྦྱི། ལྟ་བུ་སོགས་ཀྱི་འ་མཐའ་བསྡུས་ཀྱང་མི་སྐྱོན་པ་མཐའ་དག་སྤངས་པ་ཙམ་ལས། རྣམ་དབྱེ་ཚིག་ཕྲད་དང་། མིང་མཐའ་འདྲིན་པའི་ཐོབ་ཐང་སོགས་འ་མཐའ་དང་གཅིག་པའོ། །

སུམ་ཅུ་པའི་རྩ་བ་ལས། རྗེས་འཇུག་བཅུ་ཡི་དོན་ཤེས་ན། འབྲི་དང་ཀློག་དང་བཤད་རྣམས་ཀྱི། །མཚམས་སྦྱོར་སྒྲ་ལ་ཐོགས་མེད་ཅིང་། །འབྲེལ་བར་སྨྲ་བའི་མཆོག་ཏུ་གྱུར། །ཅེས་གསུངས་པ་ལྟར། རྗེས་འཇུག་བཅུ་པོའི་འཇུག་དོན་ཤེས་ན། ཚིག་གི་སྦྱོར་བར་མ་ཟད། མིང་གི་སྦྱོར་བ་ལ་ཡང་ངག་གི་རྩལ་ཐོན་པར་བྱ་ཐུབ།

དེ་ལུགས་སྐབས་བབ་ཀྱི་བརྗོད་བྱ་ཙམ་དུ་འང་གསལ་བར་སྣང་ངོ་། །

ཛེས་འཇུག་རྣམས་མིང་གཞིའི་ རྗེས་སུ་འཇུག་པ་ལ། ཐུན་མོང་དང་ཐུན་མོང་མ་ཡིན་པའི་འཇུག་ཚུལ་གཉིས་ཡོད་ལ། ཐུན་མོང་གི་འཇུག་ཚུལ་ནི། རྗེས་འཇུག་བཅུ་ལ་ཁྱབ་སྣང་། དཔེར་ན། ཡིན། མིན། ཡོད། མེད་རྣམས་ཀྱི་རྗེས་འཇུག་ནི། དོན་ཐོབ་ཀྱིས་སྦྱར་བ་ལས། བརྗོད་བྱའི་ཆོས་ཀྱི་མིང་གཞན་དང་འབྲེལ་བ་མེད་དོ། །ཐུན་མོང་མ་ཡིན་པའི་འཇུག་ཚུལ་ནི། མིང་གང་དང་འབྲེལ་བ་རྒྱུ་མཚན་དུ་བྱས་ནས། དོན་གྱི་ངོ་བོ་གཞན་ཞིག་སྟོན་པའི་མིང་དུ་གདགས་པར་དམིགས་བསལ་གྱིས་སྦྱར་བ་དང་། ཡང་ན་འདོད་སླ་བར་མིང་གི་རྣམ་གྲངས་གཞན་ཞིག་དགོས་པར་དམིགས་བསལ་གྱིས་སྦྱར་བ་ཡིན་ཏེ། དཔེར་ན། དུ་བ་ནི་སྲེག་ཟ་ལས་བྱུང་བའི་དབུགས་ཁམས་ཀྱི་མིང་ཡིན་པ་དང་། དུ་བའི་དུ་ལ་རྗེས་འཇུག་ད་སྦྱར་བའི་དུད་པ་ནི། དུ་བ་ལས་ཆགས་པའི་རྫུལ་དྲིག་གི་མིང་དུ་གྲུབ་ནས། དེ་གཉིས་ཀྱི་ངོ་བོ་མི་གཅིག་པར་བསྟན་པ་དང་། རྐོ་བ་ནི་འབྲུ་བ་དང་། རྐོ་ལ་རྗེས་འཇུག་ན་སྦྱར་བའི་རྐོན་ནི། རྐོ་བ་པོ་ཡིན་ཏེ། གསེར་རྐོ་བ་པོ་ལ་གསེར་རྐོན་ཞེ་ན། འབྲུ་ཞུང་ལ་བརྗོད་བདེ་བ་དང་། བསྣུ་བ་པོ་དང་། བསྣུན་མ་གཉིས། དོན་གཅིག་མིང་གི་རྣམ་གྲངས་ཏེ། བསྣུ་ལ་རྗེས་འཇུག་ན་སྦྱར་བ་སྙ་ཞུང་བར་བྱས་པ། ལྟ་བུའོ། །

འཇུག་ཚུལ་འདིའི་ཁྱད་ཆོས་ནི། རྗེའི་ལམ་རིམ་ཆེན་མོ་ལས། འབྲས་བུ་རྒྱུའི་རྗེས་སུ་བྱེད་པ་རྟེན་འབྲེལ་གྱི་ཆོས་ཉིད་ཡིན། ཞེས་པ་ལྟར། མིང་གི་འདོད་ཁ་ཇེ་སླའམ་ངོ་བོ་གཞན་ཞིག་སྟོན་པར། བརྟེན་ཅིང་འབྲེལ་བའི་མིང་འ་མཐའ་ཅན་ཞིག་གཞིར་བཟུང་ནས། འ་མཐའ་དངོས་ཤུགས་ཅི་རིགས་ཀྱི་དོད་དུ། རྗེས་འཇུག་ནའམ་ད་གང་འཚམ་ཞིག་སྦྱར་བ་ཡིན་ལ། དེ་རྣམས་ལས་བྱ་བའི་མིང་ད་ལྟ་བའམ་མ་འོངས་པ་ཁྱབ་ཆེ་བར་མངོན། དེ་ལུགས་གཤམ་གསལ།

ཀ། རྫས་འཇུག་ན་ཡི་ཐུན་མོང་མ་ཡིན་པའི་འཇུག་པ།

རྫས་འཇུག་ན་ཡི་ཐུན་མོང་མ་ཡིན་པའི་འཇུག་པ་ལ་རྣམ་པ་དྲུག་ཡོད་དེ།

༡. བྱ་བའི་མིང་གིས་དངོས་པོའི་མིང་དྲངས་པ།

ལྟོགས་པའི་བཀྲི་ལ་རྫས་འཇུག་ན་སྦྱར་ན། བཀྲེན་པོ་སྟེ་བྱ་བའི་མིང་བཀྲི་བ་དང་འབྲེལ་བའི་དངོས་པོའི་མིང་དུ་གྱུར་པ་སྟེ། དབུལ་པོ་ལ་དཀྲེན་པོ་ཟེར་བ་ལྟ་བུའོ། །

མ་བྱིན་པར་ལེན་པ་ལ་རྐུ་བ་སྟེ། རྐུ་བ་པོ་ལ་རྐུན་མ་ཟེར། ཟོག་རྐུན། དངུལ་རྐུན། ཟེར་བ་ལྟ་བུ།

རྐོ་བ་ནི་འབྲུ་བ་སྟེ། གསེར་རྐོ་བ་པོ་ལ་གསེར་རྐོན་དང་། པར་རྐོ་བ་པོ་ལ་པར་རྐོན་དང་། ཤིང་ཏ་མོ་ལ་བྱེའུ་ཤིང་རྐོན་ཟེར་བ་ལྟ་བུ།

སྐོར་མོ་འདྲ་ཕྱིར་སྟེར་རྒྱུ་ཡོད་པར་གཞན་གྱི་ལག་ནས་ལེན་པའི་སྐྱི་ལ། ན་མཐའ་སྦྱར་ན། སྐྱིན་པ་ཞེས་འཚབ་བྱའི་དངོས་པོའི་མིང་དུ་གྱུར་ཏེ། དངུལ་སྐྱིན། འབྲུ་སྐྱིན། ལྟ་བུ།

རྒྱུ་བ་ནི་འགྲོ་བའི་དོན་ཏེ། རྒྱུ་ལ་ན་མཐའ་སྦྱར་ན། རྒྱུ་བ་བར་མ་ཆད་པར་འབྲེལ་བའི་དངོས་པོའི་མིང་དུ་གྲུབ་པ། ཆུ་རྒྱུན་དང་། སྲོལ་རྒྱུན། ལྟ་བུ།

འགྲོ་བ་ནི་གནས་གཞན་དུ་ཕྱིན་པ་དང་། འགྲོ་བ་པོ་ལ་འགྲོན་པོ་ཟེར། འགྲོན་བུ་ཞེས་པ་མཚོ་ནང་གི་སྲོག་ཆགས་ཆུང་ངུ་སྐོགས་དཀར་ལ་མཁྲིགས་པ་ཞིག་གི་མིང་ཡིན་ལ། དེའི་སྐོགས་ལའང་འགྲོན་བུ་ཟེར། མིང་དེ་ལྟར་ཐོགས་དོན་ཡང་། གནའ་དུས་རྒྱ་གར་སོགས་སུ་ཟོང་ཕར་འགྲོ་ཚུར་འགྲོ་བྱེད་སྤྱུད་ཀྱི་སྐོར་མོ་ལྟ་བུ་ཡིན་པའི་ཕྱིར། དེ་ལ་ལེགས་སྦྱར་གྱི་སྐད་དུ་ཀར་ཤ་པ་ན་སྟེ། བོད་འགྱུར་དུ་ཞོའི་དོང་ཚེ་ཞེས་པས་གསལ།

གཅི་བ་ནི་དྲི་ཆུ་གཏོང་བ་དང་། དྲི་ཆུའི་མིང་ལ་གཅི༷ན་ཟེར་ཏེ། བཤང་གཅི། ལྟ་བུ།

ཉོ་བ་ནི་རིན་བྱིན་ནས་ནོམ་པ་བླངས་པའི་དོན་ཡིན་པར་བསྒྲོས་ནས། རང་སྡུག་རང་གིས་ཉོས་པ་བཞིན། ལས་ངན་པ་བྱས་ནས་རང་རྒྱུད་ལ་མི་དགེ་བ་སྐྱེས་པའི་སེམས་བྱུང་ལ་ཉོ༷ན་མོ༷ངས་ཞེས་གྲགས་སོ། །

ཐུ་བ(འཐུ་བ)ནི་ཕྱོགས་གཅིག་ཏུ་བཏུས་པའི་ད་ལྟ་བ་ཡིན་པ་དང་། ཤིང་འཐུ་བ་པོ་ལ་ཤི༷ང་ཐུ༷ན། རྩྭ་འཐུ་བ་པོ་ལ་རྩྭ༷་ཐུ༷ན། ལྕི་བ་འཐུ་བ་མ་ལ་ལྕི༷་ཐུ༷ན་མ༷། སྐྱེ་མ་ལྟ་བུའི་བཏུ་བྱ་ལ་ཐུ༷ན་བུ༷་སོགས་སུ་གྲགས་པའོ། །

འདུ་བ་ནི་མང་པོ་ལྷན་ཏུ་འཚོགས་པ་སྟེ། ཚོགས་པ་ལ་འདུ༷ན་པ༷་དང་། ཚོགས་ས་ལ་འདུ༷ན་ས༷། ཚོགས་ཁང་ལ་འདུ༷ན་ཁ༷ང་། མཉམ་སྤྲོ་ཚོགས་པ་ལ་དགའ༷་འདུ༷ན། ཚོགས་པ་ཅན་གྱི་རྩ་འཛུགས་ལ་འདུ༷ན་མ༷་སོགས་སུ་གྲགས། དེ་བཞིན་གུང་གཞོན་ཚོགས་པ་ལ་གུང་གཞོན་འདུན་མ་དང་། ཆབ་སྲིད་གྲོས་མོལ་ཨུ་ཡོན་ལྷན་ཁང་ལ་སྲིད་གྲོས་འདུན་མ་ཞེས་བཏགས་ན། བོད་སྐད་ཀྱི་ཁྱད་ཆོས་དང་ལྡན་ནོ། །

འདྲི་བ(འདྲིས་པའི་ད་ལྟ་བ་དང་མ་འོངས་པ)ནི་ཆ་ཡོད་རྒྱུས་ཡོད་རྒྱུན་དུ་འགྲོགས་པའི་དོན་ཏེ། སྨོ༷ན་འདྲི༷ན་ནི་འདྲིས་ཆེ་བའི་གྲོགས་མཆོག་གི་མིང་ངོ་། །

འདྲེ་བ་ནི་ཕྱོགས་གཅིག་ཏུ་བསྲེ་བར་འགྱུར་བའི་དོན་དང་། འདྲེ༷ན་མ༷་ནི་སྣ་ཁ་དུ་མ་ལྷན་དུ་འདྲེས་པའི་དངོས་པོའི་མིང་སྟེ། འདྲེས་མ་དང་དོན་གཅིག་པའོ། །

འཕྱ་བ་ནི་ངོ་ཚ་བའི་གནས་ལ་སྨོད་པ་སྟེ། འཕྱ༷ན་མ༷་ནི་ངོ་ཚ་མི་འཛེམ་པའི་གཡེམ་མའོ། །

འཕྱོ་བ་ནི་བྱ་སྤྱོད་ཚད་ལས་འདས་པ་སྟེ། འཕྱོ༷ན་མ༷་ནི་ཕོ་མོའི་འབྲེལ་བ་འཚོལ་བའི་བུད་མེད་ལ་ཟེར་རོ། །

དབྱེ་བ་ནི་སོ་སོར་ཕྲལ་བ་དང་། དབྱེ༷ན་ནི་འགྲིག་མཐུན་གཏོར་བའི་ཕྲ་མའི་

མིང་སྟེ། ཕྲ་མ་གཏོང་བ་ལ་དཔེར་སྦྱོར་བ་ཟེར་བ་ལྟ་བུའོ། །

རྨོ་བ་ནི་ཐོང་གཤོལ་གྱིས་ཞིང་ས་སློག་པའི་དོན་དང་། རྨོན་པ་ནི་ཞིང་རྨོད་པའི་ཕྱུགས་ཀྱི་མིང་སྟེ། རྨོན་པ་དོར་སྟེབ། ཞེས་པ་ལྟ་བུ།

སྨྱོ་བ་ནི་ཤེས་རིག་འཆོལ་བ་དང་། སྨྱོན་པ་ནི་སྨྱོས་པའི་སེམས་ཅན་ཏེ། ཁྱི་སྨྱོན། གླང་སྨྱོན། ཆང་སྨྱོན། ལྟ་བུ།

རྫུ་བ་ནི་མ་ཡིན་ཡིན་ཁུལ་བྱེད་པ་དང་། རྫུན་ནི་མི་བདེན་པའི་གཏམ་སྟེ། རྫུན་མ། རྫུན་རྒྱལ། ལྟ་བུ།

ཞུ་བ་ནི་སྲ་བར་ཆགས་པའི་རྫས་རིགས་མེའི་དྲོད་ཀྱིས་གཤེར་ཁུར་སྒྱུར་བ་དང་། ཞུན་མ་ནི་བཞུས་རྗེས་ཀྱི་རྫས་དེའི་མིང་ཡིན་ཏེ། གསེར་སྦྱངས་བཙོ་མ་ལ་གསེར་ཞུན་དང་། བཞུས་པའི་ཉིང་ཁུ་ལ་ཞུན་ཐིགས་དང་། མར་དང་ཕྱུར་བ་དང་ག་ར་དང་བཅས་པ་བསྲེས་ནས་འདྲེས་པར་གྱུར་པའི་ཟས་ལ་ཞུན་དང་ཐུད་ཅེས་པའི་ཁྱད་པར་ཡང་། མར་བཞུས་ནས་བྱས་པ་ལ་ཞུན་དང་། མར་བསྙོགས་ནས་བྱས་པ་ལ་ཐུད་ཟེར་རོ། །

བཞོ་བ་ནི་འོ་མ་རེག་པ་དང་། བཞོན་མ་ནི་འོ་མ་བཞོ་བྱའི་འབྲི་དང་མཛོ་མོ་དང་བ་མོ་དག་གི་མིང་ཡིན་ནོ། །

ཟ་བ་ནི་ཟས་སྣ་ལོངས་སྤྱོད་པ་དང་། ཟན་ནི་ཟ་མ་སྟེ། ཟན་ཟ་བ། འབྲུ་ཟན་སྣ་ལྔ། ལྟ་བུ་དང་། ཁྱད་གཞི་ལ་སྦྱར་ན་ཟ་བ་པོའི་དོན་དུ་གྱུར་ཏེ། ཤ་ཟ་བ་པོ་ལ་ཤ་ཟན་ཟེར། དེ་བཞིན་དུ། ལྕེ་གཟན། རྩྭ་གཟན། སྟོན་གཟན། གཅན་གཟན་སོགས་སུ་གྲགས་པ་དང་། ཟན་ལ་གས་འཕུལ་བ་སྟེབ་སྦྱོར་གྱི་དབང་གིས། སྲ་ལྡི་བ་ལ་ལྡི་བ་སྦྱར་ནས། ངག་སླན་པར་བྱས་པ་ཡིན་ནོ། །

རི་བ་ནི་ཟོང་ཟོག་གོང་ཁུག་པའི་དོན་ཏེ། ཏ་ལ་དངུལ་སྲང་བརྒྱ་རི་བ། ཟེར་བ་ལྟ་བུ་དང་། རིན་ནི་ཉོ་བྱེད་ཀྱི་སྒོར་མོ་དག་གི་མིང་ངོ། །

ཤུ་བ་དང་། ཤུན་པ་ནི། སྔ་མ་གཞི་ལས་འཕྲལ་པའི་བྱ་བ་དང་། ཕྱི་མ་བཤུ་བྱའི་དངོས་པོའི་མིང་སྟེ། ཤུན་པ་ཤུ་ཟེར་བ་ལྟ་བུ།

བཤའ་བ་དང་། བཤན་པ་ཡང་། སྔ་མ་སྐམ་ལུག་གི་སྲོག་གཅོད་པའི་བྱ་བ་དང་། ཕྱི་མ་བཤའ་བ་པོའི་མིང་ངོ་། །

བསུ་བ་དང་། བསུན་མ་ཡང་། སྔ་མ་སྐུ་མགྲོན་ཕེབ་པར་སྔེ་ལེན་ཞུ་བའི་བྱ་བ་དང་། ཕྱི་མ་བསུ་བ་པོའོ། །

༢. བྱ་བའི་མིང་གིས་ཁྱད་ཆོས་ཀྱི་མིང་དྲངས་པ།

ཁྲི་བ་ནི་སྒྲོ་ལྷང་བ་དང་། ཁྲིན་མ་ནི་གདུག་པའི་ཁྱད་ཆོས་རྩུབ་པོའོ། །

ན་ཚོད་ཡོལ་བའི་རྒ་ལ་རྗེས་འཇུག་ན་སྦྱར་བའི་རྒན་པ་ནི། །རྒས་པའི་ཁྱད་ཆོས་མཚོན་པའི་མིང་དུ་གྱུར་པའོ། །

སྐྲི་བ་ནི་བྱ་བའི་མིང་དུ་ཕྱི་བའི་དོན་ཏེ། སྐྲ་ཕྱི་བ་ལ་སྐྲ་སྐྲི་བ། ཟེར་བ་ལྟ་བུ། སྐྲི་པོ་ནི་དངོས་པོའི་མིང་སྟེ། རྗེན་པའི་དོན་ཡིན་སྐྲ་མེད་པ་ལ་མགོ་སྐྲི་པོ་དང་། རྩ་ཁ་མེད་ས་ལ་ས་སྐྲི་པོ། ཟེར་བུ་ལྟ་བུ། སྐྲིན་པ་ནི་ཁྱད་ཆོས་ཀྱི་མིང་སྟེ། གཅེར་བུའི་དོན་ཡིན། སྐྲིན་པོ། སྐྲིན་མོ། ཟེར་བ་ལྟ་བུ།

མཉེ་བ་ནི་འཇམ་པར་བྱེད་པ་དང་། མཉེན་པ་ནི་འཇམ་པའོ། །

ཡིད་ཚིམ་པའམ་འདོད་པ་གྲུབ་པའི་འཇོ་ལ་ན་མཐའ་སྦྱར་བའི་འཇོན་པ་ནི། འདོད་དོན་སྒྲུབ་མཁས་པའི་མིང་དུ་གྲུབ་པོ། །

ཞ་བ་ནི་ཡན་ལག་སྐྱོན་ཅན་དུ་གྱུར་པ་དང་། ཞན་པ་ནི་དམན་པ་སྟེ། ལུས་ཞན་པ། སྟོབས་འབྱོར་ཞན་པ། ལྟ་བུའོ། །

ཁྲོ་བཞུས་ནས་ལྷུགས་སུ་གྱུར་ན། ཡོ་བྱད་ཅི་ཡང་བཟོ་རུང་བའི་དཔེར་བརྗོས་ནས། བཞུ་ལ་རྗེས་འཇུག་ན་སྦྱར་བ། བཞུན་མོ། ཞེས་པ་ལས་ག་སོགས་ལ་བྱང་བའི་མིང་དུ་གྱུར་ཏེ། གར་ལ་བཞུན་པ། པར་བཀོ་བར་ལག་བཞུན་གི་ཟེར་བ་ལྟ་བུའོ། །

ཡོ་བ་དང་། ཡོན་པ། སྣ་མ་ཕྱོགས་གཅིག་ཏུ་གསེག་པ་དང་། ཕྱི་མ་དྲང་མོ་མིན་པ་སྟེ། མཛིང་ཡོན། ལྟ་བུའོ། །

༣. བྱ་བའི་མིང་གིས་བྱ་བའི་མིང་གཞན་ཞིག་དྲངས་པའི་མཚན་གཞི།

འཕུ་བ་ནི་སྡང་བ་དང་། འཕུན་པ་ནི་ཁྲོ་བའི་སྐད་འཆིན་པའོ། །དེ་འཕྲོས་ནས་ན་ཟུག་སོགས་ཀྱི་དབང་གིས་མགྲིན་པ་ནས་སྒྲ་བྱུང་བ་ལ་འཕུན་ཟེར་ཏེ། ནད་པ་འཕུན་གྱིན་འདུག །ལྟ་བུའོ། །

ཐེ་བ་ནི་ཁོངས་སུ་གཏོགས་པའམ་འདུས་པ་དང་། ཐེན་པ་ནི་འདུ་བར་འདོད་པའམ་འཁྲིན་པའོ། །(རང་དང་འབྲེལ་བ་མེད་པའི་གཞན་དོན་ལ་ཚུད་པར་ཡང་ཐེ་བ་ཟེར)

ལྡ་བ་ནི་སྨྲ་བ་དང་། ལྡན་པ་ནི་ལན་འདེབས་པའོ། །(ལྡ་བོ་ནི་གཏམ། ལྡ་བ་བོ་ནི་སྨྲ་བ་པོ། ལྡ་བཛ་ནི་ཁ་བཛ། ལྡ་མ་ནི་ཚོས་དོན་སྨྲ་བའི་མཁན་པོའོ། །)རྩེ་བ་དང་རྩེན་པ་གཉིས། །རྩེད་མོ་རོལ་བའི་དོན་གཅིག་ཀྱང་། མི་འདྲ་ས་ཡང་ཡོད་དེ། རྩེ་བ་ནི་བྱ་བ་ཙམ་དང་། རྩེན་པ་དངོས་པོའི་མིང་དུ་སྦྱར་ཚོག །ལྟ་ཡུལ་ལ་སུམ་རྩེན་ཟེར་བ་ལྟ་བུའོ། །

གསོ་བ་ནི་སྲོག་འཚོ་བ་དང་། གསོན་པ་ནི་ཚེ་བསྲིངས་པའི་དོན་ཅན་ནོ། །(གསོན་པོ་ནི་ཤི་བོའི་ལོག་པའོ། །)

༤. ཁྱད་ཚོས་ཀྱི་མིང་གིས་དངོས་པོའི་མིང་དྲངས་པའི་མཚན་གཞི།

ཡིད་སུན་པའི་སྐྱོ་ལ་རྗེས་འཇུག་ན་སྦྱར་བའི་སྐྱོན་ནི། སུན་དབྱུང་བར་བྱ་བའི་གནོད་པའམ་ཉེས་པའི་མིང་དུ་གྱུར་པའོ། །

ཐག་མི་རིང་བའི་ཉེ་ལ་ན་མཐའ་སྦྱར་བའི་ཉེན་ཀོར་ནི་ཉེ་འཁོར་གྱི་བཛ་སྙིང་ངོ་། །

ཐ་བ་ནི་རེངས་པ་སྟེ། ཀྲན་དང་བྲལ་བའི་ཞིང་ལ་ཞིང་ཐ་བ་ཟེར། ཐན་པ་ནི་ཆར་བ་དུས་སུ་མ་བབས་པས་ས་བསྐམས་ནས་ཞིང་སོགས་སྐྱེ་དཀའ་བའི་དོན་ཡིན། དཔེ་དེ་བཞིན་ཐན་པ་ངན་པའི་དོན་དུ་སྦྱར་ནས། ཐན་བྱ། ཐན་ལྟས། ཐན་སྐད།

མི་ཤི་བའི་བརྡ་བརྒྱབ་པ་ལ་ཐན་བཏང་བ་ཞེས་པ་སོགས་སུ་གྲགས་སོ། །

ཐུ་ནི་དྲག་པའི་དོན་ཏེ། སྔགས་བཏབ་པའི་རྫས་ལ་ཐུན་ཞེས་བྱ་བ། གདོན་འདྲེ་དག་གི་གནོད་པ་འགོག་པའི་ནུས་པ་དྲག་པ་དང་ལྡན་པའི་ཕྱིར་རོ། །

ཕྲ་བ་དང་ཕྲན་བུ་གཉིས། ཆུང་བའི་ཆ་ནས་དོན་གཅིག་ཀྱང་། སྔ་མ་ཁྱད་ཆོས་ཀྱི་མིང་ཙམ་དང་། ཕྱི་མ་དངོས་པོའི་མིང་དུ་སྦྱར་ཆོག་སྟེ། ཆུ་ཕྲན། གླིང་ཕྲན། མདའ་ཉག་ཕྲན། ལྟ་བུ། སྦེབ་སྦྱོར་གྱི་དབང་གིས་ཕྲན་ལ་བྲན་དུ་བྲིས་པའང་སྣང་། ཞིང་བྲན། བྲན་གཡོག །ལྟ་བུའོ། །

ཚ་བ་དང་ཚན་གཉིས། སྲེག་པའི་རང་བཞིན་ལྡན་པའི་སྒོ་ནས་དོན་གཅིག་ཀྱང་། སྔ་མ་ཁྱད་ཆོས་ཀྱི་མིང་དང་། ཕྱི་མ་དངོས་པོའི་མིང་སྟེ། ཆུ་ཚན། ཛ་ཚན་དེ། ཉི་མ་ལ་ཚན་ཅན་ཟེར་བ་ལྟ་བུ།

མཛའ་བ་ནི་སྙིང་ཉེ་བ་དང་། ཕོ་མོ་ཕན་ཚུན་གྱི་སྙིང་གྲོགས་ལ་མཛན་པོ་མཛན་མོ་ཟེར། མཛན་གྱི་ཚིག་བར་ཕྲུས་ནས། མཛའ་ན་བོ་དང་། མཛའ་ན་མོ་ཞེས་གྲགས་སོ། །

ཚོ་བ་དང་ཚོན་པོ་གཉིས། ཤ་ལ་ཚིལ་མང་བའི་ཆ་ནས་དོན་འདྲ་ཡང་། སྔ་མ་ཁྱད་ཆོས་ཀྱི་མིང་ཙམ་ཡིན་པས། ཐད་ཀར་དངོས་པོའི་མིང་དུ་འཇུག་མི་རུང་། ཚོ་བ་ཟ་ཞེས་བཤད་སྲོལ་མེད་པས་གསལ། ཁྱད་གཞི་དང་སྦྱར་ན། མིང་གི་ཚོགས་པའམ་ཚིག་ཏུ་གྱུར་པ་ཡིན་ཏེ། ཤ་ཚོ་གི་ཟེར་བ་ལྟ་བུ་དང་། ཕྱི་མ་ཁྱད་ཆོས་ཀྱི་མིང་དུ་མ་ཟད། དངོས་པོའི་མིང་གི་ཆ་དང་ལྡན་པས། ཐད་ཀར་དངོས་པོའི་མིང་དུ་སྦྱར་ཆོག །ཚོན་པོ་ཟ་རྒྱུ་ཟེར་བ་ལྟ་བུ། ཁྱད་གཞི་དང་སྦྱར་ན། དངོས་པོ་རིགས་གཅིག་པའི་ཁྱད་པར་མཚོན་པ། ཤ་ཚོན་པོ་ཞེ་ན། ཁྱད་གཞི་ཤ་དང་ཁྱད་ཆོས་ཚོན་པོ་གཉིས་ངོ་བོ་གཅིག་ཏུ་གྲུབ་ནས། ཤ་རྫུད་པ་དང་ཁྱད་པར་གཏོད་པ་ཡིན་ནོ། །དེ་བཞིན་དུ། སྔོ་བ་དང་སྔོན་པོ། དཀར་བ་དང་དཀར་པོ། ཆེ་བ་དང་

ཆེན་པོ། མཐོ་བ་དང་མཐོན་པོ། དམའ་བ་དང་དམའ་མོ། རྣོ་བ་དང་རྣོན་པོ། རྙོ་བ་དང་རྙོན་པོ་ལ་སོགས་པ། རིགས་བསྒྲིགས་ནས་ཤེས་པར་བགྱི།

༥. ཁྱད་ཆོས་ཀྱི་མིང་གིས་ཁྱད་ཆོས་ཀྱི་མིང་གཞན་ཞིག་དྲངས་པའི་མཚན་གཞི།

བདེ་བ་དང་རྗེས་འཇུག་ན་སྦྱར་བའི་བདེན་པ་གཉིས་ལས། རྫུན་དང་བྲལ་བའི་བདེན་པ་ནི། སྡུག་བསྔལ་དང་བྲལ་བའི་བདེ་བའི་རྒྱུར་འགྱུར་བའི་ཕྱིར།

འཛིགས་པའམ་སྐྱིངས་པའི་ཡ་ང་བ་དང་ཉམ་ང་བའི་ང་ལ་རྗེས་འཇུག་ན་སྦྱར་བའི་ངན་པ་སྟེ། བཙོག་པའམ། རྒུད་པའམ། སྡིག་པའི་སྣང་བ་ལ་བརྟེན་ནས་བྱུང་བ་ཡིན།

རིན་ཐུང་བའི་དམའ་བ་དང་། ཕྱུས་ཀ་ངན་པའི་དམན་པ་གཉིས་ཀྱང་ཕན་ཚུན་བརྟེན་ཀྱང་འབྲེལ་བར་བྱུང་བའོ། །

༦. དངོས་པོའི་མིང་གིས་དངོས་པོའི་མིང་གཞན་ཞིག་དྲངས་པའི་མཚན་གཞི།

སྐྱི་དང་སྐྱི་བསེར་ནི་རླུང་དང་། རླུང་ཧ་ཅང་འཁྱགས་པ་དང་འགྲོགས་ནས་འབབ་པའི་སེར་བ་ལ་སྐྱིན་ཐང་ཟེར།

ཁྲུ་ནི་རིང་ཐུང་འཇལ་བྱེད་དང་། ཁྲུན་ནི་ཞིང་ངམ་དཀྱུས་ཀྱི་མིང་ངོ་། །

འགྲོ་སྒོ་ལ་སྐྱོན་ཟེར་ཏེ། འགྲོ་སྒོ་ཆེ་བ་ལ་སྐྱོན་ཆེ་བ་དང་། འགྲོ་སྒོ་ཉུང་བ་ལ་སྐྱོན་ཆུང་བ་ཟེར་བ་ལྟ་བུ། སྐྱོན་ནི་ཆུད་ཟོས་ཀྱི་དོན་ཡིན་པས། ཟ་མ་བརླག་པ་ལ་ཟས་སྐྱོན་དང་། རེ་བ་དོན་མེད་དུ་གྱུར་པ་ལ་རེ་སྐྱོན་ཟེར།

ཚོགས་པ་ཞིག་གི་གཙོ་བོ་ལ་མགོ་བ་ཟེར་ཞིང་། མགོ་བ་ཐུན་མོང་མ་ཡིན་པ་སྟེ་མཆོག་གི་བདག་ཉིད་ཅན་ལ་མགོན་པོ་ཟེར།

རླན་ཞིང་གཤེར་བའི་ཆུ་ལ་རྗེས་འཇུག་ན་སྦྱར་བའི་ཆུ་ཆུན་ནི། ཆུ་འཆུ་བ་པོ་དང་། ཟོ་ཆུན་ནི། ས་ཁྱུད་དུ་ཟོ་བ་ལྟ་བུ་སྤྱད་པའི་ཆུ་འདྲེན་བྱེད་དེ། ཡོ་བྱད་དེ་ལ་ཟོ་ཆུན་ཁྱུད་མོ་ཟེར།

ཉི་མ་ཤར་ནས་ནུབ་པའི་བར་གྱི་དུས་ཡུན་ལ་ཉིན་ཟེར་ཏེ། གནམ་གྲུར་བསྡད་ན་ལོ་ལམ་ཉིན་གྱིས་ཚོད། ལྟ་བུ།

ཕོ་མོ་ཁྱོ་ཤུག་ཏུ་ཡོང་བར་བྱེད་པའི་བར་བ་ལ་གཉེ་བོ་དང་། ཁྱོ་ཤུག་དང་འབྲེལ་བ་ཆགས་པའི་མི་ལ་གཉེན་ཞེས་བྱ་སྟེ། ཕ་གཉེན། མ་གཉེན། གཉེན་པོ་ཚང་། ལྟ་བུ།

གསོམ་ཤུག་སོགས་ཀྱི་འབྱར་རྩི་སྟེ་སྦྱི་བ་ལ་བསྒོས་ནས། ཀོ་ལྤགས་སོགས་གདུས་པའི་སྦྱོར་བྱེད་ཀྱི་རྫས་ལ་སྦྱིན་ཞེས་བྱའོ། །

ཕྱི་མ་དང་། ཕྱིན་ཆད་གཉིས། རྗེས་མའི་ཆ་ནས་དོན་འདྲ་ཡང་། མི་འདྲ་སའང་ཡོད་དེ། ཕྱི་མ་ནི་བརྗོད་བྱའི་དོན་གྱི་རྗེས་མ་དང་། ཕྱིན་ཆད་ནི་དུས་ཀྱི་མ་འོངས་པའོ། །

བྱ་ན་ནི་ཚོད་མ་སྟེ། བྱན་པོ་དང་བྱན་མོ་ནི། ཟས་གཡོ་སྦྱོར་བྱེད་མཁན་གྱི་མིང་ངོ་། །

རིག་པའི་ཀློ་ལ་ན་མཐའ་སྦྱར་བའི་ཀློན་ནི། རྒྱལ་པོའི་ཀློ་དྲི་སའི་མདུན་ན་འདོན་གྱི་མིང་ཡིན་པས། གྲོས་བྱེད་པ་ལ་ཀློན་འདེབས་པ་ཞེས་ཀྱང་བྱའོ། །

རྡོ་སོགས་ཤ་ཁའི་ནག་ཐིགས་ཏེ་རྩི་བ་ལ་བསྒོས་ནས། ཤ་དང་ཚིལ་ནང་དུ་ཆགས་པའི་ནག་ཐིགས་ལྟ་བུ་ལ་རྩིན་ཞེས་གྲགས་པའོ། །

སྨི(དམི)ནི་གཉེན་བཤེས་ཀྱི་ནང་ཁུལ་དུ་གསོད་རེས་བྱེད་པའི་སྦྱོར་བའི་མིང་དང་། དེ་ལས་བྱུང་བའི་སྡུག་བསྔལ་ལ་བརྡ་ཉིང་དུ་སྨིན་ཞེས་སོ། །

སྔོན་རྒྱ་ཆུ་ས་ཆའི་མི་རྣམས་ཀྱིས་ཚོ་བའི་འབྲུས་མི་ལྟ་བུའི་གོ་ཆོད་ཅན་ལ་ཚོན་སྨི་ཞེས་འབོད་པ་ཡང་། རྗེས་འཇུག་ནའི་མཐུ་ཡིན།

ཞ་ཉེའི་ཞ་ལ་རྗེས་འཇུག་ན་སྦྱར་བའི་ཞན་ནི། ཞ་ཉེའི་རང་མིང་དུ་གྲུབ་སྟེ། ཞ་ཉེ་དཀར་པོ་ལ་ཞན་དཀར་དང་། ཞ་ཉེའི་པར་ལ་ཞན་པར་ཟེར་བ་ལྟ་བུ།

གཙོས་དང་ཨ་མཆོག་སོགས་ཀྱི་ཁ་སྐད་དུ། ཉ་ལ་ན་ལྟར་བརྗོད་པས་ཚོག་པར་བསྡུས་ན། ཞན་ཞེས་གྲགས།

ཡ་མཐའ་དང་མ་མཐའ་ལ། ཡན་ཆད་དང་མན་ཆད་ཟེར་བའི་ཆ་ནས་དོན་འདྲ་ཡང་། སྒྲ་རྒྱུད་དུ་ཡན་ཆད་ལ་ཡན་ཟེར་བས་འཐུས་མེད། ཡ་མཐའ་ལ་ཡ་ཟེར་བས་མི་འཐུས། མིང་གི་ཆ་ཤས་སུ་ཡ་རབས་ལ་ཡན་རབས་ཞེས་བཤད་སྲོལ་མེད་པ། ལྟ་བུའོ། །

གཡོ་ནི་རང་གིས་ཉེས་པ་སྦྱོངས་ནས་གཞན་བསླུ་བའི་བྱ་སྤྱོད་དང་། གཡོན་ཅན་དང་། གཡོན་ཅན་མ་ནི། གཡོ་སྒྱུ་བྱེད་མིའོ། །

ལ་ཐོད་ནི་མགོ་དཀྲིས་ཏེ། སྐྲའི་སླས་མ་ལ་ལན་བུ་ཟེར།

ཁ ཇོས་འཇུག་ད་ཡི་ཐུན་མོང་མ་ཡིན་པའི་འཇུག་པ།

ཇོས་འཇུག་ད་ཡི་ཐུན་མོང་མ་ཡིན་པའི་འཇུག་པ་ལ་ཡང་རྣམ་པ་དྲུག་ཡོད་དེ།

༡. བྱ་བའི་མིང་གིས་དངོས་པོའི་མིང་དྲངས་པའི་མཚན་གཞི།

སྐྱེ་བ་ནི་གསར་དུ་འབྱུང་བ་དང་། སྐྱེད་པ་ནི་སྐྱེ་བར་བྱེད་པ། སྐྱེད་ནི་བུ་ལོན་གྱི་འཕེལ་ཐོག་སྟེ། དངུལ་སྐྱེད། འབྲུ་སྐྱེད། ལོ་སྐྱེད། ཟླ་སྐྱེད། ལྟ་བུའོ། །

རྒ་བ་ནི་ན་ཚོད་ཡོལ་བ་དང་། རྒད་པོ་ནི་མི་ལོ་ལོན་ནོ། །

རྒྱུ་བ་ནི་འགྲོ་བའི་དོན་དང་། རྒྱུད་ནི་གཅིག་ནས་གཅིག་ཏུ་མུ་འབྲེལ་བའི་དངོས་པོའི་མིང་སྟེ། གདུང་རྒྱུད། རིགས་རྒྱུད། ཐྲའི་རྒྱུད་པ། ལྟ་བུ།

ངུ་བ་ནི་ཕེ་འདེབས་པ་དང་། ངུ་སྒྲའི་མིང་ལ་ངུད་པའོ། །

འཇུ་བ་འགྱུར་བའི་དོན་དུ་འཇུག་པའི་སྒོ་ནས། ཟ་མ་འགྱུར་བའི་འཁྲིག་པའི་མིང་ལ་འཇུད་དང་། སྐད་འཚོང་མ་ལ་འཇུད་མཐུན་མ་ཞེས་གྲགས།

མིག་གིས་ལྟ་བའི་བལྟ་བྱ་སྟེ། ཟློས་གར་སོགས་ལ་ལྟད་མོ་ཟེར།

ཟུག་རྔུ་ཕྱུང་བ་ལ་ན་བ་དང་། ན་ཚ་ལ་ན༷ད་ཅེས་བྱའོ། །

གླུ་བ་ནི་སྲོག་དང་སྐུ་རྟེན་ཉོ་བའི་དོན་དང་། གླུ༷ད་ནི་སྲོག་གླུ་བྱེད་དུ་བཟློས་པའི་མིའི་འདྲ་གཟུགས་ཏེ། འདྲེ་ཤར་སྐོ་དང་། གླུད་ཟུབ་སྐོ་ཟེར་བ་ལྟ་བུའོ། །

སྨེ་བ་ནི་བཤད་པའི་བརྡ་སྙིང་དང་། དྲི༷་སྨེ༷ད་ནི་ཁ་བརྡའོ། །

སྟེ་བ་ནི་དགའ་བ་རོལ་བ་དང་། སྟེ་བར་བྱ་བའི་མིང་ལ་སྟེད་མོ་ཟེར། སྟེ༷ད་མོ༷་སྟེ། ལྟ་བུ།

ཡན་ལག་སྐྱོན་ཅན་དུ་གྱུར་པ་ལ་ཞ་བ་དང་། རིགས་ཤིག་ལ་རིགས་གཞན་ཞིག་འདྲེས་པའི་སྐྱོན་ལ་ཞད་ཅེས་བྱ་སྟེ། གཡུ་ལ་རྫ་ཞད་ཡོད། དམར་ལ་ནག་ཞད་ཆེ་ན་དམར་ནག་ཟེར། མི་གན་ན་སླུན་ཞད་འདྲེས། ཟོ་ལོ་ལྷ་བཅུར་རྒྱས་ཞད་མེད། ཟེར་བ་ལྟ་བུའོ། །

ལུ་བ་ནི་ཨོལ་མ་ལ་ཟུག་རིག་བྱུང་བ་དང་། ཁོང་ནས་བྱུང་བའི་གཤེར་ཁུ་འབྱུར་བག་ཅན་ལ་ལུད་པ་ཟེར་ཏེ། ལུ༷ད་པ༷་ལུ་བ། ལྟ་བུ།

དབུགས་རྒྱུན་ཆད་པ་ལ་ཤི་བ་དང་། ཤི་བོ་རྗེས་དྲན་སོགས་ཀྱི་ཚོ་ག་ལ་ཤི༷ད་ཟེར་ཏེ། ཤི་བོ་དུར་འདེབས་པའི་ས་ལ་གཤིན་གནས་དང་། ཤི་བོར་རྗེས་དྲན་གྱི་སྟོན་མོ་ལ་ཤིད་སྟོན་དང་། གཤིན་པོར་བཤམས་པའི་ཁ་ཟས་ལ་ཤིད་གཟན། ཟེར་བ་ལྟ་བུའོ། །

༢. བྱ་བའི་མིང་གིས་བྱ་བའི་མིང་གཞན་ཞིག་དྲངས་པའི་མཚན་གཞི།

དགའ་བ་ནི་ཡི་རང་བ་དང་། དགའ་བ་རབ་ཏུ་རྒྱས་ཏེ་ངག་ནས་ཐོན་པ་ལ་དགད་པ(དགོད་པའི་མ་འོངས་པ)ཞེའོ། །

འགྲེ་ལོག་རྒྱག་པའི་འགྲེ་ལ་རྗེས་འཇུག་ད་སྦྱར་བའི་འགྲེད་ནི། ཁང་བ་ཤུད་ནས་ལོག་པའི་མིང་དུ་གྲུབ་བོ། །འགྲེད་ནི་འདྲེད་ཀྱི་འབྲི་ཚུལ་གཞན། ཞེས་པ་མ་དག་པའོ། །

དར་དང་ཁ་བ་རྡོད་ཀྱིས་གཤེར་བའི་རྣམ་པར་འགྱུར་བ་ལ་ཞུ་བ། ཞེས་པ་དང་། ལུས་པོ་ནད་དང་ངལ་བས་ལང་ཚོ་ཉམས་པ་ལ་ཞུད་པ་སྟེ། ལུས་ཀྱི་ཤ་ཞུད་པའོ། །

བཤུ་བ་ནི་ཤ་ཁའི་པགས་པ་དག་བཀོག་པའི་དོན་དང་། བཤུད་པ་ནི་ལུས་ཀྱི་སྐྱི་མོ་བརྡར་ནས་རྨས་པ་སྟེ། ལག་པ་རྗོས་བཤུད། ཕྱི་རྡིང་ལྷམ་གྱིས་བཤུད། ཞེར་བ་ལྟ་བུ།

གསེ་བ་ནི་དངོས་པོ་ཞིག་ཆ་ཤས་མང་པོར་བགོ་བའི་དོན་ཏེ། ཤིང་གསེ་བ་དང་། རྒྱ་གང་སྲང་དུ་གསེས་ན་སྲང་བཅུ་ཡིན། ལྟ་བུ། གསེད་པ་ནི་བལ་སོགས་ཀྱི་འཛུལ་བུའམ་འཁྱིང་བ་སོ་སོར་བཀྲལ་བ་སྟེ། བལ་གསེད་པ་དང་། རྒྱུས་ག་གསེད་ནས་ཚོད་མ་བྱེད། ཞེར་བ་ལྟ་བུ།

༣. དངོས་པོའི་མིང་གིས་དངོས་པོའི་མིང་གཞན་ཞིག་དྲངས་པའི་མཚན་གཞི།

རྒྱུ༷་ནི་འབྲས་བུའི་ངོ་བོ་སྐྱེད་བྱེད་དེ། ས་བོན་ལྟ་བུ། རྒྱུ༷ད་པ་ནི་རྒྱུ་མ་ཆད་པའི་རྒྱུན་ཏེ། རབས་ཕྱི་མ་ལ་རིགས་རུས་ཀྱི་རྒྱུད་པ་ཟེར། རྟ་རྒྱུད་དང་། ལུག་རྒྱུད། ལྟ་བུ།

སྲིད་དམ་དཀྱུས་ལ་དྲངས་པའི་ཐགས་སྐུད་ལ་རྒྱུ༷་ཟེར་བས། གཞུ་འགུག་བྱེད་ཀྱི་སྐུད་པ་དང་། པི་ཝང་སོགས་ཀྱི་སྒྲ་འབྱིན་བྱེད་ཀྱི་སྐུད་པ་ལ་རྒྱུ༷ད་ཟེར་ཏེ། གཞུ་རྒྱུད་དང་། རྒྱུད་མངས། ལྟ་བུའོ། །

ལྟོ་བ་ནི་ཁོག་པ་དང་། ལྟོ་བ་ལས་བྱུང་བའི་འབུ་རིགས་རྒྱུ་མ་སྦྲ་མོ་ལྟ་བུ་ཞིག་ལ་ལྟོ༷ན་བུ༷་ཟེར།

སྲེག་ཟ་ལས་བྱུང་བའི་དབུགས་ཁམས་སྔོ་ལིང་ངེ་བ་ལ་དུ༷་བ༷་དང་། དུ་བ་ཆགས་པའི་རྡུལ་ལ་དུ༷ད་པ༷་ཟེར་ཏེ། ཁང་བའི་དུད་པ་འཕྱུག་ཅེས་པ་ལྟ་བུ།

པོ༷་ཏི༷་ནི་ལེགས་སྦྱར་སྐད་ཀྱི་པུསྟི་ཀ་བོད་འགྱུར་དུ་ཟུར་ཆག་ནས་པུ་ཏི་དང་། བརྗོད་བདེ་བར་བྱས་ནས་པོ་ཏི་དང་། ཚིག་བར་བསྡུས་ནས་པོ༷ད་ཅེས་

གྲགས་ཏེ། གཞུང་པོད་ལྔ། ཞེས་པ་ལྟ་བུའོ། །

ཟིལ་བ་དར་དུ་ཆགས་པ་ལ་བ་མོ་ཟེར། བ་མོའི་རང་ལ་ཡང་བད་ཅེས་གྲགས།

རྩ་བ་ནི་སྔོང་པོའམ་གཞུང་རྣ་ས་ངོས་ལ་ཐུག་པར་ཉེ་བའི་ཁག་གི་མིང་དང་། རྩད་པ་ནི་ས་འོག་ཏུ་ཐོགས་པའི་རྙིང་བའི་མིང་ངོ་། །

ཡི་དང་ཡིད་ནི་སེམས་ཀྱི་དོན་ཡིན་པའི་ཆ་ནས་གཅིག་པར་སྣང་ཡང་། སྡེབ་སྦྱོར་དུ་ཁྱད་པར་ཡོད་དེ། ཡི་རང་བ་དང་ཡིད་གཞུངས་པ། ལྟ་བུ། སེམས་ཅམ་ལ་ཡིད་མིན་པ་ཡི་མི་འཇུག་གོ། །

སྲིད་པ་ནི་སྲུམ་པའི་དོན་ཏེ། མངལ་འཛིན་པ་ལ་སྲིད་ཆགས་པ་ཟེར། སྲིའུ་ནི་ཁྱིའུ་སྟེ། སྐྱེས་མ་ཐག་པའི་བུ་གུའོ། །

༤. ཁྱད་ཆོས་ཀྱི་མིང་གིས་དངོས་པོའི་མིང་དྲངས་པའི་མཚན་གཞི།

ཟླི་བ་ནི་ཡང་བའི་ལྡོག་ཟླ་ཡིན་ལ། ཟླིད་ནི་ཟླི་ཚད་ཀྱི་མིང་ཡིན་ཞིང་། སྒྲ་ཤིན་ཏུ་རྩུབ་པས་ན། ཅུང་ཟད་སླན་པར་བྱེད་ཆེད། ཟླིད་ཀྱི་དོད་དུ་ལྗིད་བྲིས་པ་མང་ངོ་། །

དྲོ་བ་ནི་གྲང་བའམ་འཁྱགས་པའི་ལྡོག་ཟླ་དང་། དྲོད་ནི་དྲོ་བྱེད་ཀྱི་མིང་སྟེ། ཉི་མའི་དྲོད་ཀྱིས་དྲོ་བ། ལྟ་བུ།

ཚ་བ་ནི་གྲང་བའི་ལོག་པ་དང་། ཚད་པ་ནི་ཚ་གདུག་གི་མིང་སྟེ། སྔོང་པོའི་ལོ་མ་ཚད་པས་ཉིད། ཟེར་བ་ལྟ་བུ། ནད་ཚ་ཆེན་བྱུང་བ་ལའང་ཚད་པ་བྱུང་ཞེས་པའོ། །

དམའ་བའི་སྨ་ལ་རྗེས་འཇུག་ད་སྦྱར་བའི་སྨད་ནི། ཆ་འགབ་མའམ། ཆ་ཕྱི་མའི་མིང་དུ་གྱུར་ཏེ། སྟོད་ཆ་དང་སྨད་ཆ། ཕོག་སྟོད་དང་ཕོག་སྨད། ལྟ་བུའོ། །

༥. དངོས་པོའི་མིང་གིས་བྱ་བའི་མིང་དྲངས་པའི་མཚན་གཞི།

གོང་མའམ་གཙོ་བོའི་ཞེ་ས་ལ་རྗེ་དང་། རྗེ་ལ་བཀུར་བ་ལ་རྗེད་པ་སྟེ། མཆོད་པར་བྱེད་ལ་རྗེད་པར་བྱེད། ཟེར་བ་ལྟ་བུ།

ནླཱ་ཤི་ནླ་གྲོས་ཏེ། གྲོས་བསྡུར་བ་ལ་བརྡ་རྙིང་དུ་ནློད་པ་ཟེར།

འཁྲབ་བྱའི་སྒྲོ་ལ་རྗེས་འཇུག་ད་སྦྱར་བའི་སྒྲོད་ནི། དགའ་བའི་དོན་ཏེ། སེམས་དགའ་བ་ལ་ནློ་སྒྲོད་པ་ཟེར་བ་ལྟ་བུ།

༤. ཁྱད་ཆོས་ཀྱི་མིང་གིས་བྱ་བའི་མིང་དྲངས་པའི་མཚན་གཞི།

བརྡ་རྙིང་དུ་སྙི་མོའི་སྙི་ལ་ར་མགོའི་རྙི་སྦྱར་བ་དག་པར་འདོད་དེ། ཁ་སྐད་དང་སྒྲ་མཐུན་པར་མངོན། རྙི་ལ་ད་མཐའ་སྦྱར་བའི་རྙིད་པ་ནི། རྩི་ཤིང་སོགས་སྐམ་ལ་ཕྱོགས་པའི་དོན་ཏེ། ལ་ཕུག་རྙིད་སོང་། ཤིང་ཐོག་རྙིད་པར་འགྱུར། ལྟ་བུ།(རྙིད་པའི་མིང་མཐའ་ལ་ན་རོ་སྦྱར་ན། རྙིད་པོ་སྟེ་དངོས་པོའི་མིང་དུ་གྱུར་ཏེ། ཡུལ་སྐད་དུ་རྙིད་དོ་ཡང་ཟེར།)

བརྡ་རྙིང་དུ་དས་འཕྱུལ་དང་ས་མགོ་གང་ཅུང་མིང་གཞིར་སྦྱར་བ་མང་བས། ཁྱད་ཆོས་ཀྱི་མིང་དུ་དམའ་བ་ལ་སྨ་བ་དང་། བྱ་བའི་མིང་དུ་དམད་པ་ལ་སྨད་པ་ལྟར་བྲིས་པ་མང་། སྨད་ནི་ལུས་ཀྱི་སྨ་ས་དང་། །སྨ་ཕབ་པ་ལ་སྨད་པ་འོ། །ཞེས་དང་། དམའ་དང་སྨ་གཉིས་དོན་གཅིག་པས། །སྨ་འབེབས་དམའ་འབེབས་གང་ཡང་འཐུས། །ཞེས་དག་ཡིག་ལ་ལར་གསུངས་སྣང་།

གོང་གསལ་ཐུན་མོང་མ་ཡིན་པའི་འཇུག་པ་ལས། རྗེས་འཇུག་ད་ལ་བསྟོས་ན། ནའི་ཁྱབ་ཆེ། བརྡ་རྙིང་དུ། ནློན་ལ་ནློད་དང་། བཙན་པོ་ལ་བཙད་པོ་དང་། ལྡིད་ལ་ལྡིན་ལྟར་རྗེས་འཇུག་ད་ན་གང་ཅུང་སྦྱར་བ་མང་དུ་མཐོང་སྟེ། འདི་གཉིས་ཀའི་བྱེད་རྩོལ་ལྕེ་རྩེ་སོ་རྩར་རེག་པ་འདྲ་བ་ཙམ་ལས། སྣ་སྒྲ་ཡོད་མེད་ཀྱི་ཞིབ་ཆ་ལ་མཉམ་པར་མ་བཞག་པའི་གནད་ཀྱིས་བྱུང་བ་ཡིན་སྙམ། སྒྲ་རིག་པ་དར་བའི་རྗེས་འབྲངས་ནས། ཆོས་གང་རྫོད་བྱེད་ཀྱི་བརྡའི་དབྱེ་བ་ལྟར། རྗེས་འཇུག་ད་ན་གཉིས་མིང་གཞི་གང་ལ་གང་འཇུག་པའི་ཞིབ་ཆ་ལེགས་པར་ཐོན་ཏོ། །ཡིན་ན་ཡང་། ཐུན་མོང་མ་ཡིན་པའི་འཇུག་པ་ལས། མཐའ་རྟེན་མེད་པའམ།

འ་མཐའ་ཅན་གྱི་མིང་མི་ཉུང་བ་ཞིག་ལ་རྗེས་འཇུག་ན་དང་ད་གང་རུང་སྦྱར་ཆོག་པ་མང་ཡང་། དེ་དག་གི་བསྟན་བྱ་ཆ་མཐུན་པ་ཙམ་ལས། མཐའ་གཅིག་ཏུ་འདྲ་བ་མ་ཡིན་ནོ། །དཔེར་ན། བྱ་བའི་མིང་དུ་ཀ་བ་ཞེས་པ་དངོས་པོའི་མིང་དུ་བསྒྱུར་བ་ལ། རྗེས་འཇུག་ན་དང་ད་གཉིས་གང་རུང་སྦྱར་ཆོག་སྟེ། ཀན་པོ། ཀད་པོ། ལྟ་བུ་དོན་གཅིག་ཀྱང་། ཁྱད་ཆོས་ཀྱི་མིང་དུ་བསྒྱུར་བ་ལ། ན་མཐའ་མ་གཏོགས་ད་མཐའ་སྦྱར་མི་རུང་། ན་ཚོད་ཡོལ་བའི་ཉམས་ལ། ཀན་པ། ཞེས་པ་ལས། ཀད་པ། ཞེས་བརྡ་སྦྱོར་སྲོལ་མེད་པ། ལྟ་བུ་སོགས་འཇུག་པའི་ངོ་བོ་གཅིག་ཀྱང་ལྡོག་པ་མི་གཅིག་པ་དང་། འཇུག་ཡུལ་མི་གཅིག་པ་དང་། འཇུག་པའི་ཁྱབ་ཆེ་ཆུང་མི་གཅིག་དང་། དོན་གཅིག་ཀྱང་ཚིག་ཁྲིམ་བསྟུ་རུང་མི་རུང་སོགས་ཀྱི་ཁྱད་པར་ཤེས་པ་གཅེས།

ཐུན་མོང་མིན་པའི་འཇུག་པ་ལ། །
རྗེས་འཇུག་ད་ན་ཁྱབ་ཆེ་ལ། །
གཞན་དག་ཉུང་ཡང་མེད་པ་མིན། །

ཁོ་ལ་ཁོང་དང་ཁྲ་ལ་ཁྲམ། །
ཧ་ཅང་སྐྲ་ནས་སྐྲམ་པ་དང་། །
འགྱུར་བའི་འཛི་ལ་འཛིམ་པ་དང་། །
ལྕགས་ཀྱི་ཟྭ་བར་ལྕགས་ཟྭམ་ཟེར། །
སྟོང་པོར་འཁྲི་ཤིང་འཁྲིལ་ནས་སྐྱེ། །
རྐང་ལག་ཞ་བ་མིག་ཀྱང་ཞར། །
རི་མོར་རིས་དང་དབུ་མར་དབུས། །
མཁོ་བའི་ནུས་པར་འཁོས་ཀ་ཟེར། །

ལྟ་བུ་སོགས་ཀྱིས་ཤེས་པར་བགྱི།

རྗེས་འཇུག་གི་ཐུན་མོང་མ་ཡིན་པའི་འཇུག་པ་ལ། ད་ན་གཉིས་ཁྱབ་དེ་འདྲ་

ཆེ་དོན་ཅི་ཡིན་ཞེ་ན། རྗེས་འཇུག་འའི་དོད་དུ་དེ་གཉིས་རིགས་པར་སྦྱར་ན། སྒྲའི་འགྱུར་བ་སྟ་མའི་མིང་གི་གདངས་དང་ཉེ་བས། དོན་ཉེ་བ་མཚོན་སླ་བའི་ཕྱིར་རོ། །རྗེས་འཇུག་གི་ཐུན་མོང་མ་ཡིན་པའི་འཇུག་སྟོལ་འདི་ལེགས་པར་རྟོགས་ན། མིང་གང་དང་གང་བརྟེན་ཅིང་འབྲེལ་བར་བྱུང་བ་དང་། མིང་གང་གི་སྒྲ་བཤད་ཇི་ལྟར་ཡིན་པ་སོགས་ཀྱི་ཁུངས་ཆུད་ནས། ཡི་གེའི་སྒྲ་གཟུགས་དོན་གསུམ་མངའ་བརྙེས་པས། ཤེས་བརྗོད་འཇུག་གསུམ་ལ་མཁས་པར་འགྱུར་སྲིད་དེ། དཔེར་ན། འགྲོན་པོ་དང་། མགྲོན་པོ་གཉིས་ཀྱི་ངོ་བོ་མི་གཅིག་པས། འཇུག་ཡུལ་ལ་ཁྱད་པར་ཡོད་དོ། །འགྲོན་པོ་ནི། འགྲོ་བའི་བྱ་བ་དང་འབྲེལ་བའི་སྒོ་ནས་བྱུང་བ་སྟེ། ལམ་འགྲོ་ལ་འཇུག་པ་ཡིན་ལ། མགྲོན་པོ་ནི། དགའ་སྟོན་ལ་ཞུགས་མི་ཡིན་པས། སྟོན་གཟན་ལ་འཇུག་པ་ཡིན་ནོ། །འདུན་ས་དང་། མདུན་ས་གཉིས་ཀྱང་འཇུག་དོན་མི་འདྲ། འདུན་ས་ནི། འདུ་བ་དང་འབྲེལ་བའི་ཚོགས་ས་དང་། མདུན་ས་ནི། སྤྱན་སོའོ། །བསྟན་དར་ལྷ་རམས་པའི་དག་ཡིག་ལས། འདུ་བའི་ས་ལ་འདུན་ས་ཟེར། ཞེས་དང་། དགེ་བཤེས་ཆོས་གྲགས་ཀྱི་དག་ཡིག་ལས། མདུན་ས་ཞེས་པ་སྤྱན་སྔར་རོ། །ཞེས་པས་གསལ། འདུན་མ་ནི། ཚོགས་འདུའམ་ཚོགས་པ་ཅན་གྱི་མིང་ཡིན། འདི་ལ་མདུན་མ་ཞེས་བྲིས་པ་མ་དག་པ་སྟེ། དགེ་བཤེས་ཆོས་གྲགས་ཀྱིས་བརྩམས་པའི་བརྡ་དག་མིང་ཚིག་གསལ་བའི་རྒྱ་འགྲེལ་དུ“会议”、“委员会”ཞེས་པས་གསལ། བོད་རྒྱ་ཚིག་མཛོད་ཆེན་མོ་ལས། མདུན་ས་ལ་ཚོགས་འདུ། ཞེས་དང་། འདུན་ས་ལ་འདུན་བྱེད་པའི་གནས་དང་། སྐབས་བདེ་ས་དང་། ཐག་ཉེ་ས། ཞེས་དང་། མདུན་མ་ལ་འདུན་མ་འདྲ། ཞེས་དང་། མདུན་ཁང་ལ་འདུག་ས། ཞེས་བཀྲལ་པ་རྣམས་མ་དག་པ་སྟེ། ཐ་སྙད་དེ་རྣམས་ཀྱི་ཁུངས་མ་ཅི་ཡིན་མ་རྟོགས་པར། གདམ་ང་ཡིན་པར་འདོད་ལོག་བྱུང་བའི་སྐྱོན་ནོ། །ཏུང་ཧྭོན་ནས་ཐོན་པའི་བོད་ཀྱི་ལོ་རྒྱུས་ཀྱི་ཡིག་ཆའི་རྒྱ་ཡིག་གི་འགྱུར་དུ། དབྱར་གྱི་འདུན་མ་ལ་

"夏季会盟"དང་། དགུན་འདུན་ལ་"冬季会盟"ཞེས་འདུན་མ་ཡོད་ཚད་ལ་"会盟"ལྟར་བསྒྱུར་སྣང་། དངོས་སུ་ན་གྲོས་ཚོགས་ཀྱི་དོན་ཡིན། "会盟"ཞེས་བྱ་བ། རྒྱ་ཡིག་གི་དེང་རབས་རྒྱ་སྐད་ཀྱི་མིང་མཛོད་ལས། "古代国君(或其代表)与国君(或其代表)相会而结盟"ཞེས་འགྲེལ་སྣང་། བོད་སྐད་དུ་བསྒྱུར་ན། གནའ་རབས་ཀྱི་རྒྱལ་པོ(དེའི་སྐུ་ཚབ་བམ)དང་རྒྱལ་པོ(དེའི་སྐུ་ཚབ་བམ)ཞལ་མཇལ་ནས་མཇལ་དུམ་མཛད་པ་ཡིན། ཞེས་པའོ། །དེ་ལྟར་བསྒྱུར་བ་མ་དག་རྒྱུན་འབྱམས་ལ་བརྟེན་ནས། རྒྱལ་ཁབ་ཕྱི་ནང་གི་བོད་ཀྱི་ལོ་རྒྱུས་དཔྱད་པ་རྣམས་ཀྱིས། བོད་གནའ་རབས་ཀྱི་རྒྱལ་བློན་རྣམ་པས་མངའ་འོག་ཚོར་རང་ལ་བློ་དགར་བ་དང་རྒྱབ་སྐྱོར་བའི་དམ་བཅའ་བར་བཅུག་ནས། རང་གི་གོ་ས་དང་སྲིད་དབང་བསྲུངས་པ་ཡིན་པའི་སྐད་ཀྱི་ལྷུན་བཤད་མང་ངོ་། །

བཤད་ཚུལ་དེའི་ཤུགས་ལ་བོད་སླེབ་པ་ལྷུན་དད་ཀྱི་ཐབས་རྟགས་ལས་རིགས་པའི་ཐབས་དམ་པ་མེད་པར་མངོན། ཡང་རྒྱ་འགྱུར་དེ་ལས། རྗེ་བློན་བློད་བློད་དེ། ལིག་མྱི་རྕྱའི་སྲིད་བརླག་གོ། །ཞེས་པའི་དོན་མ་རྟོགས་པར། "君臣火急发兵，灭李迷夏"ཞེས་བསྒྱུར་སྣང་། བརྡ་རྙིང་དུ་རྗེས་འཇུག་ད་དང་ན་གཉིས་གང་རུང་སྒྱུར་བ་ཡོད་དེ། བློད་བློད་དེ། ཞེས་པ། བློན་བློན་ནས་ཟེར་བ་ཡིན། དེ་ཡང་བགྲོས་བགྲོས་ནས། ཞེས་པའི་དོན་ཡིན་པས། "经君臣充分商议，消灭了李迷夏政权"ཞེ་ན་དག་གོ། །གོང་གི་ཐ་སྙད་ཞྭ་དཔེ་ལྟམ་འགེབས་དང་། འགྲེལ་ཉེས་སྒྱུར་ཉེས་བྱུང་བ་རྣམས་རྗེས་འཇུག་ན་དང་དའི་ཐུན་མོང་མ་ཡིན་པའི་འཇུག་པ་དང་། མིང་གི་བྱུང་ཚུལ་མ་ངེས་པ་ལས་བྱུང་བ་ཡིན་ནོ། །

རྗེས་འཇུག་ད་ན་དང་བཅས་པའི། །
ཐུན་མོང་མིན་པའི་འཇུག་པ་ལས། །

འབྲེལ་ཡོད་མིང་གི་བྱུང་བ་དང་། །
དོན་གྱི་ཁྱད་པར་རབ་གསལ་བས། །
དེ་རྟོགས་འཆད་རྩོད་རྩོམ་པ་ལ། །
མཁས་པའི་བློ་ཞིག་ཉེད་པ་ཡིན། །

བཞི་པ། མིང་མང་དོན་གཅིག་ལ་འཇུག་པ།

མིང་མང་པོའི་འཇུག་ཡུལ་གཅིག་པ་ལས། །
དོན་གང་གི་ཞིབ་ཆ་འདྲ་མིན་མཚོན། །
གཏམ་སྨྲ་བ་རྒྱལ་དུ་གདོན་པ་ལ། །
དོན་གཅིག་པའི་མིང་གིས་མཁས་ཐོག་ཆོད། །

དོན་འདྲ་བའི་མིང་དང་། དོན་ཉེ་བའི་མིང་རྣམས་དོན་གཅིག་པའི་མིང་དུ་འདུས་པ་ཡིན། དོན་གཅིག་པའི་མིང་ནི། བརྗོད་བྱའི་ཆོས་གང་རུང་ཞིག་ལ་མིང་གཉིས་ནས་བཅུ་ཕྲག་རེས་སྟོན་ཐུབ་པ་རྣམས་ལ་ཟེར་བ་ཡིན། དོན་གཅིག་པའི་མིང་གི་ཚོགས་པ་གང་མང་ངག་གི་ལམ་དུ་གནས་པ་ནི། སྨྲ་བའི་སྒྲོག་གི་དབང་པོ་ལྟ་བུ་ཡིན་ཏེ། ཚིག་སྦྱོར་དུ་ཐ་སྙད་མ་ཚང་བ་མེད་པར་རབ་ཏུ་སྤྱུག་པ་དང་། དོན་གྱི་ཞིབ་ཆ་སྤྲ་ཙམ་ཡང་མ་འདྲེས་པར་ལེགས་པར་མཚོན་ནུས་པའི་ཕྱིར། བརྗོད་པའི་ནུས་པ་ཆེ་ཆུང་ཡང་། དོན་གཅིག་པའི་མིང་གི་ཚོགས་པ་མངའ་བརྙེས་པ་མང་ཉུང་ལ་རག་ལས་པ་ཡིན། བརྗོད་བྱའི་ཆོས་གཅིག་ལ་མིང་དུ་མ་རེ་འཇུག་རྒྱུ་ཡོད་པ་ནི། ཞིབ་ཆ་འདྲ་མིན་མཚོན་པའི་སྒོ་ནས་བྱུང་བ་སྟེ། དཔེར་ན། མེ་ཏོག་སྣ་རེའི་ངོ་བོ་གཅིག་ཀྱང་ཁ་དོག་འདྲ་མི་འདྲ་དུ་མ་ཡོད་པ་དང་། གར་བྱུར་སྦྲང་གསུམ་གྱི་རོ་གཅིག་ཀྱང་མངར་བའི་ཞིབ་ཆ་མི་འདྲ་བ་ལྟ་བུའོ། །དོན་

གཅིག་པའི་མིང་རྣམས་ཚིག་སྦྱོར་དུ་འཇུག་པར་མཁས་ན། སྨྲ་བའི་དབང་འགྱུར་བས། སྤྱིར་ཚིག་ཕྲེང་སྤེལ་བའི་མན་ཤེལ་ལས། བརྗོད་བྱའི་དོན་རྣམས་སུ་རིས་མ་འདྲེས་པར་འཇའ་ཡི་ཁ་དོག་ལྟར་མངོན་པར་ཤར་བའི་རྩལ་ཐོན་ལ། དེ་ཡང་བྱེ་བྲག་ཏུ་བཤད་ན། འཇུག་ཡུལ་གཅིག་ལ་མིང་གི་རྣམ་གྲངས་ཀྱི་འཇུག་དོན་གཅིག་པ་དང་། ཅུང་ཟད་མི་གཅིག་པ་དུ་མ་རེ་སྣོན་ཚུལ་ཡོད་དོ། །

མིང་གི་རྣམ་གྲངས་ཀྱི་འཇུག་དོན་རྣམ་པ་ཀུན་ཏུ་གཅིག་པར་སྣང་བ། དཔེར་ན། ལྷན་ནེ་དང་། ལྷང་ངེ་། ལྷམ་མེ། ལམ་མེ་རྣམས་ནི། འོད་སྣང་གསལ་བ་ཉིད་དོ། །ཀུན་དང་། ཀྱོན་དང་། ཐམས་ཅད་དང་། མཐའ་དག་དང་། མ་ལུས་པ་རྣམས་ཀྱི་བསྟན་བྱ་ཡོད་ཚད་ཉིད་དོ། །ཡིན་ན་ཡང་། མིང་གི་རྣམ་གྲངས་དུ་མ་དོན་གཅིག་པ་གཅིག་རྐྱང་དུ་འཇུག་པ་དེ་འདྲ་མི་མང་། ད་ལམ་འགའ་ཞིག་གཅིག་ཏུ་ངེས་ཤིང་། འགའ་ཞིག་མི་འདྲ་ས་ཨིན་ཙམ་ཡོད་དོ། །

མིང་གི་རྣམ་གྲངས་ཀྱི་འཇུག་དོན་ཞིབ་ཏུ་དཔྱད་ན། མི་འདྲ་ས་ཅུང་ཟད་ཡོད་ཚུལ་གཙོ་ཆེར་གཤམ་གསལ་བརྒྱུད་སྣང་།

ཀ། མིང་ཅན་གཅིག་ཀྱང་མིང་ཐོགས་ཚུལ་མི་འདྲ།

དཔེར་ན། ཁྱི་ར་བ་དང་། རྔོན་པ་དང་། ལིང་བ་དག་ནི། རི་དྭགས་པ་ཡིན་པས་དོན་གཅིག་ཀྱང་། རི་དྭགས་བདའ་ཐབས་མི་འདྲ་སྟེ། ཤ་ཁྱི་ཐད་དེ་རི་དྭགས་འཛིན་པར་བྱེད་པ་ལ་ཁྱི་ར་བ་དང་། མེ་མདའ་ལྟ་བུ་འཕངས་ནས་རི་དྭགས་གསོད་པར་བྱེད་པ་ལ་རྔོན་པ་དང་། རྐེ་བཙུགས་པའམ་མཐའ་བསྐོར་ནས་རི་དྭགས་འཛོམས་པར་བྱེད་པ་ལ་ལིང་བ་ཟེར་བའི་ཁྱད་པར་ཡོད་དོ། །འདམ་བག་དང་། འཛི་བ་དང་། འཛིམ་པ་གསུམ་འདག་པ་ཡིན་པས་དོན་ཅིག་ཀྱང་མི་འདྲ་ས་ནི། འདམ་བག་ནི་ས་དང་ཆུ་འདྲེས་པའི་འདག་པ་སྟེ་རང་བྱུང་ཡིན་ལ། ཆར་

ཤུལ་ལམ་དུ་འདམ་བག་མཐུག་ཟེར་བ་ལྟ་བུ་དང་། འཇེ་བ་དང་། འཇམ་པ་ནི་ས་དང་རྩྭ་བསྲེས་པའི་འདག་པ་སྟེ་བརྫིས་པ་ཡིན་ཞིང་། འཇེ་བ་ཙུང་སླ། ཇོ་ཐལ་གྱི་འཇེ་བ་གྱང་ངོས་ལ་བྱིལ་ཟེར་བ་ལྟ་བུ་དང་། འཇམ་པ་ཙུང་སྐྱ། སྐུ་འདྲ་བཞེང་བའི་འཇམ་པ་སྔོ་ཟེར་བ་ལྟ་བུའོ། །

ཁ འཇུག་ཡུལ་གཅིག་ཀྱང་འདུ་ཤེས་འཛིན་སྟངས་མི་འདྲ།

དཔེར་ན། བཟའ་བ་ལྟོ་དང་འཚལ་མ་དང་། །བཞེས་པ་གསོལ་བ་འཚོ་བ་དང་། །ཟན་དང་ཟས་རྣམས་ཟ་མ་འོ། །དེ་ཡང་གུས་པའི་ཚ་ནས་བཞེས་པའམ་གསོལ་བ་ཟེར་ཞིང་། སྨད་པའི་ཚ་ནས་ལྟོ་ཟེར་ཏེ། ལྟོ་རྒྱལ་ཞེས་པ་ལྟ་བུ་དང་། གསོ་བྱེད་ཡིན་པའི་ཚ་ནས་འཚོ་བ་ཟེར་ཞིང་། སྤྱིར་བཏང་དུ་ཟས་དང་། ཟན་དང་། བཟའ་བ་ཟེར་བ་དང་། རྒྱུན་ཟས་ལ་འཚལ་མ་ཟེར་བ་ལྟ་བུའོ། །ཡང་། བཏུང་བ་ལ་བཞེས་ཟེར་ན་ཞེ་ས་དང་། འཛོངས་ཟེར་ན་སྨད་པ་དང་། འཐུང་ཟེར་ན་སྤྱིར་བཏང་བ་ཡིན་ནོ། །

ག དོན་འདྲ་ཡང་ཁྱབ་ཆེ་ཆུང་མི་འདྲ།

ཟོག་གི་འཇུག་ཡུལ་ཁྱབ་ཆེ། ནོར་དང་། བ་ལང་། མགལ། རྟལ། མ་ཧེ་ལ་སོགས་པ་འདུས། ནོར་གྱི་འཇུག་ཡུལ་ཁྱབ་ཆུང་། འབྲི་དང་གཡག་གཉིས་འདུས། བ་ལང་དང་། མ་ཧེ་ལ་ཕོ་མོའི་ཐླས་མ་ཕྱེད་ན། འདུ་རྒྱུ་མེད་དོ། །

ཆུ་སྣ་ཚོགས་ཀླན་ཞིང་གཤེར་བའི་ཚ་ནས་དོན་གཅིག་ཀྱང་། འཇུག་ཡུལ་གྱི་ཁྱབ་ཆེ་ཆུང་མི་འདྲ། ཆུའི་འཇུག་ཡུལ་ཁྱབ་ཆེ་སྟེ། འབབ་ཆུ་དང་། མཚོ་དང་། རྫིང་བུ་ལ་སོགས་པ་འདུས། འབབ་ཆུའི་འཇུག་ཡུལ་ཁྱབ་ཙུང་ཟད་ཆུང་། འབབ་ཆུ་ནི་ཆུ་བོ་སྟེ། འཇུག་ཡུལ་ཆུ་བོ་ཆུང་ཆུང་ལ་ཆུ་ཕྲན་དང་། ཆུ་བོ

ཆེན་པོ་ལ་གཙང་པོ་དང་། བྲག་ཁ་ནས་འབབ་པའི་རྦབ་ཆུ་གསུམ་མོ། །མཚོའི་འཇུག་ཡུལ་རྒྱ་མཚོ་དང་། མཚོ་མོ་དང་། མཚེའུ་གསུམ་མོ། །རྫིང་བུ་ནི་བསྐྱིལ་བའི་ཆུ་དང་། ལྟེང་ཀ་ནི་ཆར་ཆུ་འཁྱིལ་བའི་གཞོང་བུ་དང་། བཀོད་མ་ནི་ཁྲེན་དུ་འཕྱུར་བའི་ཆུ་མིག་སྟེ། འཇུག་ཡུལ་དེ་ཁོ་ནའོ། །

ང དོན་འདྲ་ཡང་ཁྱད་གཞི་མི་འདྲ།

སྒྲོ་བ་དང་། སྤྱི་མོ་དང་། ཁུག་མ་སོགས་སྡོད་དུ་དོན་འདྲ་ཡང་འཇུག་ཡུལ་མི་འདྲ་སྟེ། སྒྲོ་བ་ནི་ཀོ་བས་བཟོས་པའི་སྣོད་ཡིན། རྐྱལ་བ་ནི་བེའུ་ལྤགས་སམ་ར་ལྤགས་ཧྲིད་བཤུ་བྱས་པའི་སྣོད་དེ། ཧྲིད་བུ་ཡང་ཟེར། སྤྱི་མོ་ནི་རྩིད་པའི་ཐགས་མས་བཟོས་པའི་སྣོད་དེ། ཆུང་བ་ལ་སྤྱིའུ་ཟེར། ཁུག་མ་ནི་རས་ཀྱིས་བཟོས་པའི་སྣོད་དེ། ཆུང་ངུ་ལ་ཁུག་བུ་ཟེར།

ལུས་སྐྱེས་འཇམ་ཞིང་རིང་བ་ལ་བལ་ཟེར་ཏེ། ལུག་བལ་ལྟ་བུ། ཅུང་ཟད་རྩུབ་ཅིང་རིང་བ་ལ་རྩིད་པ་ཟེར་ཏེ། ནོར་རྩིད། ར་རྩིད་ལྟ་བུ། ཐུང་ངུ་ལ་སྤུ་ཟེར། མིག་སྤུ། བྱ་སྤུ་ལྟ་བུའོ། །

ཅ བྱ་བ་གཅིག་ཀྱང་སྦྱོད་ཚུལ་མི་འདྲ།

རྡུང་བ་དང་། རྒྱག་པ་དང་། གཞུས་པ་དང་། རྨུན་པ་རྣམས་ཕ་རོལ་པོར་གནོད་པ་གཏོང་བ་ལ་དོན་གཅིག་ཀྱང་། རིག་ཚུལ་མི་འདྲ། མགོའམ་ཁུ་ཚུར་དང་། རྡུང་བྱེད་ལག་ཏུ་བཟུང་ནས་ཕ་རོལ་པོར་སླན་པ་ལ་རྡུང་ཟེར་ཞིང་། ལག་ཆ་ཤེད་ཀྱིས་ཕར་བཏང་ནས་ཕ་རོལ་པོ་ལ་འཕོག་པར་བྱེད་པ་ལ་རྒྱག་ཟེར། རྟ་ལྕག་ལྟ་བུས་ཕ་རོལ་པོ་ལ་བྲབ་པ་ལ་གཞུས་ཟེར། མཆོན་ཆས་ཕ་རོལ་པོ་ལ་ཟུག་རྔུ་འབྱིན་པ་ལ་རྨུན་ཟེར་བ་ལྟ་བུའོ། །ཡང་། བཅིངས་བཀྱིགས་བསྡམས་མདུད་

རྣམས་ཀྱི་དོན་སྒྲི་འདྲ་ཡང་། ཞིབ་ཆ་མི་གཅིག །བཅིངས་པ་ནི་འཇུག་གཞིའི་ཕྱི་ཡི་གཡོགས་ལྟ་བུ་མི་སྟོད་པར་བྱས་པ་སྟེ། སྐེ་རགས་བཅིངས་ལྟ་བུ། བཀྱིགས་པ་ནི་འཇུག་གཞི་འགའ་ཞིག་ཕྱོགས་གཅིག་ཏུ་བསྒྲིལ་ནས་འགྱུལ་མི་ཐུབ་པར་བྱས་པ་སྟེ་ལུག་གི་རྐང་ལག་བཀྱིགས་པ་ལྟ་བུ། བསྡམ་པ་ནི་འཇུག་གཞི་གཅིག་གི་ཚད་གཅིག་གམ་ཏུ་མ་ནས་ཏ་ཙང་དོམ་མོར་བྱས་པ་སྟེ། གཡག་གི་ཉ་བསྡམས་ལྟ་བུ། མདུད་པ་ནི་འཇུག་གཞི་མཉེན་ཆ་ལྡན་པ་ཞིག་གི་ཁ་གཅིག་ཏུ་དྲིལ་བར་བྱས་པ་ཁུག་མའི་ཁ་མདུད་ལྟ་བུའོ། །

ཚ བསྟན་བྱ་གཅིག་ཀྱང་བདག་གཞན་མི་འདྲ།

མགོ་བཙུགས་པ་དང་། མགོ་ཚུགས་པ་དང་། མགོ་བརྒྱུག་པ་གསུམ་པོ་དབྱེ་བརྗེས་པའི་དོན་ཡིན་ཡང་། སྤྱ་མ་བདག་དང་འབྲེལ་བའི་བྱ་བ་སྟེ། དཔེ་ཁང་བཞེང་བའི་མགོ་བཙུགས་སོ་ཟེར་བ་ལྟ་བུ། བྱེད་པ་པོས་དངོས་སུ་བསྒྲུབས་པ་ཡིན་ཞིང་། བར་མ་གཞན་དང་འབྲེལ་བའི་བྱ་བ་སྟེ། སློབ་གྲྭའི་མགོ་ཚུགས་ནས་ལོ་བཅུ་འགོར་ཟེར་བ་ལྟ་བུ། ལས་སུ་བྱ་བ་བསྒྲུབས་ནས་གྲུབ་ཟིན་པ་ཡིན་ལ། ཕྱི་མ་བདག་གཞན་གང་ལའང་མ་འབྲེལ་བའི་བྱ་བ་སྟེ། དཔྱིད་མགོ་བརྒྱུག་པ་ཟེར་བ་ལྟ་བུ། རང་གི་ངང་གིས་གྲུབ་པར་སྣང་བ་ཡིན་ནོ། །དེ་བཞིན་དུ། ཐེ་གུ་བཅད་པ་ནི། བདག་སྟེ་བྱེད་པའི་རྩོལ་བ་དང་། ཐེ་གུ་ཆོད་པ་ནི། གཞན་ཏེ་ལས་ཀྱི་འགྱུར་བ་དང་། ཐེ་གུ་ཆད་པ་ནི། བདག་གཞན་གྱི་དབྱེ་བ་མེད་པར་ངང་གིས་བྱུང་བ་ལྟ་བུའོ། །

ཛ དོན་བསྒོར་ཡང་ཚིག་ཉམས་མི་འདྲ།

དཔེར་ན། གངས་ཅན་ལྗོངས་སུ་སྔོན་བྱོན་ལོ་ཙཱ་བས། །ཁ་བ་ཅན་གྱི་

འཇིག་རྟེན་མིག་ཕྱེ་ཞིང་། །བོད་ཡུལ་མུན་གླིང་རིག་གཞུང་སྒྲོན་མེ་སྦར། །བསིལ་ལྡན་ལྗོངས་འདིའི་རྫོངས་པའི་མུན་པ་སེལ། །(དུང་དཀར་བའི་སྙན་ངག)ཞེས་པ་ལས། གངས་ལྗོངས་དང་། ཁ་བ་ཅན་དང་། བོད་ཡུལ་དང་། བསིལ་ལྡན་ལྗོངས་རྣམས་དོན་གཅིག་ཏུ་བསྐོར་ཀྱང་། སྒྲ་མི་གཅིག་པས་ཟློས་སྐྱོན་སྤངས་ནས། ཚིག་གི་མཛེས་ཉམས་ལེགས་པར་ཐོན་ནོ། །ཡང་། འདི་རིགས་ལས་ཐ་སྙད་འགའ་ཞིག་ཡི་ནས་མཚོན་དོན་མི་གཅིག་ཀྱང་། ཚིག་གི་སྦྱོར་བའི་རྟེན་འབྲེལ་གྱིས་དོན་གཅིག་པར་གྱུར་པ་ཡང་ཡོད་པ་ཤེས་དགོས་ཏེ། མཚོ་ཁའི་འདབ་བརྒྱ་ལྷུག་པར་གྲོལ། །སྤང་གི་མེ་ཏོག་རྣམ་པར་བཀྲ། །སྐྱིད་མོས་ཚལ་གྱི་ཡིད་དགའ་དགོད། །སོས་ཀའི་དཔལ་ནི་ཀུན་ཏུ་འབར། །ཟེར་བ་ལས། གྲོལ་བ་དང་། བཀྲ་བ་དང་། དགོད་པ་དང་། འབར་བ་རྣམས་ནི་མེ་ཏོག་བཞད་པའི་དོན་བསྟན་པ་ལྟ་བུའོ། །ཚིག་མཛེས་པའམ། ངག་སྙན་པར་བྱེད་པ་ལ། དོན་གཅིག་པའི་མིང་གི་རྣམ་གྲངས་འདི་ལ་སྙན་ངག་དང་། ཚིག་ལྷུག་ཏུ་མ་ཟད། གཏམ་དཔེ་དང་། དཔེ་ཆོས་སུའང་ཤན་སྟོབས་ལེགས་པར་བསྐྱེད་ཐུབ། སྐྱེ་དོན་མེད་པའི་དོགས་པ་རེད། །ཟ་དོན་མེད་པའི་ཐེ་ཚོམ་རེད། །ཅེས་པའི་ཚིག་གཉིས་ཀྱི་དོན་བསྐྱར་ཀྱང་། སོ་སོར་དོགས་པ་དང་། ཐེ་ཚོམ་རེ་སྦྱར་ནས་ཟློས་སྐྱོན་བསལ་ཐུབ་པར་མ་ཟད། ཉམ་ཉུར་བྱ་བའི་དགོས་པ་གཏན་ནས་མེད་པར་ནན་ཏན་བྱས་སོ། །སྐྲག་དགོས་པའི་སྡིག་པ་མ་བསགས་ན། །ཞེད་དགོས་པའི་གཤིན་རྗེ་ཆོས་རྒྱལ་མེད། །ཟེར་བ་ལས་སྐྲག་པ་དང་། ཞེད་པ་གཉིས་དོན་གཅིག་ཀྱང་སྒྲ་མི་གཅིག་པའི་སྟོབས་ཀྱིས། ཚིག་གི་བརྗོད་པ་བདེ་ཞིང་། དོན་གྱི་བརྗིད་ཉམས་ཆེའོ། །སྡེ་འགྲུས་ད་འཕོན། ཞེས་དང་། སྐྱ་ཟད་སྡོ་རྟུགས། ཞེས་པ། ཐབ་ཚང་ཡང་མེ་ཚ། ཇ་བསྐོལ་ན་ད་ཁོལ། ཟེར་བའི་དཔེ་བཞིན། ཚིག་ཉུང་མཐས་དོན་མང་མཐའ་བསྟན་ཐུབ། མགོན་མེད་སྐྱབས་བྲལ་དང་། གསལ་བ་དཀར་བ། ཞེས་པ། དོན་

གཅིག་པའི་མིང་གི་ཚོགས་པ་གཉིས་སམ། མིང་གཉིས་ཚིག་གཅིག་ཏུ་སྦྱར་ན། ངག་སྙན་པར་མ་ཟད། གལ་པོ་ཆེ་ལ་ནན་ཏན་བྱེད་པའི་གོ་ཡང་ཆོད་དོ། །

༧ འཇུག་ཡུལ་གཅིག་ཀྱང་ཞིབ་ཆ་མི་འདྲ།

གསུང་བ། གླེང་བ། རྗོད་པ། བསྔགས་པ། གཏམ་པ། སྨྲ་བ། སྨོས་པ། ལབ་པ། གདས་པ། ཞུ་བ། སྒྲོག་པ། གཤག་པ། བརླས་པ་སོགས་ཚང་མ་བཤད་པའི་དོན་ཡིན་མོད། འཇུག་ཡུལ་ལ་ཁྱད་པར་ཞིབ་མོ་ཡོད་པ།

གསུང་བ་ཞེ་སར་འཇུག་པ། གསུང་རབ། ཞལ་གསུང་། གསུང་འབུམ། ལྟ་བུ། གླེང་བ་གཞུང་ལུགས་ལ་འཇུག་པ། གླེང་གཞི། གླེང་འབུམ། བགྲོ་གླེང་བ། ལྟ་བུ། རྗོད་པ་བཟང་ངན་གྱི་རྣམ་དབྱེར་འཇུག་པ། མཆོད་བརྗོད། སྐྱོན་ཡོན་བརྗོད་པ། ལྟ་བུ། བསྔགས་པ་བསྟོད་པར་འཇུག་པ། བསྔགས་པའི་དཔེ། ཡོན་ཏན་ལ་བསྔགས་པ། ལྟ་བུ། གཏམ་པ་ངག་རྒྱུན་ལ་འཇུག་པ། གཏམ་དཔེ། གནའ་གཏམ། གཏམ་རྒྱུད། ལྟ་བུ། སྨྲ་བ་སྐད་གྲག་ཚུལ་ལ་འཇུག་པ། ལྐུ་མེད་སྨྲ་བ། སྨྲ་ཤེས་པ་ནི་མི་ཡིན། ལྟ་བུ། སྨོས་པ་བརྗོད་དགོས་དོན་མེད་པར་འཇུག་པ། བླུན་པོས་ཀྱང་ཤེས་ན་མཁས་པ་ལྟ་ཅི་སྨོས། ལྟ་བུ། ལབ་པ་བླ་བཟ་ལ་འཇུག་པ། ལབ་ཅོལ། ལབ་ལབ་སྨྲ་མཆུ་གཟན་རིགས་ཡིན། ལྟ་བུ། གདས་པ་འོར་བཤད་ལ་འཇུག་པ། ཚིག་ཡང་ཡང་གདས་པ། ལྟ་བུ། སྒྲོག་པ། སྐད་ཆེན་པོར་འཇུག་པ། དྲིལ་བསྒྲགས་པ། རྒྱ་ཆེར་སྒྲོག །ལྟ་བུ། གཤག་པ། ལབ་རྒྱག་པར་འཇུག་པ། ཤགས་རྒྱལ། གཤག་གིན་མ་འདུག །ལྟ་བུ། བརླས་པ་དབྱངས་གྱེར་བར་འཇུག་པ། བཟློས་གར། སྔགས་བརླས་པ། ལྟ་བུ། ཟེར་བ་མཚམས་སྦྱོར་ལ་འཇུག་པ། དེའི་མིང་ལ་རྡོ་རྗེ་ཟེར། ཕོ་སང་ཉིན་འགྲོ་རྒྱུ་ཟེར་གི། ལྟ་བུ་སོགས་སོ། །

ལྔ་བ། མིང་གཅིག་དོན་མང་ལ་འཇུག་པ།

མིང་གཅིག་དོན་མང་འཇུག་པ་ལས། །
ཕན་ཚུན་འབྲེལ་མིན་དོན་ཤེས་ན། །
འཁྲུལ་མེད་རྟོགས་པའི་རིག་པ་བསྐྱེས། །
འཆད་ཉན་འབྲི་ཀློག་ཀུན་ལ་ཕན། །

མིང་ནི་དོན་གྱི་ངོ་བོ་ཙམ་སྟོན་པར་བྱེད་པ་སྟེ། ངག་གི་ལམ་ནས་བཤད་ན། སྒྲ་དོན་གཉིས་ཀྱི་འདྲེས་མ་ཡིན་ཞིང་། ཡི་གེའི་ལམ་ནས་བཤད་ན། སྒྲ་གཟུགས་དོན་གསུམ་གྱི་འདྲེས་མ་ཡིན་ནོ། །མིང་ངོ་ཚིག་ལས། མིང་གཅིག་གིས་དོན་གཅིག་གམ་དོན་དུ་མ་སྟོན་པའི་དབྱེ་བ་ཡོད་ལ། དོན་གཅིག་སྟོན་པའི་མིང་ནི། ཚིག་ཁྱིམ་གཅིག་གམ་དུ་མས་དོན་གྱི་ངོ་བོ་ཁོ་ན་རེ་སྟོན་པའི་མིང་ཡིན། དཔེར་ན། ཞང་པོ། འཕྲོང་། ཁྱུང་། བྱུལ་རྟོག །ཨ་མདོ། གངས་ཏི་སེ། དབྱར་རྩྭ་དགུན་འབུ། ལྷ་བུ་ལ་སོགས་པའོ། །དེ་རྣམས་ལ་བཏགས་མིང་དང་མངོན་པར་བརྗོད་པའི་མིང་ཡོད་ཀྱང་། ཡོངས་གྲགས་ཀྱི་དངོས་མིང་ནི་གཅིག་མིན་པ་མེད་དེ། གོ་བརྡ་བདེ་ བླག་ཏུ་འཕྲོད་པའི་ཆེད་དུ། དོན་གཞན་དུ་འཁྲུལ་བའི་ཆ་རྣམས་སྤངས་ནས། དེ་ཁོ་ན་ཉིད་ངེས་པར་བྱས་པའོ། །

དོན་མང་སྟོན་པའི་མིང་ནི། མིང་གཅིག་གིས་རྗེན་ཅིང་འབྲེལ་བའི་དོན་དུ་མ་ཞིག་སྟོན་པ་དང་། ཕན་ཚུན་འབྲེལ་བ་ཅི་ཡང་མེད་པའི་དོན་དུ་མ་ཡང་སྟོན་པ་ཅན་ཞིག་ཡིན། མིང་གཅིག་རྗེན་ཅིང་འབྲེལ་བའི་དོན་དུ་མར་འཇུག་པའི་མཚན་གཞི་དཔེར་ན། ནོར། ཞེས་པ་ཟོག་གི་རིགས་ལས་རྫིད་པ་དང་ལྡན་པར་ཟེར་བ་དང་། གདོད་མར་ཕྱུགས་ལས་བྱུང་ཐོག །འགྲོག་པའི་འཚོ་རྟེན་གཙོ་བོ་ནོར་ཡིན་

པས། རྒྱུ་ལའང་ནོར་ཟེར་བ་ལྟ་བུ་དོན་གཉིས་ལ་འཇུག་པ་དང་། བརྗོད་པ། ཞེས་པ། བཤད་པ(དེ་ལུགས་བརྗོད་པར་བྱ)དང་། རྩོམ(མིང་ཚིག་བརྗོད་པ)དང་། ཀློག །(སྒྲ་དྲག་ཞན་བར་མའི་བརྗོད་པ)དང་། ངག་ཏུ་ལེན་པ(བརྗོད་པ་བདེ་བ)སྟེ་དོན་བཞི་ལ་འཇུག་པ་ལྟ་བུ་སོགས་སོ། །

མིང་གཅིག་རྟེན་ཅིང་འབྲེལ་བའི་དོན་དུ་མར་འཇུག་པའི་སྣང་བ་འདི། ཐ་སྙད་ཕྱུག་པར་འགྱུར་བའི་དགེ་མཚན་ཞིག་སྟེ། དེས་ཐོག་མའི་མིང་གི་བརྗོད་བྱ་བསྐྱེད་ཅིང་འཇུག་པ་ཁྱབ་ཆེ་བར་བཏང་བའི་སྒོ་ནས། ཐ་སྙད་འགའ་ཞིག་གསར་དུ་བསྟན་པའི་གོ་ཆོད་པ་དང་འདྲའོ། །

འདི་རིགས་ལས། མིང་གང་ཞིག་གི་དོན་འཕྲོས་ནས་དོན་གཞན་སྟོན་པར་འགྱུར་བ་ཡང་ཡོད་དེ། དཔེར་ན། དཀར་པོ། ཞེས་པ། རྩ་བའི་ཁ་དོག་ཅིག་གི་མིང་ཡིན་མོད། དཔེའི་སྒོ་ནས་དཔྱལ་དང་། དགེ་བའི་དོན་ལའང་འཇུག་པ་དང་། ནག་པོ། ཞེས་པ། ཡན་ལག་གི་ཁ་དོག་ཅིག་གི་མིང་ཡིན་མོད། དཔེའི་སྒོ་ནས་སྐྱོན་དང་། སྡིག་པའི་དོན་ལའང་འཇུག་པ་ལྟ་བུ་སོགས་སོ། །

དཔེའི་སྒོ་ནས་དོན་མཚོན་པའི་མིང་ལ་ཤན་སྟོབས་ཆེ་སྟེ། ཚིག་སྦྱོར་དུ་འཇུག་མཁས་ན། ཚིག་ཉམས་དང་དོན་ཉམས་མངོན་པར་ཤར་བར་མ་ཟད། བརྗིད་པ་ཚིག་ཐུང་མང་པོ་ཉིད། ཅེས་པའི་གོ་ཡང་ཆོད་དེ། དཔེར་ན། རིག་གནས་གསར་བརྗེའི་སྐབས་སུ། མི་དཀར་པོ་ལ་ཞྭ་ནག་པོ་བསྐོན་པ་ཧ་ཅང་མང་ངོ་། །ཟེར་བ་ལས། མི་དཀར་པོ་ནི་སྐྱོན་མེད་པའི་མི་དང་། ཞྭ་ནག་པོ་ནི་སྒྲོ་བཏགས་པའི་ཉེས་པ་སྟེ། སྐབས་དེའི་སྦྱོར་བ་ངན་པའི་མཚང་རྗེན་པར་བསྟན་བྱུང་བ་ལྟ་བུའོ། །

མིང་གཅིག་གིས་ཕན་ཚུན་འབྲེལ་བ་ཨེམ་ཙམ་མམ་མེད་པའི་དོན་དུ་མ་སྟོན་པ་ཅན། དཔེར་ན། ཁོལ་མོ། ཞེས་པ། གཡོག་མོ་དང་། སྲུང་པ་ཟེར་བའི་དོན་

གཉིས་ལ་འཇུག་པ་དང་། བཀར་བ། ཞེས་པ། སོ་སོར་ཕྱེ་བ་དང་། སྒྲོན་མེ་བསྒྲོན་པ་དང་། སྒྲ་དང་རས་གུར་འདྲ་ཀ་ར་ལྟ་བུས་ཡར་བཀུགས་པའི་དོན་གསུམ་ལ་འཇུག་པ། བཤར་བ། ཞེས་པ། གཅིག་རྗེས་གཅིག་མཐུད་ནས་འབྲངས་པ་དང་། ཚོད་ལ་འཇལ་བ་དང་། ཤར་བར་བྱས་པ་སྟེ་དོན་ཚན་གསུམ་ལ་འཇུག་པ། བཀལ་པ། ཁྲལ་བཀལ་ཁལ་བཀལ་སྐུད་པ་བཀལ། །བློ་བཀལ་བ་དང་དོན་བཀལ་བ། །ཞེས་དོན་ལྔ་ལ་འཇུག་པ། བཏགས་པ། མིང་བཏགས་དང་ཐག་པས་བཏགས། །སྣམ་བུ་བཏགས་དང་ཕྱེ་བཏགས་པ། །ཚར་བཅད་པ་ལ་ཁ་བཏགས་པ། །ཞེས་དོན་ཚན་ལྔ་ལ་འཇུག་པ། ལྟ་བུ་སོགས་སོ། །

ཕན་ཚུན་འབྲེལ་མེད་ཀྱི་དོན་དུ་མར་འཇུག་པའི་མིང་འདི་རིགས། སྒྲ་གཅིག་པ་སྦྱར་བའི་སྒོ་ནས་དོན་གཞན་སྟོན་ཤུང་བ། དཔེར་ན། ཁ་གདངས་ན་གློ་རིག་གི། ཞེས་པ་ལས། གློ་ནི་སྒྲ་རིགས་འདྲ་བློ་ལ་སྦྱར་ཐོག །གང་གི་ཁ་གྲགས་མ་ཐག །ཉན་མཁན་གྱིས་དེའི་བསམ་དོན་ཤེས་པར་འགྱུར་བའི་དོན་བསྟན་པ་ལྟ་བུ། བཞད་གད་ཀྱི་ཉམས་ཐོན་པའོ། །

མིང་གཅིག་གིས་ཕན་ཚུན་འབྲེལ་བ་ཡོད་པ་དང་མེད་པའི་དོན་དུ་མ་ཡང་སྟོན་རྒྱུ་ཡོད་དེ། རྐྱང་། ཞེས་པ། གཅིག་པུའི་དོན་ཏེ་མི་རྐྱང་རྟ་རྐྱང་ལྟ་བུ་དང་། གཞན་དང་མ་འདྲེས་པའི་དོན་ཏེ་ཇ་རྐྱང་ལྟ་བུ་དང་། རྩིག་མ་མེད་པའི་དོན་ཏེ་རས་ལྭ་ཐ་རྐྱང་ལྟ་བུ་གསུམ་འབྲེལ་ཆགས་པ་དང་། སྨུ་མདོག་དམར་ཤས་ཆེ་བ་ལ་རྐྱང་རྐྱང་དང་། སྨུ་ཁ་དེ་འདྲའི་རི་དྭགས་ལ་རྐྱང་ཟེར་བ་གཉིས་འབྲེལ་ཆགས་པ་དང་། ཏག་ཏག་ཡིན་པའི་དོན་ཏེ་ཟ་རྐྱང་འཐུང་རྐྱང་། སླུ་ཤགས་ལེན་རྐྱང་རེད་ཟེར་བ་དང་། རྩ་དཀར་གཙོ་བོ་ཞིག་ལ་རྐྱང་མ་ཟེར་བ་གཉིས་གང་ལའང་མ་འབྲེལ་བ་བཅས་དོན་བདུན་ལ་འཇུག་པ། ཙ་སྐོར་ཙ་དར་བསེ་ཙ་དང་། །རྐྱེན་ངན་ཙ་འཛིང་ཙ་ང་དང་། །ཙ་རྩི་ཙ་སྐྱུ་ཙ་ཙ་རྣམས། །ཞེས་པ་ལས་

ཏུ་དང་པོ་དང་གཉིས་པ་འབྲེལ་བ་ཡོད་པ། ཏུ་བཞི་བ་དང་ལྔ་བ་འབྲེལ་བ་ཡོད་པ་ལས། ཏུ་གཞན་དག་ཕན་ཚུན་འབྲེལ་བ་ཅི་ཡང་མེད་དོ། །

སྒྲ་གཅིག་པས་ཕན་ཚུན་འབྲེལ་བ་ཡོད་མེད་གང་ཟུང་གི་དོན་དུ་མ་སྟོན་པའི་མིང་འདི་རིགས་བཏགས་པ་བའི་སྒོ་ནས་དཔེ་དོན་མཚོན་པར་སྐབ་ཆ་འདོན་ཐུབ། དཔེར་ན། ཞ་ཐིས་ནད་པ་དང་། ཐལ་ལྕུག་སྨན་པ་རེད། ཟེར་བའི་ཞ་ཐིས་ནད་པ་ནི་ཧ་དགའ་ཆེ་བ་དང་། ཐལ་ལྕུག་སྨན་པ་ནི་ཧ་བ་ཚར་གཙོད་པའི་དོན་བསྟན། དེ་འདྲའི་སློབ་ཐབས་སྦྱོར་མི་འོས་ཤིང་། ལན་རེར་དེ་འདྲའི་ཐབས་བཀོལ་ན། ཐོས་པ་ངན་ལང་དུ་མི་འཚོར་བར་ཕན་པ་ཡོད་དོ། །དངོས་མིང་བཏགས་མིང་དུ་སྒྱུར་བའི་ཐབས་འདིས། ཚིག་ཉུང་ལ་དོན་དྲིལ་བ། རོ་མྱངས་ན་བཙུད་ཆེ་བ་ཞིག་གོ། །དེ་མ་ཟད་མིང་འདི་རིགས་དཔེའི་གཟུགས་སུ་བཀོད་ན། དོན་སྟོན་པའི་ནུས་པ་ཆེ་ཞིང་། ཉམས་ལྷང་ངེར་མིག་ལམ་དུ་ཤར་ཡོང་། མི་ཡུལ་སྐྱིད་པའི་གོང་བ་ལས། རང་ཡུལ་སྡུག་པའི་ཆ་ག་དྲོ། ཞེས་པ་ལས། སྐྱིད་པའི་དཔེར་གོང་བ་རྩ་ཡ་གཟུགས་སུ་བཀོད་པ་དང་། སྡུག་པའི་དཔེར་ཆ་ག་ཟད་པོ་གཟུགས་སུ་བཀོད་ནས། གཞན་ཡུལ་སྐྱིད་ཀྱང་སོང་ན་སྡུག །རང་ཡུལ་སྡུག་ཀྱང་བསྡད་ན་སྐྱིད། ཟེར་བའི་དོན་མཐོང་སྣང་དུ་ཤར་བར་བྱས་བྱུང་ངོ་། །

གོང་གསལ་མིང་གཅིག་དོན་གཅིག་ལ་འཇུག་པའི་རིགས་ནི། ཤློག་དག་ན་འཆད་ཉན་འབྲི་ཤློག་ཀུན་ཏུ་དོན་གཞན་དང་མི་འབྲུལ་བར་བདེ་བླག་ཏུ་ཤེས་འགྲོ་ལ། མིང་གཅིག་དོན་མང་དུ་འཇུག་པའི་རིགས། ཤློག་དག་ཀྱང་འཇུག་ཡུལ་དུ་མ་ཡོད་པའི་དབང་གིས། ཚིག་གོང་འོག་གི་འབྲེལ་བ་ལ་བརྟེན་ནས་གོ་བ་ལེན་དགོས།

དོན་ཚན་བཞི་བ། ཞེ་ཚིག་གི་འཇུག་པ།

ཞེ་ཚིག་སྨྲང་ཆར་ཟིལ་མ་ཡིས། །
ཡིད་ཀྱི་དགའ་ཚལ་རྒྱས་པར་བྱེད། །
ཡ་རབས་སྤྱོད་ཀྱི་དྲི་བསུང་འཐུལ། །
མི་ཆོས་གཙང་མའི་དགེ་མཚན་ཤར། །

སྨྲ་ནི་བརྗོད་འདོད་རྗེས་འབྲངས་ཏེ། །ཁ་གདངས་སློ་རིག་ཟེར་བ་བཞིན། །ཐུམས་སྣང་ངག་གི་ལམ་དུ་མཆིས། །དགའ་སྡུག་ཚིག་གི་ཟུར་ན་ཡོད། །གཏམ་སྨྲ་བ་ནི། བཟ་སློད་པ་ཡིན། བཟ་སློད་ཡུལ་ལ་འདུ་ཤེས་ཇི་འདྲ་འཆངས་པ། ངག་གི་སྦྱོར་བ་ལས་དོན་ཉམས་དང་ཚིག་ཉམས་གསལ་མི་གསལ་ཅི་རིགས་ཤིག་འདྲིས་ཡོད། ཞེ་ས་དང་སྦྱར་ནས་ཚིག་འཇམ་པར་སྨྲ་བ་ནི། གོང་དུ་བཀུར་འོས་པ་རྣམས་ལ་གུས་པའི་མཆོག་ཕྱིན་པ་དང་། རང་ཉིད་དམའ་སར་བཟུང་བའི་སྒོ་ནས། འཆད་ཉན་ཕན་ཚུན་གྱི་འབྲེལ་བ་ཇེ་ཉེ་དང་ཇེ་དམ་དུ་གཏོང་ཐབས་གལ་ཆེན་ཞིག་ཡིན། མི་རིགས་གང་གི་སྐད་དུའང་ཞེ་ཚིག་འཇུག་པ་མང་། ཞེ་ཚིག་མང་ཚོད་ནི་བོད་སྐད་ཀྱི་ཡན་མེད། བོད་སྐད་དུ་ཞེ་ཚིག་ས་ཁྱབ་རྗེ་ཁྱབ་ཏུ་བཀོལ་བཞིན་ཡོད་པས་ན། ཞེ་ཚིག་བོད་སྐད་དུ་གོ་ས་གལ་ཆེན་ཞིག་ཟིན་ཡོད་ལ། བོད་སྐད་ཀྱི་ཁྱད་ཆོས་མངོན་པར་གསལ་བ་ཞིག་ཀྱང་ཡིན་ནོ། །

དེ་ལུགས་དོན་ཚན་བཞིར་དྲིལ་ནས་བཤད་ན།

དང་པོ། ཞེ་སར་སྦྱར་བའི་མིང་གི་བྱུང་རབས།

བཀའ་ཐང་སྡེ་ལྔ་ལས། སྤུར་རྒྱལ་གོང་དུ་མངའ་མཛད་དྲུག་ཏུ་བྱུང་། །དང་པོ་གནོད་སྦྱིན་ནག་པོས་དབང་བྱས་ཏེ། །ཡུལ་མིང་བདུད་ཡུལ་ཁ་རག་མགོ་དགུར་བཏགས། །སྤྱི་རྟགས་གཉན་པོ་བཙན་པ་དེ་ནས་བྱུང་། །དེ་ནས་བདུད་དང་སྲིན་མོས་དབང་བྱས་ཏེ། །མིང་ཡང་ལྷ་སྲིན་གཉིས་ཀྱི་ཡུལ་དུ་བཏགས། །སྤྱི་རྟགས་ཤ་ཟ་གདོང་བ་དམར་བ་བྱུང་། །དེ་ནས་ཀླུ་དང་བཙན་གྱིས་དབང་བྱས་ཏེ། །ཡུལ་གྱི་མིང་ལ་བོད་ཁམས་གླིང་དགུར་བཏགས། །སྤྱི་རྟགས་དཀར་བུ་ཆུ་ལ་སྤྱོད་པ་བྱུང་། །དེ་ནས་མ་སངས་སྤུན་དགུས་དབང་བྱས་ཏེ། །ཡུལ་མིང་བོད་ཁམས་གཡའ་དྲུག་བྱ་བར་བཏགས། །སྤྱི་རྟགས་མདའ་མདུང་མཚོན་ཆ་དེ་ནས་བྱུང་། །དེ་ནས་ཟ་རམས་སྐྱེས་དྲུག་དབང་བྱས་ཏེ། །ཡུལ་མིང་སྟོང་སྡེ་བཅོ་བརྒྱད་བྱ་བར་བཏགས། །སྤྱི་རྟགས་རྟ་ཞོན་རྣ་ཆ་འདོགས་པ་བྱུང་། །དེ་ནས་རྒྱལ་ཕྲན་བཅུ་གཉིས་དབང་བྱས་ཏེ། །ཡུལ་གྱི་མིང་ནི་སྤྱ་ཁ་བརྒྱད་དུ་བཏགས། །སྤྱི་རྟགས་ཕྱག་དང་ཞེ་ས་དེ་ནས་བྱུང་། །གཞུག་ཏུ་སྤུར་རྒྱལ་བཙན་པོས་དབང་བྱས་ཏེ། །……ཞེས་གསུངས་པ་ལྟར། སྤུར་རྒྱལ་གཉའ་ཁྲི་བཙན་པོའི་གོང་རོལ་ན། བོད་ཀྱི་སྤྱི་ཚོགས་སུ་ཕྱག་དང་ཞེ་ས་བྱུང་ཡོད་པ་གསལ།

དེ་ཡང་། བསྐལ་བ་ཡ་ཐོག་མིའི་འགྲོ་བ་ནི། ཕལ་ཆེར་རི་དྭགས་སྤྲ་དང་སྤྲེའུ་འདྲ་བ། འཚོ་བ་རང་བྱུང་གི་བཟའ་བཏུང་ལ་བརྟེན་པ་ཡིན། རང་སྲོག་འཚོ་བའི་ཆེད་དུ། སེམས་ཅན་གཞན་དང་མི་འདྲ་བར་ཡོ་བྱད་བཟོས་ནས་བཀོལ་ཤེས་པའི་སྐོ་ནས། རིག་པ་རིམ་གྱིས་དར་ནས་ཕན་ཚུན་གོ་བརྡ་སྤྲོད་པའི་སྐད་ཆ་ཡང་བཤད་ཤེས་པར་གྱུར་ནས། མིའི་འཇིག་རྟེན་འཆགས་བྱུང་། དེ་རྗེས་བདག་གིར་འཛིན་པའི་ལམ་ལུགས་བྱུང་ཐོག །རྐྱེན་སྣ་ཚོགས་ཀྱི་དབང་གིས། ཉུས་རྒྱུད་ཚོ་བ་

དུ་མ་རེ་རྒྱལ་ཁྲབ་སོ་སོ་རེར་གྲུབ་པར། མི་རྣམས་ལས་དབང་ཆ་ཆེ་ཆུང་དང་། གོ་ས་མཐོ་དམན་དང་། ཡོན་ཏན་མཆོག་དམན་སོགས་ཀྱི་ཁྱད་པར་གསལ་སོང་། སྤྱི་ཚོགས་ཀྱི་འབྲེལ་བ་ལས། རང་ལས་མཐོ་བར་བཀུར་བ་དང་། རང་ལས་དམན་པར་བྱམས་པ་དང་། རང་དང་མཉམ་པར་འཆམ་པ་དང་། ཚང་མ་འགྲིག་མཐུན་ཡོང་བ་བཅས་ཀྱི་མི་ཆོས་བཟང་པོ་སྤེལ་བའི་དགོས་དབང་གིས། ཚིག་སྦྱོར་བྱེད་ཀྱི་མིང་དཀྱུས་མ་ཙམ་གྱིས་འདུ་ཤེས་མཚོན་པའི་ནུས་པ་དེ་འདྲ་མི་ཐོན་པས། ཞེ་སའི་མིང་མང་བ་ཞིག་རང་ཤུགས་སུ་བྱུང་བ་ཡིན་ནོ། །

གཉིས་པ། ཡ་རབས་ཀྱི་གྲུས་སྲོལ་ཁྲིམས་ཀྱིས་བསྐྱངས་ཚུལ།

རྒྱལ་པོ་སྲོང་བཙན་སྒམ་པོ་མཆོག་གིས་ལྷ་ཆོས་དང་མི་ཆོས་ཀྱི་སྲོལ་བཟང་པོ་བཙུགས། ལྷ་ཆོས་དགེ་བ་བཅུ་ལས། བདེན་པར་སྨྲ་བ། ཕྲ་མ་མི་བྱེད་པ། ཚིག་འཇམ་པར་སྨྲ་བ། ངག་མི་འཆལ་བ། ཞེས་པ་བཞིའི་སྙིང་པོ་ཞེ་ས་ཡིན་ལ། མི་ཆོས་གཙང་མ་བཅུ་དྲུག་གི་ཁྲིམས་ལས། ལྷ་དཀོན་མཆོག་གསུམ་ལ་མོས་གུས་བསྐྱེད་པ་དང་། དམ་པའི་ཆོས་བཙལ་ཞིང་བསླབ་པ། ཕ་མ་ལ་དྲིན་ལན་འཇལ་པ་དང་། རྒན་པར་བཀུར་སྟི་ཆེ་བ་དང་། ཡོན་ཏན་ཅན་ལ་ཞེ་མཐོང་ཡོད་པ་དང་། ཡུལ་མི་ཁྱིམ་མཚེས་ལ་ཕན་འདོགས་པ་དང་། ངག་འཇམ་ཞིང་སྨྲ་བ་ཉུང་བ། ཞེས་པའི་དོན་ཚན་དྲུག་གི་རྩ་བ་ཞེ་ས་ལ་ཐུག་ཡོད་པ་དང་། བཀའ་གྲོས་ཆེན་མོ་དྲུག་ལས་ཀྱང་། དགེ་བཅུ་སྲུབ་ཅིང་མི་དགེ་བཅུ་སྤོང་། ཞེས་གཏན་ལ་ཕབ་ཡོད་པའི་དབང་གིས། རྗོད་བྱེད་ཚིག་ཏུ་བབ་དང་བསྟུན་ནས། ཞེ་ས་སྦྱར་བ་ནི། ཁྲིམས་ཀྱིས་བསྐྱངས་པར་བརྟེན་ནས། ཡ་རབས་ཀྱི་སྲོལ་དང་། སྤྱི་ཚོགས་ཀྱི་འགྲིག་ལམ་དམ་པ་ཞིག་ཏུ་གྱུར་སོང་། དེ་ལུགས་མི་རབས་མི་ཐོག་གི་དགེ་བའི་བཤེས་གཉེན་རྣམ་པས། མི་ཐོག་མཉམ་པ་དང་། གཞུག་མ་ཀུན་ལ་ལྷ་ཆོས་དགེ་

བ་དང་། མི་ཆོས་གཙང་མ་རྣམས་དྲིལ་བསྒྲགས་ནས་རྒྱུད་ལ་བག་ཆགས་བཞག་པ་ཡིན། དཔེར་ན། རྗེ་སྟག་ཕུ་བས་བྱ་མགྲིན་སྔོན་ཟླ་བའི་རྟོགས་བརྗོད་ཅེས་བྱ་བ་བརྩམས་པ་ལས། རྐན་ལ་གཞོན་གྱིས་བཀུར་བ་ནི། །ཡ་རབས་སྐྱེ་བོའི་སྤྱོད་ཡིན་པས། །རང་གཞན་རྣམས་ལ་ཁྲིམས་སུ་བཅའ། །རང་ཉིད་གང་དུ་གནས་ན་ཡང་། །གོང་མ་རྣམས་ནི་གཙུག་ཏུ་བཀུར། །ཕན་ཚུན་ཐད་ཀར་མཚུངས་རྣམས་ཀྱང་། །ཤིན་ཏུ་བརྩེ་ཞིང་འགྲོགས་པར་བྱ། །དམན་རྣམས་བྱམས་པའི་སེམས་ཀྱིས་སྐྱོངས། །ཞེས་དང་། བསོད་ནམས་ཚོགས་ཆེན་རྫོགས་པ་ལ། །བྱམས་པ་ལྟ་བུའི་དགེ་བ་མེད། །ཅེས་གསུངས་པ་ལྟ་བུའོ། །

གསུམ་པ། ཞེ་ཆེག་གི་སྦྱོར་ཚུལ།

སངས་རྒྱས་དང་ལྷ་རྣམས་ལ་གསོལ་བ་འདེབས་པའམ། སྐྱབས་འཇུག་ཞུ་བ་དང་། རང་ལས་ཆེ་བ་རྣམས་ལ་བཀུར་སྟི་བྱེད་པའམ། བཀའ་དྲིན་ཞུ་བའམ། དྲིན་གཟོ་བ་དང་། རང་དང་མཉམ་པ་རྣམས་ལ་དགའ་བ་སྐྱེད་པའམ། རེ་བ་འཇོག་པ་དང་། རང་ལས་དམན་པ་རྣམས་ལ་གཅེས་པར་འཛིན་པ་དང་། མཐའ་ན། དགྲ་ལ་དམའ་འབེབས་པའམ། ཟུར་ཟ་བྱེད་པ་སོགས་ལ། ཞེ་ས་གང་འཚམས་སྦྱར་ན། ཚིག་ཉམས་དང་དོན་ཉམས་ཕུན་སུམ་ཚོགས་པ་ཞིག་སྟོན་ཐུབ། ད་ནི་ཞེ་སའི་འཇུག་ཡུལ་དང་མཚོན་སྟོབས་དཔེར་བརྗོད་ལ་བརྟེན་ནས་དཀྱུས་གཅིག་ཏུ་ཅུང་ཟད་བཤད་ན།

སངས་རྒྱས་དང་ལྷ་རྣམས་ལ་ཞེ་ས་སྦྱར་ཚུལ། བྱ་མགྲིན་སྔོན་ཟླ་བའི་རྟོགས་བརྗོད་ལས། བསླུ་མེད་དཀོན་མཆོག་རིན་ཆེན་རྣམ་གསུམ་ལགས། །ལས་ངན་བདག་གི་སྨོན་ལམ་དཔང་པོ་ཏུ། །གཤིགས་ཤིག་བརྩེ་བས་དགོངས་པའི་དུས་ལ་བབ། །ཀྱེ་མ་ཀྱི་ཧུད་བསླུ་མེད་དཀོན་མཆོག་གསུམ། །སྙིང་མེད་བདག་ལ་ཅུང་ཟད་

མི་གཟིགས་སམ། །ཆོས་ཀྱི་ཉི་མ་རྒྱལ་པོ་དགུང་དུ་གཤེགས། །གསེར་བཟང་པད་མོ་སྒྱུ་ངན་སད་ཀྱིས་བཅོམ། །ཞེས་པ་སོགས་ཞུས་པ་སྟེ། རྒྱལ་བུའི་འགྲོ་དོན་མི་ལ་མེད་པར་བྱ་དང་རི་དྭགས་ལ་ཡོད་ཅེས་གསུངས་པར་ཉན་ནས། བཙུན་མོ་གསེར་བཟང་མས་དེའི་གཟུགས་རྙེད་དུ་རེ་ནས། ནགས་ཁྲོད་སྡུག་པོ་ཀུན་ཏུ་མཚན་ནས་བོས་ཤིང་བཙལ་ཏེ། དཀའ་སྡུག་ཉེན་གསུམ་གྱིས་འཆི་ལ་ཁད་པར་རེ་བ་ཆད་ནས། རང་ལུས་དོར་ཏེ་ཚེ་རབས་ཕྱི་མར་རྒྱལ་བུ་དང་མཇལ་བར་སྨོན་ལམ་བཏབ་པ་ནི། དཀོན་མཆོག་གསུམ་ལ་ཤིན་ཏུ་དད་པའི་རེ་བ་བཙལ་ལོ། །ལྷ་བུའོ། །

རང་ལས་ཆེ་བ་རྣམས་ལ་ཞེ་ས་སྦྱར་ཚུལ། ཞལ་རས་གསལ་ལ་རང་མདངས་གང་བ་བཟང་། །གདམས་ངག་ཟབ་ལ་མ་ཆད་ཐ་དད་རང་། །ལས་ངན་བག་ཆགས་ཐམས་ཅད་བསལ་མཛད་པ། །འཕགས་པ་མ་ཕམ་ཡང་དག་དམ་པ་ལགས། །ཞེས་གསུངས་པ་འདི་ཞེ་སར་མ་སྦྱར་ན། དོན་གྱི་ཆ་ནས་རྒྱལ་པོ་ལ་གུས་ཉམས་དང་། ཚིག་གི་ཆ་ནས་ང་རོ་དྲང་བ་ཁོ་ནས་ཤོ་ལོ་ཀ་རེ་གྲུབ་པའི་མཛེས་ཉམས་ཐོན་དཀའོ། །

ལྗོང་གི་མ་ཡིག་ལུང་གཏམ་ལས། ཐུགས་གླིང་ཤེལ་དཀར་མེ་ལོང་ལ། །རྣམ་རིག་དྲི་མེད་འོད་དཀར་བཀྲ། །གསུང་དབྱངས་ཀ་ལ་པིང་ཀ་ལ། །འགག་མེད་གྲགས་སྟོང་ཆོས་ཀྱིས་ཁྱུག །སྐུ་ལུས་གཡོ་མེད་རི་རྒྱལ་ལ། །མཛེས་སྡུག་དབྱར་གྱི་དཔལ་ཡོན་རྒྱས། །ཡོན་ཏན་མཁྱེན་རབ་གཏེར་མཛོད་ལ། །མི་ལོང་ལྷ་བུའི་རང་མདངས་ཤར། །ཕྲིན་ལས་དྲག་པོའི་ཐོག་མདའ་ལ། །དགྲ་དཔུང་བྲག་དམར་གཞོམ་ལ་མཁས། །ཞེས་གླིང་སེང་ཆེན་རྒྱལ་པོའི་སྐུ་གསུང་ཐུགས་གསུམ་གྱི་ཡོན་ཏན་དང་། དཔའ་མཛངས་མཉམ་འཛོམས་ཀྱི་མཐུ་སྟོབས་བཅས་ལ་ཞེ་ས་སྦྱར་ནས་བསྟགས་པའི་རྩལ་གྱིས། ཚིག་དོན་གཉིས་ཀར་ཉམས་ཕུན་སུམ་ཚོགས་པ་ཞིག་ཤར་སྣང་།

བྱ་མགྲིན་སྔོན་ཟླ་བའི་རྟོགས་བརྗོད་དུ། ཡབ་དང་མིང་པོ་ལ་གསོལ་བ། །ལྷ་མཆོག་ཡབ་སྲས་བདག་ལ་དགོངས། །ཁྱིམ་ནི་ཉེས་པ་ཀུན་གྱི་གནས། །གདུག་ཅན་སྦྲུལ་གྱི་ཚང་དང་མཚུངས། །དེ་ཡི་བདེ་བས་ཚིམ་པ་ཡང་། །སྦྲུལ་གདུག་གདེངས་ཀའི་གྲིབ་བསིལ་འདྲ། །དེ་བས་བདག་ལ་བརྩེར་དགོངས་ན། །བདག་ནི་ངེས་པར་འབྱུང་བར་འདོད། །ཅེས་པ་ལས། བུ་མོ་མ་ཧི་མ་རྟྣས་ལྷ་ཆོས་བྱེད་པར་དགའ་ཞིང་། གནས་ལ་མི་འགྲོ་བའི་རེ་བ་ཡབ་རྒྱལ་པོ་དང་མིང་པོ་ལ་ནན་གྱིས་ཞུ་བ་ལས། ཞེ་ས་བླ་ན་མེད་པ་སྦྱར་བ་ནི། གཅིག་ཏུ། ཡབ་དང་མིང་པོར་སྐུ་དྲིན་ཆེ་བ་ཤེས་ཚུལ་བསྟན་ནས་དགའ་སྣང་བསྐྱེད་པ་དང་། གཉིས་སུ། ཐུགས་རྗེས་གཟིགས་ཤིང་རྗེས་སུ་གནང་བའི་རེ་བ་ཆེ་ཚུལ་མངོན་པར་བསྟན་བྱུང་།

པད་མའི་ཚལ་གྱི་ཟློས་གར་དུ། དེ་བས་འདོད་འབྱུང་ནོར་བུ་དཔག་བསམ་ཤིང་། དང་པོ་དམ་པའི་མགོན་དེ་བརྟག་ཅིང་བསྟེན། །ཐ་མ་དགོངས་སྤྱོད་བསླབ་ཅིང་ཐུགས་ཡིད་བསྲེ། །སྐལ་བཟང་དེ་འདྲ་བདུད་ཀྱི་དབང་མི་འགྲོ། །རྒྱལ་བ་དགྱེས་པའི་ལམ་བཟང་རྙེད་པར་འགྱུར། །ཞེས་གསུངས་པ་ལས། ཐུགས་ཡིད་བསྲེ། ཞེས་ཐུགས་ཡིད་གཉིས་ཀྱི་ངོ་བོ་གཅིག་ཀྱང་། ཞེ་ས་ཡིན་མིན་གྱི་ཆ་ནས་བཀུར་བྱའི་ཡུལ་དང་བཀུར་བ་པོ་སོ་སོར་ཕྱེད་ཅིང་། བླ་མའི་ཐུགས་དང་སློབ་མའི་ཡིད་ཆུ་དང་འོ་མ་འདྲེས་པའི་ངང་ཚུལ་མངོན་པར་བསྟན་བྱུང་། བརྗོད་པ་ཚིག་བསྡུ་མང་པོ་ཉིད། ཅེས་པའི་ངག་རྒྱལ་ཐོན་སྣང་ངོ་། །

རང་དང་མཉམ་པ་རྣམས་ལ་ཞེ་ས་སྦྱར་ཚུལ། པད་མའི་ཚལ་གྱི་ཟློས་གར་ལས། ཀྱེ་ཀྱེ་ཡིད་དབང་སྙིང་སྡུག་གཞོན་པ། །དང་པོ་འགྲོགས་ནས་ད་ལྟའི་བར་དུ། །བརྩེ་བའི་འཛུམ་གྱིས་བསྐྱངས་པའི་ཞལ་མཛེས། །གནག་པའི་ཁྲོ་གཉེར་བསྡུས་པ་མི་དྲན། །བྱམས་པའི་གསུང་གིས་བསྐྱངས་པའི་ངག་སྙན། །ཁྲོས་པའི་བཀའ་བསྐྱོན་གནངས་པ་མི་དྲན། །བརྩེ་བའི་ཐུགས་ཀྱིས་འགྲོགས་པའི་ངང་

བཟང་། །ཁྲིལ་མེད་ཕྱི་ཐག་བསྟུང་བ་མི་དྲན། །ཞེས་པར། བུད་མེད་གཅིག་གིས་རང་གི་ཡིད་བཞིན་ནོར་བུ་འདྲ་བའི་ཁྱོ་བོ་ཆེ་ལས་འདས་པར། མྱ་ངན་གྱིས་གདུངས་ཤིང་རབ་ཏུ་དྲན་པའི་ངང་ནས། གང་ཉིད་བཞུགས་པའི་རིང་ལ། རང་ལ་བསམ་པ་རྣམ་དག་དང་། འདུན་པ་རྩེ་གཅིག་བཟུང་ཞིང་། བྱམས་དང་བརྩེ་བས་སྐྱོ་ཀུན་ནས་བསྐྱངས་པའི་ངང་ཚུལ་སོགས། ཤ་བཤད་རྒྱ་བཤད་དུ་བཀུར་གཟོ་ བླ་ན་མེད་པ་མངོན་སུམ་དུ་སྣང་ཞིང་། འཇིག་རྟེན་ན་དེ་ལྟ་བུའི་ཁྱོ་བོ་མི་འདྲ་བ་རབ་ཏུ་དགོན་པའི་སྣང་བ་ཤར་བའི་ལམ་ནས་སྐྱོ་ཉམས་དང་གུས་ཉམས་ཅིག་ཅར་བསྟན་བྱུང་ངོ་། །

རང་ལུགས་དམན་པར་ཞེ་ས་སྨྲར་རྩལ། རྒྱལ་བུ་དྲི་མེད་ཀུན་ལྡན་གྱི་རྣམ་ཐར་དུ། རྒྱལ་བུ་ཤིན་ཏུ་དགྱེས་ཏེ། ཕོ་བྲང་གི་སྒོར་ཕེབས་ནས། བྲམ་ཟེ་ལ་སྨྲས་པ། ཀྱེ་མ་གྲོགས་པོ་ཁྱོད་ནི་ཐག་རིང་ལམ་ནས་འོངས། །ལ་ལུང་མང་པོ་མྱུར་དུ་བརྒལ་བ་ལ། །ཐང་ཆད་སྐུ་ནི་ངལ་བར་མ་གྱུར་ཏམ། །གང་འདོད་བཀའ་དེ་མྱུར་དུ་སྩོལ་ཅིག་ཨང་། །ཁྱོད་ཀྱི་འདོད་པ་བདག་གིས་བསྒྲུབ་ལགས་སོ། །ཞེས་གསུངས་པ་ལ། རྒྱལ་བུ་དབང་པོ་ས་མཐོ་ཡང་། སྤྱིན་པ་བསླང་དུ་འོངས་པའི་བྲམ་ཟེ་རྒན་པོ་ཕལ་བ་ཞིག་ལ། ཞེ་སའི་ཚིག་གིས་འཚམས་འདྲི་བྱས་པ་ལས། དབུལ་པོ་རྣམས་ལ་བྱམས་དང་བརྩེ་བའི་སྙིང་རྗེ་བསྟན་བྱུང་།

སྣང་ས་འོད་འབུམ་གྱི་རྣམ་ཐར་ལས། ཡབ་ཡུམ་ཤིན་ཏུ་དགྱེས་ཏེ། བུ་མོ་དེའི་སྐུ་གསུང་ཐུགས་གསུམ་ལ་བསྟོད་པ་འདི་ལྟར་ཕུལ་ལོ། །ཁྲིམ་ཆེན་ལྷ་མི་ཚོགས་པའི་རྒྱན་གཅིག་མ། །བུ་མོ་སྣང་ས་འོད་འབུམ་ཚུར་ལ་གསོན། །མཐོང་བ་ཙམ་གྱིས་མིག་ལ་དགའ་སྟེར་བའི། །གཟུགས་མཛེས་ལྷ་མོའི་སྐུ་ལ་བདག་བསྟོད་དོ། །ཞེས་པར། བུ་མོ་རབ་ཏུ་མཛངས་ཤིང་མཛེས་པས། ལྷ་མོ་ཞིག་ཡིན་པའི་སྣང་བ་ཤར་ནས། ཞེ་ས་སྨྲར་ཏེ་བསྟོད་པས། རྣད་བྱུང་གི་ཉམས་ལེགས་པར་མཚོན་

བྱུང་ངོ་། །

བརྗོད་བྱའི་ཚེ་ཚུང་ཡོད་པར་ཞེ་ས་འཇུག་མིན་གྱི་སྦྱར་རྩལ། རྟ་རྒྱུགས་དཔྱིད་ཀྱི་ཉི་མ་ལས། རྗེ་བླ་མ་མཆོད་པས་མཉེས་པ་དང་། །གོང་དཔོན་པོ་ནོར་གྱིས་དགྱེས་པ་དང་། །གཉེན་ཉེ་འབྲེལ་སྟོན་མོས་མགུ་བ་དང་། །སྡུག་སྦྲང་པོ་སྦྱིན་པས་དགའ་བ་དང་། །ཁྲིམ་མི་དམངས་ཡིད་སྨོན་དགོས་པ་ཞིག །ལར་གཏོང་ཕོད་མེད་ན་ཕྱུག་པོ་མིན། །ཞེས་པ་ལས། མཉེས་པ། དགྱེས་པ། མགུ་བ། དགའ་བ་རྣམས་དོན་གཅིག་ཀྱང་། སྔ་མ་གཉིས་ཀྱིས་སྐྱེས་བུ་ཆེན་པོ་མཚོན་པ་དང་། ཕྱི་མ་གཉིས་ཀྱིས་སྐྱེ་བོ་ཕལ་བ་མཚོན་པར་མ་ཟད། སྒྲ་བསྒྱུར་བའི་སྐྱོན་བསལ་ནས། ངག་སྙན་པར་གྱུར་སོང་།

ལན་རེར་རང་ལའང་ཞེ་ས་འཇུག་ཚོག །མི་ལ་རས་པའི་རྣམ་ཐར་ལས། སྟར་ཡབ་མི་ལ་ཤེས་རབ་རྒྱལ་མཚན་བཞུགས་པའི་ཚེ། མི་དྲག་ཞན་ཀུན་ངེད་ཀྱི་ཞལ་འཛུམ་དཀར་ནག་ལ་བལྟ་བ་ཡིན་ཏེ། ཕྱིས་ནོར་ཡོད་རྒྱལ་པོའི་ཚུལ་དུ་སོང་ནས། ཨ་ཁུ་དང་ཨ་ནེའི་ཞལ་འཛུམ་དཀར་ནག་བལྟ་དགོས་པ་བྱུང་། ཞེས་པ་ལས། ཞལ་འཛུམ་དཀར་ནག་ཅེས་པ་མི་ལའི་ཨ་མ་རང་ལ་བཙུག་དོན། ཕྲོ་ཕྱུག་ཆུང་མ་གྲུང་། བལ་འཇམ་སྣམ་བུ་ལེགས། ཟེར་བའི་དཔེ་བཞིན། མི་ལའི་ཕ་བཞུགས་དུས། རྒྱ་སྟོབས་ཆེ་བས། མི་རྣམས་ཀྱིས་རང་ལའང་གོང་དུ་བཀུར་བ་དང་། ཕྲོ་བོ་འདས་རྗེས། ཕྲོ་བོའི་ནུ་བོ་ཚང་གིས་རང་རྒྱུ་ཁྲོགས་ནས་ཕྱུག་པོར་གྱུར་ཚེ། མི་རྣམས་ཀྱིས་དེ་བ་ཚང་ལའང་གུས་པའི་རྣམ་འགྱུར་བསྟན་པ་མཚོན་པའི་སྒོ་ནས། སྤྱི་ཚོགས་སུ་ཕྱུག་པོ་རྒྱུ་ཅན་གྱི་རྒྱུ་ལ་ལྟ་བ་དང་། བཙན་པོ་ངོ་ཅན་གྱི་ངོ་ལ་ལྟ་བའི་གཅམ་བུ་མཐུན་འཇུག །ཁ་གསག་ངོ་སྲུང་གི་སྲོལ་ངན་པར་སུན་ཕྱུང་ངོ་། །

དགྲ་ལའང་ཞེ་ས་འཇུག་རྩལ་ཡོད། ལྷ་གླིང་གཡུལ་འགྱེད་ལས། ད་རེབ་ཐུག་པའི་གྲོ་བོ་སྐྱ། །སྤྱི་དཔོན་ཟེར་བ་ངོ་ཞིག་ཤེས། །མ་འདུག་མ་འདུག་གདོང་ལ

བུད། །ཉག་ཕྲན་མདའ་ཡི་མཛལ་དར་ཡོད། །ཁྲ་རིང་མདུང་གི་བསུ་མ་ཡོད། །རྡོ་ཆེན་མཚོན་གྱི་སྐྱིལ་མ་ཡོད། །དགའ་དོ་ཨེ་བསམ་གླིང་གི་བུ། །ཞེས་པ་ལས་ཞེ་ས་སྦྱར་བ། བསྟོད་པའི་ཟོལ་གྱིས་སྨད་པ་དང་། གཤིན་རྗེའི་འཇོམ་གྱིས་གསད་པར་བྱ་བའི་འཇིགས་སྣང་བསྐུར་བའོ། །

བཞི་བ། ཞེ་སའི་མིང་གི་གྲུབ་ལུགས།

གཏམ་མམ་རྩོམ་དུ་ཞེ་ཚིག་འཇུག་དགོས་སར་ཞེ་ཚིག་སྦྱར་ན་ལེགས་ཏེ། མི་ལ་ཆེ་ཆུང་དང་། ལས་ལ་རྒྱུ་འབྲས་ཡོད་པའི་ཕྱིར་དང་། གཞན་ལ་བཀུར་བ་རང་བཀུར་ཡིན་པའི་ཕྱིར་རོ། །ཞེ་ཚིག་གི་སྒྲུབ་བྱེད་ཞེ་སའི་མིང་ཡིན་པས། ཞེ་སའི་མིང་གི་གྲུབ་ལུགས་ཤེས་ན། ཞེ་ཚིག་གི་སྦྱོར་བ་ལ་ཐོགས་པ་མེད་འགྲོ། ཞེ་སའི་མིང་བྱུང་སླ་བས། འདོད་རྒྱལ་གྱི་མིང་ལས་ཏ་ཙང་མང་ཞིང་། དེ་ལ་བརྟེན་ནས་རྗེས་གྲུབ་ཀྱི་མིང་ལས་ལྷག་པར་མང་བ་ཞིག་བྱུང་སྣང་། དེ་རྣམས་ཀྱི་མཚོན་བྱ་སྤྱིར་བཏང་དངོས་པོ་དང་། བྱ་བ་ཅི་རིགས་ཡིན་པ་ལས། གཙོ་ཆེར་ལུས་ངག་ཡིད་གསུམ་དང་། དབང་པོ་ལྔ་དང་། བཟའ་བཏུང་གོན་པ་སོགས་དང་། དེ་རྣམས་དང་འབྲེལ་བའི་ལས་དང་བྱ་བ་ལ་སོགས་པ་ཡིན་ལ། ཐད་ཀར་ཁྱད་ཆོས་དང་། གྲངས་ཀའི་རིགས་ལ་འཇུག་པ་མེད་དོ། །ཞེ་སའི་མིང་གི་གྲུབ་ལུགས། འདོད་རྒྱལ་དང་། རྗེས་གྲུབ་དང་། མིང་གི་ཚོགས་པ་གསུམ་དུ་དྲིལ་ཏེ། མིང་དཀྱུས་མ་དང་ཤན་སྦྱར་ནས་འདོད་རྒྱལ་གྱི་མིང་གི་ཞེ་ས་བསྟན་པ།

ལུས་ངག་ཡིད་གསུམ་སྐུ་གསུང་ཐུགས་གསུམ་སྟེ། །
མགོ་ལག་རྐང་བར་དབུ་ཕྱག་ཞབས་ཞེས་གྲགས། །
མིག་སྣ་རྣ་བ་ཁ་ངོ་ལྕེ་སོ་ལ། །

སྒྱུན་ཤངས་སླན་ཞལ་ཞལ་རས་ལྷགས་ཚེམས་ཟེར། །
ལྟོ་བ་ཟས་སྙོམ་ཁང་བ་ཉེ་ལོགས་གཉིད། །
ཕྱལ་དང་བཤོས་སྐྱེམས་ཤག་དང་དྲུང་དུ་མནལ། །
ཆུ་དང་སླུ་མིང་གོན་པ་བཞོན་བྱའི་རྟ། །
ཆབ་དང་མགུར་མཚན་ན་བཟའ་བཅིབ་པ་འོ། །
ཁྱོད་ཁོ་ཕ་མ་བུ་དང་བུ་མོ་ལ། །
ཁྱེད་ཁོང་ཡབ་ཡུམ་སྲས་དང་སྲས་མོ་ཞེའོ། །
ཨ་ཆེ་ལྕམ་མོ་སྲུམ་མ་ཕྱལ་མོ་དང་། །
བླ་སྤྱིལ་དག་གི་ཆུང་མར་རིག་མ་ཟེར། །
ཁྱོ་ཤུག་སྤངས་དཔྱལ་ཕུ་ནུ་གཅེན་གཅུང་དང་། །
དཔོན་ཕྲུག་སྣང་དུ་སོ་བ་སྤྱན་པ་ཞེའོ། །

ལྟ་བུ་སོགས་དང་བྱ་བའི་མིང་དུ་འཇུག་པ།

སྐྱེ་བ་འཁྲུངས་ངམ་བལྟམ་པ་བསམ་པ་དགོངས། །
ཤེས་པ་མཁྱེན་པ་དགའ་བ་མཉེས་སམ་དགྱེས། །
ངལ་བ་མཉེལ་བ་ན་བ་སྙུང་བ་དང་། །
བསད་པ་བཀྲོངས་པ་ཤི་བ་གྲོངས་པ་འོ།
ཕྲད་པ་མཇལ་བ་ལྟ་བའམ་མཐོང་བ་གཟིགས། །
བྱིན་པ་གནང་ངམ་བསྩལ་པ་ཉན་པ་གསན། །
བྱས་པ་མཛད་པ་འགྲོ་འོང་ཕེབ་བམ་བཞུད། །
རྒས་པ་བགྲེས་པ་ཉལ་བ་གཟིམ་པ་དང་། །
ལང་དང་བསླང་དང་བཙུགས་དང་སྐྱུན་པ་བཞེང་། །

གོན་པ་མནབ་བམ་གླུབ་པ་ལོངས་སྤྱོད་བཞེས། །

ཞུ་བ་གསོལ་བ་འདོད་དམ་ཁས་ལེན་བཞེད། །

འཁྱེར་བ་སྣམ་པ་དབང་བ་མངའ་བ་འོ། །

ལྟ་བུ་སོགས་སོ། །

གཞན་ཡང་། བརྗོད་བྱ་གཅིག་པའི་ཞེ་སའི་མིང་དང་དགུས་མའི་མིང་གཉིས་ངོ་བོ་གཅིག་ཏུ་སྦྱར་བ། ཞལ་ངོ་། སྐུ་ལུས། གསུང་བཤད། མཇལ་འཕྲད། ལྟ་བུ་སོགས་ཡོད་ཀྱང་། ལན་རེར་ཚིག་གི་སྦེབ་སྦྱོར་དུ་དགོས་པ་མ་གཏོགས། འདི་འདྲའི་སྦེབ་ཚུལ་མ་སྤེལ་ན་བཟང་སྟེ། དོན་བསྐྱར་བའི་ཕྱིར་རོ། །

མིང་དགུས་མ་དང་ཤན་སྦྱར་ནས་རྗེས་གྲུབ་ཀྱི་མིང་གི་ཞེ་ས་བསྟན་པ།

༡ མིང་གི་ཆ་ཤས་གཉིས་ཀ་ཞེ་ས་ཡིན་པ།

སྙི་མིག་མཁྱེན་སྤྱན་ལག་ལེན་ཕྱག་བཞེས་དང་། །

འཁོར་གཡོག་ཕྱག་བརྙན་ཡང་ན་ཞམ་རིང་ཟེར། །

མགོ་འདྲིན་དབུ་མཛད་གོ་འཕང་དབུ་རྨོག་མཐོ། །

ཁ་བརྡའམ་ཡིག་བསྐུར་དག་ལ་བཀའ་མཆིད་ཟེར། །

དགོར་གཉེར་ཕྱག་མཛོད་ཐེལ་ཚེ་ཕྱག་དམ་དང་། །

ཁ་བཤལ་ཞལ་བསིལ་གཅིན་སྣོད་ཆབ་ཏོག་དང་། །

རྐང་བ་འཁྲུད་བྱེད་ཆུ་ལ་ཞབས་བསིལ་ཟེར། །

ངོ་ཚབ་ཞལ་སྐྱིན་འདོད་པ་གདན་འདྲེན་ཞེའོ། །

ལྟ་བུ་སོགས་དང་།

༢. མིང་དགྲུས་མ་དང་ཞེ་ས་གཅིག་ཏུ་སྦྱར་བ།

སྲ་དང་དབུ་སྲ་ཞྭ་དང་དབུ་ཞྭ་དང་། །
གཟན་དང་སྐུ་གཟན་འབག་དང་ཞལ་འབག་མནབ། །
གདུང་དང་སྐུ་གདུང་ཁྲུས་དང་ཞལ་ཁྲུས་གནང་། །
ཚེ་དང་སྐུ་ཚེ་སྲོག་དང་སྐུ་སྲོག་བརྟན། །
ཆང་དང་སྐྱེམས་ཆང་ཇ་དང་གསོལ་ཇ་བཞེས། །
མལ་དང་གཟིམ་མལ་ཁྲི་དང་བཞུགས་ཁྲི་མཛེས། །
གྲོས་དང་བཀའ་གྲོས་རྩོམ་དང་ཕྱགས་རྩོམ་མཛད། །
འགྲེལ་དང་དགོངས་འགྲེལ་ཡི་གེ་ཕྱག་ཡིག་བྲིས། །

ལྷ་བྲུ་སོགས་དང་།

༣ མིང་དགྲུས་མའི་ཆ་ཤས་ཕལ་བ་དོར་ནས་ཞེ་ས་དང་གཅིག་ཏུ་སྦྱར་བ།

མགྲོན་པོ་སྐུ་མགྲོན་མི་དྲག་སྐུ་དྲག་གིས། །
གདུང་རྒྱུད་སྐུ་རྒྱུད་རིམ་གྲོ་སྐུ་རིམ་སྒྲུབ། །
ཁ་བཏགས་ཕྱག་བཏགས་ཁ་ལག་ཞལ་ལག་བཞེས། །
དགའ་སྟོན་དགྱེས་སྟོན་བསོད་ནམས་སྐུ་གསོད་ཆེ། །
ལས་ཀ་ཕྱག་ལས་བསམ་ཁུར་ཐུགས་ཁུར་དང་། །
དཔེ་ཆ་ཕྱག་དཔེ་སྨུག་བྲིས་ཕྱག་བྲིས་མང་། །
ཡི་དམ་ཐུགས་དམ་སྙིང་རྗེ་ཐུགས་རྗེ་ཆེ། །
བཀའ་དྲིན་སྐུ་དྲིན་ལག་ལེན་ཕྱག་ལེན་བཟང་། །

ལག་རྗེས་ཕྱག་རྗེས་རྐང་རྗེས་ཞབས་རྗེས་གསལ། །
བྱེད་སྒོ་མཛད་སྒོ་ལས་འགྲོ་མཛད་འགྲོ་མཐུད། །
སྐེ་རྒྱན་མགུལ་རྒྱན་རྣ་རྒྱན་སྙན་རྒྱན་བཏགས། །
ཉལ་ཐུལ་གཟིམ་ཐུལ་རྨི་ལམ་མནལ་ལམ་ཡགས། །

ལྟ་བུ་སོགས་སོ། །

འདིར་ཤེས་དགོས་པ་ནི། འདོད་རྒྱལ་གྱི་རྗེད་མིང་ནི་རྗེས་གྲུབ་ཀྱི་རྗེད་མིང་གི་འབྱུང་བྱེད་ཡིན་པས་འདོད་རྒྱལ་གྱི་རྗེད་མིང་མི་ཉུང་བ་ཞིག་མིང་དགུས་མ་གང་འཚམས་དང་སྦྱར་ན། རྗེས་གྲུབ་ཀྱི་རྗེད་མིང་དུ་མ་རེ་བསྐྱེད་ཐུབ་པ་གོང་གསལ་གྱི་དཔེར་བརྗོད་ཀྱི་ལམ་ནས་ཟུར་ཙམ་སྣང་མོད། དེ་ལུགས་གསལ་བྱེད་དུ། འདིར་དཔེ་འགའ་བཀོད་ན། གསོལ་བ་ཞེས་པས། གསོལ་དཔོན། གསོལ་ཁང་། གསོལ་སྟོན། གསོལ་མཆོད། གསོལ་འདེབས། གསོལ་ཚིགས། གསོལ་ཆང་། གསོལ་ཇ། གསོལ་མར། གསོལ་ཞིབ། གསོལ་མདོང་། གསོལ་སྒེར། གསོལ་ཐབ། གསོལ་ཕོགས། གསོལ་རས། གསོལ་ཐང་སོགས་དང་།

ཆབ་ཅེས་པ། ཆུའི་ཆ་ནས། ཞལ་ཆབ། ཆབ་ཚན། ཆབ་ཁང་། ཆབ་རྒྱུན། ཆབ་དྲིལ། ཆབ་རིལ། ཆབ་ཁྲུང་། ཆབ་གསང་། ཆབ་གདན་སོགས་དང་། ཡང་། ཆབ་ཅེས་པ། མིང་དགུས་མའི་ཡ་མཐར་སྦྱར་ན། རྗེད་མིང་དུ་འགྱུར་ཏེ། ཆབ་སྲིད། ཆབ་འོག །ཆབ་འབངས། ཆབ་སྒོ། ཆབ་གཟན། ཆབ་ཤོག་སོགས་དང་།

གནང་བ་ཞེས་པས། རྗེས་གནང་། གནང་སྦྱིན། གནང་སྐྱེས། གནང་རྟེན། གནང་ཀ། གནང་ཆེན། གནང་བཀག །ལྟ་བུ་སོགས་རིགས་བསྒྲེ་བར་བྱའོ། །

ལྔ་པ། ཞེ་ཚིག་བཤད་ཚུལ།

རྗེད་མིང་བྱ་བྱེད་ལས་གསུམ་དུ་གང་ལ་གང་འཚམ་སྦྱར་ན། ཞེ་ཚིག་ཏུ་གྲུབ་ཅིང་། བཤད་ཚུལ་དཔེར་ན།

སྐུ་བལྟམས་མཚན་གསོལ་འཁྲུངས་སྐར་དགྱེས་སྟོན་མཛད། །
ཞལ་མཛལ་གསུང་ཐོས་མགྲུར་བཞེངས་ཞབས་བྲོ་འཆམ། །
གཟིགས་སུ་ཕུལ་བ་ཞལ་གྱིས་བཞེས་ཤིང་བསྟོད། །
མཛད་སྒོ་དབུ་བརྙེས་སྐུ་མཁར་བཞེངས་པ་གྲུབ། །
དགུང་ལོ་བགྲེས་པ་སྐུ་བསྟུངས་ལྷ་རྗེ་བསུས། །
ཕྱུགས་རྗེས་གཟིགས་ཤིང་བསྙེན་བཀུར་སྤྱན་ཆབ་བསིལ། །
གསོལ་སྨན་བསྟེན་ནས་སྙུན་གདངས་སྐུ་ཁྲུས་གསོལ། །
ཁོང་གི་གདམས་པ་ཐུགས་ལ་མངའ་བརྙེས་པའོ། །

ལྟ་བུ་སོགས་ལེགས་པར་སྦྱར་ཤེས་ན། གཏམ་མམ་རྩོམ་དུ་ཞེ་སའི་བབ་དང་བསྟུན་ནས། ཇི་ལྟ་བ་བཞིན་དུ་སྤེལ་བར་ངག་གི་དབང་འབྱོར་བར་འགྱུར་རོ། །

དོན་ཚན་ལྔ་བ། སྒྲ་གདངས་མཐུན་པར་འགྱུར་ཚུལ།

གངས་ཅན་སྐད་དུ་ཐ་སྙད་མང་བ་ཞིག །
ངག་ནས་བརྗོད་ཚེ་ཕན་ཚུན་བྱེད་རྩོལ་གྱིས། །
སྒྲ་གདངས་མཐུན་པར་འགྱུར་བའི་གནས་ལུགས་འདི། །
ལེགས་པར་རྟོགས་ན་འཕྲི་སློག་ཀུན་ལ་ཕན། །

ཚིག་ཁྲིམ་སྤྱི་ཕྱིའི་སྒྲ་གདངས་འགང་མི་གཅིག་པ་སྙེར་ཞིག །ངག་ནས་བརྗོད་པའི་ཚེ། བྱེད་རྩོལ་གྱི་ཤན་ཕན་ཚུན་ཞུགས་ནས་སྒྲ་གདངས་མཐུན་པར་འགྱུར་བའི་དཔེ་འདི། བརྗོད་པ་བདེ་བའི་ཐླ་ཐབས་ཤིག་གོ། །འདི་ལུགས་ལེགས་པར་རྟོགས་ན། ཁྲི་བྱ་མི་ཉུང་བ་ཞིག་ཁ་ནས་བརྗོད་པའི་སྒྲ་གདངས་ལྟར་འཕྲི་ཉེས་མི་འབྱུང་། སྒྲ་གདངས་མཐུན་པར་འགྱུར་ཚུལ་དྲུག་ཡོད་དེ།

ལུགས་འབྱུང་མཐུན་འགྱུར་ནི། མིང་གང་གི་ཆ་ཤས་སྔ་མའི་རྗེས་འཇུག་གི་གནས་དང་བྱེད་པའི་རྩོལ་བ་ཆ་ཤས་ཕྱི་མར་ཞུགས་ནས་སྒྲ་གདངས་མཐུན་པར་འགྱུར་བ་ཡིན། དཔེར་ན། ལག་པ་ལ་ལག་ཧྲ། གོགས་པོ་ལ་གྲོགས་ཧྲོ། མཐུག་པོ་ལ་མཐུག་ཀོ་ལྟར་གྲགས་པ་སོགས་ནི། སྔ་མའི་རྗེས་འཇུག་ག་ཡི་ལྕེ་རྩ་དང་མགྲིན་པའི་རྩོལ་བ་དབྱངས་ཀྱི་ང་རོ་དང་བཅས་པ་ཕྱི་མར་འདྲེས་ནས་སྒྲ་གདངས་མཐུན་པར་གྱུར་བ་ཡིན།

ངང་བ་ལ་ངང་ང་། སེང་གེ་ལ་སེང་ངེ། སྔོང་བོ་ལ་སྔོང་ངོང་ལྟར་གྲགས་པ་སོགས་སྔ་མའི་རྗེས་འཇུག་ང་དང་ང་རོའི་བྱེད་རྩོལ་ཕྱི་མ་མིང་མཐའ་ལ་ཞུགས་ནས་སྒྲ་གདངས་མཐུན་པར་གྱུར་པ་ཡིན།

བསྟོད་ར་ལ་བསྟོད་ཏྲ། སྐད་རིགས་ལ་སྐད་ཏྲིགས། འོད་ཟེར་ལ་འོད་ཙེར་ལྟར་གྲགས་པ་སོགས། སྔ་མའི་རྗེས་འཇུག་ད་ཡི་བྱེད་རྩོལ་ཕྱི་མའི་མིང་གཞིར་འདྲེས་ནས་སྒྲ་གདངས་མཐུན་པར་གྱུར་པ་ཡིན།

སྤྲིན་བུ་ལ་སྤྲིན་འབུ། མཐོན་པོ་ལ་མཐོན་འབོ། གསོན་པོ་ལ་གསོན་འབོ། རྒྱུན་བུ་ལ་རྒྱུན་འབུ་ལྟར་གྲགས་པ་སོགས། སྔ་མའི་རྗེས་འཇུག་ནའི་སྣ་སྒྲ་ཕྱི་མར་ཞུགས་ནས་སྒྲ་གདངས་མཐུན་པར་གྱུར་བ་ཡིན།

སྐམ་པ་ལ་སྐམ་འབབ། ཐོམ་བུ་ལ་ཐོམ་འབུ། འདམ་བག་ལ་འདམ་འབབ་ལྟར་གྲགས་པ་སོགས། སྔ་མའི་རྗེས་འཇུག་མའི་མཆུ་བཙུམ་པའི་སྣ་སྒྲ་ཕྱི་མར་འདྲེས་ནས་སྒྲ་གདངས་མཐུན་པར་གྱུར་བ་ཡིན།

ལྷ་ཁང་ལ་ལྷ་འང་། ཕ་ཞྭ་ལ་ཕ་ཡ། བཅུ་དྲུག་ལ་བཅུ་ཏྲུག །ཕྱི་དྲོ་ལ་ཕྱི་རོ་སོགས་སུ་གྲགས་པ། སྔ་མའི་ཤུགས་བསྐྱེད་ཀྱི་རྗེས་འཇུག་འའི་སྒྲ་ཕྱི་མར་ཞུགས་ནས་སྒྲ་མཐུན་པར་གྱུར་བ་ཡིན།

དཀར་པོ་ལ་དཀར་རོ། ནོར་བུ་ལ་ནོར་ཏྲུ། སེར་བ་ལ་སེར་ར། སྐྱུར་པོ་ལ་སྐྱུར་རོ་ལྟར་གྲགས་པ་སོགས། སྔ་མའི་རྗེས་འཇུག་ར་ཡི་འདར་སྒྲ་ཕྱི་མར་ཞུགས་ནས་སྒྲ་མཐུན་པར་གྱུར་པ་ཡིན།

ཡོལ་བ་ལ་ཡོལ་ལ། རིལ་བུ་ལ་རིལ་ལུ། གདལ་བུ་ལ་གདལ་ལུ། ཏྲུལ་དྲི་ལ་ཏྲུལ་རི་ལྟར་གྲགས་པ་སོགས་ལས། སྔོན་མ་གསུམ་རྗེས་འཇུག་ལའི་བྱེད་རྩོལ་གྱིས་ཕྱི་མ་མཐུན་པར་བྱས་པ་དང་། རྗེས་མ་ནི་མིང་གཞི་དང་རྗེས་འཇུག་གཉིས་ཀའི་བྱེད་རྩོལ་གྱིས་ཕྱི་མར་མཐུན་པར་བྱས་བྱུང་།

དཔའ་རིས་སྐད་ཏྲུ། ཆོས་པ་ལ་ཆོས་བསའ། རྩིས་པ་ལ་རྩིས་བསའ། གཉིས་ཀ་ལ་གཉིས་སྐ། ལས་ཀ་ལ་ལས་སྐ་ལྟར་གྲགས་པ་སོགས། སྔ་མའི་རྗེས་འཇུག །ས་ཡི་བྱེད་རྩོལ་ཕྱི་མར་ཞུགས་ནས་སྒྲ་མཐུན་པར་གྱུར་བ་དང་། རོགས་པ་ལ་རོགས་བསའ

ཞེས་གྲགས་པ། ཡང་འཇུག་ས་སྒྲ་ཕྱི་མར་ཞུགས་ནས་སྒྲ་མཐུན་པར་གྱུར་པའོ། །

ལུགས་ལྡོག་མཐུན་འགྱུར་ནི། ཕྱི་མའི་སྔོན་འཇུག་གི་བྱེད་རྩོལ་སྔུན་ལ་ཕྲོར་ནས། སྔ་མའི་མིང་གཞིའམ་རྗེས་འཇུག་ལ་ཞུགས་ནས་སྒྲ་མཐུན་པར་གྱུར་བ་ཡིན། དཔེར་ན། ས་གཞི་ལ་སག་གཞི། མདའ་གཞུ་ལ་མདག་གཞུ་ལྟར་གྲགས་པ་ནི། ཀློག་མགྱོགས་པའི་དབང་གིས། སྔ་མའི་འ་མཐའ་དངོས་ཤུགས་ཅི་རིགས་ཀྱི་སྒྲ་མ་ཐོན་པར། ཕྱི་མའི་གས་འཕྲུལ་གྱི་སྒྲ་ཐོན་བྱུང་བའི་ཕྱིར་རོ། །

ཡ་མཚན་ལ་ཡན་མཚན་དང་། ཨ་མདོ་ལ་ཨམ་མདོ་ལྟར་གྲགས་པ་སོགས། ཕྱི་མའི་མས་འཕྲུལ་གྱི་བྱེད་རྩོལ་སྔ་མའི་ཤུགས་བསྟན་གྱི་འ་མཐའི་དོད་དུ་ཞུགས་ནས་སྣ་སྒྲ་བྱུང་བའི་ཕྱིར་རོ། །

རྒྱ་མཚན་ལ་རྒྱུན་མཚན། རྒྱལ་མཚན་ལ་རྒྱན་མཚན་ལྟར་གྲགས་པ་སོགས། ཀློག་མགྱོགས་པས་སྔ་མའི་རྗེས་འཇུག་ཏུ་ཕྱི་མའི་སྔོན་འཇུག་གི་སྒྲ་འདྲེས་ནས་མཐུན་པར་གྱུར་སོང་།

གོ་འཕང་ལ་འགོ་འཕང་ལྟར་གྲགས་པ་ནི། ཕྱི་མའི་འས་འཕྲུལ་གྱི་སྒྲ་སྔ་མའི་མིང་གཞིར་ཞུགས་ནས་སྒྲ་ཐོར་ཡང་བར་གྱུར་བ་དང་། དཀྱིལ་འཁོར་ལ་དཀྱིན་འཁོར་ལྟར་གྲགས་པ། འས་འཕྲུལ་གྱི་བྱེད་རྩོལ་སྔ་མའི་ལ་མཐར་ཞུགས་ནས་སྒྲ་གདངས་ཉེ་བར་གྱུར་བ་ཡིན།

བྱེ་བྲག་མཐུན་འགྱུར་ནི། མིང་གི་ཆ་ཤས་གཅིག་གི་བྱེ་བྲག་ཆ་ཤས་ཅིག་ཤོས་ཀྱི་ཚབ་བྱས་ནས་སྒྲ་མཐུན་པར་གྱུར་བ་དང་། ཆ་ཤས་གཅིག་གི་བྱེ་བྲག་གི་ང་རོ་བརྗེས་ནས། ཆ་ཤས་ཅིག་ཤོས་དང་སྒྲ་མཐུན་པར་གྱུར་པ་རིགས་གཉིས་ཡོད།

སྔ་མ་དཔེར་ན། དར་པ་ལ་ད་ར། ཕྱུར་བ་ལ་ཕྱུ་ར། ཕྱུར་བ་ལ་ཕྱུ་ར་ལྟར་གྲགས་པ་སོགས་ནི། ཆ་ཤས་སྔ་མའི་རྗེས་འཇུག་ར་དེ་ཆ་ཤས་ཕྱི་མའི་ཚབ་བྱས་ནས། ཕྱི་མ་སྔ་མའི་བྱེ་བྲག་ཙམ་དུ་སྒྲ་མཐུན་པར་གྱུར་བ་ལྟ་བུ།

ཕྱི་མ་དཔེར་ན། བུ་མོ་ལ་བོ་མོ་ལྟར་གྲགས་པ་ནི། སྨད་པའི་ང་རོ་དང་བསྟོད་པའི་ང་རོ་མཐོ་དམན་མི་གཅིག་པ་གཉིས་མཐུད་ནས་ཀློག་ཚེ་བརྗོད་མི་བདེ་ཕྱིར། སྤྱི་མའི་ཞབས་ཀྱུ་ཕྱི་མའི་ན་རོའི་དབང་དུ་ཤོར་ནས་ང་རོ་མཐུན་པར་གྱུར་སོང་། བཅུ་ལྔ་ལ་བཅོ་ལྔ་དང་། བཅུ་བརྒྱད་ལ་བཅོ་བརྒྱད་དུ་བྲིས་པ་ཡང་། སྨད་པའི་ང་རོ་དང་དྲང་བའི་ང་རོ་མཐུད་ནས་འདོན་ཚེ་བརྗོད་མི་བདེ་བས། སྤྱི་མའི་ཞབས་ཀྱུ་ན་རོར་བཟེས་ནས། བསྟོད་པའི་ང་རོ་དང་སྨད་པའི་ང་རོ་སྲིབ་མཐུན་པར་གྱུར་པ་ཡིན་ནོ། །

ཡོངས་རྫོགས་མཐུན་འགྱུར་ནི། མིང་གཅིག་གི་ཆ་ཤས་གཉིས་སྦྱར་བར་ཀློག་ཚེ། ཕན་ཚུན་བྱེད་རྩོལ་གྱི་ཤན་ཞུགས་ནས་ཡོངས་རྫོགས་སྒྲ་གཅིག་ཏུ་མཐུན་པར་གྱུར་བ་ཞིག་སྟེ། སྔོ་ང་། སླ་ང་། པོ་ཏི་ལྟ་བུ་སོགས་ཀྱི་དྲུག་སྒྲ་བསྡུས་ནས་ཁྱད་གཞི་དང་ཐད་ཀར་སྦྱར་ཚེ། བྱ་སྔོང་། ཁྲོ་སླང་། གསུང་པོད་ལྟར་སྒྲ་གཅིག་ཏུ་མཐུན་པར་གྱུར་ཏོ། །

བྱུ་རུ། རྡོ་རྗེ། ལྷ་མ་ཡིན་ལྟ་བུ་སོགས་ཚིག་གྲོགས་དང་སྦྱར་ཚེ། བྱུར་དཀར། ཕྱུག་རྡོར། ལྷ་མིན་ལྟར་སྒྲ་གཅིག་ཏུ་མཐུན་པར་གྱུར་པས། དེ་བཞིན་བྲིས་པའོ། །

ཐུ་བ་ལ་ཐོབ། འཕྱི་བ་ལ་འཕྱོབ། མཆེ་བ་ལ་མཆོའ་ལྟར་གྲགས་པ་སོགས་ཀྱང་། རྗེས་འཇུག་འ་དང་མིང་མཐའ་བའི་བྱེད་རྩོལ་ཕན་ཚུན་ཤན་ཞུགས་ནས། ཡོངས་རྫོགས་སྒྲ་གཅིག་ཏུ་མཐུན་པར་གྱུར་ཏོ། །

ནང་གསེས་མཐུན་འགྱུར་ནི། མིང་གཅིག་གི་ནང་གསེས་ཀྱི་འཕྲུལ་དང་མིང་གཞིའི་བྱེད་རྩོལ་ཕན་ཚུན་ཤན་ཞུགས་ནས་སྒྲ་མཐུན་པར་གྱུར་བ་ཡིན། དེ་ཡང་ཨམ་སྐད་དུ་སྔོན་འཇུག་ལྔ་པོའི་སྒྲ་བྲུར་མངོན་པར་ཐོན་པའི་དབང་གིས། མིང་གཞི་སྐོར་ཞིག་གི་ཀློག་ཚུལ་སྔོན་འཇུག་གི་ཤན་ཞུགས་ནས་སྒྲ་མཐུན་པར་གྱུར་སོང་། དཔེར་ན། གཞན་ལ་གཡན་ལྟར་ཀློག་པ་ནི། ག་སྔོན་འཇུག་གི་མགྲིན་པ་

དང་ལྔེ་རུའི་བྱེད་རྩོལ་གྱིས། མིང་གཞི་ཞ་ཡི་གནས་དང་བྱེད་པའི་སྒྲད་ས་ལྷག་ཀར་བསྒྱུར་ནས་སྒྲ་ཅུང་ཟད་ལྡི་བའི་ཡ་ལྷར་གྲགས་སོ། །

བཞག་ལ་བཡག་ལྷར་གློག་པ་ནི། བ་སྔོན་འཇུག་གི་བྱེད་རྩོལ་མཚུ་ཡིན་ཞིང་། ལྔེའི་རྩོལ་བ་མེད་པའི་དབང་གིས། མིང་གཞི་ཞ་ཡི་ལྔེ་རྩེ་དང་ཉེ་བའི་བྱེད་པ་ཀྲན་ལ་རེག་པ་དང་བྲལ་བས། ཡ་ལྷར་གྲགས་སོང་།

དཔའ་ལ་དཔྟའ་ལྷར་གློག་པ་ནི། དས་འཕྲུལ་གྱི་ལྔེ་རྩེ་སོ་རུར་སྒྲད་པ་ལས། མཆུའི་རྩོལ་བ་མེད་པའི་དབང་གིས། མིང་གཞི་པ་ཡང་མཚུ་བཙུམ་པའི་རྩོལ་བ་ཏ་ལམ་མེད་པར་གྱུར་ནས་ཏྭ་ལྷར་གྲགས་སོང་།

དབང་ལ་དཕང་ལྷར་གློག་པ་ཡང་། སྔོན་འཇུག་ད་ཡི་བྱེད་རྩོལ་གྱིས་མིང་གཞི་བ་ཡང་སོ་མཚུ་མ་རེག་པ་ཙམ་གྱིས་ཕ་ལྷར་གྲགས་སོང་།

འབར་ལ་སྣ་སྒྲ་དང་ལྡན་པའི་པར་ལྷར་གློག་པ་ནི། འས་འཕྲུལ་གྱི་སྒྲ་མགྲིན་པ་ལས་བྱུང་ཞིང་ཐུང་སྣ་ནས་རྒྱུ་བའི་དབང་གིས། མིང་གཞི་བ་ལ་སྣ་སྒྲ་ཞུགས་པའི་ཕྱིར་རོ། །

ཕྱི་རོལ་མཐུན་འགྱུར་ནི། མིང་གང་ཞིག་ཕྱི་རོལ་གྱི་སྒྲད་གང་དང་འབྲེལ་ཅུང་། རྗེས་འཇུག་གི་བྱེད་རྩོལ་གྱིས་སྒྲད་དེ་ཉིད་ཀྱི་སྒྲ་རྗེས་འཇུག་དང་མཐུན་པར་གྱུར་འགྲོ། དཔེར་ན། ཞིང་ལ་ཆུ་འདྲེན། དམག་ལ་ཞུགས། རྒྱལ་ཁབ་ལ་ཕན་འདོགས། སུ་ལ་དགའ་ཟེར་བ་རྣམས། ཞིང་ང་ཆུ་འདྲེན། དམག་ག་ཞུགས། རྒྱལ་ཁབ་བ་ཕན་འདོགས། སུ་འ་དགའ་ལྷར་གྲགས་པའོ། །

བསྐོར་ནས་འགྲོ། འཐབ་ནས་རྒྱལ། ཡོང་ནས་བསྡད། བསམས་ནས་བཤད་སོགས། བསྐོར་རས་འགྲོ། འཐབ་བས་རྒྱལ། ཡོང་ངས་བསྡད། བསམས་མས་བཤད་ལྷར་གྲགས་པར་གྱུར། གཞན་ཡང་། ཇོགས་ཚིག་དང་། འབྱེད་སྡུད་སོགས་ཀྱི་ཐོབ་ཐང་ཡང་རིགས་འདིའི་ཁོངས་སུ་གཏོགས་པའོ། །

དོན་ཚན་དྲུག་པ། མངོན་བརྗོད་ཀྱི་ཕན་ཡོན་དང་སྦྱབ་ལུགས།

སྐད་རིགས་ཕྱུན་སུམ་ཚོགས་པ་གང་ལའང་མངོན་བརྗོད་ཡོད་སྲིད། རྣམ་གྲངས་མང་ཉུང་དང་། ཁེབས་ཁྱ་ཡངས་དོག་དང་། མཚོན་སྟོབས་ཆེ་ཆུང་སོགས་ལ་ཁྱད་པར་ཏ་ཙང་ཆེའོ། །བོད་ཀྱི་རིག་གཞུང་སྙིང་བ་རྣམས་ལས་མངོན་པར་བརྗོད་པའི་མིང་ནི། སོས་ཀའི་སྤང་ལྗོངས་ལ་མེ་ཏོག་བཀྲ་ལམ་མེར་བཞད་པ་བཞིན་ས་ཁྱབ་རྗེ་ཁྱབ་ཏུ་མཐོང་ངོ་། །བརྗོད་བྱའི་ཆོས་གང་ཉུང་ལ་མངོན་བརྗོད་ཉུང་མཐའ་གསུམ་བཞི་རེ་དང་། མང་མཐའ་བརྒྱ་ལྷག་རེ་སྣང་། བསྡོམས་ཟིན་དུ་ཁྲི་ཚོ་ལས་འདས་པ་ཞིག་ཡོད་དོ། །དེ་རྣམས་རིག་པའི་རྒྱལ་ལས་བྱུང་བ་ཡིན་པས། སྔོན་བྱོན་མཁས་པ་རྣམ་པས་རིག་གནས་ཆུང་བ་ལྔའི་ཡ་གྱལ་དུ་གཙོགས་སུ་བཟུང་བ་ཡིན་ནོ། །མངོན་བརྗོད་རིག་པ་ལེགས་པར་སྦྱངས་ན། ཤེས་རྒྱ་སྐྱེད་པ་དང་། དཔེ་སྙིང་ཀློག་བདེ་བ་དང་། རྩོམ་དུ་འཇུག་མཁས་པ་དང་། གང་མིང་གསར་དུ་འདོགས་ཤེས་པ་སོགས་ཕོགས་ཆེན་པོ་ཐོན་ནོ། །

དང་པོ། མངོན་བརྗོད་ཀྱི་ཕན་ཡོན།

མངོན་བརྗོད་ཀྱི་ཕན་ཡོན་བཤད་ན། གཙོ་ཆེར་རྣམ་པ་ལྔ་ཡོད་དེ།

ཀློ་སྐོ་འབྱེད་པའི་ལྡེ་མིག་གི་ནུས་པ་དང་ལྡན་པ། མངོན་བརྗོད་མང་བ་ཞིག་ལོ་རྒྱུས་སམ་གཏམ་རྒྱུད་ཀྱི་ཞུན་ཐིགས་དང་། ཤེས་རབ་ཀྱི་མེ་སྟག་ཡིན། དེ་ལུགས་ལེགས་པར་རྟོགས་ན། བློ་ཁ་བྱེ་བ་དང་། རིག་པ་གསར་བ་རྙེད་པར་གྱུར་ལ།

དཔེར་བརྗོད་ན། རྒྱ་མཚོ་ལ་དུད་འགྲོ་བྱིངས་ཞེས་པ། བྱིངས་ནི་ཆུ་བ་སྟེ། དུད་འགྲོ་ཐོག་མའི་འབྱུང་གཞིའམ་འབྱུང་ཁུངས་ནི་རྒྱ་མཚོ་ཡིན། དེ་ནས་རིམ་གྱི་སྐམ་མཚོ་གཉིས་ལ་གནས་པ་དང་། སྐམ་ས་ལ་གནས་པའི་སེམས་ཅན་གྱི་བྱུང་རབས་བསྟན་པའོ། །རྗོ་ལ་ཅོག་པོ་ཞེས་པ། བསྐལ་བ་ཡ་ཐོག་ཏུས་པ་སོགས་གཙོག་པར་བྱེད་པ་རྗོ་ཡིན་པས། མིའི་འགྲོ་བའི་ལོ་རྒྱུས་ཀྱི་ཐོག་མ་རྗོ་ཆས་ཀྱི་དུས་སྐབས་ཤིག་གནས་པ་བསྟན་པའོ། །མི་ལ་ཡིད་ལས་སྐྱེས་ཞེས་པ། མི་ནི་ཐོག་མ་རི་དྭགས་དང་འདྲ་ཡང་། ཡིད་ཀྱི་ཤེད་རྣམ་པར་བྱེ་ནས་སེམས་ཅན་ཀུན་ལས་མཆོག་ཏུ་གྱུར་ཏེ། སྨྲ་ཤེས་ཤིང་དོན་གོ་བ། ལོངས་སྤྱོད་བསྐྲུན་ནུས་པའི་ལོ་རྒྱུས་བསྟན་པའོ། །གཟའ་ཕུར་བུ་ལ་བུ་མང་ཅན་དང་། འོད་ཀྱི་མུ་ཁྱུད་ཅན་ཞེས་པ། དེང་གི་སྐར་མཁན་དག་གིས་མཐའ་དཔྱད་ནས་རྟོགས་པ་ལྟར། གཟའ་ཕུར་བུའི་མཐའ་འཁོར་ན། རྒྱུ་སྐར་ཆེ་ཆུང་བཅོ་ལྔ་ཨ་མའི་བུ་ཕྲུག་བཞིན་དུ་གནས་པའི་ཚུལ་དང་། གཟའ་འདིའི་ཁོར་ཡུག་ན། རྗོ་ཏུག་ནག་པོ་མང་དུ་འདུས་པ་རྡིག་པ་ལྟ་བུར་གྲུབ་པའི་སྟེང་དུ། ཕུར་བུའི་ཚ་ཟེར་ཕོག་པ་ཕྱིར་སྣང་བས། འོད་ཀྱི་མུ་ཁྱུད་ཅིག་ངང་གིས་བྱུང་བར་བསྟན་པའོ། །སྡིག་པ་རྣ་ཅ་ལ་སྦྲུམ་གྱིས་ཉམས་པར་བྱེད་པས་སྦྲུམ་ཉམས་དང་། དུ་བས་བདུགས་ན་འཆི་བར་འགྱུར་བས། དུ་བས་འཆི་ཞེས་གྲགས། དེ་ལུགས་ཤེས་ན་སྡིག་རྭའི་གནོད་པ་འགོག་སླའོ། །

ཤེས་བྱ་བློར་འཛིན་བདེ་བའི་ནུས་པ་དང་ལྡན་པ། དངོས་མིང་ནི་མིང་ཅན་སྟོན་བྱེད་ཡིན་མོད། མིང་ཅན་གང་དང་འབྲེལ་བའི་དོན་གཞན་སྟོན་རྒྱུ་མེད་དོ། །མངོན་བརྗོད་ནི་མིང་ཅན་གང་གི་རང་བཞིན་ནམ། ཁྱད་ཆོས་སམ། སྤྱོད་པའམ། ཕན་ཡོན་ནམ། གནོད་པ་ལ་སོགས་པ་མཚོན་ནུས་པས།

མངོན་བརྗོད་ལ་བསྟེན་ན། ཤེས་པར་བྱ་བ་གང་ཅི་བློ་ལ་འཛིན་བདེ་བ་གཟུངས་བཏབ་པ་ལྟ་བུར་གྱུར་པ་མ་ཟད། ལེགས་ཉེས་བླང་དོར་མི་རྨོངས་པ་དང་

ལག་ལེན་དང་བཅས་པར་ཕན་ཐོགས་ཆེ། དཔེར་ན། སླ་རྩི་ལ་སྦྲུལ་དུག་ཅེས་པ། སླ་རྩི་སྦྲུལ་ལ་དུག་དང་འདྲ་བའི་ནུས་པ་ཡོད་པར་ཤེས་ན། སྦྲུལ་ཡོད་ས། སླ་རྩི་ལུས་ལ་བཟུང་ན། སྦྲུལ་གྱིས་སླ་རྩིའི་དྲི་མ་ཚོར་ན་ཐག་ཉེར་མི་ཡོང་ངོ་། །དོམ་མཁྲིས་ནི་རྩ་ཁ་སྡོམ་པའི་ནུས་པ་ཆེ་བས་རྩ་སྡོམ་ཤུགས་ཆེན་ཟེར། མིང་འདི་ལས་གཞག་བཅོས་སུ་དོམ་མཁྲིས་བཀོལ་རྒྱུ་ཤེས་སོ། །སྤྱང་ཀི་ལ་གཡོ་སྒྱུང་ཟེར་དོན། ར་ལུག་སོགས་དེའི་ཚང་ཁར་སོང་ན་མི་འཛིན་ཏེ། བཟུང་ན་མིས་ཤེས་ན་ཕྲུ་གུ་ལ་གནོད་པར་དོགས་ནས། གཡོ་ཐབས་ཀྱིས་སྒྱུང་བར་བྱེད་པར་ཤེས་པའི་ལུག་རྫི་ནི། ལུག་སྤྱང་ཚང་ལོགས་སུ་སོང་ནའང་སེམས་བདེ་བ་ཡིན། ཁྭ་ཏ་ལ་གཞན་གསོ་ཞེས་པ། ཁུ་བྱུག་གིས་སྒོ་ང་ཁྭ་ཏའི་ཚང་དུ་བཏང་ནས་བསྐྱེད་བཅོལ་བར། ཁྭ་ཏས་གསོ་བར་བྱེད་པ་ན། ཁུ་བྱུག་གིས་ཚང་མི་བཅའ་བའི་རྒྱུ་མཚན་ཤེས་འགྲོ། སྲོ་ལོ་དཀར་པོ་ལ་བྱ་རྒོད་བུ་གསོ་ཞེས་པ། རྒོད་ཕྲུག་ལ་སྒྲོ་ཚད་བྱུང་བར། བྱ་རྒོད་མས་སྲོལ་དཀར་བྱིན་ནས་ཟོས་པས་ནད་དྲག་པར་མ་ཟད། ཆེར་སྐྱེས་པའང་མགྱོགས་པར་གྱུར་བ་མི་རྣམས་ཀྱིས་ཤེས་ནས། སྒྲོ་སྨན་དང་གསོ་བཅུད་དུ་འཇུག་པའོ། །

སྤོ་སྨན་བྱི་བཟུང་ལ་འབུ་སྲུང་མཆོག །ཅེས་པ། དེའི་ཁུ་རྩི་བཙིར་ནས་ཤ་ཁ་བྱུག་པའམ། དེ་བསིལ་སྐམ་བྱས་ནས་བརྡུངས་པའི་ཕྱེ་མ་ཤ་ཐོག་བཏབ་ན་འབུ་མི་ཞུགས། ཞིམ་ཐིག་ལེ་ལ་མིག་སྨན་སངས་རྒྱས་ཟེར་དོན། དེ་སྔོན་པ་བཅད་འཕྲོ་ཞིང་ཐོག་ལ་གཏུགས་པའམ། འབྲས་བུ་མིག་ནང་དུ་བཙུག་ལ། མིག་བཙུམ་ནས་ཡུན་དུ་བསྡད་པ་དང་། འབྲས་བུ་ཆེར་རྒྱས་པས་ཞིང་ཐོག་ཉམས་པར་འགྱུར་རོ། །

དབྱར་རྩྭ་དགུན་འབུ་ལ་རྩྭ་ད་བྱིད་ཅེས་པ། འདི་སྨན་དུ་སྤྱོག་ཆགས་ད་བྱིད་ཀྱི་ནུས་པ་དང་ལྡན་པར་ཤེས་ན། རོ་ཙ་དང་མཁལ་ནད་སོགས་གསོ་བའི་སྨན་ཆེན་ཡིན་ནོ། །མགོ་ལ་ཡན་ལག་མཆོག་ཅེས་པ། ལུས་ཀྱི་ཡན་ལག་ལྔ་པོ་ལས་མགོ་ནི་མཆོག་ཏུ་གྱུར་པ་སྟེ། སེམས་ཀྱི་རྟེན་ཡིན་པས། ལུས་དང་རྐང་ལག་གི་འདུ་བྱེད་ཐམས་ཅད་

ཀླད་པས་དབང་སྒྱུར་བཞིན་ཡོད་པ་ཤེས་ན། མགོ་འདྲིན་གྱི་མགོ་ལ་འ་འགོ་བྲིས་པའི་དཔེ་མེད། གསང་ཨང་ཐད་དུ་དཔེར་ན། དཔྱལ་ཁང་དུ་སྒོར་མོ་གསོག་འཇོག་གི་གསང་ཨང་ནི། ༡༣༢༥༧ལ་བསེ་ཏྭ་མདའ་ཟུང་སྣ་ཚོགས་པ་ཞེས་མངོན་བརྗོད་དུ་བསྒྱུར་ན། ཚིག་ཀ་ལྷ་བུ་ཞིག་ཡིན་པས་བློ་ལ་གཟུངས་ཐེབས་པར་མ་ཟད། བྲིས་ནས་བཞག་ནའང་མངོན་བརྗོད་མི་ཤེས་པ་ཞིག་གིས་གོ་བར་མི་འགྱུར་རོ། །

དོན་ཁྱད་པར་ཅན་སྟོན་པའི་ཤུས་པ་དང་ལྡན་པ། མངོན་བརྗོད་ཀྱང་རྗེས་གྲུབ་ཀྱི་མིང་ཡིན། དངོས་མིང་མིན་གྱི་བཏགས་མིང་ཡིན་ནོ། །བཏགས་མིང་འདི་རིགས་མིང་གི་རྣམ་གྲངས་ཡིན་པས། མེད་ན་མི་ཚོག་པ་མེད་ཀྱང་། ཡོད་ན་དོན་གྱི་ངོ་བོ་ཙམ་སྟོན་པའི་ཤུལ་དུ། ཉམས་མཚོན་པར་ཚིག་རྒྱན་གྱི་ནུས་པ་དང་། རོ་བྲོ་བར་དོན་གཞན་འདྲེན་པའི་ནུས་པ་དང་། བརྗོད་བདེ་བར་སྒྲ་མང་ཉུང་ཇི་ཙམ་འཇུག་པར་དབང་འགྱུར་བའི་ནུས་པ་དང་། བློས་སྐྱོན་སེལ་བར་རྣམ་གྲངས་བརྗེ་བའི་ནུས་པ་ཅི་རིགས་འབྱུང་བ། དཔེར་བརྗོད་ན། ནམ་མཁའ་ལ་ཀུན་གསལ་བུ་མོ་ཞེ་ན། གནམ་ཐང་བའི་ཁྱད་ཆོས་མཚོན་པར་མ་ཟད། གཟུགས་ཅན་གྱི་རྒྱན་ཡང་ཉན་པའོ། །ཁྲི་ལ་ཁྲིམ་སྲུང་ནོར་བུ་ཞེ་ན། དགའ་བའི་ཉམས་མཚོན་པར་མ་ཟད། རབ་བཏགས་ཀྱི་རྒྱན་ཡང་ཉན་ནོ། །ཁྲབ་འཇུག་ལ་གོམ་གསུམ་ནོན་ཞེ་ན། དེས་བློ་རིག་པས་ལྷ་མིན་སྟོབས་ལྡན་བཅོམ་པའི་གཏམ་རྒྱུད་སྣང་ངོར་ཤར་བའི་རོ་ཁྱད་པར་བ་ཞིག་བྲོའོ། །ཡུ་གུ་ཤིང་གི་དོད་དུ་ཕག་ལྤང་བཅད་འཕྲོར་ཞེས་པ་སྦྱར་ན། རྐང་བ་ཆག་པའི་ཕག་རྒོད་ཀྱིས་ཡུ་གུ་ཤིང་སྨན་དུ་བསྟེན་ནས་རྨ་ཁ་སོས་ཤིང་ཡར་ལངས་པའི་གཏམ་རྒྱུད་དྲངས་ནས། བཅད་འཕྲོར་ཉེ་ཤུ་ཚོགས་པ་ན། །རྨས་མ་ཐག་ཏུ་སྨན་བཏབ་ཚེ། །དེ་མ་ཐག་ཏུ་འཚོ་བས་ན། །ལྷ་མིན་དམག་ལ་ཉམ་མི་མངའ། །ཞེས་པའི་དོན་རྣམས་ཀྱང་དྲན་པར་འགྱུར་སྲིད། །ཚིག་སྦྱོར་དུ་ཉི་མ་འཇུག་སར་ཚིག་དབར་ལྷའམ་བཞིའམ་གསུམ་གང་འཚམ་དགོས་ན། ཉིན་མོའི་

ཁ་ལོ་བ་དང་། སྲིད་པའི་སྒྲོན་མ་དང་། འཇིག་རྟེན་མིག་ལྟ་བུ་གང་མགོ་སྒྱུར་ཚོག །སྒྲ་མང་ཉུང་ལ་ཐོགས་པ་མེད་པའི་རང་དབང་འགྱུར་རོ། །ཚིག་སྤྱི་མར་མེ་ཏོག་གི་བརྗ་ཡོད་ལ། ཚིག་ཕྱི་མར་ཡང་མེ་ཏོག་འཇུག་པའི་དགོས་པ་ཡོད་ན། སྒྲ་བསྒྱུར་བའི་སྐྱོན་སེལ་ཆེད། ཡིད་དགའ་ཞེས་པ་སྒྱུར་བས་འཐུས་སོ། །

ཚིག་མཛེས་པར་བྱེད་པའི་རྣམ་པ་དང་ལྡན་པ། མངོན་བརྗོད་ལ་རྣམ་གྲངས་མང་བ། ངོ་མཚར་ཆེ་བ། གོ་རྒྱུ་མང་བ། བསྲིང་བསྐུམ་བདེ་བ། མིང་གཅིག་དོན་མང་དང་། དོན་གཅིག་མིང་མང་གི་ཁྱད་ཆོས་དང་ལྡན་པས། ཚིག་ཕྲེང་སྤེལ་བར་མང་ཉུང་རན་ཚོད་དང་། བརྗོད་བྱ་ཇི་བཞིན་འཇུག་པ་མཁས་ན། བརྗོད་བདེ་ལ་ངག་སྙན་པ། དོན་གསལ་ཞིང་བཅུད་ཆེ་བ་རྩལ་དུ་ཐོན་ལ། རྩོམ་དུ་འཇུག་མ་མཁས་ན། ཚིག་སྐྱོན་དང་དོན་སྐྱོན་ཡང་འབྱུང་སྲིད། རྩོམ་གང་ཡང་གཞན་ལ་བལྟ་བར་འཇུག་ཆེད་བརྩམས་པ་ཡིན་པས། ཐོག་མར་ཁ་གསལ་ཞིང་གོ་བདེ་བ་ཞིག་ཡིན་དགོས། མངོན་བརྗོད་ཅི་ཐུབ་ཀྱིས་གང་མང་སྒྱུར་ན། སྐྱེ་བོ་ཕལ་གྱིས་གོ་དཀའ་བར་འགྱུར་བས། དགོས་པ་དང་བསྟུན་ནས་རན་ཚོད་དུ་འཇུག་པར་བྱ། མངོན་བརྗོད་ལ་རྣམ་གྲངས་མང་བས། གདམ་ང་མེད་པར་གང་རུང་ཞིག་སྒྱུར་ན་མི་འཐྲོད་ས་ཡོད་པས། སྐབས་བབ་ཀྱི་བརྗོད་བྱ་དང་བསྟུན་ནས་མཚོན་སྟོབས་གང་ཆེ་སྒྱུར་དགོས། ནམ་མཁའ་དཔེར་མཚོན་ན། གནམ་ངོ་དྭངས་ཤིང་སྤྲིན་མེད་པ་ལ་ཀུན་གསལ་ཞེས་དང་། ཆར་པ་བབས་ཤུལ་ནམ་མཁའི་གཡའ་དག་པའམ། མཚན་མོར་གནམ་ངོ་གཡུ་མདངས་བཀྲ་བ་ལ་སྔོ་བསངས་མ་ཞེས་དང་། དགུང་མོ་གནམ་ཐང་ཡགས་ཡིན་པ་ལ་རྒྱུ་སྐར་ལམ་ཞེས་དང་། གནམ་གྲུར་བསྡད་ནས་ནམ་མཁར་ཕུར་ཅིང་བག་ཡངས་པ་ལ་ལྷ་ལམ་མམ་བྱ་ལམ་ཞེས་དང་། ནམ་མཁར་སྤྲིན་འཁྲིགས་པ་ལ་སྤྲིན་ལམ་མམ་ཆུ་མཐོངས་ཞེས་པ་ལྟར་སྒྱུར་ན། གནས་སྐབས་དེའི་ནམ་མཁའ་ཇི་འདྲ་ཡིན་པ་མངོན་བརྗོད་རང་ལས་གསལ་

བར་སྣང་བས། གསལ་འདེབས་བྱ་བའི་དགོས་པ་མེད་ལ། ཚིག་ཀྱང་བརྗོད་པ་ཉིད་དུ་གྲུབ་བོ། །

གང་མིང་གསར་དུ་འདོགས་པར་དཔེ་འདྲེན་པའི་ནུས་པ་དང་ལྡན་པ། དེང་ཚན་རིག་ལག་རྩལ་གྱི་འཕེལ་སྟོབས་ཆེ་བས། ལས་རིགས་སྣ་ཚོགས་སུ་དངོས་པོ་གསར་པ་ཆར་ཤུལ་ཤ་མོ་སྤུང་བརྫོལ་བཞིན་བྱུང་དང་འབྱུང་གིན་ཡོད། སྒྲ་རིག་པར་མཁས་ན། མིང་གདགས་པ་སླ། མངོན་བརྗོད་ལྟར་བཏགས་ཀྱང་ཚིག །སྙོར་མོ་ལ་ཀུན་དགའ་དོན་གྲུབ། 人造毛 ལ་བལ་བཅོས་མ། 方向盘 ལ་ཁ་སྐྱོག 红包 ལ་སྣར་ལོ། 千斤顶 ལ་ལྡི་འདེགས་ཟེར་བ་ལྟ་བུ་སོགས་སོ། །

གཉིས་པ། མངོན་བརྗོད་ཀྱི་གྲུབ་ཚུལ།

མངོན་བརྗོད་ལ་གྲུབ་ལུགས་སྣ་ཚོགས་ཡོད་དེ། གཙོ་ཆེ་བ་རྣམ་པ་བཅོ་ལྔ་ཡོད་པ་གཤམ་གསལ།

གཏམ་རྒྱུད་དང་སྦྱར་ནས་བཏགས་པ། དཔེར་ན། དྲང་སྲོང་ཕུར་བུ་ལ་ཐིགས་པས་བསངས། ཞེས་པ་ནི། སྔོན་ལྷ་གནས་སུམ་ཅུ་རྩ་གསུམ་པར་བྲམ་ཟེ་སཏ་ཧྨ་ཟེར་བའི་སྒྲ་མཁན་ཞིག་བྱུང་། དེས་ལྷའི་དབང་པོ་བརྒྱ་བྱིན་ལ་སྒྲའི་བསྟན་བཅོས་བསླབས། བརྒྱ་བྱིན་གྱིས་དྲང་སྲོང་ཕུར་བུ་ལ་བསླབས་ཏེ། ལྷ་རྣམས་ཀྱི་སྒྲའི་སྟོན་པར་བསྐོས་པ་ན། དེ་ང་རྒྱལ་ཆེ་བས་ལྷ་རྣམས་ཀྱིས་བསྙེན་དཀའ་བ་བྱུང་ཚེ། བརྒྱ་བྱིན་གྱིས་ཕུར་བུ་ལ་གསེར་བུམ་ཞིག་བསྐུར་ཏེ། རྒྱ་མཚོའི་ཆུ་བུམ་པ་གང་ལོངས་གསུངས་པ་ལྟར་བླངས། དེ་ལ་ཀུ་ཤའི་རྩེས་ཆུ་ཐིགས་གཅིག་བླངས་ནས། སྒྲ་ཡི་བསྟན་བཅོས་རྒྱ་མཚོ་ཙམ། །ཁོ་བོས་ཤེས་པ་བུམ་པ་གང་། །ཁྱོད་ཀྱིས་ཤེས་པ་ཆུ་ཐིགས་ཙམ། །ཞེས་གསུངས་པས། རྒྱ་མཚོའི་ཐིགས་པ་ཙམ་གྱི་དཔེས་ཕུར་བུའི་དྲན་

པ་གསལ་བར་བསྒྲངས་ཤིང་། ང་རྒྱལ་གྱི་སྙེམས་པ་བསངས་སོ། །ལྷ་བུའོ། །

ཟླུང་རབས་དང་བསྟུན་ནས་བཏགས་པ། སངས་རྒྱས་ཤཱཀྱ་ཐུབ་པ་ལ་ཟས་གཙང་སྲས་ཞེས་པ་ནི། སྔོན་རྒྱ་གར་གྱི་རིགས་རྒྱུད་ལས་བྱུང་བའི་རྒྱལ་པོ་ཟས་གཙང་ཞེས་བྱ་བའི་སྲས་སུ་འཁྲུངས་པའི་ཕྱིར་རོ། །རྒྱ་མཚོ་ལ་རིན་ཆེན་འབྱུང་གནས་ཞེས་པ། དེ་ལས་མུ་ཏིག་དང་བྱུ་རུ་ལ་སོགས་པ་བྱུང་བས་སོ། །

རྟེན་འབྲེལ་གྱི་སྒོ་ནས་བཏགས་པ། ཉི་མ་ལ་པད་མའི་གཉེན་ཟེར་བ། མེ་ཏོག་པད་མ་ཉི་མ་ཤར་བ་ན་འདབ་མའི་འཛུམ་གྲོལ་བའི་ཕྱིར་རོ། །རྒྱ་མཚོ་ལ་ཟླ་བ་ཤར་བ་ན། མཚོ་ཆུ་རྒྱས་པར་གྱུར་བས། ཟླ་བས་འཕེལ་ཞེས་བྱའོ། །ཉི་ཟླ་སྒྲོན་མེ་དག་ལ་མུན་པའི་དགྲ་ཞེས་པ། དེ་དག་གི་འོད་ཟེར་གྱིས་མུན་ནག་མེད་པར་བཏང་བའི་ཕྱིར་རོ། །

རང་བཞིན་ལ་བལྟོས་ནས་བཏགས་པ། ཉི་མ་ནི་མེ་ལས་ཚ་ཞིང་འོད་སྟོང་འབར་བས་ན། ཚ་ཟེར་ཅན་ཞེའོ། །རླུང་ནི་ཡང་ཞིང་གཡོ་བའི་བདག་ཉིད་ཡིན་པས། གཡོ་བྱེད་ཟེར། སྨྱུག་མ་ནི་མེ་ཏོག་གད་ནས་འབྲས་བུ་ཐོགས་པ་དང་། འཛིག་པར་གྱུར་པས། འབྲས་བུས་འཛིག་ཅེའོ། །

ཁྱད་ཆོས་ལ་བལྟོས་ནས་བཏགས་པ། སྤྱན་རས་གཟིགས་ཀྱི་ཕྱག་མཚན་དུ་པད་དཀར་བསྣམས་ཤིང་ཡོད་པས། ཕྱག་ན་པད་མོ་དང་། པད་མས་མཚན་དང་། པད་དཀར་འཆང་བ་དག་ཏུ་གྲགས་སོ། །མཚན་མོ་ནི་མུན་ནག་འཁྱིབས་པས་མུན་པ་ཅན་ཟེར།

གཟུགས་དབྱིབས་ལ་བལྟོས་ནས་བཏགས་པ། གླང་པོ་ཆེ་ནི་སྣ་རིང་ཞིང་ཞགས་པ་བཏབ་པ་བཞིན་ཅི་ཡང་ཟིན་པས། སྣ་ཞགས་ཅན་ཟེར། སྦྲུལ་ནི་ལྕེ་ཉིས་མཆེ་ཡིན་པས། ལྕེ་གཉིས་པ་ཞེའོ། །

དཔེའི་སྒོ་ནས་བཏགས་པ། སྒྲོན་མེ་ནི་ཁྱིམ་ནང་གསལ་བར་བྱེད་པའི་གོ་ཆོད་

པས། ནོར་བུའི་གཟུགས་སུ་བཀོད་ནས། ཁྱིམ་གྱི་ནོར་བུ་ཞེས་གྲགས། ཆུ་ནི་ཉལ་ནས་འགྲོ་བའི་ཚུལ་དུ་སྣང་བས་ཉལ་འགྲོ་ཟེར། འཇའ་ནམ་མཁར་ཤར་བ། ལྷའི་དབང་པོ་བརྒྱ་བྱིན་གྱི་གཞུ་ལྟར་སྣང་བས། དབང་པོའི་གཞུའམ་བརྒྱ་བྱིན་གཞུ་ཞེའོ། །

ཡོན་ཏན་ལ་དམིགས་ནས་བཏགས་པ། འཇམ་པའི་དབྱངས་ནི་ཤེས་བྱ་ཐམས་ཅད་མེ་ལོང་དུ་གསལ་བར་སྣང་བ་བཞིན་དུ་གཟིགས་པས། ཡེ་ཤེས་མེ་ལོང་དང་། ཡེ་ཤེས་མཛོད་ཅེས་གསུངས། ཉི་མ་འོད་ཀྱི་ཕུང་པོ་ཡིན་པས། སྣང་བའི་མཛོད་དང་། འཇིག་རྟེན་མིག་ཅེའོ། །ཟླ་བ་ནི་ཆུ་ཤེལ་ལྟར་གསལ་ཞིང་། མིག་ལ་སྨན་པས་མན་ཤེལ་ཞེས་པའོ། །

རྣམ་པ་ལ་བལྟོས་ནས་བཏགས་པ། སྒྲོལ་མ་ནི་འགྲོ་བ་རྣམས་སྡུག་བསྔལ་ལས་སྐྱོབ་པར་མཛད་པའི་འཕྲིན་ལས་མྱུར་བས་མྱུར་སྐྱོབ་མ་ཞེས་གསོལ། མེ་ལ་ནོར་ལས་རྒྱལ་ཞེས་པ། འདི་དངོས་པོ་གང་ལ་ཐུག་ཀྱང་། བསྲེགས་ནས་ཆོག་པའམ། བཞུས་པའམ། ཉམས་པར་བྱས་པའི་ཕྱིར་རོ། །

བདག་པོའི་ཚུལ་དུ་སྣང་བའི་ཆ་ནས་བཏགས་པ། ས་གཞི་ནི་སྲོག་ཆགས། རྩི་ཤིང་། གཏེར་རྫས་སོགས་བདག་ཏུ་བཟུང་བའི་ཚུལ་གྱིས་ནོར་འཛིན་ཟེར། ཕྱག་རྡོར་ནི་གསང་སྔགས་ཀྱི་མཛོད་འཛིན་པས་ན། གསང་བའི་རྒྱལ་དང་། གསང་བའི་བདག་པོ་ཞེའོ། །

སྤྱོད་པ་ལ་བལྟོས་ནས་བཏགས་པ། ཁྲུང་ཁྲུང་ནི་སྟོན་མཇུག་འཚོགས་ནས་ས་ཆ་དྲོ་སར་གཤར་ནས་ཕུར་འགྲོ་བས། གཤར་སྐྱོད་ཅེས་སོ། །ཕ་ཝང་ནི་སྔོན་དུད་འགྲོ་དང་འདབ་ཆགས་འཐབ་པ་ན། ཕ་ཝང་གིས་རྒྱང་ནས་བལྟས་ཤིང་། དུད་འགྲོ་རྒྱལ་བ་ན། དུད་འགྲོའི་ཕྱོགས་སུ་བུད་ནས་རྐང་ལག་དང་སོ་བསྟན་ནས། ཁོའང་དུད་འགྲོ་ཡིན་ཟེར། འདབ་ཆགས་རྒྱལ་བ་ན། ཡང་འདབ་ཆགས་ཕྱོགས་སུ་བུད་ནས། གཤོག་པ་བསྟན་ཏེ། ཁོ་ཡང་འདབ་ཆགས་ཡིན་ཟེར། ཕྱིས་སུ་འདབ་ཆགས་དང་

དུད་འགྲོ་འདུམ་པར་གྱུར་ནས། གཡོ་སྒྱུ་ཅན་ལ་བློ་གཏད་མེད། ཅེས་ཕ་ལྷང་ལ་ཕྱོགས་གང་གིས་ཀྱང་རིག་མི་ཉན་པར་གྱུར་པས། གཡོན་མ་ཞེས་པར་གྲགས་སོ། །

བྱེད་པ་གཙོ་ཕལ་ལ་བསྒོས་ནས་བཏགས་པ། སྲིན་པོ་ནི་མི་རོ་སོགས་ཟས་སུ་ཟ་བས་རོ་ཟན་ཟེར། མིག་ནི་ལྟ་བར་བྱེད་པ་ཡིན་པས་ལྟ་བྱེད་ཟེར། སངས་རྒྱས་ནི་ལྷ་མི་འགྲོ་བར་ཐར་བའི་ལམ་སྟོན་པའམ་བདེ་བ་ཅན་དུ་འདྲེན་པར་མཛད་པས། སྟོན་པ་དང་རྣམ་འདྲེན་ཞེས་པའོ། །(འདི་རིགས་ལ་བྱ་བའི་མིང་དུ་ལྟ་བ་འཇུག་པའོ། །)

སྐུལ་དང་བསྐུལ་བྱ་ལ་བསྒོས་ནས་བཏགས་པ། ལྷ་ཡུལ་ལ་འཆི་མེད་གནས་ཞེས་པ་ནི། ལྷ་ནི་ཚེ་ཏ་ཅང་རིང་བའི་དབང་འབྱོར་བ་དང་། ཁོང་ཚོའི་བཞུགས་གནས་ཡིན་པའི་ཕྱིར་རོ། །གཟུགས་ནི་བལྟ་བར་བྱ་བ་ཡིན་པས་བལྟ་བྱ་ཞེའོ། །ཟ་རྒྱུ་འཐུང་རྒྱུ་ལ་བཟའ་བཏུང་ཞེས་སོ། །(འདི་རིགས་བྱ་བའི་མིང་མ་འོངས་པ་འཇུག་པའོ། །)

དུས་ཚོད་ལ་བསྒོས་ནས་བཏགས་པ། དཔྱིད་ཀ་ནི་དྲོད་བབས་པས། རྩི་ཤིང་སྐྱེས་ཤིང་མེ་ཏོག་བཞད་པ་དང་། སྐྱེ་འགྲོའི་འདོད་པའང་འཕེལ་བས་ན། འདོད་པའི་དུས་ཟེར། ཁུ་བྱུག་ནི་སོས་ཀ་ས་མགོ་མཐོ་སར་ཡོང་ཞིང་གྲག་པས་དཔྱིད་ཀྱི་ཕོ་ཉ་ཞེའོ། །འབྲུག་སྒྲ་ནི་དབྱར་ཁ་འབྱུང་ཞིང་རྔ་བརྡུངས་པ་ལྟར་གྲགས་པས་དབྱར་རྔ་ཞེས་པའོ། །

རྣམ་གྲངས་ལ་བསྒོས་ནས་བཏགས་པ། ཉི་མ་ལ་རྟ་བདུན་དབང་པོ་ཞེས་པ་ནི། ཉི་མའི་ཤིང་རྟ་འདྲེན་པའི་རྟ་ལ་རླུང་དང་། ཡིད་འགྲོགས། མདོག་ལྡེ་བ། ཐིག་ལེ་ཅན། ངེས་བརྗོད། ཤིན་ཏུ་རྒྱལ་མཚན། རི་འཇོམས་བཅས་བདུན་ཡོད་པའི་ཕྱིར་རོ། །ཟླ་བ་ནི་ཆ་ཤས་བཅུ་དྲུག་གིས་ཉ་གང་བས། བཅུ་དྲུག་ཆ་ཞེས་སོ། །སྐྱོག་པ་ལ་མངར་བ། སྐྱུར་བ། ལན་ཚ་བ། ཚ་བ། ཁ་བ། བསྐ་བ་བཅས་རོ་དྲུག་ལས། ལན་ཚ་བ་ཙམ་ཆད་པས་རོ་གཅིག་ཆད་ཅེས་གྲགས་པའོ། །

སྨྲས་པ།

མིང་ཕྱུག་པར་བྱེད་པའི་མཛོད་བཟོད་ནི། །
དོན་མཚོན་པར་མཁས་པའི་ངག་རྩལ་ཏེ། །
ཚིག་མཛེས་པར་སྤྲས་པའི་རྒྱན་ཆ་དང་། །
བློ་རིག་པ་སྐྱེད་པའི་དཔལ་འབར་ཡིན། །

དོན་ཚན་བདུན་པ། མིང་གི་སྡེབ་སྦྱོར།

རོལ་མོའི་སྙན་ཚ་ཐོན་པའི་སྡེབ་སྦྱོར་ནི། །
སྐད་བ་བོད་ཀྱི་ངག་གི་སྒྱུ་རྩལ་ཡིན། །
མིང་དང་ཚིག་གི་སྦྱོར་བར་འཇུག་མཁས་ན། །
བརྗོད་པ་རབ་བདེ་ངག་གི་དཔལ་འཆར་རོ། །

མིང་གི་སྡེབ་སྦྱོར་ནི། བསྟན་བྱའི་ཆོས་ཀྱི་ངོ་བོ་ཙམ་བརྗོད་པའི་མིང་གང་ཉུང་སྒྲུབ་པའི་ཡི་གེ་ཚོགས་པའི་སྒྲ་ཡི་བྱེད་རྩོལ་དང་། དབྱངས་ཀྱི་ང་རོ་མི་འདྲ་བ་རྣམས་གང་ལ་གང་འཚམ་དུ་སྡེབ་ལེགས་པར་སྦྱར་ནས། བརྗོད་པ་བདེ་ཞིང་སྙན་ཚ་ཐོན་པའི་ངག་གི་སྒྱུ་རྩལ་ལ་ཟེར་བ་ཡིན། མིང་གི་རིགས་གཉིས་ལས། འདོད་རྒྱལ་གྱི་མིང་གི་སྡེབ་སྦྱོར་ནི། ཕལ་ཆེར་མིང་མཐའ་འདྲེན་པར་རག་ལས་ཤིང་། རྗེས་གྲུབ་ཀྱི་མིང་གི་སྡེབ་སྦྱོར་ནི། ཕལ་ཆེར་སྒྲ་ཤེད་སྙོམ་པར་རག་ལས། དབྱངས་ཀྱི་ང་རོའི་སྡེབ་སྦྱོར་ནི། དབྱངས་ལྷ་བོ་བསྐྱོད་པ་ནས་སླད་པར་བབ་པ་ཡིན། དེ་གསུམ་གའི་མདོར་རྩ་གཤམ་གསལ།

མིང་མཐའ་འདྲེན་པ་རྣམ་གསུམ་ལས། །རྟགས་མཚུངས་འདྲེན་པ་ཞེས་བྱ་བ། །
ཕོ་ཡིས་ཕོ་ཡི་མིང་མཐའ་དྲངས། །མོ་ཡིས་མོ་ཡི་མིང་མཐའ་དང་། །
མ་ནིང་གིས་ནི་མ་ནིང་དྲངས། །གནས་མཚུངས་འདྲེན་པ་ཞེས་བྱ་བ། །
སྔ་མའི་མཐའ་རྗེན་སྐྱེ་གནས་ཀྱིས། །མིང་མཐའ་སྐྱེ་གནས་མཚུངས་པ་དྲང་། །
སྒྲ་མཚུངས་འདྲེན་པ་ཞེས་བྱ་བ། །མིང་གི་ཆ་ཤས་སྔ་མའི་སྒྲས། །

ཆ་ཤས་ཕྱི་མ་རང་སྒྲ་དྲངས། །སྒྲ་ཤེད་བསྙམ་པ་སྒྲ་སྤྱི་ཡི། །
ཕྱི་དྲག་རྩུབ་གསུམ་ཕྱི་བར་བརྩིས། །ཞན་ཡང་འཇམ་གསུམ་ཡང་བར་བརྩིས། །
དེ་ལ་ཞིབ་ཆ་འདི་ལྟ་སྟེ། །མཐའ་རྟེན་ཡོད་མེད་གང་ཉུང་གི །
སྒྲ་ནི་མིང་གཞིའི་རྟགས་ལྟར་བྱ། །མིང་གཞིའི་མ་ནིང་ཕྱི་བར་རྩི། །
མོ་ཡིས་མོ་འཕུལ་ཡང་བ་དང་། །ལ་བརྟགས་ཅན་ནི་ཕྱི་བར་བརྩི། །
སྔོན་འཇུག་ཕོ་དང་མ་ནིང་ཅན། །བརྩེགས་མ་ཅན་ཀུན་ཕྱི་བ་ཡིན། །
ཕྱི་དང་ཕྲད་ན་ཕྱི་བར་འགྱུར། །ཡང་དང་ཕྲད་ན་ཡང་བར་འགྱུར། །
རིམ་པས་འཆངས་པ་མ་གཏོགས་པ། །ལོག་པར་སྦྱར་བ་སྐྱོན་དུ་འགྱུར། །
དབྱངས་ཀྱི་ང་རོའི་སྤེལ་སྦྱོར་ནི། །དྲང་བ་བཀུག་པ་སྨད་པ་དང་། །
སྒྲིང་བ་བསྒྲོད་པ་རྣམ་པ་ལྔ། །མིང་གི་ཆ་ཤས་སྔ་ཕྱི་ཉུ། །
མཚུངས་པ་ཕྲད་ན་སྣན་པ་དང་། །བསྒྲོད་ནས་སྨད་ལ་བབ་པ་བདེ། །
སྨད་ནས་བསྒྲོད་ལ་མི་འཕྲོད་དེ། །ང་རོ་གང་འོས་བཟེ་བར་བྱ། །

དང་པོ། འདོད་རྒྱལ་གྱི་མིང་གི་སྤེལ་སྦྱོར།

འདོད་རྒྱལ་གྱི་མིང་གི་མཚན་གཞི་དཔེར་ན། གནམ་དང་ཉི་མ། མཚོ་དང་རི་བོ། གསེར་དང་བྱུ་རུ། རྟ་དང་བོང་བུ། རྩྭ་དང་སྤྲག་པ། ལྟ་བུ་སྒྲ་བཤད་མེད་པའི་རིགས་སོ་ཚོག་གོ། །འདི་རིགས་ལས་ཤིང་དང་ལྕགས། ལྟ་བུ་སྒྲ་རེས་མིང་རེ་གྲུབ་པ་རྣམས་ཡི་གེའི་སྤེལ་སྦྱོར་ལེགས་ཤིང་བརྗོད་པ་བདེ་བས། དོན་གྱི་ངོ་བོ་སྟོན་པར་བྱེད་ལ། ཡི་གེའི་སྤེལ་སྦྱོར་མ་འཕྲོད་ན། སྒྲའི་བྱེད་རྩོལ་ཐོགས་པར་གྱུར་བས། མིང་དུ་མི་འགྲུབ་སྟེ། ཞི། བཀྲུ། གཆག །འཕྲར། ལྟ་བུ་རྣམས་སོ། །སྒྲ་གཉིས་རེས་མིང་རེ་གྲུབ་པའི་སྤེལ་སྦྱོར་ནི། རྗེས་འཇུག་གིས་མིང་མཐའ་འདྲེན་པའི་ཚུལ་ལ་ཐུག་ཡོད། དེ་ལ་རྟགས་མཚུངས་འདྲེན་པ་དང་། གནས་མཚུངས་འདྲེན

པ་དང་། སྒྲ་མཚུངས་འདྲིན་པ་སྟེ། རྣམ་པ་གསུམ་ཡོད།

རྟགས་མཚུངས་འདྲིན་པ་ནི། ཕ་མའི་རྗེས་འཇུག་གམ་ཡང་འཇུག་གིས་མིང་མཐའ་རང་དང་མཚུངས་པ་ཞིག་དྲངས་པ་སྟེ། ཕོ་ཡིས་ཕོ་ཡི་མིང་མཐའ་དྲངས་པ། དག་པ། གྲོགས་པོ། ཧྲག་ཅེར། དཔྱིད་ཀ །སྒྲིད་པུ། ཞལ་ཏ། གབ་ཙེ། ཐབ་ཀ །སོས་ཀ །ལྟ་བུ་སོགས་དང་། མོ་ཡིས་མོ་ཡི་མིང་མཐའ་དྲངས་པ། གང་བུ། གཞོང་བ། སྣང་ངུ། ཆོམ་ཀུ། འདམ་བག །ཐམ་ག །ཞ་ཉེ། བཟི་རེ། ལྟ་བུ་སོགས་དང་། མ་ནིང་གིས་མ་ནིང་གི་མིང་མཐའ་དྲངས་པ། དགུན་ཁ། མཚོན་ཆ། ཟུར་ཕུད། གཡེར་ཁ། མེལ་ཚེ། རལ་ཁ། ལྟ་བུ་སོགས་ཏེ། མཐའ་རྟེན་དྲག་པ་དང་མིང་མཐའ་དྲག་པ་སྦྱར་ན། བྱེད་རྩོལ་དམ་ལ་རླུང་ཤུགས་ཆེ་མཉམ་དང་། ཞན་པ་དང་ཞན་པ་སྦྱར་ན། བྱེད་རྩོལ་ལྷོད་ལ་རླུང་ཤུགས་ཆུང་མཉམ་དང་། བར་མ་དང་བར་མ་སྦྱར་ན། བྱེད་རྩོལ་རན་ལ་རླུང་ཤུགས་འབྲིང་མཉམ་སྟེ། སོ་སོའི་སྦྱོར་མཚམས་མཐུན་པས། བརྗོད་པ་བདེ་ཞིང་ངག་སླན་པར་གྲུབ་པོ། །རྟགས་མཚུངས་འདྲིན་པ་ཁྱབ་ཆེ་ཡང་། སྐོར་ཞིག་དེ་ལྟར་སྦྱར་ན། བརྗོད་མི་བདེ་བས། གནས་མཚུངས་འདྲིན་པའམ། སྒྲ་མཚུངས་འདྲིན་པར་གྱུར་སོང་།

གནས་མཚུངས་འདྲིན་པ་ནི། རྗེས་འཇུག་གི་སྐྱེ་གནས་དང་། མིང་མཐའི་སྐྱེ་གནས་གཅིག་པའམ་ཏ་ལམ་འདྲ་བ་སྟེ། དཔེར་ན། རིམ་པ། སྔོམ་པ། ཞིམ་པོ། ཐུམ་པོ། རིབ་མ། མཛུབ་མོ། འཐབ་མོ། ཞིབ་བུ། སིབ་བུ། ལྟ་བུ་སོགས་རྗེས་འཇུག་སྐྱེ་གནས་མཆུ་ཅན་གྱིས་མིང་མཐའ་སྐྱེ་གནས་མཆུ་ཅན་དྲངས་པ་དང་། བོན་ཡོང་། ཡན་ལག །ནན་ཏན། བསྟོད་ར། སྨད་ར། གཏད་སོ། མཚལ་ལུ། ཕྲལ་ལེ། ལྟ་བུ་སོགས་སྐྱེ་གནས་སོ་ཅན་གྱིས་སོ་ཅན་དྲངས་པ། གནས་དང་བྱེད་པ་ཕྲད་པ་ཙམ་གྱིས་སྒྲ་རང་ཤུགས་སུ་བྱུང་ཞིང་བཞུན་ཆ་དང་ལྡན་པའོ། །

འདིའི་རྗེས་མཐུན་གནས་བསླེན་འདྲིན་པ་ནི། ཚོན་པོ། སྤྲིན་པ། ཐུན་

སོང་། སྔོན་མོ། མཆིལ་མ། རོལ་མོ། རྡིལ་བོ། ལྕིད་མོ། དྲིད་སོང་། ཐར་བ། ཐུར་མ། ལྟ་བུ་སོགས་རྗེས་འཇུག་སོ་གནས་ཅན་གྱིས་མིང་མཐའ་མཆུ་གནས་ཅན་དྲངས་པ་སྦྱོར་མཚམས་ཉེ་བས་བརྗོད་པ་བདེ་བར་གྲུབ་བོ། །

སྒྲ་མཚུངས་འདྲེན་པ་ནི། མིང་གི་ཆ་ཤས་སྔ་མ་དང་ཕྱི་མ་སྒྲ་མཚུངས་པའམ་དབྱངས་ཙམ་མིན་པ་གཅིག་པ་དྲངས་པ། ཀ་ཀ །ཆག་ཆག །ཁྲུང་ཁྲུང་། རིལ་རིལ། ལྷུང་ལྷུང་། ཁར་ཁེར། ངན་ངོན། དར་དིར། ལྷབ་ལྷུབ་ལྟ་བུ་སོགས་སྦྱོར་མཚམས་གསལ་ཞིང་བརྗོད་པ་བདེ་ལ་ཉམས་ཐོན་པའོ། །

གོང་གསལ་འདོད་རྒྱལ་གྱི་མིང་གི་བྱེད་རྩོལ། རྟགས་གནས་སྒྲ་གསུམ་གང་མཐུན་དུ་སྦྱར་བ་རྣམས། རང་གིས་བརྗོད་བདེ་བ། གཞན་གྱིས་གོ་སླ་བ། གཉིས་ཀའི་རྣ་ལ་སྙན་པར་གྱུར་བ་ནི། སྡེབ་སྦྱོར་གྱི་མཆོག་བྱེད་པའི་ཕྱིར་རོ། །སྡེབ་སྦྱོར་མ་འགྲིགས་ན། བརྗོད་མི་བདེ་ལ་མིང་དག་པ་ཞིག་ཏུ་མི་འགྲུབ་པས། དོན་གྱི་ངོ་བོ་སྟོན་པའི་ནུས་པའང་ཉམས་འགྲོ། དཔེར་ན། བཟང་བ་དང་། གླུན་པ། ལྟ་བུའི་ཁྱད་ཆོས་ཀྱི་མིང་གི་མིང་མཐའ་ལ་ན་རོ་སྦྱར་ན། བཟང་པོ་དང་། གླུན་པོ། ཞེས་སྡེབ་ལེགས་ཤིང་དངོས་པོའི་མིང་དུ་གྱུར་ཡོད། མཐོ་བ་དང་། དམའ་བ། ལྟ་བུའི་མིང་མཐར་ན་རོ་སྦྱར་ན། མཐོ་པོ་དང་། དམའ་པོ། ཞེས་བརྗོད་མི་བདེ་ཞིང་དངོས་པོའི་མིང་དུ་མི་འགྲུབ་པས། མཐོ་ལ་རྗེས་འཇུག་ན་སྦྱར་ནས་མཐོན་པོ་དང་། དམའ་ཡི་མིང་མཐའ་པོ་མོ་ལ་བརྗེས་ནས་དམའ་མོ་ཞེས་སྡེབ་ལེགས་པར་འཚོས་པ་ཡིན་ནོ། །ཡང་། སྤྲེལ་དང་། སྤྲེལ་བོ། ལྟ་བུའི་ཆུང་ངུའི་རིགས་སྟོན་པ་ལ། སྤྲེའུ་དང་། སྤྲེལ་བུ། ཞེས་འུ་དང་བུ་སྦྱར་བས་འཐུས་མོད། རྟ་དང་མདའ་མོ། སོ་དང་ཟོ་བ། ལྟ་བུའི་ཆུང་ངུ་སྟོན་པ་ལ། རྟའུ། སོའུ་སོགས་སུ་འུ་སྒྲ་ཙམ་སྦྱར་ན་བརྗོད་མི་བདེ་བས། རྟེའུ་དང་མདེའུ། སེའུ་དང་ཟེའུ། ལྟར་ང་རོ་དྲང་བ་དང་། བསྒྱུར་པ་དག་སྒྲིང་བར་བརྗེས་ནས་སྡེབ་ལེགས་པར་གྲུབ་བོ། །

གཉིས་པ། རྗེས་གྲུབ་ཀྱི་མིང་གི་སྦེབ་སྦྱོར།

རྗེས་གྲུབ་ཀྱི་མིང་ནི། འདོད་རྒྱལ་གྱི་མིང་གང་འཚམས་ཞིག་ལ་འབྲེལ་ཡོད་ཀྱི་མིང་ངམ་སྒྲ་ཞིག་སྦྱར་ནས། བསྟན་བྱའི་ཆོས་ཀྱི་ངོ་བོ་གཞན་ཞིག་བརྗོད་པའི་བརྡར་གྱུར་པ་ཞིག་སྟེ། བྱུར་དཀར་དང་། བྱ་སྒོང་ནི། བྱུ་རུ་དཀར་པོ་དང་། བྱ་མོའི་སྒོ་ངའི་ཚིག་བར་འདུས་པའི་མིང་ཡིན་ཞིང་། ཐུབ་དབང་དང་། བྱང་སེམས་ནི། ཐུབ་པའི་དབང་པོ་དང་། བྱང་ཆུབ་སེམས་དཔའི་འདུས་མིང་ཡིན་པ་དང་། ནགས་རི་དང་། གསེར་གཞོང་ནི། ནགས་སྐྱེས་པའི་རི་བོ་དང་། གསེར་ལས་གྲུབ་པའི་གཞོང་བའི་ཚིག་སྡ་འདུས་པའི་མིང་ཡིན་པ་ལྟ་བུ་སོགས། སྒྲའི་སྟེང་ནས་དོན་བཤད་རྒྱུ་ཡོད་པ་ཧེ་སླེད་པའོ། །འདི་རིགས་ཀྱི་སྦེབ་སྦྱོར་ནི། མིང་མཐའ་འདྲེན་པ་ལྟར་སྦྱར་བ་དང་། སྒྲ་སྤྱིའི་ཤེད་སྐྱོམ་པར་སྦྱར་བ་གཉིས་སུ་འདུས་སོ། །

མིང་མཐའ་འདྲེན་པ་ལྟར་སྦྱར་བ་ནི། མིང་མཐའ་འདྲེན་པ་དངོས་མིན་ཡང་། དེ་བཞིན་སྦྱར་བ་ཞིག་གོ། །དེ་ཡང་། འདོད་རྒྱལ་གྱི་མིང་གི་མིང་མཐའ་དངོས་ནི། མིང་སྔ་མའི་གྲོགས་སུ་སྦྱར་བ་མིན་ན་དོན་བསྟན་རྒྱུ་མེད་ལ། རྗེས་གྲུབ་ཀྱི་མིང་གི་ཚ་ཤས་ཕྱི་མ་ནི་མིང་མཐའ་མིན་གྱི་མིང་ཡིན་ཏེ། སྔ་མ་དང་འབྲེལ་ནས་དོན་གཞན་ཞིག་སྟོན་པར་བྱེད་པའོ། །

དེ་ལ་རྟགས་མཚུངས་འདྲེན་པ་ལྟར་སྦྱར་བ། ཕྱུག་བརྟུལ། བདུད་རྩི། རྒྱབ་རྟེན། རྒྱས་སྤྲོས། ལྟ་བུ་སོགས་ཕོ་ཡིས་ཕོ་ཡི་མིང་མཐའ་འདྲེན་པ་ལྟར་སྦྱར་བ་དང་། སྙིང་རྗེ། གཏམ་རྒྱུད། རྗོ་རྒྱུས། མཐའ་དག །ལྟ་བུ་སོགས་མོ་ཡིས་མོ་ཡི་མིང་མཐའ་འདྲེན་པ་ལྟར་སྦྱར་བ་དང་། གཏན་ཚིགས། དུར་ཁྲོད། མཚན་དཔེ། ཕྱར་ཁྲིམ། ལྟ་བུ་སོགས་མ་ནིང་གིས་མ་ནིང་གི་མིང་མཐའ་འདྲེན་པ་ལྟར་སྦྱར་བའོ། །

སྒྲ་མཚུངས་འདྲེན་པ་ལྟར་སྦྱར་བ། དཀར་དཀར། ཟིམ་ཟིམ། ལུག་ལུག །ལྡེམ་ལྡེམ། མོག་མོག །རབ་རིབ། ཐན་ཐུན། ཡར་ཡེར། ཁྱར་ཁྱོར། ལྟ་བུ་སོགས་ཏེ། ལ་ལ་ང་རོའི་ཁྱད་པར་ཙམ་མོ། །

གནས་མཚུངས་འདྲེན་པ་ལྟར་སྦྱར་བ། ཁམ་ཕོར། དམ་ཕྱུག །ཁྲབ་རྨོག །ཕྲིན་ལས། ཞུར་ལངས་པ། གྲལ་རིམ། ཉན་རང་། འཆད་ཉན། གཟུངས་སྔགས། ལྟ་བུ་སོགས་སྔ་མའི་རྗེས་འཇུག་དང་ཕྱི་མའི་མིང་གཞི་སྐྱེ་གནས་མཚུངས་པ་སྦྱར་བའོ། །

སྒྲ་སྔ་ཕྱི་ཤེད་སྙོམས་པར་སྦྱར་བ་ནི། སྤྱིར་སྒྲ་དྲག་པ་དང་དྲག་པ། བར་མ་དང་བར་མ། ཞན་པ་དང་ཞན་པ་ཤེད་མཉམ་པར་སྦྱར་བ་དང་། ཅུང་ཟད་ཅིག་སྒྲ་དྲག་པ་ནས་རིམ་གྱིས་ཞན་པར་ཤེད་ཇེ་ལྷོད་དུ་བཏང་ནས་སྦྱར་བ་ཡིན། འདི་རིགས་ལས། མཁའ་དབྱིངས་སུ་རྒྱུ་བའི་སྐར་མ་ལ་རྒྱུ་སྐར་དང་། འདམ་ལས་སྐྱེས་པའི་པད་མ་ལ་འདམ་སྐྱེས། ཞེས་པ་ལྟ་བུ་རྣམས་གོ་རིམ་བཙན་པའི་དབང་གིས། སྒྲ་ཞན་པ་སྔ་མ་དང་། དྲག་པ་ཕྱི་མར་སྦྱར་བ་དམིགས་བསལ་ཡིན་པ་ལས། སྤྱིར་སྔོན་རྗེས་མིང་གསུམ་ཅི་རིགས་ཤིག་གཙོ་བོར་གྱུར་པའི་ཁྱད་པར་ཡོད་པ་གཤམ་གསལ།

གཅིག་ནི། སྒྲ་དྲག་ཞན་བར་མའི་འདྲེན་བྱེད་སྔོན་འཇུག་ཡིན་པས། སྔ་མའི་སྔོན་འཇུག་ཕྱི་མའི་སྔོན་འཇུག་གམ་མིང་གཞི་ལས་སྒྲ་ཅུང་ཟད་དྲག་པར་སྦྱར་བ། དཔེར་ན། བསོད་ནམས། བསྔོ་སྨོན། བཤེས་གཉེན། དམུས་ལོང་། དགོན་མཆོག །དཔལ་ཡོན། གཏི་ཐུག །གཟུགས་ཕུང་། ལྟ་བུ་སོགས་དང་།

གཉིས་ནི། སྒྲ་དྲག་ཞན་བར་མའི་འགྱུར་བྱེད་མཐའ་རྟེན་ཡིན་པས། སྔ་མའི་མཐའ་རྟེན་ཕྱི་མའི་སྔོན་འཇུག་གམ་མིང་གཞི་ལས་སྒྲ་ཅུང་ཟད་དྲག་པར་སྦྱར་བ། འདག་ཆལ། ཕྱོགས་ལྷུང་། རྨད་བྱུང་། དུད་འགྲོ། དེབ་ཐེར། སྐྱབས་མགོན།

ཐོས་འཛིན། ཀློས་གར། འཁོར་འགྲོ། ཀུན་མཁྱེན། རལ་གྲི། ལྟ་བུ་སོགས་དང་།

གསུམ་ནི། སྒྲ་དྲག་ཞན་བར་མའི་ངེས་བྱེད་མིང་གཞི་ཡིན་པས། ཕོ་མའི་མིང་གཞི་ཕྱི་མའི་མིང་གཞི་ལས་སྒྲ་ཅུང་ཟད་དྲག་པར་སྦྱར་བ། འདི་ལ་རྣམ་པ་གསུམ་མཆིས་ཏེ།

༡ མིང་གཞི་ཕོ་ཕྱི་གཉིས་ཀའི་སྒྲ་ཤེད་མཉམ་པར་སྦྱར་བ། སྤང་སྤོས། རྩ་རྩེ། བརྟད་སྐྱེན་པ། རྫོ་རྗེ། བསླབ་སྦྱང་། རིག་བྱེད། ཐོད་ཕྲེང་། ལེགས་ཉེས། ལྟ་བུ་སོགས་དང་།

༢ ཕོ་མའི་སྒྲ་གདངས་ཀྱི་ཞིང་དམ་པ་སྟེ་མིང་གཞི་ཕོ་ཡིག་བརྩེགས་པ་ཅན་དང་། ཕྱི་མའི་སྒྲ་གདངས་ཀྱི་ཞིང་ལྷོད་པ་སྟེ་མིང་གཞི་མོ་ཡིག་བརྩེགས་པ་ཅན་ནམ། མིང་གཞི་ཕོ་ཡིག་བརྩེགས་པ་ཅན་དང་རྐྱང་བ་ཅན་གཉིས་མཉམ་དུ་སྦྱར་བ། སྐམ་ནློན། སྒྲ་བརྙན། ལྕགས་སྒྲུག །སྤྲུན་ཟླ། རྩ་རླུང་། སྤྱི་སྐོར། བརྟག་དཔྱད། གྲྀ་གཙུག །རྩད་བཅད་པ། ལྟ་བུ་སོགས་དང་།

༣ ཕོ་མའི་སྒྲ་གདངས་ཀྱི་ཞིང་ལྷོད་པ་སྟེ་མིང་གཞི་མོ་ཡིག་བརྩེགས་པ་ཅན་དང་། ཕྱི་མའི་སྒྲ་གདངས་ཀྱི་ཆ་མེད་པར་དྲག་པ་ཙམ་མམ། རན་པ་ཙམ་སྟེ། མིང་གཞི་ཕོ་ཡིག་རྐྱང་བའམ་མ་ནིང་གཉིས་མཉམ་དུ་སྦྱར་བ། སྒྲ་གཅན། སྙིང་ཉིག །བསྙེན་བཀུར། རྗེས་བཅས། རྐང་ཐུར། རྫོ་ཐོགས་པ། སྙིང་ཐག་པ། ལྟ་བུ་སོགས་སོ། །

གསུམ་པ། མིང་གི་སྦྱེབ་ལེགས་པར་སྦྱོར་ཐབས།

མིང་གི་སྦྱེབ་སྦྱོར་མ་འཕྲོད་ན་འཕྲོད་པར་བཅའ་དགོས། མཁས་པའི་ཕྱག་རྩོམ་དང་། གཏན་ཚིགས་པའི་ཐ་སྙད་སོགས་ལ་བལྟས་ན། བཅོས་ཚུལ་གཙོ་བོ་རྣམ་པ་བཞི་སྣང་།

༧ མིང་གི་ཆ་ཤས་ཕྱི་མ་བཅོས་པ།

མིང་གཉིས་མིང་གཅིག་ཏུ་སྦྱར་ནས་ཆོས་ཀྱི་ངོ་བོ་གཞན་ཞིག་སྟོན་པར། སྦྱོར་ཆ་ཤས་གཙོ་བོ་སྔ་མ་དང་། ཕལ་བ་ཕྱི་མར་སྦྱར་བ་ཡིན་ལ། སྡེབ་སྦྱོར་མ་འགྲོད་ན། གཙོ་བོ་སོ་ན་བཞག་ནས་ཕལ་བ་བཅོས་པ་ཡིན་ཏེ། བཻཌཱུ་གཡའ་སེལ་ལས། ཏ་ཡིག་མགོ་འཕྲིང་དཔུང་བ་ཐུང་། །ཕོག་འདྲེན་དྲང་ལ་ཀེད་ལྟེམ་ལྡུམ། །ཞེས་པའི་ཀེད་ལྟེམ་ནི། ཀེད་པའི་ཐེམ་པ་སྟེ། ཚིག་དབར་བསྡུས་ནས་ཀེད་ཐེམ་ཞེ་ན། སྒྲ་ཕྱི་ཡང་ཤེད་མི་མཉམ་པས། རྟགས་མཚུངས་འདྲེན་པ་ལྟར་བརྗོད་བདེ་བར་འཚོས་སོ། །བཀའ་འཆེམས་ཀ་ཁོལ་མ་ལས། རྒྱལ་པོ་ཡབ་ཡུམ་གཉིས་ཀྱི་ཞེ་སར་སྣངས་ཞལ་ཞེས་བྱུང་ཡང་། དེའི་ཕྱིས་ཀྱི་ལོ་རྒྱུས་རྣམས་སུ་སྣངས་དཔྱལ་དུ་བྲིས་པ་ཡང་། སྒྲ་ཤེད་སྙོམ་པར་བྱས་པ་ཡིན། དེ་ཡང་དང་ཐོག་ཕྱོ་ཤུག་ལ་སྣེངས་གཅལ་ཟེར་ཞིང་ཐོག་འོག་གི་དོན་ཡིན་པས། དེ་ལྟར་བྲིས་ན་མིག་ལ་གཟན་པས་སྣངས་དཔྱལ་དུ་བྲིས་པར་གྱུར་ཏོ། །ར་ལོ་ཙཱ་བའི་རྣམ་ཐར་ལས། ལྟ་བ་མིག་རྗེ། ཐོས་པ་རྣ་གསང་། ཞེས་པའི་གསང་ནི་སངས་ཏེ་གསལ་བའི་དོན་ཡིན། ཤེས་བྱེད་ནི་སྔགས་བཀླག་ཐབས་ལས། ཨ་ཀུ་ཏ་ཀ་སོགས་ཀྱི་བཀླག་ཚུལ་ལ། སྐད་ཀྱི་གདངས་སངས་སངས་སུ་མགྲིན་པའི་གནས་ལས་འབྱུང་བའོ། །ཞེས་དང་། འདྲ་བའི་གསལ་བྱེད་བརྩེགས་གྱུར་ན། །ཁ་ཁེངས་པ་སྐད་སངས་མཐོན་པོའི་གདངས་ཀྱིས་བཀླག །ཞེས་པས་གསལ་ཡང་། སྒྲ་ལྕི་བར་ཕྲད་ན་ལྕི་བར་འགྱུར། ཞེས་པ་ལྟར། སྒྲ་ཡང་བའི་སངས་ནི་སྒྲ་ལྕི་བའི་གསང་དུ་གྱུར་སོང་། སྤོ་བསངས་མ་ཞེས་པའི་བསངས་ཀྱང་སངས་ཡིན་མོད། སྔ་མའི་སྤོ་ལྟར་སྒྲ་ལྕི་བར་གྱུར་ནས་བས་འཕྱུལ་ཐོབ་སོང་། པད་མ་བཀའ་ཐང་ལས། ཁ་མིག་ལག་པ་མི་ཟུག་བྱ་བྱེད་མང་། ཞེས་པའི་མི་ཟུག་ནི་མི་ཚུགས་ཏེ། སྒྲ་ཤེད་བསྙམས་པ་ཡིན། གཞུང་ཉིང་རྣམས་ལས། སྙན་ངག་ལ་སྙན་དངགས་སུ་བྲིས་པ། སྡེབ་སྦྱོར་གྱི་མཆོག

བྲིན་པ་ཡིན་མོད། ཁ་ཅིག་གིས་སྙན་ངག་ཅེས་པ། རྒྱན་གྱིས་མཛེས་པའི་ཚིགས་བཅད་ཀྱི་མིང་དང་། སྙན་དངགས་ཞེས་པ་དེའི་གཞུང་ལ་ཟེར། ཞེས་བཀྲལ་བ་མ་དག་པའོ། །དེ་བཞིན་དུ་སྨྲི་ཐུགས། ཏུ་ངག །གདམས་དངགས་གསུམ་ངག་སྒྱུར་སའི་སྒྲ་ཕྱི་ཡང་གི་དབང་གིས་རྣམ་པ་གསུམ་བྱུང་ངོ་། །ནམ་གཞར་ལ་ནམ་ཞར་དང་། ནམ་ནམ་ཞར་ཞར་ལ་ནམ་ནམ་ཞ་ཞ་ཏུ་བྲིས་པ་ཡང་། བརྗོད་བདེ་བའི་ངང་གིས་བྱུང་བ་ཡིན།

རྒྱ་དཀར་ནག་གི་ཟླས་ཕྱེད་པའི་རྒྱ་དཀར་ལ་རྒྱ་གར་དང་། ཡུངས་དཀར་ནག་གི་ཟླས་ཕྱེད་པའི་ཡུངས་དཀར་ལ་ཡུངས་ཀར་དང་། སྣང་ཆེན་ཐལ་ཀར་གྱི་ཀར་གྱི་དས་འཕྲུལ་དོར་བ་རྣམས། རྟགས་མཚུངས་འདྲེན་པ་ལྟར་བརྗོད་བདེ་བར་འཚོས་སོ། །ཙོག་པུར་དང་། ཚུ་བུར་དང་། ས་འབུར་གསུམ་གྱི་ཆ་ཤས་ཕྱི་མ་དག་ངོ་བོ་གཅིག་ཀྱང་། ཆ་ཤས་སྔ་མའི་ཤུགས་ཀྱིས་སྒྲ་དྲག་ཞན་བར་མའི་ཁྱད་པར་བྱུང་བ་ཡིན། ཁྲི་འཕང་དང་། གོ་འཕང་དང་། ནམ་འཕང་དག་གི་འཕང་ནི། ཚད་མཐོ་དམན་གྱི་དཔངས་བྱ་བའི་སྐད་དོད་ཡིན་ཡང་། སྒྲ་ཤེད་བསྐམས་ནས་རྟགས་མཚུངས་འདྲེན་པ་ལྟར་གྱུར་ཏོ། །ཞང་དང་། ཁྱུང་གི་ཏུས་རྒྱུད་ཚོ་བ་གཉིས་ཀྱི་ཡུལ་གྲུ་ལ་ཞང་ཞུང་དང་། ཇོ་བ་འབྲས་དཀར་གྱི་ཕུང་པོ་ལྟར་ཆགས་པའི་གནས་ལ་བཏབ་པའི་དགོན་པའི་མིང་ལ་འབྲས་སྤུངས་དང་། དགོན་པའི་གྲུང་ཁའི་སྡེབ་པད་ལ་ཁ་བད་དང་། འཚོ་རྟེན་དུ་རི་ལ་བཏགས་པ་བཞིན་དུ་འཁོར་ཞིང་གནས་པའི་རྩ་གཟན་ལ་རི་དྭགས་དང་། མཚང་མེད་ལྟ་བུ་ཞིག་ཀླུ་ནས་བཏགས་པ་ལ་ཀླུ་དྭགས་དང་། རྟེའུ་བེའུ་ལུ་གུ་གང་ཏུང་བཅས་མ་ཐག་ཚེ་མགོ་ཚུགས་པ་ལ་ཚེ་འཛུགས་དང་། བོང་ཐོར་ལ་བོང་དོར་དང་། ཐིགས་པ་གསོག་གསོག་ཏུ་བྲིས་པའི་ཟེན་ཏིག་ལ་ཟེན་ཐིག་དང་། སྐྱེར་བཟོ་ལ་སྐྱེར་ཚོ་དང་། དག་ཐེར་ལ་དག་ཏེར་དུ་བྲིས་པ་སོགས་ནི། རྟགས་མཚུངས་འདྲེན་པ་ལྟར་ངང་ངམ་

ཤུགས་ཀྱིས་བྱུང་བ་ཡིན།

ཀུན་སྟོང་ལ་ཀུན་དོང་། ཁེ་སྤོགས་ལ་ཁེ་བོགས། རྒྱབ་ཁྲ་ལ་རྒྱབ་བཀྲ། སྟོད་ཐུང་ལ་སྟོད་སྟུང་། གྱི་ན་འདའ་བའི་ཚིག་དབར་བསྡུས་ནས་གྱིན་འདའ་དང་། དེ་ཡང་གྱིན་ཏ་ཞེས་པར་གྱུར་པ། ཛ་དང་ཆ་ལང་གི་བསྡུས་མིང་ལ་ཛ་གཤང་། ཅིག་ཆར་ལ་ཅིག་ཅར། ཆབ་རོམ་ལ་ཆབ་བྲོམ། སྙིང་བོའི་སྙིང་བོ་ལ་ཡང་ཉིང་། སྟོད་འགག་ལ་སྟོད་སྐག །བསྟན་ཆོས་ལ་བསྟན་བཅོས། སྤྲང་ཕྲུག་ལ་སྤྲང་སྤྲུག །བ་གླང་ལ་བ་ལང་། མ་གཡར་དང་བུ་གཡར་ལ་མ་ཡར་དང་བུ་ཡར། རྫོགས་སོ་ལ་རྫོགས་སྷོ། གཟུངས་འཇུག་ལ་གཟུངས་གཞུག །ཞྭ་མོ་སྐྱ་ལེབ་ལ་ཞྭ་མོ་སྐྱ་ལྷེབ། ཤ་སྟག་ལ་ཤ་དག་སོགས་སུ་བྲིས་པ། ངག་ཏུ་བླངས་ཚེ། སྒྲ་ཤེད་ངང་གིས་མཉམ་པར་གྱུར་ནས་བརྗོད་བདེ་བར་གྲུབ་པ་ཡིན།

ཐོག་ཁེབས་དང་བླ་གབ། ཆང་ཕོར་དང་སྤྱིས་པོར། ཞིམ་མངར་དང་ཟིལ་དངར། དངོས་སྤྱད་དང་ཡོ་བྱད། བསིལ་གཡབ་དང་ཛ་ཡབ། ཐོར་ཅོག་དང་གཙུག་ཏོར། གོས་ཕྲུགས་དང་བེའུ་འཕྲུག །སྨིན་དབྱུག་དང་ཁ་བྱུག །མཁུར་ཚོས་དང་རྐུབ་ཚོས། ཕྱུ་གཟིང་བ་དང་རྣ་ཟིང་བ། ཏུ་ངག་དང་སྒྲི་སྟུགས། ཕུང་ཁྲོལ་དང་འཐབ་ཀྲོལ། ཞལ་ཆེམས་དང་བཀའ་འཆེམས། ན་ཁུ་དྭངས་པ་དང་སྣུན་གདངས་པ། ལྷན་ཐབས་དང་སྟངས་སྟབས། མདོངས་མཐའ་ཅན་དང་སྒྲོ་ལྗོངས། གཤམ་གསལ་དང་ཤམ་ཐབས། འགྲོགས་འཛམ་དང་ཕེབས་བྱམས། གྲུ་ཡོར་དང་རླུང་གཡོར་སོགས་གཉིས་གཉིས་སུ་གོ་བསྒྱུར་བ་ལས། རྟགས་ཀྱིས་མཚན་པ་དག་གི་དོན་གཅིག་ལ། སྔ་མ་འབྲི་སྲོལ་དངོས་ཏེ་སྡེབ་ཀྱང་ལེགས། ཕྱི་མ་སྡེབ་སྦྱོར་མི་འཕྲོད་པས། ལ་ལ་མིང་མཐའ་འདྲེན་པ་ལྟར་དང་། ལ་ལ་སྒྲ་ཤེད་སྙོམ་པ་ལྟར། བརྗོད་པ་བདེ་བ་ཇི་ལྟ་བ་བཞིན་དུ་བྲིས་པར་གྱུར་པ་ཡིན་ནོ། །ཡིད་དགའ་དང་། ཡིད་བཟང་། ཡིད་གཙུགས་པ། ཡིད་གཞུང་བ། ཡིད་བཞིན་ནོར་བུ།

ཞེས་པ་སོགས་ཀྱི་ཡིད་དང་། ཡི་མུག་པ། ཡི་རང་བ། ཡི་དམ། ཡི་དྭགས། ཡི་ཕྱ་དུང་ངེ་། ཞེས་པ་རྣམས་ཀྱི་ཡིད་དང་ཡི་གཉིས་དོན་གཅིག་ཀྱང་། ཕྱི་མ་སྒྲ་ལྷི་བ་ལ་སྦྱར་བས། རྗེས་འཇུག་ད་སོ་ན་བཞག་ཀྱང་། ཕྱི་མ་སྒྲ་ཡང་བ་ལ་སྦྱར་བས་ད་མཐའ་དོར་བའོ། །

རྣམ་དབྱེ་ཚིག་ཕྲད་གཞན་དབང་ཅན་གང་རུང་། དོན་ངེས་ཅན་གཅིག་གམ་དུ་མ་རེ་གསལ་བར་བྱེད་པའི་སྒྲ་ཡིན་པས། དེའི་མིང་དུ་ད་ལྟ་བ་བྲིས་ན་འགྲིག་མོད། སྤེལ་སྦྱོར་མ་འཕྲོད་ན། མ་འོངས་པའམ་འདས་པ་གང་རིགས་ཤིག་སྦྱར་བའི་སྲོལ་བྱུང་། དཔེར་ན། འབྲེལ་སྒྲ་དང་། བྱེད་སྒྲ་དང་། ལ་དོན་དང་། འབྱུང་ཁུངས་རྣམས་ནི། བདག་གཞན་གཉིས་ཀྱི་ངོ་བོ་རྣམ་པར་འབྱེད་པའི་སྒྲ་ཡིན་པས། རྣམ་འབྱེད། ཅེ་ན་འགྲིག་མོད། སྒྲ་ལྷི་ཡང་ཤེད་སྙོམ་པར་བྱས་ནས། རྣམ་དབྱེ་ཞེས་གྲགས་སོང་། དེ་བཞིན་རྫོགས་ཚིག་ལ་ཟླ་སྡུད་ཅེ་ན། ད་ལྟ་བ་ཐོབ་ཀྱང་། སྣར་བསྡུ་ཞེ་ན། མ་འོངས་པ་ཐོབ་བོ། །འགོག་པར་བྱེད་པའི་སྒྲ་ལ་དགག་སྒྲ་དང་། དེ་འདི་གཉིས་ཏེ་ངོས་འཛིན་པར་བྱེད་པའི་སྒྲ་ལ་ངོས་བཟུང་། ཞེས་གྲགས་སོ། །དེར་མ་ཟད། དཔེར་བརྗོད་དང་། མདོར་བསྡུས་དང་། གས་འཕུལ་རྣམས་ཀྱི་མིང་མཐའ་བསྡུས་ནས་བརྗ་ཆད་དུ་འཇུག་ཚེ། དེ་དག་ལ་སྦྱར་བའི་ར་སྒྲ་དང་ས་སྒྲ་དག་བསྡུ་དགོས་མོད། མ་བསྡུས་པར་བཞག་པ་ནི་བརྗོད་བདེ་བའི་ཕྱིར་རོ། །

༢ མིང་གི་ཚ་ཤས་སྔ་མ་བཅོས་པ།

མིང་གི་སྤེལ་སྦྱོར་མ་འཕྲོད་ན། ཚ་ཤས་ཕྱི་མ་བསྒྱུར་དགོས། དེས་ཀྱང་མ་འཕྲོད་ན། ཚ་ཤས་སྔ་མ་བསྒྱུར་དགོས། དཔེར་ན། དཔོན་ཞང་དབུ་སྐྱུང་བའི་རྫོ་རིང་གི་བཀའ་གཙིགས་ལས། མཚོ་ཆེན་པོའི་(ནང)ཉི་མ་ཤར་པ། ཞེས་དང་། སྔན་པའི་སྒྲ་སྐད་ནི་གཉི་ཟླས་སླེབས་སོ་ཚོག་ཏུ་ཁྲབ་སྟེ། ཞེས་ཉིན་བྱེད་ཀྱི་མིང་ལ་ཉི་

མ་ཟེར་ཚོ། ཉི་ལ་གས་འཕུལ་མེད་ཀྱང་། ཉི་མ་དང་ཟླ་བའི་མིང་མཐའ་བསྡུས་ན་གཉི་ཟླ་ཞེས་གས་འཕུལ་བ་ནི། སྒྲ་ལྕི་ཡང་ཤེད་མཉམ་པར་བྱས་པ་ཡིན། སྡེབ་སྦྱོར་རིན་ཆེན་འབྱུང་གནས་ཀྱི་འགྲེལ་བ་རྣམས་ལས། ཡི་གེ་གསུམ་རེའི་ཚོགས་པ་ལ་གསུམ་ཚན། ཞེས་ཚན་གྱི་སྒྲ་ཅུང་ཟད་ཡང་བས་ན། གསུམ་གྱི་གས་འཕུལ་དོར་བྱུང་ཡང་། མཉམ་པའི་བྲིཏྟའི་ཡི་གེ་བཅུ་གཅིག་པའི་སྡེབ་སྦྱོར་ལ་གསུམ་བསྡུགས། ཞེས་བསྡུགས་ཀྱི་སྒྲ་ལྕི་བས་ན། གསུམ་གྱི་གས་འཕུལ་དམིགས་ཀྱིས་བཞག་པ་ཡིན་ནོ། །ཅིག་ཅར་ཞེ་ན་གས་འཕུལ་དོར་ཀྱང་། གཉིས་སྐྱེས་ཤེ་ན་གས་འཕུལ་སོར་བཞག་ཡིན་པ་ཡང་དེ་བཞིན་ཡིན། གིརྟི་དགོན་པའི་དཔར་རྙོན་གྱི་བཅའ་ཡིག་ལས། པར་ཤིང་ཞེས་པའི་པར་གྱི་དས་འཕུལ་དོར་བ་ནི། བྱ་བའི་མིང་དངོས་པོའི་མིང་དུ་སྒྱུར་བ་གསལ། དཔར་རྙོན་གྱི་དཔར་ཡང་དངོས་པོའི་མིང་དུ་སྒྱུར་བ་ཡིན་མོད། དས་འཕུལ་བཞག་པ་ནི། རྙོན་དང་སྒྲ་ཤེད་མཉམ་པར་བྱས་སོ། །དེད་དཔོན་གྱི་དེད་ལ་ད་ལྟ་བ་འདེད་ཐོབ་ཀྱང་། སྒྲ་ཤེད་སྙོམ་ཆེད་འས་འཕུལ་དོར་བ་ཡིན་ནོ། །ཆུ་ཤེལ་མིག་ལ་སྨན་པས་སྨན༷་ཤེལ༷་ཟེར་ཡང་སྒྲ་ཤེད་བསྙམས་ནས་མན་ཤེལ་ཞེའོ། །

དེ་བཞིན་དུ། ཚིག་མཛམ༷་པས་བསྒོ༷་བ་ལ་གཞམས་བསྒོ། ཉེ༷་བར་བཀུ༷ར་བ་ལ་བསྙེན་བཀུར། ཐག་གདང༷་གི་ར༷་བ་ལ་དང་ར། ཤེ༷་བོ་རྗེས་དྲན་གྱི་སྟོན༷་མོ་ལ་ཤེད་སྟོན། སླང༷་པོ་ཆེའི་མཆེ༷་བ་ལ་བ་སོ། དབུས༷་མ༷་དང་དབུས༷་རྩ༷་ལ་དབུ་མ་དང་དབུ་རྩ། གཡོན༷་རྩ༷་དང་གཡོན༷་ལག༷་ལ་གཡོ་རྩ་དང་གཡོ་ལག །འགུ༷ན་རྒྱ༷་ལ་གན་རྒྱ། སྙིང༷་ཁུ་ལ་ཉིང་ཁུ། གཏན་གྲོགས་ལ་དན་གྲོགས། རྗེ༷་ས༷་ལ་ཞེ་ས། འཛའ༷་ཚོན༷་ལ་གཞའ་ཚོན། སྤོ༷་ཐོ༷་ལ་པོ་ཏོ། ས༷་ཐོ༷་ལ་ས་དོ། བསྐྱུ༷ར་སྦྱང༷་ལ་གཤར་སྦྱང་། བྱ༷་སླག༷་ལ་བྱན་སླག །ནོར་གནག༷་གི་ཤ༷་ལ་ནག་ཤ །སྦྲེ་མོང༷་ལ་སྲེ་མོང་། སྤུ་ལྟོག་ལ་པ་ཏོག །གནམ་མཁའ་ལ་ནམ་མཁའ། མཐུན༷་མོང༷་ལ་ཐུན་མོང་། རིས༷་མོ༷་ལ་རི་

སོ། ཤེས་གཉེན་ལ་བཤེས་གཉེན་དུ་བྲིས་པ་སོགས་ཀྱང་། སྐྱེབ་སྦྱོར་གྱི་མཆོག་བྱིན་པ་ཡིན་ནོ། །

༣ མིང་གི་ཚ་ཤས་གཉིས་ཀ་བཅོས་པ།

མིང་གི་སྐྱེབ་སྦྱོར་མ་འཁྲོད་ན། ཚ་ཤས་སྔ་ཕྱི་གང་རུང་ཞིག་འོས་པར་བསྒྱུར་དགོས། དེས་ཀྱང་མ་ཕན་ན། ཚང་མ་བསྒྱུར་དགོས། དཔེར་ན། བཀའ་ཆེམས་ཀ་ཁོལ་མ་ལས། གཡུང་དྲུང་ལ་གཡུ་རུང་བོན་བསྟན། ཞེས་དང་། ཞོལ་རྡོ་རིང་ཕྱི་མ་ལས། ཞབས་འབྲིང་ལ་ཞམ་འབྲིང་དང་། དེ་ཕྱིས་ཀྱི་ཡིག་རྙིང་རྣམས་ལས་ཞམ་རིང་དུ་བྲིས་པ་དང་། ཕག་ཏུ་གཞའ་བ་ལ་བག་ལ་ཞ་བ་ལྟར་བྱས་པ་རྣམས་ནི། སྐྱེབ་ལེགས་པར་འཚོས་པ་ཡིན། དཔེ་དེ་བཞིན་དུ། བཟའ་འཚོ་ལ་ཟ་ཚོ། གླང་ཕོ་ལ་ལུང་བོན། འཆང་གཟུང་ལ་ཆང་ཟུང་། ཉིས་ཙུ་ལ་ཉི་ཤུ། ནེའུ་གསིང་ལ་ནེ་སིང་། གནམ་དཔངས་ལ་ནམ་འཕང་། སྔོན་རྫོངས་ལ་ཉོན་མོངས། ཡིད་སྨུག་པ་ལ་ཡི་མུག་པ་ལྟར་བྲིས་པ་སོགས་ཀྱང་བརྗོད་བདེ་ལ་ངག་སྙན་པར་གྱུར་པའི་ཤུགས་འབྱུང་ཡིན་ནོ། །

༤ མིང་གི་ང་རོ་བཅོས་པ།

མིང་གི་ཚ་ཤས་གཉིས་ཀའི་སྐད་ཀྱི་གདངས་མི་མཐུན་པ་མེད་ཀྱང་། བརྗོད་མ་བདེ་ན། དབྱངས་ཀྱི་ང་རོ་མཐོ་དམན་དྲང་འཁྱོག་གང་འཚམ་དུ་མ་བྱུང་བའི་སྐྱོན་ཡིན། དེ་ཡང་། ཨའི་དབྱངས་དང་ལྡན་པ་རྣམས་དྲང་བ་དང་། གུག་གུ་ཅན་རྣམས་བཀུག་པ་དང་། ཞབས་ཀྱུ་ཅན་རྣམས་སྙད་པ་དང་། འགྲེང་བུ་ཅན་རྣམས་སྒྲེང་བ་དང་། ན་རོ་ཅན་རྣམས་བསྐྱོད་པའོ། །མིང་གི་ཚ་ཤས་གཉིས་ཀྱི་ང་རོ་གཅིག་པ་དང་། བསྐྱོད་པ་ནས་དྲང་བའམ་སྙད་པར་གྱུར་པ་རྣམས་བརྗོད་བདེ་ལ། སྙད་པ་ནས་བཀུག་པའམ་བསྐྱོད་པར་གྱུར་པ་རྣམས་བརྗོད་མི་བདེ་ཞིང་། སྙད་པ་ནས་དྲང་བར་བྱས་ན། ཡི་གེ་ཚོགས་པའི་དབང་གིས་བརྗོད་བདེ་མི་བདེའི་ཁྱད་

པར་ཡང་ཡོད་པས། དབྱངས་ཀྱི་ང་རོ་རྣམས་གང་ལ་གང་འཚམ་དུ་བསྡེབས་ན། ངག་སླན་པར་འགྱུར་ལ། དཔེར་ན། ས་མིང་མགོ་ལོག་ཅེས་པ་ཐོག་མར་འགུག་ལོག་ཏུ་གྲགས་ཀྱང་། སྒྲའི་ང་རོ་སྨྲད་པ་ནས་མཐོན་པོར་བསྒྲོད་ན། བརྗོད་མི་བདེ་བས། ང་རོ་གཉིས་ཀ་བསྒྲོད་པར་གྱུར་སོང་། དེ་ཡང་མགོ་ལོག་ཊུས་མཛོད་ཀྱི་བཤད་སྲོལ་ལྟར་ན། སྤྱི་ལོའི་དུས་རབས་བཅུ་བཞི་བའི་མཇུག་ཏུ། ཟི་ཁྲོན་ཞིང་ཆེན་གྱི་ཁོངས་སུ་གཏོགས་པའི་དཔལ་ཡུལ་རྫོང་འགུ་ཁོ་གི་མགོ་བ་འབྲུ་ལྷ་རྒྱལ་འབུམ་གྱིས་དུད་ཁྱིམ་ལྔ་བཅུ་ཙམ་ཁྲིད་ནས་རྗེ་རོལ་གོང་དང་པོ་དང་། གས་ཀྱི་མ་མོའི་བཞི་མདོ་སོགས་སུ་བསྐྱུས་ནས་གཞིས་ཆགས། ཡུལ་གྲུ་དེའི་མི་རྣམས་ཀྱིས་འགུ་ལོག་པ་ཞེས་འབོད་པའི་སྐད་གདངས་འགྱུར་ནས་འགོ་ལོག་ཏུ་གྲགས། སྨྲ་ཡུལ་གྱི་སྟོད་སྨད་བར་གསུམ་གྱི་གཉན་རྩེ་དང་། མཁར་རེ་དང་། བ་ལེ་ཚོ་བ་གསུམ་གྱི་དཔོན་པོ་རྣམས་ཀྱིས། འབྲུ་ལྷ་རྒྱལ་འབུམ་ཕ་བུའི་ཚོས་སྲིད་ཀྱི་སྟོབས་འབྱོར་རྒྱས་པ་ལ་ཕྲག་དོག་ནས། མཉམ་དུ་ལོག་སྟེ་དམག་དྲངས་ནས། ཚུར་མགོ་ལིན་པ་ལ། ཕར་མགོ་ཤོར་ནས་མགོ་ལོག་ཏུ་གྲགས་སྐད། དཔེ་དེ་བཞིན། བཅུ་ལྔ་དང་། བཅུ་བརྒྱད་དག་ཀྱང་ང་རོ་སྨྲད་པ་ནས་དྲང་བར་བཏོན་ན་བརྗོད་མི་བདེ་བས། ཕ་བཏགས་ཕལ་ཆེར་ན་རོ་སྟེ། །ཕ་སྒྲ་ཙུང་ཞིག་ལྡན་པར་བརླག །ཅེས་ཐུགས་བརླག་ཐབས་ལས་གསུངས་པ་ལྟར། བཙྭ་ལྔ་དང་། བཙྭ་བརྒྱད་དུ་བྲིས་པའི་དཔེ་བྱུང་། དེ་ཡང་སྒྱུར་གློག་མི་ཊུང་བས་ན། བཙོ་ལྔ་དང་། བཙོ་བརྒྱད་ལྟར་གློག་བདེ་བར་བྱས་སོ། །པགས་པ་ཕྱིར་བསློགས་ནས་བཟོས་པའི་གོན་པ་ལ་སློག་པ་ཟེར་ཡང་། ཚར་བུའི་སློག་པ་ལ་ཚར་སླག །ཅེས་ན་རོ་དོར་བྱུང་། ཞབས་གཉིས་བསྐྱིལ་ནས་སྐྱེད་པ་ཀྲོང་ངེར་བཞུགས་པ་ལ་སྐྱིལ་ཀྲོང་ཟེར་ཡང་། ང་རོའི་སྡེབ་སྦྱོར་འཕྲོད་པར་བྱས་ནས། སྐྱིལ་ཀྲུང་དུ་གྱུར་ཏོ། །

བྱ་བའི་མིང་ལ་བདག་གཞན་གྱི་དབྱེ་བས་ཁྱབ་མ་ཁྱབ་དང་། དུས་གསུམ་

སྐུལ་ཚིག་དང་བཞིའི་རྣམ་བཞག་ཡོད་པས། དངོས་པོའི་མིང་དུ་འཇུག་པ་ལ། སྤྱིར་བཏང་དུ། བྱེད་པ་ད་ལྟ་བ་ཡིས་དང་། །ལས་ནི་མ་འོངས་པ་ཡིས་སྒྲུབ། །བྱ་བ་དུས་གསུམ་བབ་དང་བསྟུན། །ཞེས་པ་ལྟར། བྱ་བའི་མིང་བྱེད་པར་འཇུག་པ། རྣམ་འདྲེན། སྐོ་སྐྱུང་། བལ་འཁྲིག །རྩོམ་པ་པོ། ནོར་འཛིན། ལྟ་བུ་རྣམས་བྱེད་པ་གཙོ་བོ་དང་། སྒྲུབ་བྱེད། ཁ་གཅོད། རྐེ་སྦྱིད། སེན་འདྲ། ལྟ་བུ་རྣམས་བྱེད་པ་ཕལ་བ་དང་། དཔེ་ཆ་བལྟ། སློག་བརྙན་ལྟ། རི་མོ་བལྟས། སོང་ལ་ལྟོས། ལྟ་བུ་རྣམས་རིམ་པ་བཞིན་བྱ་བ་མ་འོངས་པ་དང་། ད་ལྟ་བ་དང་། འདས་པ་དང་། སྐུལ་ཚིག་ཏུ་གྲུབ་པོ། །ཕྱིན་སྦྱོར་དུ་བྱ་བ་རིགས་གསུམ་དང་། དུས་གསུམ་གྱི་རྣམ་བཞག་ཕན་ཚུན་བརྗེ་ཆོག་པའི་དམིགས་བསལ་ཡོད་དེ། གཞོམ་གཞིག་མེད་པ་རྡོ་རྗེའི་བྲག་ལྟར་བརྟན། ཞེས་པའི་གཞིག་ནི་བཤིག་གི་ཚབ་སྟེ། དོན་འདྲ་བའི་མ་འོངས་པ་གཉིས་ལས་ཀྱི་དངོས་པོ་བརླག་པར་བྱ་བར་སྦྱར་བ་ཡིན་མོད། བདག་དང་འབྲེལ་བའི་བྱ་བ་བཤིག་གི་སྒྲ་སྔ་མའི་གཞོམ་ལས་ལྕི་བས་ན། གཞན་དང་འབྲེལ་བའི་བྱ་བ་ཞིག་ལ་གས་འཕྱུལ་ནས་སྦྱར་བས་སྒྲ་ཤེད་མཉམ་པར་གྱུར་ཏོ། །ལྷ་གབ་ཀྱི་གབ་ནི་དོན་དུ་ཁེབས་ཏེ། བཀབ་ནས་ཁེབས་པའི་རྩོལ་བྱུང་ཡིན་གྱི། རང་བྱུང་མིན་པའི་ཕྱིར། ལྷ་ཁེབས་ཞེ་ན། ང་རོ་དྲང་བ་ནས་སྒྲིང་བར་བསྒྱུར་ན། བརྗོད་མི་བདེ་བས། བདག་དང་འབྲེལ་བའི་བྱ་བའི་དོན་དུ། བདག་གཞན་གང་ལའང་མ་འབྲེལ་བའི་བྱ་བ་སྦྱར་ཏོ། །བཞོ་ཟེའུ་འཛིན་བྱེད་ལ་བཞོ་འཛིན་ཞེ་ན། བརྗོད་མི་བདེ་བས། བཞོ་གཟུང་ཞེས་ད་ལྟ་བའི་དོན་དུ་མ་འོངས་པ་སྦྱར་ནས། ང་རོ་བདེ་བར་མ་ཟད། སྒྲ་ཤེད་ཀྱང་མཉམ་པར་གྱུར་སོང་། ཁབ་ཀྱི་འཛིན་པ་ལ་ཁབ་བཟུང་ཞེས་ད་ལྟ་བའི་ཚབ་ཏུ་འདས་པ་སྦྱར་ནས། ང་རོ་བཀུག་པ་ནས་སྣད་པར་བྱས་ནས་རྟགས་མཚུངས་འདྲེན་པ་ལྟར་བརྗོད་པ་རབ་ཏུ་བདེ་སོང་། སྤྱད་པར་བྱ་བའི་ཡུལ་ལ་སྤྱོད་ཡུལ་ཞེས་མ་འོངས་པའི་དོན་དུ་ད་ལྟ་བ་སྦྱར་ནས་བརྗོད་

པ་བདེ་སོང་། ཆུང་གཡོ༵བ་བྱེད་ལ་ཆུང་གཡབ་དང་བསིལ་གཡབ་ཏུ་གྲགས་པ་ཡང་། ང་རོ་སྨད་པ་ནས་དྲང་བར་བརྗོད་པ་བདེ་བར་གྱུར་པ་ཡིན། ཇ་གཡབ་ཇ་ཡབ་ཏུ་གྲགས་པ་ཡང་། མོ་ཡིས་མོ་ཡི་མིང་མཐའ་དྲང་། །ཞེས་པ་ལྟར་སྦྱར་བ་ཡིན་ནོ། །ཤ་འཛིན༵་པའི་ལུགས་ཀྱི་ལྟ་བུ་ལ་ཤ་འཛིན་མི་ཟེར་བར་ཤ་ཟུང་། ཞེས་ད་ལྟ་བའི་དོན་དུ་གས་འཕྲུལ་དོར་བའི་མ་འོངས་པ་སྦྱར་བ་ཡང་ཁ་སྐད་ལྟར་བརྗོད་བདེ་བར་བྱས་པའོ། །སྦྲང༵་མ་མཆུ་རིང་གིས་རྒྱུག་པར་སྐྱོ༵བ་པའི་ཡོལ་བ་ལ་སྦྲང་སྐྱབས་ཞེས་འབོད་པ་ཡང་བརྗོད་བདེ་བའི་ཤུགས་འབྱུང་ཡིན་ནོ།། །།

ལེའུ་གསུམ་པ། ཕྲད་ཀྱི་སྦྱོར་བ།

དོན་ཚན་དང་པོ། རྣམ་དབྱེ་བརྒྱད།

རྣམ་དབྱེ་བརྒྱད་པོའི་གོ་རིམ་ནི། །
དང་པོ་ངོ་བོ་ཙམ་བརྗོད་པ། །
གཉིས་པ་ལས་སུ་བྱ་བ་ཡིན། །
གསུམ་པ་བྱེད་པ་བཞི་དགོས་ཆེད། །
ལྔ་བ་འབྱུང་ཁུངས་དྲུག་འབྲེལ་བ། །
བདུན་པ་རྟེན་གནས་བརྒྱད་འབོད་པའོ། །

རྣམ་དབྱེའང་ཚིག་ཕྲད་ཡིན་ཏེ། རང་ཁོ་ནས་བརྗོད་བྱ་སྟོན་མི་ནུས་པར་ཚིག་སྔ་ཕྱི་ཕྲད་པར་བྱེད་པའི་སྒོ་ནས། དོན་ཁྱད་པར་བ་སྟོན་པ་ཡིན། འོ་ན་རྣམ་དབྱེ་ཚིག་ཕྲད་ལས་ལོགས་སུ་བཀར་དོན་ཅི་ཡིན་ཞེ་ན། དེ་གཉིས་ཀྱི་ནུས་པ་མི་འདྲ། རྣམ་དབྱེ་ནི་བདག་གཞན་གཉིས་ཀྱི་ངོ་བོ་མ་འདྲེས་པར་རྣམ་པར་ཕྱེ་ནས་དོན་ངེས་ཅན་ཞིག་གསལ་བར་བྱེད་པའི་སྒྲ་ཡིན་ཏེ། ཚིག་སྦྱོར་དུ་མེད་མི་རུང་བ་ཞིག་ཡིན། ཚིག་ཕྲད་ནི་མིང་དང་མིང་ངམ། ཚིག་དང་ཚིག་གོ་རིམ་བཞིན་དུ་མཚམས་སྦྱོར་ནས། ངག་གི་འཕྲེང་བ་སྤེལ་བའམ། ཚིག་མཛེས་པར་བྱེད་པའམ།

དོན་གསལ་བར་བྱེད་པའི་སྒྲ་ཡིན་ཏེ།དེ་དག་མེད་ཀྱང་གོ་བརྡ་འཕྲོད་པས། ཚིག་སྦྱོར་དུ་མེད་ཀྱང་རུང་བ་ཞིག་ཡིན།

འདིར་རྣམ་དབྱེ་ཞེས་པ། བདག་གཞན་གཉིས་ཀྱི་ངོ་བོ་སོ་སོར་འབྱེད་པའི་བྱེད་འབྲེལ་ལ་དོན་སོགས་ལ་ཟེར། རྣམ་དབྱེ་དང་པོ། ངོ་བོ་ཙམ་བརྗོད་པ་ནི། མིང་གི་སྦྱོར་བ་སྟེ། མིང་གི་རྣམ་དབྱེ་དངོས་པོའི་མིང་དང་། ཁྱད་ཆོས་ཀྱི་མིང་དང་། གྲངས་ཀའི་མིང་དང་། བྱ་བའི་མིང་སྟེ། གོང་དུ་བཤད་ཟིན་པ་ལྟར་རོ། །རྣམ་དབྱེ་གཞན་བདུན་བརྗོད་བདེ་བའི་ཆེད་དུ་གོ་རིམ་བསྒོར་ནས་བརྗོད་པར་བྱའོ། །

དང་པོ། འབྲེལ་སྒྲ།

རྣམ་དབྱེ་དྲུག་པ་འབྲེལ་སྒྲ་ནི། །གི་ཀྱི་གྱི་འི་ཡི་ལྔ་སྟེ། །
ད་བ་ས་ཀྱི་ག་ང་གི། །ན་མ་ར་ལའི་རྗེས་སུ་གྱི། །
འ་དང་མཐའ་རྟེན་མེད་མཐར་འི། །ཤང་བ་སྙིང་ཆེ་ཡི་ཐོབ་ཅིང་། །
འབྲེལ་ཆོས་གང་ཞིག་འབྲེལ་གཞི་ནི། །གང་དང་འབྲེལ་བར་སྟོན་བྱེད་ཡིན། །
ཚིག་དོན་ཐ་ཕྱི་མི་མཐུན་པར། །སྟོན་པའི་རྒྱུན་དུའང་འཇུག་པ་ཡོད། །

འབྲེལ་སྒྲའི་ཐོབ་ཐང་ནི། རྗེས་འཇུག་ད་བ་ས་གསུམ་དང་། ཡང་འཇུག་ད་ས་གཉིས་ལ་ཀྱི་ཐོབ་སྟེ། དཔེར་ན། དཔྱིད་ཀྱི་རྒྱལ་མོ། ཁྲབ་ཀྱི་བྱང་བུ། རས་ཀྱི་ཁ་ཚར། ཕྱོགས་ཀྱི་རྩ་བ། ཕ་རོལ་ཀྱི་དོན། ལྟ་བུ་དང་། རྗེས་འཇུག་ན་མ་ར་ལ་བཞི་ལ་གྱི་ཐོབ་སྟེ། དཔེར་ན། མདུན་གྱི་ལམ། ཁྱིམ་གྱི་ལས་ཀ །གསེར་གྱི་རྒྱན་ཆ། སྙིང་ཚལ་གྱི་མེ་ཏོག །ལྟ་བུ་དང་། རྗེས་འཇུག་འ་དང་མཐའ་མེད་ལ་འི་ཐོབ་

སྟེ། དཔེར་ན། ངའི་ཡིན། ནམ་མཁའི་སྤྲིན། ལྟ་བུ་ཚིག་བར་བསྡུས་པའོ། །རྐང་པ་སྙིང་བའམ་བརྗོད་བདེ་བའི་དགོས་པ་ཡོད་ཚེ། འི་སྒྲའི་དོན་དུ་ཡི་བཙུག་སྟེ། དཔེར་ན། ཁ་བཤད་རྒྱུ་ཡི་ལྷུ་བ་དང་། །ལག་ལེན་གསེར་གྱི་ཐིགས་པ་ཡིན། །ཤྭ་ཡི་རྣ་ཅོ། ལྟ་བུ་ཚིག་བར་ཕྱེ་བའོ། །

འབྲེལ་སྒྲ་ནི་འབྲེལ་གཞི་དང་འབྲེལ་ཆོས་ཀྱི་འབྲེལ་བ་གསལ་བར་བྱེད་པའི་སྒྲ་དང་། ཡང་ན། བདག་གཞན་གྱི་ཆོས་གཉིས་རྣམ་པར་ཕྱེ་ཞིང་གཙོ་ཆེར་འབྲེལ་ཆོས་གང་འབྲེལ་གཞི་གང་དང་འབྲེལ་བའི་དོན་སྟོན་བྱེད་ཀྱི་སྒྲ་སྟེ། གོས་ཀྱི་རི་མོ། ཞེས་པ་དཔེར་མཚོན་ན། གོས་ནི་འབྲེལ་གཞི་དང་། རི་མོ་ནི་འབྲེལ་ཆོས་ཡིན་པར་གོ་བ་ནི། ཀྱི་ཞེས་པའི་སྒྲས་བསྟན་པའོ། །ཚེ་རིང་གི་དཔེ་ཆ། ཞེས་པ་དཔེར་མཚོན་ན། ཚེ་རིང་ནི་བདག་དང་དཔེ་ཆ་ནི་གཞན་ཏེ། གི་སྒྲས་རྣམ་པར་ཕྱེ་ཞིང་། གཙོ་ཆེར་འབྲེལ་ཆོས་དཔེ་ཆ་དེ་འབྲེལ་གཞི་ཚེ་རིང་དང་འབྲེལ་ནས་ཡོད་པའི་དོན་གསལ་བར་བྱས་སོ། །དེ་བཞིན།

ཕྱི་བཟང་གི་སྨྱུག་པ་རེད།
བོད་ཀྱི་རིག་གནས་དར་བའི་སོས་ཀ་བསླེབས་བྱུང་།
མཁས་པའི་གཤོག་པ་ཡོན་ཏན་རེད། སྐྱ་མིའི་གཤོག་པ་རྟ་མཆོག་རེད།

རླུང་གི་ཞོན་པར་མ་བརྟེན་དྲི་བསུང་ངད། །
ཕྱོགས་བཅུར་སྤྲོ་ཞིང་དུས་ཀུན་འདབ་མའི་འཛུམ། །
ཡོངས་སུ་བཞད་འདི་ཙུང་ལི་ཀྲོའུ་ཨིན་ལེའི། །
ངོ་མཚར་མཛད་རྗེས་ཡིན་གྱི་པད་དཀར་མིན། །

(གཏན་འབེབས་ཀྱི་དཔེ་སྟེ་དུང་དཀར་བའི་སྐད་ངག་ལས)

ལྟ་བུ་རྣམས་ལས་འབྲེལ་སྒྲས་བདག་དང་བདག་གི་བའི་འབྲེལ་བ་བསྟན་པ།

ལྗོན་ཤིང་གི་ཡལ་འདབ་རབ་ཏུ་རྒྱས།
གནའ་མིས་སྟག་པའི་ཤུན་པར་ཡི་གེ་བྲིས་རབས་སྣང་།
ལག་པའི་ཕྱི་ནང་ཤ་རེད། མཛུ་གུ་ལྔ་པོ་སྤུན་རེད།

ཤར་ཕྱོགས་རི་བོའི་རྩེ་ནས། །དཀར་གསལ་ཟླ་བ་ཤར་བྱུང་། །
མ་སྐྱེས་ཨ་མའི་ཞལ་རས། །ཡིད་ལ་འཁོར་འཁོར་བྱས་བྱུང་། །
(ཚངས་དབྱངས་རྒྱ་མཚོའི་མགུར་ལས)

ལྟ་བུ་རྣམས་ལས་འབྲེལ་སྒྲས་ཡན་ལག་དང་ཡན་ལག་ཅན་གྱི་འབྲེལ་བ་བསྟན་པ།

བང་མཛོད་ཀྱི་འབྲུ།
རྒྱ་མཚོའི་ཐ་རླབས་ཆིལ་ཆིལ་གཡོ།
ནམ་མཁའི་བྱ་ཕོ་མོ་མི་ཤེས་ནའང་། མགོ་ནག་མིའི་རྣམ་འགྱུར་ལོས་ཤེས།

ཕྱི་མ་ལེབ་ཀྱིས་གཤོག་རླུང་གིས། །ལྷུན་པོ་འཁྱིལ་བར་བྱ་བའི་དོགས། །
སྲོམ་གྱིས་བ་ཐག་ཕྲ་མོ་ཡིས། །གངས་ཀྱི་སེང་གེ་བཅིང་བའི་དོགས། །

ལྟ་བུ་རྣམས་ལས་འབྲེལ་སྒྲས་རྟེན་དང་བརྟེན་པའི་འབྲེལ་བ་བསྟན་པ།

སྡེ་དགེའི་དྲིལ་བུ་གྲགས་པ་ཆེ།
འཛར་པཎ་ཀྱི་འཕྲུལ་འཁོར་སྤུས་ཀ་བཟང་།
བལ་པོའི་སེའུ་མ་ཟོས་ཀྱང་། །ཁ་དོག་ཉིད་ལས་བྲོ་བ་ཤེས། །

མས་ལན་རྫུང་གི་བཞིན་དཔལ་ང་ཉིད་ལ། །ཡོད་ཅེས་ཉ་གང་ཟླ་བ་སྙེམས་མ་བྱེད། །
མཚོ་རྫིང་དལ་བུ་འབབ་ལྡན་འགྲམ་སྐྱེས་པའི། །དཀར་འཛུམ་པད་མ་ལ་ཡང་ཡོད་ཕྱིར་རོ། །
(རབ་བཏགས་ཀྱི་དཔེ་སྟེ་ཚེ་ཏན་ཞབས་དྲུང་གི་སྙན་ངག་གྱི་དོན་ལས)

ལྷ་བུ་རྣམས་ལས་འབྲེལ་སྒྲས་ཁུངས་དང་ཐོན་རྫས་ཀྱི་འབྲེལ་བ་བསྟན་པ།

རྒན་པོ་དེའི་བསམ་པ་བཟང་།
གཙུག་ལག་ཁང་གི་བཀོད་པ་བརྗིད་ཅིང་མཛེས།

དགུང་ཉི་མའི་འོད་ཟེར་གར་ཁྱབ་ལ། །གླིང་གི་སར་སྣན་པ་མ་ཁྱབ་མེད། །
ཀུ་ཤིང་གསེར་གྱི་འོད་ཡ་ལ། །ར་གན་སེར་པོས་འོང་ལོ་མིན། །
མེ་ཤེལ་ཉི་མའི་གཟི་མདངས་ལ། །མེ་ཁྱེར་སྲིན་བུས་འགྲུབ་ལོ་མིན། །
(ཀུ་ཀུ་གོ་ཛོང་སྐད་ཆ་ལས)

ལྷ་བུ་རྣམས་ལས་འབྲེལ་སྒྲས་ཆ་དང་ཆ་ཅན་གྱི་འབྲེལ་བ་བསྟན་པ།

ཀྲོ་ཡི་མྱུ་ཀུ།
ཕ་མའི་བུ་ལ་ཐེངས་གསུམ། ཐོད་མའི་བུ་ལ་ཐེངས་གཅིག
བྱུ་རུ་ཕུག་རོན་གྱི་སྒོ་ང་ཆེ་ཆུང་ཙམ་ཞིག་ཉོས།

ལམ་ཁའི་ཤིང་གི་འབྲས་བུ་དེ། །ཁྱིས་པས་རྗེ་ཆར་འབེབས་པའི་རྒྱུ། །
བདག་པོ་ངན་པའི་ལོངས་སྤྱོད་ཀྱང་། །ཕལ་ཆེར་དགྲ་ཡི་གཡབ་མོ་ཡིན། །
(ཤིང་གི་བསྟན་བཅོས་ལས)

ལྷ་བུ་རྣམས་ལས་འབྲེལ་སྒྲས་རྒྱུ་དང་འབྲས་བུའི་འབྲེལ་བ་བསྟན་པ།

གནའ་དུས་ཀྱི་ལོ་རྒྱུས།
སྤྱི་ཚོགས་གསར་བའི་སྲིད་འབྱོར་རིག་གསུམ་དར་ཞིང་རྒྱས།
རང་རྒྱལ་དེང་སང་གི་དོན་གཉེར་གཙོ་བོ་ནི་དཔལ་འབྱོར་འཛུགས་སྐྲུན་ཡིན།

ལང་ཚོ་ཡོལ་བའི་མཛའ་གྲོགས་ཀན་པོ་ཁྱོད། །
ལོ་མང་ཐལ་བའི་ཞོང་ཀན་རྗེས་སུ་འགྲོ། །
ཁ་དོག་མི་སྡུག་གཉེར་མས་ཡོངས་ཁེངས་ཤིང་། །
རིགས་མཐུན་གཞན་གྱི་གྲལ་ནས་ཕྱུང་བས་སོ། །

(མཉམ་ཉིད་ཀྱི་དཔེ་སྡེ་སྙན་ངག་སྤྱི་དོན་ལས)

ལྟ་བུ་རྣམས་ལས་འབྲེལ་སྦྲས་སྐབས་དང་དོན་གྱི་འབྲེལ་བ་བསྟན་པ།

བསགས་པའི་ནོར།
བསླབས་ཤིང་སྦྱངས་པའི་ཡོན་ཏན།
བྱས་པའི་རྗེས་དང་གྲུབ་པའི་རྟགས།

མཁས་ཆེན་དམུ་དགེ་བསམ་གཏན་མཆོག་གིས་བརྩམས་པའི་བརྡ་སྤྲོད་བློ་གསལ་དགའ་སྟོན་ལས་རྣམ་དབྱེ་སོགས་ཀྱི་བརྗོད་པ་གསལ།

ལྟ་བུ་རྣམས་ལས་འབྲེལ་སྦྲས་བྱ་བ་དང་གྲུབ་པའི་འབྲེལ་བ་བསྟན་པ།

མཛེས་ཤིང་སྡུག་པའི་མེ་ཏོག
མཐོ་བའི་སྐད་དང་དམའ་བའི་གཞོང་།
དགའ་བའི་བྲོ་འཁྲབ་ཅིང་སྐྱིད་པའི་གླུ་ལེན།

རབ་དཀར་ཏི་སེའི་ལྷུན་པོར་འཇའ་ཚོན་གྱིས། །
འཁྱུད་ནས་སྐྱེག་པའི་གར་གྱིས་སྒྱོས་བྱེད་ཅིང་། །
སྒྲ་འཛིན་སེམས་པའི་གླུ་དབྱངས་ལེན་ཤེས་ན། །
ངེས་པར་མས་ལན་ཕྲང་གི་རྗེས་སུ་འགྲོ། །

(རྒྱད་བྱུང་གི་དཔེ་སྡེ་སྙན་ངག་སྤྱི་དོན་ལས)

ལྟ་བུ་རྣམས་ལས་འབྲེལ་སྒྲས་ཁྱད་གཞི་དང་ཁྱད་ཆོས་ཀྱི་འབྲེལ་བ་བསྟན་པ།

ལུས་ཀྱི་འཕྲི་ཤིང་འཁྱོག་པོའི་རྩེར་སླེབ་པའི། །རལ་བའི་མེ་ཏོག་ཙམ་པ་ཀ་ཡི་རྟུལ། །
འཕུང་འདོད་མིག་གི་བུང་བ་ཀེམ་ཀེམ་གཡོ། །རྒན་པོའི་སྙིད་ཚལ་འདི་ནི་ཡ་རེ་ང་། །
(མ་བསྒྱུས་པའི་གཟུགས་ཅན་ཏེ་བོད་མཁས་པའི་སྙན་ངག་ལས)

ཤེས་རབ་ལང་ཚོའི་དཔལ་དར་ཞིང་། །ཐོས་པའི་ནོར་གྱིས་རབ་ཏུ་ཕྱུག །
སྤྱོད་པའི་འཁོར་ལོ་བསྐོར་མཁས་པ། །ཁྱོད་ཀྱིས་གཞན་ཡིད་ཅིས་མི་འཕྲོག །
(ཡན་ལག་གཉིས་གཟུགས་ཏེ་རྡོ་རྗེ་རྒྱལ་པོའི་སྙན་ངག་ལས)

ལྟ་བུ་རྣམས་ལས་འབྲེལ་སྒྲས་དཔེ་དང་དཔེ་ཅན་གྱི་འབྲེལ་བ་བསྟན་པ།

སྐད་ཀྱི་གདངས།
གསེར་གྱི་གཞོང་པ།
རིན་པོ་ཆེའི་རྒྱན་གྱིས་སྤྲས་པ།

གནག་སྐྱམ་སྐྲ་ཡི་ལན་བུ་ཕྱེད་བཅིངས་རྩེར། །
ཟླ་ཚེས་གསར་བའི་རྒྱན་ལྡན་ཕྱག་སོར་གྱིས། །
རིན་ཆེན་རྒྱུད་མངས་སྒྲིང་མཛད་དབྱངས་ལྷ་མོས། །
དེང་འདིར་བློ་གྲོས་སྣང་བ་མཆོག་སྩོལ་ཅིག །
(རྫས་རང་བཞིན་བརྗོད་པ་སྟེ་ཞྭ་དམར་བས)

ལྟ་བུ་རྣམས་ལས་འབྲེལ་སྒྲས་བདག་ཉིད་གཅིག་པའི་འབྲེལ་བ་སྟེ། དངོས་པོ་གང་རྒྱུ་ཆ་གང་ལས་གྲུབ་པའི་འབྲེལ་བ་བསྟན་པ།

ལྷ་བའི་མིག
ནད་གསོ་བྱེད་ཀྱི་སྨན་པ།
གཙོད་པར་བྱེད་པའི་སྤྱ་རེ།

ཚུལ་ཁྲིམས་ཉེས་སྤྱོད་དྲི་མ་འཕྲུད་པའི་རྒྱ། །
ཉོན་མོངས་ཚ་གདུང་སེལ་བའི་ཟླ་བའི་འོད། །
སྐྱེ་དགུའི་དབུས་ན་ལྷུན་པོ་ལྷ་བུར་བརྗིད། །
སྟོབས་ཀྱིས་བསྡིགས་པ་མེད་པར་འགྲོ་ཀུན་འདུད། །

(བྱང་ཆུབ་ལམ་གྱི་རིམ་པའི་ཉམས་ལེན་གྱི་རྣམ་བཞག་མདོར་བསྡུས་ལས)

ལྷ་བུ་རྣམས་ལས་འབྲེལ་སྒྲས་བྱེད་པ་གཅིག་པའི་འབྲེལ་བ་སྟེ། ཆོས་གང་བྱེད་པ་གང་དུ་འཇུག་པའི་འབྲེལ་བ་བསྟན་པ།

བལྟ་བའི་དཔེ་ཆ།
བྲི་བར་བྱ་བའི་རི་མོ།
བསླབ་བྱའི་ཡོན་ཏན།
ང་ལ་དྲི་རྒྱུའི་དོགས་གཞི་མང་།

ལྷ་བུ་རྣམས་ལས་ལས་གཅིག་པའི་འབྲེལ་བ་སྟེ། ཆོས་གང་བསྒྲུབ་བྱ་གང་དང་གཅིག་པའི་འབྲེལ་བ་བསྟན་པ།

འདིར་བདག་ཉིད་གཅིག་པའི་དང་། བྱེད་བ་གཅིག་པའི་དང་། ལས་གཅིག་པའི་འབྲེལ་བ་གསུམ་དྲིལ་ན། ངོ་བོ་གཅིག་པའི་འབྲེལ་བའོ། །

གཞན་ཡང་། འབྲེལ་སྒྲ་རྣམས་རྣམ་དབྱེ་མ་ཡིན་པའི་ཕྲད་ཙམ་གྱི་ཚུལ་དུ་མི་མཐུན་པའི་ཚིག་རྒྱུན་ལའང་འཇུག་སྟེ། དཔེར་བརྗོད་ན། གཏམ་སྨྲ་བ་ནི་སྨྲ་ཡི་གཡུལ་འགྱེད་པ་ནི་དཀའོ། །ཞེས་པའི་ཡི་སྒྲ་ནི། བརྗོད་དོན་ སྤྱི་མི་མཐུན་

པའམ་འགལ་བར་བསྟན་པའི་སྒོ་ནས། ཚིག་མཛེས་པར་བྱེད་པའི་རྒྱན་དུ་གྱུར་པའོ། །དེ་བཞིན།

མཁས་ལྡན་བརྟག་པ་ཡང་གཞན་གྱི་སྐྱོན་འཚོལ་བ་ལྟ་བུ་མིན་གྱི། དེ་གཉིས་ཀྱི་ཁྱད་པར་ལེགས་པར་ཕྱེ་ནས་བླང་དོར་བྱ་བའི་ཆེད་ཡིན་པའི་ཕྱིར་རོ། །

(དགེ་ལྡན་ལེགས་བཤད་ཀྱི་འགྲེལ་བ་ལས)

གཡོ་ཅན་སྙན་པར་སྨྲ་བ་ནི། །རང་དོན་ཡིན་གྱི་གུས་ཕྱིར་མིན། །
སྲིན་བྱ་བསྙེན་ནས་དགོད་པ་ནི། །ལྟས་ངན་གཏོང་གི་དགའ་ནས་མིན། །

(ས་སྐྱའི་ལེགས་བཤད་ལས)

ལྟ་བུ་སོགས་སོ། །

གཉིས་པ། བྱེད་སྒྲ།

རྣམ་དབྱེ་གསུམ་པ་བྱེད་སྒྲ་ཡི། །ཐོབ་ཐང་འབྲེལ་སྒྲ་ཉིད་དང་མཚུངས། །
བྱ་བ་གང་གིས་བྱས་པ་ཡི། །བྱེད་པ་གཙོ་ཕལ་སྟོན་བྱེད་དེ། །
བྱེད་པ་པོ་ནི་སེམས་ཅན་དང་། །བྱེད་པོར་སྣང་བའི་བེམ་པོ་ཡིན། །
བྱེད་པ་ཡོ་བྱད་རྒྱུ་ཆ་དང་། །ཐབས་དང་རྒྱུ་མཚན་སྤྱོད་ཚུལ་ཡིན། །

འབྲེལ་སྒྲའི་མཐར་ས་སྦྱར་ན། གིས་ཀྱིས་གྱིས་འིས་ཡིས་རྣམས་སུ་གྲུབ་པའི་སྒྲ་སྟེ། མིང་མཐའ་འདྲེན་ཚུལ་འབྲེལ་སྒྲའི་ཐོབ་ཐང་དང་འདྲའོ། །འདིར་དམིགས་བསལ་ཅན་འིས་སྒྲའི་སྦྱོར་ཚུལ། སི་ཏུ་མཆོག་གིས་གསུངས་པ་ལྟར། ཆོས་རྒྱལ་མེས་དབོན་དུས་ཀྱི་རྗེ་རིང་རྣམས་སུ་འ་མཐར་འིས་ཞེས་སྦྱར་མོད། སྐད་གསར་བཅད་ཀྱི་ལུགས་ལ་ས་ཙམ་ལས་མི་འབྱུང་བ་ནི། འ་མཐའ་ཟོར་ཡང་བས་ཕལ་ཆེར་

བསྡུས་པའི་ཤུགས་ཀྱིས། འིས་ཞེས་པའི་འི་ཡང་བསྡུས་ནས་ས་གཅིག་པུ་ལས་མི་མཐོང་བར་ཟད་ཀྱི། ཐོབ་ཐང་ལ་ནི་མེད་པ་མ་ཡིན་ནོ། །

བྱེད་སྒྲ་ལ་རྣམ་དབྱེ་ཞེས་པ་ནི། བདག་གཞན་གཉིས་ཀྱི་ངོ་བོ་མ་འདྲེས་པར་རྣམ་པར་ཕྱེས་ནས། གཙོ་ཆེར་བྱེད་པ་སྟོན་པ་ཡིན་ཏེ། བློ་བཟང་གིས་ཚེ་རིང་བོས་ཤི་ན། འབོད་པ་པོ་བློ་བཟང་ནི་བདག་དང་། བོད་བྱ་ཚེ་རིང་ནི་གཞན་ཡིན་པར། བྱེད་སྒྲ་གིས་ཞེས་པས་རྣམ་པར་ཕྱེ་ནས་བསྟན་པ་ཡིན། གལ་ཏེ་བྱེད་སྒྲ་མ་སྦྱར་ན། བློ་བཟང་ཚེ་རིང་ཞེས་བདག་གཞན་གཉིས་ཀྱི་ངོ་བོ་གཅིག་ཏུ་གྱུར་ནས། བོད་བྱའི་ཡུལ་ཙམ་ལས། འབོད་པ་པོ་སྟོན་རྒྱུ་མེད་སོང་བ། ལྟ་བུའོ། །

བྱེད་སྒྲ་ནི་བྱེད་པ་སྟོན་བྱེད་ཀྱི་སྒྲ་སྟེ། བྱ་བ་གང་ཞིག་བྱེད་པ་གང་གིས་བྱས་ཟིན་པའམ། བྱེད་བཞིན་པའམ། བྱེད་པར་འགྱུར་བ་གང་ཉུང་སྟོན་པར་བྱེད་པའི་སྒྲ་ཡིན་ནོ། །

བྱེད་པ་གཙོ་ཕལ་གཉིས་ཡོད་དེ། བྱེད་པ་གཙོ་བོ་ལ་བྱེད་པ་པོ་དང་། བྱེད་པ་ཕལ་བ་ལ་བྱེད་པ་ཞེས་བྱ་ལ། བྱེད་པ་པོ་ནི་བྱ་བ་སྒྲུབ་པའི་སེམས་ཅན་དང་། བྱ་བ་སྒྲུབ་པའི་ཚུལ་ཅན་དུ་སྣང་བའི་བེམ་པོ་དག་ཡིན་ཞིང་། བྱེད་པ་ནི་སེམས་ཅན་གང་གིས་བྱ་བ་ཞིག་ལག་ལེན་དུ་བཀོལ་བའི་ཡོ་བྱད(དབང་པོ་དང་ཡན་ལག་སོགས་ཀྱང་འདུས)དང་། རྒྱུ་ཆ་དང་། ཐབས་དང་། རྒྱུ་མཚན་དང་། བྱེད་ཚུལ་རྣམས་ཡིན་ཏེ། བློ་བཟང་གིས་བཤད་ཅེ་ན། བཤད་བྱ་ནི་ཤུགས་བསྟན་གྱི་དོན་དང་། བཤད་པ་ནི་བྱ་བ་དང་། བློ་བཟང་ནི་བཤད་པ་པོ་ཡིན་པར་གིས་སྒྲས་རྣམ་པར་ཕྱེ་ནས་གཙོ་ཆེར་སྐད་ཆ་བཤད་མཁན་བློ་བཟང་ཡིན་པར་བསྟན་པ་དང་། ཕིར་གྱིས་རི་མོ་འབྲི་བ་ན། རི་མོ་ནི་ལས་དང་། འབྲི་བ་ནི་བྱ་བ་དང་། ཕིར་ནི་བྱེད་པ་ཡིན་པར་གིས་སྒྲས་གསལ་བར་མཚོན་པ་དང་། ཤིང་བཟོས་སྟ་རེས་ཤིང་གཙོད་པ་ན། ཤིང་གཙོད་པའི་བྱ་བ་དེའི་བྱེད་པ་གཙོ་ཕལ་ཤིང་

བཟོ་དང་སྟ་རེ་ནི་བདག་དང་། བྱེད་ནི་ལས་ཏེ་གཞན་ཡིན་པར་རྣམ་དབྱེ་གསུམ་པས་གསལ་བར་བྱས་སོ། །

གོང་གསལ་གྱི་དཔེར་བརྗོད་འདི་གསུམ་ལས། སྔ་མའི་ཚིག་སྦྱོར་དུ་བྱེད་པ་ཁ་ཡིན་པར་དངོས་སུ་མ་བསྟན་ཀྱང་ཤུགས་ལས་རྟོགས་པ་དང་། བར་མའི་བྱེད་པ་པོ་ཚིག་ཟིན་དུ་མེད་ཀྱང་ཤུགས་བསྟན་ཏུ་གསལ་བས། ཕྱི་མ་ལྟར་བྱེད་པ་གཙོ་ཕལ་སོགས་མངོན་སུམ་དུ་བརྗོད་པའི་དགོས་པ་ཡོད་ན་མ་གཏོགས། ཤུགས་བསྟན་གྱིས་ཚོག་སྟེ། ཚིག་སྣ་བསྐྱུང་བའི་ཕན་ཆ་ཡོད་དོ། །དེ་བཞིན།

ནེ་ཙོས་མི་སྐད་ལད་མོ་བྱེད།
སུས་བསགས་མ་ཡིན་སུས་ཟ་ཡིན།

རྒྱུན་དུ་གཞན་གྱིས་བསྐྱང་དགོས་པའི། །སྐྱེ་བོ་ནམ་ཞིག་ཅི་ནས་ཉམས། །
བྱ་རོག་གིས་ནི་བཟུང་བ་ཡི། །ཏུས་སྦྲུལ་ས་ལ་ལྷུང་ཞེས་གྲགས། །

(ས་སྐྱའི་ལེགས་བཤད་ལས)

སྐྱིད་མི་ཁྲག་ཏུ་འབོད་ཤ་བོས་བྱེད། །
སྡུག་མི་ཁྲག་མཚན་བགད་ཅུག་པས་བྱེད། །

(ཧ་རྒྱུགས་ནོར་བུ་ཆ་བདུན་ལས)

ལྟ་བུ་རྣམས་ལས་བྱེད་སྒྲས་བྱེད་པ་པོ་སེམས་ཅན་བསྟན་པ།

པད་མས་སོ་ཕྲེང་ངོམ།
ལེགས་བཤད་སྒྲོན་མེས་མ་རིག་མུན་པ་སེལ།

ཐུགས་ཆུང་ཆུང་དེ་འདྲ་དགོས་དོགས་མེད། །ཇོ་ཆུང་ཆུང་ལྷགས་པས་འཁྱེར་དོགས་མེད། །

རི་ཆུང་ཆུང་པང་ཁས་ཐེག་དོགས་མེད། །ཤིང་ཆུང་གིས་གནམ་རྒྱ་རེག་དོགས་མེད། །

(བྱ་སྤྲེལ་གྱི་གཏམ་རྒྱུད་ལས)

རང་ཤོང་ཁུང་བུར་འཁྲིན་པའི་ཕྱི་ལོང་གིས། །
ཡངས་པའི་འཛིག་རྟེན་རྒྱ་ཁྱོན་ཇི་ལྟར་རྟོགས། །
ཉི་འོད་ཛོམས་མེད་འཕྲུང་བའི་ཟླ་གཞོན་གྱིས། །
གླིང་བཞིའི་མུན་པ་སེལ་བའི་ཚུལ་ལ་ལྟོས། ། (དོར་ཞི་མཆོག་གིས)

ལྷ་བུ་རྣམས་ལས་བྱེད་སྒྲས་བྱེད་པ་པོ་བེམ་པོ་བསྟན་པ།

ལྕགས་ཁེམ་གྱིས་ས་རྐོ།
འཕྲུལ་འཁོར་གྱིས་བཟོ་ལས་སྤེལ།
མིག་གིས་མཐོང་ཞིང་ལག་གིས་ཟིན་པའི་རང་སྒྲོང་ཅན་ནི་རིག་པ་རྐྱེད།

ཟླ་འོད་ཟེར་གྱིས་ཀུན་དའི་གེ་སར་གསལ། །
འོད་སྟོང་ལྡན་པས་པད་དཀར་འདབ་བརྒྱ་གྲོལ། །
མཛེས་མའི་ཁ་ཆུས་བ་ཀུ་ལ་སྤྲོ་ཞིང་། །
རྐང་པས་མྱུ་ངན་མེད་པའི་མེ་ཏོག་དགོད། །

(དོན་སྙེར་བའི་རྒྱན་ཏེ་བོད་མཁས་པས)

ལྷ་བུ་རྣམས་ལས་བྱེད་སྒྲས་བྱེད་པ་སྟེ། བྱེད་པ་པོས་བསྒོལ་བའི་ལག་ཆ་དང་། རང་གི་དབང་པོའམ་ཡན་ལག་སོགས་བསྟན་པ།

གསེར་གྱིས་རྒྱན་ཆ་རྟུང་།
ཁང་བའི་སྐྱད་ཛ་གཡམ་གྱིས་བཀབ།
མར་དང་སྤྲུར་བས་ཕྱུད་བཟོས།

དུག་མོ་ཉུང་གིས་མཁྲིས་ནད་སེལ་ཞིང་ཚ་འབྲུ་གཅོད།

ལྟ་བུ་སོགས་ལས་བྱེད་སྒྲས་བྱེད་པ་སྟེ་རྒྱུ་ཆ་བསྟན་པ།

སྐད་ཆ་ཤེད་ཀྱིས་ཤོད།
འབད་རྩོལ་གང་ཐུབ་ཀྱིས་བསླབ་སྦྱང་བྱེད།
བསམ་པ་རྣམ་དག་དང་འདུན་པ་རྩེ་གཅིག་གིས་མི་དམངས་ལ་ཕན་འདོགས།

དོན་ལྡན་ཚིག་ནི་གཅིག་གིས་ཀྱང་། །རྣམ་དཔྱོད་ཅན་ལ་དོན་མང་སྟོན། །

(དབྱངས་ཅན་དགའ་བློས)

ལྟ་བུ་རྣམས་ལས་བྱེད་སྒྲས་བྱེད་པ་སྟེ་ཐབས་བསྟན་པ།

རྟགས་ཀྱིས་ཤེས།
བདེན་པས་སྟོངས།
ཡོན་ཏན་གྱིས་ཆེ།

ཐོན་མི་རྒྱ་གར་དུ་ཆས་པ་ཐང་སང་ལས་ལོ་བཞིས་འཕྱིས་པ་ཙམ་མོ། །

(ཐོན་མིའི་ཞལ་ལུང་ལས)

མགར་གྱི་ཤིང་དེ་རྣམས་ཆུ་འགྲམ་དུ་ཁྱེར་ནས། ཆུ་ལ་བསྐྱུར་བས། རྩ་བ་ལྕི་བས་ཐུར་དུ་སོང་། རྩེ་མོ་ཡང་བས་གྱེན་དུ་ལུས་པས་ཤིང་གི་རྩ་རྩེ་ཤེས་སོ། །

(རྒྱལ་རབས་གསལ་བའི་མེ་ལོང་ལས)

གཞུང་འདི་ཟབ་པས་རྒྱ་མཚོ་དང་། །སྙིང་པོ་ཕྲུག་པས་དབྱིག་གི་མཛོད། །
གཅེས་པར་འོས་པས་ནོར་བུ་འདྲ། །བློ་ལྡན་རྣམས་ཀྱིས་ཉན་པར་འོས། །

(རྒྱུའི་དཔེ་སྟེ་སྙན་ངག་སྒྲོན་གསལ་ལས)

ལྟ་བུ་རྣམས་ལས་བྱེད་སྒྲས་བྱེད་པ་སྟེ་རྒྱུ་མཚན་བསྟན་པ་དང་། རྒྱུ་མཚན་བསྟན་ཆེད་བྱེད་སྒྲ་ཁྱད་ཆོས་ཀྱིའམ་བྱ་བའི་མིང་མཐར་སྦྱར་ཚེ། རྒྱུ་མཚན་གསལ་བྱེད་ཀྱི་ཚིག་གྲོགས་དང་སྒྲགས་ནས་སྦྱར་ཚིག་སྟེ།

མི་དེ་ཕྲག་དོག་པའི་དབང་གིས་གཞན་གྱི་ཡོན་ཏན་ལ་མི་དགའ་ལྟ།
རྒྱལ་པོ་ཤིན་ཏུ་ཁྲོ་གཏུམ་ཆེ་བའི་རྐྱེན་གྱིས་བློན་པོ་དག་གིས་ཞུ་མ་ཕོད།
རྨོངས་པའི་སྐབས་ཀྱིས་དོན་མ་ཤེས།
བཟའ་བཏུང་མེད་པའི་རྐྱེན་གྱིས་བསྐྱང་དུ་མི་འགྲོ་ག་མེད་བྱུང་།

ཕོ་བྲང་གི་འཁོར་བ་རྣམས་སྤྲང་རྩི་དང་སྦྱར་བའི་ཆང་གི་བཏུང་བ་བག་མེད་པར་སྤྱད་པའི་དབང་གིས་ཆེས་ཆེར་མྱོས་པའི་གོམ་སྟབས་འཁྱོར་ཞིང་། རྣམ་འགྱུར་ཅི་དང་ཅི་ཡང་སྟོན་པར་བྱེད།

(གཞོན་ནུ་ཟླ་མེད་ཀྱི་རྟོགས་བརྗོད་ལས)

ལྟ་བུ་རྣམས་སོ། །ཡང་། དེས་ན། དེ་བས་ན། དེ་ལྟ་བས་ན། ཞེས་པའི་བྱེད་སྒྲ་ཡང་རྒྱུ་མཚན་གསལ་བྱེད་དུ་འཇུག་པའོ། །

ཐལ་གྱིས་ཤར་བ།
བློ་ལིངས་ཀྱིས་བཀལ།
རྩིས་རིག་མཐར་གྱིས་སྦྱང་དགོས།

སྤྲིན་དཀར་ཞོ་གསར་སྤྲུངས་པ་འདྲ་ཞིག་མདུན་དུ་ནར་གྱིས་བྱུང་བའི་ནང་དུ། ལྷའི་བུ་དཀར་པོ་ལུས་ཕྱེད་སྤྲིན་གསེབ་ཏུ་ནུབ་ཅིང་། ལུས་ཕྱེད་ཐོན་པ་ཞིག་ན་རེ།

(བྱ་མགྲིན་སྔོན་ཟླ་བའི་རྟོགས་བརྗོད་ལས)

རྒྱུན་ཆགས་བརྩོན་པ་མ་བཏང་བར། །བགས་ཀྱིས་བསླབས་ན་ཅི་ཡང་འགྲུབ། །

ཚུ་བོ་དལ་གྱིས་འབབ་པ་ཡིས། །ཡངས་པའི་ས་ཆེན་བསྐོར་ནས་འགྲོ། །

(ཚུ་ཡི་བསྟན་བཅོས་ལས)

ལྟ་བུ་རྣམས་ལས་བྱེད་སྒྲས་བྱེད་པ་སྟེ་བྱེད་ཚུལ་ལམ་འབྱུང་ཚུལ་བསྟན་པ།

ཚིག་སྦྱོར་དུ་བྱེད་སྒྲ་འཇུག་མི་འཇུག་ལས་གང་བྱེད་པ་པོ་དང་འབྲེལ་མ་འབྲེལ་ལ་ཐུག་ཡོད། བྱ་བྱེད་ཐ་དད་པའམ་བདག་གཞན་གྱི་དབྱེ་བ་ཡོད་ན་བྱེད་སྒྲ་འཇུག་དགོས། དེ་ལས་ལྡོག་ན་བྱེད་སྒྲ་མི་འཇུག །དེ་ལུགས་དཔྱིས་ཕྱིན་པར་རྟོགས་དགོས་ན་རྟགས་འཇུག་ལ་རག་ལས། འདིར་རོབ་ཙམ་བཤད་ན། བྱ་བ་ལ་རིགས་གསུམ་ཡོད་དེ། བྱེད་པ་དང་འབྲེལ་བའི་བྱ་བ་དང་། ལས་དང་འབྲེལ་བའི་བྱ་བ་དང་། རང་གི་ངང་གིས་འབྱུང་བའི་བྱ་བ་དང་གསུམ་མོ། །

དེ་ལ་སྔ་མ་གཉིས་ནི་ཕན་ཚུན་རྟེན་ཅིང་འབྲེལ་བའི་བྱ་བ་རིགས་གཉིས་ཡིན་ཏེ། རྡོན་པས་རི་དྭགས་བསད་ནས་སོད་པ་མང་། ཞེས་པ་དཔེར་མཚོན་ན། རི་དྭགས་བསད་པ་ནི་བྱེད་པའི་ལས་ཏེ། བྱེད་པ་པོ་དང་འབྲེལ་བའི་ལས་ཡིན་ཞིང་། རི་དྭགས་སོད་པ་ནི་བྱ་བའི་ལས་ཏེ། བྱ་བའི་ཡུལ་དང་འབྲེལ་བའི་ལས་ཡིན་པས། བསད་པ་ནི་བྱེད་པ་དང་འབྲེལ་བའི་བྱ་བ་ཡིན་ལ། སོད་པ་ནི་བྱ་བའི་ཡུལ་དང་འབྲེལ་བའི་བྱ་བ་ཡིན་ཞིང་། བྱེད་པ་པོ་རྡོན་པས་བྱ་བའི་ཡུལ་རི་དྭགས་ལ་བསད་པའི་བྱ་བ་མ་བཙུག་ན། བྱ་བའི་ཡུལ་རི་དྭགས་རང་སོད་པར་མི་འགྱུར་རོ། །དེས་ན་བྱེད་པ་པོས་བྱ་བའི་ཡུལ་ལ་ཕར་འཇུག་པའི་རྩོལ་བ་བསད་པ་ལྟ་བུའི་བྱ་བ་དང་། ལས་ཀྱི་སྟེང་ནས་ཚུར་སྣང་བའི་འགྱུར་བ་སོད་པ་ལྟ་བུའི་བྱ་བ་རིགས་མི་འདྲ་བ་གཉིས་ཕར་འཇུག་ཚུར་སྣང་གི་སྒོ་ནས་རྒྱུ་འབྲས་ཀྱི་འབྲེལ་བ་རང་ཤུགས་སུ་ཆགས་འདུག་སྟེ། རི་དྭགས་བསད་པའི་རྒྱུ་འདི་མེད་ན། རི་དྭགས་རང་སོད་པར་འགྱུར་བའི་འབྲས་བུ་ནི་འབྱུང་ས་མེད་དོ། །དེ་ཕྱིར་བྱ་བའི་རིགས་འདི་གཉིས་གང་རུང་ལས་ལ་སྦྱར་ན། ལས་དེ་སྒྲུབ་པའི་བྱེད་པ་དངོས་སམ་

ཤུགས་ལ་ཡོད་པས། བྱེད་པ་སྟོན་པའི་བྱེད་སྒྲ་ཅིས་ཀྱང་འཇུག་དགོས་ཏེ། རྫོན་པས་རི་དྭགས་བསད་བྱུང་། རྫོན་པས་རི་དྭགས་སོད་ཟིན། བྱ་བ་ཆེན་པོ་ཡུན་གྱིས་བསྒྲུབ། །ངང་ཐུང་འབད་པས་མཐར་མི་ཕྱིན། །ཞེས་དང་། མང་པོ་གཅིག་ཏུ་བློ་མཐུན་ན། །ཉམ་ཆུང་གིས་ཀྱང་དོན་ཆེན་འགྲུབ། །ཅེས་པ་ལྟ་བུའོ། །

བྱ་བའི་རིགས་གསུམ་པ་ནི། བྱ་བྱེད་ཐ་མི་དད་པ་སྟེ། བྱེད་པ་རང་གི་ངང་གིས་གྲུབ་པར་སྣང་བའི་བྱ་བ་ཡིན། འདི་འདྲའི་ཚིག་སྦྱོར་ལས་བྱེད་ལས་དང་བྱ་ལས་ལོགས་སུ་སྟེར་རྒྱུ་མེད་དེ། ང་འགྲོ་ཟེར་བ་ལ། འགྲོ་བའི་བྱ་བ་འདི་ལས་ལ་པར་འཇུག་པའི་རྩོལ་བ་མིན་ལ། ལས་ལས་ཚུར་སྣང་བའི་འགྱུར་བའང་མིན། འགྲོ་བྱེད་ང་ཡིན་ལ། འགྲོ་བྱའང་ང་ཡིན་པས། བྱེད་པ་པོ་དང་བྱ་བའི་ཡུལ་ཐ་དད་དུ་མི་སྣང་བའམ། བདག་གཞན་གྱི་དབྱེ་བ་མེད་ཅིང་། ངོ་བོ་གཅིག་པར་འགྱུར་བས། རྣམ་དབྱེ་གསུམ་པ་འཇུག་མི་རུང་། ཉི་མ་ཤར་བ་ན། ཤར་བའི་བྱ་བ་ནི་ཉི་མ་རང་གི་ངང་གིས་གྲུབ་པར་སྣང་ཞིང་། ངོ་བོ་གཅིག་ཏུ་ཡོད་པས་ན། བྱེད་སྒྲ་འཇུག་པའི་དགོས་པ་མེད་སོང་།

དེས་ན་བྱེད་པ་གང་གི་བྱ་བ་ཞིག་ཐད་ཀར་ལས་དངོས་དང་འབྲེལ་ནས་མེད་ན། རྣམ་པར་དབྱེ་བའི་དགོས་པ་མེད་པས། བྱེད་སྒྲ་འཇུག་སྲོལ་མེད། ང་ལུག་རྫི་བྱས། ཞེས་པའི་ཚིག་འདིའི་བྱས་པ་ནི། གཞན་དུ་ན་བྱ་བྱེད་ཐ་དད་པ་ཅན་ཡིན་པས། བྱེད་པ་སྟོན་པའི་བྱེད་སྒྲ་འཇུག་དགོས་མོད། སྐབས་འདིར་ལས་ལ་རྩོལ་བ་འཇུག་དགོས་དོན་མེད་དེ། ང་དང་ལུག་རྫི་ངོ་བོ་གཅིག་ཏུ་གྲུབ་པའི་བྱ་བ་མཚོན་པ་ཙམ་ཡིན་པས། བྱེད་སྒྲ་མི་འཇུག་གོ། །

དཔལ་ལྡན་ཇ་ཉེ་བར་འགྲོ་ཟེར་བའི་ཚིག་འདི་ལས། ཇ་ཉེ་བའི་ལས་འདི་འགྲོ་བའི་དགོས་པ་ཙམ་དུ་ཟད་དེ། འགྲོ་བའི་བྱ་བ་མ་གྲུབ་ན། ཇ་ཉེ་ས་མི་འགྲོ་དེས་ན་ཚིག་འདིའི་གནད་ཀ་འགྲོ་བ་ལ་ཐུག་ཡོད། འགྲོ་བ་བྱ་བའི་ལས་དང་འབྲེལ་

མེད་ལ། འགྲོ་བྱ་འགྲོ་བྱེད་གཉིས་ཀ་ངོ་བོ་གཅིག་པར་སྣང་བས། རྣམ་དབྱེ་གསུམ་པ་འཇུག་དོན་མེད་སོང་།

ང་འགྲོ་ལ་བཤད། ནད་པ་ཉལ་ནས་དཔེ་ཆ་ལྟ། ལྟ་བུ་དག་ལས། ཚིག་ཕྲད་ལ་དང་ནས་ཀྱིས་བྱ་བ་སྔ་ཕྱི་དུས་རིམ་གྱིས་འཇུག་པར་མཚམས་སྦྱོར་ནས། བྱ་བ་ཕྱི་མ་དེ་བྱ་བ་སྔ་མ་གྲུབ་པའི་ཤུལ་དུ་འཇུག་པ་ཡིན་པར་བསྟན་ཡོད། དེས་ན་འཇུག་རིམ་སྔ་མའི་བྱ་བ་དེ་ལས་དངོས་དང་འབྲེལ་མེད་པས། བྱེད་སྒྲ་འཇུག་དོན་མེད་སོང་། གཞན་ཡང་། བྱ་བའི་རྣམ་པ་ཙམ་ལས་ལག་ལེན་དངོས་མེད་ན་བྱེད་སྒྲ་མི་འཇུག །དཔེར་ན། ༸ལྷུན་པོ་སྒྲ་བ་ཙུང་ན་མཛེས། (ས་སྐྱའི་ལེགས་བཤད་ལས) བུ་བཟང་པོ་ཁ་བཤད་དོན་ལ་གནས། །མཚོན་རྣོན་པོ་ཤ་ཚོད་ཅུས་པ་ཐུབ། །(གཏམ་དཔེ)ལྟ་བུའོ ་།

གསུམ་པ། ལ་དོན།

སུ་ཙུ་ར་དང་ཧུ་དུ་ན། །ཕལ་ཆེར་ལ་དང་འཇུག་པ་མཚུངས། །
ས་སུ་ག་བ་དྲག་མཐར་ཧུ། །ང་ད་ན་མ་ར་ལ་དུ། །
འ་དང་མཐའ་མེད་རའམ་ཙུ། །ན་ལ་དག་ནི་སྐབས་བསྟུན་སྦྱོར། །
ལས་དང་ཆེད་དང་རྟེན་གནས་དང་། །དེ་ཉིད་ཚེ་སྐབས་སྟོན་བྱེད་ཡིན། །

ལ་དོན་ནི་ལའི་དོན་ཅན་གྱི་སྒྲ་སྟེ། རྣམ་དབྱེར་འཇུག་པ་ན། རང་དབང་ཅན་ན་དང་། གཞན་དབང་ཅན་སུ་ཙུ་ར་ཧུ་དུ་བཅས་ལས་སུ་བྱ་བ་དང་། དགོས་ཆེད་དང་། རྟེན་གནས་དང་། ཚེ་སྐབས་དང་། དེ་ཉིད་རྣམས་སྟོན་བྱེད་དུ། ལ་སྒྲའི་འཇུག་པ་དང་ཕལ་ཆེར་མཐུན་པས། སྤྱི་མིང་དུ་ལ་དོན་ཞེས་བཏགས་སོ། །

འདིར་ཕལ་ཆེར་ཟེར་དོན་ནི། དོན་སྟོན་ཚུལ་དང་། བརྗོད་བདེ་མིན་དབང་གིས། འདི་རྣམས་དོན་ལྔ་པོ་གང་ལ་གང་འཇུག་པ་དང་། གང་མི་འཇུག་པའི་ཐད་དུ་ཁྱབ་ཆེ་ཆུང་གི་ཁྱད་པར་ཡོད་དེ། དཔེར་ན། གཟུགས་ལ་ལྟ། བསླབ་སྒྲུང་དུ་དཔེ་ཆ་ཉོ། མཚོ་སྔོ་ན་ཡོད། ལྷག་པར་མཛེས། དུས་ཚོད་བརྒྱད་ཐོག་ཏུ་སོང་། ལྟ་བུ་སོགས་ལ། གཟུགས་སུ་ལྟ། བསླབ་སྒྲུང་ན་དཔེ་ཆ་ཉོ། མཚོ་སྔོ་ལ་ཡོད། ལྷག་པ་ལ་མཛེས། དུས་ཚོད་བརྒྱད་ཐོག་ན་སོང་། ཞེས་མི་བརྗོད་པས་གསལ།

ཐོབ་ཐང་ནི། འཇུག་ཡང་རྗེས་འཇུག་ས་ལ་སུ་ཐོབ་སྟེ། གཡས་སུ་ཉལ། ཡོངས་སུ་རྫོགས་པ། ལྟ་བུ་དང་། རྗེས་འཇུག་ག་བ་དང་། ཡང་འཇུག་ད་ལ་ཏུ་ཐོབ་སྟེ། སྐམ་ཐོག་ཏུ་བཞག །ཁབ་ཏུ་བཞེས། ཚིག་ཟིན་ད་ཏུ་གསལ། ཕ་རོལ་ཏུ་ཕྱིན་པ། ལྟ་བུ་དང་། རྗེས་འཇུག་ང་ད་ན་མ་ར་ལ་དྲག་ལ་དུ་ཐོབ་སྟེ། གོང་དུ་འཕེལ། བཤད་དུ་འགྲོ། དྲིན་དུ་གཟོ། ཁྱིམ་དུ་བསྡད། འཁྱིར་དུ་འཇུག །གཞལ་དུ་ཅི། ལྟ་བུ་དང་། རྗེས་འཇུག་འ་དང་མཐའ་རྟེན་མེད་པ་ལ་ར་དང་རུ་ཅི་རིགས་འཇུག་སྟེ། མཐའ་རུ་ཕྱིན་པ། ཇེ་མཐོ་རུ་འཕུར། ལྟ་བུ་ཚིག་བར་ཕྱེ་བ་དང་། མཐར་ཕྱིན། ཇེ་མཐོར་འཕུར། ལྟ་བུ་ཚིག་བར་བསྡུས་པའོ། །

དེ་ཡང་སྒྲ་འདྲེས་ན་གདངས་འགྱུར། ཞེས་པ་བཞིན། ཁ་སྐད་དུ་ཚིག་ཕྲད་ཀྱི་སྒྲ་རྣམས་རྗེས་འཇུག་གིས་དྲངས་པའི་ཤུགས་ཀྱིས་ཟུར་ཆག་ཅིང་བརྗོད་སླ་བར་གྱུར་ནས། རྗེས་འཇུག་གི་རང་སྒྲ་ཧ་ལམ་ལ་དོན་གྱི་ཚབ་ཏུ་ཟེར་ཡང་བར་བྱས་ནས་འཇུག་པ་ཡིན་ཏེ། དཔེར་ན། གཡག་ག་ཁལ་འགེལ། གཡོན་ཕྱོགས་ག་བསྡད་བྱུང་། གང་ང་འགྲོ་རྒྱུ། ཚོད་ད་མ་ལྟ། གཞན་ན་ཡོད། རྒྱལ་ཁབ་བ་ཕན་ཐོགས། ཁྱིམ་མ་འགྲོ། ནམ་མཁའ་འ་འཕུར། མཇལ་སྐོར་ར་ཤོག །ཡུལ་ལ་བུད་སོང་། ལྟ་བུ་སོགས་དང་། ས་མཐའ་ཅན་ལ་དམིགས་བསལ་གྱིས་འ་འཇུག་སྟེ། བཀྲ་ཤིས་འ་སྐོར་མོ་སྐྱི། ལྟ་བུའོ། །

ད་ནི་ལ་དོན་འཇུག་པའི་དོན་ཚན་ལྔ་བོའི་ཁྱད་པར་མདོ་ཙམ་བསྟན་པ།

ལས་དང་ཆེད་དང་རྟེན་གནས་དང་། །དེ་ཉིད་ཚེ་སྐབས་ལྔ་བོའི་ཁྱད། །
ཡུལ་ལ་བྱ་བ་འཇུག་པ་དང་། །ཡུལ་གྱི་དགོས་པ་སྒྲུབ་པ་ལས། །
ལས་དང་དགོས་ཆེད་འདྲ་བ་མིན། །བྱ་བྱེད་ངོ་བོ་ཐ་དད་དང་། །
ཐ་མི་དད་པའི་ཆ་ནས་ནི། །ལས་དང་དེ་ཉིད་ཁྱད་པར་ཕྱུང་། །
ཡུལ་གང་བྱ་བ་བྱེད་ས་དང་། །དངོས་པོ་ཡོད་ས་སྟོན་པ་ལས། །
ལས་དང་གནས་གཞི་སོ་སོ་ཡིན། །བྱ་བ་གང་ཞིག་ཡུལ་དང་དུས། །
གང་དང་ལྡན་པའི་ཆ་ནས་ནི། །གནས་གཞི་ཚེ་སྐབས་མི་གཅིག་གོ། །
དེ་དག་རིམ་བཞིན་དཔེར་བརྗོད་ན། །ཐབ་ཏུ་མེ་བཏང་ཞེས་པའི་ཚེ། །
བྱ་བྱེད་ངོ་བོ་ཐ་དད་པ། །ཡིན་པས་དེ་ཉིད་མིན་པ་དང་། །
བྱ་བ་འཇུག་ས་བསྟན་པས་ན། །དགོས་ཆེད་ཡང་ནི་མིན་པ་དང་། །
ཡུལ་ལ་བྱ་བ་བྱེད་ཙམ་གྱིས། །གནས་གཞིའང་མིན་ཏེ་ལས་དངོས་ཡིན། །
མགྲོན་པོར་མེ་གཏོང་ཞེས་པ་ན། །ཡུལ་གྱི་དགོས་པ་སྒྲུབ་པའི་ཕྱིར། །
དགོས་ཆེད་ཡིན་གྱི་བྱ་ཡུལ་མིན། །ཐབ་ཏུ་མེ་ཡོད་ཅེས་པ་ན། །
དངོས་པོའི་ཡོད་ས་བསྟན་པས་ན། །རྟེན་གནས་ཡིན་གྱི་ལས་སོགས་མིན། །
མེ་ནི་དྲག་ཏུ་འབར་བ་ན། །བྱ་བྱེད་ངོ་བོ་གཅིག་པའི་ཕྱིར། །
བྱ་བའི་ཡུལ་མིན་དེ་ཉིད་ཡིན། །ནུབ་མོར་མེ་བཏང་ཟེར་བའི་ཚེ། །
བྱེད་དུས་མཚོན་པས་ཚེ་སྐབས་ཉིད། །ལས་དང་རྟེན་གནས་མིན་པ་གསལ། །

ཀ། ལས་སུ་བྱ་བ།

གཉིས་པ་ལས་སུ་བྱ་བ་སྟེ། །བྱ་བ་འཇུག་སའི་ཕྱོགས་དང་གནས། །
ལ་དོན་གང་རུང་སྦྱར་བར་བྱ། །བྱ་བ་འཇུག་སའི་ཡུལ་དེ་ནི། །
བྱེད་པའི་ཆ་དང་ལྡན་པ་ལ། །ར་ལ་མིན་པ་སྦྱོར་མི་རུང་། །

ལས་སུ་བྱ་བའི་ལས་ནི་བྱ་བའི་ཡུལ་དང་། བྱ་བ་ནི་སེམས་ཅན་གྱི་རྩོལ་བ་དང་བེམ་པོའི་འགྱུར་བའོ། །དེས་ན་བྱ་བའི་ཡུལ་ཞིག་གཞིར་བཟུང་ནས། དེ་ལ་བྱ་བ་བྱེད་པ་ལ། ལས་སུ་བྱ་བ་ཟེར་རོ། །

བྱ་བའི་ཡུལ་ལ་རྣམ་པ་གཉིས་ཡོད་དེ། བྱ་ཡུལ་ཙམ་མམ་བྱ་བའི་ཡུལ་ཕལ་བ་ནི། བྱ་བ་གཏད་སའི་ཕྱོགས་ཙམ་དང་། བྱ་བ་བྱེད་སའི་གནས་ཙམ་ཡིན་པའི་རིགས་ལ། ན་སྒྲ་སྦྱར་ན་བརྗོད་མི་བདེ་བ་མ་གཏོགས། ལ་དོན་རྣམས་ལ་སྒྲའི་དོད་དུ་ཐོབ་ཐང་ལྟར་གང་རུང་འཇུག་ཆོག །དཔེར་ན། པེ་ཅིན་དུ་འགྲོ་བ་ན། པེ་ཅིན་བྱ་བའི་ཡུལ་དང་། འགྲོ་བ་བྱ་བ་ཡིན་པར་དུ་སྒྲས་རྣམ་པར་ཕྱེ་ཞིང་། གཙོ་ཆེར་འགྲོ་ཞེས་བྱ་བ་གཏད་སའི་ཕྱོགས་པེ་ཅིན་ཡིན་པར་བསྟན་པ་དང་། ཇི་པོས་ནེའུ་གསིང་དུ་ལུག་འཚོ་བ་ན། བྱེད་པ་པོ་ཇི་པོས་ལུག་འཚོ་བའི་བྱ་བ་བྱེད་སའི་གནས་ཏེ་བྱ་བའི་ཡུལ་ནི། ནེའུ་གསིང་ཡིན་པར་གོ་བ་ནི། དུ་ཞེས་པའི་ལའི་དོན་ཅན་གྱི་སྒྲས་བསྟན་པའོ། །དེ་བཞིན།

སྡོད་དུ་བཅུག
ཚེ་རིང་ཁྲིམ་དུ་ལོག
རྒྱ་སྐར་བཟོས་མ་ནམ་མཁའི་དབྱིངས་སུ་འཕངས།

བླུན་པོའི་ཡོན་ཏན་ཁར་འཕྲིན་ཏེ། །མཁས་པའི་ཡོན་ཏན་ཁོང་དུ་སྦེད། །
སོག་མ་ཆུ་ཡི་སྟེང་དུ་འཕྱོ། །ནོར་བུ་སྟེང་དུ་བཞག་ཀྱང་འབྱིང་། །
(ས་སྐྱའི་ལེགས་བཤད་ལས)

ལྟ་བུ་བྱ་བ་འཇུག་སའི་ཕྱོགས་ཙམ་སྟོན་པའི་རིགས་ལ། ཕྱོགས་མཚོན་བྱེད་ཀྱི་མིང་སྟེ། ཕྱི་ནང་། མདུན་རྒྱབ། གཡས་གཡོན། ཕར་ཚུར། མགོ་མཇུག །སྟོད་སྨད། སྟེང་འོག །ཐོག་མཐའ་བར་གསུམ་སོགས་ལ་ལ་དོན་སྦྱར་རྒྱུ་མང་། འདི་རིགས་ཀྱི་ཁྱད་ཆོས་ནི། གང་ཞིག་གང་དུ་ཕྱིན་པའམ་འཇུག་པར་མཚོན།

ལུག་ཁྲུ་རི་རྫས་སུ་འབྲུམས།
ནགས་ཚལ་དུ་སྟོང་པོ་གཅོད།
ཁོ་ཚོས་ཚོམས་ཆེན་དུ་གློག་བརྙན་ལྟ་ཡིན་ཡོད།

ནགས་ཚལ་ཕུན་སུམ་ཚོགས་པ་དེར། །དོན་མེད་ནམ་མཁའི་བྱ་ཡང་འཁོར། །
གང་ལ་བདེ་སྐྱིད་འཛོམས་པ་དེར། །མ་བསྡུས་པར་ཡང་སྐྱེ་བོ་འདུ། །
(ཤིང་གི་བསྟན་བཅོས་ལས)

ལྟ་བུ་རྣམས་ལས། ལ་དོན་གྱིས་བྱ་བ་བྱེད་ས་བསྟན་པ་ཡིན་ཀྱི། དངོས་པོ་ཡོད་ས་བསྟན་པ་མིན་པས་ན། ལས་སུ་བྱ་བ་མ་གཏོགས། གནས་གཞིར་མི་འགྲོ་སྟེ། བྱ་བའི་ཡུལ་ཞེས་པའི་མིང་གིས་ཀྱང་དོན་གྱི་ངོ་བོ་འདི་གསལ་བར་བྱས་ཡོད་པས་བསྐྱོན་དུ་མེད་དོ། །འདི་རིགས་ཀྱི་ཁྱད་ཆོས་ནི་གང་གིས་གང་དུ་ཅི་ཞིག་བྱེད་པར་མཚོན།

བྱེད་པ་པོས་བྱ་བ་འཇུག་སའི་ཡུལ་ལམ་བློ་གཏད་སའི་ཡུལ་གང་བྱ་བྱེད་ཟུང་ལྡན་ཏེ་བྱ་བའི་ཡུལ་དེ་བྱེད་པའི་ཆ་དང་ལྡན་པ་ནི། བྱ་བའི་ཡུལ་དངོས་སམ་གཙོ་

བོ་ཡིན་པའི་རིགས་ལ། རྗེས་འཇུག་འ་དང་མཐའ་མེད་དག་ལ་ར་སྒྲ་ཟེར་ཡང་བས། ལ་སྒྲའི་ཚབ་ཏུ་འཇུག་ཆོག་པ་མ་གཏོགས། ལ་དོན་གཞན་དག་ལའི་ཚབ་ཏུ་འཇུག་མི་རུང་། དཔེར་ན། ཡོ་བྱད་དྲིལ་ལ་བཀལ་ཟེར་བ་ལ། ཡོ་བྱད་དྲིལ་དུ་བཀལ་མི་ཟེར། དོན་ནི་གོང་གསལ་བྱ་བ་འཇུག་སའི་ཕྱོགས་ཙམ་མམ་གནས་ཙམ་བསྟན་པ་མ་ཡིན་པར། བྱེད་པ་པོས་ལས་ཏེ་ཡོ་བྱད་དགལ་སའི་ཡུལ་ནི་དྲིལ་ཡིན་ལ། དྲིལ་དེ་ཡང་བྱེད་པར་གྱུར་ནས་ལས་ཀྱི་དངོས་པོ་དེ་ཁུར་དུ་བླངས་པར་གྱུར་པས་ན། ལ་སྒྲ་རང་མ་གཏོགས། ལ་སྒྲའི་ཚབ་གཞན་གྱིས་སྟོན་ས་མི་འགྲོ་སྟེ། ཁུལ་རྫོང་སྡེ་གསུམ་གྱི་མགོ་བའི་གྲོས་ཚོགས་ལ་རྫོང་དཔོན་རང་ཞུགས་པ་ལས། ལས་བྱེད་ཕལ་བ་ཞིག་ཚབ་ཏུ་མངག་མི་རུང་བ་ལྟ་བུའོ། །ཡང་ན་བྱེད་པ་པོས་ཕར་བྱ་བའི་ཡུལ་ལ་བྱ་བ་ཞིག་བཙུག་པ་ན། ཡུལ་དེ་བྱེད་པར་གྱུར་ནས་ཚུར་ལྟོས་བཅས་ཀྱི་ལན་ཞིག་བཅའ་རྒྱུ་ཤུགས་བསྟན་དུ་ཡོད་པ་ཞིག་སྟེ། དཔེར་ན། དགྲ་ལ་འཐབ་པ་ན། བྱེད་པ་པོས་ཕར་བྱ་བའི་ཡུལ་དགྲ་ལ་འཐབ་པའི་བྱ་བ་འཇུག་པའི་ཚེ། བྱ་བའི་ཡུལ་དགྲ་དེ་ཡང་བྱེད་པ་པོར་གྱུར་ནས། ཚུར་ངོ་ཡ་བྱེད་པའམ། མགོ་གདགས་པའམ། ཡང་ན་འབྲོ་བའི་བྱ་བ་ཞིག་བཅའ་རྒྱུ་ཆོག་ཟིན་དུ་མེད་ཀྱང་དོན་ལ་གནས་འདུག་གོ། །དེ་བཞིན།

མེ་ལ་སྲེག
སྡོང་པོ་ཆུ་བོར་བསྐུར།
ནད་པར་གོས་སྐོན།
ཟ་ཁང་ལ་སྐམས་ལུག་བཙོང་།

ཀ་པཱ་ལ་ནས་སྦྲུ་ཞིག་བཏོགས། །ཁ་ཡི་ཟུར་དུ་བཙུགས་པ་འདྲ། །
ག་ནས་བལྟས་ཀྱང་འདྲེ་འདྲ་བ། །ང་ལ་གནོད་པ་མ་སྐྱེལ་ཨང་། །

(དགེ་འདུན་ཆོས་འཕེལ་གྱིས)

དར་སེང་དཀར་མོ་གངས་སྟོད་འཁྱིམས་པ་ལ༷། །
ཁ་ཆར་བུ་ཡུག་གནོད་པ་མ་མཛད་ཅིག །
ཐང་དཀར་རྐོད་པོ་ནམ་འཕང་གཅོད་པ་ལ༷། །
མདའ་མཁན་དཔའ་བོས་གནོད་པ་མ་མཛད་ཅིག །

(སྣང་ས་འོད་འབུམ་གྱི་རྣམ་ཐར་ལས)

ལྟ་བུ་སོགས་ཏེ། འདི་རིགས་ཀྱི་ཁྱད་ཆོས་ནི། བྱེད་པ་པོའི་ཤུགས་རྐྱེན་ཐེབས་སའི་ཡུལ་དེར་ལྟོས་བཅས་ཀྱི་འགྱུལ་སྐྱོད་ཅིག་འབྱུང་ངེས་པར་མངོན།

ཡང་། བྱེད་པ་པོའི་དབང་པོ་དྲུག་གང་རུང་གི་རྩོལ་བ་འཇུག་སའི་ཡུལ་དངོས་ཡིན་པར་སྟོན་པ་ལའང་། ལ་ར་གཉིས་མ་གཏོགས་ལ་དོན་གཞན་དག་ཚབ་ཏུ་འཇུག་མི་རུང་། དོན་ནི། ཡིད་སོགས་ཀྱི་བྱ་བ་ཡུལ་དེ་ལ་དངོས་སུ་བཙུག་མེད་ཀྱང་། ཡུལ་དེ་ལ་བརྟེན་ནས་བསྒྲུབ་པའམ་འབྱུང་བ་ཡིན་ཏེ། ཡུལ་དེའི་རྒྱུ་རྣམས་རང་འབྲས་སྐྱེད་པའི་བྱེད་པར་འགྱུར་བའི་ཕྱིར་རོ། །དཔེར་ན། སྟག་ལ་སྐྲག་པ་ན། སྐྲག་པའི་བྱ་བ་དེ་བྱ་བའི་ཡུལ་སྟག་གི་འཇིགས་པར་བསམས་ནས་བྱུང་བ་ཡིན་པ། ལ་སྒྲས་གསལ་བར་བྱས་པ་དང་། གྲོགས་ལ་བློ་གཏད་པ་ན། གྲོགས་ཀྱི་གཞུང་དྲང་ཞིང་ཞེ་བཟང་བ་ལ་བལྟོས་ནས་ཡིད་ཆེས་པར་བྱེད་པ་ཡིན་ནོ། །དེ་བཞིན།

དགྲ་ལ༷་སྡང་ཞིང་གཉེན་ལ་བྱམས།
གནའ་གཏམ་ལ༷་ཉན་དགའ་ཆེ།
གཏམ་མདོ་མེད་བཤད་ན་རྣ་ལ༷་གཟན། །ཤ་རུས་པ་ཟོས་ན་སོ་ལ༷་གནོད། །

ཡོན་ཏན་ལྡན་པ་ཡོན་ཏན་ལ༷། །དགའ་ཡི་ཡོན་ཏན་མེད་རྣམས་མིན། །
སྦྲང་རྩི་འཛིན་པ་མེ་ཏོག་ལ༷། །དགའ་ཡི་ཤ་སྦྲང་དེ་ལྟ་མིན། །

(ས་སྐྱའི་ལེགས་བཤད་ལས)

ལྷ་བུ་སོགས་སོ། །འདི་རིགས་ཀྱི་ཁྱད་ཆོས་ནི། ཡུལ་གང་ལ་བློ་ཁ་ཕྱོགས་པ་ཙམ་གྱིས་སྣང་བ་ཅི་རིགས་ཤིག་ཤར་བར་མངོན།

གོང་གསལ་བྱ་བ་ཞིག་བྱ་བའི་ཡུལ་ཕལ་བ་སྟེ་ལས་ཙམ་ལ་སྦྱར་ན། དེ་གཉིས་ཀའི་བར་དུ་ལ་དོན་ཞིག་འཇུག་དགོས་ཏེ། བདག་གཞན་གཉིས་ཀྱི་ངོ་བོ་མ་འདྲེས་པར་སོ་སོར་དབྱེ་བའི་ཆེད་དུ་ཡིན་ཞིང་། བྱ་བ་ཞིག་བྱ་བའི་ཡུལ་གཙོ་བོ་སྟེ་ལས་དངོས་ལ་སྦྱར་ན། དེ་གཉིས་ཀའི་བར་དུ་ལ་དོན་འཇུག་མི་རུང་སྟེ། ལས་དང་བྱ་བའི་ངོ་བོ་ཐ་དད་དུ་མི་སྣང་བའི་ཕྱིར་ཡིན། དཔེར་ན། གླ་བྲང་དུ་འགྲོ་དང་། གླ་བྲང་འགྲོ་ཟེར་བ་གཉིས་དོན་མི་གཅིག །སྔ་མ་ནི་གླ་བྲང་བྱ་བའི་ཡུལ་དུ་བཟུང་ནས། དེ་ལ་འགྲོ་བ་པོ་ཞིག་འགྲོ་བའི་དོན་ཅན་དུ་གྱུར་ཡོད་ལ། ཕྱི་མ་ནི་གླ་བྲང་འགྲོ་བ་པོར་གྱུར་ནས། དེ་རང་འགྲོ་བའི་དོན་ཅན་དུ་གྱུར་ཏོ། །སྟོང་བུ་འཇོགས་དང་། སྟོང་པོ་ལ་འཇོགས་ཟེར་བ་གཉིས་དོན་མི་འདྲ། སྔ་མ་འཇོགས་པའི་བྱ་བ་དེ་ལས་ཀྱི་དངོས་པོ་སྟོང་པོ་དང་མཉམ་དུ་སྦྱར་ནས། ཤུགས་བསྟན་གྱི་བྱ་བའི་ཡུལ་ས་ལ་སྟོང་པོ་རང་འཇོགས་པ་ཡིན་པས། བྱ་བ་དང་ལས་ངོ་བོ་གཅིག་པར་སྣང་བས། རྣམ་དབྱེ་འཇུག་དོན་མེད་སོང་། ཕྱི་མ་འཇོགས་པའི་བྱ་བ་དེ་ཤུགས་བསྟན་གྱི་བྱེད་པ་མདུང་ལྷ་བུའི་ཡོ་བྱད་ཅིག་གིས་བྱ་བའི་ཡུལ་སྟོང་པོའི་སྟེང་དུ་འཇུག་པ་ཡིན་པས། བྱ་བ་དང་ཡུལ་གྱི་ངོ་བོ་ཐ་དད་དུ་སྣང་བས། རྣམ་དབྱེ་འཇུག་པའི་དགོས་པ་བྱུང་ངོ་། །ཤ་གཏུབ་པ་དང་། ཤ་ལ་གཏུབ་པ་གཉིས་དོན་མི་འདྲ། སྔ་མ་གཏུབ་བྱ་དང་གཏུབ་བྱེད་འབྲེལ་ཞིང་། གཏུབ་པའི་སྦྱོར་བར་བརྟེན་ནས། ཤ་རང་གྲི་ཁ་ནས་དུམ་བུར་སོང་བ་མ་གཏོགས། ཤ་བྱ་བའི་ཡུལ་དུ་བཞག་ནས། དེའི་སྟེང་དུ་གཏུབ་པའི་བྱ་བ་གཞན་ཞིག་བྱེད་པའི་རྣམ་པ་མི་འཆར་བ་དང་། ཕྱི་མ་གཏུབ་བྱེད་ཀྱིས་གཏུབ་བྱ་ཞིག་བྱ་བའི་ཡུལ་ཤའི་སྟེང་དུ་བཞག་ནས་གཏུབ་པ་མ་གཏོགས། ཤ་རང་སིལ་བུར་གྱུར་པའི་རྣམ་པ་མི་སྣང་ངོ་། །དེ་བཞིན།

ས་བཀོས།
སྔོང་བོ་གཙོད།
དཔལ་ཆེན་གྱིས་ལུག་བཤལ།

ཀུན་ཏུ་རྒྱུས་ཚུལ་ཁྲིམས་བསྲུངས། (མདོ་མཛངས་བླུན་ལས)

ལྟ་བུ་སོགས་ལ་རྣམ་དབྱེ་གཉིས་པ་འཇུག་སྲོལ་མེད་དོ། །

ཁ དགོས་ཆེད།

རྣམ་དབྱེ་བཞི་བ་དགོས་ཆེད་ནི། །
བྱེད་པ་པོ་དང་བྱ་བའི་ཡུལ། །
གང་གི་དགོས་པ་བསྒྲུབ་པའི་ཆེད། །
བྱ་བ་བྱེད་པར་སྟོན་བྱེད་ཡིན། །

བྱེད་པ་པོ་གང་ཟག་མ་ཟད་སྤྲོག་ཆགས་གཞན་ཅི་རིགས་ཤིག་ཡིན་ཡང་། བྱ་བ་ཞིག་བྱེད་པར་དམིགས་ཡུལ་རེ་ཡོད། དཔེར་ན། ལུག་གཙང་བོའི་ཁར་རྒྱུག་པ་ཡང་། ཆུ་འཕྱུང་རྒྱུ་དམིགས་ཡུལ་རེ་ཡོད་མོད། རྣམ་དབྱེ་བཞི་བ་ནི་དམིགས་ཡུལ་དེ་ལྟ་བུ་ཞིག་མི་སྟོན་པར། བྱེད་པ་པོ་ཅི་རིགས་ཤིག་གིས་རང་གི་དགོས་པའམ་བྱ་བའི་ཡུལ་གྱི་དགོས་པ་ཞིག་བསྒྲུབ་པའི་ཆེད་དུ་བྱ་བ་ཞིག་བྱེད་པར་སྟོན་པ་ཡིན་ནོ། །

བྱེད་པ་པོས་རང་གི་དགོས་པ་ཞིག་གི་ཆེད་དུ་བྱ་བ་བྱེད་པར་སྟོན་པ་ནི། རྫོང་བས་ལྟོ་གོས་སུ་ཞིང་བཏབ་པ། དཔེར་མཚོན་ན། ལྟོ་གོས་དགོས་པའི་ཆེད་དུ་བྱེད་པ་པོ་རྫོང་བས་ཞིང་བཏབ་པའི་བྱ་བ་བྱས་པ་ཡིན་པས། སུ་སྒྲས་བསྟན་པའོ། །དེ་བཞིན།

ཆ་མ་ལ༷་འགྲོ།
གཡུལ་ཏུ༷་གོ་བགོས།
རྒྱལ་ཁབ་བསྲུང་བར༷་དམག་རྩལ་སྦྱོང་།

གོས་སུ༷་འོས་ཀྱང་ཤ་ལ༷་བཏེགས། (ཐོན་མིའི་ཞལ་ལུང་ལས)

འགྱུར་བཞི་བསྒྱུན་པར༷་ན་གཞོན་གང་མང་ལག་རྩལ་སྦྱང་བར༷་མངགས།

དེའི་ཚེ་ཚོང་པ་ལྔ་བརྒྱ་ཙམ་ཞིག་རྒྱ་མཚོར་ཞུགས་ཏེ། རིན་པོ་ཆེ་ལེན་དུ༷་སོང་བ་ལས་ཆུ་སྲིན་ཁ་གདངས་པ་དང་ཕྲད་ནས། ཀུ་ཡང་ཤིན་ཏུ་མགྱོགས་པར་ཆུ་སྲིན་གྱིས་ཟ་འདོད་པའི་ཁར་སོང་ངོ་། །(མདོ་མཛངས་བླུན་ལས)

ལྟ་བུ་སོགས་སོ། །

དེ་ཡང་བྱ་བ་སྒྲུར་སའི་གཞི་ལ་ཆོས་དང་བྱ་བའི་ཁྱད་པར་ཡོད་ཀྱང་། དོན་ལ་ཐ་དད་མེད་དེ། སྦྱོར་ཚིག་སྔ་བསྡུས་མ་བསྡུས་པའི་ཕྱིར་ཡིན། ཆ་མ་ལ༷་འགྲོ་ཞེས་པའི་ཚིག་ཁ་གྲོལ་ན། ཆ་མ་འཐུ་བར༷་འགྲོ་ཟེར་བ་ལྟ་བུས་གསལ།

བྱེད་པའི་ཆ་དང་ལྡན་པའི་བྱ་བའི་ཡུལ་གྱི་དགོས་པ་བསྒྲུབ་པའི་ཆེད་དུ་བྱ་བ་བྱེད་པར་སྟོན་པ་ལ། ར་སྒྲ་ཟུར་ཡང་བས་ཚིག་པ་ལས་ལ་དོན་གཞན་དག་ལའི་ཚབ་ཏུ་འཇུག་མི་རུང་། མགྲོན་པོ་ལ༷་མི་བཏང་བ་དཔེར་མཚོན་ན། བྱ་བའི་ཡུལ་མགྲོན་པོའི་དགོས་པ་བསྒྲུབ་པའི་ཆེད་དུ་མི་བཏང་བའི་བྱ་བ་བྱེད་པའི་ཚེ། བྱ་བའི་ཡུལ་མགྲོན་པོ་དེ་བྱེད་པར་གྱུར་ནས། ཁ་ལག་བསྲོ་བའམ་དུ་བ་འཐེན་པར་མི་དེ་བེད་སྤྱོད་པར་འགྱུར་བས་གསལ། དེ་བཞིན།

རྟ་ལ༷་ཆས་བྱིན།
གྲོགས་དགའ་བར༷་རོགས་རམ་བྱེད།

དབུལ་པོ་རྣམས་ལ༷་སྦྱིན་པ་གཏང་བར་བྱ།

ཁྲིལ་མེད་རྣམས་ལ༷་ཕན་བཏགས་ཀྱང་། །བྱ་བ་ཟིན་ན་བརྗེད་པར་འགྱུར། །
ཆུ་བོ་ཕ་རོལ་བརྒལ་བ་ན། །གྲུ་གཟིངས་ལྟོས་པ་མེད་པར་འདོར། །

(ཆུ་ཡི་བསྟན་བཅོས་ལས)

ལྟ་བུ་སོགས་སོ། །

དགོས་ཆེད་དང་ལས་སུ་བྱ་བའི་ཚིག་སྦྱོར་ལ་ལ་དཔེར་ན། ཞིང་ལ་ཆུ་འདྲེན་དང་། ཀ་ལ་ཆུ་འདྲེན། ལྟ་བུ་ཆེས་མཚུངས་པས་ན། ཁ་ཅིག་གིས་གཉིས་ཀའང་ལས་སུ་བྱ་བའི་མཚན་གཞིར་འདོད་པ་ནི། དོན་གྱི་ཞིབ་ཆ་མ་གཏོགས་པར་མངོན་ཏེ། གཅིག་ཏུ། སུམ་ཅུ་པའི་གཞུང་ལུགས་ནི། ཚིག་གི་སྦྱོར་ཚུལ་གྱི་རྣམ་པ་ཙམ་སྟོན་པ་མ་ཡིན་གྱི། དོན་གྱི་ཁྱད་པར་གྱི་ངོ་བོ་ཉིད་སྟོན་པ་ཡིན་པའི་གནད་འདི་མ་ཟིན་ལ། ཚིག་སྦྱོར་གྱི་རྣམ་པ་མཚུངས་པ་ཙམ་གཞིར་བཟུང་བའི་ཕྱོགས་སུ་ལྷུང་བའི་ཕྱིར་དང་། གཉིས་སུ། བྱ་བའི་ཡུལ་གྱི་དགོས་པ་བསྒྲུབ་པར་བྱ་བ་ཆེད་དུ་བྱེད་པའི་དགོས་ཆེད་དང་། བྱ་བའི་ཡུལ་གྱི་དགོས་པ་མི་ལྟོས་པར་བྱ་བ་ཙམ་བྱེད་པའི་ལས་སུ་བྱ་བ་གཉིས་ཀྱི་སྒྲུ་རིས་མ་ཕྱེད་པའི་ཕྱིར་དང་། གསུམ་དུ། བྱེད་པ་པོའི་དམིགས་ཡུལ་དང་། བྱ་བའི་ཡུལ་གྱི་དགོས་པ་གཉིས་ཀྱི་ཁྱད་པར་མ་ཕྱེད་པར། ཉ་ཉུང་མཉམ་བསྲེ་བྱས་པའི་ཕྱིར། དེ་ལུགས་ཀྱི་ཆོས་ཉིད་མ་རྟོགས་ལོག་རྟོག་ཏུ་གྱུར་པ་ཡིན་ནོ། །

ཡང་། ལ་ལས། ཞིང་ལ་ཆུ་འདྲེན་པའི་ཞིང་ནི། ལོ་ཏོག་ལ་མ་དམིགས་པར་ས་ལ་དམིགས་པ་ཡིན་ན། ལས་སུ་བྱ་བའི་མཚན་གཞིར་འགྲོའོ་ཟེར། ཚིག་འཕྲི་སྐམ་པོས་བརྡར་ཤ་མི་ཚོད་པས། །ལུང་དང་རིགས་པས་དཔྱད་ན་རང་བཞིན་རྟོགས། །སྒྲ་རིག་པའི་ཐད་དུ་ཐོན་མི་གཉིས་པར་གྲགས་པའི་སི་ཏུ་པཎ་ཆེན་གྱི་

ཞལ་ནས། བྱ་བ་གང་ཞིག་གིས་བྱ་བའི་ཡུལ་དེའམ། དེ་དང་འབྲེལ་བའི་ལས་ལ་ཕན་འདོགས་པར་འགྱུར་བའི་དོན་གྱི་ཆེད་དུ་བྱ་བའི་ཡུལ་ལ་འཇུག་པ་རྣམ་དབྱེ་བཞི་པ། ཞེས་གསུངས་པས་གནད་འདི་ཕིགས་ཏེ། ལེགས་བཤད་ཚད་ལྡན་དུ་མཐོང་ངོ་། །དེར་བརྟེན། ཞིང་ལ་ས་རུ་བཟུང་ཡང་། ས་ཡིས་ལོ་ཏོག་བསྐྱེད་པར་ཆུ་ཡི་དགོས་པ་ཡོད་པས། ཆུ་འདྲེན་པ་ཡང་བྱ་བའི་ཡུལ(ས)དེ་དང་འབྲེལ་བའི་ལས་ཏེ། སྨུ་གུ་འབུས་པའམ་ལྡང་བུ་སྐྱེ་བ་ལ་ཕན་འདོགས་པ་ཡིན་པས། དགོས་ཆེད་ཀྱི་མཚན་གཞི་རང་ཡིན་ནོ། །འདིར་དགོས་པ་ཞེས་པ་དང་། ཕན་འདོགས་པ་ཞེས་པ་གཉིས་ཚིག་བཤད་ཚུལ་མི་གཅིག་ཀྱང་དོན་སྟོན་ཚུལ་གཅིག་སྟེ། བྱེད་པ་པོ་རང་གིའམ་བྱ་བའི་ཡུལ་གང་གི་དགོས་པ་སྒྲུབ་པ་ནི་ཕན་འདོགས་པ་ཉིད་དེ། དགོས་པ་བསྒྲུབས་བྱུང་ན་ཕན་ཐོགས་སོང་བ་མ་ཡིན་ནམ།

དགོས་ཆེད་གསལ་བྱེད་ཀྱི་སྒྲ་སྟེ། ཆེད། ཕྱིར། སླད། དོན། རྒྱུ་མཚན་རྣམས་གང་རུང་ཅམ་མམ། ལ་དོན་གྱི་གྲོགས་སུ་སྦྱར་ནས། བྱེད་པ་པོ་དང་བྱ་བའི་ཡུལ་གང་རུང་གི་དགོས་པ་སྟོན་ཚིག །དཔེར་ན།

དོན་དེ་ལ་རྩོད་པ་ཆུང་ཆེད་དུ་ཕྱང་རི་འདི་ནས་སུམ་ཆ་དེ་ཕྱིའུ་ལ་གསོལ་རས་གནང་རོགས་མཛོད། (བྱ་སྤྲེལ་གྱི་གཏམ་རྒྱུད་ལས)

སྐྱེས་པའི་ཚུལ་ཞུགས་མཛེས་མ་ཀུའུ་དཔྱིན་ཐེས། །
ལིང་ཧྲིང་པེ་ལ་རང་གཤིས་མཚོན་སླད་དུ། །
ནོར་བུའི་འཕྲ་ལྡན་རྒྱན་ཆའི་ཚོམ་བུ་གཅིག །
སློབ་དཔོན་དགའ་མའི་སླིམ་པར་གཏད་ནས་སོང་།།

(ཕྲ་མོའི་རྒྱན་ཏེ་སྐན་ངག་སྤྱི་དོན་ལས)

ང་བུ་ཕྲུང་བུ་འདྲ་བ་ཞིག་གི་དོན་ལ་ཕོ་སྐྱེས་པ་ཁྲོ་གཞི་སྲོག་བཅད་པས་མི་ཡོང་ངོ་། །

(འགྲོ་བ་བཟང་མོའི་རྣམ་ཐར་ལས)

ལྟ་བུ་རྣམས་ལས་ལ་དོན་ལ་དགོས་ཆེད་གསལ་བྱེད་ཀྱི་ཚིག་ཕྲོགས་སྦྱར་ནས་དགོས་པ་བསྟན་པའོ། །

མི་རིགས་འདྲ་མཉམ་དུ་ངེས་ཆེད༷་མི་རིགས་སྲིད་ཇུས་གཏན་ལ་ཕབ་པོ། །

བུར་ཤིང་གཅོད་པ་རོ་ཡི་ཕྱིར༷། །ཕ་སྐྱེས་གསོད་པ་པགས་པའི་སླད༷། །
དོན་མཐུན་འཛོམས་པ་ནོར་གྱི་དོན༷། །རྒྱལ་པོར་རྐོལ་བ་འབངས་ཀྱི༷་ཆེད། །

(ཤིང་གི་བསྟན་བཅོས་ལས)

ལྟ་བུ་སོགས་དགོས་ཆེད་གསལ་བྱེད་ཀྱི་སྒྲ་ཙམ་གྱིས་དགོས་པ་བསྟན་པའོ། །

ག རྟེན་གནས།

རྣམ་དབྱེ་བདུན་པ་རྟེན་གནས་ནི། །གང་ཞིག་གར་ཡོད་སྟོན་བྱེད་དེ། །
གནས་དང་གནས་པའི་དོན་ཅན་དུ། །ལ་དོན་གང་ཡང་འཇུག་ཏུང་གི །
རྟེན་དང་བརྟེན་པའི་དོན་ཅན་དུ། །ར་ལ་མིན་པ་འཇུག་མི་ཏུང་། །

རྟེན་གནས་ནི་ཆོས་གང་ཞིག་གནས་གང་དུ་ཡོད་པར་སྟོན་པར་བྱེད་པ་སྟེ། རི་རྩ་ན་ཆུ་མིག་ཡོད་ཟེར་བར། ཆུ་མིག་ཅེས་པའི་ཆོས་དེ་ཡོད་སའི་གནས་ནི། རི་རྩ་ཡིན་པར་ན་སྒྲས་བསྟན་པའོ། །

གནས་དང་གནས་པའི་དོན་ཅན་ཏེ། གནས་བྱའི་ཆོས་ཤིག་གནས་གཞི་གང་ན་ཡོད་པ་ཙམ་དུ་སྦྱར་བའི་དོན་ཅན་ལ། ཐོབ་ཐང་ལྟར་ལ་དོན་གང་ཏུང་འཇུག་ཆོག །རི་ངོས་སུ་ལུག་ཡོད། ཅེས་པ་དཔེར་མཚོན་ན། གནས་གཞི་རི་ངོས་དང་གནས་བྱ་ལུག་གཉིས་གཞི་གཅིག་མིན་པས་རང་ཤུགས་སུ་འབྲལ་སྒྲ་སྟེ། རི་ངོས་

ན་ཡོད་པ་ཙམ་མོ། །ཡང་། རིའི་ཕང་བ་ལ་གྲོང་སྡེ་ཆགས་པ་དཔེར་མཚོན་ན། རིའི་ཕང་བ་དང་གྲོང་སྡེ་གཞི་གཅིག་མིན་པས། སོ་སོར་འཕྲལ་རུང་ལ། གྲོང་བ་རྣམས་རིའི་ཕང་བ་དེར་བསྡད་མ་འདོད་ན། གནས་གཞན་ཞིག་ཏུ་སྤོར་ཆོག་པ་ལྟ་བུ་ཡིན་ནོ། །དེ་བཞིན།

ཟེ་ལེང་དུ་བཟོ་གྲྭ་མང་།
ཁྲིམ་དུ་འགྲུལ་བ་འགའ་ཡོང་ནས་ཡོད།

དཀྱིལ་འཁོར་བར་སྣང་ཁམས་ན་ཡོད། །
ལྷ་བཟོ་དཀྱིལ་འཁོར་དབུས་ན་བཞུགས། །(ཁེད)

བྲག་རིའི་ཉིན་དུ་ཤུག་པ་དང་སྲིབ་ཏུ་གསོམ་པ་སྐྱེས།
ཆུ་སྟོད་བརྒྱ་ལ་ཟླ་བ་བརྒྱ།

མང་མང་འདུས་པའི་ཚོགས་ཁྲལ་དུ། །འདྲ་འདྲ་ལྟ་བུ་མང་ན་ཡང་། །
རང་རང་ཁྱད་ཆོས་མི་འདྲ་བ། །སྐྱེ་བོ་རྣམས་ཀྱི་བྱད་གཟུགས་བཞིན། །
(ཐོག་མའི་ཟུང་ལྡན་ཏེ་སླན་ངག་གི་རྣམ་བཤད་གསལ་སྒྲོན་ལས)

ལྟ་བུ་སོགས་སོ། །

རྟེན་དང་བརྟེན་པའི་དོན་ཅན་ཏེ། བརྟེན་བྱའི་ཆོས་ཤིག་རྟེན་གཞི་གང་ལ་ཐོགས་པའམ་དབང་བ་ཉིད་དུ་སྦྱར་བའི་དོན་ཅན་ལ། ར་སྒྲ་ཟེར་ཡང་བས་མ་གཏོགས་ལ་དོན་གཞན་རྣམས་ལའི་ཚབ་ཏུ་འཇུག་མི་རུང་། དཔེར་ན། སིལ་སྡོང་ལ་ཡལ་ག་མང་། ཞེས་པའི་ལའི་དོན་དུ་དུ་སྒྲ་འཇུག་མི་རུང་སྟེ། རྟེན་དང་བརྟེན་པ་གཉིས་གཞི་གཅིག་ལ་འབྲེལ་དམ་པོ་ཆགས་ཡོད་པས། རང་ཤུགས་སུ་སོ་སོར་འབྲལ་མི་རུང་བ་དང་། བཀྲ་ཤིས་ལ་གཟིག་ལྤགས་ཤིག་ཡོད། ཅེས་པའི་ལའི་ཚབ་ཏུ་སུ་སྒྲ་འཇུག་མི་རུང་སྟེ། རྟེན་གཞི་བཀྲ་ཤིས་དང་བརྟེན་བྱ་གཟིག་ལྤགས་གཉིས་

བདག་དང་བདག་གི་བར་འབྲེལ་བས། གང་ཞིག་གང་དུ་ཡོད་པ་ཙམ་བསྟན་པ་མ་ཡིན་གྱི། གང་ཞིག་གང་ལ་དབང་བ་དངོས་བསྟན་པ་ཡིན་ཞིང་། དེ་ཡང་རང་ཤུགས་སུ་སོ་སོར་མི་འབྲལ་བའི་ཕྱིར་རོ། །དེ་བཞིན།

མི་དམངས་ལ་རང་དབང་ཡོད།
རྒྱ་ལ༷་འབྲས་བུ་ཐོགས།

བཤད་པའི་ཁ་ལ༷་ཚངས་དབྱངས་གྲུབ། །ཉན་པའི་ཡིད་ལ༷་ཡེ་ཤེས་སྐྱེས། །

(གྲུ་གླིང་གཡུལ་འགྱེད་ལས)

དམག་དཔོན་བཙན་ལྷ་རྡོ་རྗེ་ན་རེ། ཁོ་རེ་མི་དམར་ཧ་དམར་སྐྱ། བཤད་རྒྱུ་ཁྱོད་ལ༷་ཡོད་ཀྱང་བདེན་པ་ང་ལ༷་ཡོད། ཟེར་ནས་གླུ་འདི་བླངས་སོ། །

(སྟག་གླིང་གཡུལ་འགྱེད་ལས)

བརྩོན་འགྲུས་ཅན་ལ༷་གྲུབ་པ་མང་། །རང་སྒོང་ཅན་ན༷་རིག་པ་རྒོད། །

ལྟ་བུ་སོགས་སོ། །

ང ཚེ་སྐབས།

ཚེ་སྐབས་བྱ་བ་བྱེད་དུས་དང་། །
འབྱུང་དུས་ནམ་ཡིན་སྟོན་བྱེད་དོ། །

ཚེ་སྐབས་ནི་བྱ་བ་གང་ཞིག་ནམ་ཚོད་བྱེད་པ་དང་། འགྱུར་ལྡོག་གང་ཞིག་ནམ་ཚོད་བྱུང་བའི་དུས་སྟོན་བྱེད་ཡིན་ནོ། །དེ་ལ་སྦྱ་མ་ནི་དཔེར་བརྗོད་ན། སྐྱ་རེངས་སུ་ལུས་རྩལ་སྦྱངས། ཞེས་པར། སྐྱ་རེངས་ནི་དུས་ཚོད་དང་། ལུས་

རྩལ་སྦྱངས་པ་བྱ་བ་ཡིན་པ། སུ་ཞིས་པའི་ལའི་དོན་ཅན་གྱི་སྒྲས་རྣམ་པར་ཕྱེ་ཞིང་། ལུས་རྩལ་སྦྱངས་པའི་དུས་ནི་སྐྱ་རེངས་ཡིན་པ་གསལ་བར་བྱས་པ་ལྟ་བུ། དེ་བཞིན།

བོད་ཡིག་ཐོག་མར་ཐོན་མི་སམྦྷོ་ཊས་གསར་དུ་བཅམས་པ་ཡིན་ཞེས་གྲགས།
བཅིངས་གྲོལ་མ་བྱས་གོང་དུ་ངལ་རྩོལ་མི་དམངས་ཀྱི་འཚོ་བ་ཧ་ཅང་སྡུག
དེང་སྐབས་སུ་རང་རྒྱལ་དུ་སྤྱི་ཚོགས་རིང་ལུགས་ཀྱི་ཕྱིན་ལས་རྣམ་བཞི་དེང་རབས་ཅན་དུ་སྒྱུར་བཞིན་མཆིས།
ཉེ་ཆར་ང་ཚོས་ཟབ་སྦྱང་བྱེད་ཀྱིན་ཡོད།
རྗེས་སུ་ངས་རྒྱ་ཡིག་ཀྱང་ཨེ་ཤེས་བལྟ།

རྫུན་དང་ཕྲ་མ་གཡོ་རྒྱུ་གསུམ། །
འཕྲུལ་ལམ་དུ་འགྲོ་ཡང་ཕུགས་སུ་ཕུང་། །

(བྱ་སྤྲེལ་གྱི་གཏམ་རྒྱུད་ལས)

ལྟ་བུ་སོགས་རིམ་བཞིན་གཉིས་རེར་བྱ་བ་བྱས་ཟིན་པའི་དུས་འདས་པ་དང་། བྱེད་བཞིན་པའི་དུས་ད་ལྟ་བ་དང་། བྱེད་འགྱུར་གྱི་དུས་མ་འོངས་པ་རྣམས་བསྟན་པའོ། །

ན་ནིང་ནས་ད་ལོའི་བར་དུ་ང་མཚོ་སྔོན་མི་རིགས་སློབ་གྲྭ་ན་ཟབ་སྦྱང་བྱས་ཤིང་བསྡད།
ཟླ་བརྒྱད་པར་ཁོ་པེ་ཅིན་གྲོང་ཁྱེར་སོགས་སུ་ལྟད་མོ་བལྟ་བར་འབུད་སོང་།
ཉ་གང་དུ་ཟླ་འཛིན་བྱུང་།
ཉིན་མོ་དཀར་ལ་རོ་ཉལ་མ་བྱེད།
ནམ་གུང་དུ་ཙུང་ཟད་གཉིད།

ལྟ་བུ་རིམ་བཞིན་ལོ། ཟླ། ཚེས། ཉིན། མཚན་མོ་སོགས་བསྟན་པའོ། །

རྟག་ཏུ་ལུག་རྫི་བྱེད།
ཁོ་མྱུར་དུ་བུད་སོང་།
ནམ་ཞིག་ལ་འོང་རྒྱུ་ཆ་མ་འཚལ།

ལྟ་བུ་དུས་ཀྱི་རྒྱུན་དང་། གློ་བུར་དང་། ངེས་མེད་རྣམས་བསྟན་པའོ། །
དོན་གང་ཞིག་ནམ་ཚོད་བྱུང་བའི་དུས་སྟོན་པར་དཔེར་ན།

མི་ཏོག་སེར་ཆེན་སོས་ཀར་བཞད།
 རླུང་གཡུགས་མ་ཐག་ཏུ་ཆར་བབས། ཡུད་ཙམ་དུ་ཡང་ཐང་སོང་།
ལོ་རེ་བཞིན་དུ་ཇི་སྐྱིད་རེད།
རྒྱལ་ཚབ་རྗེ་ནི་རབ་བྱུང་དྲུག་པའི་ཤིང་འབྲུག་ལོང་འཁྲུངས་ནས་རབ་བྱུང་བདུན་པའི་ལྕགས་ཕག་ལོར་གཤེགས།(1364-1431)

ལྟ་བུ་སོགས་སོ། །

ཙ དེ་ཉིད།

དེ་ཉིད་ལས་དང་བྱ་བ་གཉིས། །
ངོ་བོ་གཅིག་ཏུ་གྲུབ་པ་དང་། །
ཚུལ་དང་ཚད་གཉིས་སྦྱར་བ་ལས། །
ཁྱད་ཆོས་ངེས་ཅན་སྟོན་བྱེད་ཡིན། །

སྦྱིར་དེ་ཉིད་ཅེས་པ་དེ་ཁོ་ན་ཉིད་དེ། ཆོས་རྣམས་ཀྱི་གནས་ལུགས་མཐར་ཐུག་པའི་ངེས་པར་ངོས་འཛིན་མོད། སྐབས་འདིའི་དེ་ཉིད་ནི། དེ་འདྲའི་དོན་མིན་གྱི། དེ་དེ་རང་ཡིན་པའི་ངོ་བོ་གཅིག་འགྱུར་སྟོན་བྱེད་ཡིན་ཏེ། ལས་དང་བྱ་བ

གཉིས་ཊ་བོ་གཅིག་ཏུ་གྲུབ་པའི་དེ་ཉིད་ཙམ་ལའི་དོན་ཅན་གྱི་སྒྲ་ལ་བརྟེན་ནས་ཤེས་ཚོག་པ་ཞིག་ཡིན། དེ་ཡང་ནང་གསེས་ཁྱད་པར་བཞི་ཡོད་དེ།

༡. ལས་དང་བྱ་བ་གཉིས་ཊ་བོ་གཅིག་ཏུ་སྦྱར་ནས་ཆོས་གང་གི་ངང་ཚུལ་སྟོན་པར་བྱེད་པ་ཞིག་སྟེ།

ཉི་མ་འོད་དུ་འཚེར། ཞེས་པར། འོད་ནི་ལས་དང་འཚེར་བ་བྱ་བ་གཉིས་དུ་སྒྲས་ཊ་བོ་གཅིག་ཏུ་སྦྱར་ཅིང་། འཚེར་བ་འོད་དེ་ཉིད་ལས་ཡོགས་སུ་མེད་ལ། འོད་ཀྱང་འཚེར་བ་ལས་ཡོགས་སུ་མེད་པར་བྱས་ནས། ཉི་མའི་ངང་ཚུལ་བསྟན་པའོ། །དེ་བཞིན།

མེ་ཚ་སྲེག་ཏུ་གྲུབ།
ཆུ་ཀླན་གཤེར་དུ་ངེས།
ཀྲིན་ངན་གྲོགས་སུ་ཤར།
ཁྲིམ་པ་ཟབས་སུ་འདོམ་པ་བཅོ་ལྔ་ཡོད།

ཆོས་སྐྱོང་བཟང་པོ་བསིལ་ལྡན་ལྗོངས་འདི་ཡི། །
གྲངས་མེད་མཁས་པའི་གཙུག་རྒྱན་མ་ཡིན་ཏེ། །
དྲན་དབང་གཞན་གྱི་རྣམ་དཔྱོད་སྤོབས་པའི་ཚོགས། །
འཕྲོག་པའི་ཆོམ་རྐུན་ཉིད་དུ་ངེས་པ་ལགས། །

(ཆོས་ལ་བསྙོན་དོར་ཧེ་དབྱངས་ཅན་དགྱེས་གླུ་ལས)

ལྟ་བུ་སོགས་སོ། །

༢. ལས་དང་བྱ་བ་གཉིས་ཊ་བོ་གཅིག་ཏུ་སྦྱར་ནས། བྱ་བའི་ཡུལ་གྱི་འགྱུར་ཚུལ་སྟོན་པར་བྱེད་པ་ཞིག་སྟེ།

རྒྱ་ཡིག་བོད་ཡིག་ཏུ་བསྒྱུར། ཞེས་པ་ན། ལས་བོད་ཡིག་དང་བྱ་བ་བསྒྱུར་བ་གཉིས་ཏུ་སྒྲས་ཊ་བོ་གཅིག་ཏུ་སྦྱར་ནས་བྱ་བའི་ཡུལ་རྒྱ་ཡིག་གི་རྣམ་པ་བོད་ཡིག་

ཏུ་འགྱུར་བ་བསྟན་པའོ། །དེ་བཞིན།

ཧ་རྒྱུག་པར་བྱེད།
བ་བྲིས་མ་དྲུས་མར་རེ།
སྒྲུ་ཤགས་ཡི་གེར་བྲིས།
མཚོན་ཆ་ཐམས་ཅད་ཀྱང་མེ་ཏོག་གི་ཆར་དུ་གྱུར།

(ལེགས་བཤད་རིན་པོ་ཆེའི་གཏེར་མཛོད་ལས)

ཁ་ཟས་མ་ཞུ་དུག་ཏུ་འགྱུར། །དུག་ཀྱང་ཤེས་ན་སྨན་དུ་འགྱུར། །

(ས་སྐྱའི་ལེགས་བཤད་ལས)

ཁོང་འདབ་ཆགས་ལྕགས་ལ་བཟོས་པ་མིན། །ང་སྤྲེའུ་མར་ལ་བཟོས་པ་མིན། །

(བྱ་སྤྲེལ་གྱི་གཏམ་རྒྱུད་ལས)

ང་དགུང་སྔོན་དབྱིངས་ཀྱི་སྤྲིན་གསར་ལ། །ཁོས་ཧྲོ་འཛམ་ཡོང་བའི་རེ་བ་བྱེད། །
སྤྲིན་གོས་སུ་གྱོན་པ་ག་ནས་ཡོང་། །འབྲུག་སྒྲོག་ལྕེ་དང་འཁྲོགས་སྤྲང་ཆར་ངོམ། །

(སྣང་ས་འོད་འབུམ་གྱི་རྣམ་ཐར་ལས)

གྲི་བརྒྱབ་རྗེ་ལ་དབྱུག་པ་རེད། མདུང་བསྟུན་བྲག་ལ་མཛུབ་མོ་རེད། ཞགས་འཕེན་པ་པོང་སྐུ་འཐེན་རེད། (གྲུ་གླིང་གཡུལ་འགྱེད་ལས)

ལྟ་བུ་སོགས་སོ། །

༣. བྱ་ལས་ངོ་བོ་གཅིག་ཏུ་སྒྱུར་ནས་བྱེད་པའི་སྤྱོད་ཚུལ་ལམ་འགྱུར་ཚུལ་སྟོན་པ་སྟེ།

ཁོང་ག་ལེར་ཕེབས་པ་ན། ལས་ག་ལེ་དང་བྱ་བ་ཕེབས་པ་གཉིས་ར་སྤྲས་ངོ་བོ་གཅིག་ཏུ་སྒྱུར་ནས་བྱེད་པ་པོ་ཁོང་གི་འགྲོ་ཚུལ་མཚོན་པ་དང་། དེ་བཞིན།

ཧ་མགྱོགས་པར་རྒྱུག
ཁ་བ་ལྷབ་ལྷུབ་ཏུ་བབས།
ཀུ་ཤུ་སྨིན་ནས་ཁ་དོག་དམར་པོར་གྱུར།

དོན་དག་ཚབ་ཚུབ་ཏུ་བྱེད་མི་རུང་།

ལྟ་བུ་སོགས་སོ། །

༨. ཁྱད་ཆོས་དང་ཚད་གཉིས་ངོ་བོ་གཅིག་ཏུ་སྒྱུར་ནས་ཁྱད་གཞི་ཕོ་ཐག་རེ་སྟོན་པ་སྟེ།

འཚོ་བ་ལྷག་པར་སྐྱིད་པ་ན། ཚད་ལྷག་པ་དང་ཁྱད་ཆོས་སྐྱིད་པ་གཉིས་ར་སྦྲས་ངོ་བོ་གཅིག་ཏུ་སྒྱུར་ནས། ཁྱད་གཞི་འཚོ་བའི་གནས་ཚུལ་ཕོ་ཐག་ཅིག་བསྟན་པ། དེ་བཞིན།

ཁྱོད་ཀྱིས་བཤད་པ་ངེས་པར་བདེན།
མཁས་པ་མཆོག་ཏུ་གྱུར་པ་ཞིག་རེད།
ལྷ་ཁང་བཞེངས་པ་ཁྱད་དུ་འཕགས།
རི་མོ་བྲིས་པ་ཀུན་ཏུ་མཛེས།

ཉག་གཅིག་གདུང་འདེགས་འཕྲུལ་གྱིས་ཡོངས་བརྟེན་ཅིང་། །
གསེར་སྤྲུངས་རྩིབས་མ་བརྒྱ་ཡིས་ཉེར་མཛེས་པ། །
སུས་ཀྱང་མ་བྱས་རང་བྱུང་དུང་གི་གུར། །
མཆད་སྡོང་གི་ཚལ་ན་རྣམ་པར་བཀྲ། །

(ཤ་མོའི་གབ་ཚིག་སྙེ་དཔྱི་ས་བློ་གྲོས་རྒྱ་མཚོས།)

སྨྲ་བའི་དབང་པོ་ཁྱོད་ཀྱི་རྣམ་དཔྱོད་འདི། །
རབ་ཏུ་སྲ་ཞིང་རྩུབ་པའི་རང་བཞིན་དང་། །
ཤིན་ཏུ་རྣོ་བའི་ངར་དང་མི་ལྡན་ཡང་། །
ལོག་རྟོག་ཚང་ཚིང་ཅིག་ཅར་གཅོད་འདི་མཚར། །

(ཁྱད་པར་བརྗོད་པའི་རྒྱན་ཏེ་དབྱངས་ཅན་དགའ་བློས)

ལྟ་བུ་སོགས་སོ། །

བཞི་བ། ན་སྐྲ།

ན་སྐྲ་གལ་འཛོམས་གཞུང་འཛོམས་དང་། །
རྒྱུ་མཚན་དང་ནི་མཐུན་མི་མཐུན། །
འོས་དང་མི་འོས་སྨོན་པ་དང་། །
ཐེ་ཚོམ་རྣམས་ལ་འཇུག་པ་ཡིན། །

ན་སྐྲ་ལ་དོན་དུ་དོན་ཚན་ལྔ་ལ་འཇུག་པ་གོང་གསལ། སྙད་རྒྱང་དུ་འཇུག་པ་མཁས་པ་རྣམས་ཀྱི་བཞེད་པ་དེ་འདྲ་མི་གཅིག་ཀྱང་། མཐའ་དཔྱད་ན་དོན་ཚན་བརྒྱད་འདྲ་ཡོད་དེ།

ཀ། གལ་འཛོམས་པ།

བརྗོད་བྱའི་ཚིག་ཤིག་གི་མཐའ་གཅིག་དམིགས་ཀྱིས་བཀར་ནས་སྟོན་པ། དཔེར་ན།

མི་དེ་སྐྱེས་བུ་དམ་པ་དང་ཕལ་བ་གཉིས་ལས། སྐྱེས་བུ་དམ་པ་ཡིན་ངེས་ན༷། ཡོན་ཏན་ཁྱད་པར་ཅན་དང་ལྡན་པ་ཞིག་ཡིན་དགོས། (གསེར་ཏོག་སུམ་རྟགས་ལས)

སང་ཉིན་ལམ་གྲོགས་ཨེ་ཡོད། ཡོད་གྲང་ན༷་ཨུ་ཅག་འགྲོ། (བློ་གསལ་འཇུག་ངོགས་ལས)

དམ་པ་དཔོན་དུ་བསྐོས་གྱུར་ན། །རང་གི་འབངས་ལ་ལྷག་པར་བྱམས། །
མ་རབས་མཐོ་སར་བཞག་གྱུར་ན༷། །རང་གི་རིས་ལ་ལྷག་པར་འཚེ། །
(རྒྱལ་པོ་ལུགས་ཀྱི་བསྟན་བཅོས་ལས)

ལྟ་བུ་དང་། འདི་འདྲའི་རིགས་ལ་གལ་ཏེ་དང་གལ་སྲིད་ཅེས་པའི་བརྟག་པ་

མཐའ་བཟུང(གང་བརྟག་པར་བྱ་བ་སྐབས་ཐོག་ཡིན་པའི་དབང་དུ་བཏང་ནས་མཐའ་བཟུང་བ)
གི་ཚིག་གྲོགས་སྦྱར་རྒྱུ་མང་སྟེ།

གལ་ཏེ་བུ་ཁྱོད་ཀྱིས་ཡུལ་དུ་མཐུའི་རྟགས་མ་ཐོན་པར་ལོག་བྱུང་ན། ང་མ་རྒན་ཁྱོད་རང་གི་མདུན་དུ་ལྕེབས་ནས་ཤི་སྡོད་དོ་ཟེར། (མི་ལ་རས་པའི་རྣམ་ཐར་ལས)

གལ་སྲིད་ང་འོང་མ་ཐུབ་ན་ངའི་ཚབ་ཏུ་མི་གཞན་ཞིག་མངགས།
(དག་ཡིག་གསར་བསྒྲིགས་ལས)

ལྟ་བུ་སོགས་སོ། །

ཁ གཞུང་འཇུགས་པ།
བརྗོད་བྱའི་དོན་སྙིང་དམིགས་ཀྱིས་བཀར་ནས་གསལ་བར་སྟོན་པ་སྟེ།

ཐ་སྙད་ཅེས་པར་འགྲོལ་ཚུལ་མང་ཡང་། དངོས་སུ་ན་མིང་དང་ཕྲད་ཀྱི་སྤྱི་མིང་ངོ་། །
ཐེག་ཆེན་དང་ཐེག་དམན་ལ་འདྲ་ས་དང་མི་འདྲ་ས་མང་མོད། མདོར་ན་ཐེག་ཆེན་གྱི་ལུགས་ནི་སྒོ་ཀུན་ནས་གཞན་ལ་ཕན་འདོགས་པ་དང་། ཐེག་དམན་གྱི་ལུགས་ནི་གཞན་ལ་གནོད་པ་མི་སྐྱེལ་བ་ཉིད་དོ། །
མིང་གི་ཆགས་ཚུལ་དྲིལ་ན་འདོད་རྒྱལ་དང་རྗེས་གྲུབ་གཉིས་སོ། །

སྤྱིར་བཟོ་རིགས་ལ་རྒྱས་པར་ཕྱེ་ན་བསམ་གྱིས་མི་ཁྱབ་ཀྱང་། གཙོ་བོར་བསྡུ་ན། སློབ་དཔོན་ཤེས་ཀྱིས། བཟོ་ནི་ལུས་དང་ངག་དང་ཡིད་བཟོའོ་ཞེས་གསུངས་པ་ལྟར་རོ། །
(རོལ་མོའི་བསྟན་བཅོས་ལས)

ལྟ་བུ་སོགས་སོ། །

ག རྒྱུ་མཚན་སྟོན་པ།

རྒྱུ་ཡོད་ན་འབྲས་བུ་འབྱུང་། (བློ་གསལ་འཇུག་ངོགས་ལས)

ལྷུང་མ་གཡུགས་ན་སྤོང་བོ་མི་གཡོ།
རྟ་ངན་ན་ལ་ཐག་ཇེ་རིང་རེད། དཔའ་མེད་ན་དགྲ་ཡས་ཇེ་བརྣས་རེད།

རྒྱུན་ཆགས་བརྩོན་པ་མ་བཏང་ན། །མི་འགྲུབ་བྱ་བ་ཅི་ཡང་མེད། །
ཆུ་ཐིགས་རྟག་ཏུ་འབབ་པ་ཡིས། །བྲག་གི་རི་བོ་འབིགས་ལ་ལྟོས། །

(ཆུ་ཡི་བསྟན་བཅོས་ལས)

རིག་པའི་གནས་ལྔར་ཞུགས་པར་མ་སྦྱངས་ན། །
དགྲ་བཅོམ་གྱིས་ཀྱང་ཀུན་མཁྱེན་ཐོབ་མི་སྲིད། །
དེ་བས་དོན་གཉིས་མཐར་ཕྱིན་བྱ་བའི་ཕྱིར། །
ཀུན་མཁྱེན་ལམ་འདིར་མཁས་རྣམས་བརྩོན་པར་རིགས། །

(སྟག་ཚང་ལོ་ཙཱ་བ་ཤེས་རབ་རིན་ཆེན་རྒྱལ་མཚན་གྱིས)

ལྟ་བུ་སོགས་སོ། །

གཞན་ཡང་། མེ་མེད་ན་དུ་བ་ཇི་ལྟར་ཡོད། ཅེས་པ་ལྟ་བུ་རྣམས་ལ། མཁས་པ་ལ་ལས་རྒྱུ་མཚན་དོན་གྱིས་བསྟན་པའི་དཔེར་འཁོད་པ་འགྲིག་མོད་ཀྱང་། འདྲི་ཁུལ་བྱས་པ་ཙམ་ལས་རྒྱུ་མཚན་བསྟན་པའི་རིགས་ལས་དབྱེ་བ་ཆེར་མི་སྣང་བས། དེའི་ཁོངས་སུ་བསྡུས་ན་འོས་སྙམ།

ང། མཐུན་པ་དང་མི་མཐུན་པ་བསྟན་པ་ལས།

༡. ཚིག་སྔ་ཕྱི་མཐུན་པར་བསྟན་པ།

འགྲོ་ན༷་འགྲོ།
ཐུག་པ་བསྐོལ་ན༷་ཐུག་པ་བསྐོལ།

མཐོ་ལ་ཚད་ན༷་མཐོ་ལ་ཚད། །འདོམ་པས་འཇལ་ན༷་འདོམ་པས་འཇལ། །
(བྱ་སྤྲེལ་གྱི་གཏམ་རྒྱུད་ལས)

གལ་ཏེ་གཤེགས་ན༷་གཤེགས་པར་མཛོད། །ཁྱོད་ཀྱི་བགྲོད་པས་བདག་ལ་ནི། །
གདུང་བ་ཡུན་རིང་འབྱུང་མི་འགྱུར། །འདི་ལ་ཁྱོད་ནི་དོགས་མི་འཚལ། །
(རྫས་གནང་གིས་འགོག་པ་སྙེ་སླན་ངག་མེ་ལོང་ལས)

ལྟ་བུའོ། །

༢. ཚིག་དོན་སྔ་ཕྱི་མི་མཐུན་པར་བསྟན་པ།

གསེར་ཡིན་ན༷་ར་གན་མིན།
ཁྱོད་ལ་དགོས་ན༷་ང་ལ་མི་དགོས།

འདི་སྔོན་དུ་སྡིག་པ་སྤྱོད་པ་ཞིག་ཡིན་ན༷། ད་ནི་དགེ་བ་ལ་ཡིད་འཇུག་པར་བྱེད་དོ། །
(སི་ཏུའི་འགྲེལ་ཆེན་ལས)

ལྟ་བུ་སོགས་སོ། །

ཅ འོས་པ་དང་མི་འོས་པ་བསྟན་པ་ལས།

༡. འོས་སུ་ཆེ་བ་སྟེ། འོས་པ་ནན་གྱིས་འཛིན་པར་བསྟན་པ།

ཆུ་ལ་མེ་འབར་ན༷་ཤིང་ལ་ལོས་འབར།
སྤྲང་མས་ལས་ལ་འབད་ན༷། དབུལ་པོ་རྣམས་བཤད་དུ་ཅི།

ཀླུན་པོས་ཡི་གེ་ཤེས་ན༷་མཁས་པ་ལྟ་ཅི་སྨོས། (བློ་གསལ་འཇུག་ངོགས་ལས)

ལྟ་བུའོ། །

༢. འོས་པར་དཀའ་བ་སྟེ། མི་འོས་པ་དམིགས་ཀྱིས་འཛིན་པར་བསྟན་པ།

ལས་ཡིན་པ་བྱས་ན་མིན་པ་ཟེར། དཔེ་པད་མ་བྲིས་ན་ཁྲི་རྗེས་ཟེར། (གྲུ་གུ་གོ་རྫོང་ལས)

བཟང་བྱས་ན་ངན། ཛ་ བླུགས་ན་གཅིན།

ནང་དུ་བསྡད་ན་གྲུང་ངོས་ལོགས་རིས་ཟེར། །
ཕྱི་ལ་སོང་ན་མགོ་ཡང་འཕྱན་མོ་ཟེར། །

(སྣང་ས་འོད་འབུམ་གྱི་རྣམ་ཐར་ལས)

༣. འོས་ཤིང་མི་འོས་པ་སྟེ། དངོས་པོ་གཅིག་གིས་བྱ་རུང་བ་དེ། དངོས་པོ་གཞན་ཞིག་གིས་བྱ་མི་རུང་བར་བསྟན་པ།

བློ་གྲོས་ལྡན་པས་མི་རྟོགས་ན། །བླུན་པོའི་ཚོགས་ཀྱིས་ཅི་ལ་རྟོགས། །
མིག་ལྡན་རྣམས་ཀྱིས་མི་མཐོང་ན། །ལོང་བས་མཐོང་བ་སྲིད་འགྱུར་རམ། །

(འོས་ཤིང་མི་འོས་པའི་དོན་གཞན་བཀོད་པ་སྟེ་སྙན་ངག་རྣམ་བཤད་གསལ་སྒྲོན་ལས)

ལྟ་བུ་སོགས་སོ། །

ཆ སྨོན་པ་སྟོན་པ།

ཁྱེད་ཀྱི་ནད་དྲག་ན་གྲོང་བ་ཀུན་དགའོ། །
བདག་མཁས་པར་གྱུར་ན་ཅི་མ་རུང་། (བློ་གསལ་འཇུག་ངོགས་ལས)
སེམས་ཅན་ཐམས་ཅད་བདེ་བ་དང་ལྡན་ན་སྙམ་མོ། །(སི་ཏུའི་འགྲེལ་ཆེན་ལས)

ལྟ་བུ་སོགས་སོ། །

ལྔ་བ། ལ་སྒྲ།

ལ་སྒྲ་མཚམས་སྦྱོར་གཞན་འདྲེན་དང་། །
ཉམས་དང་འབྱུང་ཁུངས་སྟོན་པ་དང་། །
ལྷག་མ་སྦྱུད་པ་རྣམས་ལ་འཇུག །

ལ་སྒྲ་རྣམ་དབྱེའི་ཕྲད་གཙོ་བོ་ཡིན་པར་མ་ཟད། ཚིག་ཕྲད་རྒྱུང་བའང་ཡིན་ལ། སྔ་མའི་འཇུག་པ་བཤད་ཟིན་པ་ལྟར་རོ། །ཕྱི་མའི་འཇུག་པ་རྒྱུགས་ཆེ་བ་གཤམ་གསལ།

ཀ ཚིག་སྔ་ཕྱིའི་མཚམས་སྦྱོར་བ་ལ་བཞི་སྟེ།

༡.ཁྱད་ཆོས་མཐུན་པ་གཉིས་མཚམས་སྦྱར་ནས་ཁྱད་གཞི་གང་གི་རང་བཞིན་ནམ་རྣམ་པ་མཚོན་པ།

ཐག་པ་སྲ་ལ༷་ཁྲིམ་པ་ཞིག་གིས་ཚེ་ཚེ་རྐང་ལག་བཀྱིགས་ཤིང་བསྡམས།
(གཡག་ལུག་ར་ཕག་གི་གཏམ་རྒྱུད་ལས)

གཏམ་འཛིགས་ལ༷་ཟིལ་ཆེ་བ། དོན་བཟང་ལ༷་བཙུད་ཆེ་བ་འགའ་དང་འགའ་ཐོངས་ཤིག
(བྱ་སྤྲེལ་གྱི་གཏམ་རྒྱུད་ལས)

ད་རང་གཉིས་གྲོས་ཆ་ཚྭིངས་ཆེ་ལ་བབ་བརྟན་པ། ཕུགས་ནས་མི་འགྱོད་པ་གཅིག་བྱེད་དགོས་པ་འདུག (སྙོམ་ཆེན་དང་ཙྪ་ཅིག་ལས)

དཀར་མོ་རྒྱན་ཞེས་བྱ་བ་བུ་མོ་གཟུགས་མཛེས་ལ་མི་ཆོས་ཕེར་བ། དགྲ་གཉེན་གང་ལའང་ཆགས་སྡང་གི་ཏུས་ཐོན་པ་ཞིག་ཡོད་པ། (མི་ལ་རས་པའི་རྣམ་ཐར་ལས)

བཞིན་རས་ཁྲོ་གཉེར་ནག་ལ་རིད་པ་འདི། །
གཞན་གྱིས་ཤེས་དོགས་གདོང་འབག་གྱོན་པ་མིན། །
གཡར་པོའི་ལང་ཚོ་རྒྱ་བས་བཅོམ་བྱས་ནས། །
མི་སྡུག་རང་མདོག་དུས་སུ་བསྟན་པ་ཡིན། །

(ཉམས་མྱོང་རྒྱན་པོའི་འབེལ་གཏམ་ལས)

ལྟ་བུའོ། །

༢.ཁྱད་ཆོས་འགལ་བ་གཉིས་མཚམས་སྦྱར་ནས་མི་མཐུན་པའི་ཚིག་རྒྱན་བྱེད་པ།

ཁ་འཇམ་ལ་ཁོག་རྩུབ།
མི་དེ་ང་རྒྱལ་ཆེ་ལ་ཡོན་ཏན་གྱིས་དབུལ་བ་ཞིག་གོ། །

མགོ་བོ་ཆེ་ཡང་ལྟ་བྱེད་མིག་ནི་ཆུང་། །
དྲི་འཛིན་རིང་ལ་མཇུག་མ་ཐུང་ཞིང་ཕྲ། །
གོམ་སྟབས་དལ་ལ་བགྲོད་པ་ཤིན་ཏུ་མགྱོགས། །
སྟོབས་ལྡན་གླང་པོའི་བཞོན་པ་མིག་ལྟར་མཛེས། །

(འགལ་བའི་རྒྱན་ཏེ་དུང་དཀར་བས)

ལྟ་བུའོ། །

༣. བྱ་བ་གཉིས་མཚམས་སྦྱར་ནས་དུས་སྔ་ཕྱིའི་གོ་རིམ་བསྟན་པ།

ཏ་ཞོན་ལ་སོང་།
ཚ་ཏུ་ཉོ་ལ་སློག་པ་བཟོ།
ཁྱོད་ཤིན་ཏུ་ལེགས་པར་ཉོན་ལ་ཡིད་ལ་ཟུངས་ཤིག་དང་། ཁྱོད་ལ་བསྟན་པར་བྱའོ། །

(མདོ་མཛངས་བླུན་ལས)

ལྟ་བུའོ། །

༤. ཚིག་ཀ་གཉིས་མཚམས་སྦྱར་ནས་དོན་ངེས་ཅན་ཞིག་བསྟན་པ།

ཡོན་ཏན་དང་པོ་སློབ་དཀའ་ལ། །ཕྱིས་བཞིན་མེད་ན་ཉམས་པ་སླ། །
ཆུ་ཐིགས་བསགས་པས་འགེང་དཀའ་ཡང་། །དོ་ན་ཅིག་ཅར་ཉིད་དུ་འཛད། །

(ཆུ་ཡི་བསྟན་བཅོས་ལས)

གདང་ཁའི་བྱ་ཕོ་འདི་ལ་དཔེ་ཡོངས་ལ། །ཞོགས་པ་ལང་བའི་སྦ་མ་བུ་མོས་མཛོད། །
སྒོ་ཁའི་ཁྱི་མོ་འདི་ལ་དཔེ་ཡོངས་ལ། །དགུང་མོ་ཉལ་བའི་རྗེས་མ་བུ་མོས་མཛོད། །

(སྣང་ས་འོད་འབུམ་གྱི་རྣམ་ཐར་ལས)

བསྟོད་པས་དགའ་བར་མི་འགྱུར་ལ། །སྨད་པས་མི་དགར་མི་འགྱུར་ཞིང་། །
རང་གི་ཡོན་ཏན་ལེགས་གནས་པ། །སྐྱེ་བོ་དམ་པའི་མཚན་ཉིད་ཡིན། །

(ས་སྐྱའི་ལེགས་བཤད་ལས)

ལྟ་བུ་སོགས་སོ། །

ཁ དོན་གཞན་འདྲེན་པ།

སྟག་གཟིག་དོམ་དྲེད་སོགས་གཅན་གཟན་ཡིན་ལ། གླ་གཉན་ཤྭ་གཙོད་སོགས་རི་དྭགས་ཡིན་ནོ། །

ཀ་ཁ་ཅ་ཆ་ཏ་ཐ་དང་། །པ་ཕ་ཙ་ཚ་ཤ་ས་ཨར། །
མགྲིན་པ་མན་གྱི་སྒྲ་མེད་ལ། །གཞན་རྣམས་དེ་དང་ལྡན་པའོ། །
ཤིང་བཅད་ནས་ཚོད་པ་ལས། བཅད་པ་བྱེད་པའི་རྩོལ་བ་ཡིན་ལ། ཚོད་པ་ལས་ཀྱི་འགྱུར་བ་ཡིན་ནོ། །

ལྟ་བུ་རྣམས་སོ། །

ག འབྱུང་ཁུངས་སྟོན་པ།

བདེ་སྐྱིད་ལ་བུ་གུ་སྐྱེས། ཞེས་པ་དཔེར་མཚོན་ན། བུ་གུ་སྐྱེས་ཞེས་འབྱུང་བའི་ཆོས་འདིའི་འབྱུང་སའི་ཁུངས་ནི་དེའི་མ་བདེ་སྐྱིད་ཡིན་པ་ལ་སྒྲས་བསྟན་པའོ། །དེས་ན་འདི་རིགས་ཀྱི་ལ་སྒྲའི་ཚབ་ཏུ་བྱེད་སྒྲ་འཇུག་མི་རུང་། བདེ་སྐྱིད་ཀྱིས་བུ་གུ་བསྐྱེད་ཟེར་ན། དོན་སྐྱོན་དུ་འགྱུར་ཏེ། ཕོག་པའི་བུ་དེ་ནམ་སྐྱེ། དུས་ཀྱི་གཞན་དབང་ཡིན་གྱི། མ་ཡི་རང་དབང་མིན་པའི་ཕྱིར། སྐབས་འདིའི་བདེ་སྐྱིད་ནི། བུ་གུ་སྐྱེ་སའི་སྐྱེ་ཁུངས་སུ་ངེས་པ། ཚད་མས་གྲུབ་པའོ། །

དེ་ཡང་། སྟོང་པོ་ལ་ཡལ་ག་སྐྱེས། ཞེས་པ་དང་གཤིབས་ན། ཚིག་སྦྱོར་གྱི་རྣམ་པ་འདྲ་བ་རང་ཡིན་ཡང་། དོན་སྦྱོར་གྱི་མཚན་ཉིད་གཏན་ནས་མི་གཅིག་སྟེ། ཡལ་ག་སྐྱེས་པ་ལྡོན་ཤིང་ལ་ཐོགས་ཤིང་གཅིག་ཏུ་འབྲེལ་བས་ན། ལ་སྒྲས་ཡལ་ག་རྟེན་སའི་གཞི་སྟོང་པོ་ཡིན་པར་བསྟན་པ་དང་། བུ་གུ་སྐྱེས་པ་མ་ལས་ཆད་ཅིང་སོ་སོར་བྱེ་བས་ན། ལ་སྒྲས་བུ་གུ་འབྱུང་སའི་ཁུངས་བདེ་སྐྱིད་ཡིན་པར་བསྟན་པའོ། །དེ་བཞིན།

བླ་མ་ལ་ལུང་མནོས།
དགེ་རྒན་ལ་དཔེ་ཁྲིད་ཉན།

ཚེ་འདི་ཡུན་ཐུང་ཤེས་བྱའི་རྣམ་པ་མང་། །ཚེ་ཡི་ཚད་ཀྱང་ཅི་ཙམ་མི་ཤེས་པས། །
ངང་པས་ཆུ་ལ་འོ་མ་ལེན་པ་ལྟར། །རང་གི་འདོད་པ་དང་དུ་བླང་བར་བྱ། །
(དཔེ་ཆོས་རིན་སྤུངས་ལས)

ལྟ་བུ་རྣམས་སོ། །

ང ལྷག་མ་བསྡུས་པ།

ཚིག་དེའི་དོན་གསལ་བས། ཚིག་གི་ཟླ་བོ་ལྷག་མ་བཤད་པའི་དགོས་པ་མེད་པར་བསྡུས་བྱུང་བར་སྟོན་པ་ཞིག་སྟེ། དཔེར་བརྗོད་ན། ཤ་སྒོ་ཁ་མ་འཛོག །ཁྱིས་ཐོས་འགྲོ། ཞེས་པའི་ཚིག་འདིས་གོ་བརྡ་གསལ་བར་འཕྲོད་པས་ན། དེའི་རྗེས་སུ། བདག་པོས་སམ། ནང་དུ་ཁྱེར། ལྟ་བུའི་ཚིག་གྲོགས་ལྷག་མ་བཤད་མི་དགོས་པར་བསྡུ་བའི་ཆེད་དུ། ཤ་སྒོ་ཁ་མ་འཛོག །ཁྱིས་ཐོས་འགྲོ་ལ༷། ཞེས་པ་ལྟར་ཚིག་མཐར་ལ་སྒྲ་སྦྱར་ནས་ལྷག་མ་བསྡུས་པར་བསྟན་པའོ། །ལ་སྒྲ་མ་སྦྱར་ན་ཚིག་དོན་དེ་འདྲ་མི་འབྱོར་བའི་སྐྱོན་དུ་སྣང་བའི་ཕྱིར་རོ། །དེ་བཞིན།

ངས་ཁོ་ལ་བཤད་ཡོད། ཁྱོད་སོང་དང་ཁོས་རོགས་རམ་བྱེད་ལ༷།
བརྐུ་བྱེད་ཀྱིན་སྡོད་དང་། ཁྲིམས་ལ་ཐོགས་འགྲོ་ལ༷།
ཕོ་ཉལ་བ་མང་ན་དོན་མགོ་འཆོར་ལ༷། མོ་ཉལ་བ་མང་ན་ལས་མགོ་འཆོར་ལ༷།

ལྟ་བུ་སོགས་སོ། །

ཅ ཉམས་མཚོན་པ།

ཡིད་ཀྱི་འགྱུར་བ་སྐྱེ་དགའ་བའམ་ཁྲོ་བ་སོགས་རབ་ཏུ་རྒྱས་ནས་ངག་ཏུ་ཐོན་པའི་ཉམས(ཉམས་འགྱུར་བྱ་བ་འབོད་སྒྲའི་སྐབས་སུ་གསལ)སྣ་ཚོགས་མཚོན་པར་འཇུག་པ་ཞིག་སྟེ། སྐྱོན་གྱི་ཉེས་དམིགས་མ་རྟོགས་པར། །གོལ་སར་ཡང་འཁྱོར་གླེན་པ་ལ༷། །ཞེས་པའི་ཚིག་མཐའི་ལ་སྒྲས་མི་སྤྱུག་པའི་ཉམས་མཚོན་པའོ། །དེ་བཞིན།

ཡི་གེ་མ་ཤེས་རྟགས་པ་ལ༷། །སྒྲུང་དཔེ་ལྟ་འདོད་ཅི་རེ་ཡོང་། །

རྨི་ལམ་ནང་དུ་བྱུང་བའི་ཨ་མ་དེ། །ད་ལྟ་དངོས་སུ་ཡོད་ན་དགའ་བ་ལ༷། །

(འགྲོ་བ་བཟང་མོ་ལས)

ཨ་ཞང་གིས་ནི་ཨ་ཁུ་ལ་བུ་མང་པོ་ཡོད་པས་ཀློལ་མ་ནུས། གཞན་ཡུལ་མི་ངེད་རང་ལ་དགར་བ་རྣམས་ནི་མ་སྨད་ཚོ་སྙིང་རྗེ་བ་ལ༷་ཐེར། མི་ཏུ་བ་མི་འདུག

(མི་ལ་རས་པའི་རྣམ་ཐར་ལས)

གཞན་སེམས་བསྲུང་བའི་ཁྲལ་མེད་རང་དབང་ཅན། །
དྲི་ལྡན་མེ་ཏོག་གསར་བའི་བཅུད་ཀྱིས་འཚོ། །
བར་སྣང་ཡངས་པོར་བདེ་བའི་སྣང་གླུས་ཕྱོར། །
ཡིད་འོང་སྦྲང་རྩིའི་བུ་འདི་སྐྱིད་པ་ལ༷། །

(སྐབས་མིན་བསྟོད་པའི་རྒྱན་ཏེ་བོད་མཁས་པས)

ལྟ་བུ་སོགས་རིམ་བཞིན་མི་རྟག་པའི་ཉམས་དང་། སྡིག་པའི་ཉམས་དང་། སྙིང་རྗེ་བའི་ཉམས་དང་། རྨད་བྱུང་གི་ཉམས་སོགས་མཚོན་པའོ། །

དྲུག་པ། འབྱུང་ཁུངས།

ནས་ལས་གཉིས་ནི་འབྱུང་ཁུངས་དང་། །
དགར་དང་སྡུད་པ་རྣམས་ལ་འཇུག །
གཞན་ཡང་ནས་སྒྲ་ཕྲད་རྐྱང་དུ། །
མཚམས་སྦྱོར་དག་ལའང་འཇུག་པ་ཡོད། །

རྣམ་དབྱེ་ལྔ་པ་ནས་ལས་གཉིས་ནི་འབྱུང་ཁུངས་དང་། དེའི་ཡན་ལག་གི་ཚུལ་དུ་སྣང་བའི་དགར་བ་དང་། སྡུད་པ་དག་སྟོན་བྱེད་ཡིན་ལ། གཙྭ་སི་ཏུའི་སུམ་རྟགས་འགྲེལ་ཆེན་དུ། དེ་ལྟར་དགར་སྡུད་ལ་འཇུག་པའི་སྒྲ་འདི་རྣམས་ཀྱང་འཕྲད་གཞན་མ་ཡིན་པར། རྣམ་དབྱེ་ལྔ་བའི་ཡན་ལག་ཉིད་དུ་ཤེས་དགོས་

ཏེ། དགར་བ་ནི་གང་ལས་དགར་བའི་གཞི་དེ་ལས་ཁྱད་པར་དུ་བྱུང་བ་ལྟར་སྣང་བ་དང་། སྤྱད་པ་ནི་ཐོག་མ་གང་ནས་བརྩམས་པ་དེ་ལས་བསྡུ་རྒྱུ་གནས་སྐབས་ཐམས་ཅད་བྱུང་བ་དང་འདྲ་བའི་ཕྱིར། འབྱུང་ཁུངས་ཀྱི་རྣམ་དབྱེ་སྦྱར་བར་སྣང་བའི་ཕྱིར་རོ། །འོ་ན་འབྱུང་ཁུངས་ཉིད་དུ་སློས་པས་ཆོག་གོ་སྙམ་ན། འབྱུང་ཁུངས་ལ་འཇུག་པར་བསྟན་པ་ནི་འབྱུང་ཁུངས་དངོས་དང་། དེ་དང་ཆ་འདྲ་བ་གཙོ་བོ་རྣམས་སྤྱད་པའི་དོན་དང་། དགར་སྤྱད་གསུངས་པ་ནི་འབྱུང་ཁུངས་དངོས་དང་ཆ་མཐུན་པ་གཉིས་ཀ་མ་ཡིན་ཡང་། ཚིག་སྦྱོར་ཙམ་གྱིས་ཆ་མཐུན་དང་འདྲ་ཙང་དུ་ཡོད་པའི་ཕྱིར། ལྷ་བའི་ཡན་ལག་ཕལ་བར་གྱུར་པ་རྣམས་སྤྱད་པའི་དོན་ཡིན་པས་སྐྱོན་མེད་དོ། །ཞེས་གསུངས་པ་ཁེངས་ཆེ་བས། མཁས་པའི་ལེགས་བཤད་དུ་མཐོང་ངོ་། །

ནས་ལས་གཉིས་ནི་ཁྲད་རང་དབང་ཅན་ཡིན་ཡང་དོན་ལ་འཇུག་ཚེ། གང་འཇུག་གང་མི་འཇུག་པའི་ཁྱད་པར་ཡོད་དེ། གཤམ་གསལ་གྱི་དོན་སྟོན་ཚུལ་ལས་ཤེས་པར་བྱ།

འབྱུང་ཁུངས་ནི་གང་ལས་འབྱུང་བའི་ཁུངས་དང་། དེ་ལས་བྱུང་བའི་ཆོས་གཉིས་སོ་སོར་འབྱེད་ཅིང་གཙོ་ཆེར་འབྱུང་ཁུངས་ལ་ཉེ་བར་བྱེད་པའི་རྣམ་དབྱེ་སྟེ(གསེར་ཏོག་སུམ་རྟགས་ལས)། དཔེར་ན། རྒྱ་མཚོ་ནས་ནོར་བུ་བྱུང་། ཞེས་པར། འབྱུང་བྱ་ནོར་བུ་དང་། འབྱུང་ཁུངས་རྒྱ་མཚོ་ཡིན་པར་ནས་ཞེས་པས་བསྟན་པའོ། །དེ་ལ་རིགས་གཉིས་ཏེ།

ཀ འབྱུང་ཁུངས་དངོས།

ཆོས་གང་ཞིག་ཁུངས་གང་ལས་དངོས་སུ་བྱུང་བའམ་ཕྱུང་བའི་ཁུངས་སྤྱི་ཙམ་པ་ལ་ལས་སྒྲ་དང་ཁུངས་ཟུར་ཙམ་པ་ལ་ནས་སྒྲས་སྟོན་པ་སྟེ།

ས་ན༷ས་རྩྭ་སྐྱེས།
རི་རྩ་ན༷ས་ཆུ་མིག་བྱུང་།

ཁ་ན༷ས་ཚིག་ཤོར་ཡུ་བ་ཐུང་། (སྒོམ་ཆེན་དང་ཟླ་ཚིག་ལས)

ཐབས་མཁས་པས་རྒྱ་མཚོ་མཐའ་ནས་བསྐོར། །
དོན་ནོར་བུ་རྒྱ་མཚོའི་གཏིང་ན༷ས་བླངས། ། (བྱ་སྤྲེལ་གྱི་གཏམ་རྒྱུད་ལས)

རང་དོན་གཞན་དོན་བྱེད་སྙམ་གང་ཡིན་ཡང་། །
སེམས་ལ་བསམ་པ་ངག་ན༷ས་སྨྲ་མི་བྱ། །
ངག་ན༷ས་སྨྲས་ནས་ཇི་བཞིན་འབད་པས་སྒྲུབས། །
མ་གྲུབ་བར་དུ་ཡལ་བར་འདོར་མི་རུང་། །
(བྱ་མགྲིན་སྔོན་ཟླ་བའི་རྟོགས་བརྗོད་ལས)

ལྟ་བུ་རྣམས་ལས་ནས་སྒྲས་འབྱུང་ཁུངས་ཟུར་ཙམ་བསྟན་པ།

ས་བོན་ལ༷ས་མྱུ་གུ་སྐྱེས།
མེ་ཏོག་ལ༷ས་དྲི་བསུང་འཕུལ།

ལེགས་བཤད་ཤེས་པ་དག་ལ༷ས་ཀྱང་། །མཁས་པ་རྣམས་ཀྱིས་ཡོངས་སུ་ལེན། །
དྲི་ཞིམ་བྱུང་ན་རི་དྭགས་ཀྱི། །ལྟེ་བ་ལ༷ས་ཀྱང་གླ་རྩི་ལེན། །
(ས་སྐྱའི་ལེགས་བཤད་ལས)

ཡུལ་གྱི་བདེ་སྡུག་སྐྱོན་ཡོན་རྣམས། །ཕལ་ཆེར་དོན་མེད་ངག་ལ༷ས་གསལ། །
བདེན་པའི་མི་ལ་དྲི་ཞིང་དཔྱད། །དོན་མེད་ངག་ལ༷ས་དོན་མང་རྟོགས། །
(རྒྱལ་བོ་ལུགས་ཀྱི་བསྟན་བཅོས་ལས)

ལྟ་བུ་རྣམས་ལས་ལས་སྒྲས་འབྱུང་ཁུངས་སྤྱི་ཙམ་པ་བསྟན་པའོ། །

འབྱུང་ཁུངས་དངོས་སྟོན་པ་ལ། སྤྱིར་ནས་ལས་གང་རུང་སྦྱར་ཚོག་པ་འདྲ་ཡང་། ཕྲ་ཞིབ་རིགས་པས་བརྟགས་ན། དོན་ལ་ཁྱད་པར་ཡོད་དེ། ས་ནས་རྩྭ་སྐྱེས་ལ། ས་ལས་རྩྭ་སྐྱེས་མི་ཟེར། ས་བོན་ལས་མྱུ་གུ་སྐྱེས་ལ། ས་བོན་ནས་མྱུ་གུ་སྐྱེས་མི་ཟེར། འདི་ནི་བརྗོད་བདེ་མི་བདེ་ཙམ་གྱི་དོན་མིན་པར། འབྱུང་ཁུངས་སྤྱི་དང་ཟུར་གྱི་ཁྱད་པར་གཏོད་པའི་ཕྱིར་ཏེ། འབྱུང་བྱ་མྱུ་གུ་དེ་འབྱུང་ཁུངས་ས་བོན་སྤྱི་ལ་རག་ལས་ནས་ཡོད་པ་ལྟ་བུའི་རིགས་ལ་ལས་སྒྲས་སྟོན་པ་དང་། འབྱུང་བྱ་རྩྭ་དེ་འབྱུང་ཁུངས་སའི་ཟུར་ཙམ་མམ་ཆ་ཤས་ཤིག་ལ་རག་ལས་ནས་ཡོད་པ་ལྟ་བུའི་རིགས་ལ་ནས་སྒྲས་སྟོན་པ་ཡིན། འདི་ལུགས་མཁས་ཆེན་རྣམས་ཀྱི་གསུང་ལས་གསལ་ཏེ། རྒྱལ་དབང་ལྔ་བས་རྣམ་འགྱུར་གྱི་དཔེ་ལ། གངས་ཅན་མཁས་པའི་དབང་པོ་ཤོང་སྟོན་རྗེ། །འཕགས་ཡུལ་པཎ་ཆེན་ཁྲིད་ནུས་བྱོན་པ་བཞིན། །སྟོན་མེད་ལེགས་པར་བཤད་པའི་གསུང་གི་ཚོགས། །དྲང་སྲོང་ཤུར་བུའི་ངག་ལས་ཐྲོངས་པ་བཞིན། །ཞེས་གསུངས་པ་ལྟ་བུའོ། །གནས་ལུགས་འདི་འབྱུང་ཁུངས་ཆ་འདྲ་བ་དང་། དཀར་བ་དག་ལའང་ཁྱབ་བོ། །

ཁ འབྱུང་ཁུངས་ཆ་འདྲ་བ།

འབྱུང་ཁུངས་དངོས་མིན་ཡང་། སྐབས་དེར་ཆོས་གང་ཞིག་གང་ལས་བྱུང་བའི་འབྱུང་ཁུངས་ཀྱི་ཚུལ་དུ་སྣང་བ་ཞིག་ཡིན་པར་སྟོན་པ་ལ། ནང་གསེས་ཀྱི་དབྱེ་བ་ལྟར་ནས་ལས་གང་འཚམས་རེ་འཇུག་དགོས།

ལྷ་ས་ནས་འོངས།
ནམ་མཁའ་ནས་བབ།
ཐག་པ་ཕྲ་ས་ནས་ཆད། རྡོག་པ་སྲབ་ས་ནས་བརྡོལ།

ངེད་གཉིས་ནས་སྔོན་ཆད་དྲང་སྲོང་ཆེན་པོ་དོན་ཀུན་གྲུབ་པ་དེའི་དྲུང་ནས་ཟབ་རྒྱའི་གདམས་ངག་ཐོབ་པ་ཡིན་ཀྱང་། ཉམས་སུ་ནི་ཅུང་ཟད་ཀྱང་མ་ལོན།

(གཏམ་པད་མའི་ཚལ་གྱི་ཟློས་གར་ལས)

ལྟ་བུ་འབྱུང་ཁུངས་དང་འདྲ་བའི་ཟུར་ཙམ་པ་སྟེ། གནས་ཕྱོགས་སམ་དངོས་པོའི་ཆ་ཤས་ཤིག་ལས་ཆོས་ཤིག་བྲལ་བའམ་ཕྲལ་བ་སྟོན་པའི་རིགས་ལ་ནས་སྒྲ་འཇུག་པ།

རྟ་ལས་ལྷུང་།

སྟན་ལས་ལངས།

བྱ་བའི་འཇུག་ལྡོག་ལ་མ་སྙོངས་པར་ཤིན་ཏུ་ཉམ་ང་བའི་བྱ་བ་ལས་བྱོལ་ཞིང་གཟུར་ནུས་པ་ནི་དཔའ་ཞིང་མཛངས་པའི་རྟགས་ཡིན།

ལྟ་བུ་འབྱུང་ཁུངས་དང་འདྲ་བའི་གཞི་སྤྱི་ཙམ་པ་ལས་ཆོས་ཤིག་བྱུང་བ་བསྟན་པའི་རིགས་ལ་ལས་སྒྲ་འཇུག་པ།

དུ་བ་ལས་མེ་ཤེས།

ཁ་གདངས་པ་ལས་ཀློ་རིག

སྤྱོད་པ་ལས་བསམ་པ་བཟང་ངན་གོ།

ཀློ་དང་ལྡན་ན་མ་སྨྲས་ཀྱང་། །རྣམ་འགྱུར་ཉིད་ལས་བསམ་པ་གོ། །
བལ་པོའི་སེའུ་མ་ཟོས་ཀྱང་། །ཁ་དོག་ཉིད་ལས་བྲོ་བ་ཤེས། །

(ས་སྐྱའི་ལེགས་བཤད་ལས)

ལྟ་བུ་འབྱུང་ཁུངས་དང་འདྲ་བའི་རྐྱེན་ཞིག་ལས་ཤེས་པ་ཞིག་བྱུང་བ་བསྟན་

པའི་རིགས་ལ་ལས་སྒྲ་འཇུག་པ།

ལུམ་རྟགས་ཤེས་པའི་ཐོག་ནས་སྔོན་ངག་སོགས་སྦྱང་།
ཁོ་དགའ་བའི་ངང་ནས་སླུ་འདི་ལྟར་བླངས་སོ། །

མི་ལ་རྡོ་རྗེ་སེང་གེས་ཚོང་གི་སྒོ་ནས་ནོར་སྤེལ་བས་སྟེར་ལས་ཀྱང་ཕྱུག་པར་འགྱུར།
(མི་ལ་རས་པའི་རྣམ་ཐར་ལས)

མཚོ་སྔོན་མི་རིགས་དཔེ་སྐྲུན་ཁང་ནས་དཔར།
གོང་རྩ་འཛུགས་ནས་ཐག་བཅད་པ་ཡིན།

དེ་ནས་དུས་གཞན་ཞིག་ལ་བུ་མོ་དེ་ཕུ་ནུ་མོ་གཞན་དག་དང་ཕྲད་ནས། སོ་སོ་ནས་ཁྱོའི་ཡོན་ཏན་ཅི་ཡོད་སྨྲས་པ། (མདོ་མཛངས་བླུན་ལས)

ལྟ་བུ་འབྱུང་ཁུངས་དང་འདྲ་བའི་བྱེད་པ་ཞིག་ལས་བྱ་བ་ཞིག་བྱུང་བ་བསྟན་པའི་རིགས་ལ་ནས་སྒྲ་འཇུག །སྐབས་འདིའི་ནས་སྒྲ་བྱེད་སྒྲ་དང་འདྲའོ། །

ཁང་བ་ཤིང་ལས་གྲུབ་པ།
བཙོན་འགྲུས་ལས་ཡོན་ཏན་འཕྲོར།
ལོངས་སྤྱོད་ཡོད་དོ་ཅོག་ངལ་རྩོལ་ལས་བྱུང་བ་ཡིན།

ཉི་མ་འབུམ་གྱི་ཁེངས་པ་འཕྲོག་བྱེད་པའི། །
གསེར་སྦྱངས་ལས་གྲུབ་ལྷ་མིའི་མཆོད་སྡོང་ཆེ། །
སྲིད་ན་རྙེད་དཀའི་ནོར་བུའི་འཕྲ་ཚོམས་ཀྱིས། །
སྤྲས་འདི་འཛམ་གླིང་མཛེས་པའི་རྒྱན་གཅིག་ཉིད། །
(འགྱུར་བ་རྒྱ་ཆེ་བའི་རྒྱན་ཏེ་སྡེ་སྲིད་སངས་རྒྱས་རྒྱ་མཚོས)

ལྟ་བུ་འབྱུང་ཁུངས་དང་འདྲ་བའི་རྒྱུ་ཞིག་ལས་འབྲས་བུ་ཞིག་བྱུང་བ་བསྟན་པའི་རིགས་ལ་ལས་སྒྲ་འཇུག་པ་སོགས་རིགས་བསྒྲེས་ནས་ཤེས་པར་བྱའོ། །

ག རིགས་མཐུན་པའི་དགར་བ།

རིགས་མཐུན་པའི་དགར་བ་ནི་དགར་གཞི་རིགས་མཐུན་པ་སྤྱི་ལས་དགར་བྱ་བྱེ་བྲག་པ་མཆོག་དམན་གང་རུང་ཞིག་ཡོགས་སུ་བཀར་ནས་སྟོན་པ་སྟེ།

རྟ་ཡི་ནང་ན༷ས་ཅང་ཤེས་མཆོག
བཞོན་པའི་གྲས་ན༷ས་བོང་བུ་ཞན།
རྒྱུ་སྐར་དབུས་ན༷ས་ཟླ་བ་གསལ།
ལོངས་སྤྱོད་ཀྱི་ནང་ན༷ས་ཉེར་མཁོ་ཆེ་ཤོས་ལྟོ་གོས་ཡིན།

ཀྱེ་ཀྱེ་རི་བོང་དང་དེ་ཕོ་ཚུར་ལ་གསོན། །ཁྱོད་རྣམ་གཉིས་བྱ་དང་རི་དྭགས་ཀྱི། །
ཁྲོད་ན༷ས་བློ་ལྡན་ཡིན་ནོ་ཞེས། །རྣ་བ་གཉིས་ཀྱིས་སྔར་ནས་ཐོས། །
དོན་ཡང་དག་ཡིན་པ་ད་ལན་ཤེས། །(བྱ་སྤྲེལ་གྱི་གཏམ་རྒྱུད་ལས)

ལྟ་བུ་དུག་སྦྲ་དང་འབྲེལ་བའི་སྔོ་ཚན་ཞིག་གི་ནང་ནས་ཕྱི་རུ་བཀར་བ་ལ་ནས་སྒྲ་འཇུག་པ།

ཁ་དོག་རྣམས་ལ༷ས་དཀར་པོ་ཉིད་མཛེས་སོ། །(སྤྲ་ཧྲིའི་སུམ་རྟགས་ལས)

ཁང་བ་མང་པོ་ལ༷ས་གསེར་ཏོག་ཅན་དེ་ནི་དཔེ་ཁང་ཡིན་ནོ། །(ཐོན་མིའི་ཞལ་ལུང་ལས)

བཟོ་བོ་དེ་ཚོ་ལས་ཀུན་བཟང་དང་གྲགས་པ་ལག་རྩལ་མཁས།
སྤྱོད་པ་མཐའ་དག་ལ༷ས་རྒྱུ་འབྲས་བསྡོག་པ་བཙོག །

ལྟ་བུ་ཐད་ཀར་བསྡུར་ནས་བཀར་བ་ལ་ལས་སྒྲ་འཇུག་པའོ། །

ང རིགས་མི་མཐུན་པའི་དགར་བ།

རིགས་མི་མཐུན་པའི་དགར་བ་ནི། འགལ་ཟླར་གྱུར་པའི་དངོས་པོ་ཞིག་མཚུངས་ཆོས་ཡོད་པའི་དངོས་པོ་ཞིག་དང་བསྡུར་ནས་དགར་བ་ལ་ལས་སྒྲ་ཁོ་ན་འཇུག་པ་སྟེ།

དཔེར་ན།

ཧ་ལས་ཟ་མོང་ཆེ།

མི་ཡུལ་སྐྱིད་པའི་གོང་བ་ལས། རང་ཡུལ་སྡུག་པའི་ཆ་ཁ་དྲོ།
མི་འཁྲིག་འཁྲིག་པའི་ལས་ཀ་ལས། ལྷ་ཁང་ལ་སྐོར་བ་བརྒྱབ་པ་དགའ།

(བྱ་སྤྲེལ་གྱི་གཏམ་རྒྱུད་ལས)

པད་མ་རྟུལ་མང་ཟླ་བ་འཛད། །དེ་དག་ལས་ཀྱང་ཁྱོད་ཀྱི་བཞིན། །
མཚུངས་པ་ལས་ཀྱང་ཁྱད་པར་འཕགས། །ཞེས་པ་སྨྲད་པའི་དཔེ་ཙ་འདོད།

(སྙན་ངག་མེ་ལོང་ལས)

བསོད་སྙོམས་དགོས་ན། སྐྱེ་གཟུགས་རྨ་བྱ་ལས་མཛེས་པ། གསུང་ངག་ཁུ་བྱུག་ལས་སྙན་པ། ཐུགས་རིག་འཇའ་ཚོན་ལས་བཀྲ་བ། སྐུ་དབང་རི་རབ་ལས་ཆེ་བ། མྱང་སྟོད་རི་ནང་བའི་དཔོན་མོ་སྣང་ས་འོད་འབུམ་བྱ་བ་ཕ་གི་ཡིན་པ་དེ་ལ་ཞུས།

(སྣང་ས་འོད་འབུམ་གྱི་རྣམ་ཐར་ལས)

ལྟ་བུ་སོགས་དང་། ལས་སྒྲའི་འཇུག་ཚུལ་འདིའི་དོད་དུ་བས་སྒྲ་འཇུག་ཙང་སྟེ།

འགྲོ་མ་ནུས་ལ་བས་ཐུར་ལ་ངལ། །དགྲ་མ་ཐུབ་ཕྱི་ལས་ནང་གི་བཙོག །

(གྲུ་གུ་གོ་རྫོང་ལས)

བཅོམ་ལྡན་འདས་ཀྱིས་རབ་ཏུ་བྱུང་བའི་བསོད་ནམས་ནི། རི་རབ་ལྷུན་པོ་བས་དཔངས་མཐོ། རྒྱ་མཚོ་བས་གཏིང་ཟབ། ནམ་མཁའ་བས་རྒྱ་ཆེའོ་ཞེས་གསུངས་སོ། །

(མདོ་མཛངས་བླུན་ལས)

བདག་པ༷ས་གཞན་གཅེས།

ལྟ་བུ་སོགས་སོ། །

ཅ སྤྱད་པ།

ཡུལ་དང་། དུས་དང་། ཆོས་དང་། གྲངས་སོགས་མགོ་གང་ནས་བརྩམས་ཤིང་། མཐའ་གང་ལ་ཐུག་པའི་བར་མཚམས་གང་ཡོད་རྣམས་སྤྱད་པར་བྱེད་པ་ལ་ནས་སྒྲ་ཁོ་ན་འཇུག་སྟེ།

ལྷ་ས་ན༷ས་ལྷ་ཐང་བར།
རྒྱལ་ཁབ་གསར་བ་ཚུགས་ན༷ས་ད་ཐུག་བར་ལོ་ངོ་བརྒྱད་འགོར་སོང་།
བྱིས་པ་འདིས་བརྒྱ་ན༷ས་སྟོང་བར་གྱི་གྲངས་ཀ་བརྩི་ཤེས།
མགོ་བརྩམས་ན༷ས་མཇུག་རྫོགས་པའི་བར་དུ་བརྩོན་པ་མ་བཏང་ངོ་། །

ཆུ་ཆེན་པོ་རྒྱ་མཚོའི་ནང་ཞིག་ན། །ཆེ་ཆུ་སྲིན་འཛིན་ཁྲི་རྒྱལ་པོ་ན༷ས། །
ཆུང་ཉ་སྲམ་སྦལ་ལྡོང་ཡན་ཆད་གནས། ། (བྱ་སྤྲེལ་གྱི་གཏམ་རྒྱུད་ལས)

ལྟ་བུ་སོགས་སོ། །

གཞན་ཡང་། ནས་སྒྲ་ཕྲད་རྐྱང་དུ་མཚམས་སྦྱོར་བར་འཇུག་པ་ནི། ལྷག་བཅས་དང་མཚུངས་ཏེ། སྐབས་དེར་ཤེས་པར་བགྱིའོ། །འདིར་ནས་སྒྲ་ལྷག་བཅས་སུ་འཇུག་པ་ཁ་སྐད་དུ་བརྗོད་སླ་བར་གྱུར་ནས། ཏ་ལམ་རྗེས་འཇུག་རང་སྒྲ་ལ་ས་མཐའ་སྦྱར་བ་ཡིན། དཔེར་ན། གླངས་ངས་བྱིན་ནས་དགའ་འས་དགོད། ཁུར་རས་ཆུ་ཁ་བཀལ་ལས་བུད། ཁྱི་གུས་རིག་གས་དེད་དས་སོང་། རྡོ་ཡིས་བརྒྱབ་བས་འཁྲུམས་མས་ཐོས། ལྟ་བུ་དང་། རྗེས་འཇུག་ས་ཟུར་ཡང་བར་གྱུར་པས་འས་ཐོབ་སྟེ། གོན་རྒྱུ་བརྗེས་འས་ཅི་བྱེད། ལྟ་བུ་དང་། ཡང་ས་ཆ་ལ་ལའི་ཁ་སྐད་དུ། རྗེས་འཇུག་དའི་སྒྲ་རྗེས་འཇུག་ལ་ལྟར་ཀློག་པའི་དབང་གིས། དས་སྒྲ་ལས་སྒྲར་

འགྱུར་བ་ཡོད་དེ། བསྟོད་དུས་མ་འདུག་ལ། བསྟོད་ལས་མ་འདུག་ཅེས་གྲགས་པ་ལྟ་བུའོ། །

བདུན་པ། འབོད་སྒྲ།

འབོད་པའི་སྒྲ་ནི་གང་ཟག་ལ། །
ཀོ་བཛྲ་ཀྱཻ་པའི་བརྡ་དག་ཡིན། །
ཡིད་འགྱུར་ངག་ཏུ་ཤར་བའི་ཉམས། །
མཚོན་བྱེད་བརྡ་ཡང་འབོད་སྒྲར་འདོད། །

འབོད་སྒྲ་མིང་གི་ཐོག་མར་འཇུག་པ་མང་། ཚིག་གི་བར་དང་མཐའ་མར་ཡང་འཇུག་པ་ཡོད་དོ། །སྤྱིར་རང་ལས་ཆེ་བའི་ཡུལ་ལ་ཀྱེའམ་ཀྱེ་ཀྱེ་དང་། རང་དང་མཉམ་པའི་ཡུལ་ལ་ཀ་ཡེ་དང་། རང་ལས་དམན་པའི་ཡུལ་ལ་ལྷ་ཡེའམ་ཨ་བས། བོད་བྱ་སྦྱིར་བཏང་བ་ལ་ཨ་རོག་ཅེས་བོས་མོད། དེ་ཡང་མཐའ་གཅིག་ཏུ་མ་ངེས་སོ། །གཞན་ཡང་དགྲ་དང་མི་དགའ་སའི་སྐྱེས་པ་ལ་ཁོ་རེ་དང་། སྐྱེས་མེད་ལ་མོ་རེ་ཞེས་འབོད་པ་ཡོད། སྦྱོར་ཚུལ་གཤམ་གསལ།

ཀྱེ་མིའི་བདག་པོ་གཟིགས་སུ་གསོལ། (མི་དབང་རྟོགས་བརྗོད་ལས)
ཀྱེ་ཀྱེ་རི་དྭགས་དང་དེ་པོ་ཚུར་ལ་གསོན། (བྱ་སྤྲེལ་གྱི་གཏམ་རྒྱུད་ལས)
གྲོགས་པོ་ཉོན་དང་ཀ་ཡེ།
ཀ་ཡེ་ཁྱོད་གང་ལ་འགྲོ།
ཨ་རོག་ཁྱོད་སུ་ལ་འཚོལ་གྱིན་ཡོད།

ཨ་བས་མཚམས་རྗེའི་མདུན་ན་གནས་པའི་སྐྱེས་པ་མ་ཡེངས་ཉོན་དང་།
(རྒྱལ་བུ་ནོར་བཟང་གི་རྣམ་ཐར་ལས)

ཕྲ༷་ཡེ༷་མ་འགྲོ་ཕྲ༷་ཡེ༷།

ལྷ་ཐོད་ཀྱི་ཆོག་ངན་དེ་སྒྲོག་བདག་སྟག་དམར་དབང་བཙན་གྱི་མཚང་ལ་ཕོག་པས། སྤྱིལ་ལ་ཚེར་ལྕུག་བརྒྱབ་པ་བཞིན། ང་རྒྱལ་བཟོད་སྒླགས་མེད་པ་ཞིག་སྐྱེས་ནས། འཕྲུལ་མདུང་དེ་ཕྲག་ལ་གཟར་ཅིང་། ཡ། ཀོ༷་རེ༷་ཕོ་གསར་དམར་པོ་སྐྱ། ལས་བྱས་ཚད་བཤམ་བཤད་ཁ་ཕོ་ཆེ། ང་དཔའ་བོ་ཚིག་གསུམ་འདྲ་མ་ཡོད། ཟེར་ནས་གླུ་འདི་བླངས་སོ། །

(གྲུ་གུ་གོ་རྫོང་ལས)

འགོང་མོ་བསྟན་བཤིག་ཚབས་ཆེན་མོ༷་རེ༷། (ཇ་ཆང་ལྷ་མོའི་བསྟན་བཅོས་ལས)

བྱང་ལན་མེད་ཚངས་པ་མེ་རི་དེས། ཨ་སྟག་འཁྱིལ་བའི་གླུ་མོའི་གླུ་ཉན་པ་དང་། ང་རྒྱལ་ཤིན་ཏུ་འབྲུགས་ཏེ། རལ་གྲི་ཕྲག་གོང་དུ་ཕྱར་ཞིང་གདོང་དུ་བུད་ནས། ཡ་མོ༷་རེ༷་སྣང་ཆེན་ཚོ་ཟད་མ། དུས་དེ་རིང་དཔའ་བོའི་གླུ་ལ་ཉོན། (གྲུ་གུ་གོ་རྫོང་ལས)

ཧྲ་བུ་སོགས་སོ། །

ཉམས་མི་འདྲ་བ་སྟོན་པའི་ངག་གི་བརྗ་སྒྲ་ཚོགས་ཀྱང་འབོད་སྒྲ་ཡིན་པར་འདོད། དེ་ལ་ཐོག་མར་ཉམས་འགྱུར་ཞེས་བྱ་བ་ཤེས་དགོས། ཉམས་འགྱུར་གཉིས་སུ་ཕྱེ་བའི་བློ་ཡི་འཆར་སྣ་ལ་འགྱུར་བ་དང་། འགྱུར་བ་དེ་ལུས་ངག་ཏུ་ཐོན་པའི་རྣམ་པ་ལ་ཉམས་ཟེར་རོ། །དེ་ཡང་སྙན་ངག་གྱི་དོན་ལས། སྒྱིར་ཉམས་དང་འགྱུར་ཞེས་པ་ནི། དགའ་བ་དང་ཁྲོ་བ་སོགས་ཡིད་ཀྱི་ཀུན་སློང་གཡོས་ནས་ཕྱི་ལུས་ངག་ཏུ་མ་ཤར་བའི་གནས་སྐབས་ནི་འགྱུར་བ་ཡིན་ལ། དེ་ཉིད་སྟོབས་རྒྱས་ནས་དབུགས་ཀྱི་རྒྱུ་བ་ཡང་རྒྱུན་ལྡན་དང་མི་འདྲ་ཞིང་། བཞིན་འཛུམ་པའམ་ཁྲོ་གཉེར་བསྡུས་པ་ཧྲ་བུ་ལུས་ངག་ཏུ་ཤར་བ་ནི་ཉམས་ཡིན་ནོ། །ཞེས་པ་ལྟར་རོ། །

ཛློས་གར་རམ་སྙན་ངག་གི་སྒོ་ནས་སྐྱེ་ཚོགས་ཀྱི་འཚོ་བ་མཚོན་པར་མཁས་པའི་སྒྱུ་རྩལ་གལ་པོ་ཆེ་ཞིག་ནི། ཉམས་སྣ་ཚོགས་ཇི་མ་ཇི་བཞིན་དུ་འདོན་པའི་ལུས་ཀྱི་སྟངས་སྟབས་དང་། ངག་གི་བརྗ་སྦྱོར་ལ་ཐུག་ཡོད་པས། སྐབས་པ་དགོད་

པ་ཚད་བྱུང་དང་། །དཔའ་བ་དྲག་ཤུལ་འཛིགས་རུང་དང་། །སྙིང་རྗེ་དང་ནི་མི་སྡུག་པའོ། །ཞེས་པ་རྣམས་ལ་གར་རམ་སྙན་ངག་གི་ཉམས་བརྒྱད་ཅེས་གྲགས། ཡིད་ཀྱི་འགྱུར་བ་ཤུགས་དྲག་པར་གྱུར་ནས་ངག་ཏུ་ཐོན་པའི་ཉམས་སྣ་ཚོགས་པ་ཡོད་ཀྱང་། བསྟན་བྱ་ཏ་ལམ་ཉམས་འདི་བརྒྱད་དུ་བསྡུ་རུང་ངོ་། །དེ་ལ།

ཀ། སྒེག་པའི་ཉམས་མཚོན་པ།

དགའ་ཞིང་ཆགས་པའི་ཉམས་མཚོན་པའི་འབོད་སྒྲ་ལ།

ཀྱེ་ཀྱེ། ཨེ་ཨེ། ཨ་ཧོ། ཨ་མ། ཨེ་མ། ཨ་ཏ་ཏ་སོགས་ཡོད། འཇུག་ཚུལ་དཔེར་ན།

དགའ་སྐྱིད་དེ་ལྟར་ཡོད། ཨེ་མ་ངོ་མཚར་ཆེ། (རྒྱ་བཟའ་ཁབ་ཏུ་བཞེས་པ་ལས)

ཀྱེ་ཀྱེ་ངག་སྙན། ཀྱེ་ཀྱེ་ངག་སྙན། མ་སྨྲག་མ་སྨྲག་སེམས་ཀྱི་དཔའ་སྐྱིད།

(གཏམ་པད་མའི་ཚལ་གྱི་ཟློས་གར་ལས)

སྲིན་མོའི་རྒྱལ་མོ་དེ་ཏད་དེ་ལངས་ནས། ཨ་མ་འདི་འདྲའི་དགའ་བ་ལ། དེ་རིང་ང་ལ་མཁའ་འགྲོའི་ཤ་འགྲེད་བྱུང་། (གྲུ་གླིང་གཡུལ་འགྲེད་ལས)

ཨེ་མ་ཧོ་མཚུངས་མེད་རྒྱལ་བའི་སྲས། །ཨེ་མ་ཧོ་ཕུལ་བྱུང་ཡོན་ཏན་གཏེར། །
ཨེ་མ་ཧོ་མཐུ་སྟོབས་ནུས་པའི་བདག །ཨེ་མ་ཧོ་ས་ཡི་དབང་ཕྱུག་རྒྱལ། །

(གཞོན་ནུ་ཟླ་མེད་ཀྱི་རྟོགས་བརྗོད་ལས)

པད་མའི་ཕུང་པོར་བུང་བའི་བུ། །བུན་བུན་འཕུར་བའི་ཚད་བྱུང་དབྱངས། །
ཐ་དད་གདངས་འགྱུར་དེ་དག་ནི། །ཨ་ཧོ་སྐྱེ་དགུའི་དགའ་སྐྱིད་སྒྲ། །

(གནས་གསུམ་ངེས་པ་སྟེ་སྙན་ངག་གི་རྣམ་བཤད་གསལ་སྒྲོན་ལས)

ལྟ་བུའོ། །

ཁ དགོད་པའི་ཉམས་མཚོན་པ།

དགའ་བ་རབ་ཏུ་རྒྱས་པའི་ཉམས་མཚོན་པའི་འབོད་སྒྲ་ལ།

ཧ་ཧ། ཧེ་ཧེ། ཧིམ་ཧིམ་སོགས་ཡོད་དེ།

ཁོ་ཤིན་ཏུ་དགའ་ནས་ཧ༷་ཧ༷་བགད།

ཧ༷་ཧ༷་ཀུ་རེ་བྱས་སོ་མཁས་པའི་དབང་། །
ཁྱེད་ཐུགས་འགྱེད་ཆེ་བརྟན་བརྗིད་ལྡན་པོ་བཞིན། །
ཚིག་གི་བསེར་བུ་ཕྲ་མོས་གཡོ་མ་ཡིན། །
ཤིང་བལ་རེག་པའི་ཁང་བཟང་ཇི་བཞིན་ནོ། །

(དཔའ་རིས་རབ་གསལ་གྱི་གསུང་འབུམ་ལས)

མགོ་ཨ་ན་ན། སྐྱིད་པ་ཨ་ཚ་ཚ། ཆང་བ་ཨ་ཆུ་ཆུ། ཅི་རེད། ཕུར་བ་བརྡབས་ནས་རྟ་རྟོད་པ་རེད། ཡིན་ཐལ། ལུང་བའི་ཕུ་ཡི་འདྲེ་ཕྲུག་ཅིག །ལུང་མདོར་བསླེབས་ནས་ཀི་ཞིག་བཏབ། ཅི་རེད། ཧི༷མ་ཧི༷མ། འཕྲུན་བཏང་བ་ཡིན་ཐལ། གཞོན་ནུ་ཚོས་གཏམ་མཚར་བ་དེ་ཐོས་མ་ཐག་ཏུ། ཧ༷་ཧ༷་དང་ཧེ༷་ཧེ༷་དགོད་མ་ཤོར་བ་གཅིག་ཀྱང་མེད་དོ། །

ལྟ་བུའོ། །

ག རྨད་བྱུང་གི་ཉམས་མཚོན་པ།

ངོ་མཚར་བ་ཉེ་བར་འཕེལ་བའི་ཉམས་མཚོན་པའི་འབོད་སྒྲ་ལ།

ཀྱེ་མ་ཧོ། ཨ་ལེ། ཨ་རེ། ཨ་ལ་ལ། ཨེ་མ། ཨ་མཚར་སོགས་ཡོད་དེ།

ཨ་ལེ་སྔོན་འབྲོག་དགོན་ཐང་སྟོང་འདིར་ད་ནི་ལྷའི་གྲོང་ཁྱེར་འཕོས་པ་འདྲའོ། །

དོན་ཏུ་འདུའོ་ཨ་ལ་ལ། །གནད་དུ་འབྲེལ་ལོ་ཨེ་མ་ཧོ། །ཞེས་ཟེར་བས། འདབ་ཡངས་ཀྱི་ཡིད་ལ་ལྷག་པར་འཐད་དེ་བློ་གྲོས་མཐར་ཕྱིན་པ་ཞིག་སྐྱེད་དོ། །

(གཏམ་པད་མའི་ཚལ་གྱི་ཟློས་གར་ལས)

ཨ་མཚར་ཁྱིས་པ་ལོ་དགུ་ཅན་ཞིག་སློབ་གྲྭ་ཆེན་མོར་ཞུགས་བྱུང་ཟེར།

གཞོན་ནུ་སྨན་པ་ཅན་གྱིས་བསམ་པ། ཨེ་མ། མངོན་པར་དགའ་བའི་གཙུག་ལག་ཁང་ཞེས་པ་འདི་འོ། །(གཞོན་ནུ་དྲུག་གི་རྟོགས་བརྗོད་ལས)

ཁྱོད་ཀྱི་གྲགས་པའི་ཕུང་པོ་ནི། །དཔག་ནུས་མིན་ཡང་འདིར་ཤོང་བ། །ས་སྐྱོང་སྲིད་པ་གསུམ་གྱི་ནི། །ཁོངས་དག་ཨེ་མ་ཤིན་ཏུ་ཡངས། །(ངོ་མཚར་ཕུལ་བྱུང་སྡེ་བོད་མཁས་པས)

ལྷ་བུའོ། །

ང དཔའ་བའི་ཉམས་མཚོན་པ།

རྒོད་གཡེར་ཆེ་བའི་ཉམས་མཚོན་པའི་འབོད་སྒྲ་ལ།

ཀྱེ་ཧོ། ཨའུ་ཙི། ཧོ་མ་ཡ་སོགས་ཡོད་དེ།

ཀྱེ་ཧོ་འདི་འཚོགས་ཀུན་གྱིས་ཉོན། དགྲ་སྡེ་ཕམ་ལ་ཉེ། ཚང་མས་དཔའ་སྙིང་དང་། རྒྱལ་ཁ་ང་ཚོར་དབང་།

ཡང་བསྐྱུར་མདའ་གཅིག་འཕེན་ལམ་ནས། ཐོག་རྒོད་དགྲ་ལ་ཧོ་མ་ཡ།
(གྲུ་གུ་གོ་རྫོང་ལས)

ཨ་ཉོག་རྒྱུགས་པའི་སྟོང་གཏམ། སྟུག་ཁྱོད་འདྲས་ང་ལ་འགྲན་པ་ཨའུ་ཙི།
(གྲུ་གུ་གོ་རྫོང་ལས)

ལྷ་བུའོ། །

ཅ དྲག་ཤུལ་གྱི་ཉམས་མཚོན་པ།

ཁྲོ་བ་ཉེ་བར་འཕེལ་བའི་ཉམས་མཚོན་པའི་འབོད་སྒྲ་ལ།

ཧིན། ཧི་ཧི་དག་ཡོད་དེ།

ཧི༹ན། ཁྱོད་ཕྱི་རྒྱན་གཙིགས་པའི་ཁུམ་རྟགས་ལ། ང་གཤིན་རྗེ་འཇུམ་པའི་གསོད་རྟགས་འཇོག

ཧི༹་ཧི༹། ཁྱོད་ལྷ་བུ་ངའི་སེན་མོའི་བར་གྱི་ཤིག་རེད། འཕྲལ་མ་ཉིད་དུ་ཡན་ལག་ལྔ་པོ་ས་ལ་ཕོབ་དང་དགའ།

ལྷ་བྲོ། །

ཆ འཇིགས་རུང་གི་ཉམས་མཚོན་པ།

བག་ཚ་ཞིང་ཁུམ་པའི་ཉམས་མཚོན་པའི་འབོད་སྒྲ་ལ།

ཕ་ཕ། ཨ་ཙ་མ། ཨ་ཙེ། ཨ་མ་མ་སོགས་ཡོད་དེ།

ཤེས་རབ་ཀྱི་རལ་གྲི་སོ་གཉིས་མ། ཤེས་བྱའི་མཁའ་ལ་གདེངས་ཆེས་པས། །
རང་མགོ་རྨས་པ་ཨ་ཙ་མ། །རྫོ་ཕྱོགས་གཅིག་ཡིན་ན་ཆོག་པ་ལ། །

(གུང་ཐང་བསྟན་པའི་སྒྲོན་མེས)

གདོན་དེ་འཇིགས་ཤིང་སྐྲག་སྟེ་ཧ་ལས་ནས། ཕ་ཕ་མི་ལ་མི་ལ་ཞེས་ཡང་ཡང་ཟེར་ཞིང་འཇིགས་པའི་སྐད་དུ་མ་ཤོར། (མི་ལ་རས་པའི་རྣམ་ཐར་ལས)

ཀྱི་ཧུད་ཀྱི་ཧུད་འཇིགས་ཤིང་སྐྲག་པ། །ཨ་ཙི་ཨ་ཙི་གློ་བུར་རྐྱེན་ངན། །
ཙི་བྱེད་ཙི་བྱེད་མ་རུང་འཆི་བ། །འཕྲལ་དུ་འདི་རུ་བདུད་པོ་སུ་སླེབ། །

(གཏམ་པད་མའི་ཚལ་གྱི་ཟློས་གར་ལས)

ལྷ་བྲོ། །

ཇ སྙིང་རྗེའི་ཉམས་མཚོན་པ།

མྱ་ངན་རྒྱས་པའི་ཉམས་མཚོན་པའི་འབོད་སྒྲ་ལ།

ཀྱེ་མ། ཀྱི་ཧུད། ཨ་ཁ་ཁ། ཨ་མ་མ་མ། ཨ་ཚ(ཚིག་པ་ལ)། ཨ་ཆུ་ཆུ(གྲང་བ་ལ)། ཨ་ཡོ(ན་བ་ལ)སོགས་ཡོད།

ལྷ་ཆོས་བྱེད་པར་བདག་པོས་གཙུག་གཡུ་བརྒྱན། །མི་ཆོས་བྱེད་པར་ཨ་ནེས་ཕྲག་དོག་བྱས། །
ཕ་མའི་དྲུང་དུ་བུ་མོ་སྡོད་དབང་མེད། །ཀྱེ་མ་ཀྱི་ཧུད་བུ་མོ་སེམས་པ་སྡུག །

(སྣང་ས་འོད་འབུམ་གྱི་རྣམ་ཐར་ལས)

བྱམས་བརྩེས་སྐྱོང་བའི་ཕ་མ་སྤྲོག་དང་བྲལ། །
ཡུལ་མི་གཉེན་བཤེས་དགྲ་སྡེས་ལྷག་མེད་བཅོམ། །
ལྷབ་ལྷབ་མེ་ལྕེ་འབར་བའི་ཁྱིམ་གྱི་ནང་། །
གསོན་པོར་འཚིག་པའི་བུ་ཕྲུག་ཀྱེ་མ་ཧུད། །

(སྙིང་རྗེའི་ཉམས་ཏེ་ཚིག་རྒྱན་རིག་པའི་སྒོ་འབྱེད་ལས)

བྱང་མེ་གླིང་རྒྱལ་པོས། ད་ནི་བཀའ་བློན་དེ་དྲག་རྣམས་གླིང་ཕྱིག་གིས་དམར་བསད་བཏང་བས་མི་ཚད། རྒྱལ་པོ་སྐུ་མཆེད་གཉིས་ཀྱང་ཐར་མེད་བྱས། ད་ཇི་ལྟར་བྱ་བསམས་ནས་ཨ་ཁ་ཁ་ཟེར། (མེ་གླིང་གཡུལ་འགྱེད་ལས)

ཡིད་འཕྲོག་མས་འདི་སྐད་དོ། །ཨ་མ་མ་མ་འདི་འདྲའི་སེམས་ཉིད་ཀྱི་སྐྱེ་བ། བསམ་བློ་གང་ནས་བཏང་ཡང་འབྲལ་དུ་ཕོད་པ་མི་འདུག །ཅེས་རྒྱལ་པོའི་སྟག་དོང་གི་དཀར་ཐག་ནས་བཟུང་སྟེ་སྨྱུན་ཆབ་བསིལ། (རྒྱལ་བུ་ནོར་བཟང་གི་རྣམ་ཐར་ལས)

ཀྱེ་མ་ཏས་པར་གྱུར་པའི་སྡུག་བསྔལ་མི་བཟོད་པ་འདི་ལ་གཟིགས། ཀྱི་ཧུད་ཏན་སོས་སྡུག་བསྔལ་ནི་བཟོད་དཀའོ། །(གཞོན་ནུ་དྲུག་གི་རྟོགས་བརྗོད་ལས)

ལྟ་བུའོ། །

༩ མི་རྟག་པའི་ཉམས་མཚོན་པ།

སྐྱུགས་བྲོ་བར་སྨྲད་པའི་ཉམས་མཚོན་པའི་འཐོད་སྒྲ་ལ།

ཛེ། ཏེ་ཏེ། ཏ་ཏ། ཨ་ཏ། ཏོ་ཏོ། ཀྲི་ཏུད་སོགས་ཡོད།

ཛེ༷། ཁྲིལ་མེད་མ། ཇོ་ཚ་མེད་ན་ཁྲི་དང་འདྲ།

ཏེ༷་ཏེ༷་ཉམས་རྟོགས་མེད་པའི་སློབ་ཆེན་དགོད་རེ་བྲོ། །
རང་དོན་མི་འཁྱོང་གཞན་དོན་ཡ་རེ་མཚར། །(སློབ་ཆེན་དང་རྫ་ཅིག་ལས)

ཏ༷་ཏ༷་ཁ་ནས་ཚིག་ཤོར་ཡུ་བ་ཐུང་། (སློབ་ཆེན་དང་རྫ་ཅིག་ལས)

ཏོ༷་ཏོ༷་རང་ཚོད་མ་ཐུབ་ངོ་རེ་ཚ།

ཀྲི༷་ཏུ༷ད་ཅན་མོ་མི་སྡུག་ཁྲོ་གཉེར་མ། །བྱ་བྱེད་ལུགས་དང་མི་མཐུན་ཅི་ཕྱིར་བྱེད། །
(ཉམས་སྦྱོང་ཅན་པོའི་འབེལ་གཏམ་ལས)

རང་མཐོང་ཆེ་ཞིང་སྡུགས་འོས་ཡོན་ཏན་སྲ། །
དོན་མེད་སྒྲ་བ་མང་ཡང་ལེགས་བཤད་ཉུང་། །
ན་ཚོད་ཅན་ཡང་བློ་གྲོས་ཆེས་གཞོན་པ། །
ཀྲི༷་ཏུ༷ད་རྫོངས་པའི་འཁྲུལ་འདྲིས་སུ་མ་བཙེམ། །
(འགལ་བའི་རྒྱན་ལས་རྫས་འགལ་བ་སྤྲེ་ཞྭ་དམར་བས)

གོང་གསལ་ཉམས་བརྒྱད་པོ་སོ་སོ་མཚོན་བྱེད་ཀྱི་འབོད་སྒྲ་ཏུ་མ་རེ་ཡོད་པ། སྐབས་དང་བསྟུན་ནས་གང་འོས་འཇུག་དགོས། འབོད་སྒྲ་ལ་ལའི་འཇུག་ཡུལ་མཐའ་གཅིག་ཏུ་མ་ངེས་ཏེ། འབྲེལ་ཉེ་བའི་ཉམས་གཉིས་གསུམ་ལ་འཇུག་པའང་ཡོད་དོ། །

དོན་ཚན་གཉིས་པ། ཐུད་གཞན་དབང་ཅན།

དང་པོ། རྫོགས་ཚིག

ག་ང་ད་ན་བ་མ་འ། །ར་ལ་ས་ཏོ་རྫོགས་ཚིག་སྟེ། །
སྐབས་བབ་བརྗོད་དོན་རྫོགས་པ་ཙམ། །སྟོན་བྱེད་སྒྲ་ཡིན་ཐོབ་ཐང་ནི། །
ད་དྲག་ཏོ་དང་མཐའ་མེད་འོ། །གཞན་རྣམས་རྗེས་འཇུག་རང་འདྲར་སྦྱར། །

རྫོགས་ཚིག་གི་ཐོབ་ཐང་ནི། ད་དྲག་མཐར་ཏོ་དང་། མཐའ་རྟེན་མེད་པའི་མཐར་འོ་དང་། གཞན་རྣམས་རྗེས་འཇུག་རང་འདྲའི་རྗེས་སུ་སྦྱར་བ་ཡིན། དཔེར་ན། ཕྱིནད་ཏོ། །མཐོའོ། །མཆོག་གོ། །བཟང་ངོ་། །བྱེད་དོ། །ཡིན་ནོ། །ཁྲབ་བོ། །ལམ་མོ། །མདའ་འོ་(མདའོ)། །གསེར་རོ། །འབུལ་ལོ། །ཕེབས་སོ། །ལྟ་བུའོ། །

གོ་སོགས་ཚིག་མཐར་སྦྱར་བས། སྐབས་བབ་ཀྱི་བརྗོད་དོན་དེ་ཉིད་རེ་ཞིག་རྫོགས་པར་སྟོན་པས་རྫོགས་ཚིག་ཅེས་དང་། རྗོད་བྱེད་ཚིག་གང་གི་རྗེས་སུ་སྣར་ཡོང་བའི་ཚིག་གྲོགས་དག་བསྡུ་བར་བྱས་པས་སྣར་བསྡུ་ཞེས་དང་། དོན་དེ་ཙམ་བརྗོད་པའི་ཚིག་གི་ཟླ་བོ་རྣམས་རེ་ཞིག་སྡུད་པར་བྱས་པས་ཟླ་སྡུད་ཅེས་གྲགས་པའོ། །

རྫོགས་ཚིག་དཔེར་བརྗོད་ན། ཁྱིམ་བདག་གིས་གསོལ་བ། འདི་ནི་བདག་གིས་རྟོགས་པ་མ་ལགས་ཀྱི། བདག་གི་མནའ་མ་བློ་དང་ལྡན་པ་ཞིག་མཆིས་པ་དེས་རྟོགས་སོ། །ལྟ་བུ། དེ་བཞིན།

མི་ཡི་དེ་ཉིད་ཐོབ་པ་གང་། །བདག་གཞན་ཕན་པར་བརྩོན་པའོ། །
(དྲི་མེད་དྲིས་ལན་རིན་པོ་ཆེའི་ཕྲེང་བ་ལས)

དེ་ལ་བརྟེན་ནས་ཡུལ་དེ་ཡང་འཁོར་བ་རྒྱས་པ། ལོ་ཕྱུགས་ལེགས་པ། བདེ་སྐྱིད་ཕུན་སུམ་ཚོགས་པ་བྱུང་བ་ཡིན་པར་གདའོ། །(བྱ་སྤྲེལ་གྱི་གཏམ་རྒྱུད་ལས)

ཚུལ་ཁྲིམས་ནི་བྱང་ཆུབ་ཏུ་འཇུག་པའི་རྩ་བ། ཟག་པ་མེད་པའི་མཆོག །མྱ་ངན་ལས་འདས་པའི་བདེ་བར་འགྲོ་བའི་ལམ་མོ། །ཚུལ་ཁྲིམས་དག་པ་བསྲུངས་པའི་བསོད་ནམས་ནི་ཚད་མེད་དཔག་ཏུ་མེད་དོ། །(མདོ་མཛངས་བླུན་ལས)

ལྟ་བུ་སོགས་སོ། །

སླར་བསྡུ་དཔེར་བརྗོད་ན།

ངང་སྒོང་ཆེན་པོ་མྱུར་མགྱོགས་ཆེ། །འཕོད་དོ་གླིང་དཀར་གྲོགས་ལ་བྱོན། །
མཆོད་དོ་གཏོར་མ་སྐྱེམས་ཕུད་བཞེས། །ཐད་དོ་སྟང་བའི་དགྲ་སྒྲོག་ཆོད། །
བཙོལ་ལོ་བདག་གི་བསམ་པ་སྒྲུབས། །(མོན་གླིང་གཡུལ་འགྱེད་ལས)

འཕོད་དོ་ཞེས་པའི་ཚིགས་ཚིག་སྔོན་ལ་བཀོད་ནས། སླར་ཡོང་བའི་དོན་གླིང་དཀར་གྲོགས་ལ་བྱོན་ཅེས་པའི་དོན་བསྡུས་ཡོད་པས་སླར་བསྡུ་ཞེས་སོ། །དེ་བཞིན།

དཀར་རོ་མཁའ་ལ་ཟླ་བའི་གཟུགས། །འདོད་ལྡན་ཁྲོད་ན་ན་ཆུང་གདོང་། །
མཁས་མང་ཚོགས་པའི་མདུན་ས་ན། །ཆོས་སྐྱོང་བཟང་པོའི་རྣམ་དཔྱོད་མཆོག །
(ཡོན་ཏན་བརྗོད་པ་ཐོག་མའི་གསལ་བྱེད་དེ་དབྱངས་ཅན་དགྱེས་གླུ་ལས)

བུ་མོ་ཞིག་བཙས་ན་ནོར་ཕྱུགས་ཀྱང་རྒྱལ་པོས་བཞེས་པར་ཟད་ན། གལ་ཏེ་ཁྱེའུ་ཞིག་བྱུང་ན་ཕོ་ནོར་བདག་དངོས་ཡིན་ནོ་སྙམ་དུ་བསམས་ནས། རྒྱལ་པོ་ལ་འདི་སྐད་ཅེས་གསོལ་ཏོ། །(མདོ་མཛངས་བླུན་ལས)

ལྟ་བུ་སོགས་སོ། །

ཟླ་སྤུད་དཔེར་བརྗོད་ན། སྔོན་གྱི་ལས་རྣམས་རྫོགས་སོ། །དེ་ནི་དོན་གཞན་ལ་གཞུག་པར་བྱའོ། ཞེས་པའི་སོ་དང་འོ་སྒྲས་ཚིག་གི་ཟླ་བོ་དག་སྤུད་པར་བྱེད་པའོ། །དེ་བཞིན།

ཁྱོད་སྔོན་གཞན་དང་བློ་སྣ་མི་མཐུན་པར། །སློབ་གཉེར་ཙམ་ལ་སྤུག་ཏུས་བྱས་སོ་སྐད། །
ད་ནི་རི་སྒོངས་འདི་འདྲར་གྲོགས་མེད་དུ། །སྒྲུབ་ལ་འབད་ཀྱང་སུ་ཞིག་དད་པར་འགྱུར། །
(ཚའི་རྒྱན་ལས་སྨད་པའི་ཐོལ་གྱིས་བསྟོད་པ་སྟེ་ཞྭ་དམར་བས།)

བཅོམ་ལྡན་འདས་ཀྱིས་ངས་བལྟས་ན་འཁོར་འདིའི་ནང་ན་སྦྱིན་པ་རྣམ་པར་དག་པ་ནི་འདི་ལས་འདའ་བ་མེད་དོ། །ཞེས་བཀའ་བསྩལ་ཏོ། །(མདོ་མཛངས་བླུན་ལས)

ལྟ་བུ་སོགས་སོ། །

གཞན་ཡང་། ངེས་པར་བྱེད་པའི་རྫོགས་ཚིག་ཏུ། བདག་དང་བདག་གི་བ་ལ་ཡིན་དང་། གཞན་དང་གཞན་གྱི་བ་ལ་རེད་འཇུག་པ་མང་། དཔེར་ན། ང་ཡིན། འདི་ང་ཚོའི་སློབ་གྲྭ་ཡིན། ང་འགྲོ་རྒྱུ་ཡིན། ཁྱོད་ཚང་གི་རེད། རྟག་དགའ་ཚང་གི་ཁྱིམ་མཚེས་ཀུན་བདེ་ཚང་རེད། ཁོ་འགྲོ་རྒྱུ་རེད། ཏ་ཙང་བཟང་པོ་ཞིག་རེད། ལྟ་བུ་སོགས་སོ། །

ཡང་། ཨ་མདོའི་ཁ་སྐད་ལས་བྱ་བའི་དུས་གསལ་བྱེད་ཀྱི་རྫོགས་ཚིག་ཏུ། མ་འོངས་པ་ལ་རེད་དང་། ད་ལྟ་བ་ལ་གི་དང་། འདས་པ་ལ་ཟིག་འཇུག་པ་མང་སྟེ། ནམ་ལང་རྒྱུ་རེད། ཁ་འཕྲོ་ཚོས་གྲོས་བྱས་ནས་ཐག་གཅད་རྒྱུ་རེད། འགྲོ་ཁ་མི་ཉན་གི དཔེ་ཆ་འདོན་གིན་ཡོད་གི ཡི་གེ་བསྒྱུར་བཏང་ཟིག ཆབ་རོམ་ཆགས་བཞག་ཟིག རྩྭ་བསྐམས་སོང་ཟིག ལྟ་བུ་སོགས་དང་། ཕྱིར་དུས་གསུམ་ལ་རེད་སྦྱར་ཆོག །རྒྱང་མཐོང་གིས་བལྟས་ན་རིག་རྒྱུ(གི)རེད། སློག་བརྙན་ལྟ་གིན་ཡོད་པ་རེད། དཔེ་ཆ་ཞིག་བརྩམས་བྱུང་བ་རེད། ལྟ་བུའོ། །

ཡང་། མ་རངས་པའམ་ཟུར་ཟ་བྱེད་པའི་རྫོགས་ཚིག་ཏུ་ལོ་སྒྲ་སྦྱོར་ཚུལ་ཡོད་དེ།

རྒྱུ་ནོར་གསོག་སྒྲུབ་བྱེད་པ་དེ། །གསར་བརྗེའི་དོན་དུ་ཡིན་ནོ་ལོ། །
ཁ་གསག་ཛོ་སྤུང་བྱེད་པ་དེ། །གཞུང་དོན་ཁོ་ན་ཡིན་ནོ་ཟེར། །

(བརྡ་སྤྲོད་བློ་གསལ་དགའ་སྟོན་ལས)

ཤེས་རབ་མེད་པའི་རྒྱུ་མཚན་གྱིས། །བླུན་པོ་ཡོན་ཏན་མི་སློབ་ལོ། །
བརྟགས་ན་ཤེས་རབ་མེད་ཉིད་ཀྱིས། །བླུན་པོས་འབད་པ་ལྷག་པར་དགོས། །

(ས་སྐྱའི་ལེགས་བཤད་ལས)

དེས་ན་མི་རྟག་པའི་ཆོས་འདུ་ཤེས་བཅོས་མ་མ་ཡིན་པ་ཞིག་རྒྱུད་ལ་མ་སྐྱེས་ན། ཆོས་ཞུ་ལོ་དང་བྱེད་ལོ་ཇི་ཙམ་བྱས་ཀྱང་། མཐར་ཆོས་དྲེད་ཀྱི་རྒྱུར་འགྱུར་བ་ཡིན།

(ཀློང་ཆེན་སྙིང་ཏིག་གི་ཁྲིད་ཡིག་ལས)

ལྟ་བུ་སོགས་སོ། །

གཉིས་པ། བདག་སྒྲ།

པ་པོ་བ་བོ་མ་མོ་རྣམས། །གང་མིང་གི་ནི་མ་མཐའ་ན། །
སྟར་མེད་གསར་དུ་སྦྱར་བ་ན། །བདག་པོའི་སྒྲ་རུ་ཤེས་པར་བྱ། །
སྐྱེས་པ་མཚོན་བྱེད་པ་པོ་ནི། །ག་ད་བ་ས་ན་མར་སྦྱར། །
བ་བོ་ང་འ་ར་ལ་དང་། །མཐའ་མེད་རྣམས་ལ་འཇུག་པ་ཡིན། །
བུད་མེད་མཚོན་བྱེད་མ་མོ་གཉིས། །རང་དབང་ཅན་ཏེ་ཅི་རིགས་སྦྱར། །

བདག་སྒྲ་ནི་མིང་གང་རུང་གི་མ་མཐའ་ན། སྟར་པ་པོ་སོགས་ཅི་རིགས་སྦྱར་མེད་པར། དེ་རིགས་གསར་དུ་སྦྱར་ཚེ། དངོས་པོའམ། བྱ་བའམ། ཁྱད་ཆོས་གང་

ཞིག་གང་ཟག་གང་ལ་ཡོད་པར་གྱུར་པའི་ཆ་ནས། བདག་པོའི་དོན་ཅན་དུ་སོང་བས་བདག་སྒྲ་ཞེས་བྱའོ། །དེ་རྣམས་ཀྱི་མཚན་གཞི་གཤམ་གསལ།

ཀ དངོས་པོའི་མིང་ལ་སྦྱར་བ།

འབྲོག །སྐུ་མདུན། ལྷུན། ཕྱུག །སླུ། ཁ་ལོ། སྙིང་མ། ཆང་། ཁམས། བླ་བྲང་སོགས་ལ་བདག་སྒྲ་སྦྱར་ནས། འབྲོག་པ༷། སྐུ་མདུན་པ༷། ལྷུན་པོ༷། ཕྱུག་པོ༷། སླུ་བ༷། ཁ་ལོ་བ༷། སྙིང་མ་བ༷། ཆང་མ༷། ཁམས་མོ༷། བླ་བྲང་མ༷། ཞེས་པ་སོགས་གང་ཟག་གི་མིང་དུ་གྱུར་པ་དང་། དངོས་པོའི་མིང་ལ་མཁན་ཞེས་པའང་ཅུང་ཤས་ཤིག་སྦྱར་ཆོག་སྟེ། ཡིག་མཁན༷། གར་མཁན༷། གར་མཁན་མ། སྙན་ངག་མཁན༷། ལྟ་བུ་རྣམས་སོ། །

ཁ བྱ་བའི་མིང་ད་ལྟ་བ་ལ་སྦྱར་བ།

ཡོད་པ། བྱེད་པ། ཤེས་པ། རྩོམ་པ། སྨྲ་བ། རྩེ་བ། སྐྱོ་སྐྱུང་བ། ཞིང་འབྲེག་པ། རྟ་ཞོན་པ། སྲུང་བ་སོགས་ཀྱི་མིང་མཐའ་པ་བ་དག་ནི་མིང་གི་ཆ་ཤས་ཡིན་ལ། དེ་ཚོའི་མཐའ་མར་བདག་སྒྲ་གསར་དུ་སྦྱར་ནས། ཡོད་པ་བོ༷། བྱེད་པ་བོ༷། ཤེས་པ་བོ༷། རྩོམ་པ་བ༷། སྨྲ་བ་བོ༷། རྩེ་བ་བོ༷། སྐྱོ་སྐྱུང་བ་བོ༷། ཞིང་འབྲེག་པ་བོ༷། རྟ་ཞོན་པ་བོ༷། སྲུང་བ་མ༷། ལྟ་བུ་སོགས་གང་ཟག་སྟོན་པར་གྱུར་ཏོ། །

འདི་རིགས་ལ་ཞིབ་ཆ་ཤེས་དགོས་ས། (༡)བདག་སྒྲ་ཏ་ལམ་བོ་སྦྱར་ཡང་། བ་སྦྱར་ན་མི་ཆོག་པ་མེད་པའང་མང་སྟེ། ཡོད་པ་བོ་ལ་ཡོད་པ་བ་དང་། ཤེས་པ་བོ་ལ་ཤེས་པ་བ་ལྟ་བུ། (༢)གང་ཟག་ཏུ་སྦྱར་བའི་མིང་ལ་ལའི་ཚིག་བར་བསྡུས་ཆོག་སྟེ། བྱེད་པ་བོ་ལ་བྱེད་པོ་དང་། ཡོད་པ་བོ་ལ་ཡོད་པོ་ལྟ་བུ། (༣)ལས་སུ་བྱ་བའི་མིང་མཐའ་དང་བདག་སྒྲ་བསྡུས་ཆོག་སྟེ། སྐྱོ་སྐྱུང་བ་བོ་ལ་སྐྱོ་སྐྱུང་དང་། རྟ་ཞོན་པ་བ

ལ་ཏྲ་ཝོན་ལྟ་བུའོ། །[༤]ཉམས་སུ་ལེན་པ་པོ། ལག་ཏུ་ལེན་པ་པོ་ལྟ་བུའི་ལའི་དོན་ཅན་གྱི་སྒྲ་བསྡུས་ན་མིང་མཐའ་པ་ཙམ་བདག་སྒྲར་གྱུར་ཏེ། ཉམས་ལེན་པ། ལག་ལེན་པ་ལྟ་བུ། [༥]སི་ཏུའི་འགྲེལ་ཆེན་ལས། བདག་པོའི་སྒྲ་ལ་པ་ཉིད་དོ། །ཞེས་པ། བདག་སྒྲ་མཐའ་གཅིག་ཏུ་དེ་ལྟར་སྦྱར་ན་བརྗོད་མི་བདེ་བ་མང་སོད། ལེགས་ཆའང་ཙུང་ཟད་མཐོང་སྟེ། བྱ་བའི་མིང་ཤར་བ། བཟོ་བ། མཇལ་བ་ལྟ་བུ་སོགས་ཀྱི་མིང་མཐའ་བའི་དོད་དུ་པ་སྦྱར་ན། ཤར་པ། བཟོ་པ། མཇལ་པ། ལྟ་བུ་གང་ཟག་གི་མིང་དུ་གྲུབ་པར་མ་ཟད། ཚིག་སྣ་བསྡུས་པ། ཡིག་གཟུགས་སུ་བྱ་བའི་མིང་དང་། གང་ཟག་གི་མིང་གི་ཁྱད་པར་ཡང་ཕྱེད་སོད། སྦེབ་སྦྱོར་དང་འགལ་ལོ། །[༦]བདག་སྒྲའི་དོད་དུ་གང་ཟག་གི་མིང་སྦྱར་ཚིག་སྟེ། ཤེས་མི། མཇལ་མི། སློ་སྲུང་མི་ལྟ་བུ། [༧]མཁས་དབང་ལ་མཁན་ཟེར། དེའི་ཕྱིར་བྱ་བ་བྱང་ཆ་ཅན་ལ་བདག་སྒྲ་མཁན་པོ་ཞེས་པ་སྦྱར་ཚིག་སྟེ། འབྲི་མཁན། འདོན་མཁན། གླུ་ལེན་མཁན། ལྟ་བུ་སོགས་སོ། །

ག ཁྱད་ཆོས་ཀྱི་མིང་ལ་པ་བ་མ་དག་ཉུང་ཉུང་ཙམ་ལས་ཕལ་ཆེར་ཅན་ལྡན་སྦྱར་བ།

ཀུན་ལ་བདག་སྒྲ་ཆ་འདྲ་བ་ཅན་ལྡན་ཅི་རིགས་སྦྱར་ཚིག །ཡོན་ཏན་པ། ལེ་ལོ་བ། དབང་ཆེན་མ། བློ་ལྡན། སྟོབས་ལྡན། བློ་གྲོས་དང་ལྡན་པ། ཤེས་རབ་ཅན། བརྩོན་འགྲུས་ཅན། སེར་སྣ་ཅན། ལྟ་བུ་སོགས་ཏེ། ཅན་ལྡན་གཉིས་པོ་གང་ཞིག་གང་ལ་ཡོད་པ་སྟོན་པའི་སྒོ་ནས་བདག་སྒྲ་དང་མཚུངས་ཀྱང་། དེ་དག་སེམས་ཅན་གཞན་དང་ཁེམ་པོ་ལའང་འཇུག་སྟེ། སེང་གེ་ལ་སྟོབས་ལྡན། རི་བོང་ལ་བློ་ལྡན་ནམ་རིག་པ་ཅན། ཉི་མ་ལ་འོད་གསལ་ཅན། མེས་རྒྱལ་ལ་སྟོབས་འབྱོར་མངའ་ཐང་ལྡན་པ་ཞེས་སྦྱར་ཚིག་པས་གསལ།

ཁ་ཅིག་གིས་མ་ནི་ངེས་མེད་སྐབས་དང་སྦྱར། ཞེས་མ་ཡིག་གིས་སྐྱེས་པོ་མོ་

ཁྱད་མེད་ལ་མཚོན་ཏེ། ཕོང་མ། ཀླ་མ། ཛ་མ། སློབ་མ། ལྟ་བུ་སོགས་དཔེར་བཀོད་པ་འཐད་པར་མ་མཐོང་སྟེ། ཐ་སྙད་འདི་རིགས་ཐོག་མ་ཉིད་ནས་གང་ཟག་གི་མིང་དུ་གྲུབ་ཡོད་པས། མ་ནི་མིང་མཐའམ་མིང་གི་ཆ་ཤས་སུ་གྲུབ་པ་ཉིད་ལས། བདག་སྒྲ་བྱས་ནས་གསར་དུ་སྦྱར་བ་མ་ཡིན་ནོ། །དེར་མ་ཟད་གླེན་པ། བཙན་པོ། ཁོལ་པོ། རོང་བ། ལྟ་བུ་སོགས་ཀྱི་ཆ་ཤས་ཕྱི་མ་རྣམས་ཀྱང་ཐོག་མ་ཉིད་ནས་གང་ཟག་གི་མིང་དུ་གྲུབ་པའི་མིང་མཐའ་ཡིན་གྱི་བདག་སྒྲ་མ་ཡིན་ཞིང་། ཕོ་མོའི་ཟླས་ཕྱེ་ཚེ། དེ་རིགས་ཀྱི་སྐྱེས་མ་རྣམས་ལ་ད་གཟོད་གླེན་མ༷། བཙན་མོ༷། ཁོལ་མོ༷། རོང་མོ༷་ཞེས་བདག་སྒྲ་གསར་དུ་སྦྱར་བ་ཡིན་ནོ། །

ཞར་བྱུང་དང་པོ། མིང་མཐས་མིང་མི་གཅིག་པ་སྦྲེལ་ཚུལ།

མིང་མཐའ་པ་པོ་བ་བོ་མ་མོ་རྣམས་མིང་སྦྲེལ་བའི་ནུས་པ་ཧ་ཅང་ཆེ་སྟེ། བདག་སྒྲར་སྦྱར་ནས་གང་ཟག་གི་མིང་གང་རུང་སྟོན་པར་མ་ཟད། མིང་གང་རིགས་ཀྱི་མཐར་སྦྱར་ན། དོན་གྱི་ངོ་བོ་གཞན་ཞིག་སྟོན་པའི་མིང་དུ་འགྱུར་ལ། ལྕགས་ཀྱུ། ཞེས་པ་ཡོ་བྱད་ཅིག་གི་མིང་ཡིན་མོད། དེ་ལ་མིང་མཐའ་བ་སྦྱར་ནས། ལྕགས་ཀྱུ་བ་ཞེ་ན། སྲོ་སྨན་ཞིག་གི་མིང་དུ་གྱུར་ཏོ། །དཔེ་དེ་བཞིན། ཁུ་བྱུག་དང་། ཁུ་བྱུག་པའི་སྔ་མ་བྱ་ཞིག་གི་མིང་དང་། ཕྱི་མ་སྲོ་སྨན་ཞིག་གི་མིང་ངོ་། །ཤིང་རྟ་དང་། ཤིང་རྟ་མོའི་སྔ་མ་འདྲུད་བྱེད་ཀྱི་མིང་དང་། ཕྱི་མ་བྱ་ཞིག་གི་མིང་ངོ་། །ཤིང་པར་དང་། ཤིང་དཔར་མའི་སྔ་མ་ཡི་གེའམ་རི་མོ་དཔར་བྱེད་ཀྱི་མིང་དང་། ཕྱི་མ་དཔར་བྱུང་བའི་ཡིག་ཆའམ་རི་མོའི་མིང་ངོ་། །གྲུ་གང་དང་། གྲུ་གང་བའི་སྔ་མ་གྲངས་ཚད་ཀྱི་མིང་དང་། ཕྱི་མ་དཔེ་ཆ་སྣ་རིང་ངམ་དེ་རིང་ཚད་ཀྱི་དངོས་པོ་ཞིག་གི་མིང་ཡིན་པ་ལྟ་བུ་སོགས་སོ། །དེས་མི་ཚད། ཚིག་གང་འཚམས་ཀྱི་མཐར་སྦྱར་ན། ཚིག་དེ་ཙམ་དོན་གྱི་ངོ་བོ་སྟོན་པའི་མིང་དུ་བསྒྱུར་ཐུབ།

དཔེར་ན། ཤིང་འདོམ་དོ་བ་སྦོམ་ཕྲ་མཉམ་པ་ཁྱད་པར་མེད་པ་ཞིག་བསྐུར་ཏེ། ཤིང་འདིའི་མགོ་མཇུག་གང་ཡིན་ལ་བྱེ་བྲག་ཕྱེ་ཞིག་བསྒོའོ(མདོ་མཛངས་བླུན་ལས)། ཞེས་པ་ལས། ཤིང་འདོམ་དོ་བ་ཟེར་བ། ཤིང་ཙམ་བསྟན་པ་ཡིན། གལ་ཏེ་ཤིང་མཐའ་བ་དོར་ན། ཚིག་ཏུ་གྱུར་པ་ཡིན་ནོ། །ཤེལ་གྱི་མཆོད་རྟེན་བང་རིམ་བཞི་བ་ཅིག་ཕྱུག་ཏུ་བྱུང་(བཀའ་ཆེམས་ཀ་ཁོལ་མ་ལས)ཞེས་པ་ལས། ཤེལ་གྱི་མཆོད་རྟེན་བང་རིམ་བཞི་བ་ཟེར་བ། ཤིང་ཙམ་བསྟན་པ་དང་། ཤིང་མཐའ་བ་དོར་ནས། ཤེལ་གྱི་མཆོད་རྟེན་བང་རིམ་བཞི་ཟེར་ན། ཚིག་ཏུ་གྱུར་པ་ཡིན་པར། རིགས་བསྒྲེས་ནས་ཤེས་པར་གྱིས་ཤིག

ཞར་བྱུང་གཉིས་པ། མདོ་དབུས་སྐད་དུ་མིང་མཐའ་པ་བའི་སྦྱོར་སྒྲོལ་གྱི་གཅིག་ས་དང་མི་གཅིག་ས།

རྟགས་ཀྱི་འཇུག་པའི་ལུགས་ལྟར་ན། །མིང་མཐའ་པ་བའི་ཐོབ་ཐང་ནི། །
ག་ད་བ་ས་ན་མར་པ། །ང་འ་ར་ལ་མཐའ་མེད་བའོ། །
མཐའ་རྟེན་ག་ད་བ་ས་དང་། །ན་མ་དྲུག་པོའི་སྦྱོར་སྒྲོལ་ནི། །
མདོ་དབུས་ཁྱད་མེད་གཅིག་པ་ཡིན། །རྗེས་འཇུག་ང་འ་ར་ལ་དང་། །
མཐའ་མེད་རྣམས་ལ་ཁྱད་པར་ཡོད། །ཨམ་སྐད་ཀུན་ཏུ་བ་སྒྱུར་ཅིང་། །
དབུས་སྐད་བྱ་བའི་མིང་ལ་ནི། །ཆ་ཡ་ཁྱད་མེད་བ་སྒྱུར་ཏེ། །
སོང་བ་སྨྱུར་བ་སྐྱོན་འདོར་བ། །དོན་གོ་བ་དང་དགའ་བ་བཞིན། །
དངོས་པོར་ང་ལ་མཐའ་མེད་གསུམ། །ཆ་ཡ་ཁྱད་མེད་པ་སྒྱུར་ཏེ། །
གླ་བྲང་པ་དང་མཆིལ་པ་དང་། །བྱིའུ་མཆིལ་པ་དང་ཛ་པ་བཞིན། །
འ་ར་གཉིས་པོར་ཆ་ལ་པ། །ཡ་ལ་བ་སྒྱུར་དཔེར་བརྗོད་ན། །

རིད་མདའ་བ་དང་མདའ་པ་དང་། །རྒྱ་གར་བ་དང་གར་པ་བཞིན། །
ཁམས་སྐད་དབུས་སྐད་རྗེས་མཐུན་ཏེ། །པ་པོ་བ་བོ་ཇི་བཞིན་སྦྱོར། །
མིང་མཐའ་སྦྱར་བ་ཡུལ་དང་བསྟུན། །མདོ་དབུས་སྐད་ཀྱི་ཁྱད་ཆོས་ཐོན། །
ཡ་མ་ཟུང་དུ་སྦྱར་བ་ནི། །ཐོབ་ཐང་གང་ལའང་མི་འགྱུར་རོ། །

གསུམ་པ། རྒྱན་སྡུད།

ཀྱང་ཡང་འང་གསུམ་རྒྱན་སྡུད་དེ། །མཐུན་དང་མི་མཐུན་རྒྱན་གཉིས་དང་། །
སྡུད་པ་དག་ལ་འཇུག་པ་སྟེ། །ག་ད་བ་ས་དྲག་མཐར་ཀྱང་། །
ང་ན་མ་ར་ལ་མཐར་ཡང་། །འ་དང་མཐའ་མེད་འང་ངམ་ཡང་། །

རྒྱན་སྡུད་ཀྱང་ཡང་འང་གསུམ་གྱི་ཐོབ་ཐང་ནི། རྗེས་འཇུག་ག་ད་བ་དང་། འཇུག་ཡང་འཇུག་ས་དང་། ད་དྲག་རྣམས་ལ་ཀྱང་ཐོབ་སྟེ། ཡག་ཀྱང་། བཞད་ཀྱང་། བབ་ཀྱང་། མཇེས་ཀྱང་། ལེགས་ཀྱང་། ཁྱེནད་ཀྱང་། ཐརད་ཀྱང་། འགྲེལད་ཀྱང་། ལྟ་བུ་དང་། རྗེས་འཇུག་ང་ན་མ་འ་ར་ལ་རྣམས་ལ་ཡང་ཐོབ་སྟེ། བཟང་ཡང་། མངོན་ཡང་། འཆམ་ཡང་། དགའ་ཡང་། ཤར་ཡང་། གསལ་ཡང་། ལྟ་བུ་དང་། རྗེས་འཇུག་འ་དང་མཐའ་རྟེན་མེད་པར་འང་དང་། ཧང་བ་སྐོང་ཚེ་ཡང་ཐོབ་སྟེ། གླིའང་མཛངས་ལ་དཔའ་ཡང་ཆེ། ལྟ་བུའོ། །

རྒྱན་སྡུད་ཀྱི་ནང་ཚན་རྒྱན་ཞེས་པ་ཚིག་རྒྱན་ཏེ། ཚིག་མཛེས་བྱེད་ཀྱི་རྒྱན་དུ་འཇུག་པ་ལ། མཐུན་པའི་ཚིག་རྒྱན་དང་། མི་མཐུན་པའི་ཚིག་རྒྱན་རྣམ་པ་གཉིས་ཡོད་དེ།

ཀ། མཐུན་པའི་ཚིག་རྒྱན།

ཚིས་མཐུན་པ་གཉིས་གཞི་གཅིག་ལ་སྒྱུར་ནས་མཛེས་པར་བྱེད་པ་སྟེ། དཔེར་ན།

ཉི་མའི་འོད་ནི་གསལ་ཡང་གསལ།
དམར་ཡང་དམར་ལ་མཁས་ཀྱང་མཁས།
རི་དྭགས་གཞན་གྱིས་ལབ་གྱུར་ན། །མཛེས་ཀྱང་མཛེས་ལ་འདྲ་ཡང་ཆགས། །

(བྱ་སྤྲེལ་གྱི་གཏམ་རྒྱུད་ལས)

ཁྱེད་གཉིས་ཐུགས་སེམས་གསེར་དང་འདྲ།།གསེར་བཟང་པོའི་ཁ་དོག་ཇོམས་ཀྱང་དགོས།།
དགོས་ཀྱང་དགོས་ཏེ་བྱུང་ཡང་བྱུང་། །ངེད་བྱ་སྤྲེལ་ཚོགས་ཀྱི་གྲོད་གཞི་འདི། །
གྲོད་གཉིས་ཀྱིས་རྟུམ་པ་མཛད་ཟེར་ན། །མི་འགྲིག་པ་ཡང་ཡོང་དོན་མེད། །

(བྱ་སྤྲེལ་གྱི་གཏམ་རྒྱུད་ལས)

ཉེན་དང་གནའ་མིའི་གཏམ་དཔེ་ལ། །བརྙས་ཆེས་ན་ཞེ་ནག་གཏིང་ནས་འཁྲུག །
ཟ་ཆེས་ན་སྨྲང་དཀར་མཆིན་ཁ་ན། །ཡུན་རིང་ན་བུ་མོ་མ་ལ་འཕོན། །
ཟེར་ཡང་ཟེར་ལ་བདེན་ཀྱང་བདེན། །(སྟག་གླིང་གཡུལ་འཁྲུག་ལས)

ལྟ་བ། ཚིག་གི་ཐ་སྙད་རིགས་འདྲ་གཉིས་ངེས་བྱ་དང་ངེས་བྱེད་དུ་སྒྱུར་བའི་སྒོ་ནས། བརྗོད་དོན་གནད་དུ་ཕབ་ཅིང་ཚིག་མཛེས་པར་བྱེད་པའི་རྒྱན་དུ་འགྱུར་རོ། །

དཔལ་ཡང་འབར་ལ་ཡིད་ཀྱང་འཕྲོག(ཕྲ་ཏིའི་སུམ་འགྲེལ་ལས)

ཁ་དོག་མཛེས་ལ་དབྱིབས་ཀྱང་ལེགས། (གསུང་རབ་རྒྱ་མཚོའི་སུམ་རྟགས་ལས)

བང་ཡང་མྱུར་ལ་ཤ་ཡང་རྒྱས། (ཐོན་མིའི་ཞལ་ལུང་ལས)

ལྟ་བ། དོན་མཐུན་པ་གཉིས་ཚིག་གཅིག་ལ་སྒྱུར་ནས། གསེར་གཞུང་ལ་མར་

ཁྱུས་བཀང་བ་བཞིན་བརྗོད་གཞི་གང་གི་ཡོན་ཏན་རྒྱས་པར་བཏང་བའི་སྒོ་ནས་ཚིག་མཛེས་པར་བྱེད་པའི་རྒྱན་དུ་འགྱུར་རོ། །

ཁ མི་མཐུན་པའི་ཚིག་རྒྱན།

དོན་སྤྱི་ཕྱི་མི་མཐུན་པ་གཉིས་གཞི་གཅིག་ལ་སྦྱར་ནས་ཚིག་མཛེས་པར་བྱེད་པ་སྟེ། དཔེར་ན།

མིག་མཐོང་མེད་ཀྱང་ རྣ་ཐོས་ཡོད། (རྒྱལ་བུ་ནོར་བཟང་གི་རྣམ་ཐར་ལས)
ཚིག་ལ་སྙན་ཆ་མི་ཆེ་ཡང་། དོན་ལ་ཟབ་དགུའི་རོ་བཅུད་གདའ།
(གཏམ་པད་མའི་ཚལ་གྱི་ཟློས་གར་ལས)

རང་འདོད་དང་ཏམ་པ་གཡོ་སྒྱུ་གསུམ། །འཕྲུལ་ལམ་དུ་འགྲོ་ཡང་ཕུགས་མི་བརྟན། །
(བྱ་སྤྲེལ་གྱི་གཏམ་རྒྱུད་ལས)

སྐད་རིགས་ཐམས་ཅད་ཤེས་ན་བཟང་མོད་ཀྱང་། །
རང་གི་ཕ་སྐད་བརྗེད་ན་ངོ་ཚ་ཡིན། །(བསླབ་བྱ་ནོར་བུའི་ཕྲེང་བ་ལས)

སྐྱེ་བོ་དམ་པ་རྒུད་གྱུར་ཀྱང་། །སྤྱོད་པའི་ཁྱད་པར་ལྷག་པར་མཛེས། །
མེ་ནི་ཐུར་དུ་ཁ་བསྟན་ཀྱང་། །མེ་ལྕེ་གྱེན་དུ་འབར་བར་མཐོང་། །
(ས་སྐྱའི་ལེགས་བཤད་ལས)

འོན་ཏེ་སྙིང་སྟོབས་མཐུ་རྩལ་ལྡན་ན་ཡང་། །ཤེས་རབ་ཟབ་མོའི་དཔལ་དང་མི་ལྡན་ན། །
འཇིགས་པ་མེད་རློམ་གདོང་ལྔའི་དབང་པོ་ནི། །བློ་ལྡན་རི་བོང་འཕྲུལ་གྱིས་བཅོམ་ཞེས་ཐོས། །
(གཞོན་ནུ་ཟླ་མེད་ཀྱི་རྟོགས་བརྗོད་ལས)

ལྟ་བུ། ཚིག་དོན་ཕན་ཚུན་འགལ་བར་སྦྱར་ཅིང་ལོག་ཕྱོགས་ནས་ངང་ཚུལ་ལམ་སྤྱོད་ཚུལ་ཞིག་མངོན་སུམ་དུ་གཏོད་པའི་རྒྱན་དུ་གྱུར་ཏོ། །

མི་མཐུན་པའི་རྒྱན་ལ་ཚིག་གྲོགས་ཀྱང་སྦྱར་རྒྱུ་ཡོད་དེ། ཡིན་ན་ཡང་། འོན་

ཀྱང་། འོན་ཏེ། འོན་ཏང་། མོད་རྣམས་སོ། །

ག སྦྱུད་པ།

སྦྱུད་པ་ནི་བསྡུ་བར་བྱ་བ་ཞིག་དངོས་སུ་བསྟན་ཆེ། བསྡུ་བྱ་དང་སྦྱུད་བྱེད་གཉིས་ཀ་ཚིག་སྔ་ཕྱིར་བརྗོད་པ་ཡིན་ཞིང་། ཤུགས་ལ་བསྟན་ཆེ། བསྡུ་རྒྱུའི་ཚིག་གྲོགས་བསྡུས་ནས། སྦྱུད་བྱེད་ཀྱི་ཚིག་ཙམ་བརྗོད་པས་ཆོག་པ་ཡིན་ཏེ། དཔེར་བརྗོད་ན། ཁོས་རྒྱ་ཡིག་ཀྱང་ཤེས། ཞེས་པ་ན། སྦྱུད་བྱེད་ཀྱི་ཚིག་ཏུ་ཀྱང་སྒྲ་སྦྱར་ནས། བསྡུ་བྱ་བོད་ཡིག་འདྲ་ཤེས་པ་བསྡུས་པའི་དོན་ཅན་དུ་གྱུབ་མོད། གལ་ཏེ་བསྡུ་བྱ་གསལ་བར་བྱེད་པའི་དགོས་པ་ཡོད་ན། ཁོས་བོད་ཡིག་ཤེས་ལ། རྒྱ་ཡིག་ཀྱང་ཤེས་ཟེར་བ་ལྟར། སྦྱུད་བྱེད་ཀྱི་ཚིག་གྲོགས་སུ་བསྡུ་བྱ་བོད་ཡིག་ཤེས་པ་ལྟ་བུ་བརྗོད་པའོ། །འདི་ལ་རིགས་གསུམ་ཡོད་དེ།

༡ ཕན་ཚུན་སྦྱུད་པ།

དཔེ་ཆ་འདི་ཆབ་སྲིད་ཀྱི་བསླབ་དེབ་ཀྱང་ཡིན། སྐད་ཡིག་གི་བསླབ་དེབ་ཀྱང་ཡིན།
ཁོང་ནི་ང་ཚོའི་སློབ་གྲྭའི་མགོ་འཁྲིད་ཡང་ཡིན་ལ། བོད་ཡིག་དགེ་རྒན་ཡང་ཡིན།
ཁྱོད་འགྲོ་དགོས་དང་། ཟླ་བའང་འགྲོ་དགོས།

ལྟ་བུ་རྣམས་བསྡུ་བྱ་དང་སྦྱུད་བྱེད་གཉིས་སྟོབས་མཉམ་པས། ཚིག་སྔ་ཕྱིའི་གོ་རིམ་བརྗེས་ནས་ཕར་སྦྱུད་ཚུར་སྦྱུད་བྱས་ཆོག

༢ སྔ་མས་ཕྱི་མ་སྦྱུད་པ།

བླུན་པོས་ཀྱང་ཤེས་ན་མཁས་པ་ལྟ་ཅི་སྨོས།
མི་དམངས་ཀྱི་དོན་དུ་སྲོག་ཀྱང་སྤོ་ཕོད་ན། དཀའ་ཚེགས་འཛེམ་ག་ལ་དཔེ།
རང་སྐྱོན་མཁས་པ་རྣམས་ཀྱིས་ཀྱང་། སྐྱོན་དུ་གོ་བ་ཤིན་ཏུ་དཀའ།

མི་དེ་རང་གི་གྲིབ་མ་ལའང་ཡིད་མི་ཆེས།

ཨ་མ་ཡང་ང་བུ་གཅིག་པུ་ལ་སེམས་འཁྲིང་བས། ངེད་རྣམས་མཐོང་མཐོང་གི་བར་དུ། ང་ལ་མིག་ཅེ་རེ་དུ་ཞིང་བསྡད་འདུག (མི་ལ་རས་པའི་རྣམ་ཐར་ལས)

ལྟ་བུ་རྣམས་ལས་སྔ་མ་གསུམ་དུ་བསྡུ་བྱ་དངོས་སུ་བསྟན་པ་དང་། ཕྱི་མ་གཉིས་སུ་བསྡུ་བྱ་ཤུགས་ལ་བསྟན་པའོ། །

༣ ཕྱི་མས་སྔ་མ་སྡུད་པ།

སུམ་རྟགས་མ་ཟད། སླན་ངག་ཀྱང་ཤེས།
རྟ་ཡིས་བགྲལ་དཀའི་ཆུ་བོ་ཡང་། །མང་དུ་གྱེས་ན་ལུག་ཀྱང་ཐུབ། །

དབྱངས་ཅན་ཁྱོད་ཞལ་མཚར་སྡུག་ལྡན་པ་ཡིས། །
ཆུ་སྐྱེས་པད་མའི་རྗེས་སུ་འགྲོ་མིན་ཏེ། །
མིག་ལྡན་ཀུན་ཡིད་འཕྲོག་པའི་འཛུམ་མདངས་དང་། །
ཞིམ་པོའི་དྲི་བསུང་ཕྱོགས་བཅུར་འཁྱུལ་འདིས་ཀྱང་། །
(བསྟུས་པའི་དཔེ་སྟེ་པཎ་ཆེན་བློ་བཟང་ཡེ་ཤེས་ཀྱིས།)

ཁོ་རི་མོ་བྲིས་ནའང་མཁས།
ངེད་སྤྲེའུ་སྡོད་པའི་གནས་ལ་ཡང་། །ཁྱོད་བྱ་ཚོགས་ཡོང་དང་ཡོང་བཞིན་ཡོད། །

ལྟ་བུ་རྣམས་ལས་ཚིག་སྔ་མ་གསུམ་དུ་བསྡུ་བྱ་དངོས་སུ་བསྟན་པ་དང་། ཕྱི་མ་གཉིས་སུ་བསྡུ་བྱ་ཤུགས་ལ་བསྟན་པའོ། །

ནམ་ཡང་། དེ་ཡང་། སླར་ཡང་། དེ་ནས་ཡང་། ད་ཐེངས་ཡང་རྒྱལ་ཁ་ལོན་སོང་། བསམ་བློ་ཡང་ཡང་བཏང་། དོན་དེ་གོ་སླ་བས་ཡང་དང་ཡང་དུ་བཤད་མི་དགོས། ལྟ་བུ་རྣམས་བསྒྱུར་བའི་དོན་དུ་འཇུག་པའོ། །

གཞན་ཡང་། ཡང་ན་ཞེས་པ་གདམ་ངའི་དོན་དུ་འཇུག་པ། དཔེར་བརྗོད་

ན། ཡང་ན་ལས་སུ་བྱ་བའི་ཡིན། ཡང་ན་དགོས་ཆེད་ཀྱི་ཡིན། ཁོ་དེ་རིང་ཡོང་ལ། ཡང་ན་སང་ཉིན་ཡོང་ངོ་། །ལྟ་བུ་རྣམས་སོ། །

བཞི་པ། ལྷག་བཅས།

དེ་ཏེ་སྟེ་གསུམ་ལྷག་བཅས་ཏེ། །ན་ར་ལ་ས་དྲུག་མཐར་ཏེ། །
ད་དེ་ག་ང་བ་མ་འ། །མཐའ་མེད་རྣམས་ལ་ས་སྟེ་ཐོབ། །
མཚམས་སྦྱོར་དམ་བཅའ་གཞན་འདྲེན་དང་། །འགལ་བ་རྣམས་ལ་འཇུག་པ་འོ། །

ལྷག་བཅས་དེ་ཏེ་སྟེ་གསུམ་གྱི་ཐོབ་ཐང་ནི། རྗེས་འཇུག་ད་མཐར་དེ་དང་། ན་ར་ལ་ས་ད་དྲག་གི་མཐར་ཏེ་དང་། ག་ང་བ་མ་འ་དང་མཐའ་མེད་རྣམས་ཀྱི་མཐར་སྟེ་ཐོབ་སྟེ། བཤད་དེ། ཡིན་ཏེ། འདར་ཏེ། གསལ་ཏེ། བྱས་ཏེ། བསྒྱུརད་ཏེ། བཞག་སྟེ། བཟང་སྟེ། ཁྱབ་སྟེ། བགམ་སྟེ། འབབ་སྟེ། གོ་སྟེ། ལྟ་བུ་སོགས་སོ། །

ལྷག་བཅས་ནི་ཚིག་སྔ་མའི་བརྗོད་དོན་མ་རྫོགས་པའི་ལྷག་མ་དང་བཅས་པ་དྲངས་ནས་དོན་ཆ་ཚང་ཞིག་སྟོན་པར་བྱེད་པའི་སྒྲའོ། །དེ་ཡང་ལྷག་མ་འདྲེན་ཚུལ་རྣམ་པ་བཞི་ཡོད་དེ།

ཀ། མཚམས་སྦྱོར་བའི་ལྷག་བཅས།

བྱ་བ་སྔ་མའི་འཕྲོར་ཡང་བྱ་བ་ཞིག་མཚམས་སྦྱར་ནས་དེ་དག་ཕན་ཚུན་གྱི་འབྲེལ་ཆགས་ལུགས་ངེས་ཅན་ཞིག་སྟོན་པ།

ཟ་བསྐོལ་ཏེ་འཐོལ།

ཆང་འཐུངས་ཏེ་བཟི།
ས་བོན་བཏབ་སྟེ་མྱུ་གུ་སྐྱེ།
བྱ་བ་འབད་པས་བསྒྲུབས་ཏེ་ཕུན་སུམ་ཚོགས་པར་གྲུབ་སོང་།

ལྟ་བུ་སོགས་བྱེད་པའི་རྩོལ་བ་དང་ལས་ཀྱི་འགྱུར་བ་གཉིས་དུས་རིམ་པར་འཇུག་པར་མཚམས་སྦྱོར་ནས། རྒྱུ་གང་ལས་འབྲས་བུ་གང་བྱུང་བར་བསྟན་པའོ། །

ལག་པ་བསྐལ་ཏེ་ཟས་ཟ།
སྒྲོན་མེ་བཀར་ཏེ་དཔེ་ཆ་ལྟ།
འདང་ཡང་ཡང་བརྒྱབ་སྟེ་དཔྱད་པ།

བྱ་བ་ཆེ་ཆུང་གང་བྱེད་ཀྱང་། །མཁས་པས་རྟག་ཏུ་བསྒྲིམས་ཏེ་བྱ། །
(ས་སྐྱའི་ལེགས་བཤད་ལས)

ལྟ་བུ་རྣམས་བྱེད་པས་བྱ་བ་གཉིས་དུས་རིམ་གྱིས་འཇུག་པར་མཚམས་སྦྱོར་ནས། མཐུན་རྐྱེན་གང་ལ་བརྟེན་ནས་དོན་གང་གཉེར་བར་བསྟན་པའོ། །

གཤོག་པ་བརྒྱངས་ཏེ་འཕུར།
ཚིག་སྒྲ་དང་བཅས་ཏེ་འབར།
མཚར་སྐྱེས་ཏེ་ཧ་ཧ་བགོད།
མིག་ཆེས་ཆེར་བགྲད་དེ་ཞིབ་ཏུ་བལྟས།

ལྟ་བུ་སོགས་བྱ་བ་གཉིས་ཧ་ལམ་དུས་མཉམ་པར་འཇུག་པར་མཚམས་སྦྱོར་ནས་སྒྲུབ་བྱེད་གཅིག་པར་བསྟན་པའོ། །

གོང་གསལ་མཚམས་སྦྱོར་བའི་ལྷག་བཅས་ཀྱི་ཚབ་ཏུ་ནས་སྒྲ་འཇུག་པ་མང་སྟེ། ཇ་བསྐོལ་ནས་འཐོལ། འདང་བརྒྱབ་ནས་བཤད། མེ་ཏོག་གད་ནས་འབྲས་

བུ་ཐོགས། ཀྟྭ་བུ་སོགས་སོ། །

ཁ དམ་བཅའ་བའི་ལྷག་བཅས།

ཚིག་སྔ་མའི་དོན་གསལ་བྱེད་དུ་ཚིག་ཕྱི་མ་དྲངས་ནས་ཤེས་བྱའི་གནས་ངེས་པ་ཞིག་སྟོན་པ་སྟེ། མི་རྟག་སྟེ་བྱས་པའི་ཕྱིར། ཞེས་པ་དཔེར་མཚོན་ན། མི་རྟག་པ་ཡིན་པར་དམ་བཅས་ནས་དེའི་རྒྱུ་མཚན་བྱས་པ་ཡིན་པར་སྟེ་སྒྲས་བསྟན་པའོ། །དེ་བཞིན་དུ།

མེ་ཡོད་དེ་དུ་བ་ཡོང་བའི་ཕྱིར།
སྤྱོད་པ་བཟང་སྟེ་གཞུང་དྲང་ཞིང་བློ་གསལ་བའི་རྟགས་སོ། །
དགའ་བར་རིགས་ཏེ་རྒྱལ་ཁ་ཐོན་པས་སོ། །

ཀྟྭ་བུ་རྣམས་རྒྱུ་མཚན་འདྲེན་པའོ། །

ཚིག་རྒྱན་ཏེ་ཚིག་མཛེས་པར་བྱེད་པའི་རྒྱན་ནོ། །
དཔེ་ཆོས་ཏེ་དཔེའི་སྒོ་ནས་བརྗོད་བྱའི་ཆོས་ཀྱི་དོན་གསལ་བར་བྱེད་པའི་ངག་རྒྱུན་ཞིག་གོ། །

སངས་རྒྱས་ཏེ་མ་རིག་པའི་གཉིད་སངས་པ་དང་ཤེས་བྱ་ལ་བློ་གྲོས་རྒྱས་པའོ། །
(སྒྲ་སྒོ་མཚོན་ཆ་ལས)

ཀྟྭ་བུ་རྣམས་ངེས་ཚིག་འདྲེན་པའོ། །

འབྱུང་བ་བཞི་སྟེ་ས་ཆུ་མེ་རླུང་ངོ་། །
འདོད་ཡོན་ལྔ་སྟེ་གཟུགས་དང་སྒྲ་དང་དྲི་དང་རོ་དང་རེག་བྱའོ། །
རིག་གནས་ཆེ་བ་ལྔ་སྟེ། སྒྲ་དང་ཚད་མ་དང་བཟོ་དང་གསོ་བ་དང་ནང་དོན་རིག་པའོ། །

ལྟ་བུ་རྣམས་དབྱེ་བ་འདྲེན་པའོ། །

ཉི་མ་ལ་འཛིག་རྟེན་མིག་ཅེས་བྱ་སྟེ། འོད་སྟོང་ཅན་ནམ། སྣང་བའི་མཛོད་དམ། མུན་པའི་དགྲ་ཡང་ཟེར་རོ། །

གོ་ལ་སོགས་པ་ཇོགས་ཚིག་སྟེ། སླར་བསྡུ་ཟླ་སྡུད་ཅེས་ཀྱང་བྱ།

ཉི་མའི་གཉེན་ནི་པད་མ་སྟེ། དྲི་བཟང་ཁང་ཡང་དེ་ཡིན་ནོ། །

ལྟ་བུ་རྣམས་མིང་གི་རྣམ་གྲངས་འདྲེན་པའོ། །

གླུན་པོས་བསམ་པར། ཀ་ཡེ་ཐབས་བཟང་པོ་ཞིག་གདའ་སྟེ། ཅན་དན་སོལ་བར་བཏང་ནས་འཚོང་དགོས་པར་འདུག་སྙམ་ནས། ཅན་དན་མེར་བསྲེགས་ཏེ་སོལ་བར་བཏང་།

(དགེ་ལྡན་ལེགས་བཤད་ཀྱི་འགྲེལ་བ་ལས)

དགེ་རྒན་བསྐྱང་རྒྱུ་གལ་ཆེ་སྟེ། འགྱུར་བཞི་བསྐྱུན་པར་མི་སྣ་དགོས། མི་སྣ་བསྐྱང་བར་སློབ་གསོ་དགོས། སློབ་གསོ་བསློབ་པར་དགེ་རྒན་དགོས།

ང་རྒྱལ་རང་ཉིད་ཉམས་བྱེད་དེ། །ཐོས་ལམ་འགོག་ཅིང་གྲོགས་དང་འགལ། །

ཕྱུར་སྣ་འདྲེན་ལ་འགྲན་ཟླ་བསླང་། །ཉེས་དམིགས་མང་བས་ཚར་དུ་ཆོད། །

ལྟ་བུ་རྒྱས་བཤད་འདྲེན་པའོ། །

དུད་འགྲོ་ནི་དུད་ནས་འགྲོ་བ་སྟེ། རྟ་ནོར་ལུག་གསུམ་ལ་སོགས་པའོ། །

འགྲོས་མགྱོགས་ཏེ་རླུང་ལས་མྱུར།

སྐྱེས་སྨན་དེ་མགོ་བོ་ཡང་ལ་ཕྱོག་པ་དོག་སྟེ། དཀར་ལྷབ་ནག་འཚུབ་སྟོན་ཁའི་གནམ་ཛ་འདྲའོ། །

བཞིན་རས་མཛེས་ཏེ། ཆུ་སྐྱེས་གསར་བའི་དཔལ་འཕྲོག་ཅིང་། ཟླ་བ་ལ་ཡང་སྐྱེངས་པ་སྟེར།

ལྟ་བུ་དཔེ་འདྲེན་པའོ། །

ག གཞན་འདྲེན་པའི་ལྷག་བཅས།

རྗོད་བྱེད་སྔ་མའི་འཕྲོར་བརྗོད་བྱ་གཞན་ཞིག་དྲངས་ནས། ཚིག་སྔ་ཕྱིའི་དོན་ཐ་དད་པར་སྟོན་པ་སྟེ།

འདི་ནི་ར་གན་ཏེ་འདི་ནི་གསེར་རོ། །
ཁྲི་ཤན་འཇུམ་ན་དགའ་རྟགས་ཏེ། །གཉིན་རྗེ་འཇུམ་ན་གསོད་པའི་རྟགས། །
གཡི་དཀར་ནི་རི་དྭགས་མིན་ཏེ་གཅན་གཟན་ནོ། །

ལྟ་བུ་རྣམས་སོ། །

ང འགལ་བ་འདྲེན་པའི་ལྷག་བཅས།

བརྗོད་བྱ་སྔ་མའི་འཕྲོར་བརྗོད་བྱ་ལོག་པ་ཞིག་དྲངས་ནས་ཚིག་སྔ་ཕྱིའི་དོན་འགལ་བར་སྟོན་པ་སྟེ།

ཁ་བཤིག་པ་སླ་སྟེ་ལས་པ་དཀའ། །གོས་དྲལ་བ་སླ་སྟེ་དྲུབ་པ་དཀའ། །
ཁྱོད་གཡོ་བ་སླ་སྟེ་བསྡུམ་པ་དཀའ། །(གྲུ་གུ་གོ་རྫོང་ལས)
སྐྱིད་ཟེར་བ་དཔོན་པོའི་ལག་ན་ཡོད། །ང་ཉོ་བསམ་ཡོད་དེ་ཉོ་ཐབས་མེད། །
སྡུག་ཟེར་བ་གཡོག་པོའི་མགོ་ན་ཡོད། །ང་བཙོང་བསམ་ཡོད་དེ་བཙོང་ཐབས་མེད། །

སྐྱོན་གྱིས་གོས་པ་ཆེས་སླ་སྟེ། །ཡོན་ཏན་སློབ་པ་དེ་ལྟ་མིན། །
ཤིང་ལ་མེ་ལྕེ་མཆེད་སླ་ཡང་། ཆུ་བོ་སོ་སོར་འབྱེད་པ་དཀའ། །
(ཤིང་གི་བསྟན་བཅོས་ལས)

ལྟ་བུ་སོགས་སོ། །

གཞན་ཡང་། ལྷག་བཅས་ཀྱི་སྒྲ་བྱ་བ་ལ་འཇུག་ཚེ། བྱ་བ་དེའི་མིང་མཐའ་པ་བ་དག་སྦྱོར་མི་སྦྱོར་གྱི་ཁྱད་པར་ཤེས་རྒྱུ་གལ་ཆེ། དཔེར་ན། ཤོག་བུ་རས་ལ་

བརྗོད་པ་སྟེ། །མ་ཡིན་ཡིན་མདོག་བྱས་པའི་དཔེའོ། །ཞེས་དང་། ཤོག་བུ་རས་ལ་བརྗོད་ཏེ། །གོན་པ་ཨེ་ཉན་ལྟ་གི། ཞེས་པའི་ཚིག་གཉིས་ཀྱི་ལྷག་བཅས་ཀྱི་དོན་སྟོན་ཚུལ་མི་གཅིག །སྔ་མ་བྱ་བ་མིང་མཐའ་ཅན་ལ་སྦྱར་ནས་དམ་བཅས་པ་དང་། ཕྱི་མ་བྱ་བ་མིང་མཐའ་མེད་པ་བ་ལ་སྦྱར་ནས་མཚམས་སྦྱར་བ་ཡིན་ནོ། །

ལྔ་བ། འབྱེད་སྡུད།

གམ་ངམ་དམ་ནམ་བམ་མམ་འམ། །རམ་ལམ་སམ་ཏམ་འབྱེད་སྡུད་དེ། །
ད་དྲག་ཏམ་དང་མཐའ་མེད་འམ། །གཞན་རྣམས་མིང་མཐའི་རྗེས་མཐུན་སྦྱོར། །
འབྱེད་པ་སྡུད་པ་ཐེ་ཚོམ་དང་། །དྲི་བ་གདམ་ང་རྣམས་ལ་འཇུག །

འབྱེད་སྡུད་ཀྱི་ཐོབ་ཐང་ནི། མཐའ་རྟེན་དང་མཐུན་པར་སྦྱར་བ། གཅིག་གམ། ཐུང་ངམ། མེད་དམ། ཡིན་ནམ། འཐབ་བམ། བསམ་མམ། ཟེར་རམ། ཡུལ་ལམ། ཤེས་སམ། ལྟ་བུ་དང་། རྗེས་འཇུག་འ་དངོས་སུ་བྲིས་ཡོད་མེད་ལ་འམ་ཐོབ་སྟེ། །ཁ་སྐོང་བའི་ཚེ་བར་ཚིག་འཇུག་པ་དང་། སྐོང་མི་དགོས་ན་བར་ཚིག་མི་འཇུག་སྟེ། དགའ་འམ། གོ་འམ། དགའམ། གོའམ། ལྟ་བུ་དང་། ཡང་འཇུག་དའི་མཐར་ཏམ་ཐོབ་སྟེ། ཟིནད་ཏམ། མ་བསྒྱུརད་ཏམ། ཐྲལད་ཏམ། ལྟ་བུ་སོགས་སོ། །

དོན་གྱི་སྦྱོར་ཚུལ་ལ་འབྱེད་པ་དང་། སྡུད་པ་དང་། ཐེ་ཚོམ་དང་། དྲི་བ་དང་། གདམ་ང་ལྔ་ཡོད་དེ།

ཀ འབྱེད་པ།

དབྱེ་གཞི་གཅིག་ལས་དབྱེ་བ་དུ་མ་སོ་སོར་འབྱེད་པ་སྟེ། དཔེར་ན། དུས་ཚིགས་བཞི་སྟེ། དབྱར་<u>རམ</u>། སྟོན་<u>ནམ</u>། དགུན་<u>ནམ</u>། དཔྱིད་དོ། །ཞེས་པ་ན། དབྱེ་གཞི་དུས་ཚིགས་བཞི་ལས། དབྱེ་བ་དབྱར་སྟོན་དགུན་དཔྱིད་རྣམས་རམ་དང་ནམ་དག་གིས་སོ་སོར་ཕྱེ་བ། ལྟ་བུའོ། །དེ་བཞིན།

དུག་གསུམ་ནི་འདོད་ཆགས་སམ༷། ཞེ་སྡང་ངམ༷། གཏི་མུག་གོ། །

མཁན་སློབ་ཆོས་གསུམ་ནི། མཁན་པོ་བོ་དྷི་ས་ཏྭ་འམ༷། སློབ་དཔོན་པད་མ་འབྱུང་གནས་སམ༷། ཆོས་རྒྱལ་ཁྲི་སྲོང་ལྡེ་བཙན་ནོ། །

རྟོན་པ་བཞི་དང་མི་རྟོན་པ་བཞི་སྟེ། ཆོས་ལ་རྟོན་པ་དང་གང་ཟག་ལ་མི་རྟོན་པའམ༷། དོན་ལ་རྟོན་པ་དང་ཚིག་ལ་མི་རྟོན་པའམ༷། ངེས་དོན་ལ་རྟོན་པ་དང་དྲང་དོན་ལ་མི་རྟོན་པའམ༷། ཡེ་ཤེས་ལ་རྟོན་པ་དང་རྣམ་ཤེས་ལ་མི་རྟོན་པའོ། །

ལྟ་བུ་རྣམས་དབྱེ་བའི་རྣམ་གྲངས་ངེས་པ་ཡོད་ཚུལ་ལོ། །

སློབ་མའི་ཉེར་མཁོ་ནི་སྨྱུ་གུའམ༷། སྣག་ཚའམ༷། ཤོག་གུ་རྣམས་སོ། །

རང་རེའི་སློབ་གྲྭ་ན་མི་རིགས་མང་སྟེ། རྒྱའམ༷། བོད་དམ༷། སོག་པོའམ༷། ཡུ་གུར་རམ༷། ཧེ་ཧེ་སོགས་བཅུ་ལྷག་ཅིག་ཡོད་དོ། །

ལེགས་པར་ཤེས་ན་འདི་ལྟ་སྟེ། འཆད་དམ༷། རྩོད་པའམ༷། རྩོམ་ལ་མཁས།

ལྟ་བུ་རྣམས་དབྱེ་བའི་རྣམ་གྲངས་ངེས་པ་མེད་ཚུལ་ལོ། །

ཁ སྡུད་པ།

བསྡུ་བྱ་དུ་མ་བསྡུ་གཞི་གཅིག་ཏུ་སྡུད་པ་སྟེ། དཔེར་ན། སྲོང་བཙན་སྒམ་པོའམ༷། ཁྲི་སྲོང་ལྡེ་བཙན་ནམ༷། མངའ་བདག་ཁྲི་རལ་པ་ཅན་ནི་ཆོས་རྒྱལ་མེས་

དཔོན་རྣམས་གསུམ་མོ། །ཞེས་པའི་བསྡུ་བྱ་སྦྱོང་བཙན། ཁྲི་སྲོང་། མངའ་བདག་བཙས་འམ་དང་ནམ་སྲ་དག་གིས་ཆོས་རྒྱལ་མེས་དཔོན་རྣམ་གསུམ་ཞེས་པའི་བསྡུ་གཞི་གཅིག་ཏུ་བསྡུས་པ་དང་། དེ་བཞིན།

དེང་རབས་ཅན་དུ་འགྱུར་བར་ཁ་གཏད་པའ༷མ། འཛིག་རྟེན་ཁམས་ལ་ཁ་གཏད་པའ༷མ། མ་འོངས་པར་ཁ་གཏད་པ་ནི། སློབ་གསོ་བྱ་བའི་གཏཾད་སོ་གསུམ་མོ། །

སྨན་ངག་ག༷མ། མངོན་བརྗོད་ད༷མ། སྡེབ་སྦྱོར་ར༷མ། ཟློས་གར་ར༷མ། སྐར་རྩིས་རྣམས་རིག་གནས་ཆུང་བ་ལྔའོ། །

ལྟ་བུ་བསྡུ་བྱའི་རྣམ་གྲངས་ངེས་པ་ཡོད་ཚུལ་ལོ། །

ཆུ་སྐྱར་ར༷མ་ནེ་ཙོ་ནི་འདབ་ཆགས་སོ། །
གསེར་ར༷མ། དངུལ་ལ༷མ། ཟངས་ས༷མ། ལྕགས་ས༷མ་རྗེ་སོལ་སོགས་ནི་གཏེར་རྫས་ཡིན།

མིང་གཞི་གཉིས་སམ་གསུམ་འབྲེལ་ལམ། །དེ་ལ་དབྱངས་ཀྱི་གཞི་ལྡན་ཡང་། །
གང་དུ་འང་འཇུགཾ་མིན་སྦྱར་བ་འངཾ་མིན། །(སུམ་རྟགས་བའི་རྩ་བ་ལས)

ལྟ་བུ་བསྡུ་བྱའི་རྣམ་གྲངས་ངེས་པ་མེད་ཚུལ་ལོ། །

ཨུ་ཏྤལ་ནི་རིན་ཐང་ཆེ་སྟེ། ཨུ་མེན་ན༷མ་ཕྱུ་ཏུ་ཡང་ངོ་། །
ཐང་དཀར་ནི་བྱ་ཡིན་ལ། ཁྭ་ཏ༷འམ་སྐྱ་ག་སོགས་ཀྱང་བྱ་ཡིན།

ལྟ་བུ་སྔ་མར་སྦྱར་བའི་ཆོས་ཕྱི་མར་སྦྱར་བ་བསྡུས་པའོ། །

ག ཐེ་ཚོམ།

ཡིན་མིན་མཐའ་གཉིས་མ་ངེས་པར་དོགས་པ་ཟ་བར་སྟོན་པ་སྟེ།

ཅི་འདི་ལྗོན་པའི་སྐྱེད་མོས་ཚལ་ལ་གནས་པའི་ལྷ་མོ་ཞིག་ག༷མ། མིའི་བུ་མོ་ཁྱད་པར་དུ་

མཛེས་པ་ཞིག་ཡིན་སྙམ་ཐེ་ཚོམ་དུ་གྱུར། (གཞོན་ནུ་ཟླ་མེད་ཀྱི་རྟོགས་བརྗོད་ལས)

ཨ་མ་ལན་གཅིག་ཤི་ནས་སླར་ལོག་པ། །འདི་ནི་རྨི་ལམ་ཡིན་ནམ༷་མངོན་སུམ་ཡིན། །
རྨི་ལམ་ཡིན་ན་བུ་ཆུང་སྣང་བ་སྐྱོ། །མངོན་སུམ་ཡིན་ན་བུ་ཆུང་ལོས་ཀྱང་དགའ། །
(སྣང་ས་འོད་འབུམ་གྱི་རྣམ་ཐར་ལས)

དཀར་མཛེས་ཆུ་འཛིན་གཞོན་ནུའི་དུས་བུ་ལ། །
རྣམ་བཀྲ་དབང་གཞུ་གསར་བས་འཕྲུད་དམ༷་ཅི། །
འོན་ཏང་སྨྲ་བའི་ལྷ་མོ་ཁྱེད་ཀྱི་སྐུར། །
སྣ་ཚོགས་དར་གྱིས་བསྐུབས་སམ༷་འཕྱང་མོ་ལུག །
(ཐེ་ཚོམ་གྱི་དཔེ་སྟེ་དབྱངས་ཅན་དགྱེས་གླུ་ལས)

འགྲིག་གམ༷་མི་འགྲིག་བརྡར་ཤ་མི་ཆོད།

ལྟ་བུ་སོགས་སོ། །

ང དྲི་བ།

བརྗོད་བྱའི་དོན་གསལ་བྱེད་དུ་དྲི་བར་འཇུག་པ་སྟེ།

དོན་དག་དེ་ཐག་ཆོད་དམ༷།

ཕ་མས་བུ་མོ་མ་མཇལ་ཡུན་རིང་སོང་། །བུ་མོ་སྣང་ས་སྐུ་ཁམས་བདེ་ལགས་སམ༷། །
(སྣང་ས་འོད་འབུམ་གྱི་རྣམ་ཐར་ལས)

སང་ཉིན་ཁྱོད་འགྲོ་རྒྱུའམ༷་མི་འགྲོ།

རྒྱལ་པོས་སྨྲས་པ། ཁྱོད་ལ་ཤ་གཞན་ཞིག་སྦྱིན་ན་ཟའམ༷། ཁྲས་སྨྲས་པ། བདག་ནི་གསར་དུ་བཀུམ་པའི་ཤ་རློན་པ་མཆིས་ན་འཚལ་ལོ་ཞེས་སྨྲས་པ། (མདོ་མཛངས་བླུན་ལས)

ལྟ་བུ་མ་ཤེས་པར་དྲིས་པ།

རི་མགོ་ལྷ་ན་མཚོ་ཞིག་འདུག་ཟེར་བ་ཤེས་སམ།
ད་ལྟ་བཤད་ཟིན་པ་གོའམ་མ་གོ།

ང་ཡི་རིགས་རྒྱུད་གྲགས་པ་བསམ་གྲུབ་དེ། །ཕྱི་ཡི་ལྕགས་རི་ནང་གི་ནོར་བུ་ཡིན། །
ཕོ་ལོ་དྲུག་གསུམ་བཅོ་བརྒྱད་བསླེབས་ནས་ཡོད། །ཁྱོད་ཀྱིས་དེ་ཡི་ཁྱིམ་ཐབ་མི་བྱེད་དམ། །
(སྣང་ས་འོད་འབུམ་གྱི་རྣམ་ཐར་ལས)

ལྟ་བུ་ཚོད་བགམ་པར་དྲིས་པའོ། །

ཁྱོད་བུད་ཡོང་ངམ།

ཉིན་གུང་ཉི་མས་གདུངས་པ་ཡི། །གླང་པོ་དག་ནི་མཚོར་འཇུག་པ། །
ཉི་མའི་ཕྱོགས་གྱུར་པད་མོ་རྣམས། །གཞོམ་པར་འདོད་པ་ཡིན་ནམ་སྙམ། །
(སེམས་ལྡན་རབ་རྟོག་སྡེ་སྣོན་ངག་མེ་ལོང་ལས)

ལྟ་བུ་ཤེས་བཞིན་དུ་དྲིས་པའོ། །

ཁ་ནས་ཐོན་ཚད་ལབ་ན་འཕྲུས་ཡོང་ངམ། །སེམས་ལ་གང་ཤར་ལག་ལེན་འཕྲུས་ཡོང་ངམ། །(སྒོམ་ཆེན་དང་ཛ་ཅིག་ལས)

རིགས་གཟུགས་ལང་ཚོ་ལྡན་ན་ཡང་། །ཡོན་ཏན་མེད་ན་མཛེས་མ་ཡིན། །
རྨ་བྱ་སྤུ་སྟག་ཡིད་འོང་ཡང་། །ཆེན་པོའི་རྒྱན་དུ་འོས་སམ་ཅི། །
(ས་སྐྱའི་ལེགས་བཤད་ལས)

གལ་ཏེ་རྨོངས་པ་ལ་ལ་དག་དེའི་ཚུལ་མ་ཤེས་པས་ལོག་པར་རྟོག་ན་ཡང་། ངས་གཤིན་རྗེའི་གཤེད་མ་འདྲ་བའི་དཔུང་གི་ཚོགས་མངགས་ཏེ། ཚར་བཅད་ན་མི་འཇིགས་སམ། ཞེས་བྱ་བ་ལ་སོགས་པ་གཏམ་གྱི་དྲིལ་རྔམས་པོ་ཆེ་རབ་ཏུ་བསྒྲགས། (མི་དབང་རྟོགས་བརྗོད་ལས)

ལྟ་བུ་ཕོང་སྐོང་དུ་དྲིས་པའོ། །

གོང་གསལ། དོགས་གཞི་དྲི་བ་ལ་མཐའ་གཉིས་པོ་ཚ་མཉམ་པར་དོགས་ན། མཐའ་གཉིས་ཀ་བཀོད་ནས་ཡིན་ནམ་མིན་ཞེས་པ་ལྟ་བུར་སྦྱར་བ་དང་། མཐའ་གཅིག་ཤས་ཆེ་བར་ཕྱོགས་པ་ལ་མཐའ་དེ་ཙམ་བཀོད་ནས་ཡིན་ནམ། ཡང་ན་མིན་ནམ་ཞེས་པ་འདྲ་སྦྱར་བའོ། །

གཞན་ཡང་དྲི་བ་ལ་ཨེ་སྒྲ་ཡང་འཇུག་པ་མང་སྟེ། ཁྱོད་ཀྱིས་ཤེས་སམ་ཞེས་པ་ལ། ཁྱོད་ཀྱིས་ཨེ་ཤེས་ཞེས་དྲིས་པ་ལྟ་བུའོ། །ཨམ་སྐད་དུ་དྲི་བ་ལ་ནེ་ཞེས་པའི་སྒྲ་འཇུག་པ་ཁྱབ་ཆེ། དཔེར་ན། ཁྱོད་ཡོང་ནེ༷། དོན་དག་དེ་བློ་བཟང་གིས་མི་ཤེས་ནེ༷། ལྟ་བུའོ། །

ཙ གདམ་ང་།

གདམ་བྱ་གཉིས་སམ་དུ་མ་ལས་གང་རུང་ཞིག་བདམས་ནས་ངེས་པར་བྱེད་པ་སྟེ།

ཡོན་ཏན་ཀུན་ཛོགས་སྐྱེ་བོ་བསྟེན། །ཡང་ན་ཐ་མལ་འགྲོགས་པ་བདེ། །
བུམ་པ་ཆུ་ཡིས་གང་བ་འ༷མ། །ཡང་ན་སྟོང་པ་ཁུར་བ་སླ། །

(ས་སྐྱའི་ལེགས་བཤད་ལས)

ཁ་བཏགས་གཡོགས་པ་དེ་སྐེ་ལ་གྱོན་ནས་རེ་ཞིག་རི་མོར་བྲིས་པའི་གཟུགས་བརྙན་ལྟར་གཡོ་འགུལ་མེད་པའ༷མ། དགུན་གྱི་ཁུ་བྱུག་བཞིན་དུ་སྨྲ་བ་མེད་པར་ཡུད་ཙམ་གནས།

(རྡོ་རིང་པཎྜི་ཏའི་རྣམ་ཐར་ལས)

ཁྱོད་རང་དབང་བའི་ནོར་གསེར་སེ་བ་གཅིག་གམ། ནས་ཞུལ་གང་ང༷མ། མར་ཉག་གཅིག་ག༷མ། གོས་དར་རྒྱང་སྣ་གཅིག །དུད་འགྲོ་ཚེ་འཛུགས་གཅིག་ཀྱང་མིག་གིས་མ་མཐོང་། (མི་ལ་རས་པའི་རྣམ་ཐར་ལས)

མིག་རིག་རིག་པོར་ལྟ་ཞིང་། འདི་ནི་མངོན་སུམ་སྣང་བའམ། རྨི་ལམ་མམ། སྒྱུ་མའི་འཕྲུལ་འཁོར་རམ། མིག་ཤེས་འཕྲུལ་བ་གང་ལས་བྱུང་སྙམ་དུ་རྟོག་པར་བྱེད་པ་ལས། མངོན་སུམ་གྱི་དགའ་བ་ཉམས་སུ་མྱོང་བར་རིག་ནས་ཡིད་ལ་ངོ་མཚར་རྒྱ་ཆེར་གྱུར།

(གཞོན་ནུ་ཟླ་མེད་ཀྱི་རྟོགས་བརྗོད་ལས)

ལྟ་བུ་སོགས་སོ། །

གོང་གསལ་གྱི་ཐེ་ཚོམ་དང་དྲི་བ་དང་གདམ་ང་གསུམ་ནི་འབྱེད་པའི་ཁོངས་སུ་གཏོགས་པའོ། །

དྲུག་པ། མཉམ་སྦྱོར།

ཅིང་ཞིང་ཤིང་གསུམ་མཉམ་སྦྱོར་ཏེ། །ག་ད་བ་དང་ད་དྲག་ཅིང་། །
ང་ན་མ་འ་ར་ལ་དང་། །མཐའ་མེད་ཞིང་དང་ས་མཐར་ཤིང་། །
ཁྱད་ཆོས་མཉམ་པར་སྦྱོར་བ་དང་། །བྱ་བ་དུས་མཉམ་སྦྱོར་བ་འོ། །

མཉམ་སྦྱོར་གྱི་སྒྲ་ཅིང་ཞིང་ཤིང་གསུམ་གྱི་ཐོབ་ཐང་ནི། རྗེས་འཇུག་ག་ད་བ་དང་ཡང་འཇུག་དའི་རྗེས་སུ་ཅིང་ཐོབ་སྟེ། དྲག་ཅིང་། འདོད་ཅིང་། འཐབ་ཅིང་། བསྒྱུར་ཅིང་། ལྟ་བུ་དང་། རྗེས་འཇུག་ང་ན་མ་འ་ར་ལ་དང་། མཐའ་རྟེན་མེད་མཐར་ཞིང་ཐོབ་སྟེ། བཟང་ཞིང་། ཡིན་ཞིང་། འཇམ་ཞིང་། དགའ་ཞིང་། འབར་ཞིང་། འགྲེལ་ཞིང་། བདེ་ཞིང་། ལྟ་བུ་དང་། འཇུག་ཡང་འཇུག་ས་ལ་ཤིང་ཐོབ་སྟེ། ཤེས་ཤིང་། ཡངས་ཤིང་། ལྟ་བུ་སོགས་སོ། །

ཅིང་ཞིང་ཤིང་གསུམ་དོན་སྦྱོར་ཚུལ་གཉིས་ཡོད་དེ།

ཀ། ཕྲད་ཚོས་མཉམ་པར་སྦྱོར་བ།

ཕྲད་ཚེས་གཉིས་མཉམ་དུ་སྦྱར་ནས་ཕྲད་གཞི་གང་གི་རང་བཞིན་ནམ་རྣམ་འགྱུར་ཞིག་མཚོན་པར་བྱེད་པ་སྟེ།

ང་ཚོའི་འཚོ་བ་བདེ་ཞིང་སྐྱིད།

སྐྱན་ཞིང་འཇེབས་པའི་ཚིག་གིས་གདམས་པར་གསོལ་བས། རྒྱལ་པོ་ཟླ་བའི་བློ་གྲོས་ཡབ་སྲས་ནི་ཚིག་དེ་དག་བདེན་པར་བཟུང་སྟེ་དགའ་ཞིང་མགུ།

(གཞོན་ནུ་ཟླ་མེད་ཀྱི་རྟོགས་བརྗོད་ལས)

མཆུ་ནི་དམར་ཞིང་གུག་པ་དང་། །གཤོག་པ་ལྗང་ཞིང་མཉེན་པ་དང་། །
མགྲིན་པ་ཁ་དོག་གསུམ་ཕྲེང་ཅན། །ནེ་ཙོ་འདི་དག་ཚིག་འཇམ་ལྡན། །

(རིགས་རང་བཞིན་བརྗོད་པའི་རྒྱན་ཉི་སྣང་ངག་མེ་ལོང་ལས)

སྐེད་པ་ཕྲ་ཞིང་རོ་སྨད་སྦོམ། །མཆུ་དམར་མིག་ནི་དཀར་བ་མིན། །
ལྟེ་བ་དམའ་ཞིང་ནུ་མ་མཐོ། །བུད་མེད་ལུས་ཀྱིས་སུ་མ་བཅོམ། །

(འགལ་བའི་རྒྱན་ལས་ཇུས་འགལ་བ་སྟེ་སྙན་ངག་མེ་ལོང་ལས)

ལྟ་བུ་སོགས་སོ། །

ཁ། བྱ་བ་དུས་མཉམ་པར་སྦྱོར་བ།

༡. བྱ་བ་གཉིས་དུས་མཉམ་པར་སྦྱར་ནས་བྱེད་པ་པོ་གཅིག་ཡིན་པར་མཚོན་པ་སྟེ།

མགོ་བོ་གུག་གུག་བྱས་ཤིང་བཟང་ངོ་ཟེར།

ཀན་པོས་ཧ་པོང་གི་སྣང་བ། བ་ལང་གི་ཐྭི་བ། ཁྱི་ལུད་རྣམས་འཐུ་ཞིང་འོང་།

(མི་ལ་རས་པའི་རྣམ་ཐར་ལས)

དྲི་བྲལ་རབ་དཀར་མཛེས་པའི་གཟི་བྱིན་ཆགས། །
དལ་གྱིས་གཡོ་ཞིང་བགྲོད་པའི་ཆ་ལུགས་ཅན། །
བལྟས་པས་མི་ཚོམས་སྙིང་གི་དུམ་བུ་ཕྲོད། །
སྟོན་ཁའི་སྤྲིན་གྱི་ཕུང་པོར་ལན་བརྒྱར་འགྲན། །

(སྦྱར་བའི་དཔེ་སྟེ་སྙན་ངག་སྤྱི་དོན་ལས)

མཚོ་སྔོས་ཨུ་དུམ་ཝ་རའི་འདབ་མའི་དབུས། །
སྐབ་འཛམ་རོ་འཛིན་སློག་དམར་རབ་འཕྲུག་ཅིང༌། །
མ་འདྲེས་རྣམ་པར་གསལ་བའི་སྤྱན་གྱི་འཛབ། །
སྨིན་མའི་ནགས་ཚུང་སྨུག་པོའི་ཁྲོད་ན་གཡོ། །

(མི་ལྡན་པའམ་མི་འོས་པའི་གཟུགས་ཅན་ཏེ་རྒྱལ་དབང་ལྔ་པས)

ལྟ་བུའོ། །

༢. བྱ་བ་གཉིས་དུས་མཉམ་པར་སྦྱར་ནས་སོ་སོའི་འབྱུང་གཞི་གཅིག་པར་མཚོན་པ་སྟེ།

འཁོར་ལ་བྱམས་པས་སྙོམས་ཁྱབ་ན། །འཁོར་རྣམས་འདུ་ཞིང་དོན་ཀུན་འགྲུབ། །

(རྒྱལ་པོ་ལུགས་ཀྱི་བསྟན་བཅོས་ལས)

ཡ་རབས་རྣམས་ལ་བསྟོད་བྱ་ཞིང༌། །མ་རབས་རྣམས་ཀྱི་མགོ་འཕང་སྨད། །
དེ་ལྟར་ལེགས་ཉེས་ཤན་འབྱེད་པའི། །མི་བདག་གང་ན་ཡོད་པ་དེར། །
སྐྱེ་བོ་ཡ་རབས་དགའ་འགྱུར་ཞིང༌། །མ་རབས་རྣམས་ཀྱང་བག་ཡོད་འགྱུར། །

(གོང་དང་གཅིག)

ལོ་འགའ་ལོན་ནས་བལྟ་རུ་ཕྱིན་པའི་ཚེ། །དེ་ལས་མི་མིན་སྤྲེལ་མིན་བཞི་བརྒྱར་འཕེལ། །
ཤིང་ཐོག་ཟད་ཅིང་བཀྲེས་པས་འཐབ་ཅིང་རྩོད། །ཡི་དྭགས་ལྟ་བུ་སྙིང་རྗེའི་གནས་སུ་མཐོང༌། །

(མཁས་པའི་དགའ་སྟོན་ལས)

ལྟ་བུའོ། །

༣. བྱ་བ་གཉིས་དུས་མཉམ་པར་སྦྱར་ནས། སྔ་རྐྱེན་ཕྱིས་འབྱུང་མཚོན་པ་སྟེ།

མདའ་འཕངས་ཤིང་ཕོག
རས་གཤགས་ཤིང་ཤོགས།

སྐྱིན་ཐང་དྲག་ཤུལ་བྱུང་བ་ན། སྐྱེས་པའི་རྩྭ་ལྗང་སྐོལ་ཞིང་འགྲོ། འགྲེང་བའི་རྐང་སྦྲུགས་གཅོག་ཅིང་འགྲོ། བཀོད་པའི་ཡལ་འདབ་གཅོད་ཅིང་འགྲོ། སྨིན་པའི་འབྲས་སུ་གཏོར་ཞིང་འགྲོ། རྒྱས་པའི་མེ་ཏོག་བརླག་ཅིང་འགྲོ། (གཏམ་པད་མའི་ཚལ་གྱི་ཟློས་གར་ལས)

ལྟ་བུའོ། །

༤. བྱ་བ་གཉིས་དུས་མཉམ་པར་ཚིག་ཀ་གཉིས་ལ་སྦྱར་ནས། དོན་ནམ་གནས་ཚུལ་ཞིག་གསལ་བར་མཚོན་པ་སྟེ།

དྲེགས་པས་ཡོན་ཏན་ཉམས་འགྱུར་ཞིང་། །འདོད་པས་ངོ་ཚ་ཉམས་པར་བྱེད། །
(ས་སྐྱའི་ལེགས་བཤད་ལས)

མུན་པ་ཤིན་ཏུ་སྟུག་པོས་རང་གི་གཟུགས་ཀྱང་མི་མཐོང་ཞིང་། སྡོད་གནས་ཀྱི་ཤིང་སྡོང་གི་ཡལ་ག་རྣམས་རླུང་གིས་བསྐྱོད་ཅིང་སྤྲུགས་པས་ས་ལ་ལྷུང་ལ་ཁད་ལྷུང་ལ་ཁད་ལ། ཤིང་གི་ཡལ་ག་གཅིག་ལ་སྦྱར་འཛིན་བྱས་ཏེ་གནས་སོ། །(བྱ་མགྲིན་སྔོན་ཟླ་བའི་རྟོགས་བརྗོད་ལས)

རླུང་དམར་གྱི་གསེབ་ནས་སེར་བ་ཐ་ར་ར་བབས་ཤིང་། སྟེང་གི་ནམ་མཁའ་ནས་འབྲུག་སྒྲ་ཨུ་རུ་རུ་གྲགས་ཏེ། གློག་དམར་གྱི་ཞགས་པ་བར་སྣང་ལ་འཚུབ་འཚུབ་འཁྱུགས་བྱུང་བས།
(གཏམ་པད་མའི་ཚལ་གྱི་ཟློས་གར་ལས)

ལྟ་བུའོ། །

༥. བྱ་བ་གཉིས་དུས་མཉམ་པར་སྦྱར་ནས་བྱེད་ཡུན་རིང་ཙམ་མཚོན་པ་སྟེ།

གླུ་ལེན་ཞིང་འདུག

དཔེ་ཚ་བལྟས་ཤིང་བསྟོད་དོ། །

སློན་པོ་གཞན་དག་ཀྱང་རྒྱ་མཚན་དེ་རྣམས་ཐོས་པས་མ་དགའ་སྟེ། ཡིད་ལ་ཟུག་རྔུ་བསྐྱེད་པར་གྱུར་ནའང་། ལེགས་ཉེས་དཔྱོད་པའི་བློ་གྲོས་མ་ཐོན་ཏེ། ཐབས་རྩོལ་ཇི་ལྟ་བུ་ཞིག་བཟང་ངམ་སྙམ་སྟེ་སོམ་ཉིའི་དྲ་བར་ཚུད་ཅིང་གནས། (གཞོན་ནུ་ཟླ་མེད་ཀྱི་རྟོགས་བརྗོད་ལས)

ལྟ་བུ་སོགས་སོ། །

ཡང་། བྱ་བ་བྱེད་ཡུལ་རིང་ཙམ་མཚོན་པའི་རིགས་ཀྱི་ད་ལྟ་བ་ལ་ཀྱིན་གྱིན་གིན་ཡིན་བཞི་དང་བཞིན་སྒྲ་དང་། འདས་ཀྱང་མ་འགགས་པ་ལ་ནས་སྒྲ་དང་། ལྷག་བཅས་སྦྱོར་བ་མང་། དཔེར་ན། འཚོ་བ་བདེ་བཞིན་མཆིས། གློག་བརྙན་ལྟ་ཡིན་ཡོད། ཇ་འཐུང་གིན་འདུག །རི་མོ་བྲིས་ནས་བསྡད་སྣང་། མགྲོན་པོ་དང་ཞལ་བཟ་གནང་ནས་བཞུགས་སོ། །ལྟ་བུའོ། །

བདུན་པ། འདྲེན་སྒྲ།

ཅེས་ཞེས་གཉིས་ནི་འདྲེན་སྒྲ་སྟེ། །ག་ད་བ་དང་ད་དྲག་ཅེས། །
ང་ན་མ་འ་ར་ལ་ས། །མཐའ་མེད་རྣམས་ལ་ཞེས་སྦྱར་ནས། །
ལུང་དང་དོན་གཞན་འདྲེན་པ་དང་། །རྗོད་བྱེད་སྒྲ་འམ་མིང་དང་ཚིག །
གང་གི་གསལ་བྱེད་འདྲེན་པའོ། །

ཅེས་ཞེས་གཉིས་ཀྱི་ཐོབ་ཐང་། རྗེས་འཇུག་ག་ད་བ་དང་ད་དྲག་གི་མཐར་ཅེས་ཐོབ་སྟེ། ཤོག་ཅེས། ཡོད་ཅེས། རྒྱལ་ཁབ་ཅེས། པར་ཕྱིནད་ཅེས། ལྟ་བུ་དང་། རྗེས་འཇུག་ང་ན་མ་འ་ར་ལ་མཐའ་མེད་རྣམས་ལ་ཞེས་ཐོབ་སྟེ། འཛང་ཞེས། ཡིན་ཞེས། ཁྲིམ་ཞེས། དགའ་ཞེས། འབར་ཞེས། ཡུལ་ཞེས། དྲ་ཞེས། ལྟ་བུ་དང་། འཇུག་ཡང་འཇུག་སའི་མཐར་གནའ་དུས་སུ་ཐོབ་ཐང་ལྟར་ཤེས་སྦྱར་

ཀྱང་། གོ་བའི་དོན་དུ་འཕྲུལ་སྣ་བར་གཟིགས་ནས་མཁས་པ་ཕྱི་མ་རྣམས་ཀྱིས་དམིགས་བསལ་དུ་ཞེས་སྦྱར་བའོ། །དོན་ལ་འཇུག་པ་གསུམ་ཡོད་དེ།

ཀ། ལུང་འདྲེན་པ།

གཏམ་མམ་རྩོམ་དུ་བསྟན་བཅོས་གཞན་ལས་ཚིག་རྩ་བ་ཅན་ལུང་དུ་དྲངས་ནས་བརྗོད་བྱའི་དོན་ངེས་པར་བྱེད་པ་དང་། ཡང་ན། མཁས་ཆེན་དག་གི་ཚིག་དོན་ཅན་ནམ། ཡོངས་གྲགས་ཀྱི་གཏམ་དཔེའམ། དཔེ་ཆོས་སམ། ལེགས་བཤད་སོགས་དྲངས་ནས་སྨྲ་བའི་ནུས་པ་ཇེ་ཆེར་གཏོང་བ་སྟེ།

ཞིང་དུ་ཆུ་འདྲེན་པ་ནི། དགོས་ཆེད་ཀྱི་དཔེར་བརྗོད་ཡིན་ཏེ། སི་ཏུའི་འགྲེལ་ཆེན་ལས། བྱ་བ་གང་ཞིག་གིས་བྱ་བའི་ཡུལ་དེའམ། དེ་དང་འབྲེལ་བའི་ལས་ལ་ཕན་འདོགས་པར་འགྱུར་བའི་དོན་གྱི་ཆེད་དུ་བྱ་བའི་ཡུལ་ལ་འཇུག་པ་རྣམ་དབྱེ་བཞི་བ་ཞེས་པས་གསལ།

སྟོན་རྒྱལ་པོ་ཁྲི་སྲོང་ལྡེ་བཙན་གྱི་སྐུ་རིང་ལ། བོད་ཁམས་སུ་འབྲུག་ལོང་རྐུན་ཇག་མེད་པར་ཡུལ་སྐྱིད་དུས་བདེ་བས། རྒན་མོ་གསེར་ཁུར་འཛོམས་མཁན་མེད་ཅེས་གྲགས།

རྫུད་ལམ་ཐུར་ལ་བདེ་ཞེས་པ་ལྟར། ངན་ལོབ་ཁ་སྣ་བས། བྱིས་པ་དག་ལ་བསམ་པ་ཡར་སེམས་དང་། སྐྱུད་པ་ཡར་འཕེལ་བསླབ་རྒྱུ་གལ་ཆེ།

རང་མཐོང་ཆེ་བའི་རྩ་བ་ང་རྒྱལ་ཡིན། (རྒྱལ་པོ་ལུགས་ཀྱི་བསྟན་བཅོས་ལས)

འདོད་པའི་ལོང་བས་ སྡིག་མི་མཐོང་། །དམུས་ལོང་གིས་ནི་གཟུགས་མི་མཐོང་། །
དྲེགས་པ་ཡིས་ནི་སྐྱོན་མི་མཐོང་། །བདག་ལྟས་དེ་ཉིད་མི་མཐོང་ངོ་། །ཞེས་གསུངས་པར་སོམས།

བཤད་པ་མི་བདེན་སྒྲོད་པ་བདེན། །ཅུས་པ་མི་བདེན་མཆི་མ་བདེན། །ཞེས་པ་ལྟར། ཚིག་ལ་དེ་འདྲ་མ་རྟོན་དོན་ལ་རྟོན་རྒྱུ་གལ་ཆེ།

ལྟ་བུ་སོགས་སོ། །

ཁ དོན་གཞན་འདྲེན་པ།

མིང་ངམ་ཚིག་གི་ཤུལ་དུ་ནན་ཏན་ནམ། དཔེའམ། ཟུར་ཟ་སོགས་དོན་ཁྱད་པར་ཅན་ཞིག་དྲངས་པ་སྟེ།

ལོའུ་ཞུན་ཆུང་དུས། ཐེངས་གཅིག་དཔེ་ཁྲིད་མཉན་དུ་ཡོང་བ་འཕྱིས་པས། དགེ་རྒན་གྱིས་བཀའ་བསྐྱོན་ཙམ་གནངས། ཁོས་འགྱོད་བཤགས་སུ་མདུན་འཛོག་གི་ངོས་ལ་སྔ་ཞེས་ཡི་གེ་རེ་བརྐོས་པ། དེ་ནས་ཁོ་རང་རྒྱུན་དུ་སྔ་བ་གསུམ་གྱི་སྔོན་མར་སླེབ་པར་བྱས་སོ། །

མཚོ་མོ་ཕ་རོལ་གྱི་ནགས་ཚལ་ན། ལེ་ཉིན་མཆོག་གི་གཡུ་ཡི་ལས་ཤག་ཅེས་པ་ཡོད། དེའི་ཀླད་ནི་ཨ་སྔོན་དང་། གཞི་ནེའུ་གསེང་ཡིན། ཕྱུ་ཐོ་ཞིག་ནི་ཁོང་གི་བཞུགས་སྟེགས་སོ། །

ལོག་འཚོ་ཟས་ནོར་རྣེད་པ་དག །མཁས་པ་དབུལ་པོ་ཁྱད་དུ་གསོད། །
སྤྲེལ་རྒན་རྣམས་ཀྱིས་མི་བཟུང་ནས། །མཛུག་མ་མེད་ཅེས་བཞད་གད་བྱེད། །
(ས་སྐྱའི་ལེགས་བཤད་ལས)

ལྟ་བུ་སོགས་སོ། །

ག སྒྲ་མིང་ཚིག་གསུམ་གྱི་གསལ་བྱེད་འདྲེན་པ།

དཔེར་ན།

ཀུ་རུ་ཞེས་གྲག་པའི་བྱ་དེ་ཁྲུ་བྱུག་གོ། །

གདོན་དེ་འཛིགས་ཤིང་སྐྲག་སྟེ་ཧ་ལས་ནས། ཕ་ཕ་མི་ལ་མི་ལ་ཞེས་ཡང་ཡང་ཟེར་ཞིང་འཛིགས་པའི་སྐད་དུ་མ་ཤོར།(མི་ལ་རས་པའི་རྣམ་ཐར་ལས)

གུ་གུ་ག་ཡུ་ཨ་དར་རྒྱལ་བོའི་གེའུ་ཚང་གཏོར་ཟེར་བའི་གེའུ་ཚང་ཞེས་པ་ནི་བྲག་ཕུག་གོ། །

སྙན་ངག་མེ་ལོང་ཞེས་བྱ་བ་ལས། རྩོམ་གྱི་ལུས་སྤྱོག་རྒྱན་གསུམ་དང་། སྐྱོན་ཡོན་སོགས་གསལ་བར་བསྟན་སྣང་།

འགྲོ་གྲོགས་གྲིབ་མ་ནག་རིལ་དང་། འདུག་གྲོགས་ཕུས་མོ་སྐྱ་རིལ་རེད། ཅེས་པ་མགོན་མེད་སྐྱབས་བྲལ་གྱི་དཔེའོ། །

རྫུན་གྱིས་ཕ་རོལ་བསླུས་སོ་ཞེས། །སྙམ་ན་རང་ཉིད་བསླུས་པ་ཡིན། །
ལན་གཅིག་རྫུན་པར་སྨྲ་བ་དེ། བདེན་པར་སྨྲས་ཀྱང་དོགས་པ་སྐྱེ། །

(ས་སྐྱའི་ལེགས་བཤད་ལས)

རྒྱལ་བའི་བསྟན་ལ་རྒྱལ་བ་གཉིས་པ་ཞེས། །
སྤྱགས་པ་དོན་ལྡན་བློ་བཟང་གྲགས་པ་ཡི། །
མཁྱེན་བརྩེ་ནུས་གསུམ་འཇམ་དཔལ་པད་དཀར་འཛིན། །
གསང་བའི་བདག་པོ་དངོས་སུ་གྲུབ་པ་བཞིན། །

(རིམ་པ་ཅན་གྱི་རྒྱན་ཏེ་སྙན་ངག་སྤྱི་དོན་ལས)

ལྷ་བུ་སོགས་སོ། །

གཞན་ཡང་། ཁ་སྐད་དུ་ཅེས་ཞེས་དག་གི་དོད་དུ་ཟེར་ཡང་འཇུག་མོད། ཚིག་དངོས་དྲང་བ་ལ་ཅེས་ཞེས་དག་དང་། ཚིག་གི་དོན་ཙམ་དྲང་བ་ལ་ཟེར་སྦྱར་ན། དྲང་བྱའི་ཁྱད་པར་གསལ་བར་གཏོད་པའི་ལེགས་ཆ་མཆིས་ཏེ། དཔེར་ན། ཆོས་ཞེས་པ་སེམས་རྒྱུད་འཆོས་པ་ཡིན་ཞེས་བཙུན་པ་དཀོན་མཆོག་བསྟན་པའི་སྒྲོན་མེས་གསུངས་པ་དང་། ཞེ་རྒྱུད་བཅོས་ན་འཆོས་པར་འགྱུར་བའི་སྒོ་ནས་ཆོས་ཟེར་བ་ཡིན། ལྟ་བུའི་ཚིག་གཉིས་ཀའི་དོན་འདྲ་ཡང་། སྔ་མའི་ཞེས་སྒྲས་ཚིག་དངོས་དྲངས་ནས་ལུང་བསྟན་པ་དང་། ཕྱི་མའི་ཟེར་སྒྲས་གསུང་དེ་ཡི་དོན་ཙམ་དྲངས་པའོ། །འདི་ལྟར་ཁག་བགོས་ནས་སྦྱར་ན། གཏམ་བཤད་ལུགས་དང་མཐུན་པར་མ་ཟད། ཚིག་དངོས་དྲངས་པ་དང་ཚིག་ཤུལ་གྱི་དོན་ཙམ་དྲངས་པའི་ཁྱད་

པར་གསལ་བར་འགྱུར་བས། དེ་ལུགས་ཀུན་གྱིས་སྤེལ་བར་ཤོག་ཅིག

བརྒྱད་པ། འདྲེན་སྡུད།

ཅའོ་ཞའོ་ཤའོ་གསུམ། །གཞན་གྱི་སྐད་ཆ་དྲངས་པ་ཙམ། །
སྡུད་པར་བྱེད་པའི་སྒྲ་ཡིན་ཏེ། །ཐོབ་ཐང་མཉམ་སྦྱོར་དག་དང་མཚུངས། །

ཅའོ་ཞའོ་ཤའོ་གསུམ་ནི། ཅེས་ཞེས་ཤེས་གསུམ་རྫོགས་ཚིག་དང་འབྲེལ་བའི་ཕྲད་གསུམ་སྟེ། ཅེས་བྱའོ། །ཞེས་བགྱིའོ། །ཤེས་བྱ་བའོ། །ལྟ་བུ་རྣམས་ཀྱི་ཚིག་བར་བསྡུས་ནས་གྲུབ་པ་ཡིན་ལ། ཐོབ་ཐང་ནི་ཅིང་ཞིང་ཤིང་གསུམ་གྱི་ཐོབ་ཐང་དང་མཚུངས་ཤིང་། འཇུག་དོན་ནི་ཅེས་དག་གི་འཇུག་པ་དང་རྫོགས་ཚིག་གི་འཇུག་པ་གཉིས་ཀའི་ཆ་དང་ལྡན་ཏེ།

ཀ གཞན་ཚིག་དྲངས་པ་ཙམ་གྱིས་བརྗོད་དོན་བསྡུས་པ།

མི་ཤེས་ཤེས་ཁུལ་མ་བྱེད། བླུན་པོ་སྒྲ་བ་ཙུང་ན་མཛེས་ཤེ༷འོ། །

ལན་བདུན་གྱི་བར་དུ་ཅི་ཞིག་འདོད་ཅེས་དྲིས་པ་དང་། ཁྱོད་ཀྱི་གོ་ཆ་འདོད་དོ་ཞེའོ། །(ཁྱད་པར་འཕགས་བསྟོད་ཀྱི་འགྲེལ་བ་ལས)

རྒྱལ་པོ་སྒྲ་བ་ཚིག་གཅིག་ཡིན་པས། བློན་པོ་དག་གིས་ཡར་ཞུ་མ་ཕོད་ཅེ༷འོ། །
(གྲུ་གུ་གོ་རྫོང་ལས)

ཟ་འདོད་ངལ་འཛོམ་ལྟོ་འདུན་ཅན། །སྒྲུ་མེད་པ་ཡི་ཕག་པ་ཡིན། །ཞེ༷འོ། །

བྱ་ཚིག་འཇུག་མཁས་ན། བརྗོད་པ་གསོན་ཉམས་ལྡན། དེ་ཕྱིར་ཚིག་སྦྱོར་གྱི་ངོ་ལ་བྱ་

བའི་མིང་ནི་འདྲེན་བྱེད་ཡིན་ཞེའོ། །

སླུ་སྐད་སྙན་མོ་ཐོས་ནས། ཕི་ལྷང་གྲགས་སོ་ཞེའོ། །

མི་དེ་ལག་མི་གཙང་ཞེའོ། །

ལྟ་བུ་སོགས་སོ། །

ཁ མིང་དང་ཚིག་གི་དོན་དེ་ཙམ་རྫོགས་པར་སྟོན་པ།

ཚིག་གི་བླ་བོ་རེ་ཞིག་སྤུད་པར་འགྱུར་བའི་དོན་སྟོན་པས་ན། གོ་སོགས་ལ་བླ་སྤུད་ཅེའོ། །
གསོ་བ་རིག་པའི་ཚིག་མཛོད་གཡུ་ཐོག་དགོངས་རྒྱན་རྩོམ་མཁན་གྱི་མིང་ལ་དབང་འདུས་ཞེའོ། །
མི་དཔའ་མཛངས་ཅན་མགོ་ཐོན་པའི་ཉིན་ཡོད་པའི་དཔེ་ལ་སྦྱིའུ་ནང་སྣང་བྲུ་ཞེའོ། །

ལྟ་བུ་སོགས་སོ། །
ཨ་མདོའི་ཁ་སྐད་དུ་ཅེའོ་དག་གི་དོད་དུ་ཟེར་གི་ཞེས་འཇུག་པ་མང་། མི་དེ་ཁ་འཇམ་ཤོག་རྩུབ་ཅིག་རེད་ཅེའོ་ལ། མི་དེ་ཁ་འཇམ་ཤོག་རྩུབ་ཅིག་རེད་ཟེར་གི། ལྟ་བུའོ། །

དགུ་བ། རྫོགས་སྡོང་།

ཅེ་ན་ཞེ་ན་ཤེ་ན་གསུམ། །
བརྗོད་གཞི་གང་ཞིག་འདྲི་ཚུལ་གྱིས། །
རྫོགས་པ་སྡོང་བའི་སྒྲ་ཡིན་ཏེ། །
ཐོབ་ཐང་མཉམ་སྦྱོར་དག་དང་མཚུངས། །

ཅེ་ན་ཞེ་ན་ཤེ་ན་གསུམ་ནི་དོགས་པ་སློང་བའི་སྒྲ་སྟེ། འདྲི་བའི་ཚུལ་གྱིས་ཉན་མཁན་ལ་རྣམ་ཤེས་གཏོད་པར་བཙུག་ཐོག །བརྗོད་པར་བྱ་བའི་གཞི་གང་སྟོན་པར་བྱེད་པ་སྟེ།

སྐྱེས་བུ་གླེན་པ་གང་ཞེ་ན། །མཁས་བྱའི་གནས་ལ་མི་སློབ་པའོ། །

(དྲི་མ་མེད་པའི་དྲིས་ལན་ལས)

ཚུལ་ཁྲིམས་ཀྱི་ཕན་ཡོན་ཅི་རེད་ཅེ་ན། འཇམ་མགོན་བླ་མས། ཚུལ་ཁྲིམས་ཉེས་སྤྱོད་དྲི་མ་འཁྲུད་པའི་ཆུ། །ཉོན་མོངས་ཚ་གདུང་སེལ་བའི་ཟླ་བའི་འོད། །སྐྱེ་དགུའི་དབུས་ན་ལྷུན་པོ་ལྟ་བུར་བརྗིད། །སྟོབས་ཀྱིས་བསྡིགས་པ་མེད་པར་འགྲོ་ཀུན་འདུད། །ཅེས་གསུངས་སོ། །

བསླབ་ལ་འདུ་ཤེས་ཇི་ལྟ་བ་འཛིན་དགོས་ཤེ་ན། རང་ལ་ནད་པའི་འདུ་ཤེས་དང་། དགེ་བའི་བཤེས་གཉེན་ལ་སྨན་པ་ཆེན་པོའི་འདུ་ཤེས་དང་། ཡོན་ཏན་ལ་སྨན་བཟང་པོའི་འདུ་ཤེས་དང་། སློབ་གྲོགས་ལ་ནད་གཡོག་གི་འདུ་ཤེས་དང་། རྟོགས་པ་དང་ཉམས་སུ་ལེན་པ་ལ་ནད་འཚོ་བའི་འདུ་ཤེས་བསྐྱེད་པར་བྱའོ། །

སྔན་ངག་མེ་ལོང་ལ་གཞུང་ཚད་ཇི་ཙམ་དང་དོན་ཇི་ཙམ་གྱིས་བསྡུས་ཡོད་ཅེ་ན། ལེའུ་དང་པོར་ཤོ་ལོ་ཀ༡༠༥ གཉིས་པར་༣༧༥ གསུམ་པར་༡༢༨ སྟེ། ཁྱོན་ཤོ་ལོ་ཀ༧༥༨ཡོད།

(སྙན་ངག་གནད་བསྡུས་མཛུབ་མོས་རི་སྟོན་ལས)

ལྟ་བུ་སོགས་ཏེ་ཕལ་སྐད་ཀྱི་ཟེར་ན་ཞེས་པ་དང་དོན་གཅིག་གོ། །

བརྒྱ་བ། སྐུལ་སྦྱོར།

ཅིག་ཞིག་ཤིག་གསུམ་སྐུལ་སྦྱོར་ཏེ། །
ལས་སུ་ཉེ་བར་སྐུལ་བ་དང་། །

འདོད་དོན་འགྲུབ་པར་སྨོན་པ་དང་། །
གྲངས་ཚོད་སྟོན་པར་འཇུག་པའོ། །

ཅིག་ཞིག་ཤིག་གསུམ་གྱི་ཐོབ་ཐང་གོང་བཞིན་ནོ། །དོན་གྱི་སྦྱོར་ཚུལ་ལ་གསུམ་སྟེ།

ཀ སྐུལ་བའི་ཚིག་ཏུ་སྦྱར་བ།

ཁྱོད་ཀྱིས་དཔེ་ཆ་ལྟོས། ལྟ་བུ་དང་། གདམས་ངག་གི་ཚུལ་དུ་སྐུལ་བ་ལ། སྐུལ་ཚིག་གི་མཐར་དང་སྒྲ་སྦྱར་བ། ལྟོས་དང་། ལྟ་བུ་དང་། སྐབས་སུ་བབ་པ་ཉེ་བའི་ཚུལ་དུ་སྐུལ་བ་ལ། སྐུལ་ཚིག་གི་མཐར་ཅིག་ཞིག་ཤིག་གང་འཚམ་རེ་སྦྱར་བར་བྱ་སྟེ།

ཞབ་ཏུ་ལྟོས་ཤིག །ཡིག་སྐྱོན་ལུས་པར་མ་འཇུག

ཇི་ལྟར་བསྒོ་བ་ཡིད་ལ་འདོམས་པར་གྱིས་ཏེ། བླང་དོར་བག་ཡོད་པར་གྱིས་ཤིག
(གཞོན་ནུ་ཟླ་མེད་ཀྱི་རྟོགས་བརྗོད་ལས)

དེའི་ཚེ་སྲིད་པ་གཞོན་ནུས་གསོལ་བ། མིའི་བདག་པོ་མཁྱེན་པར་མཛོད་ཅིག །དེ་ནི་བདག་གིས་ནས་བསླུལ་བར་ཁས་འཆེ་ན། དེ་བཞིན་དུ་གནང་བ་སྩོལ་ཅིག །རྒྱལ་པོས་ལགས་སོ། །ཁྱོད་ཀྱིས་ཇི་ལྟར་སྨྲས་པ་བཞིན་དུ་གྱིས་ཤིག་ཅེས་གནང་བ་བྱིན་ནོ། །
(གཞོན་ནུ་ཟླ་མེད་ཀྱི་རྟོགས་བརྗོད་ལས)

ཇོ་སྲས་རྩར་ཕེབས་པ་དང་། མི་ཁྱོད་འོང་སར་ང་འོངས་པ་མེད་པས་བདག་ལ་སྲོག་སྩོལ་ཅིག་ཟེར། (མི་ལ་རས་པའི་རྣམ་ཐར་ལས)

ལྟ་བུ་སོགས་དང་། ཡང་། གཞན་གྱི་སྤྱོད་པ་འགོག་པར་ཉེ་བའི་ཚུལ་གྱིས་སྐུལ་བ་ལ། དགག་སྒྲ་དང་སྦྱར་བའི་བྱ་བ་ད་ལྟ་བའི་མཐར་འཇུག་པ།

མ་མཇལ་བ་ཡུན་རིང་སོང་བས་གང་མགྱོགས་གཉེན་འཕྲད་ལ་ཕེབས་ཚོག་པས་ཐུག་བསྐལ་མ་མཛད་ཅིག (སྣང་ས་འོད་འབུམ་གྱི་རྣམ་ཐར་ལས)

དངུལ་གཡོག་ཅན་གྱི་གསེར་སྲང་བུང་བ་ཁྱོད། །ཏ་ལོའི་མེ་ཏོག་ང་ལ་མ་ཆགས་ཤིག །(སྣང་ས་འོད་འབུམ་གྱི་རྣམ་ཐར་ལས)

ལྟ་བུ་སོགས་སོ། །

ཁ སྨོན་པའི་ཚིག་ཏུ་སྦྱར་བ།

དཔེར་ན།

བཀྲ་ཤིས་པར་གྱུར་ཅིག

དགེ་ལེགས་སྨོན་ལམ་འགྲུབ་གྱུར་ཅིག །བདག་གི་རེ་བ་རྫོགས་གྱུར་ཅིག །
བུ་ཁྱོད་ཚེ་རབ་བརྟན་གྱུར་ཅིག །དཔལ་འབྱོར་ལོངས་སྤྱོད་རྒྱས་གྱུར་ཅིག
(གཞོན་ནུ་ཟླ་མེད་ཀྱི་རྟོགས་བརྗོད་ལས)

བཀྲ་ཤིས་བདེ་ལེགས་སུ་འགྱུར་བར་ཤོག་ཅིག །

ལྟ་བུ་དང་། སྨོན་པའི་དོན་དུ་བྱ་བ་ད་ལྟ་བའི་མཐར་ཤོག་སྦྱར་འཇུག་སྟེ།

ཇི་འདོད་ཐམས་ཅད་འགྲུབ་པར་ཤོག
གཏན་དུ་བདེ་བ་འཐོབ་པར་ཤོག

ལྷག་བསམ་ལུས་སྟོབས་རྫོགས་པའི་ཤེས་རབ་ཀྱི། །
ས་སྐྱུང་དབང་པོ་རིགས་པའི་སྣ་ཞགས་ཀྱི། །
མཚོན་ཆ་རབ་ཏུ་འབར་བའི་འཁོར་ལོ་ཡིས། །
བདུད་བཞིའི་དཔུང་ཚོགས་མྱུར་དུ་མཐར་བྱེད་ཤོག །
(དཔའ་རིས་རབ་གསལ་གྱི་རིགས་ལམ་ག་བུར་ཆུ་རྒྱུན་ལས)

ངག་གི་འདོད་པ་འབད་མེད་དུ། །འཇོ་བའི་དབྱངས་ཅན་ལྷ་མོ་དེ། །
བློ་གྲོས་རྒྱས་པའི་དངོས་གྲུབ་ཀུན། །སྩོལ་བའི་བཀྲ་ཤིས་དཔལ་སྟོན་ཤོག །
(ཤིས་བརྗོད་ཀྱི་རྒྱན་ཏེ་རྒྱལ་དབང་ལྔ་བས)

ལྟ་བུ་སོགས་སོ། །

ག གྲངས་མང་ཙམ་གྱི་ཚོད་ཙམ་སྟོན་པ།

ང་ཚོའི་སློབ་གྲྭ་ན་སློབ་མ་སྟོང་ཚོ་གཉིས་ལྷག་ཙམ་ཡོད།

རིགས་པས་ལོང་བ་འགའ་ཞིག་ནི། །རང་གི་སྙིང་ནི་མ་བསམས་པར། །
ཡོན་ཏན་ཕྲ་མོས་རབ་མགུ་བ། །ཁྲིམ་པའི་ནང་གི་སྦྲུལ་བ་བཞིན། །
(མགོན་པོ་ཀླུ་སྒྲུབ་ཀྱི་གསུང)

ལྟ་བུ་གྲངས་རགས་ཚོད་བསྟན་པ།

སྐོར་མོ་སྟོང་ཞིག་བསྐྱིས་ནས་བུད་སོང་།

སྔོན་འདས་པའི་དུས་ན། ཁྱིམ་བདག་ཅིག་ལ་ཁྱེའུ་སྤུན་གཉིས་ཤིག་ཡོད་དེ། གཅིག་ནི་སྦྱིན་པ་ཞེས་བྱ། གཅིག་ནི་ཚུལ་ཁྲིམས་ཞེས་བྱ་སྟེ། (མདོ་མཛངས་བླུན་ལས)

ལས་གྲོགས་ལྔ་དྲུག་ཙམ་ཞིག་དགོས།

ལྟ་བུ་གྲངས་ངེས་ཚོད་བསྟན་པ།

ཪ་ཞིག་ཐུག་ན་འདོད།

སྐབས་ཤིག་ན་ནགས་ཚལ་དང་ཉེ་བའི་འདབས་རོལ་ཞིག་ཏུ་བུ་མོ་གཞོན་ནུ་མ་ལམ་གོལ་བར་འཁྱམས་པ་གཅན་གཟན་གཏུམ་པོ་དག་གིས་གཅེས་ཏེ། ལུས་སྲོག་བྲལ་མ་ཐག་པ་ཞིག་

མདུན་དུ་མཐོང་ངོ་། །(གཞོན་ནུ་ཟླ་མེད་ཀྱི་རྟོགས་བརྗོད་ལས)

བྱ་བ་ཆེན་པོ་སྒྲུབ་པའི་ཚེ། །འབད་པ་ཡིས་ནི་གྲོགས་བཟང་བསྟེན། །
ནགས་ཚལ་ཆེན་པོ་མེས་བསྲེག་ན། རླུང་ཞིག་ཅི་ནས་གྲོགས་སུ་དགོས། །

(ས་སྐྱའི་ལེགས་བཤད་ལས)

ལྟ་བུ་རྣམས་གྲངས་གཅིག་གི་ཚོད་བསྟན་པ་སྟེ། སྤྱིར་གཅིག་ཅེས་པ་བསྡུས་ནས་བརྗི་གཞིའི་རྗེས་སུ་ཐད་ཀར་སྦྱར་བ་ཡིན། དོན་ནི་གཅིག་ཏུ་ཁ་སྐད་དུ་གཅིག་ཟིག་ཅེས་བརྗོད་ཀྱང་ཡིག་སྐད་དུ་གཅིག་ཅིག་ཅེ་ན་བརྗོད་མི་བདེ་ཞིང་སྦྲ་གཅིག་པས་ཅིག་ནི་གཅིག་གི་ཚབ་དང་ཚད་ཀྱི་ཕྲད་ཀོ་གཉིས་བཅད་པ་དང་། གཉིས་སུ་བརྗི་གཞི་འདི་རིགས་ལས་མང་བོ་ཞིག་ལ་གཅིག་ཅེས་ངེས་པ་སྦྱོར་དཀའ་ཡང་། གཅིག་གི་ཚོད་དུ་སྟང་བས། ཅིག་ཤིག་ཞིག་གསུམ་ཐོབ་ཐད་ལྟར་གཅིག་ལྟ་བུའི་ཚོད་དུ་སྦྱར་བ་ཡིན་ནོ། །

གྲངས་མང་ཉུང་གི་ཚོད་སྟོན་པའི་རིགས་ལ་ཨམ་སྐད་དུ་ཟིག་སྦྲ་ཟེར་ཡང་བར་བྱུས་ནས་འཇུག་པ་ཡིན་ཏེ། མི་འགའ་ཟིག་འོང་གིན་ཡོད། ལྟ་བུའོ། །

ཛོན་ཚན་གསུམ་པ། ཕྲད་རང་དབང་ཅན།

དང་པོ། ཉི་སྒྲ།

ཉི་སྒྲ་དགར་དང་བཟུན་པ་དང་། །
རྒྱུ་མཚན་ཁ་སྐོང་རྣམས་ལ་འཇུག །

ཀ དགར་བ།

དགར་གཞི་གཅིག་ལས་དགར་བྱ་གཅིག་གམ་དུ་མ་ཉི་སྒྲས་དམིགས་ཀྱིས་བཟུང་ནས་མཆོག་ཏུའམ། དམན་པའམ། ཐ་དད་པའམ། ཛ་བོ་མ་འདྲེས་པའམ། དགར་བྱ་དུ་མ་སོ་སོར་བཀར་ནས་ཁྱད་པར་བ་ཞིག་སྟོན་པ་སྟེ།

ཡོན་ཏན་དང་ལྡན་པ་ཉི་མི་གོ་ཆོད་ཅན་ནོ། །ཞེས་པ་ལས། དགར་བའི་གནས་མི་ཡི་ཚོགས་པ་དམིགས་ཀྱིས་མ་སྨྲས་ཀྱང་། དེ་རྣམས་ལས་ཡོན་ཏན་དང་ལྡན་པ་གང་ཉི་སྒྲས་ཡོགས་སུ་བཀར་ནས་བསྟན་པ་ལྟ་བུ། དེ་བཞིན།

བསམ་འཕེལ་དབང་རྒྱལ་ཉི་ནོར་བུ་རྣམས་ཀྱི་མཆོག་གོ།(བློ་གསལ་འཇུག་ངོགས་ལས)

ལྟ་བུ་མཆོག་ཏུ་དགར་བ།

ཚིག་མེད་དོན་ནི་བྱིས་པའི་གནའ་གཏམ་སྟེ། །དོན་མེད་ཚིག་སྤྱི་ནེ་ཙོའི་མ་ཧི་ཡིན། །
(རྗེ་སྒྲིས་དགེ་བཤེས་ཀྱི་གསུང)

སྤྱོད་པའི་ཐ་ཚད་ནི༷་མ་བྱིན་པར་ལེན་པའོ། །
ཕོང་བུ་ནི་བཙོན་པ་ཐ་མ་ཞིག་གོ། །

ལྟ་བུ་དམན་པར་དགར་བའོ། །

ཕྱུགས་ལས་ནི༷་ཞིང་ལས་དང་མི་འདྲ།
སྔོན་པོ་ནི༷་ལྗང་གུ་དང་ཐ་དད་པ་རེད།

ལྟ་བུ་ཐ་དད་པར་དགར་བའོ། །

ནོར་བུ་ནི༷་རིན་པོ་ཆེའི་བྱེ་བྲག་གོ། །
གྲོ་བ་ནི་ལྗོན་ཤིང་ཞིག་མིན་ལ། སྟག་པའི་ཤུན་པ་ཤོག་བུ་འདྲ་བ་དེའོ། །

ལྟ་བུ་ངོ་བོ་མ་འདྲེས་པར་སོ་སོར་དགར་བའོ། །

དབྱངས་བདུན་ནི༷་བར་མ་དང་། དྲང་སྲོང་། ས་འཛིན། དྲུག་སྐྱེས། ལྔ་ལྡན། བློ་གསལ། འཁོར་ཉན་རྣམས་སོ། །
མཆོག་གསུམ་ནི༷་སངས་རྒྱས་དང་། ཆོས་དང་། དགེ་འདུན་ནོ། །

ལྟ་བུ་དགར་གཞི་གཅིག་ལས་དགར་བྱེ་དུ་མ་སོ་སོར་དགར་བའོ། །
གཞན་ཡང་།

ལྷའི་ནང་ནས་བརྒྱ་བྱིན་ནི༷་མིག་སྟོང་དང་ལྡན་པའོ། །
རྟ་མཆོག་ནི༷་རྟ་གཞན་ལས་འགྲོས་མགྱོགས།

ལྟ་བུ་སོགས་ནི་སྒྲའི་དགར་བ་དངོས་མིན་ཏེ། ནུས་ལས་དག་གི་དགར་བའོ། །

ཁ བརྣན་པ།

ཁྱད་ཆོས་སམ། ཡོན་ཏན་ནམ། བྱ་བ་ཅི་རིགས་ཤིག་ནི་སྒྲས་ནན་ཏན་བྱས་ནས་མངོན་པར་བསྟན་པ་སྟེ།

མེ་ཏོག་འདི་དག་མདོག་ནི་མཛེས། དྲི་ནི་ཞིམ། བུང་བ་མ་བོས་མགྲོན་དུ་འོངས།

ལམ་ཐག་ནི་རིང་། ཉི་མ་ནི་དྲོ། ཡང་ན་ཁྱོད་ཀྱིས་གཏམ་ཞིག་ཤོད། ཡང་ན་ངས་གཏམ་ཞིག་བཤད། (མི་རོ་རྩེ་སྒྲུང་ལས)

ལྟ་བུ་ཁྱད་གཞི་གང་གི་ཁྱད་ཆོས་ནན་ཏན་བྱེད་པའོ། །

ཁྱོད་སྐྲ་ནི་མཁས། གཟུགས་ནི་བཟང་། བློ་ནི་ཆེ། རྒྱལ་པོར་མི་ཡོང་བའི་རྒྱུ་མཚན་ཅི་ཡོད། (བྱ་མགྲིན་སྔོན་ཟླ་བའི་རྟོགས་བརྗོད་ལས)

ཁོང་ནི་དཔའ་ཞིང་ཁོང་ནི་མཛངས། སྐྱེའུ་ནང་སྙིང་བུ་ཡིན་ཏེ། དམག་དཔོན་དུ་བསྐོས་ན་འོས་སུ་ཆེའོ། །

བོད་ཀྱི་རིག་གནས་ཀྱི་ཆ་དུ་མར་སྦྱངས་པ་རྩལ་དུ་ཐོན་པའི་རྗེ་རིང་བསྟན་འཛིན་དཔལ་འབྱོར་ནི་གཞོན་ནུའི་དུས་ནས་བོད་ཀྱི་གླུ་གར་རོལ་མོའི་སྒྱུ་རྩལ་ལ་ཤིན་ཏུ་མཁས་པ་ཞིག་ཡིན།

ལྟ་བུ་སྐྱེ་བོ་གང་གི་ཡོན་ཏན་ནན་ཏན་བྱེད་པའོ། །

སྤང་བར་བྱ་བ་ནི་སྤོངས། བསྒྲུབ་པར་བྱ་བ་ནི་སྒྲུབས།

ཁྱོད་ལ་བྱང་ན་ཉེ་ཚན་ཅི་འདྲ་ཡོད་གསུངས། སྟེར་ཡོད་ཟེར་བ་ནི་མ་ཐོས། ཡི་གེ་ནི་དེ་གདའ། རྣལ་འབྱོར་བ་ལ་དྲིས་པས། རྒྱུས་ནི་མི་འདུག་ཞུས། (མི་ལ་རས་པའི་རྣམ་ཐར་ལས)

ལྟ་བུ་བྱ་བ་ནན་ཏན་བྱེད་པའོ། །

ག རྒྱུ་མཚན།

ཚིག་སྒྲ་མའི་དོན་གསལ་བྱེད་དུ་ནི་སྔྲས་ཚིག་ཕྱི་མ་དྲངས་ནས་མངོན་པར་སྟོན་པ་སྟེ།

ཀུན་གསལ་ཞེས་བྱ་བ་ནི། འཇིག་རྟེན་ཀུན་ལ་གསལ་བའི་སྣང་བ་ཅན་ཏེ་ནམ་མཁའོ། །(དུང་དཀར་བའི་སུམ་རྟགས་ལས)

ཤེར་ཕྱིན་ནི་ཤེས་རབ་ཀྱི་ཕ་རོལ་ཏུ་ཕྱིན་པའོ། །

ལྟ་བུ་མིང་གང་གི་ངེས་ཚིག་བརྣན་གྱིས་བསྟན་པའོ། །

མེ་ནི་ཚ་ཞིང་སྲེག་པའོ། །

སྤྲིན་ནི་ལྡངས་པ་བར་སྣང་དུ་འཕགས་པ་གྲང་རེག་དང་ལྡན་ནས་ཆུ་རྡུལ་ཕྲ་མོར་ཆགས་པའི་ཚོགས་པའོ། །

ལྟ་བུ་ཆོས་ཅན་གང་གི་མཚན་ཉིད་བརྣན་གྱིས་བསྟན་པའོ། །

སྟག་གཟིག་དོམ་དྲེད་ལ་སོགས་པ་ནི་གཅན་གཟན་ནོ། །

སྙིང་དང་། གློ་བ། མཁལ་མ། མཆེར་པ། མཆིན་པ་བཅས་ནི་དོན་ལྔའོ། །

ལྟ་བུ་བསྡུ་བྱ་དེ་དག་གི་བསྡུ་གཞི་བརྣན་གྱིས་བསྟན་པའོ། །

ལུས་ཀྱི་སྟོད་དྲུག་ནི་རྒྱ་མ། ལོང་ག །ཕོ་བ། གཉེ་མ། ལྷང་བ། མཁྲིས་པ་རྣམས་སོ། །

སྤྱུགས་རིགས་ནི་རྟ་ནོར་ལུག་གསུམ་ལ་སོགས་པའོ། །

ལྟ་བུ་དབྱེ་གཞི་དེའི་དབྱེ་བ་རྣམས་བརྣན་གྱིས་བསྟན་པའོ། །

བོད་ཀྱི་སླུ་ཡི་སྲིག་ཚུལ་ནི༌། གཙོ་ཆེར་རིམ་པ་གསུམ་ཡོད་པའི་དང་པོ་དང་གཉིས་པ་མཚོན་བྱེད་ཀྱི་དཔེ་ཡིན་ལ། གསུམ་པ་མདོར་བསྡུན་པའི་དོན་ཡིན་ཏེ། ཡར་བཅད་ཚིག་ལ་དཔེ་ཞིག་དགོས། །དཔེ་མེད་ན་གཏམ་ལ་གོང་བ་མེད། །མར་བཅད་ཚིག་ལ་མདོ་ཞིག་དགོས། །མདོ་མེད་ན་གཏམ་ལ་ཟུམ་ཁ་མེད། །ཅེས་ཟེར་སྲོལ་ཡོད།

ལྟ་བུ་བརྗོད་གཞིའི་ནང་དོན་བརྣན་གྱིས་བསྡུན་པའོ། །

ང ཁ་སྐོང་།

ཚིག་གི་ཟླ་བོ་ཞིག་གི་འབྲུ་མ་ལོངས་པར་ནི་སྒྲ་བསྣན་ནས་ཁ་བསྐངས་ཤིང་དོ་བསྙམས་ནས་ངག་སླན་པར་བྱེད་པ་སྟེ།

ཧ་ནི༌ཀུན་མས་བཀུས་སོང་། བ་ལང་ར་ན་ལུས་ཡོད།

གང་མིང་བརྗོད་པའི་དང་པོ་ཟུ། །ཀྱི་སྦྱར་བ་ནི༌བོད་པ་ཡིན། །

(སུམ་ཅུ་པའི་རྩ་བ་ལས)

ལྟ་བུ་ཚིག་གི་སྡེབ་བཅོས་ནས་བརྗོད་བདེ་བར་བྱས་པའོ། །

པད་མ་རྣམས་ནི༌མི་ཟུམ་ཞིང་། །ནམ་མཁའ་ལ་ཡང་མི་འགྲོ་བ། །
ཁྱོད་གདོང་ཟླ་བས་བདག་གི་ནི༌། །སྲོག་རྣམས་འཕྲོག་པ་ཉིད་དུ་འབབ། །

(འགལ་བའི་གཟུགས་ཅན་ཏེ་སྙན་ངག་མེ་ལོང་ལས)

ཞུམ་པའི་སེམས་ནི༌བྱུང་བའི་ཚེ། །སེམས་ཀྱི་གཟེངས་ནི༌བསྟོད་པར་བྱ། །

(བྱང་ཆུབ་སེམས་དཔའི་ནོར་བུའི་ཕྲེང་བ་ལས)

ལྟ་བུ་ཚིག་བར་གྱི་ས་སྟོང་བཟུང་ནས་ཁ་བསྐངས་པའོ། །

གཉིས་པ། དང་སྒྲ།

དང་སྒྲ་སྡུད་དང་འབྱེད་པ་དང་། །
རྒྱུ་མཚན་ཚེ་སྐབས་གདམས་ངག་དང་། །
བྱ་བ་སྦྱར་སའི་ཡུལ་དང་ནི། །
ལྔན་པ་མཚུངས་འགལ་རྣམས་ལ་འཇུག །

སུམ་རྟགས་ཀྱི་གཞུང་རྣམས་སུ་དང་སྒྲའི་འཇུག་པ་ལྔར་བཤད་ཀྱང་། དོན་དུ་དགུར་སྣང་ངོ་། །

ཀ སྡུད་པ།

བསྡུ་བྱའི་གྲངས་ངེས་མ་ངེས་ཅི་རིགས་གཞི་གཅིག་ཏུ་སྡུད་པ་སྟེ།

སྣག་ཚ་ད༷ང་། སྒྱུ་གུ་ད༷ང་། ཤོག་བུ་རྣམས་ནི་ཡི་གེ་བྲི་བའི་ཉེར་མཁོའོ། །
ཛ་ཏི་ད༷ང་། ཙུ་གང་ད༷ང་། གུར་གུམ་ད༷ང་། ལི་ཤི་ད༷ང་། སུག་སྨེལ་ད༷ང་། ག་གོ་ལ་ནི་སྨན་བཟང་དྲུག་གོ། །དེ་དག་རིམ་བཞིན་སྙིང་ད༷ང་། །གློ་བ་ད༷ང་། མཆིན་པ་ད༷ང་། སྲོག་རྩ་ད༷ང་། མཁལ་མ་ད༷ང་། མཆོར་བ་ལ་ཕན་པས་སྨན་བཟང་དྲུག་ཅེས་བྱའོ། །

ལྷ་བུ་ཆོས་ཅན་བསྡུས་པའོ། །

དཀར་པོ་ད༷ང་། དམར་པོ་ད༷ང་། སེར་པོ་ད༷ང་། སྔོན་པོ་རྣམས་ཁ་དོག་གོ། །

མགྲིན་པ་རིང་ཞིང་ཕྲ་བ་ད༷ང་། །ལྟོ་བ་ལྡིར་ཞིང་ཆེ་བ་ད༷ང་། །
མཆུ་ནི་འཕྱང་ཞིང་ཞབས་ཞུམ་པའི། །ཀ་ལ་ཤ་འདི་བདུད་རྩིའི་སྣོད། །
(རིགས་རང་བཞིན་བརྗོད་པ་སྟེ་ཨ་ལག་ཤ་ངག་དབང་བསྟན་དར་གྱིས)

ལྷ་བུ་ཁྲིད་ཚོས་བསྡུས་པའོ། །

ཉི་མ་སུམ་བརྒྱ་དང་དྲུག་ཅུ་རེ་ལྔ་ཚང་ན་ལོ་གཅིག་ལོན་པ་ཡིན།

སྲོག་གཅོད་པ། ལོག་པར་གཡེམ་པ། མ་བྱིན་པར་ལེན་པ་སྟེ་ལུས་ཀྱི་ལས་གསུམ་དང་། རྫུན། ཕྲ་མ། ཚིག་རྩུབ། ངག་འཁྱལ་ཏེ་ངག་གི་ལས་བཞི་དང་། བརྣབ་སེམས། གནོད་སེམས། ལོག་ལྟ་སྟེ་ཡིད་ཀྱི་ལས་གསུམ་བཅས་ལ་མི་དགེ་བ་བཅུ་ཟེར།

ལྷ་བུ་བགྲང་བྱ་བསྡུས་པའོ། །

རང་རྒྱལ་བཟོ་ཞིང་ཐོན་སྐྱེད་དང་། །རྒྱལ་འབངས་དཔལ་འབྱོར་ལྡན་ཅིག་འཕེལ། །
མི་དམངས་ཡིད་ཀྱི་དགའ་སྤྲོ་དང་། །རྒྱལ་ཁབ་སྟོབས་གྲགས་ལྡན་ཅིག་རྒྱས། །

(བྱ་བ་ཐ་དད་པ་ལྡན་ཅིག་བརྗོད་པ་སྟེ་རྫོ་རྗེ་རྒྱལ་པོས།)

རིག་པ་གླིགས་བམ་ལ་གནས་དང་། །མ་བསྒྲུབས་པ་ཡི་གསང་སྔགས་དང་། །
ཚགས་སུ་མ་བྱས་ཡོ་བྱད་རྣམས། །དགོས་པའི་དུས་སུ་སླེབ་པར་དཀའ། །

(རྒྱལ་པོ་ལུགས་ཀྱི་བསྟན་བཅོས་ལས།)

ལྷ་བུ་བྱ་བ་བསྡུས་པའོ། །

འཆད་དང་རྩོད་དང་རྩོམ་རྣམས་ལ། །ཐོགས་པ་མེད་ན་མཁས་པ་ཡིན། །

སྟོན་པའི་ནང་ན་རྟེན་འབྲེལ་སྟོན་པ་དང་། །
ཤེས་རབ་ནང་ན་རྟེན་འབྲེལ་ཤེས་པ་གཉིས། །
འཇིག་རྟེན་དག་ན་རྒྱལ་བའི་དབང་པོ་བཞིན། །
ཕུལ་བྱུང་ལེགས་པར་ཁྱེད་མཁྱེན་གཞན་གྱིས་མིན། །

(རྟེན་འབྲེལ་བསྟོད་པ་ལས།)

ལྷ་བུ་ཡོན་ཏན་བསྡུས་པའོ། །

ཁ དབྱེ་བ།

དབྱེ་བར་བྱ་བའི་གྲངས་ངེས་མ་ངེས་ཅི་རིགས་གཞི་གཅིག་ལས་སོ་སོར་འབྱེད་པ་སྟེ།

འདོད་ཡོན་རྣམས་ཀྱི་མཆོག་ནི། མཛེས་པ་དང་། སྙན་པ་དང་། ཞིམ་པ་དང་། མངར་བ་དང་། འཇམ་པའོ། །

རོ་དྲུག་ནི་མངར་བ་དང་། སྐྱུར་བ་དང་། ཁ་བ་དང་། བསྐ་བ་དང་། ཚ་བ་དང་། ལན་ཚྭ་བའོ། །

ལྟ་བུ་ཁྱད་ཆོས་རྣམས་སོ་སོར་ཕྱེ་བའོ། །

བློ་མཐུན་དེ་གཏམ་ཡིག་རྩིས་གསུམ་ལ་མཁས་པ་དང་། ཉེ་རིང་མི་འཛིན་པ་དང་། ལས་ལ་བརྩོན་པ་དང་། འཐབ་ལ་དཔའ་བ་ཞིག་གོ། །

ཡུལ་འདིར་ཧྲོད་གཉེར་འཛོམས་པས། ཤིང་སྣ་མང་བ་དང་། ལོ་ཡགས་པ་དང་། འཚོ་བ་སྐྱིད་པའོ། །

ལྟ་བུ་ཡོན་ཏན་སོ་སོར་ཕྱེ་བའོ། །

དེ་ལ་ལྷན་ཅིག་སྐྱེས་པ་ཡི། །ང་རོ་རྣམ་པ་བཞི་ཡིན་ཏེ། །
འབྲིན་པ་དང་ནི་བཀུག་པ་དང་། །བསྒྱུར་བ་དང་ནི་ལྷེངས་ཉིད་དོ། །
(རོལ་མོའི་བསྟན་བཅོས་ལས)

སྔོན་འཇུག་ཡི་གེ་ལྔ་པོ་ལ། །ཕོ་དང་མ་ནིང་མོ་དང་ནི། །
ཤིན་ཏུ་མོ་དང་བཞི་རུ་དབྱེ། །(རྟགས་འཇུག་གི་རྩ་བ་ལས)

ལྟ་བུ་རིགས་སོ་སོར་ཕྱེ་བའོ། །

སྦྱོད་ལམ་རྣམ་བཞི་ནི། འགྲོ་བ་དང་། འདུག་པ་དང་། ཉལ་བ་དང་། འཆག་པའོ། །
རྗེས་འཇུག་བཅུ་ཡི་དོན་ཤེས་ན། །འཕྲི་དང་སྒྲིག་དང་འཆད་རྣམས་ཀྱི། །
མཚམས་སྦྱོར་སྒྲ་ལ་ཐོགས་མེད་ཅིང་། །འབྲེལ་བར་སྨྲ་བའི་མཆོག་ཏུ་འགྱུར། །
(སུམ་ཅུ་པའི་རྩ་བ་ལས)

ལྟ་བུ་བྱ་བ་སོ་སོར་ཕྱེ་བའོ། །

ངེད་ཚང་ལ་ནོར་སུམ་ཅུ་དང་ལུག་བརྒྱ་ལྷག་ཡོད།

ལྟ་བུ་གྲངས་ཀ་སོ་སོར་ཕྱེ་བའོ། །

དང་སྒྲ་སྦྱད་པ་དང་འབྱེད་པ་ལ་འཇུག་པ་གམ་ངམ་སོགས་འབྱེད་སྡུད་ཀྱི་འཇུག་པ་དང་མཚུངས་སོ། །

ག རྒྱུ་མཚན།

རྒྱུ་དང་འབྲས་བུ་འབྲེལ་བའི་དོན་ཅན་སྟོན་པ་སྟེ།

ཆུ་སྐྱར་ལྡིང་བ་དང་ཆུ་ཡོད་པར་ཤེས།
སྨན་འཐུངས་པ་དང་ནད་སོས།
བརྩོན་འགྲུས་ཆུ་བོའི་རྒྱུན་བཞིན་བསྟེན་པ་དང་། ཡོན་ཏན་ཡར་ངོའི་ཟླ་བཞིན་རྒྱས།

ལྟ་བུའོ། །

ང ཚེ་སྐབས།

བྱ་བའི་དུས་སྟོན་པ་སྟེ།
ཅོང་བརྡུངས་པ་དང་ཚོམས་ཆེན་དུ་འཚོགས།
ནམ་ལངས་པ་དང་སློབ་གྲྭར་འགྲོ།

སྟོན་ཁར་བསྙིབས་པ་དང་ལོ་ཏོག་སྨིན།
ཉི་མ་ཤར་བ་དང་པད་མ་རྣམས་ཁ་བྱེ་བར་འགྱུར།

ལྟ་བུའོ། །

ཙ གདམས་ངག

དོན་གང་འགྲུབ་པར་བྱེད་པའམ་ལེགས་པར་སྒྲུབ་པའི་གདམས་ངག་གམ་ཐབས་དམ་པ་སྟོན་པ་སྟེ།

བརྩོན་འགྲུས་རྩོམས་དང་མཁས་པར་འགྱུར་རོ། །ཞེས་པ་ན། མཁས་པར་འགྱུར་བའི་དམིགས་ཡུལ་དེ་འགྲུབ་བྱེད་ཀྱི་ཐབས་སམ་གདམས་ངག་གམ་གདམས་པ་ནི་བརྩོན་འགྲུས་ཡིན་པར་དང་སྐབས་བསྟན་པ་ཡིན། དེ་བཞིན་དུ།

རྩ་ཚིག་འདི་དག་བློ་ལ་ཟུངས་དང་བཀོལ་ས་མང་།

རྒྱལ་པོ་ན་རེ། ལྷ་མོ་དྲང་པོར་སྨྲོས་དང་། ཁོ་བོ་ཤིན་ཏུ་དགའོ། །

(བྱ་མགྲིན་སྔོན་རླ་བའི་རྟོགས་བརྗོད་ལས)

བྱ་དེ་ཁྲུང་ཁྲུང་དཀར་པོ། །ང་ལ་གཤོག་རྩལ་གཡོར་དང་། །
ཐག་རིང་རྒྱང་ལ་མི་འགྲོ། །ལི་ཐང་བསྐོར་ནས་སླེབ་ཡོང་། །

ད་ཅུང་སྙིང་གཏམ་ལགས་པས་གསན་མཛོད་དང་། །
འགྲོགས་ལུགས་དགྲ་ལ་ཚོལ་དང་ཟབ་པ་ཡིན། །
སྙིང་གཏམ་བུ་ལ་གསོང་དང་བརྟན་པ་ཡིན། །
ཁ་ཏོན་གྲི་བར་སྐྱིལ་དང་བཙུན་པ་ཡིན། །
མཚང་གཏམ་བར་དུ་གསོང་དང་མཁས་པ་ཡིན། །
རང་མཚང་རང་གིས་བྲུས་དང་མཁས་པ་ཡིན། །
གཞན་མཚང་ལྐོག་ལ་ཞོག་དང་དགེ་བ་ཡིན། །

བློ་གཏད་སྙིང་གིས་སྐྱོངས་དང་ངོ་མཚར་ཆེ། །

(མི་ཆོས་གནད་ཀྱི་ཕྲེང་བ་ལས)

ཧ་ཅང་དགའ་བའི་དུས་དང་ཁྲོ་བའི་དུས། །
སེམས་ལ་གང་ཡོད་ཁ་ནས་འཆོར་ཉེན་ཡོད། །
དེ་ཕྱིར་དྲན་ཤེས་སྟོན་དུ་བསྟེན་བྱས་ནས། །
ཁ་ཧོན་གྱི་བར་སྐྱིལ་དང་བཙུན་པ་ཡིན། །

(བསླབ་བྱ་ནོར་བུའི་ཕྲེང་བ་ལས)

ལྟ་བུ་སོགས་སོ། །

ཆ འགལ་བ།

ཚིག་སྔ་ཕྱི་མི་མཐུན་པར་སྟོན་པ་སྟེ།

དཔའ་རྩལ་ཆེ་དང་རིག་པ་ཞན།
ཐོས་མྱོང་དང་མཐོང་མ་མྱོང་།
བཤད་པ་མང་དང་ལག་ལེན་ཉུང་།
ང་ལ་སྨོར་མོ་ཡོད་དང་ཁྱོད་ལ་མི་སྤྲོ།

ལྟ་བུ་ཀྱང་ཡང་འང་གསུམ་མི་མཐུན་པའི་ཚིག་རྒྱན་དུ་འཇུག་པ་དང་མཚུངས།

ཇ འཇུག་ཡུལ།

བྱེད་པ་པོ་གང་གི་བྱ་བ་འཇུག་སའི་ཡུལ་སྟོན་པ་སྟེ།
འགྲུལ་བ་དང་ཁ་བརྡ་བྱེད།
གནས་ཚུལ་དངོས་དང་བསྟུན་ནས་ཐག་གཅོད་པར་བྱ།

མི་གང་མཛའ་བ་མི་བརྟན་པ། །དེ་དང་འགྲོགས་པར་སུ་ཞིག་འཐམ། །
ནམ་མཁའི་འཇའ་ཚོན་མདོག་མཛེས་དང་། །རྒྱུན་དུ་རེ་ན་ལྷུན་པོ་འཁྲུལ། །
(ས་སྐྱའི་ལེགས་བཤད་ལས)

སྐྱེ་བོ་ཕལ་ཆེར་རང་ཉིད་དང་། །མཐུན་པའི་རིགས་ཀྱིས་གནོད་པ་སྐྱེལ། །
ཉི་མའི་འོད་ཟེར་ཤར་བ་ན། །འོད་ཟེར་གཞན་རྣམས་བརླག་པར་འ××གྱུར། །
(ས་སྐྱའི་ལེགས་བཤད་ལས)

ལྟ་བུ་སོགས་སོ། །

༦ གང་དང་ལྡན་པ།

ཁྱད་གཞི་གང་ལ་ཁྱད་ཆོས་གང་ཞིག་ལྡན་པར་སྟོན་པ་སྟེ།

བརྩོན་འགྲུས་དང་ལྡན་པའི་མདུན། །དཀའ་བ་ནི་རིང་དུ་འབྲོས། །

ཁོང་ནི་སྐྱེས་ཐོབ་ཀྱི་ཤེས་རབ་དང་། སྦྱངས་སྤོབས་ཀྱི་ཡོན་ཏན་དང་ལྡན་པ་ཞིག་རེད།

དགྲ་བོ་སྙན་པར་སྨྲ་ན་ཡང་། །བློ་དང་ལྡན་པས་ཡིད་མི་བརྟན། །
ཆུ་སྐྱར་བྱི་ལ་དེས་པ་ཡིས། །ཕ་རོལ་གསོད་ལ་རྟག་ཏུ་བརྩོན། །(ས་སྐྱའི་ལེགས་བཤད་ལས)
ལྟ་བུ་སོགས་སོ། །

༧ མཚུངས་གསལ་གྱི་དོན་འདྲེན་པ།

དཔེ་ཅན་གང་ལ་དཔེ་གང་སྦྱར་བ་མཚུངས་པ་གསལ་བྱེད་ཀྱི་སྒྲ་དྲངས་ནས་སྟོན་པ་སྟེ།

མཛེས་པའི་བཞིན་རས་ནི་ཟླ་བ་ཉ་གང་བ་དང་འདྲ།

སྐད་སྙན་པ་པི་ཝང་གི་གདངས་དང་ཚོར་དོགས་བྱུང་།
གཞུང་འདིའི་བརྗོད་པ་ཁེབས་ཆེ་ཞིང་གཏིང་ཟབ་པས་རྒྱ་མཚོ་དང་མཚུངས།

མཁའ་དབྱིངས་ཚད་ནི་འདི་ཙམ་མམ། །རྒྱ་གཏེར་ཟབས་སུ་འདི་ཙམ་ཞེས། །
སུས་ཀྱང་གཞལ་བར་མི་སྤོབས་པས། ཁྱོད་ཐུགས་དེ་དག་ཉིད་དང་མཚུངས། །
(སྤྱུགས་པའི་དཔེ་སྟེ། སྙན་ངག་གྱི་དོན་ལས)

ལྟ་བུ་སོགས་སོ། །

གསུམ་པ། ངེས་བཟུང་།

དེ་འདི་གཉིས་ནི་ངེས་བཟུང་སྟེ། །
ཐ་སྙད་སྔ་མའི་ཚབ་ཏུ་དང་། །
དངོས་པོ་བརྗོད་དོན་དུས་རྣམས་ལས། །
རིང་ལ་དེ་དང་ཉེ་ལ་འདིའོ། །

སུམ་ཅུ་པའི་རྩ་བ་ལས། ཐ་སྙད་དབང་དུ་གསུམ་ཡིན་ཏེ། །དངོས་པོའི་དབང་དུ་བཞི་རུ་འགྱུར། །དུས་ཀྱི་དབང་དུ་གཉིས་ཡིན་ནོ། །ཞེས་དེ་སྒྲའི་འཇུག་པ་དགུ་ལུང་དུ་བསྟན་ཡོད་ལ། དོན་ཐོབ་ཀྱི་འདི་སྒྲ་གསུངས་མེད་ཀྱང་། དེ་སྒྲ་དང་རིགས་བསྒྲེས་ན། འདི་སྒྲ་ཡང་། ཐ་སྙད་དབང་དུ་གསུམ་ཞེས་པའི་ནང་ཚན་ཐ་སྙད་ཀྱི་ཚབ་ཏུ་འཇུག་མི་རུང་བའི་ལྷག་བཅས་ཕུད། གཞན་རྣམས་ཉེ་རིང་མི་གཅིག་པའི་སྒོ་ནས་སྦྱོར་རུང་བར་མཐོང་ངོ་། །དེས་ན་དེ་སྒྲ་དང་འདི་སྒྲ་གཉིས་ཀའང་ཐ་སྙད་ཀྱི་ཚབ་ཏུ་འཇུག་རུང་ལ། དངོས་པོ་དང་དུས་ཀྱང་སྟོན་རུང་བས། ཐུན་མོང་གི་མིང་ལ་ངེས་བཟུང་ཞེས་བཏགས་ན་འགྲིག་པར་འདོད་དོ། །

དེ་ཡང་དེ་སྒྲས་རིང་ས་པོ་དང་། འདི་སྒྲས་ཉེ་ས་པོ་བསྟན་པའི་སྒོ་ནས། ལྟོས་བཅས་ཀྱིས་དོན་ཚན་བཞིར་འཇུག་པ་ལ།

ཀ། ཐ་སྙད་སྤྱི་མའི་ཚབ་ཏུ་འཇུག་པ།

ཐ་སྙད་གང་སྐར་བརྗོད་པའི་དགོས་པ་ཡོད་ཚེ། རིང་ས་པོ་ལ་དེ་སྒྲ་དང་། ཉེ་ས་པོ་ལ་འདི་སྒྲ་ཚབ་ཏུ་སྦྱར་བ།

 བློ་གྲོས་ནི་རྒྱ་ཆུ་རྫོང་གི་རྫོང་དཔོན་ཡིན། དེའི་ཐབས་མཁས། ཞེས་པ་ན། རྫོང་དཔོན་ཟེར་བའི་ཁྱད་པར་སྤྱི་མ་སྦྱར་བ་ན། གང་མིང་བློ་གྲོས་ཞེས་སྨོས་ཤིང་། ཁྱད་པར་ཕྱི་མ་ཐབས་མཁས་ཞེས་པ་སྦྱར་ཚེ། བཤད་མ་ཐག་པའི་མིང་དེ་སྐར་ལེན་མི་དགོས་ཤིང་། ཐག་རིང་ན་ཡོད་པར་བལྟོས་ནས་ཐ་སྙད་དེའི་ཚབ་ཏུ་དེ་སྒྲ་སྦྱར་ནས་བསྟན་པ་རེད།

དཔེ་ཆ་འདི་ཁྱོད་ལ་སྦྱིན། འདིའི་ཁ་གསལ་ཞིང་དོན་འགྱུར། འདི་ལ་ལྟོས་དང་གོ་རྒྱུ་མང་། ཞེས་པར། ཚིག་སྤྱི་མ་སྦྱོར་བ་ལ་དངོས་པོ་རང་གི་མིང་སྨོས་ཤིང་། ཚིག་ཕྱི་མ་རྣམས་སྦྱོར་ཚེ། དངོས་པོ་ཉེ་ལོགས་སུ་ཡོད་པར་བལྟོས་ནས། དཔེ་ཆ་ཞེས་པའི་ཚབ་ཏུ་འདི་ཞེས་སྨོས་པས་ཚིག་པ་ལྷ་བུའོ། །དེ་བཞིན།

ཆུ་སྐྱེས་ནི་པད་མ་ཡིན་ལ། དེ༷འི་དབྱིབས་མཛེས། དེ༷འི་དྲི་ཞིམ། དེ༷འི་རྩ་བ་ཟས་དང་སྨན་བྱས་ཆོག

ཉིན་བྱེད་ཅེས་པ་ཉི་མ་ཡིན། འོད་སྟོང་ཅན་ཡང་དེ༷་ཡིན། འགྲོ་བའི་སྒྲོན་མེ་ཡང་དེ༷་ཡིན། ལོང་བའི་ཁ་ལོ་བ་ཡང་དེ༷་ཡིན།

དགེ་རྒན་གྱིས་རི་མོ་ཞིག་བྲིས་བྱུང་། ཁྱོད་ཀྱིས་ལྟོས་དང་། འདི༷་གསོན་ཉམས་དང་ལྡན་པ་ཞིག་རེད། འདི༷་ལ་འབྲི་རྩལ་ཐུན་མོང་མ་ཡིན་པ་ཞིག་མཆིས་སོ། །

གུ་ལིང་གསེར་ཟེར་བ་འདི༷་ཡིན་ནམ། འདི༷་ང་ལ་ཚོངས་ཤིག་ངས་འདི༷ས་རྒྱན་ཆ་ཞིག་བརྟུང་དགོས།

ལྟ་བུ་རྣམས་སོ། །

ཁ དངོས་པོ་སྟོན་པར་འཇུག་པ།

བདེན་པའི་དངོས་པོའམ། གསང་བའི་དངོས་པོའམ། བདག་གི་དངོས་པོའམ། གཞན་གྱི་དངོས་པོ་གང་རུང་ཞིག་ཐག་རིང་ཟད་དུ་ཡོད་པ་ལ་དེ་སྒྲ་དང་། ཐག་ཉེ་ན་ཡོད་པར་འདི་སྒྲ་སྦྱར་ནས་སྟོན་པ་སྟེ།

༡. བདེན་པའི་དངོས་པོ་སྟོན་པར་འཇུག་པ་ནི། སྐབས་སུ་བསྟན་བྱའི་དངོས་པོ་གང་གི་ངོ་བོ་ཉིད་དྲང་བོའི་སྒོ་ནས་སྟོན་པར་འཇུག་པ་སྟེ། ནད་པ་དེའི་ནད་ད་དུང་དེ་བཞིན་རེད་ཅེ་ན། དངོས་པོ་ཞེས་པའི་ནད་ཀྱི་ངོ་བོའམ་ན་ཚུལ་སོ་ན་གནས་པ་བདེན་པར་སྟོན་ཆེད། ནད་པ་ཐག་རིང་ས་ཞིག་ཏུ་ཡོད་པར་བསྒོས་ནས་མཚུངས་པ་གསལ་བྱེད་ཀྱི་སྒྲ་དང་སྦྱར་ནས་དེ་བཞིན་ཞེས་གོ་བར་བྱས་པ་དང་། འདི་འདྲ་ལྟར་བྲིས་ཞེས་པར། ཤུགས་བསྟན་གྱི་དངོས་པོ་ཡི་གེའམ་རི་མོ་མིག་ལམ་དུ་སྣང་བར་བསྒོས་ནས། བྲི་བྱའི་རྣམ་པའམ་འབྲི་ཚུལ་འདི་ལྟར་ཞེས་དྲང་པོར་བསྟན་པའོ། །དེ་བཞིན།

དེའི་ཚེ་དཔའ་བོ་སྲིད་པ་གཞོན་ནུ་དེ་ནི་ཐབས་མཁས་ཤིང་ཤེས་རབ་དང་ལྡན་པས་དེ་ལྟར་མི་རིགས་ཞེས་ཐོལ་གྱིས་སྨྲས། (གཞོན་ནུ་ཟླ་མེད་ཀྱི་རྟོགས་བརྗོད་ལས)

མཁས་པ་ཡོན་ཏན་དཔག་མེད་ཀྱང་། །གཞན་གྱི་ཡོན་ཏན་ཆུང་ངུའང་ལེན། །
དེ་ལྟར་རྒྱུན་དུ་སྤྱོད་པ་ཡིས། །མྱུར་དུ་ཐམས་ཅད་མཁྱེན་པར་འགྱུར། །
(ས་སྐྱའི་ལེགས་བཤད་ལས)

ཁྱོད་གདོང་རི་དྭགས་མིག་གིས་མཚན། །ཟླ་བ་རི་དྭགས་ཉིད་ཀྱིས་མཚན། །
དེ་ལྟ་ན་ཡང་འདི་མཚུངས་ཉིད། །ཁྱད་འཕགས་མིན་ཞེས་ངོ་བསྟོད་དཔེ། །
(མཚུངས་པའི་དཔེ་ཡང་ཟེར་ཏེ་སྙན་ངག་མེ་ལོང་ལས)

ལྟ་བུའོ། །

༢. གསང་བའི་དངོས་པོ་སྟོན་པར་འཇུག་པ་ནི། བརྗོད་བྱའི་དངོས་པོ་ཞིག་གཞན་གྱིས་ཤེས་པར་དོགས་ནས་གསང་བར་སྟོན་པར་འཇུག་པ་སྟེ།

ཁྱོད་ཀྱིས་དེ་ཁྲིས་ཚར་རམ། ཞེས་པ་ན། གཏམ་སྨྲ་བའི་ཚེ། གཞན་ལ་གོ་བར་མི་འཇུག་ཆེད། བརྗོད་བྱའི་དངོས་པོ་དངོས་སུ་མི་སྨྲ་ཞིང་། སྐབས་ཏུ་ཀྱུར་པར་བསྒོས་ནས། དེ་ཞེས་པས་བརྗ་སྤྲོད་སའི་ཉན་མཁན་གྱིས་གོ་བར་ཀྱུར་པ་དང་། འདི་གཞན་ལ་མ་བཤད། ཅེས་པ་ན། བརྗོད་བྱའི་དངོས་པོ་གཞན་ལ་གསང་ཕྱིར། མངོན་སུམ་དུ་སྣང་བར་བསྒོས་ནས། འདི་ཞེས་པས་གོ་བར་བྱས་པའོ། །དེ་བཞིན།

ང་ཚོས་གྲོས་ཁ་བྱས་པ་འདི་གནས་སྐབས་སུ་ཁ་སྲུང་རོགས་བྱོས།
དེ་གཞན་ལ་མ་སྟོན།
ལྡེ་མིག་དེ་རྒྱུན་དུ་འཛོག་ས་དེ་ལ་བཞག་ཡོད།

ལྟ་བུའོ། །

༣. བདག་གི་དངོས་པོ་སྟོན་པར་འཇུག་པ་ནི་བརྗོད་པ་པོ་རང་དང་རང་ཉིད་དང་འབྲེལ་བའི་དངོས་པོ་སྟོན་བྱེད་དུ་འཇུག་པ་སྟེ། ངའི་སློག་པ་དེ་ཚེ་རིང་གིས་གོན་ནས་བུད་སོང་བ་ན། བདག་གི་དངོས་པོ་སྡེ་སློག་པ་ནི་ལོགས་སུ་མེད་པར་བསྒོས་ནས་དེ་ཞེས་པ་སྦྱར་ནས་བསྟན་པ་དང་། རང་རེའི་སློབ་གྲྭ་འདིར་མི་རིགས་མང་ངོ་། །ཞེས་པ་ན། བདག་དང་འབྲེལ་བའི་དངོས་པོ་སྡེ་སློབ་གྲྭ་ནི་མདུན་དུ་ཡོད་པར་བསྒོས་ནས་འདི་སྒྲ་སྦྱར་ནས་བསྟན་པའོ། །དེ་བཞིན།

ང་འདི་མི་བཀོད་པ་ཅན་ཞིག་མིན།

ཁོ་བོའི་འདྲ་པར་འདི་ཁྱོད་ལ་སྟེར།

ལྟ་བུའོ། །

༤. གཞན་གྱི་དངོས་པོ་སྟོན་པར་འཇུག་པ་ནི། མི་གཞན་པའམ་གཞན་དང་འབྲེལ་བའི་དངོས་པོ་སྟོན་བྱེད་དུ་འཇུག་པ་སྟེ། ཁོ་ཚོའི་ཁང་བ་དེ་ཤུབ་པ་བཟང་། ཞེས་པ་ན། གཞན་དང་འབྲེལ་བའི་དངོས་པོ་ཁང་བ་ནི་ཐག་རིང་ས་ཞིག་ཏུ་ཡོད་པར་བསྒོས་ནས་དེ་སྒྲ་སྒྱུར་ནས་བསྟན་པ་དང་། ཁྱོད་ཀྱིས་བྲིས་པའི་འཆར་གཞི་འདི་ཡོངས་སུ་འགྲིག་གོ་ཞེས་པ་ན། གཞན་དང་འབྲེལ་བའི་དངོས་པོ་འཆར་གཞི་ནི་མིག་ལམ་དུ་ཡོད་པར་བསྒོས་ནས། འདི་སྒྲས་བསྟན་པའོ། །དེ་བཞིན།

དཔའ་ཆེན་དེ་ངེས་ངེས་དཔའ་ཆེན་ཞིག་རེད།
རི་མགོའི་ལུག་ལྷུ་དེ་བསོད་ནམས་ཚང་གི་ཡིན་ན་ཐང་།

གདོང་འདི་འཇུམ་པའི་མེ་ཏོག་འབར། །གཡོ་བའི་མིག་གི་བུང་བ་ཅན། །
(ལྷན་པའི་གཟུགས་ཅན་ཏེ་སྙན་ངག་མེ་ལོང་ལས)

སྲིང་པོ་རྒྱབ་ཀྱི་ཁུར་པོ་དེ། །ནང་དུ་ཅི་ཡོད་བརྒྱ་སྟེས་ཤེས། །
(མོན་གླིང་གཡུལ་འགྱེད་ལས)

ལྟ་བུ་རྣམས་སོ། །

ག བརྗོད་དོན་སྟོན་པར་འཇུག་པ།

ཚིག་སྡུ་མ་ངེས་པར་བཟུང་ཞིང་ཚིག་ཕྱི་མ་དྲངས་ནས་དོན་ཁ་ཚང་ཞིག་སྟོན་པ་སྟེ། མི་དགའ་དགའ་མདོག་བྱེད་པ་དེ། །ཕོ་གསར་དམག་ལ་འགྲོ་བའི་རྟགས། །མི་སྐྱུག་སྐྱུག་མདོག་བྱེད་པ་དེ། །མོ་གསར་བག་མར་འགྲོ་བའི་རྟགས། །(སྣང་ས་འོད་འབུམ་གྱི་རྣམ་ཐར་ལས)ཞེས་པ་ན། ཚིག་སྡུ་མ་དེ་སྒྲས་ངེས་པར་

བཟུང་ཞིང་ཚིག་གྲོགས་ཕྱི་མ་དྲངས་ནས། ན་གཞོན་དམག་ལ་འགྲོ་ཚུལ་ལམ། བུ་མོ་གནས་ལ་འགྲོ་ཚུལ་བསྟན་པའོ། །གལ་ཏེ་ཚུལ་འདི་དག་ཉེ་ས་ནས་མཐོང་སྟེ་བརྗོད་པ་ཡིན་ན། དེ་སྐབས་ཚབ་ཏུ་འདི་སྒྲ་སྦྱར་ཆོག །དེ་བཞིན།

ཁྱོད་ཀྱི་བྱ་སྦྱོད་ངན་པ་འདི། །བཙོན་དུ་ལྷུང་བའི་སྔ་ལྟས་ཡིན། །

སྤར་གཏམ་དར་གྱི་མདུད་པ་དེ། །ད་དུང་མ་གྲོལ་དམ་ལགས་སམ། །
ཞི་འདོད་རྫོ་ཡི་རི་མོ་དེ། །ད་དུང་མ་ཟུམ་བཀྲ་ལགས་སམ། །
དམ་བཅའ་སྙིང་གི་ཞུར་བུ་དེ། །ད་དུང་མ་བུད་བརྟན་ལགས་སམ། །
(གཏམ་པད་མའི་ཚལ་གྱི་ཟློས་གར་ལས)

ལྟ་བུ་རྣམས་སོ། །

ང དུས་སྟོན་པར་འཇུག་པ།

སྐབས་ཐོག་བྱེད་བཞིན་པའམ། འབྱུང་བཞིན་པའམ། ཡོད་བཞིན་པའི་དུས་ནི་ད་ལྟ་བ་ཡིན་ཞིང་། ཉེ་བར་བལྟོས་ནས་འདི་སྒྲ་དང་། དུས་ད་ལྟ་བའི་སྐད་ཅིག་སྔ་མ་ཡན་ཆད་ཐམས་ཅད་འདས་པ་དང་། སྐད་ཅིག་ཕྱི་མ་ཕན་ཆད་ཐམས་ཅད་མ་འོངས་པ་ཡིན་པ། རིང་བར་བལྟོས་ནས་དེ་སྒྲ་སྦྱར་ནས་སྟོན་པ་སྟེ།

དེ་རིང་གི་ཉི་མ་འདི་ཤིན་ཏུ་དྲོའོ། །
གལ་ལ་ཐུག་པའི་དུས་འདིར་ཚང་མས་བསམ་བློ་གཏོང་ཡགས་བྱ་དགོས།
ཚེ་འདིར་དགོས་པའི་ལྟོ་གོས་གཏམ་གསུམ་པོ། །མ་བྱུང་བསམས་ནས་སྐྱོ་བ་སྐྱེས་པ་མིན། །
(སྣང་ས་འོད་འབུམ་གྱི་རྣམ་ཐར་ལས)

སྤྱི་ཚོགས་རིང་ལུགས་ཀྱི་ཕྱིན་ལས་རྣམ་བཞི་སྒྲུབ་པའི་སྐབས་འདིར། སློབ་གྲོགས་ཚོ་རིག་པའི་བང་མཛོད་ལས་ཇི་འདོད་སྒྲུབ་པའི་ཡིད་བཞིན་ནོར་བུ་ཐབས་ཀྱིས་ལོངས་ཤིག །

ལྟ་བུ་རྣམས་ལས་འདི་སྐབས་དུས་ད་ལྟ་བ་བསྟན་པའོ། །

ད་རིང་གི་ལོ་དེར། ང་སློབ་གྲྭ་འདིར་ཡོང་བ་ཡིན།
རྒྱལ་དབང་ལྔ་བ་བཞུགས་པའི་སྐབས་དེར། བོད་ཀྱི་རིག་གནས་དར་རྒྱས་ཆེ་ཞེས་གྲགས།
ན་གཞོན་པའི་དུས་དེའི་རིང་ལ་རྩེད་མོ་ལ་གཡེང་བས་ཡོན་ཏན་བཟང་པོ་ཞིག་སྦྱོང་མ་ཐུབ།

ལྟ་བུ་རྣམས་ལས་དེ་སྐབས་དུས་འདས་པ་བསྟན་པའོ། །

སང་ཉིན་ཉི་མ་ཤར་བའི་དུས་དེ་ལ་འགྲོ་བར་བྱ།
འགྱུར་བཞི་མངོན་སུམ་དུ་བྱུང་བའི་དུས་དེ་ལ་ཐོན་ཆོ། འདོད་ཡོན་ལོངས་སྤྱོད་དེང་སང་གི་ཡན་དང་ཡན་ཞིག་ཡིན་སྲིད།

ལྟ་བུ་རྣམས་ལས་དེ་སྐབས་དུས་མ་འོངས་པ་བསྟན་པའོ། །

བཞི་པ། ཀྱེ་སྒྲ།

གང་ཅི་ཧི་སུ་དུ་ནམ་དུག །ཀྱེ་ལ་ཁྱབ་པའི་སྒྲ་ཡིན་ཏེ། །
དཔེ་དང་གཞལ་ལ་ཧི་སྦྱོར་ཞིང་། །དོན་ལ་ཅི་དང་མི་ལ་སུ། །
གྲངས་ལ་དུ་དང་དུས་ལ་ནམ། །གང་ནི་དེ་དག་ཀུན་ལ་འཇུག །

ཀྱེ་སྒྲ་འདི་རྣམས་གཙོ་བོར་དོན་བྱེ་བྲག་པ་ཞིག་དམིགས་སུ་མི་འཛིན་པར་ཀྱེ་ལ་ཁྱབ་པ་ཙམ་སྟོན་པའམ་དྲི་བར་འཇུག་པ་ཡིན་ལ། འདི་དག་སོ་སོའི་འཇུག་

ས་མི་གཅིག་སྟེ། སུ་ནི་གང་ཟག་དང་། ཇི་ནི་གྲངས་ཀ་དང་། ནམ་ནི་དུས་ཚོད་དང་། ཅི་ནི་དོན་དང་། ཇི་ནི་དཔེ་དང་ཚོད་དཔག་པར་འཇུག་ཅིང་། གང་ནི་དེ་རྣམས་འཇུག་པའི་ཁོངས་མཐའ་དག་ལ་འཇུག་ཙུང་ངོ་། །དེ་དག་སོ་སོ་ཡང་དོན་གསལ་བྱེད་ཀྱི་སྒྲ་ཅི་རིགས་དང་སྦྱར་བའི་འཇུག་པ་མང་སྟེ།

ཞིག་སྟེ་སྨད་ཕྱིར་ལ་ལ་ཅི༷། །སྐྱེད་སྲིད་ལྟར་བཞིན་སྐད་འདྲ་ཇི༷། །
ཞིག་དག་ཚོ་འམ་རྣམས་ལ་སུ༷། །ཞིག་དུ་ཚོད་ཡང་དག་ལ་ན༷མ། །
གང་ནི་དེ་རྣམས་ཕལ་ཆེར་སྦྱར། །

དེ་ལྟར་དོགས་པའི་དོན་ལ་ཅི་ཞིག །མ་ངེས་པའི་དོན་ལ་ཅི་སྟེ། རྒྱུ་མཚན་གྱི་དོན་ལ་ཅི་ཕྱིར་རམ་ཅི་སླད། དྲི་བའི་དོན་ལ་ཅི་ལ། ཡོད་ཚད་ལ་ཇི་སྙེད། དུས་ཚད་ལ་ཇི་སྲིད། དཔེ་ལ་ཇི་འདྲའམ་ཇི་ལྟ་བུའམ་ཇི་ལྟར། དཔེ་དོན་མཚུངས་པ་ལ་ཇི་བཞིན(ཇི་ལྟ་བ་བཞིན)། གཞན་གཏམ་ལ་ཇི་སྐད། གང་ཟག་གཅིག་ལ་སུ་ཞིག །འགའ་ལ་སུ་དག་མང་པོ་ལ་སུ་ཚོའམ་སུ་རྣམས། དུས་མ་ངེས་པ་ལ་ནམ་དང་ནམ་ཞིག །དུས་ཀྱི་ཆ་ལ་ནམ་དུ། དུས་སྐབས་ལ་ནམ་ཚོད། དུས་རྒྱུན་ལ་ནམ་ཡང་། ལྟ་བུ་ཅི་རིགས་སུ་སྦྱར་ཆོག

གོང་གི་དོན་གསལ་བྱེད་ཀྱི་སྒྲ་རྣམས་ལས། སྟེ། སྲིད། སྐད་འགའ་མ་གཏོགས། གཞན་རྣམས་གང་སྒྲ་དང་སྦྱར་ཙུང་ངོ་། །

སྤྱི་སྒྲ་རྣམས་དོན་ལ་འཇུག་པ་རྣམ་པ་བཞི་ཡོད་དེ།

ཀ སྤྱི་ཁྱབ་སྟོན་པ།

རིགས་ཅན་སྤྱི་ལ་ཁྱབ་པ་ཙམ་སྟོན་བྱེད་དུ་འཇུག་པ་སྟེ།

ངན་པ་ཕལ་ཆེར་རང་གི་སྐྱོན། །ཀུ༷ང་ཡིན་གཞན་ལ་འགོད་པར་བྱེད། །

ཡོན་ཏན་སྐྱོན་གཉིས་ཕྲུས་ཀྱང་གསལ། །འདྲིས་པ་འབྱེད་ཤེས་མཁས་པ་ཡིན། །

ངན་པ་ཇི་ལྟར་བཙོས་གྱུར་ཀྱང་། །རང་བཞིན་བཟང་པོ་འབྱུང་མི་སྲིད། །
རྒྱུན་དུ་གཞན་གྱིས་བསྐྱང་དགོས་པའི། །སྐྱི་བོ་ནྲམ་ཞིག་ཅྲི་ནས་ཉམས། །
(དཔེར་བརྗོད་བཞི་བོ་ས་སྐྱའི་ལེགས་བཤད་ལས)

ཅི་སྟེ་ལམ་ཚོད་མ་ཟིན་ན། ཨ་ཁུ་སྟག་གདོང་དཔོན་ལ་དྲིས་དང་ཤེས། (གུ་གུ་གོ་ཛོང་ལས)

དོན་རྒྱུན་ཚིག་རྒྱུན་གབ་ཚིག་གི་རྒྱུན་ཇི་སྙེད་པའི་མཚན་ཉིད་ཡོངས་སུ་རྟོགས་ཤིང་མཚན་གཞིའང་ཇྲི་ལྟ་བར་འགོད་མཁས།

དབྱར་ས་བཟང་སྤྱང་ལ་ཅྲི་ཡང་སྐྱེ། ཐན་ཤེས་རབ་རྣ་བར་ཅྲི་ཡང་ཐོས།

ནུས་པ་ཆུང་ཞིང་ཡན་ལག་ཆེས་ཕྲ་བས། །
སྟོབས་ལྡན་ལྡོན་པ་གཞན་ལ་འཁྲིལ་བྱས་ཏེ། །
མཐོན་པོར་འཕགས་པ་རང་གི་མཐུར་རློམ་ཡང་། །
ནྲམ་ཞིག་རང་མདོག་སྨུར་དུ་སྟོན་པར་ངེས། །
(ཁྲིད་ཆོས་ཐ་དད་ཐ་དད་མིན་པའི་བསྡུས་བརྗོད་དེ་ཏུང་དཀར་བས)

ལྟ་བུ་སོགས་སོ། །

ཁ ཅྱེ་བྲག་པ་གསལ་བྱེད་དུ་ཐོག་མར་སྦྱི་ཙམ་སྟོན་པ།

རིགས་རྣམས་ལས་བྱེ་བྲག་པ་ཞིག་དམིགས་སུ་བཟུང་ནས་མངོན་པར་གཏོད་ཆེད་ཐོག་མར་རིགས་སྤྱི་ལ་ཁྱབ་པ་ཙམ་སྟོན་པར་འཇུག་པ་སྟེ།

གྲང་ལ་ཡོན་ཏན་མཆོག་མངའ་བའི། །དཀོན་མཆོག་དེ་ལ་ཕྱག་འཚལ་ལོ། །
(སུམ་ཅུ་པའི་རྩ་བ་ལས)

གྲང་ཞིག་བསྟེན་ན་ཡོན་ཏན་ཀུན། །འདོད་དགུར་སྐྱིན་པ་ཕོ་བོའི་རྗེ། །

(སི་ཏུའི་འགྲེལ་ཆེན་ལས)

ཇི་སྲིད་ངོ་ཚ་ཡོད་གྱུར་ན། །དེ་སྲིད་ཡོན་ཏན་རྒྱན་གྱི་མཆོག །(ས་སྐྱའི་ལེགས་བཤད་ལས)

བུ་མོའི་ངོ་ལུས་ཟིན་པ་དེ་ལ་སྟེར་རོ། །

(རྒྱལ་པོ་སྲོང་བཙན་སྒམ་པོས་རྒྱ་བཟའ་ཀོང་ཇོ་ཁབ་ཏུ་བཞེས་པའི་རྣམ་ཐར་ལས)

ལྟ་བུ་སོགས་སོ། །

གཞན་ཡང་། སློབ་དཔོན་གང་ཉིད་སྐུ་ཁམས་བཟང་བར་སྨོན། ཞེས་དང་། པི་ཝང་ཇི་བཞིན་ཉིད་ཀྱི་གསུང་དབྱངས་སྙན། ཞེས་པའི་ནང་གི་གང་ཉིད་ནི་དེ་ཉིད་དང་། ཇི་བཞིན་ནི་དེ་བཞིན་ཡིན་པས། རིགས་ཅན་བྱེ་བྲག་པ་ཞིག་སྟོན་པར་འཇུག་པ་ཡིན་ལ། དེ་ལས་ངོ་མཚར་གྱུར་པ་གང་། ཞེས་པའི་གང་ནི་སྤྱི་ཙམ་སྟོན་ཁྱུལ་གྱིས་མེད་པའི་མཐའ་ཆོད་པའོ། །

ག སྤྱི་ཁྱབ་ཙམ་དྲི་བར་འཇུག་པ།

རང་གིས་མ་ངེས་པའི་དོན་གང་གཞན་ལ་སྤྱི་ཁྱབ་ཏུ་དྲི་བར་འཇུག་པ་སྟེ།

ཁྱོད་གང་ནས་ཡོང་། ཡོང་གྲོགས་དུ་ཡོད། ཡོང་དོན་ཅི་ཡིན། སུ་ལ་རེ་བ་བཅོལ། ཇི་ལྟར་བྱ། ནམ་འགྲོ།

བུ་མོ་ཁྱོད་ནི་དེ་རིང་གང་ནས་ཡོང་། །དོ་ནུབ་འགྲོ་བའི་ས་ཡུལ་གང་དུ་འགྲོ། །
ཁྱོད་ལ་ཕ་མ་གཉེན་ཚན་ཇི་འདྲ་ཡོད། །འཛིག་རྟེན་གཏན་གྲོགས་བདག་པོ་སུ་འདྲ་ཡོད། །
ཁྱིམ་དང་ལོངས་སྤྱོད་བུ་ཚ་གང་འདྲ་ཡོད། །བུ་མོ་ཁྱོད་ཀྱི་མིང་ལ་ཇི་སྐད་ཟེར། །

(སྣང་ས་འོད་འབུམ་གྱི་རྣམ་ཐར་ལས)

ལྟ་བུ་སོགས་སོ། །

ང གདམ་ང་དྲི་བར་འཇུག་པ།

གདམ་གཞི་གཅིག་ལས་གདམ་བྱ་གང་རུང་ཞིག་གསལ་བྱེད་དུ་དྲི་བར་འཇུག་པ་སྟེ།

ཁྱོད་ལ་དཔེ་ཆ་ག༷ང་དགོས།
གསུམ་རྟགས་དང་སྙན་ངག་ག༷ང་སློབ་ཁ་སླ།
འགྲོ་འདོད་མི་མང་དང་སུ༷་འགྲོ་བར་འཇུག་རྒྱུ།
ཤ་དང་བག་ཐུམ་མིན་པ་མེད། ཁྱོད་ཀྱིས་ཅི༷་ཟ།
སང་ཉིན་དང་གནངས་ཉིན་ན༷མ་འོང་།
རྒྱ་མ་དུ༷་དགོས།
གོང་ཆེ་ཆུང་ཇི༷་འདྲ་རེད།

ལྟ་བུ་སོགས་སོ། །

ལྔ་བ། དགག་སྒྲ།

མ་མི་མིན་མེད་དགག་སྒྲ་སྟེ། །མ་མི་གཉིས་ནི་ཐོག་མ་དང་། །
མིན་མེད་གཉིས་པོ་རྗེས་སུ་སྦྱོར། །མིན་ལ་མ་ཡིན་མ་རེད་དང་། །
མེད་ལ་མི་འདུག་མི་སྣང་དང་། །མི་གདའ་མི་མངའ་ཞེས་ཀྱང་བྱ། །

མ་མི་མིན་མེད་རྣམས་ཐ་སྙད་གང་གི་ཐོག་མཐའ་རྗེས་སུ་སྦྱར་ཚེ། སྦྱར་ཡུལ་གྱི་དོན་དེ་མེད་པའམ་མ་ཡིན་པར་སྟོན་པས་དགག་སྒྲ་ཞེས་བྱའོ། །སྦྱར་ཡུལ་ནི་སྦྱིར་སྐོར་བཞི་ཡོད་པ་ལས། གང་ལ་གང་འཇུག་པ་དང་གང་མི་འཇུག་པ་གཤམ་གསལ།

ཀ། བྱ་བ་འགོག་པ།

བྱ་བ་བྱས་ཟིན་པའམ་བྱུང་ཟིན་པ་དང་། བྱེད་བཞིན་པའམ་འབྱུང་བཞིན་པ་དང་། བྱེད་འགྱུར་རམ་འབྱུང་འགྱུར་འགོག་པ་ལས། མ་ནི་འདས་པ་དང་སྐུལ་ཚིག་གཉིས་ལ་འཇུག་པ།

མ་བཏབ་གནད་དུ་ཐུག་པའི་མཚོན། །མ་འཕྲུངས་ཕོང་དུ་སོང་བའི་སྨན། །
མ་ཐོས་ཡིད་འཕྲོག་སྒྲང་སྙིའི་རོ། །ཚིག་གི་ཁྱད་པར་རྣམས་ལ་ཡོད། །

(རྒྱལ་པོ་ལུགས་ཀྱི་བསྟན་བཅོས་ལས)

ཚོན་གྱིས་མ་བསྒྱུར་མཐོན་མཐིང་ནེའུ་གསིང་གཞིར། །
མ་བཀྲམ་མེ་ཏོག་སྣ་ཚོགས་ཚོམ་བུས་མཛེས། །
བསྐུལ་བ་མིན་པར་བྱུང་བའི་མགྲིན་དབྱངས་ཀྱིས། །
མ་འཕྲོགས་ཡིད་ཀྱི་ཚོམ་རྒྱན་དཔྱིད་ཀྱི་དཔལ། །

(ཕྱིའི་རྒྱ་ཅུང་ཟད་ཙམ་གྱིས་འབྲས་བུ་སྟོན་པའི་སྲིད་པ་ཅན་ཏེ་བོད་མཁས་པས།)

སྤྱིན་པ་ཆུ་ཡིན་ཙང་སླ་བར་མ་གཏོང་།
ཁྲི་བོས་ནས་མ་རྟུང་།
རང་ཕན་གཞན་གནོད་མ་བྱེད།

ལྟ་བུའོ། །

མི་ནི་ད་ལྟ་བ་ལ་འཇུག་པ།
ཚང་མི་འཕྲུང་། དུ་བ་མི་འཐེན། ཞོ་ཡོད་ན་ཁྱེར་ཤོག

དེང་རབས་ཅན་བཞིའི་བགྲོ་གླེང་ནང་། །ལ་ལ་ལྐུགས་པའི་བརྟུལ་ཞུགས་འཛིན། །
ཚན་རིག་མི་ཤེས་གླུན་པོ་ལ། །བཤད་རྒྱུས་དབེན་པ་ཚོས་ཉིད་དོ། །

(ཀུན་ཁྱབ་ཀྱི་དོན་གཞན་བཀོད་པ་སྟེ་རྡོ་རྗེ་རྒྱལ་པོས།)

གནད་འགག་མི་ཐིག་དཔེར་བརྗོད་ཕྲེང་། །མང་ཡང་མགོ་བོ་འཁོར་བའི་རྒྱུ། །

ལྟ་བུའོ། །

མིན་ནི་འདས་པ་དང་མ་འོངས་པ་གཉིས་ལ་འཇུག་པ།
འདི་ངས་ཉོས་པ་མིན། བློ་བཟང་གིས་བྱིན་པ་ཡིན།
ཁྱོད་ཀྱིས་བཤད་པ་མིན་ན། ཁོས་ཤེས་ས་མེད།
ང་དེ་རིང་འགྲོ་རྒྱུ་མིན།
རྩིས་རིག་གོ་རིམ་བཞིན་དུ་མ་བསླབས་ན་ཤེས་རྒྱུ་མ་རེད།

ལྟ་བུའོ། །

མེད་ནི་དུས་གསུམ་ག་ལ་འཇུག་པ།
བསྐྱར་རྒྱུ་ཅང་མེད།
དཔེ་ཆ་དཔར་མ་འདི་སུས་ཀྱང་བལྟས་མེད།
ཞིང་འདེབས་ཀྱིན་མི་འདུག །

ལྟ་བུ་སོགས་སོ། །

ཁ ཕྲད་ཆོས་འགོག་པ།

ཕྲད་གཞི་གང་ཉུང་གི་རང་བཞིན་ནམ་རྣམ་པའམ་ཚུལ་དང་ཚད་སོགས་འགོག་པ་ལ། མ་མི་མིན་མེད་བཞི་པོ་འཇུག་ཆོག

སྲིད་ཀྱི་མགོ་འཕང་མ་མཐོ། །ཕྱུག་གི་སེམས་འཕང་མ་དམའ། །
མི་འཁྲིག་འཁྲིག་པའི་ལས་ཀ་ལས། །ལྷ་ཁང་ལ་སྐོར་བ་བརྒྱབ་པ་དགའ། །

(བྲ་སྤྲེལ་གྱི་གཏམ་རྒྱུད་ལས)

སྐྱེ་སྒོ་དེ་འདྲ་ཡག་པ་མིན་ཡང་། ཆགས་སྣང་གི་ཏུས་ཐོན་པ་ཞིག་ཡིན།

བཟང་མེད་ངན་མེད་དགྲ་གཉེན་མི་ཕྱེད་པའི་གཟུ་བོ་ཞེས་པ་གསོན་ཡང་ཤི་བ་ཉིད་དང་མཚུངས།

ལྟ་བུ་སོགས་སོ། །

ག དངོས་པོ་དང་གྲངས་འགོག་པ།

དེ་ལ་མིན་དང་མེད་གཉིས་འཇུག་པ།

དགྲ་ལན་མ་འཁོར་དཔའ་བོ་མིན། །ཟས་ལན་མ་འཁོར་མཛངས་མ་མིན། །

ཟླ་བ་སྐྱེངས་བྱེད་མཛེས་པ་འདི། །ཟླ་བས་ཚར་གཅོད་པད་མ་མིན། །
དེ་ཕྱིར་ཁྱོད་ཀྱི་གདོང་ཉིད་དོ། །ཞེས་པ་འདི་ནི་ངེས་པའི་དཔེ། །

(གཏན་འབེབས་ཀྱི་དཔེའང་ཟེར་ཏེ་སྙན་ངག་མེ་ལོང་ལས)

དེ་བ་ཚང་ན་ལས་ཐུབ་གསུམ་མིན་ན་བཞི་ཡོད།
ལག་པས་བདེ་བ་ཅན་ལ་འཕེན་མཁན་མེད། །
རྐང་བས་བཟུང་ནས་དམྱལ་བར་འཕེན་མཁན་མེད། །
རང་གི་སྐྱིད་སྡུག་རང་གི་ལག་ན་ཡོད། །
རང་གིས་རང་ཉིད་མི་བསླུ་ཤིན་ཏུ་གཅེས། །

(བསླབ་བྱ་ནོར་བུའི་ཕྲེང་བ་ལས)

འདོད་པས་གདུང་ལ་ཁྲེལ་མེད་ངོ་ཚ་མེད། །
བཀྲེས་པས་གདུང་ལ་སྐོམས་མེད་མདངས་ཀྱང་མེད། །
ནད་ཀྱིས་གདུང་ལ་གཉིད་མེད་བདེ་བ་མེད། །

(རྒྱལ་པོ་ལུགས་ཀྱི་བསྟན་བཅོས་ལས)

ལྟ་བུ་སོགས་སོ། །

ང འགོག་པའི་འགོག་པ།

མེད་པ་ལས་ལོག་པ་ཡོད་པར་བྱེད་པ་དང་། མིན་པ་ལས་ལོག་པ་ཡིན་པར་བྱེད་པ་ལ། དགག་སྒྲ་བཞི་པོ་སྐབས་དང་བསྟུན་ནས་གང་འཚམ་འཇུག་པ།

མི་སྡིར་རྒྱུ་དཔེ་མེད།
ཁྱོད་ཀྱི་ལག་ན་མེད་དོན་མེད།

བཤད་ན་མི་སྙིད་ས་མེད། །སོང་ན་མི་སྡུག་ས་མེད། །
ཤེས་ན་མི་བཤད་པ་མེད། བཤད་ན་མི་ཚར་བ་མེད།

ཕྱི་མར་མི་ལྷ་ཆོས་པ་མིན། །ཕྱིས་འབྱུང་མི་ལྷ་དཔོན་པོ་མིན། །(གུ་གུ་གོ་རྫོང་ལས)
ཁྱོད་ལ་བཤད་རྒྱུ་ཡོད་དང་། ང་ལ་བདེན་པ་མེད་པ་མིན།

ཅ གཉིས་ཕྱེད་འགོག་པ།

ཟླ་བོར་གྱུར་པའི་ཆོས་གཉིས་ཀ་ཕྱེད་ཕྱེད་བཀག་ནས་ཆ་གཉིས་ལྡན་པའི་ཆོས་གཅིག་གི་ངོ་བོ་ཙམ་སྟོན་པ་སྟེ།

རིང་མ་འབྲོག །རྒྱ་མ་བོད། བྱ་མ་བྱིའུ། འཕུར་མ་ལྡིང་། ཤི་མ་གསོན། ཡ་མ་ཟུང་། ལྟ་བུ་སོགས་སོ། །

དྲུག་པ། ཚིག་གྲོགས།

མིང་དང་ཕྲད་དུ་མི་འགྲོ་ཞིང་། ཚིག་གསལ་བར་བྱེད་པའི་སྒྲའོ་ཅོག་ལ་ཚིག་གྲོགས་ཟེར། ཚིག་གྲོགས་ལས་ཚད་གསལ་བྱེད་ཀྱི་སྒྲ་དང་། གྲངས་འབོར་གསལ་

བྱེད་ཀྱི་སྒྲ་སྐོར་གཉིས་ཡོད།

གཅིག ཚད་གསལ་བྱེད་ཀྱི་སྒྲ།

ཚད་གསལ་བར་བྱེད་པའི་ཚིག་གྲོགས་ལས། །
ཚད་ངེས་པ་ལྷག་པ་ཉུང་བ་དང་། །
ཚད་མེད་པ་གང་ཅི་མཚོན་པའི་སྒྲ། །
དཔེའི་སྒོ་ནས་འཇུག་ཚུལ་བསྟན་པར་བྱ། །

ཀ ཚད་ངེས་པ་སྟོན་པའི་སྒྲ་ནི།

རྣམ་བཅད་ཀྱི་སྒྲ་ཡིན་ཏེ། གཞི་དེ་ལ་ཆོས་གཞན་མི་ལྡན་པ་རྣམ་པར་བཅད་ནས། ལྷག་པ་འགོག་པའོ། །འདི་ལ་རྣམ་གསལ་གྱི་སྒྲ་ནི། ཉིད། ཁོ་ན། ཙམ། འབའ་ཞིག །ཤ་སྟག །ཏག་ཏག །གཅིག་པུ་རྣམས་ཡོད། དཔེར་བརྗོད་ན།

འདུས་བྱས་གང་ཡང་མི་རྟག་པ་ཉིད་ཡིན།(བརྡ་སྤྲོད་བློ་གསལ་དགའ་སྟོན་ལས)

ས་ལས་རྡོ་ལས་བྱེད་པ་ལ། ཤེད་རྩོལ་ཉིད་ལས་ཐབས་གཞན་མེད།
སྒྲ་ཁོ་ན་མཉན་བྱ་ཡིན།
ང་ཚོའི་སློབ་གྲོགས་ལས་རབ་འབྱམས་པའི་སྦྱངས་ཡོན་ཐོབ་པ་དོན་གྲུབ་ཁོ་ན་ཡིན།
དེ་ཙམ་གྱིས་ཆོག་པར་བྱེད།
འདོན་ཤེས་པ་ཙམ་ལས་འབྲི་མི་ཤེས།
གསེར་ནི་རིན་པོ་ཆེ་འབའ་ཞིག་ཡིན།

ཐལ་འགྱུར་བའི་དབུ་མའི་ལྟ་བ་ནི་སྒྲོ་སྐུར་དང་བྲལ་བ་འབའ་ཞིག་གོ། །
(གསེར་ཏོག་སུམ་རྟགས་ལས)

ཁྲིམ་གཅིག་ཕུར་རྐུན་མ་སྡང་། ལུག་གཅིག་ཕུར་སྤྱང་ཀི་སྡང་།
མི་འདི་རྣམས་མཁས་པ་ཤ་སྟག་ཡིན།
བོད་ཡིག་ཏག་ཏག་སློབ་ཀྱིན་འདུག །

ལྟ་བུ་སོགས་སོ། །

ཁ ཚད་ལྷག་པ་སྟོན་པའི་སྒྲ་ལ།

ཏ་ཙང་། རབ་ཏུ། ཤིན་ཏུ། ཞེ་དྲག །ལྷག་པ། ཤོས། ཆེས་སོགས་ཡོད། དཔེར་ན།

ཏ་ཙང་མང་ན་མགོ་བོ་ཞོག །ཏ་ཙང་ཉུང་ན་དོན་མི་གོ། །
མང་ཉུང་རན་པའི་གཏམ་ཞིག་བཤད། །(བྱ་སྤྲེལ་གྱི་གཏམ་རྒྱུད་ལས)
སྤང་ལྗོངས་ན་རྩི་ཤིང་སྔོ་ཞུར་རེ། ཆུ་བོ་དྭངས་སང་ངེ་རབ་ཏུ་མཛེས་སོ། །
སྨན་པ་དེ་ཤིན་ཏུ་མཁས། ནད་གསོ་སྐྱེབ་ཆོག་ཏུ་གྲགས།
ཉི་མ་ལ་མངོན་པར་བརྗོད་པའི་མིང་ལྷག་པ་མང་།
ཁོའི་ཤེད་མོ་ཞེ་དྲག་ཆེ། སུས་ཀྱང་མི་ཐུབ།
རི་དྭགས་ལས་གཟུགས་ཆེ་ཤོས་སྒླང་པོ་ཆེའོ། །
བཟང་ཆེས་ན་ངན་པ་ཀླད་ལ་འཁོར། །ངན་ཆེས་ན་བཟང་པོའི་སེམས་རྩ་གཅོད། །
ལྟ་བུ་སོགས་སོ།

ག ཚད་དམན་པ་སྟོན་པའི་སྒྲ་ལ།

ཙུང་ཟད། ཏོག་ཙམ། ཨེན་ཙམ། ཙག་ཙིག་རྣམས་ཡོད། དཔེར་བརྗོད་ན།

ཐུན་མོང་གི་རྒྱུ་རྫས་ཙུང་ཟད་ཀྱང་ཆུད་ཟོས་མ་བྱེད།
སྨན་གྱི་སྡེབ་ཀ་འདིར་གི་ཕང་ཨེན་ཙམ་བཞག་ཡོད།
འཇལ་ཁ་ཏོག་ཙམ་བསྣན་ན་ཚད་ལོངས།

ཁོག་རྒྱ་ཆེ་དགོས། དོན་ཙག་ཙིག་སེམས་ལ་མ་འཛིན།

ལྟ་བུ་སོགས་སོ། །

ང ཚད་ལས་འདས་པ་སྟོན་པའི་སྒྲ་ལ།

ཚད་མེད་པ། མཐའ་ཡས་པ། མཐའ་གླུས་པ། འཇམས་གླུས་པ། དཔག་མེད་རྣམས་ཡོད། དཔེར་བརྗོད་ན།

སྐྱབས་སུ་འགྲོ་བར་ཚད་མེད་བཞི་བསྒོམ་དགོས།
ནམ་མཁའི་རྒྱ་ཁྱོན་མཐའ་གླུས་པ།

རྒྱ་སྐར་མཐའ་ཡས་པའི་དབུས་ན་སྨིན་དྲུག་གང་ཡིན་ངོས་འཛིན་ཐུབ།

(དག་ཡིག་གསར་བསྒྲིགས་ལས)

གཞུང་ལུགས་རབ་འཇམས་ཁོང་དུ་ཆུད་པའི་སྐྱེས་བུ་དཀོན།
མཁས་པ་ཡོན་ཏན་དཔག་མེད་ཀྱང་། །གཞན་གྱི་ཡོན་ཏན་ཆུང་ངུའང་ལེན། །

(ས་སྐྱའི་ལེགས་བཤད་ལས)

ལྟ་བུ་རྣམས་སོ། །

གཉིས། གྲངས་འབོར་གསལ་བྱེད་ཀྱི་སྒྲ།

གྲངས་འབོར་གསལ་བྱེད་ཚིག་གྲོགས་ལས། །
ཡོད་ཚད་དང་ནི་མང་ཉུང་དང་། །
ཉུང་ཤས་སྟོན་བྱེད་འགའ་རེ་ཡོད། །

ཀ ཡོད་ཚད་སྟོན་པའི་སྒྲ་ལ།

ཀུན། ཡོངས། མཐའ་དག །ཐམས་ཅད། མ་ལུས། ཚང་མ། ཇི་སྙེད། ཅོག་སོགས་ཡོད། སོ་སོར་དཔེར་བརྗོད་རེ་བྲངས་ན།

ཡོན་ཏན་ཀུན་ལྡན་དཀོན་པ་སྟེ། །ཡོན་ཏན་ཅི་ཡང་མེད་པའང་དཀོན། །

(ས་སྐྱའི་ལེགས་བཤད་ལས)

གསོ་བ་རིག་པའི་གཞུང་བརྩམས་ནས་ཡོངས་སུ་གྲུབ་སོང་།

མགྱོགས་པར་བསྒྲུབ་དགོས་པའི་ལས་ཀ་ཚང་མ་དུས་སུ་གཅིག་ཀྱང་མ་ལུས་པར་ཚགས་སོ། །

འཆད་ཉན་ཐོས་སོ་ཅོག་རྒྱུད་ལ་འཇགས་པའོ། །

དཔེ་ཅན་གྱི་ཡན་ལག་དང་ཡན་ལག་ཅན་མཐའ་དག་དཔེའི་ཡན་ལག་དང་ཡན་ལག་ཅན་གྱི་གཟུགས་སུ་བཀོད་པའི་རྒྱན་ལ་མཐའ་དག་གཟུགས་ཅན་ཟེར།

བོད་ཡིག་ཏུ་ཚིག་སྡེབ་རྩང་ཞིང་བརྗོད་པ་བདེ་བ་ཇི་སྙེད་པ་ཐ་སྙད་བྱས་ཚོག

རང་དབང་ཐམས་ཅད་བདེ་བ་དང་། །གཞན་དབང་ཐམས་ཅད་སྡུག་བསྔལ་ཡིན། །

(ས་སྐྱའི་ལེགས་བཤད་ལས)

ལྟ་བུ་སོགས་སོ། །

ཁ མང་ཚིག་སྟོན་པའི་སྒྲ་ལ།

ཕལ་ཆེར། ཏ་ལམ། མང་ཆེ་བ་རྣམས་ཡོད་དེ།

ངན་པ་ཕལ་ཆེར་རང་གི་སྐྱོན། །གང་ཡིན་གཞན་ལ་འགོད་པར་བྱེད། །
ཁྭ་ཏས་མི་གཙང་ཟོས་པའི་མཆུ། །ས་གཙང་གཞན་ལ་འབད་ནས་ཕྱི། །

(ས་སྐྱའི་ལེགས་བཤད་ལས)

ལུག་ཁྱུ་འདིར་ལུག་ཏ་ལམ་སུམ་བརྒྱ་ཡོད་ཚོད་རེད།
དཔའ་རིས་ས་ཆའི་ནོར་ལས་མང་ཤོས་དཀར་དཀར་ཡིན།

བྱ་བ་གང་ཞིག་བྱེད་ཀྱང་མི་མང་ཆེ་བའི་ཁེ་ཕན་དང་བསྟུན་པ་གལ་ཆེ།

(བོད་རྒྱ་ཚིག་མཛོད་ཆེན་མོ་ལས)

ལྟ་བུ་སོགས་སོ། །

ག ཅུང་ཟད་སྟོན་པའི་སྒྲ་ལ།

འགའ། ཁ་ཤས། ཁ་ཅིག །ཙ་མ་སོགས་ཡོད།

སློབ་མ་འགའ་ཞིག་སྐད་ངག་སྦྱངས་པ་བཟང་།

ཉིན་ཁ་ཤས་ཁོག་པ་བཤལ་ནས་ལུས་ཀྱི་ཤ་ཅུང་ཟད་ཞུད་སོང་།

ཁ་ཅིག་ན་རེ། བདག་པོའི་སྒྲ་ལ་པ་ཉིད་དོ་ཟེར་ཡང་། མཐའ་གཅིག་ཏུ་མ་ངེས་ཀྱང་། བྱ་བ་ལ་བཟོ་བ་དང་། མི་ལ་བཟོ་པ་ཞེ་ན། ངོ་བོ་མི་གཅིག་པའི་ཁྱད་པར་སྟོན་ནུས།

ཁྲིམ་ཚང་དེ་བ་ཚང་ན་མི་མགོ་དྲུ་ཡོད་དམ། ཞིང་བཏབ་ན་ཆུ་ལུད་སྟོད་གསུམ་མཐུན་རྐྱེན་ཙ་མ་ཞིག་དགོས།

ལྟ་བུ་སོགས་སོ། །

བདུན་པ། མཚུངས་པ་གསལ་བྱེད་ཀྱི་སྒྲ།

དཔེ་དང་དཔེ་ཅན་ཐ་དད་ཏུ། །
ཡོན་ཏན་མཚུངས་པར་སྦྱར་བའི་སྒྲ། །
སྐད་ངག་གཞུང་ལས་བསྟན་པ་ནི། །
དྲུག་ཅུ་རེ་ལྔ་ཡོད་པའོ། །

དེ་ཡང་གཏམ་མམ་རྩོམ་དུ། དོན་གསལ་བར་བྱེད་པ་དང་། ཚིག་མཛེས་པར་བརྒྱན་པ་དང་། ཉམས་མངོན་པར་གཏོད་པ་དང་། ཆེ་བའི་ཁྱད་པར་བརྗོད་པའི་ཆེད་དུ། དཔེ་ཅན་ལ་དཔེ་སྦྱར་ནས་བརྗོད་པ་རབ་ཏུ་མང་། འདིར་མཚུངས་གསལ་གྱི་སྒྲ་རྣམས་ཀྱི་འཇུག་ཚུལ། དཔེར་བརྗོད་ཀྱི་ལམ་ནས་བསྟན་པར་བྱའོ། །

ཀ དཔེ་དྲངས་ནས་དོན་གསལ་བར་བྱེད་པ།

བརྗོད་བྱའི་དོན་དཔེ་ལ་བརྟེན་ནས་གསལ་བར་བྱེད་པ་སྟེ།

ཤེས་རབ་རལ་གྲི་དང་འདྲ། བརྩོན་འགྲུས་ལག་པ་དང་འདྲ། གཏི་མུག་དགྲ་དང་འདྲ། རལ་གྲི་ལག་པས་ཕྱུར་ན། གཏི་མུག་དགྲ་མགོ་ཆོད་ལ།

ཤེས་རབ་ལྡན་པའི་བརྩོན་འགྲུས་ནི། །རྟ་བདུན་ཤུགས་ཀྱིས་དྲངས་པ་བཞིན། །
གང་གི་ལེགས་པར་བཤད་པ་ཡང་། །ཉི་འོད་ནང་ནས་ཕྱུང་དང་མཚུངས། །
(སྙན་ངག་གི་རྣམ་བཞག་གསལ་སྒྲོན་ལས)

ཟབ་ཡངས་མི་མཐོན་གཏེར་གྱིས་ཕྱུག །དམ་པའི་ཐུགས་ནི་རྒྱ་མཚོ་འདྲ། །
བསམ་པ་དུང་ལྟར་དཀར། །མཛད་པ་གསེར་དང་མཐུན། །
ཡོངས་འདུ་ཤིང་ནི་ཡིད་བཞིན་ནོར་བུར་འགྲན། །

བཙུན་མོའི་མཚར་སྡུག་བཞིན་རས་ཀྱིས། །ཟླ་བའི་མཛེས་པ་ཡང་དག་གསལ། །
(རྗེ་ཞྭ་དམར་བའི་སྙན་དངགས་ལས)

ལུག་ཁྲུ་སྤང་ལ་འགྲམས་པ་སྤྲིན་དཀར་ཕུང་པོ་དགུང་སྔོན་གནམ་ནས་དལ་གྱིས་གཡོ་བ་མཉམ།
སྐྱུང་ཀའི་མཆུ་ཐོ་བྱུ་རུ་དམར་པོའི་སྤུན།

ལྟ་བུ་སོགས་དང་།

ཁ དཔེ་དྲངས་ནས་ཚིག་མཛེས་པར་བརྒྱན་པ།

དཔེ་ཅན་ལ་དཔེ་སྦྱར་ནས་རྗོད་བྱེད་ཚིག་ལ་རྒྱན་གྱིས་སྤྲས་པ་བཞིན་མཛེས་པར་བྱེད་པ་སྟེ།

ཤེས་རབ་སྣང་བ་སྐྱེད་པ་ལ། །དབྱངས་ཅན་མ་དང་མཚན་ཉིད་མཐུན། །
(དབྱངས་ཅན་དགྱེས་གླུ་ལས)

སྐྱོན་མེད་ལུས་ཅན་མ་ཁྱོད་ཀྱི། །འདྲེན་བྱེད་པད་མའི་གཟུགས་བརྙན་ཅན། །
(དབྱངས་ཅན་དགྱེས་གླུ་ལས)

ནོར་བུའི་རྒྱན་ཆ་གཡོ་ལྡན་སླན་ཤལ་གྱི། །
མཐུན་ཕྱོགས་དཔག་བསམ་ལྗོན་པའི་ཡལ་འདབ་ཉིད། །
(བོད་མཁས་པའི་དཔེར་བརྗོད)

མཐོན་མཐིང་རལ་བའི་ཐོར་ཅོག་གིས། །དབང་སྔོན་ལྷུན་པོར་ཡང་དག་འཛལ། །
(རྗེ་ཞྭ་དམར་བས)

གདོང་དང་ཟླ་བ་མིག་མཛེས་དང་། །རི་དྭགས་མཚན་མས་སོ་སོར་ཟློག །
(རྗེ་ཞྭ་དམར་བས)

རི་དྭགས་མཚན་མས་རྟོག་མ་བྱས་གྱུར་པས། །ཟླ་བ་ཁྱོད་ཀྱི་ཞལ་ལས་ཚུང་ཟད་དམན། །
(བོད་མཁས་པའི་དཔེར་བརྗོད)

ལྷ་མཆོག་ཁྱོད་དང་ཉི་མའི་དཀྱིལ་འཁོར་གཉིས། །
མུན་པའི་སྨག་རུམ་གཞོམ་ལ་མཆོག་ཏུ་དཔལ། །(བོད་མཁས་པའི་དཔེར་བརྗོད)

ལྟ་བུ་སོགས་དང་།

ག དཔེ་དྲངས་ནས་ཉམས་མངོན་པར་གསོད་པ།

བརྗོད་བྱའི་དོན་ཉམས་དཔེའི་སྒོ་ནས་མཐོང་སྣང་དུ་ཆེས་ཆེར་གསོད་པ་སྟེ།

ཐོན་མིའི་མཛད་པ་རླབས་པོ་ཆེ། །ཉི་མའི་འོད་དང་སོ་སོར་སྲིབ། །
ཟླ་བའི་དཀར་བ་ལ་སྣང་བའི། །རྒྱལ་པོའི་གྲགས་པ་ཁྱབ་པར་གྱུར། །
(དབྱངས་ཅན་དགྱེས་གླུ་ལས)

རྣམ་དཔྱོད་རྒྱ་གར་མཁས་པར་འཕྱུ་བ་ཡི། །
ཤིང་སྟོན་འཆད་རྩོད་རྩོམ་པའི་ཚུལ་འདི་དཔའ། །(དབྱངས་ཅན་དགྱེས་གླུ་ལས)

གཞོན་ནུའི་གདོང་དང་ཆུ་སྐྱེས་གཉིས། །མཛེས་ཕྱུལ་སུ་ཆེར་མི་མཐུན་སྒྲོགས། །
(ཞྭ་དམར་བའི་སྙན་དངགས་ལས)

ལྟ་བུ་སོགས་དང་།

ང དཔེ་དྲངས་ནས་ཆེ་བའི་ཁྱད་པར་བརྗོད་པ།

ཡོན་ཏན་སོགས་ཀྱི་ཆེ་བ་ཡ་རབས་ཀྱི་སྤྱོལ་བསྟོད་པ།

འཇིགས་མེད་དཀའ་སྤྱད་བཟོད་པའི་སྙིང་སྟོབས་ཀྱིས། །
གདོང་ལྔའི་དབང་པོའི་ཚུལ་ལ་ཅོ་འདྲིར་འོས། །
དཔང་སྟོན་བློ་གྲོས་བརྟན་པས་ལེགས་བཤད་ཀྱིས། །
པཎ་ཆེན་དཔེའི་གསུང་ལ་རྣམ་པར་འཕྱུ། །

(དབྱངས་ཅན་དགྱེས་གླུ་ལས)

སྙན་པར་གྲགས་པའི་སྒྲ་ཆེན་པོས། །དབྱར་ལས་སྐྱེས་པའི་སྒྲ་ཡང་འགོག །
(ཞྭ་དམར་བའི་སྙན་ངག་ལས)

ཁྱོད་གདོང་ཟླ་བ་ལ་འགྲན་པས། །པད་མའི་མཛེས་པ་ཚར་གཅོད་དོ། །
(ཞྭ་དམར་བའི་སྙན་ངག་ལས)

དབང་པོའི་གཞུ་ཡི་བཀྲག་མདངས་ནི། །རྒྱ་བྱའི་མདོངས་མཐའི་རྗེས་སུ་འགྲོ། །
ཕྲ་ཞིང་ལྡེམ་པའི་སྐེད་སྐབས་ཀྱིས། །འཁྲི་ཤིང་གཞོན་ནུ་ཕམ་པར་བྱས། །
(དབྱངས་ཅན་དགྱེས་གླུ་ལས)

དྲན་པས་དོན་ཀུན་སྟེར་བྱེད་པ། །དབྱངས་ཅན་ལྷ་མོ་ཡིན་པར་སེམས། །
(དབྱངས་ཅན་དགྱེས་གླུ་ལས)

ལྟ་བུ་ལ་སོགས་པའོ། །

བརྒྱད་པ། ཚིག་ཕྲད་ཐོར་བུ་འགའ།

གལ་ཏེ་ནི། བརྟག་པ་མཐའ་བཟུང་གི་སྒྲ་སྟེ། གལ་སྲིད་དང་དོན་འདྲ། དཔེར་བརྗོད་ན།

གལ་ཏེ་གཤེགས་ན་གཤེགས་པར་མཛོད། །ཁྱོད་ཀྱི་བགྲོད་པའི་བདག་ལ་ནི། །
གདུང་བ་ཡུན་རིང་འབྱུང་མི་འགྱུར། །འདི་ལ་ཁྱེད་ནི་དོགས་མི་འཚལ། །

(སྙན་ངག་མེ་ལོང་ལས)

ཚང་མས་ཕྱུར་བ་གྲུ་འདེགས་བྱ་དགོས། གལ་སྲིད་སུ་ཞིག་རྣམ་གཡེང་བྱེད་ནའང་དོན་ལེགས་པར་མི་འགྲུབ།

ལྟ་བུའོ། །

འོ་ན་ནི། དོན་ཞིག་གཞིར་བཟུང་ནས་དྲི་རྩེད་བྱེད་པའི་སྒྲ་སྟེ།

རྒྱ་མཚོ་ཆེན་པོ་ནས་སྦལ་བ་ཞིག་འོངས་པ་ལ། ཁྲོན་པའི་སྦལ་བ་དེས་ཁྱོད་གང་ནས་འོངས་བྱས། ང་རྒྱ་མཚོ་ཆེན་པོ་ནས་འོངས་ཟེར། ཁྱོད་ཀྱི་རྒྱ་མཚོ་ཇི་ཙམ་ཡོད་དྲིས་པས། ཤིན་ཏུ་ཆེ་ཟེར། འོ་ན་ངའི་ཁྲོན་པའི་ཟུར་ཙམ་ཡོད་དམ། མི་ཚད་དོ། །འོ་ན་ཕྱེད་ཙམ་མམ། མི་ཚད། འོ་ན་ཁྲོན་པ་འདི་ཙམ་ཡོད་དམ། མི་ཚད་དོ། །ཟེར་བ་ཐོས་འཕྲལ་སྐྲགས་ནས་ཤི་སྐད། །(ཀུན་བཟང་བླ་མའི་ཞལ་ལུང་ལས)

སོགས་ནི། ལྷག་མ་ཀུན་བསྡུས་པའི་སྒྲ་སྟེ། དཔེར་བརྗོད་ན།

རྩིས་དང་སྐད་ཡིག་སོགས་བསླབ་བྱ་མང་ངོ་། །རང་རེའི་རྒྱལ་ཁམས་ན་རྒྱ་བོད་ལ་སོགས་པ་མི་རིགས་ལྔ་བཅུ་ང་དྲུག་ཡོད་དོ། །

ལྟ་བུའོ། །

ཡོ་གྲུགས་ཟེར་གསུམ་ནི། ཟུར་ཟ་སྟེ་མ་རང་བའམ་མི་འཐད་པའི་དོན་ལ་འཇུག་པ་ཡོད། དཔེར་བརྗོད་ན།

འཆད་ཉན་བྱས་པ་ཙམ་གྱིས་ཐོས་ཡོ་གོ་ཡོ་མ་བསམ། གཤར་སྦྱང་བྱས་ནས་ངེས་ཤེས་འདྲོངས་དགོས། (ཀུན་བཟང་བླ་མའི་ཞལ་ལུང་ལས)

རྒྱུ་ནོར་གསོག་སྒྲུབ་བྱེད་པ་དེ། །གསར་བརྗེའི་དོན་དུ་ཡིན་ནོ་ཡོ། །
ཁ་གསག་ཙོ་སྨུང་བྱེད་པ་དེ། །གཞུང་དོན་ཁོ་ན་ཡིན་ནོ་ཟེར། །

(བརྗོད་སྒྲོད་བློ་གསལ་དགའ་སྟོན་ལས)

བུམ་པ་བདེན་གྲུབ་ཏུ་གྲུག(གསེར་ཏོག་སུམ་རྟགས་ལས)
སྒྲ་ནི་རྟག་པ་ཡིན་ཞེས་གྲུགས། འོན་ཀྱང་འཇིག་པའི་ཚུལ་ལ་ལྟོས།

(བརྗོད་སྒྲོད་བློ་གསལ་དགའ་སྟོན་ལས)

ལྟ་བུ་རྣམས་སོ། །

རྣམ་པར་ནི། ཚ་ཐམས་ཅད་འཛོམས་པར་སྟོན་པའི་སྒྲ་སྟེ། སྤྱིར་བྱ་བའམ་བྱེད་ཆོས་ཀྱི་ཐོག་མར་སྦྱར་ནས་དོན་དེའི་ཆ་ཚང་བའམ་ཉམས་གསལ་བར་མཚོན་པ་སྟེ།

རྣམ་པར་གནོན་པ། རྣམ་པར་རྒྱལ་བ། རྣམ་པར་དཀར་བ། རྣམ་པར་དག་པ།

ལྟ་བུ་སོགས་སོ། །

སྔོ་ནས་ནི། བྱ་ཐབས་ཀྱི་འཇུག་སྒོ་སྟོན་པའི་སྒྲ་སྟེ།

དྲག་པོའི་སྔོ་ནས་དགྲ་སྡེ་བཅོམ། ཞི་བའི་སྔོ་ནས་སློབ་གསོ་གཏོང་། ཐབས་སྣ་ཚོགས་སྔོ་ནས་དཔལ་འབྱོར་སྤེལ། རིགས་པའི་སྔོ་ནས་དཔྱད་ན་གནས་ལུགས་རྟོགས།

ལྟ་བུ་སོགས་སོ། །
ངང་ནས་ནི།

ཞི་སྣང་བའི་འབྱུང་ཚུལ་སྟོན་པའི་སྒྲ་སྟེ། སྣང་བ་སྐྱིད་པའི་ངང་ནས་ནོར་ལུག་འཚོ།
(དག་ཡིག་གསར་བསྒྲིགས་ལས)

རབ་དགའི་ངང་ནས་དགའ་འདུན་ལ་ཞུགས་སོ། །
རྣམ་གཡེང་ངང་ནས་དུས་འདའ་བ།

ལྟ་བུ་སོགས་སོ།། །།

ལེའུ་བཞི་བ། ཚིག་གི་སྦྱོར་བ།

དོན་ཚན་དང་པོ། མིང་དང་ཚིག་ཕྲུང་དུའི་ཁྱད་པར།

དོན་གྱི་ངོ་བོ་སྟོན་པ་མིང་། །དེ་ཡི་ཁྱད་པར་སྟོན་པ་ཚིག །ཅེས་མིང་དང་ཚིག་གི་དབྱེ་བ་གསལ་མོད། མིང་དང་ཚིག་མི་འདྲ་བ་ཞིག་གི་རྣམ་པ་འདྲ་བས། དབྱེ་བ་འབྱེད་མ་ཤེས་ན། གོ་བ་ལེན་ཚུལ་ནོར་སླ། དཔེར་ན། རི་ཆེན་པོ་དང་རི་ཆེ་བ་གཉིས། རྣམ་པ་འདྲ་ཡང་འཇུག་དོན་མི་འདྲ། ཕྱི་མ་རི་དང་ཆེན་པོ་གཉིས་ངོ་བོ་གཅིག་ཏུ་སྦྱར་ནས། ཆེ་ཆུང་ཟླས་དབྱེ་བའི་རིའི་ངོ་བོ་ཙམ་སྟོན་པ་སྟེ། མིང་དུ་གྲུབ་པ་ཡིན་ལ། ཕྱི་མ་རི་དང་ཆེ་བ་གཉིས་ཁྱད་གཞི་དང་ཁྱད་ཆོས་གཉིས་སུ་སྦྱར་ནས། དོན་གྱི་ཁྱད་པ་སྟོན་པ་སྟེ། ཚིག་ཕྲུང་དུར་གྲུབ་པ་ཡིན། ཁ་སྐད་དུ། རི་ཆེ་གི་ཟེར་བ་འདྲ། ཤེས་བྱེད་ནི། ཁྱད་ཆོས་ཀྱི་མིང་གི་མིང་མཐའ་པ་བ་དག་ལ་ན་རོ་སྦྱར་ན། དངོས་པོའི་མིང་དུ་གྱུར་བ་ཡིན། དེ་བཞིན། གྲི་རྣོན་པོ་དང་གྲི་རྣོ་བ། ཤ་ཚོན་པོ་དང་ཤ་ཚོ་བ། སྣང་དམའ་མོ་དང་སྣང་དམའ་བ། ཤོག་བུ་མཐུག་པོ་དང་ཤོག་བུ་མཐུག་པ། སྣན་ངག་རིང་མོ་དང་སྣན་ངག་རིང་བ་སོགས་ཀྱི་སྔ་མ་མིང་དང་། ཕྱི་མ་ཚིག་ཕྲུང་དུའོ། །

སུམ་སྦྲག་དང་སྦྲག་གསུམ་གཉིས་ལས། སྔ་མ་མིང་སྟེ། ར་ལག་གསུམ་ཡོད་པའི་སྦྲག་ལ་ཟེར། ཕྱི་མ་ཚིག་ཕྲུང་དུ་སྟེ། སྦྲག་མང་ཉུང་གསུམ་ཡོད་པར་ཟེར།

སྣ་ཚོགས་མདོག་དང་མདོག་སྣ་ཚོགས་གཉིས་ལས། སྔ་མ་མིང་སྡེ་ཁྲ་ཁྲ་ལ་ཟེར། ཕྱི་མ་ཚིག་ཕྲུང་དུ་སྡེ་དཀར་དམར་སྔོ་སེར་སོགས་ལ་ཟེར། དེ་བཞིན། སུམ་མདོ་དང་མདོ་གསུམ། ལྔ་ཚ་དང་ཚ་བོ་ལྔ། དགུ་ཚིགས་དང་ཚིགས་དགུ་སོགས་རིགས་བསྒྲེས་ནས་ཤེས་པར་བྱ།

ཉམས་རྟོགས་དང་ཉམས་སུ་རྟོགས་པའི་སྔ་མ་མིང་སྡེ། སེམས་ལ་གོམས་པའི་ཡོན་ཏན་ལ་ཟེར། ཕྱི་མ་ཚིག་ཕྲུང་དུ་སྡེ། ཉམས་མྱོང་ལས་བྱུང་བའི་ཤེས་པ་ལ་ཟེར། འདི་རིགས་ཀྱི་ཁྱད་ཆོས་ནི། ཚིག་དབར་དུ་ཕྲད་དང་མིང་མཐའ་སྦྱར་ན་ཚིག་ཏུ་གྱུར་བ་དང་། ཚིག་དབར་བསྡུས་ན་མིང་དུ་གྱུར་བ་ཡིན། ཞོ་འཐུང་དང་ཞོ་འཐུང་བ་གཉིས་ལས། སྔ་མ་མིང་སྡེ། བྱིས་པ་ཆུང་ངུ་ལ་ཟེར། ཕྱི་མ་ཚིག་སྡེ། བཏུང་བ་ལོངས་སྤྱོད་པར་ཟེར། ཤེས་བྱེད་ནི། བྱ་བའི་མིང་ད་ལྟ་བ་བྱེད་པའི་དངོས་པོར་གྲུབ་པས། ཞོ་འཐུང་གི་ངེས་ཚིག་ནི། ཞོ་འཐུང་བ་བོ་སྡེ། བསྡུས་ན་མཉམ་བསྡུས་ཞེས་པ་ལྟར། བརྗོད་སླ་བར་ཕྲད་དང་མིང་མཐའ་གཉིས་ཀ་བསྡུས་པ་ཡིན། བྱ་བའི་མིང་གི་གྲུབ་རྟགས་མིང་མཐའ་པ་བ་དག་ཡིན། ཚིག་སྦྱོར་དུ་མིང་མཐའ་དགོས་མི་དགོས་བརྡ་སྤྲོད་ལུགས་དང་བསྟུན་དགོས། བྱ་བའི་མིང་ཙམ་དུ་མིང་མཐའ་བསྡུ་མི་རུང་། སྐྱེས་དང་སྐྱེས་པ། སྐྱོན་དང་སྐྱོན་པ། གཏམ་དང་གཏམ་པ། མཐོང་དང་མཐོང་བ་སོགས་ཀྱི་སྔ་མ་དངོས་པོའི་མིང་དང་། ཕྱི་མ་བྱ་བའི་མིང་ཡིན་པ་གསལ། དེ་བཞིན། བུ་རྫི་དང་བུ་རྫི་བ། སྒོ་སྲུང་དང་སྒོ་སྲུང་བ། ཞིང་འབྲིག་དང་ཞིང་འབྲིག་པ། རྟ་འཛིན་དང་རྟ་བཟོན་པ། སྐུ་དཔར་དང་སྐུ་དཔར་བ་ལྟ་བུ་སོགས་རིགས་འགྲེས་སོ། །

ངོ་ཚན་གཉིས་པ། ཚིག་ཕྲད་དུའི་རིགས།

དང་པོ། བྱ་བྱེད་ཐ་དད་པའི་ཚིག

བདག་དང་འབྲེལ་བའི་བྱ་ཚིག་དང་། གཞན་དང་འབྲེལ་བའི་བྱ་ཚིག་རིགས་གཉིས་ཡོད།

ཀ། བདག་དང་འབྲེལ་བའི་བྱ་ཚིག

བྱེད་པའི་ལས་ཞེས་བྱ་སྟེ། ལས་ལ་སྦྱར་བའི་བྱ་བ་དེ་བྱེད་པ་པོ་དང་འབྲེལ་ནས་ཡོད་པར་ཟེར། དཔེར་བརྗོད་ན། བོད་སྦྱོད་པ། ཞེས་པའི་བོད་ནི། སྦྱོད་བྱའི་ཡུལ་གྱི་ཕན་པ་སྟེ་ཆུ་བོད་ལྟ་བུ་དང་། སྦྱོད་པ་ནི་ཕན་པ་དེ་བཀོལ་བའི་དོན་དང་། སྦྱོད་པ་པོ་ནི་བདག་སྟེ། ཚིག་ཟིན་དུ་མེད་ཀྱང་ཤུགས་ལས་རྟོགས་པ། དེང་བསྒྲིགས་པའི་དག་ཡིག་གི་གཞུང་རྣམས་ལས་འདི་འདྲའི་ཚིག་གི་མིང་མཐའ་པ་བ་དག་དོར་བའི་སྐྱོན་གྱིས། སློབ་གཉེར་བ་ཕལ་མོ་ཆེས་མིང་ཙམ་དུ་གོ་བ་གླངས་ནས། དེ་ལ་ཡང་བྱ་བའི་མིང་ལྷག་པ་རེ་སྦྱར་ནས་བོད་སྦྱོད་བྱེད་ཅེས་ཚིག་སྐྱོན་དུ་གྱུར་སོང་། མིང་དང་ཚིག་ཕྲད་དུའི་དབྱེ་བ་འབྱེད་བྱེད་ནི། མིང་ལ་ཚིག་དབར་གཉིས་ཡན་ཡོད་ཀྱང་དེ་དག་མཉམ་དུ་ལོག་ནས་དོན་གྱི་ངོ་བོ་ཞིག་སྟོན་པ་ཡིན། འཕྲང་མོ་ཉུག་ཅེས་པའི་ཚིག་ཁྱིམ་གསུམ་པོ་མཉམ་དུ་ལོག་ནས། དོན་གྱི་ངོ་བོ་གཅིག་སྟེ་ངོགས་པ་ཙམ་སྟོན་པ། དེའི་ཚགས་དམ་པས་སྒྲ་གཅིག་ཀྱང་ཉུང་བར་འཕྲི་མི་ཉན། དེ་ལ་སྒྲ་ལྷག་པ་གཅིག་ཀྱང་སྣོན་མི་ཉན། ཡུལ་དུས་ཀུན་ཏུ་དེ་ལྟར་གྲགས་པའི་གཏན་ཚིགས་པ་ཡིན། ཚིག་ཕྲད་དུ་ལ་ཐ་སྙད་གཉིས་

གསུམ་ཡན་ཡོད་ཀྱང་། དེ་དག་རང་རང་གི་དོན་སོ་སོར་བསྟན་པ་ཡིན། དེའི་
ཚགས་སྡོད་པས། ཚིག་ཁྲིམ་གྱི་བར་དུ་སྦྲའམ་ཐ་སྙད་གཞན་འཇུག་ཏུང་། ཐེད་
སྤྱོད་ཅེས་པར། ཐེད་ལེགས་པར་སྤྱོད་པའམ། ཐེད་ཙུང་ཟད་སྤྱད་པའམ། ཐེད་
མི་འདྲ་བ་ཞིག་སྤྱད་བྱུང་ཟེར་བས་འཐུས་ཏེ། གནས་སྐབས་ཀྱི་སྦྱོར་བ་ཙམ་ལས་
གཏན་ཆགས་པ་མིན་ནོ། །དཔེ་དེ་བཞིན་དུ། ཐག་གཅོད། ཚར་བཅད། གཡུལ་
འགྲེད། ངལ་གསོ། བསྐྱེད་སྲིང་། ཡ་བསྲིང་། གཉེན་སྒྲིག །གུང་བསྒྲིག །གོ་
བསྒྱུར། མཐའ་དཔྱད། དཀར་བསྡུ། རིགས་འགྲེས་ལ་སོགས་པའི་མིང་མཐའ་པ་
བ་དག་དོར་བའི་རྐྱེན་གྱིས། མི་མང་པོས་མིང་ཙམ་དུ་འཁྲུལ་ནས་བྱ་བར་སྦྱར་ཚེ།
ཐག་གཅོད་བྱེད། བསྐྱེད་བསྲིང་བྱས་ཞེས་པ་ལྟར། དེ་རིགས་སོ་སོར་བྱེད་སྒྲ་ཞིག་
བསྣན་ནས། ཞྭ་གཉིས་བརྩེགས་ནས་གོན་པའི་དཔེའམ། སྤྲུལ་ལ་རྐང་ལག་བྲིས་
པའི་དཔེར་གྱུར་སྣང་ཡང་། ད་དུང་ཁ་ཅིག་གིས། དེ་ལྟར་བཤད་ན་ཅི་ཕྱིར་མི་
འགྲིག །བྱ་བའི་མིང་གསུམ་གྱིས་དོན་གཅིག་སྟོན་པ། བོད་སྐད་ཀྱི་དར་སྲོལ་རེད་
ཟེར། བྱ་བའི་མིང་གཅིག་གིས་གོ་ཆོད་ས་བྱ་བའི་མིང་གསུམ་སྦྱར་ནས་གོ་མི་ཆོད་
པར་བྱས་ན། དར་སྲོལ་རེད་དམ་ཉམས་སྲོལ་རེད། བོད་སྐད་དུ། བྱ་བའི་མིང་
གསུམ་མཉམ་དུ་སྦྱར་ནས་དོན་སོ་སོ་བ་རེ་སྟོན་རྒྱུ་མང་། དཔེར་ན། བསྒྲིགས་
བཅད་བརྡར་བའི་གསེར་བཞིན་དུ། །ཞེས་པ་ལྟ་བུ། དར་སྤེལ་བྱེད་ཅེས་བྱ་བའི་
མིང་དར་བ། སྤེལ་བ། བྱེད་པ་གསུམ་མཉམ་དུ་སྦྱར་ནས་དོན་གྱི་ངོ་བོ་གཅིག་སྟོན་
པའི་དཔེ་མེད། དེ་ལ་ལས་ཀྱི་དངོས་པོ་མེད་པའི་ཕྱིར། ལས་དང་བྱ་བའི་ཚིག་སྦྱོར་
ཡིན་ན། དེ་ཉིད་ཀྱི་སྦྲས་ལས་དང་བྱ་བ་ངོ་བོ་གཅིག་ཏུ་སྦྱར་ནས། དར་བར་བྱེད།
སྤེལ་བར་བྱེད། ལྟ་བུ་ཡིན་དགོས། དེས་ན་དར་སྤེལ་བྱེད་ཟེར་བ། ཉ་ཉུང་མཉམ་
བསྲེས་ཡིན་ནོ། །དེ་ཡང་། ཇ་འཐུང་བ་དང་། ཐག་གཅོད་པ། སྦྱོར་ཚུལ་གཅིག་
རེད། དེས་ན་ཇ་འཐུང་བྱེད་ཅེས་བཤད་སྲོལ་མེད་ན། ཐག་གཅོད་བྱེད། ཅེས་

བཤད་སྲོལ་ཡོད་དམ། འགྲིག་མི་འགྲིག་བསྡུར་ན་གསལ། སྐབས་འདིར་གལ་པོ་ཆེ་ལ་ནན་ཏན་ཞིག་བྱ་རྒྱུ་ནི། བྱ་བྱེད་ཐ་དད་པའི་ཚིག་ལ་བྱ་ཚིག་ལྷག་པ་སྦྱར་བའི་སྐྱིགས་མ་བདོ་ཆེས་ན། བོད་སྐད་ཀྱི་བྱ་བའི་མིང་ཕུན་སུམ་ཚོགས་པ་རིམ་གྱིས་ཉམས་ནས་བྱེད་པ་ཙམ་མམ། མང་ནའང་གཏོང་བ། བཟོ་བ། བགྱིད་པ། མཛད་པ་འགའ་ལས་མེད་འགྲོ་བས། བྱ་བའི་མིང་གི་དུས་ཀྱི་རྣམ་བཞག་དང་། བདག་གཞན་གྱི་དབྱེ་བ་དང་། བྱ་བྱེད་ལས་གསུམ་གྱི་འཇུག་པ་སོགས་ལ་མ་རིག་པའི་མུན་པ་འཐིབས་པས། ཚིག་སྦྱོར་ཚུལ་ལ་མཁས་པའི་ངག་གི་དཔལ་བཅོམ་ནས། བོད་སྐད་ཀྱིས་བརྡ་མི་འཕྲོད་པར་འགྱུར་སྲིད།

ཁ གཞན་དང་འབྲེལ་བའི་བྱ་ཚིག

བྱ་བའི་ལས་ཞེས་བྱ་སྟེ། ལས་ལ་སྦྱར་བའི་བྱ་བ་དེ་བྱ་བའི་ཡུལ་དང་འབྲེལ་ནས་ཡོད་པར་ཟེར། དཔེར་ན། ཐག་ཆོད་པ། ཞེས་པའི་ཐག་ནི་ཕོ་ཐག་སྟེ། བྱ་བ་འཇུག་སའི་ལས་ཡིན་པ་དང་། ལས་དེ་ལ་འཇུག་པའི་བྱ་བ་ཆོད་པ་ནི། གཞན་ཏེ་བྱ་བའི་ཡུལ་ལ་འབྲེལ་ནས་ཡོད་པའོ། །སྡོང་པོ་ཆོད་པ། ཞེས་པའི་ཚིག་འདི་ཁ་བསྐངས་ན། སྡོང་པོ་བཅད་ནས་ཆོད་པ་ཟེར། སྡོང་པོ་ནི་ལས་དང་། དེ་ལ་འཇུག་པའི་བྱ་བ་སྔ་མ་བཅད་པ་ནི། བདག་དང་འབྲེལ་བ་སྟེ་གཅོད་པ་པོའི་རྩོལ་བ་ཡིན། བྱ་བ་ཕྱི་མ་ཆོད་པ་ནི། གཞན་དང་འབྲེལ་བ་སྟེ། སྡོང་པོ་དུམ་བུར་གྱུར་བའི་ཕྱིར་འབྱུང་ཡིན། བྱ་བ་ཕར་འཇུག་གི་བཅད་པ་དང་། འགྱུར་བ་ཚུར་སྣང་གི་ཆོད་པ་ནི། རྒྱུ་དང་འབྲས་བུའི་འབྲེལ་བ་ཡིན་པས། བྱེད་པ་པོའི་རྩོལ་བ་བསྟན་ན། སྡོང་པོ་གཅོད་ཟེར་བ་ལྟ་བུ་དང་། ལས་ཀྱི་འགྱུར་བ་བསྟན་ན། སྡོང་བ་ཆོད་པ་ཟེར་བ་ལྟ་བུ་ཡིན། དེས་ན་ཐག་ཆོད་པ། རྩད་ཆོད་པ། ཁུངས་ཆེད་པ། དོན་རྟོགས་པ། མངའ་བཅིངས་པ། ནད་སོས་པ། གཟུགས་མཐོང་བ། དཔའ་འགོངས་པ། དགྲ་ཐུབ་

པ། གོང་ཁུག་པ། ཐོད་ཐུག་པ། ལྟ་བུ་སོགས་གཞན་འབྲེལ་གྱི་བྱ་ཚིག་ཡིན་ནོ། །

གཉིས་པ། བྱ་བྱེད་ཐ་མི་དད་པའི་ཚིག

བྱ་བའི་ཡུལ་དང་བྱེད་པ་པོ་ངོ་བོ་གཅིག་པར་སྣང་བའི་ཚིག་སྟེ། ང་འགྲོ་ཞེ་ན། འགྲོ་བྱ་ང་ཡིན་ལ། འགྲོ་བ་པོ་ཡང་ང་ཡིན། བསྒྲུབ་བྱའི་ལས་ལོགས་སུ་སྦྱོར་རྒྱུ་མེད་དོ། །དེ་བཞིན། ཧ་རྒྱུག་པ། ལུག་ཁྱུ་ཞོགས་པ། ཕྱུགས་གཡང་ཉམས་པ། སྨྲ་བྱི་བ། ལག་ཐལ་བ། ཚིག་ཤོར་བ། ལྟ་བུ་སོགས་སེམས་ཅན་རང་ཤུགས་ལས་བྱུང་བའི་བྱ་བ་དང་། སྤྲིན་འཁྲིགས་པ། འཇའ་ཤར་བ། ཆུ་འཁྱིལ་བ། རི་ཉིལ་བ། མེ་ཏོག་བཞད་པ། དཔལ་འབྱོར་དར་ཞིང་རྒྱས་པ། ལྟ་བུ་སོགས་བྱེད་པ་རང་གི་ངང་གི་གྲུབ་པར་སྣང་བའི་བྱ་བ་ཡིན་ནོ། །

གསུམ་པ། སེམས་དང་སེམས་བྱུང་འབྲེལ་བའི་ཚིག

སྒོ་གསུམ་ནང་གི་གཙོ་བོ་ནི། ཀུན་ཤེས་མཁན་པོ་སེམས་ཡིན་པས། སེམས་སེམས་བྱུང་དང་འབྲེལ་བའི་ཐ་སྙད་རབ་ཏུ་མང་། འདིར་སེམས་དང་སེམས་བྱུང་འབྲེལ་བའི་ཚིག་ཐུང་ངུའི་དཔེ་འགའ་སྟོན་པ་ལ། ཡིད་ཆེས་པ་ཟེར་བ། མིང་ཡིན་ནམ་ཚིག་ཡིན་ཞེ་ན། ཚིག་ཡིན་ཏེ། ཤེས་བྱེད་ནི། ཚིག་ཁྲིམ་གྱི་བར་དུ་དགག་སྒྲའམ་སྒྲ་གཞན་དག་འཇུག་ཐུབ་ཅང་སྟེ། ཡིད་མི་ཆེས་ཟེར་བ། ཡིད་ཧ་ཅང་ཆེས་ཟེར་བས་རྟགས་ཐོན། དེ་བཞིན། ཡི་རང་བ། ཡིད་འཕྲོག་པ། ཡིད་གཡོས་པ། ཐུགས་དགྱེས་པ། ཞེ་སྡིག་པ། ཚིག་པ་ཟ་བ། སྤྲོ་ལངས་པ། སྤྲོ་བ་བསྐྱིང་བ། བག་རྡོ་བ། བག་ཡངས་པ། བག་འཁུམས་པ། ཉམས་དགའ་བ། ཉམས་བརྟས་པ། ཉམས་དང་བ། དཔྱད་བཟོད་པ། བློ་ལོག་པ། རྟོག་པ་འོག་འཁྱུ། ཀུན་ཏུ་བརྟགས་པ། ལྟ་བུ་སོགས་སོ། །

བཞི་བ། ཁྱད་གཞི་དང་ཁྱད་ཆོས་འབྲེལ་བའི་ཚིག

ཁྱད་གཞི་མེད་ན་ཁྱད་ཆོས་མེད། ཅེས་བོད་སྐད་ཀྱི་བཤད་སྲོལ་ལ། ཁྱད་གཞི་སྔ་མ་དང་ཁྱད་ཆོས་ཕྱི་མར་སྦྱར་པ་ཡིན། ཆོས་ཅན་ཞིག་གི་ཆེ་བ་བརྗོད་པའི་གོ་རིམ་ཡང་འདི་ལྟར་ཡིན། འོན་ཀྱང་དེང་སང་གི་སློབ་མ་ཆོས་སྐད་གཉིས་སློབ་པ་ལས། རྒྱ་སྐད་ཀྱི་ཤན་ཞུགས་ནས། ཁྱད་གཞི་དང་ཁྱད་ཆོས་ཀྱི་གོ་རིམ་ལོག་པར་སྦྱར་ནས་བཤད་པ་ཧག་ཧག་རེད། དཔེར་ན། སློབ་མ་བཟང་གསུམ་ཅན་ལ། གསུམ་བཟང་སློབ་མ་ཟེར་བ་ལྟ་བུ། བུ་མོ་མཛེས་མ་ལ་མཛེས་སྡུག་གི་བུ་མོ། ཟེར་བ་ལྟ་བུ་དང་། སྐྱེས་བུ་རླབས་པོ་ཆེ་ལ་རླབས་ཆེ་བའི་སྐྱེ་བོ། ཟེར་བ་སོགས་ཚིག་གི་མགོ་རྗེང་བཟློགས་ནས་བོད་སྐད་ཀྱི་བཤད་སྲོལ་དང་འགལ་བས། གཅིག་ཏུ། ཉན་ན་མི་བདེ། གོ་དཀའ་བ། གཉིས་སུ། ཁྱད་ཆོས་དང་ཁྱད་གཞི་འབྲེལ་སྒྲས་མཚམས་མ་སྦྱར་ན་འབྲེལ་མི་ཆགས། མཚམས་སྦྱར་ན་ཚིག་གི་བརྗིད་པ་ཉམས་ནས་སོ་ལུག་པ་དང་འདྲ། །སུམ་རྟགས་ཀྱི་དགོངས་པ་དང་མཐུན་པའི་དཔེར་བརྗོད་དྲངས་ན། མེས་རྒྱལ་རླབས་པོ་ཆེ། སློབ་དཔོན་རིན་པོ་ཆེ། ཨ་མ་དྲིན་མོ་ཆེ། གར་མཁན་མཛེས་མ། རྟ་མཆོག་འགྲོས་མགྱོགས་པ། རི་བོང་བློ་དང་ལྡན་པ། གཙུག་ལག་ཁང་གཟི་བརྗིད་འབར་བ། རི་བོ་བརྟན་ཅིང་བརླིང་བ། རྒྱ་མཚོ་ཟབ་ཅིང་ཡངས་པ། སྐྱིད་ཚལ་མཛེས་ཤིང་སྡུག་པ། ཤིང་ཐོག་གཡུར་ཟ་བ། རི་མོ་རྣམ་པར་བཀྲ་བ་ལྟ་བུ་སོགས་སོ། །

ལྔ་བ། དཔེ་ཆོས་ཀྱི་ཚིག

དཔེ་ཆོས་ནི། དཔེ་ཡི་སྒོ་ནས་བརྗོད་བྱའི་ཆོས་ཀྱི་དོན་སྟོན་པའི་ཚིག་ཕུང་དུ་གཏན་ཆགས་པ་ཞིག་ཡིན། དཔེ་ཆོས་དང་གཏམ་དཔེའི་ཁྱད་པར་ནི། དཔེ་ཆོས་

ཏ་ལམ་ཡིག་སྐད་ལས་བྱུང་ཞིང་། སྒྲ་ཉུང་ལ་ཚིག་རྐྱང་བ་ཁྱབ་ཆེ། གཏམ་དཔེ་ཏ་ལམ་ཁ་སྐད་ལས་བྱུང་ཞིང་། སྒྲ་མང་ལ་ཚིག་སྤྲགས་མ་ཡིན། དཔེར་ན། ཚིག་རྨ་གསོ་དཀའ། ཞེས་པ་དཔེ་ཆོས་དང་། ཚིག་ངན་མཚོན་ཆ་མིན་ཡང་། །མི་སྙིང་རྡུམ་བུར་གཅོད་ཀི། །ཞེས་པ་གཏམ་དཔེ་ཡིན། གཉིས་ཀའི་དོན་འདྲ་ཡང་། བྱུང་རབས་དང་ཚིག་སྦྱོར་མི་འདྲ། སྔ་མ་ས་སྐྱའི་ལེགས་བཤད་ལས་བྱུང་ཞིང་། ཚིག་ཁྲིམ་བཞིས་ཚིག་ཐུང་ངུ་རེ་གྲུབ་པ་དང་། ཕྱི་མ་འཇིག་རྟེན་པའི་ངག་ལས་བྱུང་ཞིང་། ཚིག་ཁྲིམ་དྲུག་རེས་ཚིག་ཀ་གཉིས་གྲུབ་པ། ལྟ་བུ། རྗོད་བྱེད་མི་གཅིག་ཀྱང་། ཤན་སྦྱོབས་མཉམ་ཆེ་ཡིན་པས། མི་རྣམས་ཀྱིས་འདི་གཉིས་ཀའང་བཤད་དཀའ་ཉན་དཀའ་རྫོམ་ལ་འཇུག་དགོས། །ད་ནི་དཔེ་ཆོས་ཀྱི་ཁྱད་ཆོས་གཙོ་བོ་གསུམ་བསྟན་པར་བྱའོ། །

ཀ ཡུན་རིང་ལ་གཏན་ཆགས་པ།

དཔེ་ཆོས་ཕལ་ཆེར་བྱུང་རབས་སྔ་ཞིང་། བརྡ་སྤྲོད་པའི་ནུས་པ་ཆེ་བས། མི་རབས་མི་ཐོག་གི་ངག་གི་རྒྱུན་ལས། བསྒྲིགས་བཅད་བརྡར་བའི་གསེར་སྦྱངས་བཙོ་མའི་མཛེས་རྒྱན་བཞིན། གཏན་ཆགས་པ་ཞིག་ཏུ་གྱུར་ཡོད་པས། ཚིག་གི་རྣམ་པ་ཇི་འདོད་དུ་བསྒྱུར་མི་ཆོག །དཔེར་ན། ཞྭ་དཔེ་ལྷམ་འགེབས་ལ། ཞྭ་དཔེ་ལྷམ་ལ་འགེབས་པ་ཞེ་ན། དཔེ་ཆོས་ཀྱི་ཁྱད་ཆོས་ཉམས་ནས། ཚིག་ཀ་སྤྱིར་བཏང་བ་ཞིག་ཉན་འགྲོ། དཔེ་ཆོས་འདིའི་མཐར་འགེབས་ཞེས་བྱ་ཚིག་རེ་སྦྱར་ཡོད་ཀྱང་། མིང་གི་རྣམ་པ་ཡིན་པས། བྱ་བ་སྟོན་པའི་ཚིག་ཏུ་སྒྱུར་ཆོ། ད་དུང་བྱ་བའི་མིང་ཞིག་སྒྱུར་དགོས། དཔེར་ན། དོན་གྱི་ངོ་བོ་མ་རྟོགས་པར། ཕན་ཚུན་འཁྲུལ་ནས། ཞྭ་དཔེ་ལྷམ་འགེབས་བྱས་བྱུང་། ཟེར་བ་ལྟ་བུ། དེ་བཞིན། ཀུན་ཤེས་གཅིག་རྟགས། ཞེས་པའི་རྒྱུ་མཚན་ནི། སྤྱིར་རིག་པ་དང་ལྡན་ཡང་། དོན་ག་ལ་བ་ཞིག་ལ་སྦྱོངས་

པའི་དབང་དུ་གྱུར་པའི་དཔེ་སྟེ། མི་ལ་རས་པའི་མགུར་འབུམ་ལས། ཁྱོད་གཅིག་ཤེས་ཀུན་གྲོལ་རེ་བ་ལ། །ཐ་སྙད་འདི་ཡི་མང་ལུགས་ལ། །ཀུན་ཤེས་གཅིག་རྟུགས་བྱུང་བའི་དཔེ། །ཞེས་པ་ལྟ་བུ། ཀྱིང་ཁ་འབུར་གསོས། ཞེས་པ། སྐང་སྐང་གི་ལྷངས་ནས་གཞོང་གཞོང་ལ་བསབས་པ་སྟེ། གཞན་གྱི་ལེགས་ཆ་ལྷངས་ནས། རང་གི་མི་འདང་ས་སྐོང་བའི་དཔེ་ཡིན། ཁ་གྲོག་ལྕེ་ཕུད། ཅེས་པ། གྲོག་ཁ་ལ་ཡོང་བ་ལྕེ་ཡིས་ཕུད་པ། ཇན་པ་མི་ཟ་བའི་དཔེ་སྟེ། ཤེ་སར་སྒྲུང་གི་འབྲུངས་གླིང་ལས། ཁ་མཆུ་དཔྲལ་གྱིས་རྒྱག་པར། །བདེན་པ་དགོས་དོན་མི་འདུག །ཁ་གྲོག་ལྕེས་ཕུད་ཚོད་ས། ཉེས་ཅན་ཐར་བ་མི་འདུག །གསུངས་པ་ལྟ་བུ། ངོ་སྲུང་མཐུན་འཇུག་ནི། མི་འགྲིག་འགྲིག་ཐབས་ཀྱི་ངོ་དགའ་བྱེད་པ་སྟེ། མི་ལའི་མགུར་འབུམ་ལས། སྣ་ཐག་མི་ལ་བྱིན་ནས། ངོ་སྲུང་མཐུན་འཇུག་བྱེད་པ་ནམ་ཡང་སྡུག །ཅེས་པ་ལྟ་བུ་སོགས་སོ། །

ཁ ཁ་དམ་ལ་གཏིང་ཟབ་པ།

དཔེ་ཆོས་མི་ཉུང་བ་ཞིག་གཏམ་རྒྱུད་དམ་ལོ་རྒྱུས་སོགས་ལས་བྱུང་བ་ཡིན་པས། དེ་ལུགས་མ་ཤེས་ན། ཚིག་ཁ་ནས་བརྗོད་བྱའི་དོན་གང་ལེགས་པར་རྟོགས་དཀའ། དཔེར་ན། སྡུག་འཛིགས་ཕྲས་ཁྱེར། ཅེས་པ། ཚིག་ཁ་ནས་སྡུག་གི་འཛིགས་པ་ཕྲ་ཡིས་ཁྱེར་བ་ཙམ་ལས་ངེས་ཤེས་འདྲོངས་དཀའ། དཔེ་ཆོས་འདིའི་གཏམ་རྒྱུད་ཤེས་ན། གཟོད་བརྗོད་དོན་ལེགས་པར་རྟོགས་འགྲོ། དམངས་ཁྲོད་ཀྱི་གཏམ་རྒྱུད་དུ། ཕྲ་ཞིག་སྤྱོགས་ནས་ཟས་འཚོལ་བ་ན། ལུག་ཁྱུ་ཞིག་ཏུ་ལུ་གུ་ཡོད་པར་མཐོང་ནས། འཇབས་ཏེ་འཛིན་པར་བརྩམས་ཚེ། ལུག་རྫིས་རིག་ནས་ཀི་ཞིག་བཏབ་པ་དང་། སྐྲག་ནས་ལ་རྒྱབ་ཏུ་བྲོས། དེ་ནས་སྡུག་ཅིག་མཐོང་བར་བྲིད་ནས། རི་ཁའི་ཚུ་རོལ་ཏུ་ཁྲིད་ནས་བྱུང་བས། ལུག་རྫི་སྐྲག་ནས་གབ་ཁུང་ཞིག་ཏུ

སྦྲས་སོ། །ཕ་གོ་སྐབས་ཐོབ་ནས། ལུ་གུ་གཅིག་བཟུང་ནས་ཟློས་བྱུང་། ལུག་རྫིས། བཙན་པོ་རྒྱབ་བརྟེན་གཞན་གྱི་རྒྱུ་ནོར་འཕྲོགས། །སྡུག་འཛིགས་ཕས་ཁྱེར་བདག་གི་ལུ་གུ་ཟློས། །ཞེས་ཟེར། དེས་ན་དཔེ་ཆོས་འདིའི་བསྟན་བྱ་དངོས་ནི། མི་ངན་པ་དག་གིས་བཙན་པོ་དབང་ཅན་རྒྱབ་ཏུ་བརྟེན་ནས། གཞན་ལ་ཐུབ་ཚོད་བྱེད་པའི་དཔེ་བསྟན་པའོ། །

སྤྲེའུ་ནང་སྦྲུང་བུ། ཞེས་པ། སྤྲེའུ་ནང་དུ་བསྟུས་པའི་འབིགས་ཀྱི་རྩེ་མོ་ཉིད་ཞིག་ཕྱིར་ཐོན་རྒྱུ་ཡོད་པ་སྟེ། མི་དཔའ་མཛངས་ཅན་མགོ་ཐོན་ཉིད་ཡོད་པའི་དཔེ་ཡིན། ཏུན་ཧོང་ཡིག་རྙིང་གི་བོད་ཀྱི་ལོ་རྒྱུས་ལས། ཝུང་གི་རྗེས་ལ་དགས(དྭགས)པོ་འབངས་སུ་མངའ་བ་ལས་ལོག་གོ། །ཝུང་ནས་རྗེ་བློན་ཡོངས་སུ་འདུས་ཏེ། དགས་པོ་ལྷ་དེ་དགུག་པའི་བཀའ་གྲོས་མཛད་ནས་དམག་(དཔོན)སུས་བྱ་ཞེས་བློད་ན། སེང་གོ་མྱི་ཆེན་གྱིས། ཕོ་བོ་རྗེ་ཐོག་ཆེས(ཅེས)ཁས་བླངས་སོ། །ཝུང་ནས་ཁྲུང་པོ་སྤུང་ཟད་ན་རེ། ཁྱོ་འདའས(ཁྱོད་ལྟ་བུ)དམག་པོན་འོང་ངམ། མྱི་འཛངས་པ་གོ(དགོས)། ཀྱེའུ(སྤྲེའུ)ནང་སྦྱུང(སྦྲུང)བུ་བཙུག་པ་དང་མཚུངས་ཤེས་བྱ་ན། ……སྤོན་རྗེའི(སྤྲེའི)ནང་དུ་ཡང་མ་ཞུགས་པས། གདོད་འཇུག་པར་གསོལ་བ་ཡིན་ནོ་ཞེས་བྱས་སོ། །ཝུང་ནས་བཙན་པོས་ཀྱང་མྱི་ཆེན་གསོལ་བ་བཞིན་གནང་ནས། དགས་པོ་འབངས་སུ་དགུག་པའི་དམག་པོན་དུ་བཀའ་སྩལ་ཏོ། །ཝུང་ནས་མྱི་ཆེན་གྱིས་དགས་པོ་ལྷ་དེ་ལ་བཀལ་ཏེ། དགས་པོ་ཡོངས་སུ་བཀུག་ཏེ། མྱི་ཆེན་གྱི་བྱ་དགར། གསེར་ཁྲུང་རེའུ་རྐལ་གྱི་མྱི་དང་འབྲོག་ཏུ་(དུད)བཆས(བཅས)ཏེ་སྩལ་ཏེ། ཞེས་སོ། །དཔའ་མགོན་སྟོངས་གྲོགས་ནི། སྲོག་སྐྱོབ་པའི་མགོན་པོ་དང་། རམ་འདེགས་པའི་གྲོགས་པོ་སྟེ། ཧོར་གླིང་གཡུལ་འགྱེད་ལས། དཔའ་དགྲ་ལྷ་ཞེ་ན་གེ་སར་ཡིན། །ཚེ་གང་གི་དཔོན་པོ་གེ་སར་ཡིན། །དེ་རིང་དཔའ་མགོན་སྟོངས་གྲོགས་མཛོད། །ཅེས་པ་ལྟ་བུ་སོགས་སོ། །

ག ཚིག་ཁྱུང་ལ་སྡེབ་ལེགས་པ།

བརྗོད་པ་ཚིག་སྡུད་མང་པ་ཉིད། ཅེས་པ་ལྟར། དཔེ་ཆོས་ལ་ཚིག་དབར་བཅུ་ཡན་ཏ་ཙམ་མང་། ཉ་ཁྱུངས་མཉམ་བསྲེས། མེ་གཤེད་རྒྱུ་དགྲ། ཐུ་བསླབ་ཁྲི་འདོམས། ལྟ་བུ་སོགས་དང་། ཁྭ་ཏ་མདའ། ཞི་མི་གཉིད་ལ་འཕོར་ཡང་བསམ་རྒྱུ་ཅི་གྱུ། ལྟ་བུ་ཚིག་དབར་ཁྱུང་མཐའ་གསུམ་དང་། མང་མཐའ་བཅུ་ཡས་མས་ཡོད་ཀྱང་ཏ་ཙམ་ཁྱུང་ངོ་། །དཔེ་ཆོས་ཀྱི་ཚིག་བར་ཁྱུང་ཞིང་བརྡ་སྦྲོད་པའི་ནུས་པ་ཆེ་བར་མ་ཟད། སྒྲ་དྲག་ཞན་བར་མ་གང་ལ་གང་འཚམས་དང་། ང་རོ་མཐོ་དམན་དྲང་འཁྱོག་གང་ལ་གང་འོས་སྡེབ་ལེགས་པར་སྦྱར་ཡོད་པས། རོལ་མོའི་སྙན་ཆ་ཁྱུགས་པ། དཔེར་ན། སྤོ་སྤྲེལ་རྫོ་སློང་། ཞེས་པ་སྒྲ་ཀུན་ལྡི་བ། གེགས་སེལ་ཐོགས་འདོན། ཞེས་པ་སྒྲ་ཀུན་ཡང་བ། སྟོད་ལངས་སྨད་འགྲེལ། ཞེས་པ་སྒྲ་ལྡི་ཡང་བསྡོལ་བ། ཐུག་རེ་གཏུགས་ན་ཏ་རེ་གོ། ཞེས་པ། བར་ཆོད་པའི་བྲུང་ལྡན། ཀེ་བོ་སྐྱོང་སྐྱོང་། སྐྱུད་པ་རྐྱེལ་རྐྱེལ། ཞེས་པ་བར་མ་ཆོད་པའི་བྲུང་ལྡན། མགོན་མེད་སྐྱབས་བྲལ། ཞེས་པ། ཕྱེད་ཐུ་ཕྱིའི་དོན་གཅིག་ཀྱང་། ཚིག་བསྐོར་ནས་བློས་སྐྱོན་བསལ་ཅིང་བརྟན་ཆ་ཆེ་བ། སྤྲལ་བ་རྒྱ་ཅན། ཞེས་པ་མཆུ་ངེས་པ་ང་རོ་མཉམ་པ། འབོལ་ཉོས་དཀོན་འཚོང་། ཞེས་པ་ཨོ་ངེས་པ་ང་རོ་བསྡོད་པ། མེ་ཐོག་ཤེང་སྡོན། ཞེས་པ་ང་རོ་ལྡེམ་ལྡེམ་གཡོ་བ་སོགས། འཆད་པའི་ཁ་ལ་བརྗོད་བདེ་བ། ཐོས་པའི་ཡིད་ལ་ཉམས་གསལ་བ། ཀུན་གྱི་རྣ་བར་སྙན་པ་ཞིག་ཡིན་ཕྱིར། གཏམ་དཔེ་ལྟར་འཇུག་པ་ཏ་ཙམ་ཁྱབ་ཆེའོ། །

དོན་ཚན་གསུམ་པ། ཚིག་སྦྱོར་དུ་རིགས་མི་གཅིག་པའི་མིང་གི་གོ་རིམ་སྦྱོར་ཚུལ།

དང་པོ། ཚིག་གི་སྙིང་པོའི་སྦྱོར་ཚུལ།

ཚིག་ཏུ་བསྒྲིགས་པའི་མིང་འགའ་ལས། །
གཅིག་ནི་ཚིག་གི་སྙིང་པོ་སྟེ། །
བོད་སྐད་ཚིག་གི་མགོ་ན་ཡོད། །
རྒྱ་སྐད་ཚིག་གི་མཇུག་ན་ཡོད། །

ཚིག་ཀ་གཅིག་ཏུ་མིང་དུ་མ་ཡོད་པ་ལས། གཅིག་ནི་ཚིག་གི་སྙིང་པོ་ཡིན། དཔེར་ན། རྟ་མགྱོགས་པ་གཅིག་བཞོན། 骑着一匹快马。ཚིག་འདི་ལས་མིང་བཞི་ཡོད་པར། རྟ་ནི་ཚིག་གི་སྙིང་པོ་ཡིན། རྟ་མེད་ན་ཚིག་འདི་གསལ་ཁ་མེད་འགྱོ། དངོས་པོའི་མིང་ངམ། ཁྱད་ཆོས་ཀྱི་མིང་ངམ། གྲངས་ཀའི་མིང་ངམ། བྱ་བའི་མིང་གང་དང་གང་ཡིན་པ། ཡང་ན། ཚིག་གི་སྙིང་པོའི་རྗེས་སུ་སྦྱར་དགོས་པ་དང་། ཡང་ན། ཚིག་གི་སྙིང་པོའི་སྔོན་དུ་འཇུག་དགོས་པ་ལས། ལ་ལ་ཚིག་གི་སྙིང་པོའི་སྔོན་དང་། ལ་ལ་ཚིག་གི་སྙིང་པོའི་རྗེས་སུ་སྦྱར་བའི་དཔེ་མེད། བོད་སྐད་ཀྱི་ཚིག་གི་སྙིང་པོ་སྔོན་ན་ཡོད། དཔེར་ན། <u>མེ་ཏོག</u>་དམར་པོ། <u>མེ་ཏོག</u>་གསུམ། <u>མེ་ཏོག</u>་བཏོག <u>།མེ་ཏོག</u>་གུར་གུམ། ལྟ་བུ་དང་། རྒྱ་སྐད་ཀྱི་ཚིག་གི་སྙིང་པོ་རྗེས་ན་ཡོད། 红<u>花</u>、三朵<u>花</u>、摘<u>花</u>、藏红<u>花</u>。རྒྱ་བོད་སྐད་

རིགས་གཉིས་ཀྱི་ཚིག་གི་སྙིང་པོའི་བཀོད་ལུགས་འདི། འཛམ་རྟེན་ཁམས་ཀྱི་སྐད་རིགས་ཀུན་གྱི་ཁྱད་ཆོས་ཐུན་མོང་བ་གཉིས་ཏེ། གཅིག་མིན་ན་ཅིག་ཤོས་ཡིན། ཕྱུང་གསུམ་པ་མེད་པར་གསུངས་སོ། །

གཉིས་པ། ཚིག་གི་གོ་རིམ་སྒྲིག་རྩལ།

ཚིག་གི་སྦྱོར་བ་ལས། །
མིང་ལ་རིགས་བཞི་ཡོད། །
བསྒྲིགས་རིམ་ལུགས་དང་མཐུན། །
སྨྲ་བ་དག་ཆ་ཐོན། །

རྒྱ་བོད་སྐད་གཉིས་ལུགས་འབྱུང་ཡིན་ན། མིང་སྡེའི་སྒྲིག་རིམ་ལོག་པར་སྦྱོར་བ་ཡིན། དཔེར་ན། བ་དྲུས་མ[༡] སེར་སེར[༢] གསུམ[༣] ཉོས་ཡོད[༤]། 买来了[༤] 三[༣] 头黄[༢] 乳牛[༡]。 ལྟ་བུ། བོད་སྐད་ལུགས་འབྱུང་དུ། དང་པོ་དངོས་པོའི་མིང་། གཉིས་པ་ཁྱད་ཆོས་ཀྱི་མིང་། གསུམ་པ་གྲངས་ཀའི་མིང་། བཞི་བ་བྱ་བའི་མིང་ཡིན། རྒྱ་སྐད་ཀྱི་ལུགས་འབྱུང་བོད་སྐད་ལས་ལོག་པར། དང་པོ་བྱ་བའི་མིང་། གཉིས་པ་གྲངས་ཀའི་མིང་། གསུམ་པ་ཁྱད་ཆོས་ཀྱི་མིང་། བཞི་བ་དངོས་པོའི་མིང་ཡིན་ནོ། །

རྒྱ་སྐད་ཀྱི་ལུགས་ཟློག་དང་། བོད་སྐད་ཀྱི་ལུགས་འབྱུང་གི་མིང་སྡེའི་སྒྲིག་རིམ་རིགས་འདྲ་ཡིན། དཔེར་ན། ཁོང་[༡] གིས་[༢] སྨྱུར་[༣] གྱིས་[༤] ཡི་གེ་[༥] བྲིས[༦]། 他[༡] 用[༢] 毛笔[༣] 把[༤] 字[༥] 写[༦]。 དཔེ་དེ་བཞིན། མཆོད་རྟེན[༡] གསར་པ[༢] ཞིག[༣] བཞེངས[༤]། ནོར[༡] དཀར་དཀར[༢] བརྒྱ་ལྷག་ཅིག[༣] འཚོ་བཞིན་མཆིས[༤]། གནས་ལུགས[༡] རྩ་ཆེན[༢] མང་པོ[༣] ཁོང་

དུ་ཚུད་པ། ལྟ་བུ། ཚིག་འདི་རིགས་ལས་མིང་གི་རིགས་གང་བརྗོད་པའི་དགོས་པ་མེད་ན། གོ་རིམ་བཞིན་དུ་བསྒྲུ་དགོས། ནོར་བརྒྱ། ནོར་འཚོ། མཆོད་རྟེན་གསར་བ། མཆོད་རྟེན་བཞེངས། ལྟ་བུ་དང་། མིང་གི་རིགས་གང་ལྷག་པ་བསྟན་དགོས་ན། དེ་ཡང་བབ་དང་བསྟུན་ནས་བསྟན་དགོས། ཧ་ནོར་ར་ལུག་མང་པོ་སྤྱང་ལ་ཁྱབ་པ། མེ་ཏོག་དཀར་སེར་དམར་གསུམ་འགྲན་པའི་ཚུལ་དུ་བཞད་པ། ལྟ་བུ། དེ་ལུགས་མ་ཤེས་པར་ཚིག་གི་མགོ་རྟིང་བཟློགས་ནས་བཤད་ན། སྐད་ཆ་བཤད་སྟོལ་དང་འགལ་བའི་རྐྱེན་གྱིས། བརྡ་སྤྲོད་པའི་ནུས་པ་ཉམས་འགྲོ། དཔེར་ན། སློབ་མ་བཟང་གསུམ་ཅན་ལ་གསུམ་བཟང་སློབ་མ་ཟེར་བ། རླུང་རིམ་བདུན་པ་ལ་རིམ་བདུན་རླུང་ཟེར་བ། སྒྲིག་མཁན་གཙོ་བོ་ལ་གཙོ་སྒྲིག་པ་ཟེར་བ། བློ་སྣ་གཙོ་བོ་ལ་གཙོ་ཁྲིད་བསམ་བློ་ཟེར་བ། སྟོབས་ཤུགས་གསར་བ་ལ་གསར་ཐོན་སྟོབས་ཤུགས་ཟེར་བ་སོགས། རྒྱ་སྐད་ཀྱི་བསྒྲིག་སྟོལ་ལྟར་བཤད་བཤད་བྱས་ན། ཧ་ཅང་གོ་དཀའ། སྐད་ཆ་དག་མོ་བཤད་དགོས་ན། བརྡ་སྤྲོད་པའི་གཞུང་ལུགས་དང་བསྟུན་རྒྱུ་གལ་ཆེའོ། །

དོན་ཚན་བཞི་པ། ཚིག་གི་གྲུབ་ཆ་དྲུག་གི་སྦྱོར་བ།

ཚིག་གི་གྲུབ་ཆ་རྣམ་པ་དྲུག །
རྩ་བ་ཡན་ལག་སོ་སོར་གསུམ། །
གང་ཞིག་གང་ལ་བརྟེན་པ་དང་། །
འབྲེལ་ནས་ཡོད་པ་ཤེས་པར་བྱ། །

སྐད་ཆ་བཤད་ཚུལ་བརྒྱ་འགྱུར་སྟོང་འགྱུར། ཚོད་ཟིན་ཁ་དཀའ་བར་མངོན་ཡང་། ཚད་མེད་པའི་ཚིག་ཀ་སྣ་ཚོགས། ཚད་ཡོད་པའི་སྦྱོར་ཚུལ་འགར་བསྡུ་ཐུབ། དེ་ཡང་། ཚིག་གི་འགྱུར་ལྡོག་གང་མང་། གྲུབ་ཆ་དྲུག་ལས་མི་འདའ། གྲུབ་ཆ་དྲུག་པོའི་གོ་རིམ་དང་རྟེན་འབྲེལ་ཤེས་ན། བརྡ་སྤྲོད་པའི་ཆོས་ཉིད་སྤྱིར་བཏང་ཁོང་དུ་ཚུད་ནས། ངག་གི་འཕྲེང་བ་སྤེལ་བར་ཐོགས་པ་མེད་འགྲོ། ཚིག་གི་གྲུབ་ཆ་རྩ་བ་གསུམ་ནི་བྱ་བྱེད་ལས་གསུམ་དང་། ཡན་ལག་གསུམ་ནི་སྐོང་སྟབས་ངེས་གསུམ་ཡིན།

དང་པོ། ཚིག་གི་གྲུབ་ཆ་རྩ་བ་གསུམ་གྱི་སྦྱོར་ཚུལ།

ཚིག་གི་གྲུབ་ཆ་རྩ་བ་བོ་བྱེད་པ[༡]་དང་། ལས[༢]་དང་། བྱ་བ[༣]་གསུམ་ཡིན། བརྗོད་བདེ་བའི་ཆེད་དུ་བྱ་བྱེད་ལས་གསུམ་ཟེར། བྱེད་པ་ལ་གཙོ་ཕལ་གཉིས་ཡོད། བྱེད་པ་གཙོ་བོ་ནི། མི་དང་སེམས་ཅན་དང་། རང་བྱུང་གི་སྟོབས་དང་། སྐྱེ་བྱེད་ཀྱི་རྒྱུ་སོགས་ལ་བསྟན་པ་ཡིན། བྱེད་པ་ཕལ་བ་ནི། ལུས་ཀྱི་ཡན་ལག་དང་། ཡོ་བྱད་དང་། ཐབས་དང་། མཐུན་རྐྱེན་དང་། རང་བྱུང་སོགས་ལ་བསྟན་པ་ཡིན། ལས་ལ་ལས་ཙམ་དང་ལས་དངོས་གཉིས་ཡོད། ལས་ཙམ་ནི་

བྱ་བ་གཏད་སའི་ཡུལ་དང་། ལས་དངོས་ནི་བྱ་བ་སྒྱུར་སའི་ཡུལ་ཡིན། བྱ་བ་ལ་རིགས་གསུམ་ཡོད་དེ། བདག་དང་འབྲེལ་བའི་བྱ་བ་ལ་བྱེད་པའི་རྩོལ་བ་དང་། གཞན་དང་འབྲེལ་བའི་བྱ་བ་ལ་ལས་ཀྱི་འགྱུར་བ་དང་། བདག་གཞན་གང་ལའང་མ་འབྲེལ་བའི་བྱ་བ་ལ་ངང་གིས་བྱུང་བ་ཟེར། བྱ་བྱེད་ལས་གསུམ་གྱི་གོ་རིམ་ནི། བྱེད་པ་དང་པོ་དང་། ལས་གཉིས་པ་དང་། བྱ་བ་གསུམ་པ་ཡིན་པ་ལས། གང་རུང་ཞིག་གཉིས་ཡན་ཡང་ཡོད་སྲིད། དཔེར་བརྗོད་ན། བློ་བཟང་གིས་དཔེ་ཆ་ལྟ། ཟེར་བའི་ཚིག་འདི་ལས། ལྟ་བ་པོ་བློ་བཟང་དང་བལྟ་བྱ་དཔེ་ཆ་ཡིན་ལ། བདག་གཞན་གྱི་དབྱེ་བ་འབྱེད་ཕྱིར་རྣམ་དབྱེ་གསུམ་པ་སྦྱར་པ་ཡིན། ལྟ་བྱེད་དང་བལྟ་བྱ་འབྲེལ་བའི་བྱ་བ་ལྟ་བ་ཡིན་པས། ཚིག་མཐར་སྦྱར་བ་ཡིན་ནོ། །དཔེ་དེ་བཞིན་དུ།

སླག་གིས་རི་བོང་འཛིན།
ལ་ལས་ཟོར་བས་ཞིང་འབྲིག །ལ་ལས་ཤོག་འབྲུད།
དགེ་རྒན་གཉིས་ཀས་འཛིན་གྲྭ་སོ་སོར་དཔེ་ཁྲིད་གནང་བཞིན་ཡོད།
ཁོ་ལོ་ན་ཆུང་ཡང་ནོར་ཕྱུ་དང་ལུག་ཕྱུ་ཅིག་ཙར་འཚོ་ཐུབ།

ལྟ་བུ་སོགས་བྱེད་པའི་ལས་ཀྱི་མཚན་གཞི་ཡིན་པ་དང་།

མངོན་ཤེས་ཀྱིས་མ་འོངས་པའི་དོན་རྟོགས།
དཔའ་ཞིང་མཛངས་པས་དགྲ་ལས་རྣམ་པར་རྒྱལ།
ཁོས་འཛིག་རྟེན་ཁམས་ཀྱི་ལྟད་མོ་མང་པོ་མཐོང་སྔོང་།
བུ་བཟང་པོ་ཁ་བཤད་དོན་ལ་གནས། མཆོན་རྣོན་པོ་ཤ་ཚོད་ཊུས་པ་ཐུབ།

ཧེ་བུ་སོགས་བྱ་བའི་ལས་ཀྱི་མཚན་གཞི་ཡིན།

ཚིག་སྦྱོར་གྱི་བབ་དང་བསྟུན་ནས་ལས་དང་བྱེད་པ་གང་བརྗོད་པའི་དགོས་པ་མེད་ན་བསྡུས་ཚིག

དཔེ་ཆ་བརྩམས་པ་མང་།
ལྷ་བཟོ་ཀུན་དགས་བཞེངས་པའོ། །

ཧེ་བུ་སོགས་སོ། །

བྱེད་པ་རང་གི་ངང་གིས་གྲུབ་པར་སྣང་བ་དཔེར་ན།

ཏ་རྒྱུག་པ་ན། བརྒྱུག་བྱ་དང་རྒྱུག་བྱེད་གཉིས་ཀ་ཏ་རང་ཡིན་ལ། ངོ་བོ་གཅིག་པར་སྣང་བས། རྣམ་དབྱེ་གསུམ་པ་འཇུག་དོན་མེད་སོང་། དཔེ་དེ་བཞིན།

གཞོན་ནུ་ཚོ་སློབ་གྲྭར་ཞུགས།
བྱ་རྒོད་མང་པོ་ཐེད་ལ་ཟུབ།
ཆར་པ་བབས་ནས་རྩྭ་ཤིང་སྔོ་མདངས་རྒྱས་ཤིང་ཤ་མོ་མང་དུ་བཪོལ།

ཧེ་བུ་སོགས་སོ། །

བྱ་བྱེད་ལས་གསུམ་གོ་རིམ་བཞིན་དུ་འཇུག་པ་ནི། ལུགས་འབྱུང་གི་སྦྱོར་སྲོལ་ཡིན་པས་ཁྱབ་ཆེ། ལུགས་ལྡོག་གི་བཤད་ཚུལ་ཡང་ཡོད། དེ་ནི་བྱ་བྱེད་ལས་གསུམ་ལས་གང་ཞིག་མངོན་པར་གཏོད་པའམ་ནན་ཏན་བྱེད་ཆེ། སྔོན་ལ་འཐེན་ནས་སྟོན་པ་ཡིན་ཏེ།

བཟུང་ན་ལག་པ་སྲེག །བཏང་ན་ཟ་མ་ཆག །
ནམ་ཚོད་བྱ་ཕོས་བཟུང་། རྒྱལ་ཁ་ཕོང་བུས་བླངས།
ཡ་རབས་མ་རབས་སྤྱོད་པས་ཤེས། གང་གི་མི་ཡིན་སྐད་ཀྱིས་ཤེས།
སེང་གེ་སྟོབས་དང་ལྡན་ན་ཡང་། རི་བོང་བློ་དང་ལྡན་པས་བསད།

ལྟ་བུ་སོགས་དམིགས་བསལ་ཡིན་ནོ། །

གཉིས་པ། ཚིག་གི་གྲུབ་ཆ་ཡན་ལག་གསུམ་གྱི་སྦྱོར་རྩལ།

ཚིག་གི་གྲུབ་ཆ་ཕལ་བ་ནི། ငེས་བྱེད་དང་། སྟངས་སྟབས་དང་། ཁ་སྐོང་གསུམ་སྟེ། བརྗོད་བདེ་བའི་ཆེད་དུ་སྐོང་སྟབས་ངེས་གསུམ་ཟེར།

ངེས་བྱེད་ནི་ཚིག་གི་སྙིང་པོ་དང་འབྲེལ་བའི་ཞིབ་ཆ་རྣམས་ངེས་པར་བྱེད་པ་སྟེ། འབྲེལ་ཡུལ་ལམ། རྟེན་གནས་སམ། གཞི་ལྡོག་གམ། བྱས་པ་རྣམས་ཚིག་གི་སྙིང་པོའི་སྟོན་ལ་འཇུག་པ་དང་། རང་བཞིན་ནམ། ཁྱད་ཆོས་སམ། གྲངས་ཀའམ། རྐྱེན་ནམ། འགྱུར་ལྡོག་སོགས་ཚིག་གི་སྙིང་པོའི་རྗེས་སུ་འཇུག་པ་ཡིན། དུས་ཡིན་ན་ཚིག་གི་སྙིང་པོའི་སྔ་ཕྱི་གང་འོས་སུ་སྦྱར་བར་ཆོག

གསེར་གྱི་སྐུ་འདྲ་གཟི་བྱིན་འབར།
གདོང་ཁའི་མཆོད་རྟེན་དེ་འཛིག་ནས་ལོ་མང་པོ་འགོར་སོང་།
བཅད་པའི་ཁ་འཛྲ་དཀར་པོ་རེ། བཙེམས་པའི་ཁ་འཛྲ་དམ་པོ་རེ།
དགེ་ལེགས་ཚང་ལ་ལུག་སུམ་བརྒྱ་ལྷག་ཡོད།
འཇའ་ཁ་དོག་ཡག་ཀྱང་སྣང་བ་རེད། འབྲུག་ངར་སྐད་ཆེ་ཡང་སྟོང་སྒྲ་རེད། (ཡིན་མིན་

ཡོད་མེད་རྣམས་བྱ་བའི་མིང་གི་ཁོངས་སུ་གཏོགས་པ)

མི་རྫོབ་བྱེད་རྒྱུ་ཏམ་ཡིན། རྟ་རྫོབ་བྱེད་ལ་གཟར་ཡིན།

ང་གཞིས་ནིང་སློབ་གྲྭ་འདིར་ཡོང་པ་ཡིན།

ན་ནིང་བོད་ཀྱི་ལོ་སར་སྐྱིད་པོ་བྱུས་ཐལ།

ལྟ་བུ་སོགས་སོ། །

སྟངས་སྟབས་ནི། བྱ་བའམ་ཁྱད་ཆོས་ཀྱི་སྔོན་ལ་སྦྱར་ནས། བྱ་བའི་སྤྱོད་སྟངས་སམ། རྣམ་འགྱུར་རམ། སྣང་ཚུལ་ལམ། དུས་སམ། ཚད་སོགས་གསལ་བར་བྱེད་པ་སྟེ།

བསླབ་ལ་བརྩོན་འགྲུས་བསྐྱེད།

ལས་བྱ་བ་ཅི་ཚོགས་ཅི་ནུས་ཀྱིས་བསྒྲུབ་དགོས།

ངས་དོན་དེ་ལ་དངོས་སུ་འདང་ནན་མོ་ཞིག་མ་བརྒྱབ།

སློབ་གྲོགས་གསར་བ་རྣམས་ལ་རབ་དགའི་ངང་ནས་བསུ་བར་བྱེད།

བྱ་བ་ཆེན་པོ་ཡུན་གྱིས་སྒྲུབ། ངང་ཐུང་འབད་པས་མཐར་མི་ཕྱིན།

ངེས་ཤེས་འཛོངས་པའི་གཞུང་ལུགས་རྣམས། ཇི་སྲིད་བར་དུ་བརྗེད་མི་དཔེ།

ཁྱེད་རང་ག་ལེར་ཕེབས།

ལྟ་བུ་སོགས་ལས་སྟངས་སྟབས་རྣམས་བྱ་བའི་སྔོན་དུ་སྦྱར་བ་ཡིན། ཁྱད་ཆོས་ཀྱི་སྔོན་དུ་སྦྱར་བ་དཔེར་ན།

གཞུང་འདིའི་སྙིང་པོ་རབ་ཏུ་ཕྱུག

རི་བོང་བརྒྱུགས་ན་ཤིན་ཏུ་མགྱོགས།

སྔོན་ཁའི་འཕྱི་བ་མར་ལས་ཚོ།
ཤ་ཁྲིམས་རྗེས་འདེད་ཤྲུང་ལས་མྱུར།

ལྷ་བུ་སོགས་སོ། །

ཁ་སྐོང་ནི། བྱ་བའི་རྗེས་སུ་སྦྱར་ནས། བྱ་བ་གང་གི་ཕྱིས་འབྱུང་ངམ། སྣང་ཚུལ་ལམ། དུས་ཡུན་ནམ། འཇུག་ཡུལ་ལམ། བྱུང་ཚད་སོགས་ཁ་བསྐངས་ནས་གསལ་བར་བསྟན་པ་ཡིན།

ང་ཚོའི་འགན་ཁུར་གྲུབ་པ་མགྱོགས་ཤིང་བཟང་།
གཞུང་དོན་གྱི་གནད་ལ་ཞིབ་ཆ་ཚུ་ཐུབ་ཏུ་གཞིགས་ནས་བརྡར་ཤ་ཆོད་སོང་།
མཁས་པ་འཁྱུགས་ན་འདོམ་གང་། བླུན་པོ་འཁྱུགས་ན་མདོ་གང་།
རྟ་རྒྱུག་པ་མི་འདྲ་འཕུར་བ་འདྲ། མི་ཞོན་པ་མི་འདྲ་འབྱར་བ་འདྲ།
ཆང་གིས་བཟི་ན་དྭངས་མཐའ་ཡོད། རྒྱུ་ཡིས་བཟི་ན་དྭངས་མཐའ་མེད།
ཁོ་ཨ་མེ་རི་ཀར་སོང་ནས་ལོ་གསུམ་འགོར།
ཀུན་བཟང་གནམ་གྲུ་བསྟད་ནས་པེ་ཅིན་ལ་བུད་སོང་།
རྒྱུ་མཚན་བཤད་པ་གསལ་བ་དཀར་བ་རེད།

ལྷ་བུ་སོགས་སོ། །

གསུམ་པ། ཚིག་གི་གྲུབ་ཆ་དྲུག་གི་སྦྱོར་ཚུལ།

ཚིག་གི་སྦྱོར་བ་ལས། གྲུབ་ཆ་རྣམ་དྲུག་ཚང་བ་དང་། མི་ཚང་བ་དང་། གྲུབ་ཆ་ལ་ལ་སྐྱུར་བ་སོགས་སྣ་ཚོགས་ཡོད། དེ་རྣམས་ལ་བརྟུར་ནས་ལྟོས་

དང་། དེ་དག་ཕན་ཚུན་རྟེན་ཅིང་འབྲེལ་བའི་གོ་རིམ་རྟོགས་པར་གྱུར་འགྲོ།

ས་རྫོང་དེ་དེ་གའི་མགོ་འདྲེན་རྣམ་པས་གྲོས་བགྲོས་ནས་ཐག་བཅད་པ་བཟང་ངོ་། །

ཟ་མ་མི་གཙང་བ་མ་ཟ།

དགེ་རྒན་གྱི་ཟླ་ཐོག་ཇེ་མཐོར་གཏོང་པ་ནི་ཏང་དང་སྲིད་གཞུང་གིས་སློབ་གསོ་བྱ་བར་དངོས་སུ་མཐོང་ཆེན་གནངས་པའི་རྟགས་བསྟན་བྱུང་།

ཚོགས་ཆེན་བཅུ་དྲུག་པའི་དགོངས་དོན་ཕྱོགས་ཐམས་ཅད་ཀྱི་བྱ་བ་དང་འབྲེལ་ནས་བསླབས་ཤིང་བསྒྲུར་ནས་ཐོན་སྐྱོབས་སྤོན་ཐོན་ཅན་དུ་སྤེལ་བ་དང་། རིག་གནས་སྤོན་ཐོན་ཅན་དུ་སྤེལ་བའི་སྒོ་ནས། མི་དམངས་རྒྱ་ཆེ་ཤོས་ཀྱི་ཕན་ཡོན་རྩ་བ་བོ་མངོན་དུ་འགྱུར་ཐོག་འབེབས་པར་བྱེད་པའོ། །

ངེད་ལམ་དུ་རྒན་མོ་སྐྲ་སེ་འབལ་ལེ་ཡོད་པ་སླག་རྩལ་སྟོན་པོ་གྱོན་པ་ལག་ན་ཟོ་གྲོད་བཟུང་བ་ཞིག་དང་ཐུག (ཚིག་འདི་ལས་རྒན་མོ་ཞེས་པ་བྱ་བྱེད་ཟུང་ལྡན་ཏེ། བྱ་བའི་ཡུལ་བྱེད་པའི་ཆ་དང་ལྡན་པ)

ལྟ་བུ་སོགས་སོ། །

ཚིག་གི་སྦྱོར་བ་ལས། གྲུབ་ཆ་རྣམས་ཀྱི་གོ་རིམ་དང་རྟེན་འབྲེལ་ཆགས་ཚུལ་ནི། ལུགས་འགྱུར་གི་བཤད་སྲོལ་ཏེ། བརྡ་སྤྲོད་པའི་སྤྱི་སྲོལ་ཡིན་པས་གནད་དུ་འཛིན་དགོས། དེ་ཡང་མཐའ་གཅིག་ཏུ་མ་ངེས་ཏེ། ལུགས་ལྡོག་གི་བཤད་ཚུལ་ཡོད་པའང་ཤེས་དགོས། དེ་ཡང་ཚིག་ཕྲེང་སྤེལ་བ་ལས། བརྗོད་བདེ་བའམ། ངོ་མཉམ་པའམ། གལ་ཆེ་བར་ནན་ཏན་བྱེད་ཆེད། གྲུབ་ཆ་དག་གི་གོ་རིམ་གང་འོས་སུ་བསྒོར་ནས་བཤད་དགོས། དེ་ཕྱིར་དོན་མཚུངས་པའི་ཚིག་ལ་བཤད་ཚུལ་དུ་མ་རེ་ཡོད། དཔེར་བརྗོད་ན།

(༡) ཁོས་ཚོང་བརྒྱབ་ནས་ཕྱུག་པོ་ཉན་སོང་།

(༢) ཁོ་ཚོང་ལ་ཕྱུག་པོ་ཉན།

(༣) ཚོང་བརྒྱབ་ནས་ཁོ་ཕྱུག་པར་གྱུར།

(༤) ཕྱུག་པོ་ཉན་པ་ཚོང་ལ་མཁས་པ་ཁོ།

ལྷ་བུ་རྣམས་ལས། དཔེར་བརྗོད་དང་པོ་དང་གཉིས་པ་ལུགས་འབྱུང་གི་བཤད་ཚུལ་ཡིན་ལ། གཉིས་པའི་ཚིག་སྣ་ཅུང་ཟད་བསྡུས་བྱུང་། གསུམ་པ་དང་བཞི་བ་ལུགས་ལྡོག་གི་བཤད་ཚུལ་ཡིན་ཏེ། གསུམ་པས་ཚོང་བརྒྱབ་པར་ནན་ཏན་བྱས་ནས་སྔོན་ལ་བཀོད་པ་དང་། བཞི་བས་ཆ་ཡ་དོ་མཉམ་པར་བྱས་ཤུལ། ཁོ་ཞེས་པ་ཁ་སྐོང་གི་ཚུལ་དུ་སྦྱར་པ་ཡིན་ནོ། །

གཞན་ཡང་། ཚིག་གི་གྲུབ་ཆར་མི་གནོགས་པའི་བཤད་ཚུལ་གསུམ་ཡོད་པ་ཤེས་དགོས། དེ་ལུགས་རྟགས་ཀྱིས་མཚན་པ་གཤམ་གསལ།

གཅིག་ནི་འབོད་སྒྲ་སྟེ།

ཀ་ཡེ་ཁྱོད་གང་ལ་འགྲོ།

ཀྱེ་ཧོ་འདི་འཚོགས་ཀུན་གྱིས་ཉོན།

ད་ཪེ་ལྟར་བྱ་བསམས་ནས་ཨ་ཁ་ཁ་ཟེར།

ཁྱོད་ཀྱི་གྲགས་པའི་ཕུང་པོ་ནི། །དཔག་ཚུས་མེད་ཡང་འདིར་ཤོང་བ། །

ས་སྐྱོང་སྲིད་པ་གསུམ་གྱི་ནི། །ཁོངས་དག་ཨེ་མ་ཤིན་ཏུ་ཡངས། །

ལྷ་བུ་རྣམས་སོ། །

གཉིས་ནི་བརྗོད་ཡུལ་གྱི་འབོད་མཚན་ཏེ།

ལོ་ལོ་སྨུར་དུ་ཤོག །འདི་ན་རྟེད་སྤྱད་ཡོད།

བློ་མཐུན་ཚོ། དཔའ་སྐྱེད་ཅིག །དགྲ་དཔུང་ཕམ་ནས་ཐོར་སོང་ཡང་ཚར་གཅོད་དགོས།

ཆར་པ་བབས་ནས་ཡོང་གིན་ཡོད། གྲོགས་པོ་ཚོ། ཞིང་འདི་ག་ཙམ་རེམ་པར་བྲིགས་ནས་ཚར་བར་གྱིས་ཤིག

དགེ་རྒན་ལགས། ངས་མི་ཤེས་ས་ཞིག་དྲི་རྒྱུ་ཡོད།

ལྟ་བུ་རྣམས་སོ། །

གསུམ་ནི་སྨྲ་རྒྱུང་བའི་ཚིག་སྟེ།

ཁྱོད་འགྲོའམ་མི་འགྲོ། འགྲོ་ཟེར། འོ་ན་མཉམ་དུ་འགྲོ།

རི་མགོ་ལྟ་ན་མཚོ་ཞིག་འདུག་ཟེར་བ་ཨེ་ཤེས། ཤེས། ཤེས་ན་ཤོད། མཛུ་གུ་ལྟ་པོས་ཇ་ཐོར་བཟུང་བ་རེད།

ལྟ་བུ་རྣམས་སོ། །

དོན་ཚན་ལྔ་བ། ཚིག་སྦྲགས་མའི་སྦྱོར་བ།

དང་པོ། ཚིག་རྐྱང་བ་དང་ཚིག་སྦྲགས་མའི་ཁྱད་པར།

ཚིག་རྐྱང་བ་ནི། ཚིག་གཞན་དང་རྟེན་ཅིང་འབྲེལ་བའི་འབྱུང་རྐྱེན་མེད་པར་ཚིག་གང་གཅིག་པུས་དོན་ཁྱད་པར་བ་ཞིག་སྟོན་པའི་བདག་ཉིད་ཡིན་ཞིང་། ཚིག་སྦྲགས་མ་ནི། ཚིག་ཕྲེད་མ་གཉིས་དང་གཉིས་ཡན་ཆད་རྟེན་ཅིང་འབྲེལ་བའི་སྒོ་ནས་དོན་ཁྱད་པར་བ་ཞིག་སྟོན་པའི་བདག་ཉིད་ཡིན་ཏེ། ཁོ་ལ་སློབ་གཉེར་གྱི་སྐུལ་ཡོན་དང་པོ་ཐོབ་པ་ཞེ་ན། ཚིག་རྐྱང་བར་གྱུར་པོ། །ཚིག་འདི་ཚིག་སྦྲགས་མར་སྒྱུར་ན། ཚིག་ཕྲེད་མ་ཉན་འགྲོ།

① ཁོ་ལ་སློབ་གཉེར་གྱི་སྐུལ་ཡོན་ཐོབ་པའི་ལོན་དེ་སློབ་གྲོགས་ཚོས་མྱུར་དུ་གོ་སོང་།

② ཁོ་ལ་སློབ་གཉེར་གྱི་སྐུལ་ཡོན་ཐོབ་པས་སློབ་གྲོགས་རྣམས་ལའང་སྐུལ་མ་ཐེབས་སོ། །

③ ང་ཚོས་ཤེས་པ་ལ་ཁོ་ལ་སློབ་གཉེར་གྱི་སྐུལ་ཡོན་དང་པོ་ཐོབ་ཡོད།

ཚིག་སྦྲགས་མ་འདི་གསུམ་ལས། དང་པོ་ངེས་བྱེད་དང་། གཉིས་པ་སྐུལ་བྱེད་དང་། གསུམ་པ་ལས་ལ་སྦྱོར་བ་ཡིན།

སྐབས་སུ་མའི་ཕྲད་ཀྱི་སྦྱོར་བ་ལས། ཚིག་རྐྱང་བ་དང་སྦྲགས་མའི་ངོས་མ་བཟུང་ཡང་། འདི་དག་གི་དཔེར་བརྗོད་རྣམ་པ་སྣ་ཚོགས་ཡོད་པ། སྐབས་འདིའི་ཚིག་རྐྱང་སྦྲགས་ཀྱི་མཚན་གཞི་དང་བསྟུར་ནས་ལྟོས་དང་། ཞིབ་ཆ་ལྷག་པར་ཤེས་རྒྱུ་ཡོད་དོ། །

གཉིས་པ། ཚིག་རྐྱང་བའི་སྦྱོར་ཚུལ།

ཚིག་རྐྱང་བའི་སྦྱོར་སྟངས་སྣ་ཚོགས་ཡོད་མོད། རྒྱུགས་ཆེ་བ་གཤམ་གསལ།

ཀ མིང་ངམ་སྒྲ་ཞིག་ཚིག་ཏུ་སྦྱར་བ། བཟང་ངོ་། །ལགས་སོ། །ལྟ་བུ།

ཁ བྱ་བ་དང་བྱེད་པ་སྦྱར་བ། ངས་འབྲི། མི་དམངས་ནི་རྒྱལ་ཁབ་ཀྱི་བདག་པོ་ཡིན། ལྟ་བུ།

ག བྱ་བྱེད་ལས་གསུམ་སྦྱར་བ། པིར་གྱིས་རི་མོ་བྲིས། བདེན་པ་བརྟར་བའི་ཚད་མ་ཁོ་ན་ལག་ལེན་ཡིན། ལྟ་བུ།

ང ཁྱད་གཞི་དང་ཁྱད་ཆོས་སྦྱར་བ། ཟླ་བ་ལམ་མེར་ཤར། སྐྱིད་མོས་ཚལ་འདི་མཛེས་ཤིང་སྟུག །ལྟ་བུ།

ཅ བགྲང་བྱ་དང་གྲངས་སྦྱར་བ། དཔེ་ཆ་གསུམ་ཉོས་ནས་ཡོང་། ལུག་བརྒྱ་འཕེལ་ནས་སྟོང་དུ་གྱུར། ལྟ་བུ།

ཆ དཔེ་དང་དཔེ་ཅན་སྦྱར་བ། ཞལ་རས་ཟླ་བ་བཞིན་དུ་དཀར། ལུག་ཁྱུ་སྤྲིན་དཀར་ཕུང་པོ་ལྟར་སྤང་ལ་འཕོས་པ། ལྟ་བུ།

ཇ གཟུགས་དང་གཟུགས་ཅན་སྦྱར་བ། པད་མའི་བཞིན་ལ་གཡོ་ལྡན་བུང་བའི་མིག

གཞུང་གི་རྒྱ་མཚོ་ལས་ལེགས་བཤད་ནོར་བུ་རབ་ཏུ་མང་། ལྟ་བུ།

ཉ ཚིག་གི་གྲུབ་ཆ་གང་རུང་སྦྱར་བ། མི་ཚེའི་རིན་ཐང་ནི་བདག་འཛིན་མེད་པར་སྐྱེ་འགྲོའི་ལས་ལ་བརྩོན་པའོ། །ལྟ་བུ་ལ་སོགས་པའོ། །

གསུམ་པ། ཚིག་སྤྲགས་མའི་སྦྱོར་ཚུལ།

ཚིག་སྤྲགས་མ་ལ་སྦྱོར་ཚུལ་ཆེ་ཁག་གཉིས་ཡོད། གཅིག་ནི་མཉམ་འབྲེལ་

ཅན་དང་། གཅིག་ནི་གཙོ་ཕལ་ཅན་ཡིན། སོ་སོའི་ནང་གསེས་ཀྱང་རྣམ་དབྱེ་ལྔ་རེ་ཡོད་དོ། །

ཀ མཉམ་འབྲེལ་ཅན་ནང་གསེས་ཀྱི་རྣམ་དབྱེ་ལྔ་ནི། མཉམ་པར་བ་དང་། རིམ་གྱིས་པ་དང་། འཕར་བ་མ་དང་། འགྲེལ་བ་ཅན་དང་། གདམ་ང་བ་དང་ལྔའོ། །

༡ མཉམ་པར་བ་ནི། ཚིག་ཕྱིད་མ་སྔ་ཕྱི་འབྲེལ་བ་དོ་མཉམ་པར་སྦྱར་བ་སྟེ། པེ་ཅིན་གྲོང་ཁྱེར་ནི་རང་རེ་རྒྱལ་ཁབ་ཀྱི་རྒྱལ་ས་ཡིན་ལ། རང་རྒྱལ་གྱི་ཆབ་སྲིད་ཀྱི་ལྟེ་བ་དང་། རིག་གནས་ཀྱི་ལྟེ་བ་ཡང་ཡིན། ལྟ་བུ།

༢ རིམ་གྱིས་པ་ནི། ཚིག་ཕྱིད་མ་སྔ་ཕྱིའི་ཡུལ་དུས་དང་གནས་ལུགས་རྣམས་གོ་རིམ་བཞིན་དུ་སྦྱར་པ་སྟེ། བློ་དང་ལྡན་པ་རྣམས་ཀྱིས་ཅི་བྱ། བསྒྲུབ་པར་བྱ་བའི་ཕྱིས་འབྱུང་རྟོགས་པའི་རྗེས་སུ་གཟོད་དང་དུ་ལེན་པ་ཡིན། ལྟ་བུ།

༣ འཕར་བ་མ་ནི། ཚིག་ཕྱི་མའི་དོན་ཚིག་སྔ་མ་ལས་ཆད་ཇི་དྲག་གམ། ཇི་དགའམ། ཇི་ཟབ་བམ། ཇེ་ཆེར་འཕར་བའི་སྦྱོར་བ་སྟེ། ལུགས་ལྡོག་ཏུ་སྦྱར་བ་ཡང་འདྲ། ངག་དབང་འཚོ་སྨྲ་ལེན་མཁས་པར་མ་ཟད། སླུ་ཚིག་དང་ངག་རྩ། སྙན་ངག་ཀྱང་བརྩམ་པར་མཁས་སོ། །ལྟ་བུ།

༤ གདམ་ང་བ་ནི། ཚིག་ཕྱིད་མ་སྔ་ཕྱིའི་བརྗོད་བྱ་གང་རུང་ཞིག་བདམས་ཆོག་པར་སྦྱར་བ་སྟེ། བདག་གི་མགོ་བོ་བཅད་ཀྱང་བླའི། གཞན་ལ་མགོ་སྨད་མི་བྱའོ། །ལྟ་བུ།

༥ འགྲེལ་བ་ཅན་ནི། ཚིག་ཕྱི་མས་ཚིག་སྔ་མ་འགྲེལ་བའི་ཚུལ་དུ་སྦྱར་པ་སྟེ། ནམ་ལས་གཉིས་ནི་འབྱུང་ཁུངས་ཏེ། །ནས་སྐྲས་འབྱུང་ཁུངས་ཟུར་ཙམ་དང་། །ལས་སྐྲས་འབྱུང་ཁུངས་རྫིལ་བོ་སྟོན། །ལྟ་བུ་སོགས་སོ། །

ཁ གཙོ་ཕལ་ཅན་ནང་གསེས་ཀྱི་རྣམ་དབྱེ་ལྔ་ནི། མི་མཐུན་པ་སྟོན་པ་དང་། མཐུན་རྐྱེན་སྟོན་པ་དང་། གལ་འཛུགས་སྟོན་པ་དང་། རྒྱུ་འབྲས་སྟོན་པ་

དང་། དམིགས་ཡུལ་སྟོན་པ་རྣམས་སོ། །

༡ མི་མཐུན་པ་སྟོན་པ་ནི། ཚིག་ཕྱེད་མ་སྔ་ཕྱིའི་དོན་ཕྱིན་ཅི་ལོག་པའམ་ཐ་དད་པར་སྟོན་པ་སྟེ། ཚིག་ལ་སླན་ཆ་མི་ཆེ་ཡང་། དོན་ལ་རོ་བཅུད་ཟབ་དགུ་གདའ། ལྟ་བུ།

༢ མཐུན་རྐྱེན་སྟོན་པ་ནི། ཚིག་ཕལ་བས་རྐྱེན་ཞིག་བརྗོད་པར་ཚིག་གཙོ་བོས་དེ་དང་མཐུན་པའི་དོན་གྲུབ་པར་བསྟན་པ་སྟེ། གཡུ་ཐོག་ཡོན་ཏན་མགོན་པས་གསོ་བ་རིག་པ་དཔྱད་པ་དང་མྱངས་པ་ལས། སྨན་གཞུང་རིན་པོ་ཆེ་དཔལ་ལྡན་རྒྱུད་བཞི་ཞེས་བྱ་བ་བསྐྲུན་བྱུང་། ལྟ་བུ།

༣ གལ་འཇུགས་སྟོན་པ་ནི། ཚིག་ཕལ་བས་གལ་འཇུག་པར། ཚིག་གཙོ་བོས་མངོན་དུ་བྱས་པར་སྟོན་པ་སྟེ། རྒྱུན་ཆགས་བརྩོན་པ་མ་བཏང་ན། མི་འགྲུབ་བྱ་བ་ཅི་ཡང་མེད། ལྟ་བུ།

༤ རྒྱུ་འབྲས་སྟོན་པ་ནི། ཚིག་ཕལ་བའི་རྒྱུ་ལས། ཚིག་གཙོ་བོར་འབྲས་བུ་ཐོགས་པར་སྟོན་པ་སྟེ། མི་ཚེ་རིང་ཐུང་དུས་ཀྱིས་འཇལ་བས་ན། དུས་ཚོད་ཆུད་གཟན་པ་ནི་མི་ཚེ་བཟད་པ་དང་འདྲ། ལྟ་བུ།

༥ དམིགས་ཡུལ་སྟོན་པ་ནི། ཚིག་གཙོ་བོས་ཚིག་ཕལ་བའི་སྦྱོད་པ་གང་གི་དམིགས་ཡུལ་སྟོན་པ་སྟེ། རྩོམ་ལ་མཁས་དགོས་ན། ལུས་སྲོག་རྒྱུན་གསུམ་སོགས་ཀྱི་འཇུག་པ་གསལ་བའི་སྐད་ངག་མི་ལོང་ལ་བལྟ་དགོས། ལྟ་བུ་སོགས་སོ། །

གཞན་ཡང་། ཚིག་སྦྲགས་མ་ལས་ཚིག་ཕྱེད་མ་གཉིས་འབྲེལ་བའི་དོན་འདྲ་ཡང་། གོ་རིམ་གྱི་ཁྱད་པར་ལས་གོ་བ་ལེན་ཚུལ་མི་འདྲ་ས་ཡོད། དཔེར་བརྗོད་ན། དམག་དཔོན་དེ་འཐབ་ལ་ཕམ་ཡང་འཐབ་ཕོད། ཅེས་དང་། དམག་དཔོན་དེ་འཐབ་ཕོད་ཀྱང་འཐབ་འཐབ་ཕམ། ཞེས་པ་གཉིས་ལས། སྔ་མས་དཔའ་མི་ཞུམ་པར་བསྟོད་པའི་ཚུལ་བསྟན། ཕྱི་མས་གོ་མི་ཆོད་པར་སྨད་པའི་ཚུལ་བསྟན།

བྱས་རྗེས་ཡོད་པ་མང་ཡང་། སྨིན་ཆ་མི་ཉུང་ངོ་། །ཞེས་དང་། སྨིན་ཆ་མི་ཉུང་ཡང་། བྱས་རྗེས་ཡོད་པ་མང་ངོ་། །ཞེས་པ་གཉིས་ལས། སྔ་མར་སྨིན་ཆ་གནད་ཆེ་ས་བཟུང་ནས། བྱས་རྗེས་དམན་པར་བསྟན་པ་དང་། ཕྱི་མར་བྱས་རྗེས་གནད་ཆེ་ས་བཟུང་ནས། སྨིན་ཆ་ཁག་མེད་པར་བསྟན་པ། ལྟ་བུ་དག་གོ། །

བཞི་བ། ཚིག་སྡུད་མ་རིམ་པ་ཅན་གྱི་སྦྱོར་རྩལ།

གོང་དུ་བཤད་པའི་ཚིག་སྡུད་མ་ནི་གོ་སླ་བ་ཅན་ཏེ། དེ་ལ་ཚིག་ཕྲེད་མ་འགའ་ཡོད་ཀྱང་། དེ་དག་ཕན་ཚུན་གྱི་འབྲེལ་བར་བལྟས་ན་རིམ་པ་གཅིག་ཏུ་ངེས་ཏེ། དཔེར་ན། ཕོ་ཚོ་ས་ནས་ལངས་ཏེ། ལུས་ཀྱི་ཁྲག་ཕྱིས། འཐབ་གྲོགས་ཤི་བོ་རྣམས་ཀྱི་རོ་ས་འོག་བསྡུས་ཤུལ། སླར་ཡང་འཐབ་ལ་ཞུགས་པར་འགྱུར། ཟེར་བར་ཚིག་ཕྲེད་མ་བཞི་ཡོད་ཀྱང་། ཕན་ཚུན་གྱི་འབྲེལ་བ་ནི། བྱ་བ་དུས་རིམ་གྱིས་འཇུག་པའི་རིམ་པ་གཅིག་གོ། །

ཚིག་སྡུད་མ་རིམ་པ་ཅན་ནི། ཚིག་སྡུད་མའི་ནང་གི་ཚིག་ཕྲེད་མ་དུ་མ་ཕན་ཚུན་གྱི་འབྲེལ་བར་རིམ་པ་གཉིས་ཡན་ཆད་ཆགས་ཡོད་པ་ཞིག་ཡིན་པས། ཅུང་ཟད་གོ་དཀའ། ཚིག་དེ་རིགས་ཀྱི་རིམ་པ་བགོ་ཤེས་ན། རིམ་པའི་འབྲེལ་བ་བརྟག་ཤེས་ན། ཚིག་དེ་རིགས་ཀྱི་གོ་བ་ལེན་པ་དང་། ཚིག་དེ་རིགས་སྦྱོལ་བ་ལ་གཏན་ཚིགས་རིག་པ་དང་ལྡན་པའི་ངེས་ཆ་འཛིན་ཐུབ་བོ། །ཚིག་སྡུད་མ་རིམ་པ་ཅན་ལས་རིམ་པ་གཉིས་ཅན་ནས་བཞི་ཅན་ཅུང་མང་། ལྔ་ཅན་ཡན་ཆད་ཉུང་ངོ་། །

ཀ། རིམ་པ་གཉིས་ཅན་གྱི་དཔེར་བརྗོད།

ཁོས་རེ་འདུན་གྱི་སྣང་མ་དང་། རྟག་ཐུབ་ཀྱི་སྤོབས་གྲོགས་དང་། ཉམས་མྱོང་གི་བློ་གནས་དང་བཅས་པར་བསྟེན་ནས། སྔེ་བའི་ན་གཞོན་ཚོའི་ཡིག་ལོང་

གི་ཞྭ་མོ་ཕུད་བྱུང་།

འདི་ལས་ཚིག་ཕྲ་མ་གསུམ་དོ་མཉམ་པས་རིམ་པ་དང་པོ་སྟེ། མཐུན་རྐྱེན་སྦྱར་པ་དང་། ཚིག་མཐའ་མ་གཅིག་དམིགས་ཡུལ་ཡིན་པས་རིམ་པ་གཉིས་པ་སྟེ། དོན་གྲུབ་པར་བསྟན་པའོ། །

སེང་ལྡུམ་འབྲུག་མོ་མཐོང་བ་ན། །རྒྱས་པའི་པད་མ་འཛུམ་མདངས་ཉམས། །དགུང་གི་ཉི་མ་མོག་པར་འགྱུར། །རི་ཁོད་སྨོམ་ཆེན་ཡིད་ཀྱང་གཡོ། །འཆི་བདག་གཤིན་རྗེ་འདོད་པས་སྨྱོས། །

ཚིག་ཕྲ་མ་རྒྱུ་ཡིན་པས་རིམ་པ་དང་པོ་སྟེ་འབྱུང་རྐྱེན་བསྟན་པ་དང་། ཚིག་གཞུག་མ་བཞི་འབྲས་བུ་ཡིན་པས་རིམ་པ་གཉིས་པ་སྟེ། ཕྱིས་འབྱུང་བསྟན་པའོ། །

ཁ རིམ་པ་གསུམ་ཅན་གྱི་དཔེར་བརྗོད།

ང་ཚོས་ཁྲུར་པོ་བསྒྱུར་ཅིང་། འཕྲུལ་འཁོར་བསྐོར་ན། ཚོགས་ཡང་ལ། བློ་ཡང་གསལ་བས། རྒྱལ་ཁ་ལེན་ཐུབ།

འདི་ལས་ཚིག་དང་པོ་དང་གཉིས་པ། བྱ་བ་མཉམ་པར་འཇུག་པ་ཡིན་པས་རིམ་པ་དང་པོ་སྟེ། དཔེ་འདྲེན་པ་དང་། གསུམ་པ་དང་བཞི་བ་ཁྱད་ཆོས་མཉམ་པར་འཇུག་པ་ཡིན་པས། རིམ་པ་གཉིས་པ་སྟེ། བྱ་ཐབས་སྟོན་པ་དང་། ཚིག་མཐའ་མ་དམིག་ཡུལ་ཡིན་པས། རིམ་པ་གསུམ་པ་སྟེ་དོན་འགྲུབ་པར་སྟོན་པའོ། །

ག རིམ་པ་བཞི་ཅན་གྱི་དཔེར་བརྗོད།

ང་ཚོས་དོན་གང་རུང་ཞིག་གི་ངོས་འཛིན་དགོས་ན། ཕྱོགས་ཐམས་ཅད་ལ་བལྟ་དགོས། དེའི་བསྒྲུབ་ཕྱོགས་ལ་མཐོང་དགོས་པ་མ་ཟད། དེའི་དགག་ཕྱོགས་ལའང་མཐོང་དགོས། དེ་ལྟ་ན་ལྟ་བ་ཡང་དག་པ་ཞིག་ལེན་ཐུབ། དེ་ལྟ་མིན་ན་ལྟ་

བ་ཡང་དག་པ་ཞིག་ཡོན་མི་སྲིད།

འདི་ལས་ཚིག་དང་པོ་དང་གཉིས་པ་མཐུན་རྐྱེན་དུ་འབྲེལ་བས། རིམ་པ་དང་པོ་སྟེ་ཐབས་བསྟན་པ་དང་། གསུམ་པ་དང་བཞི་བ་འཕར་མར་འབྲེལ་བས་རིམ་པ་གཉིས་པ་སྟེ། གོང་གི་ཁ་སྐོང་བའི་འགྲེལ་བསྟན། ལྷ་བ་དང་དྲུག་པ་འབྲེལ་བ་ཐ་དད་པས། རིམ་པ་གཉིས་བྱས་ན་ཁ་གསལ། གཅིག་ནི་ལྟ་བ་འཐུས་ཚང་བ་དང་། ཅིག་ཤོས་ནི་ལྟ་བ་ཕྱོགས་ལྷུང་ཅན་བསྟན་པ། ལྟ་བུ་སོགས་སོ། །

ལྔ་བ། ཚིག་འདུས་མའི་སྦྱོར་ཚུལ།

ཚིག་འདུས་མ་ནི། ཚིག་རིང་པོ་ཅི་ཐུབ་ཀྱིས་བསྡུས་ནས་ཚིག་ཐུང་ངུར་བྱས་པ་སྟེ། ཚིག་བསྡུ་མང་པོ་བརྗོད་པ་སྟེ། །དེ་དག་ལྷུག་པ་དག་གི་གསོས། །ཞེས་པ་ལྟར། ཚིག་གི་བརྗོད་ཉམས་ཆེ་ཞིང་བརྗོད་པ་བདེ་བའི་ཕོགས་ཐོན་པའོ། །འདི་ལ་སྤྱད་ཚུལ་གསུམ་སྟེ། ཚིག་སྦྲགས་མ་ཚིག་རྐྱང་བར་བྱེད་པ་དང་། དཔེ་ཚོས་སུ་བསྒྱུར་པ་དང་། བརྗོད་བདེ་བར་བྱེད་པ་དང་བཅས་པའོ། །

ཀ། ཚིག་སྦྲགས་མ་ཚིག་རྐྱང་བར་བྱེད་པ།

སྐྱེས་སྟོབས་ཀྱི་ཤེས་རབ་དང་། སྦྱངས་ཐོབ་ཀྱི་ཡོན་ཏན་དམན་པ་ལ། སྐྱེས་སྦྱང་དམན་པ། ཞེས་པ།

ཚོས་མི་ཤེས་ན་ཡང་། ཚོས་གོས་སེར་པོ་གོན་ནས། ཚོས་པའི་གཟུགས་བརྙན་འཛིན་པ་ལ། ཚོས་མེད་གསེར་གཟུགས། ཞེས་པ།

འདབ་བརྒྱ་མཉེན་ཞིང་འཇམ་པའི་ལང་ཚོ་རྒྱས། །མཛེས་ཤིང་སྡུག་པའི་དཔལ་གྱིས་ཡིད་དབང་འཕྲོག །ཅེས་པ་ལ། འདབ་བརྒྱ་མཉེན་ལ་མཛེས་པས་ཡིད་འཕྲོག་པ། ཡང་ན། འདབ་བརྒྱ་མཛེས་པས་ཡིད་འཕྲོག་ཟེར་བ་ལྟ་བུ་སོགས་སོ། །

ཁ དཔེ་ཆོས་སུ་བསྒྱུར་བ།

ཁ་ནང་ཡོང་བའི་གྲོག་དེ་ལྕེ་ཡིས་ཕྱི་ལ་ཕུད་པ་ལ། ཁ་གྲོག་ལྕེ་ཕུད་དུ་སྒྱུར།

རྒྱན་ངན་བར་ཆད་འདོད་དོན་འགྲུབ་བྱེད་ཀྱི་གྲོགས་སུ་འགྱུར་བ་ལ། རྒྱན་ངན་གྲོགས་ཤར་དུ་གྲགས།

རྐང་ཁྲག་རྗེ་ལ་བབས་པ་དང་། ལག་ཁྲག་ཤིང་ལ་གོས་པ་ལ། རྐང་ཁྲག་རྗེ་དང་ལག་ཁྲག་ཤིང་། ཞེའོ། །

གཤོང་གཤོང་གི་ཀྱོང་ཁ་ལ་སྣང་སྣང་གི་འབུར་པོས་གསོས་པ་ལ། ཀྱོང་ཁ་འབུར་གསོས་ཟེར།

འདྲི་ཤར་སྣོ་ནས་སྨོག་ལེན་དུ་ཡོང་བ་དང་། ནད་པའི་སྨྱོག་ཚབ་ཀྱི་སླུད་ནུབ་སྣོ་ནས་སྐྱེལ་བ་ལ། འདྲི་ཤར་སྣོ་དང་སླུད་ནུབ་སྣོ་ཟེར།

མཁར་ཤུལ་ལ་རྩྭ་སྐྱེ་བར་བྱེད་པ་ལ། མཁར་ཤུལ་རྩྭ་སྐྱེད། ཟེར་བ་ལྟ་བུ་སོགས་སོ། །

ག བརྗོད་བདེ་བར་བྱེད་པ།

ཆབ་སྲིད་དང་། དཔལ་འབྱོར་དང་། རིག་གནས་དང་བཅས་པ་རྒྱ་ཆེར་སྤེལ་བ་ལ། སྲིད་འབྱོར་རིག་གསུམ་རྒྱ་ཆེར་སྤེལ་ཟེར།

བཟོ་ལས་དེང་རབས་ཅན་དུ་འགྱུར་བ་དང་། ཞིང་ལས་དེང་རབས་ཅན་དུ་འགྱུར་བ། རྒྱལ་ཁམས་སྲུང་སྐྱོབས་དེང་རབས་ཅན་དུ་འགྱུར་བ། ཚན་རིག་ལག་རྩལ་དེང་རབས་ཅན་དུ་འགྱུར་བ་བཅས་མངོན་དུ་བྱེད་པ་ལ། དེང་རབས་ཅན་དུ་འགྱུར་བ་བཞི་མངོན་དུ་བྱེད་པ་ཟེར། དེ་ཡང་བསྡུས་ནས་འགྱུར་བཞི་མངོན་དུ་བྱེད་པ་ཟེར་བ་ལྟ་བུ་སོགས་སོ། །

ང ཚིག་དོན་རྒྱས་པར་བཤད་པ།

འཇིག་རྟེན་རྒྱུད་པ་ཇི་སྙེད་པ། །དེ་ཡི་རྩ་བ་མ་རིག་པ། །

(རྟེན་འབྲེལ་བསྟོད་པ་ལས)

མི་ཡི་དེ་ཉིད་ཐོབ་པ་གང་། །བདག་གཞན་ཕན་པར་མཛད་པའོ། །

(དྲི་མེད་དྲིས་ལན་རིན་པོ་ཆེའི་ཕྲེང་བ་ལས)

ནང་གི་ཞེར་ལེན་མེད་ན། །ཕྱི་ཡི་རྐྱེན་གྱིས་མི་ཕན། །

(རྗེ་ཙོང་ཁ་བའི་གསུང་)

བདག་འཛིན་མེད་ན་གནམ་ས་ཡངས། །མཁྱེན་བརྩེ་ཁྱབ་ན་འཇིག་རྟེན་བདེ། །

ལྷ་བུ་སོགས་སོ།། །།

༄། །བཟ་སྤྱོད་སྦྱོར་བ་རྣམ་བཞི་རབ་གསལ།

དཔའ་རིས་སངས་རྒྱས་ཀྱིས་བརྩམས།

རྩོམ་སྒྲིག་འགན་འཁུར་བ། ཤེར་དོན།
མདུན་ཤོག་ཇུས་འགོད། ལི་ཅན་ཞུང་།
པར་སྒྲིག་ཇུས་འགོད། གཙུག་ལག་ཁྲིང་བ་པར་སྒྲིག་ལས་གཉེར་ཁང་།

པར་སྐྲུན་འགྲེམ་སྤེལ། ཀྲུང་གོའི་བོད་རིག་པ་དཔེ་སྐྲུན་ཁང་།
པར་འདེབས། ཀྲུང་གོའི་གློག་བརྙན་དཔེ་སྐྲུན་ཁང་གི་པར་ཁང་།
ཤོག་ཚད། 787mm×1092mm 1/16
དཔར་ཤོག 26.75 དཔར་གྲངས། 2001-7000
པར་གཞི། 2017ལོའི་ཟླ6པར་པར་གཞི་དང་པོ་བསྒྲིགས།
2023ལོའི་ཟླ11པར་པར་གཞི་གཉིས་པ་བསྒྲིགས།
དཔར་ཐེངས། 2023ལོའི་ཟླ11པར་པར་གཞི་གཉིས་པ་དཔར་ཐེངས་དང་པོ་བཏབ།

དཔེ་རྟགས། ISBN 978-7-5211-0462-2 རིན་གོང་སྒོར། 68.00